utb 8685

Eine Arbeitsgemeinschaft der Verlage

Böhlau Verlag · Wien · Köln · Weimar
Verlag Barbara Budrich · Opladen · Toronto
facultas · Wien
Wilhelm Fink · Paderborn
A. Francke Verlag · Tübingen
Haupt Verlag · Bern
Verlag Julius Klinkhardt · Bad Heilbrunn
Mohr Siebeck · Tübingen
Nomos Verlagsgesellschaft · Baden-Baden
Ernst Reinhardt Verlag · München · Basel
Ferdinand Schöningh · Paderborn
Eugen Ulmer Verlag · Stuttgart
UVK Verlagsgesellschaft · Konstanz, mit UVK/Lucius · München
Vandenhoeck & Ruprecht · Göttingen · Bristol
Waxmann · Münster · New York

Claus Braunecker

How to do Empirie, how to do SPSS

Eine Gebrauchsanleitung

facultas

Mag. Dr. Claus Braunecker arbeitet seit drei Jahrzehnten als Instituts- und Betriebsmarktforscher in Österreich und lehrt seit vielen Jahren Empirische Methoden und SPSS am Institut für Publizistik- und Kommunikationswissenschaft der Universität Wien, der Donau Universität Krems, der FH des bfi Wien, der FH Burgenland und der FH Wieselburg.

Bibliografische Information der Deutschen Nationalbibliothek

Die Deutsche Nationalbibliothek verzeichnet diese Publikation
in der Deutschen Nationalbibliografie;
detaillierte bibliografische Daten sind im Internet unter
http://d-nb.de abrufbar.

© 2016 Facultas Verlags- und Buchhandels AG
facultas, Stolberggasse 26, 1050 Wien, Österreich
Alle Rechte vorbehalten

Umschlag: Atelier Reichert, Stuttgart
Druck und Bindung: Friedrich Pustet GmbH & Co. KG, Regensburg
Printed in Germany

ISBN 978-3-8252-8685-9

Elektronische Ausgabe (Online-Leserecht) ist erhältlich unter www.utb-shop.de.

Inhalt

Vorwort **10**

Teil A | Design – Planung – Summary **15**

A | Begriffsklärung („qualitativ"/„quantitativ") und Vorbemerkungen **16**

A 1 | Arten von qualitativen und quantitativen Designs **19**
    A 1.1 | Inhaltsanalyse 19
    A 1.2 | Beobachtung 24
    A 1.3 | Gruppendiskussion (Fokusgruppe) 27
    A 1.4 | Qualitative Einzelbefragungstechniken 28
    A 1.5 | Umfrage, Befragung 29
        A 1.5.1 | Panelerhebung und Tracking *31*
    A 1.6 | Experiment 32

A 2 | Grundgesamtheit, Vollerhebung oder Stichprobe **37**
    A 2.1 | Grundgesamtheit 37
    A 2.2 | Vollerhebung oder Stichprobe 39
        A 2.2.1 | Vollerhebung *39*
        A 2.2.2 | Stichprobe *40*

A 3 | Repräsentativität und Arten von Stichproben **42**
    A 3.1 | Repräsentativität 42
        A 3.1.1 | Repräsentativität und Stichprobengröße *44*
        A 3.1.2 | Repräsentativität in Zahlen *45*
        A 3.1.3 | Repräsentativität bei Online-Erhebungen *46*
    A 3.2 | Arten von Stichproben 49
        A 3.2.1 | Zufällige Auswahl: Reine Zufallsstichproben *51*
        A 3.2.2 | Zufällige Auswahl: Vorgeschichtete Stichproben *52*
            A 3.2.2.1 | Ergebnisgewichtung *53*
        A 3.2.3 | Systematische Auswahl: Willkürliche Stichprobe *55*
        A 3.2.4 | Systematische Auswahl: Quotenstichprobe *56*
    A 3.3 | Der Begriff „Inzidenz" („Penetration", „Durchdringungsgrad") 58
    A 3.4 | Anwendungsbeispiel für Stichproben 59
    A 3.5 | Mindestgröße von Stichproben 60
    A 3.6 | Datenschutz und Forschungsethik 60

A 4 | Mess- und Skalenniveaus **64**

A 4.1 | Messen und Skalen 64
A 4.2 | Messniveaus und Datenanalyse 65
A 4.3 | Messniveaus im Detail 67
    A 4.3.1 | Diskrete (kategoriale) und stetige (metrische) Werte 68
A 4.4 | Praktische Anwendungen von Messniveaus 68
    A 4.4.1 | Schulnotenskalen oder andere (breitere) Skalen? 68
    A 4.4.2 | Gerade oder ungerade Anzahl von Skalenpositionen? 71
    A 4.4.3 | Itembatterien bipolar abfragen? 72
A 4.5 | Indikatoren, Gütekriterien und Skalierungsverfahren 72
    A 4.5.1 | Objektivität 73
    A 4.5.2 | Reliabilität 74
    A 4.5.3 | Validität 75

A 5 | Leitfaden und Fragebogen 78
A 5.1 | Programmfragen, Forschungsfragen, Hypothesen 78
A 5.2 | Qualitativ oder quantitativ – Leitfaden oder Fragebogen? 79
    A 5.2.1 | Gesprächs- und Diskussionsleitfaden 80
    A 5.2.2 | Fragebogen 83
A 5.3 | Fragebogengestaltung 85
    A 5.3.1 | Regeln für professionelle Fragebögen 85
    A 5.3.2 | Arten von Fragen: Fragetypen 89
A 5.4 | Erhebungssoftware 98
A 5.5 | Pretest 99

A 6 | Schwankungsbreiten der Ergebnisse und Stichprobengrößen 101
A 6.1 | Schwankungsbreiten von Prozentwerten 102
    A 6.1.1 | Schwankungsbreiten von Prozentwerten berechnen 106
    A 6.1.2 | Theoretischer Hintergrund 108
A 6.2 | „Schwankungsbreiten" von Mittelwerten 112
A 6.3 | Ermittlung von Mindeststichprobengrößen 113
    A 6.3.1 | Stichprobengröße und Größe der Grundgesamtheit 115
    A 6.3.2 | Stichprobenausfälle 117
    A 6.3.3 | Formel für die Ermittlung der Mindeststichprobengröße 117
        A 6.3.3.1 | OHNE Einbeziehung der Grundgesamtheit 118
        A 6.3.3.2 | MIT Einbeziehung der Grundgesamtheit 118

A 7 | Ergebnisbericht 120
A 7.1 | Grundlagen technischer Datenanalyse 121
    A 7.1.1 | Qualitativ auswerten 121
    A 7.1.2 | Quantitativ auswerten 123
    A 7.1.3 | Interpretationstexte schreiben 128
    A 7.1.4 | Ergebnisgrafiken erstellen 129
    A 7.1.5 | Die wichtigsten Regeln für „gute" Darstellungen 130

    A 7.2 | Zusammenfassende Ergebnisinterpretation (Summary) 134
        A 7.2.1 | Methodische Details: Ohne geht's nicht!................................... *135*
    A 7.3 | Angewandte Ergebnisdarstellungen und Interpretationen 138
        A 7.3.1 | Studienbeschreibung *138*
        A 7.3.2 | Strukturübersicht.. *138*
        A 7.3.3 | Qualitative Ergebnisse und Darstellungen *141*
        A 7.3.4 | Arten von quantitativen Ergebnissen und Darstellungen *141*
            A 7.3.4.1 | Häufigkeitstabellen *142*
            A 7.3.4.2 | Tabellen für Mehrfachangaben *144*
            A 7.3.4.3 | Skalenitems: Häufigkeiten und Mittelwert *145*
            A 7.3.4.4 | Mittelwertsübersicht *148*
        A 7.3.5 | Subtile „Manipulation" von Ergebnissen *150*

A 8 | Umsetzungs-Tipps für die Praxis 152
    A 8.1 | Jedes Forschungsvorhaben benötigt einen roten Faden 152
    A 8.2 | Entwicklung eines idealen Fachbuchs 154
    A 8.3 | Abtestung von Kommunikationskonzepten 155
    A 8.4 | Analyse der Käuferinnen- und Käufer-Struktur veräußerter Artikel 156
    A 8.5 | Inhaltsanalyse (zehn Jahre) über Printmedien-Berichterstattung 157
    A 8.6 | Inhaltsanalyse (sechs Monate) der Chronik-Artikel einer Tageszeitung 159
    A 8.7 | Inhaltsanalyse der gesamten Mitarbeiterkommunikation 160
    A 8.8 | Mystery-Shopping eines Lebensmitteldiskonters 162
    A 8.9 | Kundenzufriedenheitsanalyse eines Einkaufszentrums 163
    A 8.10 | Mitarbeiterbefragung einer Möbelkette 165
    A 8.11 | Potenzialanalyse eines Fertighausproduzenten 167
    A 8.12 | Expertenbefragung kleinerer und mittlerer Unternehmen 169
    A 8.13 | Leserbefragung dieses Buchs zu diesem Buch 171
    A 8.14 | Experiment zur Wirkung von Farben auf Aufmerksamkeit 171
    A 8.15 | Experiment zur Wirkung von Texten auf Vertrauen 173

Teil B | Datenanalyse 175
B | Vorbemerkungen 176
B 1 | Ablauf einer Datenanalyse: Die Analyseschritte 177
    B 1.1 | Rücklaufkontrolle 177
    B 1.2 | Daten sichten oder erfassen 178
    B 1.3 | Konsistenzprüfung 178
    B 1.4 | Datenaufbereitung: Variablen und Werte beschreiben 179
    B 1.5 | Daten auswerten 179
    B 1.6 | Ergebnisdarstellung: Aufbereiten, Interpretieren, Generalisieren 180

B 2 | Vor der Datenanalyse 182
B 2.1 | Datenauswertung, Codierung und Datenfile 182
B 2.1.1 | Was bedeutet „auswerten"? 182
B 2.1.2 | Richtig codieren 183
B 2.1.3 | Aufbau von Datenfiles 185
B 2.2 | Daten erfassen 187
B 2.2.1 | Besonderheiten (Regeln) bei der Datenerfassung 188
B 2.2.2 | Software zur Datenerfassung 189
B 2.3 | Daten plausibilisieren (screenen) 190

B 3 | Analyse qualitativer Daten 194

B 4 | Analyse quantitativer Daten (mit SPSS bzw. PSPP) 202
B 4.1 | Quantitative Analysesoftware 202
B 4.2 | SPSS Programm-Basics 203
B 4.2.1 | SPSS Dateneditor 203
B 4.2.2 | SPSS Ausgabefenster 206
B 4.2.3 | SPSS Syntaxeditor 208
B 4.2.4 | SPSS-Programmhandling 210
B 4.3 | Handling von Daten in SPSS (PSPP) 216
B 4.3.1 | Daten öffnen, importieren oder neu erfassen 216
B 4.3.2 | Datensätze zusammenfügen, auswählen, gewichten 217
B 4.3.3 | Variablen- und Wertebeschriftungen (Labels) 224
B 4.3.4 | Fehlende Werte 226
B 4.4 | (Um-)Codieren, berechnen, Teilgruppen bilden 230
B 4.4.1 | (Um-)Codieren 230
B 4.4.2 | Berechnen neuer Variablen 235
B 4.4.3 | Bildung von Daten-Teilgruppen 237
B 4.5 | Einfache Auswertungen (deskriptive Statistik) 240
B 4.5.1 | Einzelne nominale (ordinale) Merkmale: Häufigkeiten 240
B 4.5.2 | Analyse von Mehrfachantworten 244
B 4.5.3 | Einzelne metrische Merkmale: Mittelwert, Streuung usw. 248
B 4.5.4 | Zwei nominale (ordinale) Merkmale: Kreuztabelle 254
B 4.5.5 | Metrisch und nominal (ordinal): Mittelwertsvergleich 257
B 4.5.6 | Zwei metrische (ordinale) Merkmale: Korrelation 261
B 4.5.7 | Welches Auswertungsverfahren ist das richtige? 266
B 4.6 | Prüfung auf Signifikanz (schließende Statistik) 267
B 4.6.1 | Die „Idee" hinter Signifikanzprüfungen 267
B 4.6.2 | Signifikanzprüfungen von Prozentunterschieden 270
B 4.6.3 | Signifikanzprüfungen von Mittelwertsunterschieden 275
B 4.6.3.1 | Parameter- und parameterfreie Verfahren 275
B 4.6.3.2 | ABhängige und UNabhängige Stichproben 276
B 4.6.3.3 | Normalverteilungsprüfung 278

    B 4.6.3.4 | T-Test für ABhängige Stichproben 279
    B 4.6.3.5 | Varianzanalyse mit Messwiederholung 281
    B 4.6.3.6 | T-Test für UNabhängige Stichproben 286
    B 4.6.3.7 | Varianzanalyse unabhängiger Stichproben (ANOVA) 289
    B 4.6.3.8 | Wilcoxon-Test 293
    B 4.6.3.9 | Friedman-Test... 294
    B 4.6.3.10 | U-Test 296
    B 4.6.3.11 | Kruskal-Wallis-Test 298
    B 4.6.3.12 | Einseitige und zweiseitige Testprobleme 300
  B 4.6.4 | Welches Auswertungsverfahren ist das richtige? 301
 B 4.7 | Entscheidungsbaum für Auswertungen.. 302
 B 4.8 | Spezielle grafische Darstellungen 305
  B 4.8.1 | Boxplot 305
  B 4.8.2 | Streudiagramm... 306
  B 4.8.3 | Fehlerbalkendiagramm 308
 B 4.9 | Übersicht über gebräuchliche multivariate Analyseverfahren 310

LITERATURVERZEICHNIS 311

ABBILDUNGSVERZEICHNIS 313

STICHWORTVERZEICHNIS 316

VERZEICHNIS DER SPSS (UND EXCEL)-MENÜBEFEHLE 320

Vorwort

Dieses Buch wendet sich an alle, die sozial- oder wirtschaftswissenschaftliche Empirie-Kenntnisse erlangen oder auffrischen wollen.

Viele Studierende benötigen für ihre empirischen Arbeiten in EINEM Werk sehr praxisnahe Handlungsanweisungen. Andere suchen Orientierung dahingehend, wie sie eine bevorstehende Bachelorarbeit oder Master-Thesis anlegen sollen. Und oft wollen freiwillig oder unfreiwillig Forschende ihre Empirie-Kenntnisse einfach nur vertiefen oder auffrischen. Sie alle werden mit diesem Werk „abgeholt" und finden bei der Lektüre wertvolle Unterstützung!

Teil 1 ist ein Leitfaden für die Planung und Umsetzung empirischer Projekte. **Teil 2** skizziert schrittweise eine SPSS-Auswertung (mit downloadbaren Beispieldaten).

Beide Abschnitte greifen ineinander, sind aber eigenständig: Das Buch liefert damit konzeptionelle oder datenanalytische Unterstützung – oder beides, je nach Bedarf. **Auch die Verwendung einzelner Buchteile ist problemlos möglich!**

Behandelt werden sowohl qualitative als auch quantitative Methoden.

Wie funktioniert eine Befragung? Wie gestaltet man eine Inhaltsanalyse? Wie beobachtet man wissenschaftlich? Was ist das Besondere an einem Experiment? Wie setzt man Empirie auf, dass sie repräsentativ ist? Wie zieht man eine Stichprobe? Wie groß muss sie sein? Was macht einen guten Fragebogen oder Gesprächsleitfaden aus? Was sind Schwankungsbreiten? Wie wertet man qualitativ aus, wie quantitativ? Welche Statistiken benötigt man wirklich? Was sind signifikante Ergebnisse? Wie stellt man Ergebnisse dar? Wie interpretiert man richtig? Wie kann man die Datenanalysesoftware SPSS oder die Freeware PSPP gezielt zur Auswertung heranziehen? – **Alle diese Fragen (und mehr) beantwortet dieses Buch.**

Was dieses Buch auszeichnet:

- leichte Lesbarkeit
- übersichtliche Gliederung
- sehr viele Querverweise
- verständliche Formulierung
- sehr viele Tipps und Praxisbeispiele

- „All-in-One"-Charakter
- Studienkonzeption UND/ODER Auswertung
- 136 unterstützende Abbildungen
- ergänzende Homepage mit Beispieldaten

Ziel dieser praktischen und leicht lesbaren **Gebrauchsanleitung** ist eine Übersicht und schrittweise Anleitung für die Umsetzung empirischer Erhebungen – von der Konzeption bis zur Auswertung und Ergebnisdarstellung. Leserinnen und Leser bekommen einen **360-Grad-Überblick** über das **A bis Z empirischer Erhebungen**.

Das Werk ermöglicht einen raschen und dennoch umfassenden Einblick in alle Möglichkeiten und Notwendigkeiten – von der Planung bis zur Ergebnisdarstellung – einer Erhebung. Zusätzlich stellt es auch einen umfassenden Leitfaden für die Auswertung und Interpretation der erhobenen Daten – mit dem Programm SPSS – dar. SPSS ist ein an Universitäten, im Forschungsbereich und in der wirtschaftlichen Praxis seit Jahrzehnten weit verbreitetes statistisches Auswertungsprogramm – eine Art „Auswertungsstandard".

Kürze und Prägnanz der Inhalte gehen dabei nicht auf Kosten der Vollständigkeit der Informationen. Leserinnen und Leser erhalten eine rasche Übersicht, können im Bedarfsfall aber auch gleich arbeiten und „loslegen". Damit niemand alles lesen MUSS, ermöglicht eine Vielzahl an Verweisen auf thematisch verknüpfte Passagen an jeder Stelle einen individuell motivierten Einstieg und weiteres Vorantasten im Buch.

Um rasches Querlesen zu ermöglichen, wurden die wesentlichsten Passagen jedes Kapitels – entsprechend der Formatierung dieser Textstelle – farblich hinterlegt. Zur besseren Orientierung enthält zusätzlich jedes Überkapitel zu Beginn stichwortartige Informationen zu seinen Inhalten. Viele Querverweise ermöglichen Einstiege an beliebigen Stellen. Am Buchende erleichtern schlagwortoptimierte Verzeichnisse von Stichworten und Menübefehlen die Navigation im Buch.

> *Zum besseren Verständnis werden alle theoretischen Ausführungen in Praxisbeispielen umgesetzt. Absätze mit konkreten Anwendungsfällen sind – so wie diese Textstelle – leicht eingerückt, kursiv und in grauer Schrift formatiert.*

Weiterführende Literaturhinweise am Ende der Kapitel ermöglichen eine themenbezogene gezielte Wissensvertiefung.

Das Buch ist in zwei Abschnitte untergliedert:

- Der **erste Teil** befasst sich mit der grundsätzlichen Anlage und Durchführung von Studien sowie der Interpretation von Ergebnissen. Selbständige Datenanalysen werden erst im zweiten Buchteil behandelt, statistische Themen beleuchtet der erste Abschnitt nur in für grundlegendes Verständnis notwendigem Ausmaß.
  - Was bedeutet qualitativ, was quantitativ? Welche Erhebungsformen gibt es?
  - Was ist repräsentativ?
  - Welche Arten von Stichproben sind gebräuchlich? Wie zieht man eine „gute"?
  - Wie breit muss man eine Erhebung aufsetzen, ohne sie zu „oversizen"?
  - Was sind Schwankungsbreiten? Wie groß muss eine „gute" Stichprobe sein?
  - Wie greifen Messniveaus, Fragebogen und Auswertung ineinander?
  - Was ist bei der Interpretation von Ergebnissen zu beachten?
  - Tipps und Tricks für bildliche und textliche Summaries runden diesen ersten Buchabschnitt ab.
  - Abschließend gibt ein Kapitel praktische Umsetzungs-Tipps für 15 empirische Projekte aus verschiedensten Bereichen mit unterschiedlichsten Methoden, Grundgesamtheiten und Stichprobenformen.
    Damit erfolgen beispielhaft ganzheitliche Betrachtungen sozialwissenschaftlicher Forschungsprozesse, vom ersten Erkenntnisinteresse bis zur Ergebnisdarstellung. Dieses Kapitel stellt somit eine mit vielen Seitenverweisen versehene Kurzzusammenfassung des gesamten ersten Buchabschnitts dar.

Da nicht alle, die Studien durchführen, die Ergebnisse auch selbst auswerten (müssen), wird dem Thema Datenauswertung ein eigener, zweiter Buchabschnitt gewidmet.

- Im **zweiten Teil** geht es um die Praxis der Datenanalyse und das Verständnis allgemeiner statistischer Zusammenhänge. Die Basis dazu bildet ein eigens entwickelter Fragebogen mit korrespondierendem Datenfile (für alle Leserinnen und Leser im Netz unter howtodo.at downloadbar).

Alle Ergebnisermittlungen erfolgen mit der verbreiteten Datenanalysesoftware SPSS. In einer Art Crash-Kurs werden allgemein übliche und angewandte Auswertungsschritte sukzessive durchgespielt.

- Wie findet man sich in weit verbreiteten Auswertungsprogrammen wie SPSS oder dem Freeware-Pendant PSPP schnell zurecht?
- Wie wertet man unkompliziert, rasch und zielführend aus, ohne sich in den vielfältigen Funktionen dieser Programme zu verlieren?
- Leserinnen und Leser erhalten anwendungsbezogene Einblicke in folgende Themenbereiche:
  - Datenaufbereitung und Plausibilisierung von Rohdaten
  - Einfache Auszählungen mit den wichtigsten statistischen Kennzahlen
  - Beispielhafte Häufigkeitszählungen, Mittelwertsberechnungen, Kreuztabellen, Mittelwertsvergleiche und Korrelationen
  - Signifikanzprüfungen und Hypothesentests: Wann wendet man welches Verfahren an? Wie rechnet und interpretiert man Chi^2-Test und Mittelwertsvergleichsverfahren wie T-Test, U-Test, Varianzanalyse und andere?
  - Spezielle Grafiken, die nur SPSS bietet
  - Überblick über multivariate Verfahren (mit Anleitungen zur konkreten Anwendung und Beispieldatenfiles, online auf howtodo.at)

Der Schwerpunkt dieses zweiten Buchteils liegt im richtigen Einsatz und Verständlichmachen oft gefürchteter statistischer Begriffe, qualitativer und quantitativer Auswertungen und Anwendungen. Diese stellen sich bei näherer Betrachtung und Erklärung sofort als viel harmloser dar als gedacht. Visualisiert werden die Ausführungen mit zahlreichen Abbildungen und Screenshots (darunter viele von SPSS). Das soll dabei helfen, Inhalte schnell zu erfassen, ohne (neuerlich) viel Text lesen zu müssen.

Warum ist dieses Buch entstanden?

Empirie und SPSS begleiteten mein Ausbildungs- und gesamtes bisheriges Berufsleben. Bereits während meines Studiums der Kommunikationswissenschaft habe ich zwei große quantitative empirische Arbeiten (Magisterium, Doktorat) verfasst. Seit nunmehr drei Jahrzehnten arbeite ich als Instituts- und Betriebsmarktforscher in Österreich. Daneben wirke ich an unversitären Forschungsprojekten mit und unterrichte seit vielen Jahren an Universitäten und Fachhochschulen Studierende unterschiedlicher Jahrgänge, Semester und Studienrichtungen im Umgang mit den Methoden der empirischen Markt-, Meinungs- und Sozialforschung, Statistik, SPSS und SAS. Planung, Auswertung und Interpretation empirischer Erhebungen zählen zu meiner alltäglichen Berufs- und

Vermittlungs-Routine. Inspiriert durch die sich permanent wiederholenden ähnlich gelagerten Problemstellungen der Kollegenschaft und Fragen von Studierenden, die vor kleineren oder größeren empirischen Projekten oder Arbeiten stehen, habe ich dieses Werk verfasst.

Die Gliederung und Aufbereitung der verschiedenen Themen sowie die Praxisbeispiele orientieren sich an den Erfahrungen, die ich im Laufe vieler Jahre bei der Wissensvermittlung an Universitäten und Fachhochschulen sammeln konnte. Die gewählte Aufbereitung der Themen hat in einer Vielzahl von Gruppen (Menschen unterschiedlichen Alters, mit mannigfaltigen Zugängen zum Thema, mit und ohne thematischem Vorwissen) für effiziente Know-how-Transfers und sehr positives Feedback gesorgt.

Der grundsätzliche Fokus des gesamten Buchs liegt auf der verständlichen Darstellung oft komplexer empirischer Methodik.

Fortgeschrittenere Lesende, die manche Ausführung vielleicht als zu „vereinfacht" empfinden, seien um Verständnis gebeten. Es ging hier vor allem um das rasche Vermitteln der Inhalte an thematisch bisher nicht (mehr) oder wenig Involvierte.

Ganz besonderer und ausdrücklicher Dank soll an dieser Stelle (in alphabetischer Reihenfolge) ausgesprochen werden an

- Univ.-Prof. Hajo **Boomgaarden**, PhD, MA, Universität Wien, Institut für Publizistik- und Kommunikationswissenschaft • Jennifer **Braunecker**, Studentin, Tochter • Univ.-Prof. Dr. Dr. h.c. Roland **Burkart**, Universität Wien, Institut für Publizistik- und Kommunikationswissenschaft • Mag. Dr. Petra **Herczeg**, Universität Wien, Vizestudienprogrammleiterin Publizistik- und Kommunikationswissenschaft • Ass.-Prof. Ing. Mag. Dr. Klaus **Lojka**, Universität Wien, Studienprogrammleiter Publizistik- und Kommunikationswissenschaft • Jens **Noll**, BA, MA, FehrAdvice & Partners, Zürich • Mag. Rosemarie **Nowak**, Donau-Universität Krems, Lehrgangsleiterin am Zentrum für Journalismus und Kommunikationsmanagement • PD DDr. Julia **Wippersberg**, stv. Studienpräses der Universität Wien • **Studierende** fortgeschrittener Semester an der Universität Wien, der Fachhochschule des bfi Wien, der Fachhochschule Burgenland sowie der Fachhochschule Wiener Neustadt Campus Wieselburg.

Alle genannten Wegbereiterinnen und Wegbereiter dieses Buchs haben mich während der Genese des Manuskripts mit wirklich wertvollen Tipps, Ratschlägen und Kontakten unterstützt und das Buch mit zu dem gemacht, was es sein soll: eine Gebrauchsanleitung für Empirie und SPSS. *Danke dafür!*

Wien, im September 2016   Claus Braunecker

Teil A | Design – Planung – Summary

A | Begriffsklärung („qualitativ"/„quantitativ") und Vorbemerkungen

... in diesem Kapitel geht's um:

- **Qualitativ** forschen:
  Inhaltliche Tiefe steht im Vordergrund • „Warum", Beschreiben, Motive • bei neuen Themen • zur Erforschung von Dimensionen • vor allem individuelle und psychologische Aspekte • überschaubare Erhebungsanzahl • kein einheitlicher Fragebogen (dafür Leitfaden) • verbalisierte Ergebnisse

- **Quantitativ** forschen:
  Ergebnisse auf zahlenmäßig breiter Basis • Abtestung „bekannter" Zustände • zahlenmäßige Interpretationen • Prozentzahlen, Mittelwerte, Statistik • große Menge an Erhebungen • standardisierter Fragebogen

Zu Beginn dieses Buchs soll sogleich eine Abgrenzung erfolgen: Worin unterscheidet sich das Wesen qualitativer und quantitativer Umfragen? Um welche Arten von Erhebungen geht es, wenn man von quantitativer Forschung (Empirie) spricht? Worin besteht deren grundsätzlicher Unterschied zur qualitativen Welt?

Qualitative Methoden

Qualitative Methoden gehen der Frage nach einzelnen MOTIVEN und INHALTEN nach. Sie BESCHREIBEN inhaltliche DIMENSIONEN verbal, oft auch interpretativ, erforschen Werte, Gefühle, das „Warum" von Entscheidungen. Im Vordergrund stehen weniger Erhebungsmengen als inhaltliche Tiefe.

Qualitative Methoden beschäftigen sich meist mit einer eher geringeren Anzahl an Untersuchungsobjekten, die sie dafür aber sehr umfangreich und im Detail beleuchten. Statistiken, große Stichproben und Signifikanzprüfungen sind in der qualitativen Forschungswelt kein Thema. Zahlen und Prozentwerte finden sich hier nur am Rande.

Qualitative Erhebungen im Konsumgüterbereich beschäftigen sich z.B. mit dem WARUM von Kaufentscheidungen und decken die bei Konsumentinnen und Konsumenten im Hinterkopf schlummernden Motive auf. Qualitative inhaltliche Informationen können z.B. in der Beschreibung von Qualitäts- und Kundenzufriedenheitsdimensionen oder Image- und Bedeutungsanalysen bestehen, Einstellungen, Werte und Lebensstiltypologien näher charakterisieren oder Ursachenforschung betreiben. Hier geht es eher um Vorstudien, Hypothesenfindung, vertiefte Problem(er)kenntnis und detaillierte Informationen z.B. über Zielgruppen. Anlassfall können auch kurzfristig benötigte dringende Entscheidungshilfen sein.

Qualitative Ansätze werden oft auch mit quantitativen Verfahren kombiniert: Auf diese Weise werden die qualitativen inhaltlichen Ergebnisse zusätzlich mit Zahlen untermauert.

So kann es etwa für eine Analyse der Kundenzufriedenheit im Vorfeld einer quantitativen Erhebung, die Zufriedenheitskennzahlen liefern soll, notwendig sein, zu identifizieren, welche Dimensionen der Kundenzufriedenheit denn überhaupt die relevanten sind, welche denn überhaupt Kundenzufriedenheit ausmachen. So wird ein Autoproduzent qualitativ wohl ganz andere Zufriedenheitsdimensionen erarbeiten als etwa ein Schokoladenerzeuger oder Waschmittelhersteller.

Qualitative Forschung hat ihren Platz aber nicht nur VOR, sondern auch NACH quantitativen Erhebungen.

Wenn ein Unternehmen eine Imageanalyse durchführt, kann es von Interesse sein, im Nachhinein zu erheben, wie sich die aufgrund quantitativer Ergebniszahlen besten Imagekriterien näher und inhaltlich beschreiben lassen: Was bedeutet z.B. ein guter Imagewert bei „modern" im Detail? Woraus leitet sich empfundene Modernität ab, wie kann man sie konkret und inhaltlich beschreiben?

Die bei qualitativen Studien zum Einsatz kommenden Analysetechniken hängen wie die Auswahl der Objekte vom jeweiligen konkreten Erhebungszweck ab und werden meist speziell auf diesen hin adaptiert.

Als über die o.a. Anwendungsfälle hinausgehende Beispiele qualitativer Sozialforschung lassen sich Produkt-Konzeptionsanalysen, Produkt- und Packungstests, Verhaltensstudien, Kommunikations- und Werbe-Konzeptionstests, Erarbeitungen von Markenstrategien und Firmendesigns, Assoziationsanalysen zu Mitbewerbern oder Logos anführen.

Quantitative Methoden

Quantitative Methoden verfolgen den Ansatz, zu ZÄHLEN: also nicht verbal auszuformulieren, sondern rein zahlenmäßig zu QUANTIFIZIEREN und daraus Interpretationen abzuleiten.

Quantitative Forschung entdeckt keine (weiteren) neuen Zugänge zu einem Thema (höchstens am Rande). Sie arbeitet vielmehr mit bereits vor der Erhebung festgelegten Antwortalternativen bzw. möglichen Ergebnisausprägungen.

Hier kommen große Stichproben, PROZENTE, HÄUFIGKEITEN und MITTELWERTE zur Anwendung. Die Analyse quantitativer Daten mündet oft auch in detailliertere und berechnungsintensivere Statistiken und Signifikanzprüfungen.

Bei quantitativer Forschung werden konkret ausgewählte Merkmalsbeschreibungen systematisch einem zuvor festgelegten Kategoriensystem zugeordnet und auf zahlenmäßig breiter Basis gesammelt. Am Ende steht das Ziel, Übersichtlichkeit und Anschaulichkeit in das dabei meist umfangreich entstehende Datenmaterial zu bringen: Wie oft treten Meinungen, Verhaltensweisen, Aussagen, Zustände (in welchen graduellen Ausprägungen) auf? Wie viele meinen was wozu? Wie viele handeln wie? Wie oft kommt was vor?

Ein Unternehmen kann etwa die Anzahl zufriedener Kundinnen und Kunden ermitteln und damit wertvolle Qualitätskennzahlen erhalten. Die genauen Befragungsinhalte (und damit Dimensionen der Zufriedenheit) können einer einmalig vorgelagerten qualitativen Analyse entstammen. Werden die quantitativen Erhebungen in weiterer Folge regelmäßig wiederholt, liefern sie auf effiziente Art und Weise Zeitreihendaten für z.B. Kennzahlen.

Statistische Datenanalysen benutzen Häufigkeiten, Prozent- und Mittelwerte und weitere statistische Maßzahlen dazu, möglichst klare und eindeutige Informationen zu generieren. Signifikante Unterschiede zwischen einzelnen Menschen oder Erhebungsgegenständen werden gesucht, erklärt und gedeutet. Im Vordergrund stehen also nicht qualitative inhaltliche Beschreibungen, sondern das Auswerten „nackter" Zahlen und deren Interpretation.

Als weitere Anwendungsfälle quantitativer Sozialforschung können beispielhaft Analysen von Marktanteilen und Preisschwellen, Feststellung von Einstellungen und Bekanntheiten, Kunden- und Imageprofile, Zielgruppen- und Lifestyle-Segmentationen oder die gesamte politische Meinungs- und Sozialforschung angeführt werden.

Quantitative Analysen erfolgen meist mit spezifischer Software: Mit dem sehr gebräuchlichen Auswertungsprogramm **SPSS** beschäftigt sich **Teil B** dieses Buchs.

Im nächsten Kapitel werden die gebräuchlichsten Arten und Anwendungsfälle qualitativer und quantitativer Designs überblicksmäßig skizziert. Die Reihenfolge der Darstellung erfolgt aufgrund mannigfaltiger Kombinations- und Anwendungsmöglichkeiten der einzelnen Methoden willkürlich.

Empirische Erhebungen sind zwar meist speziell und individuell. Sie folgen in ihrem grundsätzlichen Setting aber durchaus festlegbaren Kriterien: Alle Erläuterungen in den weiteren Abschnitten dieses Buchs zu Planung, Anlage, Durchführung, Auswertung und Interpretation von Erhebungen können deshalb sinngemäß auf die im ersten Kapitel vorgestellten Forschungsmethoden angewendet werden.

Im gesamten Buch stellen einzelne Kurzbeispiele konkreten Praxisbezug her.

Alle in diesem Buch angeführten Beispiele zeigen aber immer nur EINE von vielen Möglichkeiten der Umsetzung. **Jedes empirische Vorhaben ist eine „Maßanfertigung", die sich immer nach den jeweiligen individuellen Erkenntnisinteressen, Forschungsfragen und Hypothesen richten muss!**

A 1 | Arten von qualitativen und quantitativen Designs

… in diesem Kapitel geht's um:

- **Inhaltsanalyse:**
  Zählen oder Bewerten von Aussagen oder anderen klar definierten Inhalten • in Print-, elektronischen und Online-Medien • Codierschema • aktuell mehr und mehr automatisiert

- **Beobachtung:**
  objektiviertes Erfassen von Situationen, Handlungen und Verhaltensweisen • Beobachtungsbogen • Eyetracking, Mystery-Tests

- **Fokusgruppe:**
  Diskussionsrunde von rund zehn Personen • moderiert • Leitfaden • ein bis zwei Stunden

- **Qualitative Befragung:**
  Einzelgespräche aus Befragtenperspektive • völlig freier Gesprächsverlauf oder zumindest frei formulierbare Fragen • ausschließlich oder überwiegend offene Fragen

- **Quantitative Befragung:**
  voll standardisierte Interviews • (fast) ausschließlich geschlossene Fragen • KEIN Spielraum für die Befragerin oder den Befrager • PAPI, CATI, CAWI • Mehrthemenumfrage MTU („Omnibusbefragung") • Panel, Tracking

- **Experiment:**
  Analyse von Ursache-Wirkung-Beziehungen • Versuchs- und Kontrollgruppe

A 1.1 | Inhaltsanalyse

Inhaltsanalysen erforschen Kommunikationsinhalte, indem sie Aussagen und Bedeutungen untersuchen. Gegenstand einer Inhaltsanalyse können (Zeitungs-)Texte, Bilder, Radio- und Fernsehsendungen, Webseiten, Social Media, Bücher, Filme, Plakate, Firmenlogos, Firmenauftritte usw. sein. Die Basis der Analyse stellen von Personen geäußerte oder in Medien publizierte schriftliche, bildliche oder akustische Inhalte dar.

Inhaltsanalysen vereinen oft qualitative und quantitative Elemente: Neben dem Zählen des Auftretens von Aussagen, Bildern, Artikellängen, Artikelthemen etc. (**quantitative Inhaltsanalyse**) erfolgt oft auch eine bedeutungsmäßige Analyse der gezählten Wortinhalte (**qualitative Inhaltsanalyse**).

So könnte eine Inhaltsanalyse Artikel (aller Tageszeitungen eines Landes in der ersten Januarwoche eines bestimmten Jahres) zum Thema „Wehrpflicht" untersuchen. Sie könnte das Vorkommen des Wortes „Wehrpflicht" zählen und zwischen Boulevard- und Qualitätspresse vergleichen (quantitative Inhaltsanalyse). Wenn in weiterer Folge aus dem Artikelkontext heraus zusätzlich auch noch eine Bewertung erfolgt, ob der Beitrag pro oder contra Wehrpflicht bzw. neutral verfasst wurde, wird damit auch eine qualitative Inhaltsanalyse durchgeführt.

Ein sehr wichtiges Element jeder Inhaltsanalyse ist ein „gutes" **Codierschema**. Darin müssen alle zu analysierenden Dimensionen und deren Ausprägungen klar definiert werden.

Codierschema einer Inhaltsanalyse

v001_CodiererID	v002_Medium	v003_Datum	v004_PlatzierungSeite	v005_PlatzierungAbschnitt (1 Politik | 2 Wirtschaft | 3 Chronik | 4 Lifestyle | 5 anderswo)	v006_Anzahl_Wehrpflicht (wie oft wird „Wehrpflicht" erwähnt)	v007_Bewertung (Ausrichtung des Artikels)	usw.
cb	Kurier	01.01.2099	1	1	3	pro	
cb	Presse	01.01.2099	3	3	5	neutral	
cb	Presse	01.01.2099	4	5	1	contra	
de	Krone	02.01.2099	2	1	2	neutral	
de	Kurier	02.01.2099	2	4	2	contra	
usw.							

Abbildung 1: Beispielhaftes Codierschema für eine Inhaltsanalyse

ABBILDUNG 1 zeigt als Beispiel einen (vereinfachten) Auszug aus einem Codierschema einer quantitativen Inhaltsanalyse mit einer qualitativen Bewertungsdimension v007. Das Codierschema wurde mit dem Programm Excel angelegt.

Bevor die Inhaltsanalyse startet, ist es sinnvoll, das Codierschema bei wenigen Analyseelementen „auszuprobieren" (**Pretest**). Treten beim Pretest noch Probleme bei der Anwendung des Codierschemas auf, sollte nachjustiert werden. Alle, die an der Inhaltsanalyse mitarbeiten, müssen die Inhalte nach denselben Grundsätzen im Codierschema erfassen bzw. eintragen: Es muss unbedingt sichergestellt sein, dass unterschiedliche Menschen die Inhalte in dieselben Kategorien einordnen (**INTER-Coder-Reliabilität**). Zur Überprüfung der Inter-Coder-Reliabilität gibt es eigene Testverfahren (VGL. DER „HOLSTI-TEST" IN KAPITEL „A 4.5.2 | RELIABILITÄT" AUF SEITE 75). Außerdem muss jede und jeder, die oder der heute Inhalte klassifiziert, dieselben Inhalte auch morgen oder übermorgen noch ident erfassen (**INTRA-Coder-Reliabilität**).

Damit eine geregelte und reliable Datenerfassung gewährleistet ist, muss vor Beginn der Analyse ein sogenanntes Codebuch erstellt werden. Dort werden die Analyseinhalte im Detail definiert und alle Codierungsregeln festgelegt.

Die folgende Abbildung zeigt Auszüge aus dem 20-seitigen Codebuch einer Inhaltsanalyse.

Die Analyse beschäftigte sich mit der Berichterstattung österreichischer Printmedien über Public Relations. Das Codebuch zur Analyse wurde IN ANLEHNUNG AN FRÖHLICH/KERL (2007)

UND BURKART/RUßMANN (2010) erstellt.[1] *Für die hier beispielhafte Abbildung erfolgten geringfügige Adaptierungen.*

CODEBUCH für die Datenerfassung in Excel

Forschungsleitende Fragestellungen

Wie berichten die reichweitenstarken tagesaktuellen Printmedien Österreichs über Public Relations/Öffentlichkeitsarbeit? Im Detail: Zu welchen Themenbereichen wird über PR berichtet? Welche Leistungen/Funktionen von PR kommen dabei zur Sprache? Aus welcher Perspektive heraus wird PR betrachtet? Wie wird PR bewertet? Mit welchen Zweifeln wird die PR-Branche konfrontiert?

Auswahl des Analysematerials

[...]

Analyseeinheit

ist der Artikel. Als Artikel gilt ein drucktechnisch abgesetzter Textbeitrag. Bei dieser Analyse handelt es sich stets um ein (pdf-)Dokument, das aus der APA-DeFacto Datenbank entnommen wurde. Vom Umfang her ist dies in der Regel (weniger als) 1 Seite. Ein Artikel hat in der Regel einen Titel, oftmals auch einen Untertitel und einen Vorspann (Lead), bevor der eigentliche Textkorpus (Body) beginnt. Analysiert wird ausschließlich der Textkorpus – Titel, Untertitel und Vorspann wird NICHT analysiert.

Codiereinheit = Sinneinheit

Auf semantischer Ebene *(VGL. FRÜH 2015)* werden „Sinneinheiten" (auch: Bedeutungseinheiten) codiert. Darunter sind Textpassagen zu verstehen, in denen zu den ausgewählten Suchbegriffen etwas ausgesagt wird. Dies können (in formaler Hinsicht) mehrere Sätze (sogar Absätze) sein. Es kann auch sein, dass eine Sinneinheit aus (mehreren) Textpassagen besteht, die nicht unmittelbar hintereinander, sondern an verschiedenen Stellen des Textes erscheinen. Diese Codiereinheit lässt sich vorweg nicht eindeutig festlegen, weil sie eben nicht nach formalen, sondern nach inhaltlich-semantischen Kriterien definiert wird.

Codieranleitungen für die Erstellung eines Codierschemas in Excel:

Spalte Inhalt
↓ ↓

1.1 Formale Kategorien

- A Laufende Nummer (vom jeweils zugeteilten Artikel übernehmen)
- B CodiererIn (Nachname, Vorname eintragen)
- C Artikelüberschrift (Titel und Untertitel eintragen)
- D Medium (Dropdown-Liste)
- E Jahr (Dropdown-Liste)
- F Monat (Dropdown-Liste)
- G Tag (Dropdown-Liste)
- H PR-spezifische Begriffe
  Für jeden Artikel sind die PR-spezifischen Begriffe zu erfassen, die im Text vorkommen. Maximal drei verschiedene Begriffe werden erfasst – und zwar diejenigen, die innerhalb des Artikels als zentral erachtet werden können.

---

[1] Das Codebuch entstammt einem Forschungsseminar am Institut für Publizistik- und Kommunikationswissenschaft der Universität Wien aus dem Wintersemester 2014/15 unter der Leitung von ao. Univ. Prof. Dr. Roland Burkart und dem Autor dieses Buchs. Dabei wurden in der Datenbank der APA (Austria Presse Agentur) alle Zeitungsartikel der Jahre 2004 bis 2014 nach Schlagworten wie „Public Relations", „PR" und anderen vorab genau definierten Begriffen durchsucht und im Fall eines „Treffers" in die Inhaltsanalyse miteinbezogen. Verfasser des Originals war Roland Burkart mit Unterstützung seiner Assistentin Neda Ninova.

Die Dropdown-Liste enthält folgende Begriffe:

PR-Synonyme	PR-Dachbegriffe	
Public Relations	Corporate Communication	[...]
Öffentlichkeitsarbeit	Integrierte Kommunikation	[...]
[...]	[...]	

- I Ressort (Politik, Wirtschaft, Kultur, Sport, Lokales/Chronik, Sonstiges (Dropdown)
- J Darstellungsform: FAKTEN-betont (Nachricht, Bericht) versus MEINUNGS-betont (kommentierend, wertend) (Dropdown-Liste)
- K Länge (Wörter) Textkorpus in ein word-Dokument kopieren und die Funktion „Wörter zählen" aktivieren (Zahl eintragen)

1.2 Inhaltliche Kategorien

Thema

- L PR als Hauptthema
  Der Artikel widmet sich ausschließlich oder wenigstens hauptsächlich der PR. PR als Hauptthema wird dann codiert, wenn diejenigen Sinneinheiten, die sich mit einem PR-spezifischen Inhalt auseinandersetzen, den höheren Anteil ausmachen, gegenüber jenen, für die das nicht zutrifft.
- M PR als Nebenthema
  PR ist zwar Thema der Berichterstattung, aber nur nebenbei, hauptsächlich wird über etwas anderes berichtet. Es muss die Auseinandersetzung mit einem PR-spezifischen Inhalt, aber wenigstens im Ausmaß von einer Sinneinheit erfolgen – die bloße Nennung eines PR-spezifischen Inhaltes oder die bloße Aufzählung von PR-spezifischen Begriffen ist für die Kategorisierung als Nebenthema nicht ausreichend und wird im vorliegenden Kontext nicht codiert.

Themenbereich

Die Kategorien erfassen den thematischen Bereich, dem sich die im Beitrag enthaltenen Informationen über PR zuordnen lassen.

Für jede Kategorie ist zu prüfen, ob sie im Artikel angesprochen wird. Pro Artikel kann jede Kategorie nur ein einziges Mal codiert werden. Es können aber mehrere Kategorien innerhalb ein und derselben Dimension (Themenbereich, PR-Leistungen/Funktionen, PR-Perspektive, Zweifel) codiert werden. [...]

- N Veranstaltungsankündigungen
- O Textstelle(n) eintragen
  Redaktionelle Hinweise auf Veranstaltungen zum Thema PR, aber auch auf Aus- und Weiterbildungsangebote, PR-Preisausschreibungen, entsprechend Anmelde-/Bewerbungsfristen etc. Veranstaltungshinweise werden nur dann erfasst, wenn nicht bloß Titel und Termine genannt werden, sondern wenn es nähere inhaltliche(!) Hinweise dazu gibt, die im journalistischen Format (wenigstens) einer Meldung aufscheinen.
  Beispiel:
  Seit Montag stehen sie fest, die 16 Projekte, die es auf die Longlist für den Public-Relations Staatspreis des Wirtschafts- und Arbeitsministeriums geschafft haben. Eine zwölfköpfige Jury hat aus den 51 eingereichten 16 Projekte in fünf Kategorien nominiert. Die Bekanntgabe der Kategoriensieger und des Staatspreisträgers erfolgt im Rahmen der PR-Gala 2008 am 26. November 2008 in den Mumok Hofstallungen im MQ in Wien.
  (Die Presse, 28.10.2008)
- P Brancheninformation allgemein

[...]

PR-Leistungen/Funktionen
Hier wird erfasst, [...]

[...]

> **Wertung**
> Für jeden Artikel ist eine Wertung zu erfassen. Erst NACH dem Lesen des gesamten Artikels lässt sich feststellen, ob überhaupt eine Bewertung stattgefunden hat.
> Die Wertung bezieht sich stets ausschließlich auf jene Sinneinheiten, die PR-relevant sind (als NICHT PR-relevant einzustufende Textstellen entziehen sich der Analyse).
> CH Wertung – differenziert wird zwischen
>   0 neutral (bzw. keine Wertung) = es handelt sich ausschließlich um deskriptive Aufzählungen von Zahlen/Daten/Fakten etc.
>   1 (überwiegend) positiv = es kommen ausschließlich oder mehrheitlich positive Bewertungen vor
>   2 ambivalent = positive und negative Bewertungen halten sich die Waage
>   3 (überwiegend) negativ = es kommen ausschließlich oder mehrheitlich negative Bewertungen vor

Abbildung 2: Codebuch einer Inhaltsanalyse (Auszüge, adaptiert)

In den letzten Jahren schreitet die digitale Verfügbarkeit von Bild- und Textelementen immer weiter voran. Dies betrifft nicht nur die in Web-Archiven zugängliche massenmediale Kommunikation. Auch zwischenmenschliche Interaktionen im Web 2.0 rücken mehr und mehr in den Fokus inhaltsanalytischer Erkenntnisinteressen und Betrachtungen.

Ein Telekom-Unternehmen möchte z.B. in Erfahrung bringen, wie sich ein neu eingeführter Jugendtarif im Netz verbreitet, wie er angenommen, wie darüber kommuniziert wird.

Menschen, die das Netz themenbezogen durchsuchen, sind teuer, der zeitliche und monetäre Aufwand ist hoch. Da liegt es nahe, dafür Computer einzusetzen. Suchsoftware wie Web-Crawler oder XML-Feeds (VGL. SCHARKOW 2012, S. 108) durchforstet das Netz oder Datenbanken, identifiziert forschungsrelevante Inhalte und versucht oft auch, Texte in deren Bedeutungszusammenhang zu analysieren.[2]

Automatisierte Textanalysen heutiger Ausprägung sind aber eher als „Verstärker" und nicht als Ersatz für den Menschen zu sehen (VGL. BOUMANS/TRILLING 2016, S. 18). Die beiden Autoren unterteilen aktuelle Modelle in rein zählende und selbstlernende.

Der Output **automatisch zählender Analysen** ist die Häufigkeit des Auftretens von Begriffen, Namen, Inhalten, Textstellen usw. Was als „Zähltreffer" gelten soll, muss zuvor arbeitsintensiv in umfangreichen Wortlisten definiert werden. Verfeinerungen solcher Modelle versuchen zusätzlich festzulegen, welche KOMBINATION von Wörtern und Sätzen welche Art von Meinung oder Emotion ausdrückt. Dazu sind aber meist sehr detaillierte und sehr themenspezifische Definitionen notwendig.

Alle derartigen Anwendungen besitzen jedenfalls großes Potential für die Durchforstung riesiger, von Menschenhand nicht mehr bewältigbarer Textmengen. Sie müssen jedoch wiederholt dahingehend geprüft („validiert") werden, ob sie auch wirklich das zählen, was sie zählen sollen (VGL. GRIMMER/STEWART 2013).

Selbstlernende Ansätze verwenden menschliche Codierungsergebnisse geringerer Anzahl als Basis für weitere, große Textmengen. Die Software „lernt" vom menschlichen Ausgangs-

---

[2] SCHARKOW (2012, S. 103 FF.) beschreibt detailliert das technische Vorgehen bei automatisierten Textanalysen im Netz.

material, was wie zu bewerten ist. Damit bekommen bis dato aufwendige und meist einmalig studienbezogene händische Codierungen eine völlig neue Dimension: Sie können immer und immer wieder zur Anwendung gelangen – auch auf riesige Datenmengen.

Noch stärker automatisierte Ansätze kommen völlig ohne Menschen aus. Sie versuchen, über das gemeinsame Auftreten von Worten „Ähnlichkeitscluster" zu definieren und Texte selbständig nach diesen neu zu codieren. Das erfordert aber vorab klare (menschliche) Regeln, wie Sätze in Einzelteile zerlegt werden müssen, um Bedeutungen richtig zu verstehen.

Generell übertreffen nach wie vor so gut wie immer die Klassifizierungsleistung und Verlässlichkeit des Menschen jene der Maschinen. Automatisierungen scheitern weiterhin oft am richtigen Interpretieren von Bedeutungszusammenhängen (oder Bildmaterial).

Fazit: Was aktuell bereits gut funktioniert, ist das AUFFINDEN von Themen und Schlagwörtern, um deren Häufigkeit zu ZÄHLEN.

Wie oft ein neuer Telekom-Tarif in der Web-2.0-Kommunikation vorkommt, kann relativ einfach automatisiert gezählt werden.

Weniger gut hingegen klappt aktuell noch das BEWERTEN von Sachverhalten. Hierbei haben viele Computerprogramme nach wie vor Schwierigkeiten und sind auf Überprüfung, Ergänzung und „Training" durch Menschenhand angewiesen.

Einem „dummen" Programm mittels Definitions-Regeln beizubringen, dass die Aussage in einem Online-Forum „Das ist ja ein guter Tarif" nicht unbedingt positiv gemeint sein muss, stellt eine Herausforderung dar. Ist die zitierte Aussage im Kontext positiv, meint der oder die Schreibende wohl: „Das ist JA (wirklich) ein gutes Angebot". Umgekehrt könnte das Wort „ja" aber auch als zynische Negativäußerung („das ist ja mal (wieder) ein gutes Angebot") gemeint gewesen sein.

Auto-Textanalysen finden sich in der heutigen deutschsprachigen Forschungspraxis deshalb vor allem als Textauffinder für herkömmliche Inhaltsanalysen[3] oder in Form von Wortschatzanalysen[4] (VGL. BROSIUS/HAAS/KOSCHEL 2016, S. 173 F.).

A 1.2 | Beobachtung

Bei einer Beobachtung werden Situationen, Handlungen und Verhaltensweisen dort erfasst, wo sie geschehen. Beobachtungen können Einzelpersonen, miteinander agierende Gruppen oder auch Dinge (z.B. Produkte in Warenregalen) betreffen. Wissenschaftliche Beobachtungen unterliegen strengen Regeln: Mehr als bei jeder anderen Forschungsmethode wirken hier subjektive Wahrnehmung und Einstellungen der beobachtenden Person sehr schnell verzerrend auf die Ergebnisse. Unkontrolliert beobachtet jeder Mensch etwas Anderes, jedem Individuum fallen andere Dinge besonders auf. Deshalb müssen **wissenschaftliche Beobachtungen** die Realität sehr genau „filtern": Es ist unbedingt notwendig, exakt zu definieren, WAS genau registriert werden soll.

---

[3] Auto-Textanalysen übernehmen das für Menschen oft sehr langwierige Auffinden von forschungsrelevanten Inhalten in breiten Textbeständen. Die eigentliche Inhaltsanalyse führen nach wie vor geschulte Codierende durch.
[4] Wortschatzanalysen versuchen zu ergründen, wie sich oft und gern verwendete Worte z.B. in medialer Berichterstattung oder bei Politikern (im Lauf der Zeit) verändern oder (kulturell) voneinander unterscheiden.

Beobachtungsbogen für ein Einkaufszentrum

Immer zur vollen Stunde ausfüllen! Nur den Gangbereich beobachten!

BeobachterIn	Anzahl Personen im Gangbereich		Anzahl Personen mit ...	
	Männer, erwachsen	____	keiner Einkaufstasche	____
Datum	Frauen, erwachsen	____	einer Einkaufstasche	____
	Jugendliche, etwa 12 bis 18	____	zwei bis drei Einkaufstaschen	____
Uhrzeit	Kinder, unter 12	____	mehr als drei Einkaufstaschen	____

Standort Portal		Anzahl Personen, die im Moment ...	
Bereich Süd	☐	langsam am Gang gehen, ohne bei Schaufenstern stehenzubleiben	____
Bereich West	☐	langsam am Gang gehen, immer wieder bei Schaufenstern stehenbleiben	____
Bereich Nord	☐	in ein Geschäft hineingehen	____
Wetter		aus einem Geschäft herauskommen	____
Der Himmel ist ...		zielstrebig am Gang gehen, ohne rechts und links zu schauen	____
wolkenlos	☐		
leicht bewölkt	☐	Anderes tun, und zwar: _____	
stark bewölkt	☐		
Regen	☐	Anderes tun, und zwar: _____	

usw.

Abbildung 3: Beobachtungsbogen für ein Einkaufszentrum (Auszug)

Eyetracking

▶ „Tragende" Bild- und Textelemente müssen dort positioniert werden, wo der Blickverlauf am öftesten hinfällt: je heller die Flecken, desto mehr der beobachteten Personen blicken (zuerst) auf diese Stellen.

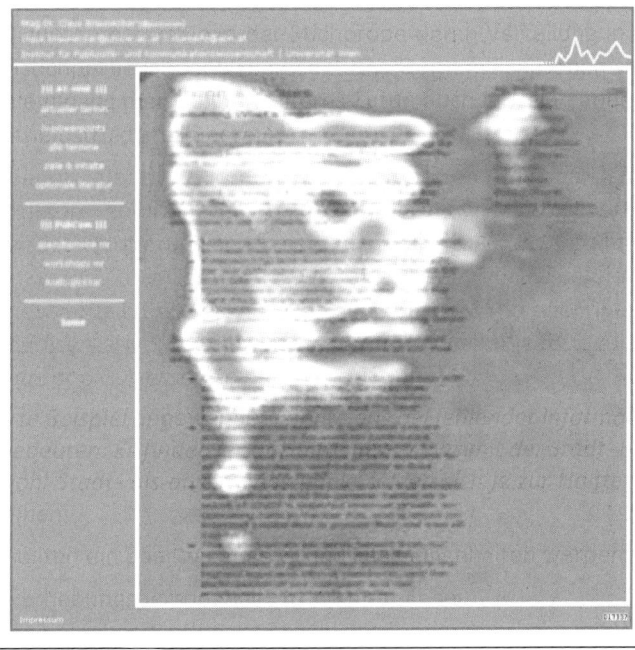

Abbildung 4: Eyetracking-Ergebnis einer Website (anonymisierte Darstellung)

Analog zum Codierbogen bei Inhaltsanalysen gibt es deshalb bei Beobachtungen einen **Beobachtungsbogen** (VGL. ABBILDUNG 3 AUF SEITE 25). Darin wird klar festgelegt, was beobachtet werden soll und was nicht. Es muss genaue Pläne geben, wann und wo die Beobachtung stattfindet und was vom Beobachteten im Detail protokolliert und interpretiert wird.

Auch audiovisuelle Aufzeichnungstechniken sind empfehlenswert: Oft können sonst nach dem Beobachten nicht mehr alle Inhalte lückenlos reproduziert werden.

Beobachtungen werden gerne mit Befragungen kombiniert: Erhebungspersonen können z.B. die Befragten nach gewissen vorher festgelegten Kriterien beobachten und deren Reaktionen auf bestimmte Fragestellungen oder Reize notieren. Die beobachtende Person kann Teil des Geschehens sein (**teilnehmende Beobachtung**) oder eine Betrachterrolle „von außen" einnehmen. Beobachtungen können in künstlicher Umgebung (**Laborbeobachtung**) oder „mitten im Leben" (**Feldbeobachtung**) stattfinden.

Als Anwendungsfälle für künstliche Laborbeobachtungen lassen sich beispielhaft die Media-, Leserschafts- und Werbeforschung mit Hautwiderstandsmessungen anführen. Auch Neuro-Marktforschung (Elektroden messen Spannungen der Haut oder Hirnströme, die bei hoher Aufmerksamkeitserregung ansteigen) und Blickverlaufsregistrierung (Eyetracking, VGL. ABBILDUNG 4 AUF SEITE 25) fallen in diesen Bereich.

Als Beispiele natürlicher, realer Feldbeobachtungen können viele Arten der Konkurrenzforschung und die zu verschiedensten Zwecken stattfindenden Beobachtungen des Konsumentenverhaltens erwähnt werden. Passanten- und Schaufensterbeobachtungen oder die weit verbreiteten Mystery-Calls, -Shoppings und -Tests zählen ebenso dazu.

Bei einem **Mystery-Call** oder **Mystery-Shopping** geben sich Erhebungspersonen als Kundinnen oder Kunden aus. Sie konfrontieren das Verkaufs- und Servicepersonal einer Firma mit alltäglichen Kundenanliegen oder sind beobachtend und protokollierend – z.B. in Verkaufsräumen – unterwegs. Mystery-Tests können auch in Testanrufen oder Testkäufen bestehen. Noch einen Schritt weiter gehen simulierte Beratungsgespräche oder Rollenspiele zur Beurteilung von Key-Account-Personal.

Auch bei Mystery-Tests gibt es für eine systematisierte und vor allem streng objektivierte Erfassung Beobachtungs- oder **Protokollbögen** (VGL. ABBILDUNG 5 AUF SEITE 27).

Die Testpersonen sollen möglichst ohne Beurteilungsspielraum testen: Das lässt sich v.a. über Faktenabfragen, die ausschließlich mit „ja" oder „nein" zu beantworten sind, realisieren. Etwaige Schulnotenbeurteilungen, die die individuelle Meinung einer Testerin oder eines Testers widerspiegeln, sollten nur die Ausnahme bilden.

Die Testenden müssen glaubwürdige und möglichst authentische Typen verkörpern:

Nicht besonders realistisch würden z.B. ältere Menschen wirken, die ein Studentenkonto eröffnen wollen.

Firmeneigene Mitarbeiterinnen und Mitarbeiter sind als Testpersonen weniger gut geeignet (Kollegialitätsprobleme). Möglichst viele Testpersonen sollten ihre Mystery-Beobachtungen möglichst gleichmäßig und breit über Tageszeiten und Wochentage streuen. Die Anonymität der Getesteten darf keinesfalls verletzt werden. Grundsätzlich sollten die zu Beobachtenden immer vorab über die geplanten Tests informiert werden.

Mystery-Protokoll

Filiale	Beleuchtung & Sauberkeit	ja	nein	nicht vorhanden
	Sind die Tische sauber?	1	2	
TesterIn	Sind die Sessel sauber?	1	2	
	Ist der Boden sauber?	1	2	
Datum	Scheiben der Fenster/Türen sauber?	1	2	
	Teppiche gereinigt/gepflegt?	1	2	
Uhrzeit	Sind die Pflanzen gepflegt?	1	2	X
	Geschirr			
	Sind die Tabletts sauber?	1	2	
	Sind die Tabletts trocken?	1	2	
	Ist genügend Geschirr vorhanden?	1	2	
	Ist das Geschirr sauber?	1	2	
	Sind die Gläser sauber?	1	2	
	Sind die Teller sauber?	1	2	
	Wartezeit & MitarbeiterInnen			
	Haben Sie max. 3 min an der Kasse gewartet?	1	2	
	War der/die Kassen-MitarbeiterIn freundlich?	1	2	
	usw.			

Abbildung 5: Mystery-Protokollbogen für Selbstbedienungs-Restaurants (Auszug)

A 1.3 | Gruppendiskussion (Fokusgruppe)

Bei einer Gruppendiskussion diskutieren etwa zehn Menschen unter der Leitung einer moderierenden Person rund ein bis zwei Stunden lang über ein bestimmtes Thema. Dabei wird die alltägliche Situation eines Meinungsbildungsprozesses möglichst gut nachgebildet.

Die Situation eines Gesprächs in der Gruppe kann dazu beitragen, Hemmungen abzubauen und wechselseitig Anregungen im Gespräch aufzugreifen. Dadurch wird der weitere Verlauf der Diskussion gefördert (VGL. EBSTER/STALZER 2013, S. 200).

Ein großer Vorteil, den Fokusgruppen besitzen, ist die Möglichkeit, Gegenstände und Informationsmaterial direkt in den Forschungsprozess miteinzubeziehen. Die Gruppe kann z.B. über Werbesujets, Logoentwürfe, textliche Formulierungen, Prospekte, Düfte, audiovisuelle oder technische Prototypen jeglicher Art usw. diskutieren. Das Material benötigt keine hohen Testauflagen und wird trotzdem in konkret erlebbarer Ausgestaltung direkt in den Zielgruppen abgetestet.

Damit thematisch alles planmäßig behandelt wird, skizziert ein vorab erstellter **Diskussionsleitfaden** den Ablauf (VGL. ABBILDUNG 23 AUF SEITE 82).

Die Ergebnisse einer Gruppendiskussion werden stark durch die Moderation gelenkt: Immer dann, wenn das Gespräch abflacht oder das Diskussionsthema verlassen wird, greift die Diskussionsleitung lenkend ein. Eine wichtige Rolle der Moderation besteht auch darin, zwischen redegewandten und stilleren Gruppenmitgliedern einen Ausgleich zu schaffen.

Alle sollten gleichermaßen zu Wort kommen: Bereits vor der Diskussion muss deshalb sichergestellt worden sein, dass alle teilnehmenden Personen überhaupt einen Bezug zum Diskussionsgegenstand haben.

Ob eine Diskussionsgruppe homogen oder heterogen zusammengestellt wird, hängt von Themenstellung und Ergebniserwartung ab. Homogene Gruppen können durch eine ähnliche Gruppenmeinung ein Ergebnis im Idealfall verfeinern und vertiefen. Ein allzu einheitliches und wenig differenziertes Gesamtmeinungsbild kann aber auch den Nachteil haben, nur wenige neue Erkenntnisse zu bringen. Diese Gefahr besteht bei heterogenen Gruppenzusammensetzungen kaum. Hier kann es jedoch vorkommen, dass Einzelmeinungen falsch verallgemeinernd auf größere (Ziel-)Gruppen übertragen werden: Eine Einzelperson kann einer Zielgruppe zwar strukturell absolut entsprechen, aber meinungsmäßig vielleicht völlig untypisch argumentieren.

Folgender Anwendungsfall soll beispielhaft die Problematik der Zusammensetzung von Diskussionsgruppen veranschaulichen:

> *Zum Thema „Allgemeine Einstellung zur Wehrpflicht" wird eine Gruppendiskussion durchgeführt. Daran nehmen von jeder Altersgruppe ein oder zwei Mitglieder teil. In der Gruppe sind auch zwei Senioren, eine Frau und ein Mann. Beide haben zufällig unter ihren engeren Familienmitgliedern Angestellte beim Heer. Dementsprechend sehen beide den Diskussionsgegenstand stark aus der beruflichen Situation ihres familiären Umfelds heraus gefärbt. Wenn man jetzt die Meinungen dieser beiden älteren Bürger als Allgemeinmeinung aller Seniorinnen und Senioren eines Landes auf die ältere Gesamtbevölkerung projizieren würde, würde man einen großen Fehler begehen. Hier wäre es überlegenswerter, mehrere Fokusgruppen durchzuführen. Jede Gruppe könnte aus homogenen Altersgruppen bestehen, die dafür jeweils möglichst heterogene Lebensumstände aufweisen.*

Die Aufzeichnung und Auswertung von Gruppendiskussionen erfolgen elektronisch, Institute verfügen über die notwendigen Räumlichkeiten (oft mit Einwegspiegeln) und technischen Einrichtungen. Oft werden in Ergänzung zur Diskussion kurze Selbstausfüller-Fragebögen ausgeteilt. Sie helfen bei der Erfassung individueller Einstellungen zum Diskussionsgegenstand und können bei der Ergebnisaufbereitung als Interpretationshilfe genutzt werden. Die Aufzeichnungen der Diskussionen werden in Vorbereitung auf die Ergebnisanalyse in geschriebenen Text übertragen (**transkribiert**).

A 1.4 | Qualitative Einzelbefragungstechniken

Gegenüber der bei Fokusgruppen angewendeten „Gruppenstrategie" steht bei qualitativen Einzelbefragungen das Individuum im Zentrum des Erkenntnisinteresses.

Hier kommen in der Praxis ähnliche, in der Durchführung (und themenspezifischen Literatur) aber nicht immer genau voneinander abgrenzbare Verfahren zum Einsatz. Relativ klar unterteilen kann man die Möglichkeiten qualitativer Interviewführung in Leitfadeninterviews, offene Interviews und narrative Interviews (vgl. Gläser/Laudel 2010, S. 42).

Bei **Leitfadeninterviews** erfolgen die Einzelgespräche mit vorgegebenen Themen und einer Frageliste. Der Gesprächsleitfaden (vgl. Abbildung 22 auf Seite 81) und das offene Gespräch erlauben den Befragten, ihren Gedanken freien Lauf zu lassen. Sie werden nicht durch ein Frage-Antwort-Schema eingeschränkt, wie dies bei quantitativen Erhebungen mit standardisierten Fragebögen der Fall ist. Die Reihenfolge der Fragebeantwortung bzw. der Formulierungen der Fragen orientiert sich am Gesprächsverlauf.

Auch Fragen „außerhalb der Reihe" sind möglich, wenn sich die Notwendigkeit dazu ergibt: Die Themenliste lässt sich oft nur abarbeiten, wenn zu Antworten nachgefragt wird.

Völlig **offene Interviews** besitzen eine Themenliste, aber keinen Leitfaden. Hier bewegt sich die oder der Interviewende mit frei formulierten Fragen durch die Themenstellungen.

Noch offener gestalten sich **narrative Interviews**: Sie beginnen mit EINER komplexen Frage.

Eine derartige Frage könnte lauten: „Erzählen Sie mir bitte Ihre Lebensgeschichte."

Erst nach einer längeren erzählenden Antwort der interviewten Person sind Nachfragen möglich, die zu weiteren Erzählungen anregen.

In der qualitativen Erhebungspraxis üblich sind auch **qualitative Einzelbefragungen**. Hier bedient man sich eines „gewöhnlichen" **qualitativen Fragebogens** (VGL. ABBILDUNG 24 AUF SEITE 84). Dieser legt die Reihenfolge der überwiegend offenen Fragen fest, deren genaue Formulierung ist jedoch nicht vorgegeben.

Allen qualitativen Befragungstechniken ist der Versuch gemeinsam, sehr detaillierte, verbal ausformulierbare inhaltliche Auskünfte zu einem Thema zu erhalten. Dabei geht man sehr stark und individuell auf die Befragten ein: Abhängig von deren Wortschatz fällt das Gesprächsergebnis mehr oder weniger wortreich aus. Die erhebenden Personen stellen sich in Wortwahl und Gesprächsniveau möglichst passend auf das jeweilige Gegenüber ein. Dadurch können oft auch unbewusste Einstellungen oder Verhaltensweisen an die Oberfläche geholt werden.

Der Aufbau einer vertrauensvollen Gesprächssituation fordert geschultes Erhebungspersonal und kostet Zeit, weshalb meist nur wenige „gute" Interviews möglich sind. Auch der Auswertungsaufwand qualitativer Einzelerhebungen ist sehr groß: Gilt es doch, aus vielen subjektiven Einzel-Statements dennoch Generalisierungen abzuleiten, die die Erkenntnisinteressen der Erhebung abdecken.

Qualitative Einzelerhebungen werden auch gerne bei Interviews mit Personen eingesetzt, die auf einem bestimmten Gebiet hohen Expertenstatus (durch Wissen, Rang usw.) besitzen (**Experteninterviews**). Für Gespräche mit Expertinnen und Experten ist die Technik der Leitfadeninterviews sehr gut anwendbar (VGL. GLÄSER/LAUDEL 2010, S. 43).

Wie bei Gruppendiskussionen werden die qualitativen Einzelbefragungen zumindest auditiv aufgezeichnet und in geschriebenen Text übertragen (**transkribiert**).

A 1.5 | Umfrage, Befragung

Wenn im allgemeinen Sprachgebrauch von „Umfragen" gesprochen wird, dann ist meist von der quantitativen Befragung die Rede. Sie kommt in der empirischen Sozialforschung wohl am häufigsten zum Einsatz.

Befragungsarten quantitativ	
f2f – face to face	persönliche Interviews (PAPI oder CAPI)
schriftlich	Papierfragebögen zum Selbstausfüllen (per Post, Fax, E-Mail, Link, an Auslegepunkten …)
PAPI	Paper Assisted Personal Interviews (persönlich, auf Papier)
CAPI	Computer Assisted Personal Interviews (persönlich, mit Notebook)
CATI	Computer Assisted Telephone Interviews (telefonisch, interviewende Person sitzt am PC)
CAWI-Online	Computer Assisted Web Interviews („Selbstausfüller", im Internet, am Befragten-PC)
WATI	Web Assisted Telephone Interview (telefonisch, befragte Person sitzt am PC)

Abbildung 6: Arten quantitativer Befragungen

ABBILDUNG 6 gibt einen Überblick über häufig vorkommende Arten quantitativer Umfragen.

So gibt es sie mündlich oder schriftlich, in Form von Interviews oder Fragebögen, welche die Befragten selbst ausfüllen müssen, persönlich, telefonisch oder elektronisch, einmalig oder wiederholt. Einmal wird mit einem Fragebogen aus Papier gearbeitet, einmal mit einem Online-Formular, dann wieder mit einer Befragungssoftware oder einem Smartphone-Befragungstool.

Quantitative Befragungen bauen auf sogenannten **voll standardisierten Interviews** auf: Das bedeutet, dass alle Fragen genau vorformuliert sind und eine genau festgelegte Reihenfolge besitzen. Es ist genau fixiert, was und wann offen, was und wann geschlossen gefragt wird. EIN BEISPIEL EINES QUANTITATIVEN FRAGEBOGENS FINDET SICH IN ABBILDUNG 19 AUF SEITE 69 F.

Die erhebenden Personen haben bei persönlichen oder telefonischen Befragungen die Anweisung, über die Befragung hinausgehende Interaktionen mit den Befragten zu vermeiden: Dadurch sollen jegliche subjektiven Einflüsse auf das Antwortverhalten weitestgehend ausgeschaltet oder zumindest auf ein Mindestmaß reduziert werden.

Bei persönlichen oder telefonischen Erhebungen erhält das durchführende Personal genaue Anweisungen, wie es sich an welcher Stelle des Fragebogens zu verhalten hat (VGL. DAZU IM DETAIL KAPITEL „A 5.3.1 | REGELN FÜR PROFESSIONELLE FRAGEBÖGEN" AB SEITE 85 UND „A 5.3.2 | ARTEN VON FRAGEN: FRAGETYPEN" AB SEITE 89). Jede Frage wird der Reihe nach im genauen Wortlaut mit ihren vorgegebenen Antwortalternativen vorgelesen. Die gegebenen Antworten werden kommentarlos angekreuzt. Antworten auf offene Fragen müssen möglichst genau im Wortlaut notiert werden. Das Erhebungspersonal ist in diesem Fall – überspitzt formuliert – ein „Befragungsroboter".

Bei einem **vollstrukturierten Interview** sind ALLE Fragen und Antwortmöglichkeiten fix vorgegeben. Bei einer **semistrukturierten Befragung** sind die Reihenfolge der Fragen und Formulierungen fixiert, die Antwortkategorien jedoch nur teilweise: Hier gibt es als letzte Antwortalternative noch Platz für „Sonstiges, und zwar: ___" mit der Möglichkeit, individuelle Antworten im Wortlaut zu erfassen. EIN BEISPIEL EINES QUANTITATIVEN FRAGEBOGENS FINDET SICH IN ABBILDUNG 19 UND 20 AUF SEITE 69 F.

Semistrukturierte Interviews besitzen in der quantitativen Sozialforschung große Verbreitung. Hier kommen die Befragten trotz strukturiertem Fragebogen dennoch nicht in die Situation, keine für sich passende Antwortmöglichkeit zu finden. Es kommt ja durchaus vor, dass bei der Erstellung eines Fragebogens gewisse Antwortoptionen nicht bedacht oder einfach vergessen werden. Oder individuelle Antworten sind derart einzigartig, dass sie vorab gar nicht berücksichtigt werden hätten können.

In der Praxis werden die unterschiedlichen Befragungsarten (VGL. ABBILDUNG 6 AUF SEITE 30) auch kombiniert: Ein erster Fragebogenteil wird z.B. von Erhebungspersonal persönlich in Haushalten erhoben, den zweiten Fragebogenteil lässt man bei den Befragten zurück. Diese füllen dann in Ruhe aus und senden den komplettierten Fragebogen per Post zurück.

Oder man führt eine Online-Erhebung durch, befragt die älteren Zielgruppen aber am Telefon, weil man sie im Internet (noch) nicht lückenlos erreicht. Derartige Erhebungen nennt man **hybrid**.

Alle großen Marktforschungsinstitute bieten regelmäßig sogenannte **Mehrthemenumfragen** (MTU's, „Omnibusbefragungen")[5] an. Die Umfragen richten sich in der Regel an einen repräsentativen Querschnitt der Bevölkerung. Sie werden in unterschiedlichen Intervallen mit unterschiedlicher Methodik (wöchentlich, 14-tägig, monatlich, persönlich, telefonisch, online) angeboten. Dabei werden zu fixierten Terminen Fragen verschiedener Auftraggeberinnen und Auftraggeber in EINEM Fragebogen zusammengefasst (VGL. „ÜBERGANGSFRAGEN" IM KAPITEL „A 5.3.2 | ARTEN VON FRAGEN: FRAGETYPEN" AUF SEITE 89). Durch ihren hohen Standardisierungsgrad stellen MTU's eine kostengünstige, schnelle und zuverlässige Methode dar, um zu Bevölkerungsdaten zu gelangen.

A 1.5.1 | Panelerhebung und Tracking

Ein **Panel** stellt eine besondere Form quantitativer Umfragen dar. Es besteht aus definierten Mitgliedern, die eine Zielgruppe repräsentieren. DIESELBEN Menschen werden wiederholt in regelmäßigen Abständen oder auch fortlaufend zum gleichen Thema befragt oder beobachtet.

Ein Panel erhebt Veränderungen des Marktes und ermöglicht es, Prognosen zu erstellen.

---

[5] Abgeleitet aus dem Lateinischen „omnibus" = „für alle".

Allerdings müssen Panels regelmäßig „gewartet" werden, sind sie doch mit mehreren Problemen konfrontiert.

Rund 15% der Panelmitglieder fallen pro Jahr aus der Stichprobe (Panelsterblichkeit, **Mortalität**). Aufgrund von nachlassendem Interesse, fortschreitendem Lebensalter (das Panel „wird älter") oder tatsächlichem Tod verkleinert sich der Kreis der Teilnehmenden. Darüber hinaus unterliegen soziodemografische Merkmale bestimmten Wandlungen (z.B. Umzug von der Stand aufs Land, ein Single-Haushalt wird zur Familie). Die Struktur der Teilnehmerschaft muss deshalb immer wieder durch jüngere, oder besser passende, neue Mitglieder ausgeglichen werden. Ansonsten verliert jedes Panel nach absehbarer Zeit seine Repräsentativität.

Ein weiteres großes Problem von Panelerhebungen stellt entstehendes **Expertentum** dar: Panel-Mitglieder verändern mehr oder weniger bewusst ihr Verhalten in Bezug auf den Erhebungsgegenstand: Sie mutieren weg von „Otto Normalbürger" zum Testuser.[6]

Wie beim Panel finden auch bei einem **Tracking** wiederholte Erhebungen zum selben Thema statt. Jedoch werden hier immer wieder ANDERE Menschen in neuen strukturgleichen Stichproben befragt. Strukturgleichheit kann z.B. nach Geschlecht, Alter, Bildung und Wohnort bestehen.

Ein Tracking kann die Veränderung von Bekanntheit und Image eines Unternehmens oder einer Marke (etwa im Lauf einer Werbekampagne) beobachten. Trackings liefern auch rasch und effizient Zeitreihendaten z.B. zu Einstellungs- und Imagefragen, Motiven, Markenpräferenzen oder Kaufabsichten usw.

A 1.6 | Experiment

Experimente gehen der Frage nach, ob und wie stark AUSSCHLIEßLICH eine Variable X für die Veränderung einer Variablen Y verantwortlich ist. Die Variablenveränderungen werden genauestens beobachtet oder mittels Befragung eingehend analysiert. Nur ein Experiment erlaubt es, Kausalaussagen über einen Zusammenhang von Ursache und Wirkung zu treffen (VGL. EBSTER/STALZER 2013, S. 209).

Um ein sozialwissenschaftliches Experiment durchführen zu können, müssen die beiden Variablen X und Y zueinander in Beziehung stehen. Die Ursache X (**unabhängige Variable**) muss zeitlich vor der Wirkung Y (**abhängige Variable**) liegen.

Außerdem muss sichergestellt sein, dass einzig und allein die Wirkung der zu testenden Variable X und keine einflusstragenden Nebeneffekte (**Störvariablen** Z) erforscht werden.

---

[6] Panel-Stichproben kommen unter anderem auch auf Testmärkten zum Einsatz: Dabei handelt es sich um geografisch abgegrenzte Gebiete, wo sich Freiwillige für längere Zeit als Test-Kundschaft (= Panel) zur Verfügung gestellt haben. Im Testmarkt wird ein bestimmtes Produkt neu auf den Markt gebracht. Wie reagieren die Panelmitglieder (= Testkundschaft) darauf? Ändert sich ihr bisheriges Kaufverhalten?
Ein Umstand, der gerne übersehen wird und zu Fehlschlüssen bei der Umlegung der Testergebnisse auf den Gesamtmarkt führen kann: Es kann „gefährlich" sein, vom abgeschotteten Testgebiet auf das Kaufverhalten aller Konsumentinnen und Konsumenten zu schließen. Denn der Teststatus der Testkundschaft verändert früher oder später deren Konsumgewohnheiten, und sei es nur, dass ihre Einkäufe nun deutlich bewusster erfolgen als im realen Leben.

Experimente findet man in der Erhebungspraxis z.B. bei Testverkäufen in abgegrenzten Regionen oder bei Produkttests zur Gebrauchstauglichkeit von Artikeln. (Blind-)Verkostungen neuer Geschmacksrichtungen, Tests für neue Verpackungen, Regalplatzierungen oder zur Kannibalisierungswirkung von Verkaufsaktionen stellen weitere Anwendungsfälle dar.

In der Kommunikationsforschung können Experimente unter anderem dabei helfen, Werbung optimal zu gestalten und zu verbreiten. Auch die unterschiedliche Formulierung von Texten kann eine abhängige Variable in einem Experiment sein.

Voraussetzung für die erfolgreiche Durchführung eines Experiments ist die genaue Festlegung eines experimentellen Designs. ABBILDUNG 7 zeigt einige von vielen verschiedenen Möglichkeiten, ein Experiment anzulegen.[7] Experimente können mit einer oder mehreren Messungen sowie MIT und OHNE Kontrollgruppe(n) durchgeführt werden.

Mögliche experimentelle Designs

	Messzeitpunkt		Z_1	Z_2	Z_3	Z_4	Z_5	Z_6	Z_7
❶	Einzelfall-Studie	EG	S	M					
❷	Pre-Test/Post-Test	EG	M_1	S	M_2				
❸	Zeitreihe	EG	M_1	M_2	M_3	S	M_4	M_5	M_6
❹	Mehrfall-Studie	EG (rand)	M_1	S_1	M_2				
		EG (rand)	M_3	S_2	M_4				
❺	Post-Test mit Kontrollgruppe	EG (rand)	S	M_1					
		KG (rand)	kein S	M_2					
❻	Pre- und Post-Test mit Kontrollgruppe	EG (rand)	M_1	S	M_2				
		KG (rand)	M_3	kein S	M_4				

$Z_{1\,usw.}$ = Zeitpunkt der Messung
$M_{1\,usw.}$ = Messung
EG = Experimentalgruppe
KG = Kontrollgruppe
(rand) = Randomisierung
S = Stimulus

Abbildung 7: Mögliche experimentelle Designs

„Echte" Experimente (VGL. FRIEDRICHS 1990, S. 343) arbeiten mit zumindest zwei Gruppen: Eine Versuchsgruppe (**Experimentalgruppe**) wird dem Variableneinfluss (Stimulus oder **Treatment**) unterworfen. Eine **Kontrollgruppe** OHNE Variableneinfluss dient als Vergleichsbasis. Beide Gruppen werden per Zufall (**randomisiert**) ermittelt oder müssen unbedingt(!) strukturgleich sein.

---

[7] In der psychologischen (Maderthaner 2008), soziologischen (Atteslander 2010) und Marketing-Literatur (Berekoven/Eckert/Ellenrieder 2009) werden unterschiedliche Anwendungsbeispiele und experimentelle Settings angesprochen, die sich methodisch aber oft auch ähnlich sind.

Nach dem Experiment misst eine genaue Gegenüberstellung von Versuchs- und Kontrollgruppe(n) die Wirkungen des Experiments. Nur dieser Vergleich zwischen Versuchsgruppe(n) MIT und Kontrollgruppe(n) OHNE Variableneinfluss erlaubt es, Kausalbeziehungen zu untersuchen (VGL. ❺ UND ❻ IN ABBILDUNG 7 AUF SEITE 33).

Fehlt eine Kontrollgruppe, lassen sich am Experiment keine reinen Kausalbeziehungen festmachen. Die Wirkung muss nicht allein in der Ursache begründet sein, unkontrollierbare Störvariablen können „mitgewirkt" haben (VGL. ❶, ❷ UND ❸). In Settings ohne Kontrollgruppe gelangen (deshalb) oft auch mehrere Experimentalgruppen zur Anwendung (❹). Hier werden die Wirkungen unterschiedlicher Stimuli (bzw. unterschiedlich stark ausgeprägter Stimuli) auf randomisierte oder strukturidente Gruppen vergleichend analysiert.

Möchte man z.B. die Wirkung verschiedener Ausgestaltungen von Werbespots auf eine Zielgruppe analysieren, gibt es keine Kontrollgruppe (ohne Werbespot).

Manche Experimente finden in einer extra dafür geschaffenen künstlichen Umgebung statt (**Laborexperiment**), andere passieren „in real life" (**Feldexperiment**). Beide Arten haben Vor- und Nachteile: In einem künstlichen Laborexperiment können die Versuchsbedingungen besser manipuliert und von Störeinflüssen abgeschirmt werden. Hier sind Wechselwirkungen mit Alltagssituationen meist gut kontrollierbar. Damit ist die Wirkung von Ursachen meist klarer zu identifizieren. Bei der Anwendbarkeit auf den Alltag spielen aber wiederum Feldexperimente ihre deutlichen Stärken aus: Isolierte Bedingungen kommen in „normalen" Lebenswelten nicht vor. Im alltäglichen Leben SIND Störeinflüsse vorhanden und werden kaum jemals ausgeblendet.

Ein Laborexperiment könnte wie im Folgenden aufgesetzt werden:

Ein Spinatproduzent testet die Einstellungswirkung eines neuen TV-Spots auf sein Produkt. Zuerst findet eine zufällige Zuordnung von Testpersonen zur Experiment- und Kontrollgruppe statt. Dann wird die Einstellung aller Testpersonen zum Produkt gemessen.

Daraufhin sehen beide Gruppen mehrere TV-Spots (idente Anzahl). Die Versuchsgruppe sieht darunter auch den neuen TV-Spot, der Kontrollgruppe wird darunter auch der alte TV-Spot vorgespielt. Danach erfolgt eine neuerliche Messung der Einstellung aller Testpersonen zum Produkt. DIESES SETTING ENTSPRICHT ❹ BZW. ❻ IN ABBILDUNG 7.

Ausschließlich der neue Spot wurde somit zwischen beiden Gruppen verändert, alle anderen Bedingungen im „Labor" sind gleichgeblieben. Alle Einstellungsunterschiede sind demzufolge ausschließlich auf den Testspot zurückzuführen.

Auch „direkt im Betrieb" sind experimentelle Versuche möglich. Ein Feldexperiment:

Ein Versandhaus möchte den Einfluss unterschiedlicher Katalogversionen auf die Anzahl bestellter Artikel untersuchen. Dazu werden aus der Kundendatei zufällig zwei nach Soziodemografie und Einkaufsverhalten strukturgleiche(!) Gruppen gebildet. Die durchschnittlichen Bestellungen des letzten Quartals werden für beide Gruppen ermittelt (= Nullmessung). Die Mitglieder der einen Gruppe (Kontrollgruppe) erhalten daraufhin den bisherigen Katalog zugesandt. Die Versuchsgruppe bekommt jeweils ein Muster des neuartigen Testkatalogs. Danach erfolgt eine Analyse der Bestellungen beider Gruppen für ein weiteres Quartal. DIESES SETTING ENTSPRICHT ❻ IN ABBILDUNG 7.

Experimentelles Designbeispiel

	ExperimentalGruppe 1 (n = 25)	ExperimentalGruppe 2 (n = 25)	Erläuterung	Fragestellungen
Teil A - Präsentation von Stimuli	Willkommen zu unserem Experiment! In dieser Studie geht es um die Wahrnehmung von Werbung. Bitte betrachten Sie die folgende Präsentation von Plakaten. Die Bilder werden automatisch weiterbewegt. Sie müssen nichts tun, nur den Blick auf dem Bildschirm schweifen lassen. Bitte sehen Sie die Werbung so an, wie Sie es auch zu Hause tun würden. Die Daten werden mit dem Eye-Tracker aufgezeichnet und sind anonym. x 11 Bilder insgesamt, darunter Sujet A, B und C Randomisierung!		Die zusätzlichen neun Füllbilder dienen der Ablenkung vom eigentlichen Ziel der Studie …	
	Sujet A — 7 sec Dauer der Präsentation	**Sujet A** — 7 sec Dauer der Präsentation	**Sujet A** wird von beiden Testgruppen gesehen und mit den anderen acht Füllbildern randomisiert …	- Blickverlauf - Blickverweildauer - […]
	Sujet B — 7 sec Dauer der Präsentation	**Sujet C** — 7 sec Dauer der Präsentation	**Sujet B** wird von Gruppe 1 gesehen, **Sujet C** von Gruppe 2. Beide Sujets werden mit den anderen acht Füllbildern randomisiert …	- Blickverlauf - Blickverweildauer - […] Für **Sujet B** und **C** einzeln UND im Vergleich zwischen **B** und **C** UND im Vergleich zu **A**
B	[…]		[…]	[…]
Teil C - direkter Vergleich	Sie sehen jetzt nur einen Augenblick lang zwei Plakate. Bitte beurteilen Sie, welches Sie mehr anspricht.			
	B **C** — 2 sec Dauer der Präsentation	**C** **B** — 2 sec Dauer der Präsentation		- Wohin geht der Blick zuerst? - Was wird in 2 sec wahrgenommen? - Blickverlauf - Blickverweildauer - […]

	Welches der beiden Sujets hat Sie mehr angesprochen?
	  Zum Favoriten:
	    Was hat Ihnen gefallen? _____
	  Zum anderen Sujet:
	    Was hat Ihnen nicht so gut gefallen? _____
				- Qualitative Nennungen

D	Abschlussfragen		Erhebung möglicher Einflussvariablen	[…]

Abbildung 8: Experimentelles Designbeispiel (VGL. KUMMER 2015, AUSZÜGE, ADAPTIERT)

Dieser Versuchsaufbau besitzt eine relativ geringe Zuverlässigkeit. Die Anzahl der Artikelbestellungen kann neben dem Katalog durch viele andere (Stör-)Variablen beeinflusst werden: Geschenkkäufe für zufällig anfallende Geburtstage, Einkommensveränderungen, verändertes allgemeines Kaufverhalten sind nur ein paar Beispiele ergebnisverzerrender Wirkung.

An der Fachhochschule Burgenland wurde im Jahr 2014 ein Experiment zur Wahrnehmung unterschiedlicher Werbesujets durchgeführt.

In einem Eyetracking-Setting sahen 50 Testpersonen in zwei Gruppen mehrere Werbestimuli. ABBILDUNG 8 AUF SEITE 35 veranschaulicht auszugsweise das experimentelle Design dieser Erhebung. Die beispielhafte Abbildung folgt KUMMER (2015) und wurde anonymisiert und leicht adaptiert. DAS HIER BESCHRIEBENE EXPERIMENT ENTSPRICHT VOM SETTING HER EINER KOMBINATION VON ❸ UND ❹ IN ABBILDUNG 7 AUF SEITE 33.

Zusatzinformationen und weiterführende Literatur zu diesem Kapitel:

- Atteslander, Peter (2010): Methoden der empirischen Sozialforschung. 13., neu bearbeitete und erweiterte Auflage. Berlin: Erich Schmidt Verlag. BEOBACHTUNG Seite 73–107. BEFRAGUNG Seite 109–175. EXPERIMENT Seite 177–193. INHALTSANALYSE Seite 195–224.

- Boumans, Jelle W./Trilling, Damian (2016): Taking Stock of the Toolkit. An overview of relevant automated content analysis approaches and techniques for digital journalism scholars. In: Digital Journalism (Volume 4, Issue 1, 2016, online veröffentlicht am 3. November 2015): 8–23. doi: 10.1080/21670811.2015.1096598, abgerufen am 14.06.2016 um 21:23 Uhr.

- Ebster, Claus/Stalzer, Lieselotte (2013): Wissenschaftliches Arbeiten für Wirtschafts- und Sozialwissenschaftler. 4., überarbeitete Auflage. Wien: facultas.wuv. DATENERHEBUNGSMETHODEN ALLGEMEIN Seite 190–213.

- Früh, Werner (2015): Inhaltsanalyse. 8., überarbeitete Auflage. Konstanz und München: UVK.

- Brosius, Hans-Bernd/Haas, Alexander/Koschel, Friederike (2016): Methoden der empirischen Kommunikationsforschung: Eine Einführung. 7., überarbeitete und aktualisierte Auflage. Wiesbaden: Springer VS. Studienbücher zur Kommunikations- und Medienwissenschaft. DATENERHEBUNGSMETHODEN ALLGEMEIN Seite 5 f. INHALTSANALYSE Seite 137–181. BEOBACHTUNG Seite 183–215. EXPERIMENT Seite 217–255.

A 2 | Grundgesamtheit, Vollerhebung oder Stichprobe

… in diesem Kapitel geht's um:

- sehr genaue Definition einer **Grundgesamtheit** ist absolut notwendige Basis • sonst ist kein die Grundgesamtheit repräsentierendes Ergebnis möglich!
- **Vollerhebung:**
  alle Elemente werden erhoben • nur besser als Stichprobe, wenn wirklich ALLE Elemente erhebbar • keine Ergebnisübertragung auf Grundgesamtheit (= Signifikanzprüfung) nötig
- **Stichprobe:**
  ein repräsentativer Teil der Grundgesamtheit wird erhoben • oft repräsentativer als Vollerhebung • rascher und billiger • Schwankungsbreiten der Ergebnisse

A 2.1 | Grundgesamtheit

Vor jeder Erhebung stellt sich noch vor dem „Was soll ich denn genau erheben" die primäre Frage nach dem WO? Bei wem soll erhoben werden? **Wer oder wo genau soll überhaupt untersucht werden?** In der Erhebungswelt werden die zu untersuchenden Objekte Grundgesamtheit genannt.

Die **Grundgesamtheit** ist die Menge aller gleichartigen Objekte (Untersuchungseinheiten mit gleichen Ausprägungen von sachlichen, räumlichen und zeitlichen Merkmalen), auf die sich eine empirische Erhebung bezieht. Sie wird auch „Universum", „Population" oder „Kollektiv" genannt (VGL. KARMASIN/KARMASIN 1977, S. 224). Je nach Aufgabenstellung gibt es verschiedene Grundgesamtheiten. Diese müssen jedesmal ganz genau definiert werden! Eine exakte Definition der Grundgesamtheit ist deshalb absolut notwendig, weil man nur dann auch genau angeben kann, für WEN die erhobenen Untersuchungsergebnisse Gültigkeit besitzen.

Eine **sehr genaue Beschreibung der Grundgesamtheit** steht am Beginn jedes Forschungsvorhabens und ist die wichtigste Basis jeder Erhebung: Sie definiert, für wen die Ergebnisse der Erhebung gelten, wen sie repräsentieren sollen, wen sie beschreiben. Ohne exakte Definition einer Grundgesamtheit kann eine Erhebung kaum bzw. nur in wenigen Einzelfällen hochwertige Ergebnisse liefern.

Die exakte Definition einer Grundgesamtheit ist Basis aller empirischen Forschungen!

Leider wird bei vielen Erhebungen der Fehler gemacht, die Grundgesamtheitsdefinition nur am Rande zu beachten oder überhaupt völlig außer Acht zu lassen. Das führt zu Ergebnissen, die eigentlich nicht mehr verwendbar sind: Man kann zu Erhebungsende nicht sagen, für wen die Aussagen der Studie überhaupt gelten.

Wer bzw. was alles kann nun Grundgesamtheit sein?

Bei herkömmlichen Befragungen sind es meist Menschen, die beforscht werden. Ein Universum kann die Bevölkerung eines Landes, eine spezielle Kundengruppe oder auch Nutzergruppe eines Produktes sein. Bei einer Inhaltsanalyse kann die Grundgesamtheit etwa durch Artikel einer oder mehrerer Zeitungen oder durch Fernsehbeiträge definiert sein.

Bei einer Beobachtung wiederum könnte man als Erhebungsbasis bestimmte Geschehnisse oder Objekte in einem definierten Zeitverlauf (z.B. „vorbeifahrende Autos") festlegen. Aber auch bestimmte Buchungsvorgänge in einem Online-Tool oder verkaufte Artikel eines Handelsunternehmens könnten grundsätzlich eine Population bilden.

Beim genauen Beschreiben einer Population gibt es kein „richtig" oder „falsch". Es ist nur wichtig, die für den konkreten Erhebungszweck notwendige Präzisierung vorzunehmen.

Damit weist die Grundgesamtheit der gesamten Erhebung den Weg, von ihr hängen Gesamtaufwand, Stichprobenziehung und Erhebungsmethodik ab.

Es macht von der Anlage und vom Aufwand einer Erhebung z.B. für ein Flugunternehmen einen nicht unwesentlichen Unterschied, ob man als Erhebungsbasis (= Grundgesamtheit) alle Menschen in Europa definiert, die in den letzten fünf Jahren irgendwann irgendwohin einen Flug unternommen haben, oder ob man Personen sucht, die aus Österreich stammen, mindestens fünf Businessflüge in den letzten zwölf Monaten unternommen und dabei wenigstens einmal das betreffende Flugunternehmen benutzt haben.

Gut definierte Grundgesamtheiten könnten folgendermaßen lauten:

- *Die männliche und weibliche Wohnbevölkerung Deutschlands im Alter zwischen 14 und 80 Jahren.*
- *Alle männlichen und weiblichen Staatsbürger und Staatsbürgerinnen Deutschlands im Alter zwischen 14 und 80 Jahren.*
- *Alle Österreicherinnen und Österreicher ab 15 Jahren, die im Jahr 2014 erstmalig ein iPhone verwendet haben.*
- *Alle verkauften Artikel eines Versandhändlers im Verlauf der letzten 30 Tage.*
- *Alle veröffentlichten Artikel im Chronikteil der fiktiven Zeitung „Die Tageszeitung" im Verlauf der letzten 30 Tage.*
- *Alle Artikel der Tageszeitungen „Presse", „Der Tag" und „Aktuell", in denen zwischen 01.01.2010 und 01.01.2020 der Begriff „Public Relations" (und Synonyme) vorkommt.*

Zur besseren Veranschaulichung dieses für alle empirischen Forschungsvorhaben so zentralen Themas sollen zwei weitere Beispiele dienen:

*Man stelle sich vor, für eine **Mitarbeiterbefragung** wird als Grundgesamtheit definiert: „Die Mitarbeiter eines internationalen Handelsriesen X-Plus".*

Diese Definition ist insofern forschungstechnisch vage, als sie großen Spielraum in viele Richtungen offenlässt:
Sind die Mitarbeiter aller Länder gemeint? Aller Filialen oder nur der Zentrale? Mitarbeiter bis zu welchem Führungslevel? Auch das Management? Mitarbeiter bis zu welchem Beschäftigungsausmaß – sind z.B. auch bloße Aushilfskräfte für besucherstarke Wochenenden in die Erhebung miteinzubeziehen? Nur männliche MitarbeitER? Auch MitarbeiterINNEN? usw.

Eine besser (genauer) definierte Grundgesamtheit könnte hier lauten: Mitarbeiterinnen und Mitarbeiter von X-Plus Österreich (alle Filialen und Verwaltung), die seit mindestens einem halben Jahr im Ausmaß von mindestens 20 Wochenstunden fix angestellt sind und keiner Führungsebene (auch nicht Teamleitung) angehören.

*Ein großes Versandhandels-Unternehmen befragt seine **Kunden**.*

Wer ist „Kunde"? Was sollte man bei der Definition des Kundenbegriffs berücksichtigen? Sind alle gemeint, die jemals etwas bei der Firma gekauft haben? Bzw. lässt sich der Zeitraum zum letzten Kauf einschränken oder festlegen? Muss ein gewisser Mindestumsatz getätigt worden sein? Gibt es eine Umsatz-Obergrenze? Ist eine gewisse Mindestkaufanzahl (Kaufvorgänge) erforderlich, um in den Fokus der Befragung zu kommen? Sind weltweit alle Kunden gemeint? Nur Privat- oder auch Businesskunden? usw.

Eine genauer definierte Grundgesamtheit könnte hier lauten: Privatkundinnen und Privatkunden, die ihren Hauptwohnsitz in Österreich haben und in den letzten sechs Monaten beim Unternehmen einen Umsatz zwischen 20 und 2.000 Euro getätigt haben.

A 2.2 | Vollerhebung oder Stichprobe

Ist die Grundgesamtheit ordentlich und exakt definiert, kann man sich überlegen, ob man alle (= die gesamte Grundgesamtheit) oder nur einen Teil davon in die Erhebung miteinbezieht (VGL. ABBILDUNG 9, ROTE MÄNNCHEN). Beide Varianten haben Vor- und Nachteile.

A 2.2.1 | Vollerhebung

Wenn man alle Teile der Grundgesamtheit mit Sicherheit erreicht, ist eine Vollerhebung in jedem Fall die bessere Wahl.

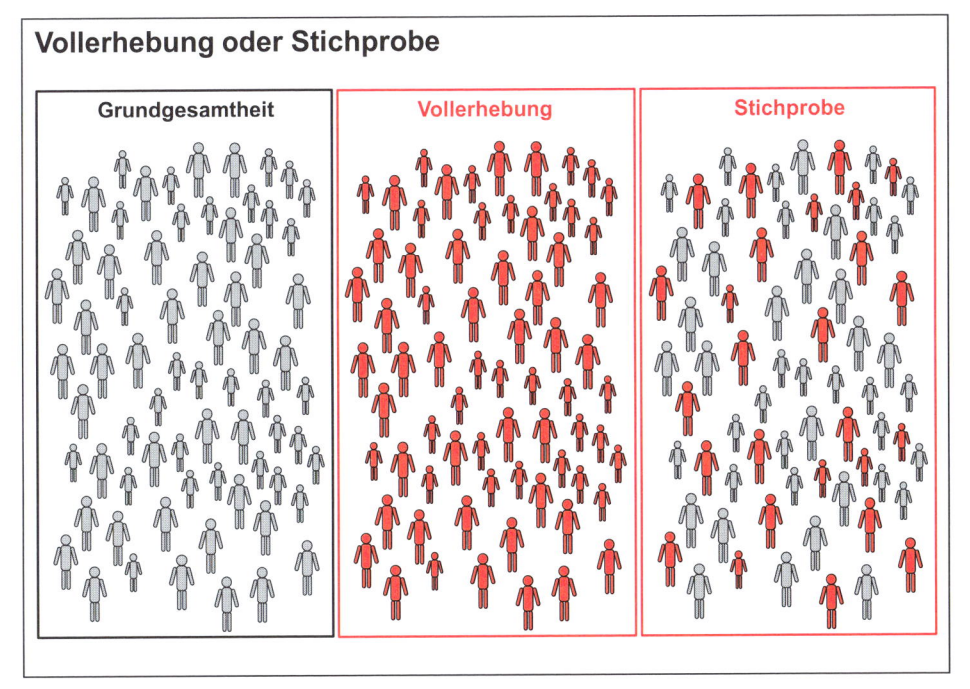

Abbildung 9: Vollerhebung oder Stichprobe

Bei einer Voll- oder Totalerhebung werden alle Mitglieder der Grundgesamtheit in die Erhebung miteinbezogen. Dies ist nur bei überschaubaren und bekannten zugänglichen Grundgesamtheiten möglich (z.B. bei kleineren Bevölkerungs- und Personengruppen, Mitarbeitenden kleinerer Firmen oder Institutionen). Nur wenn man alle kennt und auch ansprechen kann bzw. im Zugriff hat, kann man sie auch analysieren (etwa Zeitungsartikel bei einer Inhaltsanalyse).

Wenn man wirklich ALLE Teile der Grundgesamtheit erreicht, erzielt eine Vollerhebung immer genauere Resultate als eine Stichprobe. Man braucht sich keinerlei Gedanken über Repräsentativität oder eine Hochrechnung von Ergebnissen zu machen: Die Ergebnisse der Vollerhebung stellen ja ein vollkommenes Abbild der Grundgesamtheit dar.

Wenn man die Grundgesamtheit vollzählig in die Erhebung miteinbeziehen kann, gibt es weder Schwankungsbreiten der Ergebnisse (Stichprobenfehler) noch statistische Signifikanztests, worauf man Rücksicht nehmen müsste (VGL. KAPITEL „A 6 | SCHWANKUNGSBREITEN DER ERGEBNISSE" AB SEITE 101). Derartige Berechnungen hängen immer mit dem Übertragen von Stichprobenergebnissen auf Grundgesamtheiten zusammen. Wenn aber bereits „alles" erhoben wurde, muss nichts mehr übertragen werden. Die Grundgesamtheit wurde bereits vollkommen und ohne Stichprobenziehung erfasst. Die Ergebnisse treffen also ohne jegliche Einschränkung zu.

Was jedoch bei den meisten Vollerhebungen, bei denen man es mit Menschen zu tun hat, auftritt, sind **Verweigerer**: Personen, die eine Teilnahme an der Erhebung ablehnen. Setzen sich die Verweigerer strukturell so zusammen, dass sie die Struktur der Grundgesamtheit verändern, wird das Ergebnis trotz Vollerhebung unbrauchbar.

Nehmen wir an, wir haben es mit einer Grundgesamtheit zu tun, die 100 Menschen umfasst. 50 davon sind Männer, 50 Frauen – überschaubar also und für eine Vollerhebung nicht zu groß. Die Frauen sind sehr an der Erhebung interessiert und lassen sich alle gern befragen. Bei den Männern verweigert aber jeder Zweite.

Am Ende gibt es somit Daten von 50 Frauen und 25 Männern. Damit hat sich das ursprüngliche Geschlechterverhältnis von ½ : ½ zu einem Verhältnis von ⅔ Frauen und ⅓ Männern verändert. Das ist für die Grundgesamtheit trotz Totalerhebung überhaupt nicht mehr repräsentativ. Die Geschlechter besitzen nicht länger Gleichgewicht, sondern Frauen sind in den Ergebnissen doppelt so stark verteten wie Männer.

In diesem Fall müsste man also, um repräsentativ zu sein, jede zweite Frau per Zufall wieder aus den Daten der Erhebung nehmen oder die Ergebnisse gewichten (VGL. DAZU DAS KAPITEL „A 3.2.2.1 | ERGEBNISGEWICHTUNG" AB SEITE 53).

Damit ist an dieser Stelle erstmals das Prinzip der Repräsentativität angesprochen (SIEHE DAZU KAPITEL „A 3.1 | REPRÄSENTATIVITÄT" AB SEITE 42).

A 2.2.2 | Stichprobe

Eine Stichprobe ist immer dann gegenüber einer Vollerhebung zu bevorzugen, wenn man die Grundgesamtheit nicht kennt, wegen ihrer Größe nicht erforschen oder in ihrer Gesamtheit nicht erreichen kann.

> Bei einer Stichprobe wird nach Möglichkeit ein repräsentativer(!) Teil der Grundgesamtheit stellvertretend für alle befragt bzw. erhoben. Die Ergebnisse dieser Teilerhebung werden in der Folge auf alle Elemente der Grundgesamtheit übertragen.

Nachvollziehbarkeit und Qualität jeder Stichprobenauswahl hängen immer von einer vorab erfolgten sorgfältigen Definition der Grundgesamtheit ab: Nur wenn völlig klar ist, worin die Basis besteht, lässt sich diese in einer Stichprobe passgenau abbilden. Für die Auswahl jener Vertreter der Grundgesamtheit, die in die Stichprobe kommen, gelten genaue technische Regeln (VGL. DAZU KAPITEL „A 3.2 | ARTEN VON STICHPROBEN" AB SEITE 49). Dabei spielt die Erhebungsmethode keine Rolle: So gelten für die Auswahl von Beobachtungsgegenständen stichprobenseitig dieselben Grundsätze wie für die Auswahl von Zeitungsartikeln bei einer Inhaltsanalyse oder von Menschen bei einer Befragung.

Die großen Vorteile von Stichprobenverfahren bestehen darin, dass sie meist weniger Zeit als Vollerhebungen benötigen und in der Durchführung billiger sind. Oft sind Totalerhebungen auch gar nicht möglich, weil man die Grundgesamtheit nicht (persönlich) kennt oder zu wenig (wirtschaftliche) Ressourcen besitzt, um alle(s) zu erheben. Darüber hinaus können Stichproben „repräsentativer" als Gesamterhebungen sein (VGL. DAZU DAS OBEN ANGEFÜHRTE BEISPIEL IN „A 2.2.1 | VOLLERHEBUNG"). Ein nicht zu unterschätzendes weiteres Argument für Stichprobenerhebungen besteht auch darin, dass sie „weniger Wellen schlagen": Bei heiklen, vielleicht sogar öffentlich relevanten Themen oder Fragestellungen kann es durchaus vorteilhaft sein, von einer Grundgesamtheit nur z.B. 100 Personen mit „unattraktiven" Fragestellungen zu konfrontieren als vielleicht 10.000 (und damit unter Umständen mediales Negativecho zu vermeiden).

Was Stichprobenerhebungen trotz aller Vorteile aber immer mit sich bringen, ist ein nicht unwesentlicher Nachteil: Sie sind mit einem **Stichprobenfehler** (Schwankungsbreite), also einer gewissen Ergebnisunsicherheit, behaftet, die man berücksichtigen muss, wenn man ihre Resultate auf die dahinterstehende Grundgesamtheit übertragen möchte. DIESE UNSCHÄRFE VON STICHPROBENERGEBNISSEN WIRD IM KAPITEL „A 6 | SCHWANKUNGSBREITEN DER ERGEBNISSE" AB SEITE 101 DETAILLIERT ERLÄUTERT.

Zunächst beschäftigt sich aber das nächste Kapitel ausführlich damit, wie gut (oder schlecht) Grundgesamtheiten durch verschiedene Arten von Stichproben repräsentiert werden können.

Zusatzinformationen und weiterführende Literatur zu diesem Kapitel:

- Brosius, Hans-Bernd/Haas, Alexander/Koschel, Friederike (2016): Methoden der empirischen Kommunikationsforschung: Eine Einführung. 7., überarbeitete und aktualisierte Auflage. Wiesbaden: Springer VS. Studienbücher zur Kommunikations- und Medienwissenschaft, Seite 60 f.

- Ebster, Claus/Stalzer, Lieselotte (2013): Wissenschaftliches Arbeiten für Wirtschafts- und Sozialwissenschaftler. 4., überarbeitete Auflage. Wien: facultas.wuv, Seite 164–167.

A 3 | Repräsentativität und Arten von Stichproben

... in diesem Kapitel geht's um:

- **Repräsentativität:**
  strukturelles Abbild der Grundgesamtheit • große Stichproben sind nicht automatisch repräsentativ • **online**-Erhebungen sind **nur** in **personalisiert**er Form kontrollierbar repräsentativ • qualitative Erhebungen sind meist NICHT repräsentativ

- **Zufallsstichprobe:**
  ausgewählte Elemente MÜSSEN in die Erhebung • hochwertigste Stichprobenart • einfache Zufallsauswahl aus einer Datenbank • komplexe Zufallsauswahl vorgeschichtet und kleine Untergruppen disproportional aufgestockt • Faktorengewichtung auf Repräsentativität

- **Nicht zufällige Stichprobe:**
  völlig willkürlich oder nach Quoten • Forschende wählen die Zielpersonen individuell oder nach definierten Merkmalen aus • dadurch subjektiv gefärbt • Quotenstichproben sind oft repräsentativer als Zufallsstichproben • KEINE Berechnung von Schwankungsbreiten zulässig

- **Ohne informierte Zustimmung, Anonymität** und **Vertraulichkeit** sind Erhebungen **ethisch und rechtlich bedenklich**! Datenschutzgesetz, Kodex und Richtlinien geben Orientierung

A 3.1 | Repräsentativität

Eine Stichprobe ist repräsentativ, wenn sie ein exaktes, lediglich verkleinertes strukturelles Abbild der Grundgesamtheit darstellt. Ziel einer Repräsentativ-Stichprobe ist es, anhand einer kleinen Zahl von Untersuchungseinheiten Aussagen über die Grundgesamtheit zu treffen (VGL. EBSTER/STALZER 2013, S. 167).

Von wenigen Einheiten wird auf alle geschlossen. **Die Ergebnisse weniger Teile „repräsentieren" alle:** Das funktioniert aber nur dann, wenn die Struktur der Stichprobe jener der Grundgesamtheit möglichst genau entspricht.

In mangelnder Repräsentativität liegt eines der Hauptvergehen quantitativer Forschungspraxis. In zahlreichen Fällen werden Ergebniszahlen verallgemeinert und als „Ergebnisse" einer quantitativen Erhebung präsentiert, obwohl sie dazu keine Berechtigung haben, weil sie unrepräsentativ sind.

Ein unrepräsentatives Ergebnis einer quantitativen Erhebung eignet sich bestenfalls als Richtwert – und auch nur dann, wenn die Unrepräsentativität nicht zu stark ausgeprägt ist: „Teilweise unrepräsentativ" ist eine Stichprobe dann, wenn ihre Struktur der Grundgesamtheit nur nahe kommt (z.B. 40% Männer anstelle erforderlicher 50%). Oder eine Stichprobe ist nach gewissen Kriterien repräsentativ, nach anderen aber nicht. Ist die Struktur der Grundgesamtheit hingegen in der Stichprobe völlig verzerrt abgebildet, kann man aus ihr keine auch nur irgendwie verwertbaren Schlüsse ableiten. Das wirkt sonst sinnbildlich so, als würde man die Ohrenlänge von Mäusen messen und auf die Länge von Elefantenohren projizieren.

Welche Kriterien zur Beurteilung von Repräsentativität herangezogen werden, ist vom Gegenstand und Thema der Forschung abhängig.

Bei Bevölkerungsstichproben sind Geschlecht, Alter, Bundesland, Bildung, Beruf gebräuchliche Merkmale. Bei Kundenbefragungen macht oft eine Untergliederung der Kundinnen und Kunden nach Dauer der Kundenbeziehung oder Umsatzstärke Sinn. Bei Inhaltsanalysen kann die Repräsentativität der Ergebnisse über eine Verteilung nach Medien, Genres, Artikellängen oder Ähnlichem beurteilt werden. Handelt es sich um Mystery-Tests oder Beobachtungen, macht eine strukturelle Untergliederung der Test- bzw. Beobachtungsorte nach Größe (z.B. m^2), Kundenfrequenz, Mitarbeiteranzahl usw. Sinn.

Zur besseren Veranschaulichung des Unterschieds zwischen (sehr) repräsentativen und (völlig) unrepräsentativen Stichproben sollen zwei symbolische Abbildungen dienen:

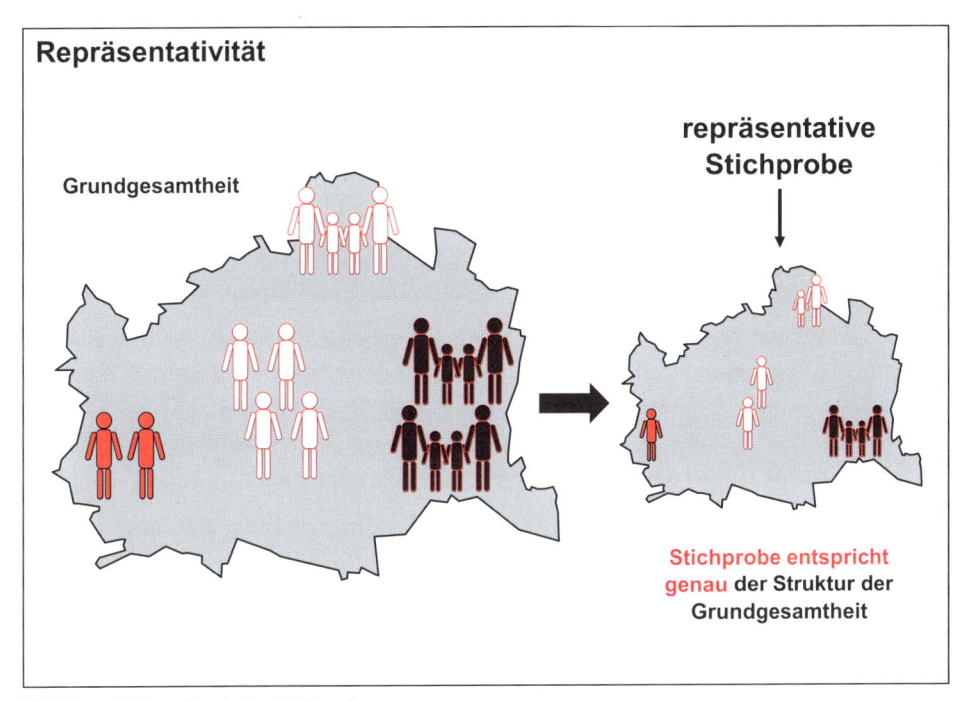

Abbildung 10: Repräsentative Stichprobe

In der ersten Abbildung (VGL. ABBILDUNG 10) ist Wien im Umriss dargestellt. In der Mitte, im Westen, Norden und Osten befinden sich verschieden große und farbige Männchen, die eine Grundgesamtheit darstellen. Rechts daneben, im kleinen stichprobenartigen Abbild, ist von jeder Gruppe der Grundgesamtheit genau die Hälfte vertreten – also eine strukturell völlig ebenbürtige und damit völlig repräsentative Stichprobe.

Ist eine strukturelle Gleichheit zwischen Grundgesamtheit und Stichprobe NICHT gegeben (VGL. ABBILDUNG 11 AUF SEITE 44), kann man von den erhobenen Einheiten nicht mehr auf die Grundgesamtheit schließen: Sie repräsentieren die Grundgesamtheit nicht mehr.

Fehlende Repräsentativität

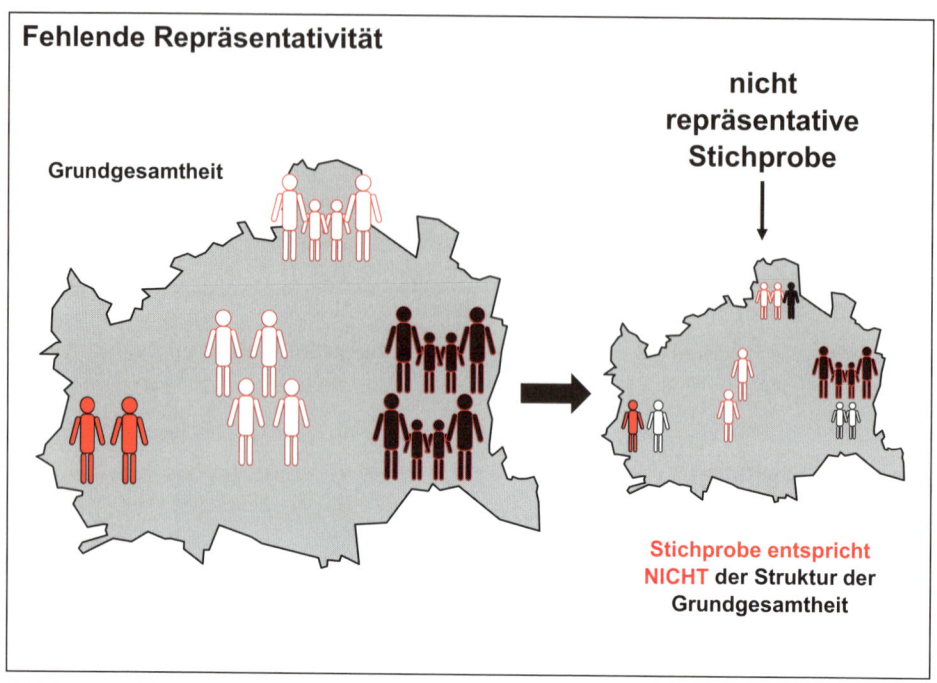

Abbildung 11: Nicht repräsentative Stichprobe

Repräsentativität hat aber nicht überall einen derart hohen Stellenwert. In der qualitativen Forschung gelten ganz andere Regeln: Hier wird eine überschaubare Anzahl von Untersuchungsobjekten detailliert und umfangreich mit Worten (kaum mit Prozentzahlen) beschrieben (VGL. KAPITEL „QUALITATIVE METHODEN" AB SEITE 16). Die Einzelobjekte werden sehr sorgfältig – passend zum jeweiligen Anlassfall – speziell ausgewählt.

Auch bei quantitativen Experimenten ist Repräsentativität nur selten, aber auch nicht notwendig. Dort werden einfach zufällig „zusammengewürfelte" Gruppen mit Reizen konfrontiert und auf Unterschiedlichkeiten analysiert (VGL. KAPITEL „A 1.6 | EXPERIMENT" AB SEITE 32).

Daraus resultiert in der Regel ein Verzicht auf Repräsentativität. Das bedeutet aber andererseits keinen „Freibrief" bei der Auswahl der Erhebungsobjekte. Es macht keinen Sinn – um bei der oben gewählten Terminologie zu bleiben – der Einfachheit halber ausschließlich Mäuse qualitativ zu erforschen und von ihnen auch auf Elefanten zu schließen. Was aber bei qualitativen oder experimentellen Designs wegfällt, ist die Notwendigkeit, die mengenmäßige Aufteilung der beiden Tierarten in der Grundgesamtheit auch in der Stichprobe möglichst exakt nachzubilden.

A 3.1.1 | Repräsentativität und Stichprobengröße

Eine große Stichprobe bedingt nicht automatisch Repräsentativität.

Der Irrglaube „große Stichprobe = repräsentatives Ergebnis" ist weit verbreitet. Meist wird wegen der größeren Bandbreite und damit Unterschiedlichkeit der sie bildenden Elemente eine größere Stichprobe zwar eher repräsentativ sein als eine kleine. Es kann aber genauso gut vorkommen, dass 100 Fälle repräsentativer sind als 1.000: Bei der Beurteilung der Repräsentativität einer Stichprobe zählt einzig und allein ihre Übereinstimmung mit der strukturellen Zusammensetzung der Grundgesamtheit.

Dazu muss man die Struktur der Grundgesamtheit natürlich auch kennen. Ist dies nicht der Fall, kann man bei ausreichender Größe und Verteilung bzw. Verbreitung der Stichprobenelemente höchstens davon ausgehen, wahrscheinlich Repräsentativität erreicht zu haben. Wissen oder beweisen kann man es aber nicht.

Mehr zum Thema Stichprobenziehung findet sich im Kapitel „A 3.2 | Arten von Stichproben" ab Seite 49.

A 3.1.2 | Repräsentativität in Zahlen

Wie man Repräsentativität zahlenmäßig interpretiert, zeigt beispielhaft Abbildung 12.

Repräsentativität einer Stichprobe

▶ Stichprobe 1 ist repräsentativ nach Geschlecht und Alter.
▶ Stichprobe 2 ist repräsentativ nur nach Alter.
▶ Stichprobe 3 ist repräsentativ (auf die Person genau, nach Geschlecht und Alter) bei 100 Interviews.
▶ Stichprobe 4 ist repräsentativ (auf die Person genau, nach Geschlecht und Alter) bei 10.000 Interviews.

Total	Bevölkerung *) absolut 8.543.932 % 100,0	Stichprobe 1 absolut 1.000 % 100,0	Stichprobe 2 absolut 1.000 % 100,0	Stichprobe 3 absolut 100 Anzahl	Stichprobe 4 absolut 10.000 Anzahl
Geschlecht					
Männer	48,88	47,9	34,4	48	4.888
Frauen	51,12	52,1	65,6	52	5.112
Alter					
< 15 Jahre	14,30	14,5	14,5	15	1.430
15–59 Jahre	61,79	62,1	62,1	62	6.179
>= 60 Jahre	23,91	23,4	23,4	23	2.391

*) Quelle: Statistik Austria (2016): Jahresdurchschnittsbevölkerung nach Geschlecht und Alter. Hier leicht zusammengefasst und adaptiert für das Jahr 2014. http://www.statistik.at/wcm/idc/idcplg?IdcService=GET_NATIVE_FILE&RevisionSelectionMethod=LatestReleased&dDocName=023427 (abgerufen am 31.05.2016).

Abbildung 12: Repräsentativität in Zahlen

Die Bevölkerungsdaten der Statistik Austria weisen in diesem Beispiel 8.543.932 Österreicherinnen und Österreicher als Gesamtbevölkerung aus. Die österreichische Bevölkerung setzt sich zu 48,88% aus Männern, zu 51,12% aus Frauen zusammen. 14,3% sind unter 15 Jahre alt, 23,91% 60 Jahre und älter, 61,79% der Bevölkerung liegen altersmäßig dazwischen.

Eine – auf der Abbildung dargestellte – repräsentative Stichprobe 1 (hier nur repräsentativ nach Geschlecht und Alter) würde die Prozentverteilung der Grundgesamtheit[8] genau oder zumindest ziemlich genau widerspiegeln. Stichprobe 2 im Beispiel ist nach dem Geschlecht überhaupt nicht repräsentativ (hier gibt es gegenüber der Grundgesamtheit starken Frauenüberhang), nach dem Alter aber schon. Stichprobe 3 und 4 veranschaulichen, wie viele Männer, Frauen bzw. Vertreterinnen und Vertreter der drei Altersgruppen sie enthalten müssten, wenn sie bei 100 bzw. 10.000 Fällen völlig (auf die Person genau) repräsentativ sein wollten.

In der Praxis genügen zur Repräsentativität Näherungswerte (VGL. STICHPROBE 1 IN ABBILDUNG 12). Völlig exakte Personenzahlen zu definieren ist nicht notwendig und wird meist auch nicht erreicht.

A 3.1.3 | Repräsentativität bei Online-Erhebungen

Gerade bei den derzeit weit verbreiteten Online-Befragungen rückt das so wichtige Postulat der Repräsentativität gerne in den Hintergrund. Deshalb sei an dieser Stelle explizit darauf hingewiesen: Befragungen mittels Link auf ein Befragungsformular im Internet können nur dann repräsentativ sein, wenn sie kontrolliert durchgeführt werden. Was bedeutet das im Detail?

Der große Nachteil, den **offene Links** (= für alle zugänglich, jede und jeder kann sie – auch mehrfach – anklicken) für Befragungen mit sich bringen, ist die damit verbundene völlige Unkontrollierbarkeit der an der Umfrage teilnehmenden Personen. Man hat keine Informationen darüber, wer an der Erhebung teilnimmt, kann also nie eine Aussage darüber treffen, ob das Ergebnis am Ende repräsentativ ist. Zudem sind darüber hinaus jederzeit wiederholte Beantwortungen des Erhebungsformulars durch dieselbe Person möglich.

Folgendes Beispiel verdeutlicht diese massiven Einschränkungen der Erhebungsqualität:

Eine weltweit agierende Autofirma führt eine Kundenzufriedenheitsbefragung durch. Damit möglichst viele Kundinnen und Kunden möglichst rasch und einfach angesprochen werden, stellt die Firma auf ihrer Homepage einen Link zu einem Online-Formular ins Netz. Um den Ausfüllanreiz zu erhöhen, wird unter allen an der Umfrage teilnehmenden Personen ein Kleinwagen verlost. Dazu muss man am Ende der Befragung seine E-Mail-Adresse angeben.

Herr Mustermann trifft zufällig beim Surfen auf den Link zur Umfrage, liest von der Verlosung und nimmt gleich an der Befragung teil. Damit seine Chancen auf das verloste Auto steigen, beurteilt er die Firma fast durchwegs sehr positiv. Außerdem klickt er das Befragungsformular in den kommenden Tagen insgesamt zehn Mal durch – jeden Tag zwei Mal – und gibt am Ende immer andere E-Mail-Adressen für die Verlosung bekannt. Der Gewinn würde ihn nämlich sehr ansprechen.

Eine Befragung wie im Beispiel liefert kaum verwertbare Ergebnisse: Sie ist weder repräsentativ (jeder beliebige Internet-Surfer macht mit, einige füllen mehrfach aus) noch liefert sie verlässliche und ehrliche Ergebnisse.

---

[8] Spaltenprozentuierung: Männer und Frauen = 100%; Altersgruppen in Summe = 100%.

(Bevölkerungs-)Repräsentative Online-Samples sind nur über personalisierte Einladungen erzielbar: Nur wenn man weiß, wen man befragt, ist es möglich, Doppel- und Mehrfachbeantwortungen eines Online-Formulars auszuschalten und Kontrolle über die strukturelle Samplezusammensetzung zu erlangen.

Bei personalisierten Befragungen werden konkrete Zielpersonen aus vorliegenden Listen oder Datenbeständen ausgewählt. Das können bei einer Vollerhebung alle Mitglieder einer Datenbank sein, bei einer Zufallsstichprobe ein repräsentativer Teil davon. Die Einladung zur Befragung erfolgt mittels eindeutiger, individueller Links auf das Online-Formular.

Die Online-Software[9] erstellt einen individuellen (singulären) Link, der aus einem für alle identen Teil und einer darangehängten, per Zufall erzeugten Zeichenkette besteht. Dieser Zufallscode kommt nur ein einziges Mal vor und wird ausschließlich für eine einzige Person erzeugt und verwendet. Der personenbezogene Link erlaubt keinerlei Verbindung zu den Antworten der befragten Personen, das stellt ein seriöses Befragungs-Tool sicher. Die Software „weiß" aber, zu wem welches Online-Formular gehört: Das bedeutet, dass die Beantwortung der Fragen jederzeit unterbrochen werden kann. Später kann die Erhebung – solange die Umfrage online ist – genau an der unterbrochenen Stelle fortgesetzt werden.

Die Software registriert, WER das Formular fertig durchgeklickt und ausgefüllt hat und wer (noch) nicht. Damit lassen sich in weiterer Folge Reminder-E-Mails adressgenau nur an Noch-Nicht-Teilnehmende versenden oder aufgrund von Verweigerungen fehlende Sampleteilgruppen zielgerichtet nacherfassen. **Nur auf diese Art kann letztendlich ein repräsentatives Ergebnis erzielt werden.**

Das Prinzip kontrollierter personalisierter Online-Befragungen lässt sich sehr gut anhand der Funktionsweise der Online Access Panels verschiedener Umfrageinstitute näher erläutern.

Ein **Online Access Panel** ist eigentlich ein **Pool** von Personen, die sich dazu bereit erklärt haben, in unregelmäßigen Abständen an Online-Befragungen teilzunehmen. Sie haben sich zu diesem Zweck registrieren lassen. Neben Namen und E-Mail-Adresse werden verschiedene soziodemografische und zielgruppenspezifische Merkmale (z.B. Nutzungsvorlieben) erfasst und in einer Datenbank gespeichert. Je nach Studienthema werden spezielle Teilgruppen repräsentativ aus dem Pool ausgewählt und per E-Mail mittels personalisiertem Link zur Teilnahme an einer neuen Online-Umfrage gebeten.

Das folgende (Text-)Beispiel veranschaulicht die Vorteile der Direktansprache bei Online-Erhebungen (vergleichbar der Serienbrief-Funktion eines Textverarbeitungsprogramms).

Einladungs-E-Mail für eine personalisierte Online-Befragung (Beispiel, Auszüge):

> *Sehr geehrte Frau Sommer,*
> *das Umfrageinstitut [...] führt derzeit eine Befragung über [...] durch. Da Sie [...], interessiert uns Ihre Meinung besonders. Die Umfrage dient dazu, [...]. Selbstverständlich werden Ihre*

---

[9] Online-Erhebungssoftware gelangt nicht nur in Instituten zum Einsatz. Auch Einzelpersonen stehen im Netz viele kostengünstige Lösungen (z.B. unipark.de) zur Verfügung (VGL. DAZU KAPITEL „A 5.4 | ERHEBUNGSSOFTWARE" AB SEITE 98).

> *Angaben streng vertraulich behandelt und nur gemeinsam mit anderen Antworten statistisch ausgewiesen.*
>
> *Wir würden uns sehr freuen, wenn Sie sich die Zeit nehmen, an der Umfrage teilzunehmen!*
>
> *Hier gelangen Sie zum Fragebogen:*
> umfrage.thema.com/**?id=145kiujzf674918etzrlli**
> *(Klicken Sie bitte auf den Link oder kopieren ihn in die Adresszeile Ihres Browsers)*
>
> *Franz Forscher, wissenschaftlicher Leiter*
> *Für Fragen zu dieser Befragung wenden Sie sich bitte an* fragen@umfrage.com

Reminder-E-Mail *(Beispiel, Auszüge)*:

> *Sehr geehrte Frau Sommer,*
>
> *das Umfrageinstitut [...] führt derzeit eine Befragung über [...] durch. Da Sie [...], interessiert uns Ihre Meinung besonders! Wir haben Ihnen deshalb vor ein paar Tagen eine Einladungs-E-Mail zu dieser Umfrage zugesandt.*
>
> *Wir würden uns sehr freuen, wenn Sie sich noch die Zeit nehmen, an der Umfrage teilzunehmen!*
>
> *Hier gelangen Sie zum Fragebogen:*
> umfrage.thema.com/**?id=145kiujzf674918etzrlli**
> *(Klicken Sie bitte auf den Link oder kopieren Sie ihn in die Adresszeile Ihres Browsers)*
>
> *Franz Forscher, wissenschaftlicher Leiter*
> *Für Fragen zu dieser Befragung wenden Sie sich bitte an* fragen@umfrage.com

Der personalisierte Link von Frau Sommer auf eine Umfrage könnte also wie im Beispiel angeführt lauten: umfrage.thema.com/**?id=145kiujzf674918etzrlli**

Über den fettgedruckten Teil im o.a. Link ist eine Querverbindung zum Teilnahmeverhalten, jedoch nicht zu den Antworten(!) von Frau Sommer herstellbar. Wenn Frau Sommer das Online-Formular fertig durchgeklickt hat, vermerkt das die Software in den Daten. Hat sie noch nicht geantwortet oder die Beantwortung des Formulars unterbrochen, erlaubt es die Software, sie daran zu erinnern, die Befragung doch noch zu beginnen bzw. an der unterbrochenen Stelle fortzusetzen.

Kann Frau Sommer trotz Reminder-E-Mail nicht zu einer Teilnahme an der aktuellen Befragung bewegt werden, ermöglicht es die Software, eine Ersatzperson, die dieselben soziodemografischen Merkmale wie Frau Sommer besitzt, aus dem Befragten-Pool auszuwählen und zur Befragung einzuladen – wieder mit neuem, persönlichem, singulärem Link.

Auch Zufallssamples aus Kunden-, Mitarbeiter- oder Mitgliederdatenbanken von Vereinigungen lassen sich meist gut personalisieren und damit als repräsentatives Online-Sample anlegen.

Zum Zeitpunkt der Drucklegung dieses Buchs garantieren österreichische Institute **Bevölkerungsrepräsentativität von Online-Befragungen** bis zu einem Lebensalter von rund 60 bis 70 Jahren. Internetzugänge besitzen vor allem bei der älteren Bevölkerung, vereinzelt aber auch in jüngeren Bevölkerungsgruppen (noch) keine allumfassende Verbreitung. Aus diesem Grund sind nicht alle Themen für Online-Befragungen gleichermaßen geeignet. Online-Antworten sollten deshalb nur dort gesucht werden, wo es nicht um Fragestellungen „für Ältere" bzw. nicht netzaffine Zielgruppen geht. Beim Interpretieren von Online-Ergebnissen sollte man sich in jedem Fall bewusst sein, dass einzelne Bevölkerungsgruppen nicht oder mengenmäßig wahrscheinlich stark eingeschränkt und auch nicht repräsentativ abgebildet werden.[10]

A 3.2 | Arten von Stichproben

In der Forschungspraxis gibt es zwei generelle Arten, Stichprobenerhebungen durchzuführen: zufällige und NICHT zufällige Stichproben. Worin genau liegen die Unterschiede?

Zufallsstichproben münden in konkret ausgewählte Individuen bzw. Erhebungselemente. Die ausgewählten Elemente MÜSSEN Teil der Erhebung sein und dürfen nicht durch andere ersetzt werden, auch wenn diese ähnlich sind. Können Teile der Auswahl – aus welchen Gründen auch immer – nicht in die Erhebung miteinbezogen werden, müssen sie durch neue Zufallsauswahlen ergänzt werden. Die nicht einbezogenen Elemente sind genau zu beschreiben und zu dokumentieren.

Nicht zufällige Stichproben unterliegen diesen strengen Regeln nicht. Können hier Teile der Stichprobe nicht erreicht werden, werden sie durch beliebige andere ersetzt, die den ursprünglich geplanten Elementen strukturell entsprechen.

Zur besseren Veranschaulichung soll ein Beispiel dienen:

Elke Sommer hat die Aufgabe, eine Befragung im Zentrum einer Stadt durchzuführen. Sie arbeitet mit einer Zufallsstichprobe. Elke erhält eine Liste mit Namen und Adressen der

---

[10] Umfrage-Institute besitzen große Datenbanken mit Personen, die sich dazu bereit erklärt haben, an Online-Befragungen teilzunehmen. Die Suche nach Teilnehmenden für diese Online-Pools erfolgt offline (im Rahmen von telefonischen oder persönlichen Befragungen zu anderen Themen) oder online im Netz. Dabei ist wegen der besseren Kontrollierbarkeit der soziodemografischen Daten künftiger Pool-Mitglieder eine Offline-Rekrutierung die bessere Wahl.

Wie bei allen Panels (VGL. KAPITEL „A 1.5.1 | PANELERHEBUNG UND TRACKING" AUF SEITE 31 F.) stellen auch bei Online-Pools Professionalisierungstendenzen eine Gefahrenquelle für „konsumentengerechtes" Antwortverhalten dar: Als Anreiz für jede Befragung erhalten Online-Pool-Mitglieder themenunabhängige Vergütungen wie z.B. Bonuspunkte, Einkaufsgutscheine oder nehmen an Verlosungen teil. Außerdem lernen Panel-Mitglieder die Befragungs-Tools und -Methoden kennen und steuern ihre Antworten danach.

So weiß Herr Bürger inzwischen, dass er je nach Länge einer Befragung mehr oder weniger Bonus-Punkte bekommt. Dementsprechend kreuzt er bei Fragen immer an, dass ein bestimmtes Verhalten auf ihn zutrifft. Damit wird er nach diesem Verhalten immer im Detail und vertiefend befragt, er weiß das schon aus vergangenen Erhebungen. Das Online-Interview wird damit länger und seine Einkaufspunkte werden mehr.

Frau Winter hingegen ist aufgefallen, dass sie immer wieder danach gefragt wird, ob und wo sie bei ihrem letzten Einkauf Coca Cola in den Warenregalen stehen gesehen hat. Deshalb achtet sie neuerdings bei jedem Besuch eines Lebensmittelgeschäfts besonders darauf, wo die Cola-Flaschen stehen. Damit fällt ihr dann das spätere Antworten bei der Online-Befragung leichter.

Um diese antwortenverfälschende Professionalisierung von Online-Panelmitgliedern zu vermeiden, ist es wichtig, dass pro Person nur wenige Umfragen pro Jahr stattfinden. Ähnliche oder dieselben Themen sollten nur mit großem zeitlichen Abstand an dieselben Pool-Mitglieder herangetragen werden.

Personen, die sie im Stadtzentrum besuchen und befragen soll. Darunter ist auch Fritz Feindlich, ein 40-jähriger Mann. Elke geht zur Wohnung von Herrn Feindlich, läutet dort an und wartet, bis er aufsperrt. Elke Sommer ist entsetzt: Herr Feindlich ist so ziemlich der letzte Mensch, mit dem sie sich vorstellen kann, ins Gespräch zu kommen. Arrogant, unfreundlich, sehr abweisend, ein überaus unangenehmer Zeitgenosse. Trotzdem MUSS Elke versuchen, Herrn Feindlich zu befragen.

Da hat es Anita Herbst weitaus leichter. Sie arbeitet an einer anderen Erhebung mit, die eine Woche später im selben Stadtzentrum durchgeführt wird, allerdings mit einer NICHT zufälligen Stichprobe. Eine der Vorgaben an Anita lautet, unter anderen auch einen 40-jährigen Mann im Stadtzentrum zu befragen. Auch sie läutet an der Tür von Fritz Feindlich. Als er die Tür aufsperrt und Anita sieht, wie unnahbar Herr Feindlich ist, entschuldigt sie sich, sich in der Tür geirrt zu haben, und geht weiter. Ein paar Türen nebenan trifft sie auf Franz Freundlich. Auch er ist 40 Jahre alt und wohnt im Stadtzentrum, ist also eine perfekte Zielperson. Im Gegensatz zu Herrn Feindlich ist Franz Freundlich aber ein sehr zuvorkommender, höflicher, an Befragungen interessierter Mensch. In wenigen Minuten hat Anita Herbst ihr Interview mit ihm abgeschlossen und macht sich sogleich auf die Suche nach ihrem nächsten Probanden ...

Nach diesem Beispiel stellt sich vielleicht folgende Frage: Sind zufällige Stichproben, bei denen allein der Zufall bei der Auswahl „Regie spielt" (VGL. ELKE SOMMER), oder jene, bei denen die Forschungspersonen die richtige Auswahl selbst verantworten (VGL. ANITA HERBST), die bessere Wahl?

Aus der Sicht der Zusammensetzung einer Stichprobe mit möglichst unterschiedlichen Elementen (Heterogenität) sind zufällige Auswahlverfahren eindeutig zu bevorzugen.

Bei ihnen werden die Erhebungsteile völlig willkürlich, nach dem Prinzip des Zufalls, ausgewählt. Niemand hat persönlichen Einfluss auf die Auswahl, persönliche Sympathien und Antipathien der forschenden Person spielen keinerlei Rolle. Dafür müssen da und dort Ausfälle in Kauf genommen werden: Bezieht sich die zufällige Auswahl auf Menschen, gibt es immer wieder Verweigerungen, an der Befragung teilzunehmen. Besteht die Zufallsstichprobe aus nicht menschlichen Elementen, sind vielleicht einzelne der per Zufall in die Stichprobe gelangten Teile nicht mehr zugänglich oder erreichbar (z.B. vergriffene Medien bei einer Inhaltsanalyse). Um derartige Ausfälle zu kompensieren, müssen neuerliche Zufallsauswahlen erfolgen.

Aus Sicht der Repräsentativität sind NICHT zufällige Stichproben die besseren. Dort sucht man im Prinzip einfach so lange, bis alle Elemente in der erforderlichen Repräsentativstruktur in die Stichprobe gelangt sind.

Nicht zufällige Stichproben haben aber den großen Nachteil fehlender Objektivität bei der Auswahl. Alle Forschenden werden bevorzugt die „sympathischeren" und „leichter erreichbaren" Stichprobenteile in die Auswahl mitaufnehmen, wenn sie dazu freie Hand haben. Damit werden derartige Stichproben oft sehr subjektiv (VGL. KAPITEL „A 4.5.1 | OBJEKTIVITÄT" AUF SEITE 73 F.).

A 3.2.1 | Zufällige Auswahl: Reine Zufallsstichproben

Reine Zufallsstichproben sind aus theoretischem Blickwinkel die „schönsten", „besten" und mathematisch einwandfreisten. Bei ihnen hat das Forschungspersonal keinerlei subjektiven Einfluss auf die Auswahl. Zufällige Stichproben sind deshalb, wenn möglich, die erste Wahl.

Rein zufällige Stichprobenverfahren bedingen eine bekannte, definierte und vor allem erreichbare Grundgesamtheit. Diese muss in irgendeiner Form zugänglich sein, also z.B. als Liste oder Datenbank mit Kontaktmöglichkeiten vorliegen. Wie bei einer Lottoziehung, die eine Zufallsstichprobe darstellt, darf jedes Element nur ein Mal vorkommen. Ansonsten würde keine Chancengleichheit bei der Auswahl bestehen. Die meisten Zufallsauswahlverfahren erfolgen auf Basis einfacher Kontakt- oder Adresslisten (z.B. Kundendatenbank einer Firma, Wählerverzeichnisse). Kenntnisse über die Struktur der Grundgesamtheit sind nicht unbedingt erforderlich, der Zufall „sorgt" verlässlich für Repräsentativität.

*Franz Forscher hat eine Excel-Liste von 5.000 KundInnen (*VGL. ABBILDUNG *13), aus der er per Zufall 500 auswählen möchte. Um sicherzugehen, die Zufälligkeit der Auswahl durch keine Sortierreihenfolge zu verfälschen, fügt er in die Liste eine zusätzliche Spalte ein, in deren erste Zeile er „ZUFALL" schreibt. In jede Zeile dieser neuen Spalte trägt er in der gesamten Liste die Excel-Funktion* =ZUFALLSZAHL() *ein (*VGL. SPALTE ❶*). Das führt in jeder Zeile zu einer zufälligen Zahl zwischen 0 und 1. Wenn die gesamte Liste jetzt nach dieser Zufallszahl sortiert wird, ist die Kundendatenbank – vergleichbar den Kugeln bei einer Lottoziehung – perfekt gemischt und für die Zufallsauswahl vorbereitet. Franz Forscher kann nun aus der Liste beliebig 500 Kontakte entnehmen und hat völlige Zufälligkeit erreicht.*

Zufallsstichprobe

▶ Zuerst nach Zufallszahlen sortieren und dann X-beliebige Datensätze entnehmen …

ZufallsZahl	Kunden-Nummer	Vorname	Zuname	Geburtsdatum	E-Mail-Adresse
=ZUFALLSZAHL()	05	Ernst	Mayer	17.10.1942	Ernst.Mayer@abc.de
0,05087	15	Helene	Müller	11.01.1985	Helene.Müller@abc.de
0,12148	03	John	Berger	18.02.1947	John.Berger@abc.de
0,18116	13	Emelie	Franz	18.03.1967	Emelie.Franz@abc.de
0,23312	06	Hermann	Mann	17.01.1965	Hermann.Mann@abc.de
0,25621	04	Anna	Sommer	10.08.1955	Anna.Sommer@abc.de
0,32622	08	Wilhelm	Huber	10.07.1991	Wilhelm.Huber@abc.de
0,35114	11	Ingrid	Brauner	30.08.1987	Ingrid.Brauner@abc.de
0,38488	14	Herta	Muster	24.04.1986	Herta.Muster@abc.de
0,41664	09	Otto	Gelbmann	15.10.1990	Otto.Gelbmann@abc.de
0,51188	12	Rudolf	Herbst	12.01.1976	Rudolf.Herbst@abc.de
0,70729	01	Linda	Schwarz	11.01.1965	Linda.Schwarz@abc.de
…	…	…	…	…	…
0,99392	5000	Charlotte	Weiss	23.04.1971	Charlotte.Weiss@abc.de

❶

Abbildung 13: Zufallsstichprobe aus einer Datenbank

A 3.2.2 | Zufällige Auswahl: Vorgeschichtete Stichproben

Bei einer vorgeschichteten Stichprobe erfolgt vor der Ziehung eine „Ordnung" der Grundgesamtheit. Dabei wird die Grundgesamtheit bezüglich eines ihrer Merkmale in homogene Teile zerlegt (z.B. Kunden einer Firma nach Vertriebsregionen). Erst in einem zweiten Schritt erfolgt aus diesen Teilen die Zufallsauswahl. Diese kann proportional oder disproportional erfolgen.

Warum macht man so etwas?

Proportionale und disproportionale Stichprobe

Kundendaten

Vertriebsregion	Anzahl der Kundinnen und Kunden		Stichprobe		Gewichtung	
	im letzten Jahr	in %	proportional	disproportional	Berechnung	Faktor
Nord	17.225	42,8	428	250	= 428 / 250	1,71
Süd	1.230	3,1	31	250	= 31 / 250	0,12
Ost	19.678	48,9	489	250	= 489 / 250	1,96
West	2.123	5,3	53	250	= 53 / 250	0,21
insgesamt	40.256	100,0	1.000	1.000		
	❶	❷	❸	❹	❺	❻

Abbildung 14: Vorgeschichtete Stichprobe

In ABBILDUNG 14 sind aktuelle Kundenzahlen einer Firma nach Vertriebsregionen in Absolutzahlen (SPALTE ❶) und PROZENT (❷) aufgelistet. Diese Vorschichtung zeigt, dass aus den Regionen Süd und West die wenigsten Kunden stammen. Würde man für eine Erhebung aus der gesamten Kundendatenbank eine Zufallsstichprobe ziehen, würden nur sehr wenige Kundinnen und Kunden der Regionen Süd und West in die Auswahl fallen (SPALTE ❸, ROT MARKIERT): Auf eine Gesamtstichprobengröße von 1.000 Personen gerechnet, würden nur rund 30 Menschen (genau 31) den Süden, lediglich rund 50 (genau 53) den Westen „repräsentieren". Das ist für eine sinnvolle Aussage über die Kundinnen und Kunden dieser Regionen eine viel zu geringe Menge.

Aus diesem Grund müsste man, will man das mengenmäßige Verhältnis der Vertriebsregionen zueinander beibehalten, zumindest drei Mal so viele Personen in die Zufallsauswahl nehmen: So bekommt man im Süden 93 und im Westen 159 Stichprobenmitglieder. Das bedeutet dann aber für den Norden und Osten ebenfalls eine Verdreifachung und führt dort mit jeweils deutlich über 1.000 Fällen zu beträchtlichem Mehraufwand. Auch wäre die Gesamtsstichprobe dann n = 3.000 groß.

Um diesen Zusatzaufwand zu vermeiden, kann man auch die Forderung nach Proportionalität der Auswahl aufgeben und einfach jede Vertriebsregion in „satter" Menge von jeweils 250 Fällen in die Stichprobe aufnehmen. Also dort überproportional viele Menschen befragen, wo es in den Daten (zu) wenige gibt, und dort eine unterproportionale Menge, wo viele vorhanden sind (VGL. SPALTE ❹ IN ABBILDUNG 14). Damit bleibt man aufwandsmäßig bei den ursprünglich geplanten 1.000 Erhebungen, hat aber jede Vertriebsregion in ausreichender Menge abgebildet.

Eine Vorschichtung hilft also dabei, kritische Teilstichprobengrößen zu entdecken und in weiterer Folge zu vermeiden.

Ein aufmerksamer Betrachter dieser Vorgehensweise wird jetzt aber folgenden Einwand haben: Wenn jede Region gleichermaßen durch 250 Erhebungsfälle repräsentiert wird, lässt sich zwar über jede Region eine sinnvolle Aussage treffen, aber doch kein repräsentatives Gesamtbild aller Firmenkundinnen und Firmenkunden zeichnen!?

Um diesem Einwand gerecht zu werden, muss an dieser Stelle noch die Ergebnisgewichtung (VGL. SPALTEN ❺ UND ❻ IN ABBILDUNG 14) ins Spiel gebracht werden.

A 3.2.2.1 | Ergebnisgewichtung

Eine Gewichtung von Datensätzen bietet sich immer dann an, wenn eine tatsächliche Datenstruktur nicht der gewünschten bzw. aus der Grundgesamtheit bekannten Verteilung entspricht. Dabei werden in der Stichprobe unterrepräsentierte Datensätze rechnerisch vergößert (= vermehrt), überrepräsentierte verkleinert (= reduziert).

Bei der Zufallsstichprobe einer Befragung wohnen 4 der zu besuchenden Kunden im Villenviertel einer Stadt. 3 der 4 Interviews können rasch und gleich beim ersten Besuch abgewickelt werden. Die vierte Interviewpartnerin ist jedoch nie zu Hause anzutreffen. Nach mehreren erfolglosen Kontaktversuchen wird die Entscheidung getroffen, das fehlende Interview durch eine Gewichtung auszugleichen. Dabei werden die Angaben jeder der 3 befragten Personen bei der Auswertung mit einem Faktor von 1,33 gewichtet (4 Soll- dividiert durch 3 Ist-Interviews = 1,33 Gewichtungsfaktor, mit dem die Daten der 3 von den 4 erreichten Befragten gewichtet werden: Damit ergeben sich rechnerische 4 Personen für die Datenanalyse).

Im Zentrum der Stadt sind für ein repräsentatives Abbild der Grundgesamtheit 5 Interviews nötig. Um nicht dieselben Probleme zu erleiden wie im Villenviertel, werden gleich mehr als die benötigten 5 Adressen per Zufall gezogen, nämlich 10 Adressen. Wider Erwarten werden aber hier in der Innenstadt alle Personen sofort angetroffen und geben ein Interview. Es gibt somit letztendlich 10 anstelle der benötigten 5 Interviews. Deshalb wird auch hier gewichtet, und zwar mit dem Faktor 0,5 (5 Soll durch 10 Ist = 0,5 Gewichtungsfaktor, mit dem die Datensätze der 10 Befragten gewichtet werden: Es ergeben sich rechnerische 5 Personen für die Datenanalyse).

Eine Gewichtung von Daten ist in der Praxis wegen der nicht vermeidbaren Stichprobenausfälle bei Zufallsstichproben meist unumgänglich. Da Stichprobenausfälle in der Regel disproportional anfallen (z.B. „leichtere" Interviews am Land gegenüber jenen in der Stadt), ist für einige Teile der Stichprobe mit Überbesetzungen, für andere Teile mit Unterbesetzungen zu rechnen. Eine Gewichtung hilft hier, mögliche Ergebnisverzerrungen zu vermeiden. In Summe kommt man letztendlich (wieder) auf die geforderte Gesamtgröße der Stichprobe, die nun aber in der richtigen Struktur vorliegt: Jeder Datensatz hat jetzt das Gewicht, das ihm in der Stichprobe zusteht.

Dieses Prinzip der Gewichtung auf Repräsentativität lässt sich auch auf angezielte Totalerhebungen anwenden, wo Ausfälle (z.B. Verweigerungen der Teilnahme, vergriffene Zeitungsausgaben) dafür sorgen, dass der Datenrücklauf kein repräsentatives Abbild der Grundgesamtheit mehr darstellt.

Faktorengewichtung

Fragebogennr	Gewichtung	Tag	Monat	Geschlecht	Alter	Postleitzahl
1	0,622	9	1	1	42	3852
2	0,740	10	1	2	30	1150
3	0,663	10	1	2	81	8355
4	0,719	22	3	2	56	9330
5	0,550	22	2	2	16	4793
6	1,604	23	4	2	83	3350
7	0,599	7	1	2	44	4813
8	1,293	9	1	1	46	2564
9	1,034	27	5	1	48	1010
10	1,568	15	1	1	32	3843
11	0,692	9	1	2	63	1040
12	1,511	21	7	1	83	8492
13	1,389	21	9	1	26	8421
14	0,297	2	1	2	62	8302
15	1,107	22	11	2	38	7543
16	0,914	24	10	2	29	1150
17	0,331	15	8	1	76	3040
usw. ⇩	usw. ⇩	usw. ⇩	usw. ⇩	usw. ⇩	usw. ⇩	usw. ⇩

Abbildung 15: Faktoren zur Datengewichtung in einem Datenfile

Viele Forschungsfirmen zählen die **Faktorengewichtung** deshalb zu ihrem standardmäßigen Repertoire und errechnen mit ihr vollkommene Stichprobenrepräsentativität.[11] Ein Beispiel, wie Faktoren in Datenfiles eingebettet werden, findet sich in ABBILDUNG 15. Jeder Fragebogen besitzt für die Auswertung ein eigenes Gewicht.

---

[11] Dazu setzen Institute eigene Gewichtungsprogramme – meist Software-Eigenentwicklungen – ein, die die Gewichte aus einer Vielzahl demografischer Variablen in deren Kombination ermitteln. So werden z.B. Soll und Ist von Geschlecht, Region, Altersgruppen, Bildung und Beruf kombiniert betrachtet. Das Gewichtungsprogramm ermittelt für jeden einzelnen Datensatz einen Gewichtungsfaktor, der in die Daten mitaufgenommen wird. Bei der Ergebnisauswertung fließt dann jeder Datensatz mit seinem Gewicht in die Auswertung ein.

Gewichtungsfaktoren sind auch bei disproportionalen Stichproben wie in ABBILDUNG 14 AUF SEITE 52 (SPALTEN ❺ UND ❻) eine notwendige Vorgehensweise. Nur mit einer Gewichtung lassen sich aufgestockte (= mengenmäßig verstärkte) Stichprobenteile für die Ergebnis-GESAMTbetrachtung wieder proportional rechnen.

Im Beispiel besitzt jede Vertriebsregion aufgrund der disproportional angelegten Stichprobe eine „satte" Größe von 250 Fällen (SPALTE ❹). Damit lassen sich REGIONSSPEZIFISCHE Aussagen ableiten. Für ein GESAMTergebnis muss jedoch wieder auf die proportionale Verteilung der Regionen zueinander Rücksicht genommen werden und eine Gewichtung der Daten je Vertriebsregion mit den angeführten Faktoren (SPALTE ❻) erfolgen.

Grundsätzlich muss man bei strukturellen Stichproben-Anpassungen über Faktoren darauf Bedacht nehmen, dass die einzelnen Faktoren nicht zu groß werden. Ein Faktor von 1,5 gilt als noch akzeptable Grenze, in wenigen Einzelfällen(!) können – z.B. bei 1.000 Datensätzen – auch größere Faktoren bis zu 3 oder 4 vorkommen. Generell ist es aber immer besser, wenn großteils nur Faktoren entstehen, die geringer als 1 sind: Nur hier liegen ja Datensätze mehrerer Individuen (bzw. anderer Erhebungsobjekte) wirklich und physisch vor. Entstehen beim Gewichten (vermehrt) Faktoren über 1,5 oder gar 2 und mehr, werden aus einzelnen Individuen (oder Erhebungsojekten) bloß auf rechnerischem Weg mehrere idente Datensätze gebildet. Hier sollte die Stichprobe lieber physisch vergrößert werden, sonst kann das die Ergebnisse der gesamten Erhebung in Frage stellen.

Man stelle sich vor, in eine Ergebnisauswertung von 500 Personen werden 6 Personen einer schwer erreichbaren Zielgruppe mit Gewichtungsfaktor 8 integriert. Diese 6 Personen weisen zufällig ein völlig aus der Reihe der übrigen Befragten fallendes Antwortmuster auf. 6 Personen mal Faktor 8 bedeuten in der Ergebnisauswertung 48 Personen (6 mal 8). Das sind rund 10% aller Befragten dieses Beispiels, was mit ziemlicher Wahrscheinlichkeit zu stark verfälschten Ergebnissen und Fehlinterpretationen führt.

A 3.2.3 | Systematische Auswahl: Willkürliche Stichprobe

Völlig willkürliche Stichproben kommen z.B. bei Passantenbefragungen zum Einsatz. Es gibt hier weder Zufall, feste Regeln noch einen Auswahlplan. Das Interviewpersonal sucht die Zielpersonen für die Erhebung völlig subjektiv aus (= **Auswahl auf's Geratewohl, Convenience-Sample** oder auch **Anfallsstichprobe**).

Dabei erfolgt die Auswahl entweder völlig ungeregelt und frei, und jede x-beliebige Person kann somit in die Stichprobe gelangen. Oder die Erhebenden erhalten zur Orientierung ein paar Mindestvorgaben wie etwa „gleich viele Frauen wie Männer" oder „Streuung durch die Altersgruppen", damit die Auswahl letztendlich doch nicht zu einseitig ausfällt.

Willkürliche Auswahlverfahren sind natürlich keineswegs repräsentativ und kommen deshalb vor allem bei qualitativen Erhebungen – z.B. auch bei der Teilnehmendensuche für Gruppendiskussionen – zum Einsatz. Dort spielt Repräsentativität in der Regel keine (besondere) Rolle (VGL. AUCH KAPITEL „A 3.1 | REPRÄSENTATIVITÄT" AB SEITE 42).

A 3.2.4 | Systematische Auswahl: Quotenstichprobe

Quotenstichproben stellen in der gängigen Erhebungspraxis das Pendant zu Zufallsstichproben dar. Sie sind das am häufigsten eingesetzte bewusste Auswahlverfahren.

Bei Quotenstichproben erfolgt die Auswahl der Erhebungselemente direkt durch das Erhebungspersonal. Dieses geht dabei nach vorab definierten **Quotenmerkmalen** (Kriterien) vor. Die Quotierungsmerkmale müssen (zumindest vermutete) Relevanz für das Forschungsthema besitzen. Die Quotenkriterien, deren Ausprägungen sowie die jeweiligen Mengen der zu suchenden Elemente orientieren sich an der strukturellen Beschaffenheit der Grundgesamtheit.

Kenntnisse über die Struktur der Grundgesamtheit stammen aus Bevölkerungsstatistiken, Vorstudien, aus vorliegenden (Kunden- oder Mitarbeiter-)Datenbanken usw.

Eine Grundgesamtheit besteht z.B. je zur Hälfte aus Männern und Frauen und zu einem Drittel aus Stadt-, zu zwei Dritteln aus Landbevölkerung. Die Kriterien Geschlecht und Wohngebiet werden als für eine Befragung relevante Quotenmerkmale definiert. Ein Interviewer, der für eine Erhebung 18 Interviews vorgeschrieben bekommt, müsste also versuchen, 9 Männer und 9 Frauen sowie 6 Personen aus der Stadt und 12 Personen vom Land zu befragen.

In der Kombination der gefundenen Ausprägungen der beiden Kriterien – im obigen Beispiel Geschlecht und Wohngebiet – hat das Erhebungspersonal freie Hand:[12] Damit könnten theoretisch auch alle in der Stadt zu suchenden Befragten Männer sein (6 von 9 Männern) und in weiterer Folge nur weibliche LANDbevölkerung in die Stichprobe gelangen. Um derartige Stichprobenverzerrungen zu vermeiden, sind qualitativ hochwertigere **Quotenpläne** strenger: Sie schreiben die genaue Kombination der Ausprägungen vor – wieder entsprechend der Realität in der Grundgesamtheit.

Die 18 Interviews wären dann analog der Struktur der Grundgesamtheit exakter definiert: Befrage 2 Männer in der Stadt, 7 am Land, 4 Frauen in der Stadt, 5 am Land.

ABBILDUNG 16 AUF SEITE 57 zeigt einen zum oben angeführten Beispiel passenden Quotenplan für fünf Erhebungspersonen A, B, C, D und E.

In SPALTE ❶ sind die in der Grundgesamtheit tatsächlich vorkommenden Bevölkerungszahlen – je Geschlecht Stadt- und Landbevölkerung – ausgewiesen. SPALTE ❷ stellt den jeweiligen Prozentanteil der vier Teilgruppen an der Grundgesamtheit dar. SPALTE ❸ listet die aufgrund der Prozentanteile je Teilgruppe anfallenden Interviews, wenn die Gesamtstichprobe 100 Fälle umfassen soll. Die mit ❹ gekennzeichneten Spalten teilen willkürlich die in ❸ angeführten Interviews auf fünf erhebende Personen auf.

Die erforderlichen Rundungen auf „ganze" Personen müssen bei Quotenplänen „händisch" erfolgen – man muss immer auf die Konsistenz von Zeilen- und Spaltensummen achten.

---

[12] Wenn dem Erhebungspersonal von Anbeginn an völlige Freiheit bei der Auswahl der Zielpersonen zugestanden wird, werden Personen oft mehr oder weniger planlos befragt. In derartigen Fällen kann es gegen Ende des Quotenplans unmöglich werden, in Kombination der noch „freien" Ausprägungen gewisse Restquoten zu erfüllen: Beispielsweise werden Männer, die unter 20 Jahre alt und Pensionisten sind, kaum zu finden sein. Auch 15-jährige Pensionistinnen werden sicher zu einer Herausforderung …

Quotenstichprobe: Quotenplan

		Grundgesamtheit		Stichprobe	Erhebungsperson				
					A	B	C	D	E
		absolut	in %	Interviews	Interviews				
Geschlecht > Wohngebiet									
	Männer	**672**							
	Stadt	149	11,1	11	2	2	2	2	3
	Land	523	38,8	39	7	8	8	8	8
	Frauen	**675**							
	Stadt	302	22,4	22	4	4	4	5	5
	Land	373	27,7	28	5	6	6	6	5
Gesamt		**1.347**	**100,0**	**100**	**18**	**20**	**20**	**21**	**21**
		❶	❷	❸	❹	❹	❹	❹	❹

Abbildung 16: Quotenplan einer Quotenstichprobe für fünf Erhebungspersonen

Wenn alle Erhebenden ihren Quotenplan ordnungsgemäß abgearbeitet haben, entspricht am Ende die Ausprägung der Quotenmerkmale in der Stichprobe deren Verteilung in der Grundgesamtheit. Die Quotenstichprobe ist dann repräsentativ. Quotenstichproben stimmen über die Quotenmerkmale hinaus meist ohne weiteres Zutun auch in vielen anderen Kriterien mit der Grundgesamtheit strukturell überein.

Quotenstichproben werden aber oft auch ohne Forderung nach Repräsentativität angelegt: In vielen Fällen liegen keine strukturellen Informationen über die Grundgesamtheit vor. Somit können die Ausprägungen der Quotierungsmerkmale nicht an der Grundgesamtheit ausgerichtet werden. Dennoch werden hier Quoten dazu herangezogen, alle interessierenden Untergruppen der Grundgesamtheit abzudecken. Man kann dann zwar die erhobenen Teilsegmente nicht in ihrer repräsentativen Verhältnismäßigkeit abbilden, jedoch zumindest sicher sein, auf keine Teilgruppe vergessen zu haben.

Auf das in ABBILDUNG 16 zitierte Beispiel angewendet könnte das bei fehlender Information über die Grundgesamtheit bedeuten: Es finden je zur Hälfte Interviews mit der Stadt- bzw. Landbevölkerung statt. Sowohl Stadt- als auch Landsample setzen sich je zur Hälfte aus Frauen und Männern zusammen.

Bei allen Quotenstichproben sollten ein paar wichtige Grundsätze eingehalten werden:

- **Die Quoten müssen** für die Erhebungspersonen **leicht erkennbar sein**.
  Geschlecht wäre z.B. ein sehr einfaches Merkmal, „Anzahl der Zahnarztbesuche mit Wurzelbehandlungen im letzten Jahr" hingegen für ein Auswahlverfahren sehr herausfordernd bzw. nicht durchführbar.

- **Die Quotierungsmerkmale müssen objektiv sein** und **dürfen keinen Interpretationsspielraum zulassen**. Niemand kann z.B. Umwelt- oder Klimaschutzbewusstsein an auszuwählenden Individuen „im Vorbeigehen ablesen".

- **Möglichst viele Erhebende** sollten **jeweils möglichst wenige Interviews** durchführen. Das Netz an Erhebungspersonen sollte möglichst heterogen sein: Das Quotenverfahren stellt eine sehr individuelle Form der Auswahl dar. Subjektivität spielt hier eine nicht zu unterschätzende Rolle. Alle Erhebenden haben ein (anderes) persönliches Umfeld, welches sie in der jeweiligen persönlichen Auswahl bevorzugt abbilden. Wenn nur wenige Personen die Stichprobe definieren, führt das deshalb zu gesellschaftlich „einseitigen" Zielpersonen.
Aus ähnlichen Gründen sollten quotenmäßige Erhebungen an Orten durchgeführt werden, die auch wirklich von allen zu aktivierenden Stichprobenteilen bevölkert werden.

Da das individuelle, subjektive Auswählen der Zielpersonen keine zufällige Auswahl darstellt, ist bei Quotenstichproben auch das Anwenden mathematischer Zufallstheorien nicht zulässig. **Im Gegensatz zur reinen Zufallsauswahl dürfen bei Quotenauswahlverfahren deshalb theoretisch keine statistischen Schwankungsbreiten berechnet werden.** Trotzdem hat sich bei den meisten Projekten im studentischen Bereich[13], da und dort auch in der Wirtschaft, selbst bei Quotenstichproben die Berechnung von „Quasi-Schwankungsbreiten" eingebürgert.

Mehr Details zu diesem Thema finden sich in Kapitel „A 6 | Schwankungsbreiten der Ergebnisse" ab Seite 101.

A 3.3 | Der Begriff „Inzidenz" („Penetration", „Durchdringungsgrad")

Vor jeder Entscheidung über ein Stichprobenverfahren stellt sich eine sehr wesentliche Frage: Findet man die erforderlichen Stichprobenmitglieder? Welche Stichprobe ist überhaupt realistisch? Ein fiktives Beispiel:

Man sucht in Portugal (10 Millionen Einwohnerinnen und Einwohner) nach Weizenbier-Konsumierenden. Aus einer älteren Umfrage kennt man die diesbezügliche Inzidenz: Weizenbier wird in Portugal von rund 1% der Bevölkerung zumindest mehrmals pro Jahr konsumiert. Das bedeutet, dass in einer bevölkerungsrepräsentativen Zufallsstichprobe nur jeder hundertste Fall einen „Treffer" (= Konsumentin oder Konsument von Weizenbier) ergeben würde. Um wenigstens 100 Weizenbier-Trinkende zu finden, müssten also 100 * 100 = 10.000 Personen kontaktiert werden. Es liegt auf der Hand, dass DIESES Vorhaben kaum über ein Bevölkerungssample realisiert werden kann.

Um eine praktisch umsetzbare Stichprobe festzulegen, kommt deshalb dem Begriff der Inzidenz (= Penetration oder Durchdringungsgrad) eine hohe Bedeutung zu. Im soeben angeführten Beispiel wird man mit anderen, weniger genauen und repräsentativen Auswahlmechanismen als einem Bevölkerungssample das Auslangen finden müssen. Deutlich einfacher wäre es wahrscheinlich, Weizenbier-Affine auf andere Art und Weise zu kontaktieren:

---

[13] Fast alle Erhebungsprojekte Studierender verfügen nicht über die notwendigen Ressourcen, auf echten (und repräsentativen) Zufallsstichproben aufzusetzen.

vielleicht direkt an jenen Orten, wo das Produkt verkauft oder konsumiert wird. Man wird hier die Forderung nach Repräsentativität zugunsten der praktischen Durchführbarkeit deutlich zurückstellen müssen.

Alle Überlegungen zur Stichprobenziehung müssen deshalb unbedingt auch im Lichte der praktischen Erreichbarkeit der Zielpersonen bzw. Auswahlelemente gesehen werden.

A 3.4 | Anwendungsbeispiel für Stichproben

Zur Abrundung dieses Kapitels über Repräsentativität und Stichproben wird eine gebräuchliche Vorgehensweise aus der Markt- und Meinungsforschung vorgestellt, um zu repräsentativen Bevölkerungsstichproben zu gelangen.

Stichprobenkombination

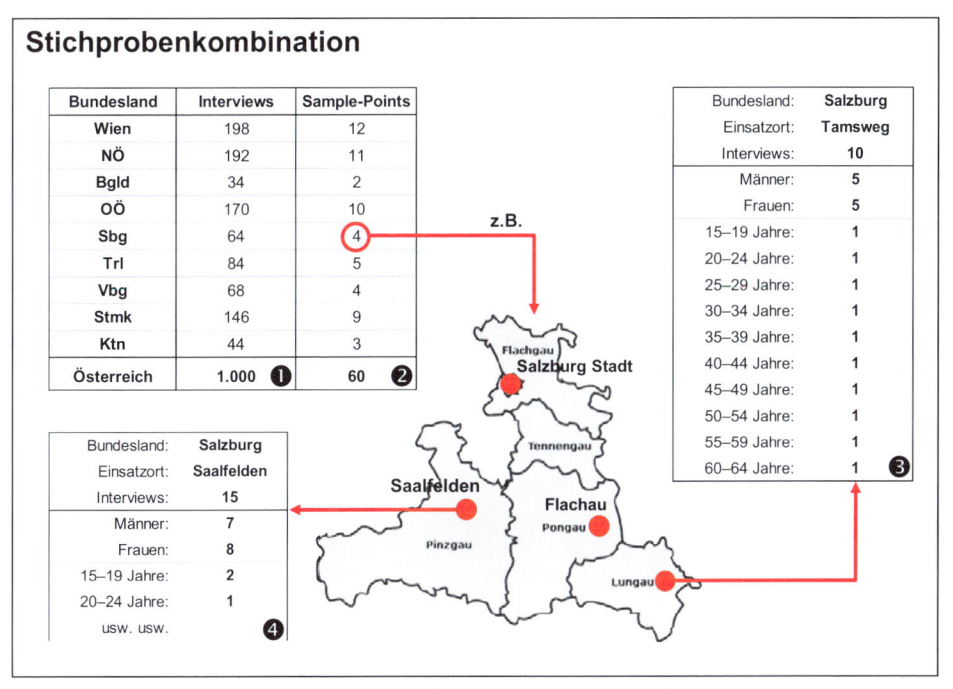

Bundesland	Interviews	Sample-Points
Wien	198	12
NÖ	192	11
Bgld	34	2
OÖ	170	10
Sbg	64	4
Trl	84	5
Vbg	68	4
Stmk	146	9
Ktn	44	3
Österreich	1.000 ❶	60 ❷

Bundesland:	Salzburg
Einsatzort:	Tamsweg
Interviews:	10
Männer:	5
Frauen:	5
15–19 Jahre:	1
20–24 Jahre:	1
25–29 Jahre:	1
30–34 Jahre:	1
35–39 Jahre:	1
40–44 Jahre:	1
45–49 Jahre:	1
50–54 Jahre:	1
55–59 Jahre:	1
60–64 Jahre:	1 ❸

Bundesland:	Salzburg
Einsatzort:	Saalfelden
Interviews:	15
Männer:	7
Frauen:	8
15–19 Jahre:	2
20–24 Jahre:	1
usw. usw.	❹

Abbildung 17: Stichproben-Kombinationsbeispiel (Vorschichtung, Sample-Points, Quoten)

Nur wenige Umfrageinstitute verfügen über Bevölkerungslisten (z.B. Wählerverzeichnisse), um daraus Stichproben generieren zu können. Um dennoch repräsentative Samples zustandezubringen, behilft man sich mit einer kombinierten Vorgehensweise.

In einem ersten Schritt wird die Bevölkerung nach Bundesländern vorgeschichtet (VGL. AB-BILDUNG 17, PUNKT ❶). Im zweiten Schritt erfolgt eine proportionale Aufteilung der je Bundesland benötigten Interviews auf Erhebungs-Cluster, sogenannte **Sample-Points** *(PUNKT ❷). Diese haben den Zweck, Gebiete aus ökonomischen Gründen in komprimierter Form abzubilden: Um z.B. die Meinung der Bevölkerung einer ländlichen Region zu erforschen,* *ist es nicht notwendig, einzelne Haushalte aufzusuchen und dazwischen zeitintensiv längere Wege von Haus zu Haus zurückzulegen. Sample-Points gehen vom Grundsatz aus, dass ein regionales Meinungsbild inmitten einer Region an einer einzigen Stelle „abgeholt" werden kann. Es genügt also, an einem frequentierten Ort inmitten der Region ein repräsentatives Kleinsample zu ziehen. Die strukturelle Zusammensetzung des jeweiligen Erhebungs-Clusters (= Sample-Point) wird in Form von Quoten nachgebildet (VGL. ABBILDUNG 17 AUF SEITE 59, BEISPIELHAFTE PUNKTE ❸ UND ❹).*

A 3.5 | Mindestgröße von Stichproben

Bei jeder Stichprobenziehung stellt sich die Frage: Wie groß muss eine „gute" Stichprobe sein? Zu kleine Stichproben liefern „schlechte" Ergebnisse, zu große Stichproben sind unnötig, weil aufwendig bzw. teuer.

Als **Richtlinie** für Mindeststichprobengrößen kann folgende Regel gelten: Eine Stichprobe muss INSGESAMT so groß sein, dass man noch verlässliche Aussagen über ihre kleinsten TEILE treffen kann. Die Schwankungsbreiten (= statistische Unschärfe, VGL. KAPITEL „A 6.1 | SCHWANKUNGSBREITEN VON PROZENTWERTEN" AB SEITE 102) der kleinsten Teilgruppe, über die man noch Aussagen treffen will, müssen sich in noch akzeptierbaren Größenordnungen bewegen (höchstens ± 10%, besser maximal ± 5%).

Ein Beispiel: In einer Grundgesamtheit sind 5% der Menschen 80 Jahre und älter. Man will aus den Stichprobenergebnissen statistisch halbwegs abgesicherte Aussagen über die 80Plus-Leute treffen. Die Stichprobe muss also INSGESAMT so groß sein, dass die 80Plus-Personen oft genug vorkommen. Bei einer Stichprobengröße von 100 Menschen wäre nur mit 5 Mitgliedern (5% von 100) dieser Altersgruppe zu rechnen, bei einer Stichprobengröße von 1.000 wären wenigstens schon 50 zu erwarten.

Die Frage einer optimalen Stichprobengröße ist also eng mit dem Thema „Schwankungsbreiten der Ergebnisse" verknüpft. Diesem Thema widmet sich ausführlich KAPITEL „A 6.1 | SCHWANKUNGSBREITEN VON PROZENTWERTEN" AB SEITE 102. Die daraus abgeleiteten Anforderungen an Stichprobengrößen werden in KAPITEL „A 6.3 | ERMITTLUNG VON MINDESTSTICHPROBENGRÖSSEN" AB SEITE 113 detailliert beschrieben.

A 3.6 | Datenschutz und Forschungsethik

Bei Zufallsstichproben erfolgt die Auswahl direkt aus einer zugänglichen Grundgesamtheit. Handelt es sich dabei um Menschen (auch Firmen), zieht das in weiterer Folge persönliche Kontaktaufnahmen nach sich. Dabei ist aus **Datenschutzgründen** besondere Vorsicht geboten! Direktes und zeitgleiches Adressieren von Personen in größerer Anzahl per Telefon oder E-Mail ist rechtlich bedenklich. Österreichische und deutsche Datenschutzgesetze geben hier ähnlich strenge Regeln vor: Richtet man eine Nachricht zu Werbezwecken an mehr als 50 Menschen oder Institutionen (VGL. § 107 TKG UNERBETENE NACHRICHTEN, JUSLINE ÖSTERREICH 2016, ONLINE), gilt das ohne deren Einwilligung als unzulässig. Auch das deutsche Gesetz gegen den unlauteren Wettbewerb (VGL. § 7 UWG UNZUMUTBARE BELÄSTIGUNGEN, BUNDESMINISTERIUM DER JUSTIZ UND FÜR VERBRAUCHERSCHUTZ 2016, ONLINE) betrachtet telefonische oder E-Mail-Kontaktierung bei Werbung als „unzumutbare Belästigung", wenn nicht vorher eine ausdrückliche Einwilligung dazu erfolgt ist. Der Begriff „Werbung" ist laut gängiger Judikatur breit gefasst: Auch Markt-, Meinungs- und Sozialforschung fallen in sehr vielen Fällen darunter.

Eine vorherige Zustimmung zur Kontaktierung braucht nur in genau umschriebenen Ausnahmefällen nicht unbedingt vorzuliegen – etwa wenn sonst ein wissenschaftliches Forschungsvorhaben nicht oder nur mit unverhältnismäßigem Aufwand durchgeführt werden könnte (VGL. § 28 BDSG DATENERHEBUNG UND -SPEICHERUNG FÜR EIGENE GESCHÄFTSZWECKE, BUNDESMINISTERIUM DER JUSTIZ UND FÜR VERBRAUCHERSCHUTZ 2016, ONLINE). Bei Verstößen gegen den Datenschutz können hohe Verwaltungsstrafen verhängt werden. Das österreichische Gesetz sieht hier einen Strafrahmen vor, der viele tausende Euro umfasst. Und auch in Deutschland liegt ein „abmahnfähiger Wettbewerbsverstoß" vor, wenn eine Erhebung mittelbar oder unmittelbar dazu dient, den Absatz zu fördern, und ungefragt an Personen oder Unternehmen gerichtet wird (VGL. INTERSOFT CONSULTING SERVICES AG 2016, ONLINE).

Aus diesen Gründen empfehlen Datenschutzexpertinnen und -experten der Wirtschaft, bei allen Forschungsvorhaben von zu Befragenden vorher deren Zustimmung einzuholen. Im Idealfall geschieht dies folgendermaßen: Teilnehmende an Befragtenpools, Userinnen und User einer Website, eines Portals oder einer Community registrieren sich freiwillig und bestätigen damit ihr datenschutzrechtliches Einverständnis mittels aktivem Anklicken eines Kästchens. Sie erhalten daraufhin eine E-Mail mit der Bestätigung der Registrierung, die sie neuerlich durch Klick auf einen Link bestätigen müssen. Danach wird eine weitere E-Mail an die nun registrierte Adresse versendet, die die Registrierung endgültig bestätigt (**Confirmed-Opt In**, VGL. SCHRÖDER 2012, S. 143).

Werden Telefonkontakte nicht aus konkreten Datenbanken, sondern z.B. per zufälliger Nummerngenerierung hergestellt, wird die freiwillige Beteiligung an einer Umfrage da und dort auch als „konkludente Zustimmung" argumentiert. Dasselbe gilt mancherorts auch für den E-Mail-Versand im Businessbereich. Ohne ausdrückliche Zustimmung der adressierten Endkontakte bewegt sich derartiges Vorgehen aber immer in einer rechtlichen Grauzone.

In der bisherigen Wahrnehmung des Autors führen die hier angesprochenen strengen Datenschutzregeln der Wirtschaft bei den vielen empirischen Arbeiten, die **im studentischen Bereich** durchgeführt werden, zu keinen Problemen. Man beruft sich auf reine Wissenschaftlichkeit ohne wirtschaftliches Interesse, zieht Stichproben für Online-Befragungen aus dem persönlichen oder beruflichen Umfeld oder bereitwilligen Communitys. Trotzdem sollten sich auch studentische Forscherinnen und Forscher bewusst sein, dass ein hoher wirtschaftlicher Bezug und Nutzen eines Forschungsthemas datenschutzrechtlich gegenwärtig immer sensibler betrachtet werden muss.

Aus methodischer Sicht verursacht die vom Datenschutz geforderte unbedingte Einwilligung der zu Befragenden oft Probleme.

Denn wenn jemand aus einer Datenbank eine zufällige Stichprobenziehung ziehen will, müssen die Datensätze vorab nach Zustimmenden gefiltert werden. Das bedeutet aber für ein empirisches Erhebungsvorhaben, dass bereits die adressierbare Grundgesamtheit nun „unrepräsentativ" vorliegen kann: Unterscheidet sich die Struktur der Adressierbaren von den Kontaktverweigernden, kann bereits an dieser Stelle das Erreichen von Repräsentativität problematisch oder unmöglich werden.

In solchen Fällen ist es notwendig, die Stichprobe aus den „erlaubten" Datensätzen zu ziehen, den Datenrücklauf hingegen an der gesamten Grundgesamtheit (inkl. aller Unadressierbaren) zu messen. Datengewichtungen (VGL. KAPITEL „A 3.2.2.1 | ERGEBNISGEWICHTUNG" AB SEITE 53) schaffen hier den nötigen Ausgleich.

Bestehen darüber hinaus auch Unterschiede im Meinungsbild der beiden Gruppen, kann Repräsentativität überhaupt nicht erreicht werden. Eventuelle Unterschiede solcher Art werden aber nie ans Tageslicht treten, weil man das Meinungsbild der Verweigernden ja nicht kennt.

Datenschutz stellt aber nur EINEN Aspekt seriöser Forschung dar. Generell kommt (nicht nur) in der sozialwissenschaftlichen Forschung auch allen (anderen) **ethischen Fragen** eine sehr entscheidende, jedoch gern vernachlässigte Bedeutung zu. Die „Ungleichverteilung der Informationen und Ressourcen zwischen Forschern und Beforschten […] wirft forschungsethische Fragen auf, die insbesondere die Verantwortung der Forscher gegenüber den Untersuchten und den gewonnenen Daten zum Gegenstand haben" (ATTESLANDER 2010, S. 103).

Je nach empirischem Setting besitzt Forschungsethik einen unterschiedlichen Stellenwert.

So ist die quantitative Inhaltsanalyse von Zeitungsartikeln, bei der das einfache Vorkommen eines Firmennamens gezählt wird, forschungsethisch wohl anders zu bewerten als eine verdeckt teilnehmende direkte Beobachtung von Arbeitnehmerinnen und Arbeitnehmern, die personenbezogen ausgewertet wird.

Die individualisierte Analyse von gern benutzten Suchbegriffen im Internet wiederum besitzt sicherlich höhere ethische Relevanz als eine breit gestreute anonyme Befragung mittels Online-Formular zum Urlaubswetter.

VOR jeder Erhebung sollten jedenfalls Zweck, geplanter Ablauf und Erkenntnisinteressen nach ethischen Grundsätzen beurteilt werden. Ist die Durchführung abgeschlossen, ist es ratsam, noch einmal den erfolgten Ablauf sowie in weiterer Folge die Ergebnisse und deren Verbreitung einer kritischen Überprüfung zu unterziehen.

Unverzichtbar ist IMMER UND FÜR ALLE Forschenden die **Selbstreflexion**, ob das eigene Tun …

- objektiv durchgeführt wird (wurde),
- die „Selbstbestimmungsrechte" anderer beachtet(e) und deshalb nur im informierten Einverständnis erfolgt(e),
- durch Anonymisierung und Vertraulichkeit der gewonnenen Informationen individuelle Schädigungen durch die Forschung vermeidet, mögliche Folgen von Veröffentlichungen bedenkt und mit dem Forschungsanliegen abwägt,
- offen für Menschen und Kulturen sowie im Zweifel FÜR die Forschungsbeteiligten erfolgt(e)

(VGL. ATTESLANDER 2010, S. 105 UND VON UNGER/NARIMANI/M'BAYO 2014, S. 20).

Ähnlichen und weiteren Regelungen unterwerfen sich die meisten (Markt-)Forschungsinstitute im **Esomar-Kodex** (VGL. ESOMAR 2008, ONLINE). Methodenbezogene Richtlinien gibt auch der Rat der Deutschen Markt- und Sozialforschung vor. Auf der Homepage dieser Vereinigung finden sich jeweils spezielle Richtlinien „für die Aufzeichnung und Beobachtung von Gruppendiskussionen und qualitativen Einzelinterviews", „für den Einsatz von Mystery Research in der Markt- und Sozialforschung", „für Studien im Gesundheitswesen", „für telefonische Befragungen", „die Befragung von Minderjährigen", „die Veröffentlichung von Ergebnissen der Wahlforschung", Richtlinien „zum Umgang mit Adressen in der Markt- und Sozialforschung", „zum Umgang mit Datenbanken in der Markt- und Sozialforschung", „für Online-Befragungen" sowie eine eigene „Richtlinie für Untersuchungen in den und mittels der Sozialen Medien" (VGL. RAT DER DEUTSCHEN MARKT- UND SOZIALFORSCHUNG 1995 BIS 2014, ONLINE).

Zusatzinformationen und weiterführende Literatur zu diesem Kapitel:

- Brosius, Hans-Bernd/Haas, Alexander/Koschel, Friederike (2016): Methoden der empirischen Kommunikationsforschung: Eine Einführung. 7., überarbeitete und aktualisierte Auflage. Wiesbaden: Springer VS. Studienbücher zur Kommunikations- und Medienwissenschaft, Seite 61–79.

- Ebster, Claus/Stalzer, Lieselotte (2013): Wissenschaftliches Arbeiten für Wirtschafts- und Sozialwissenschaftler. 4., überarbeitete Auflage. Wien: facultas.wuv, Seite 164–189.

- ESOMAR (2008): ICC/ESOMAR International Code on Market and Social Research. Amsterdam: https://www.esomar.org/uploads/public/knowledge-and-standards/codes-and-guidelines/ICCESOMAR_Code_English_.pdf, abgerufen am 29.12.2015 um 23:05 Uhr.

- Raab-Steiner, Elisabeth/Benesch, Michael (2015): Der Fragebogen. Von der Forschungsidee zur SPSS-Auswertung. 4., aktualisierte und überarbeitete Auflage. Wien: facultas, Seite 20–25.

A 4 | Mess- und Skalenniveaus

… in diesem Kapitel geht's um:

- **Das Skalenniveau legt die Auswertungsmöglichkeit bereits VOR der Erhebung fest.**
- **Nominalskala:**
  gekennzeichnet durch „entweder" – „oder" • nur Häufigkeitsauswertung
- **Ordinalskala:**
  Rangordnung • zusätzlich Median auswertbar
- **Intervallskala:**
  gleiche Distanzen • kein realer Nullpunkt • zusätzlich Mittelwert und Standardabweichung auswertbar
- **Rationalskala:**
  zusätzlich realer Nullpunkt • beliebige Auswertungsverfahren
- **Indikatoren:**
  repräsentieren nicht direkt messbare Eigenschaften • müssen objektiv, reliabel und vor allem valid sein
- **Anzahl der Skalenabstufungen**, gerade oder ungerade Zahlenanzahl, mono- oder **bipolare Itembatterien**: abhängig von forschender Person und Thema

A 4.1 | Messen und Skalen

In der Sozialforschung „misst" man, indem man zu untersuchende Subjekte oder Objekte anhand ihrer Eigenschaften beschreibt. Die Subjekte oder Objekte (= Forschungsgegenstände) können Menschen, Artikel einer Inhaltsanalyse, Produkte, Verkaufsdatensätze, Beobachtungen und vieles mehr sein (VGL. DAZU KAPITEL „A 2.1 | GRUNDGESAMTHEIT" AB SEITE 37).

Die Eigenschaften, mit denen die Forschungsgegenstände beschrieben werden, nennt man „Merkmale" (auch „Variablen"). Die Merkmale haben Merkmalsausprägungen (VGL. EBSTER/STALZER 2013, S. 148).

So hat z.B. das Merkmal GESCHLECHT eines Untersuchungsobjekts MENSCH die Ausprägungen MÄNNLICH oder WEIBLICH.

„Messen" besteht nun darin, den Merkmalsausprägungen systematisch Zahlen zuzuordnen. Das Verhältnis der Zahlen zueinander entspricht den Relationen der Untersuchungsobjekte in Bezug auf das gemessene Merkmal. Dadurch erhält man präzisierte und systematisierte Informationen in leicht (ab)lesbarer Form.

Die den Merkmalsausprägungen zugeordneten Zahlen werden „Skala" genannt: Eine Skala ist jener Bereich, innerhalb dessen die Messergebnisse variieren. Eine Skala bilden nicht die Ausprägungen eines Merkmals (z.B. Antworten einer Frage) an sich, sondern die Zahlen, die den Antworten zugeordnet werden.

Den Merkmalsausprägungen MÄNNLICH und WEIBLICH können z.B. die Zahlen 1 und 2 zugeordnet werden.

Die Skala zum Merkmal GESCHLECHT besteht damit aus nur zwei Zahlen und ist einfach zu interpretieren: Auf eine Person trifft entweder die eine ODER andere Ausprägung zu.[14]

Es gibt aber auch weit komplexere Skalen.

Wenn man 100 Personen fragt, wieviel sie im Monat verdienen, können sich die Antworten stufenlos zwischen 0 und mehreren tausend Euro bewegen.

Hier ist wie beim Geschlecht die Interpretation eines „ODER" möglich (0 oder 1.000 EUR oder 1.500 EUR oder 2.120 EUR usw.). Darüber hinaus könnte man aber auch Berechnungen durchführen, etwa zum mittleren Einkommen aller Personen oder zum durchschnittlichen Wocheneinkommen usw.

A 4.2 | Messniveaus und Datenanalyse

Die unterschiedliche Komplexität verschiedener Skalenarten wird in deren „Messniveau" ausgedrückt: Das Mess- bzw. Skalenniveau ist verantwortlich dafür, wie man die in Zahlen erfassten Antworten oder Merkmalsausprägungen auswerten und interpretieren darf: Je höher das Messniveau ist, desto mehr lässt sich aus den Daten herauslesen, „mit ihnen anfangen".

Das Skalenniveau gibt den Weg vor, welche Rechenoperationen bei einer Auswertung sinnvoll und zulässig sind. Mit der Wahl des Skalenniveaus legt man sich schon VOR der Erhebung dahingehend fest, wie genau man Ergebnisse später auswerten kann. Dementsprechend besitzt die Frage der einzusetzenden Messniveaus bereits bei der Konzeption einer Erhebung entscheidende Relevanz.

Die in der Sozialforschung gebräuchlichen Skalenarten finden sich in ABBILDUNG 18 AUF SEITE 66 überblicksmäßig dargestellt und charakterisiert.

Das höchste Skalenniveau bietet die meisten und besten (statistischen) Auswertungsmöglichkeiten. **Hohe Skalenniveaus** lassen aber auch einfache Berechnungen zu: Sie **sind sozusagen „abwärtskompatibel".**

So könnte man in einer Befragung die Variable Alter in offener Form abfragen:

Wie alt sind Sie? |_|_|_| ✎

Damit würde man das höchste Skalenniveau (= rationales Messniveau) erhalten und könnte z.B. ein mittleres Durchschnittsalter (Mittelwert) errechnen. Genauso gut könnte man aber auch auf niedrigem Niveau auswerten, wieviel Prozent der Befragten 15, 16, 17 usw. Jahre alt sind.

Umgekehrt können jedoch Daten, die mit niedrigen Skalenniveaus (= nominales oder ordinales Messniveau) erhoben werden, ausschließlich auf niedrigem Niveau ausgewertet werden: **Einfache Skalenniveaus sind NICHT „aufwärtskompatibel".**

---

[14] **Anmerkung:** Wenn hier das Merkmal Geschlecht als „Entweder-oder-Beispiel" angeführt wird, soll das rein „plakativen Zwecken" bzw. „guter Merkfähigkeit" dienen. Dem Autor ist bewusst, dass dieser Simplifizierung ein rein „traditionelles Geschlechterverständnis" zugrundeliegt.

Arten von Skalen

Skalenart, Messniveau	Kennzeichnung		Beispiele		Codierung	mögliche Arten der Auswertung
(höchstes) rational	gleiche Distanzen; realer Nullpunkt: Null bedeutet: nicht vorhanden	A = x * B	Einkommen, Länge (Maße), Geschwindigkeit	Alter in Jahren	15 16 ... 104 105	Beliebige weitere Verfahren Häufigkeiten, Median, Mittelwert, Varianz, Standardabweichung
intervall	gleiche Distanzen; kein Nullpunkt;	B - A = D - C	Datum, IQ, Temperatur (in Celsius)	Alter Jahrgang	2000 1999 ... 1920 1919	
ordinal	Rangordnung; mehr - weniger	A < B < C	Schulnoten-Bewertung, Rangreihen	Alter 15 bis 26 Jahre Alter 27 bis 50 Jahre Alter 51 Jahre und älter	1 2 3	Häufigkeiten, Median
nominal (niedrigstes)	entweder oder	A ≠ B ≠ C	Geschlecht, Bundesland, gewählte Partei	Alter entspricht der Zielgruppe 15 bis 26 Alter entspricht NICHT der Zielgruppe	1 2	Häufigkeiten

Abbildung 18: Arten von Skalen und Messniveaus

Wenn man nach dem Alter nicht wie in obigem Beispiel offen fragt, sondern Antwortkategorien (ordinal) vorgibt:

In welche der folgenden Alterskategorien stufen Sie sich ein?	*15 bis 26 Jahre* ☐ *27 bis 50 Jahre* ☐	*51 Jahre und älter* ☐

kann man die Ergebnisse ausschließlich in Prozentform darstellen: Wieviel Prozent der Befragten fallen in die jeweilige der drei Altersgruppen. Die Ermittlung eines Durchschnittsalters wäre hier unmöglich.

Bieten sich bei einer Fragestellung mehrere Skalenarten an, sollte grundsätzlich derjenigen mit dem höchsten Skalenniveau der Vorzug gegeben werden, da sie die umfangreichsten Auswertungsmöglichkeiten bietet. Andererseits ist es aus erhebungstechnischen Gründen nicht zielführend, immer und überall das höchste Skalenniveau anzuwenden. Hohe Skalenniveaus stellen deutlich höhere Anforderungen an Befragte, weil sie meist mit größerem Nachdenkaufwand verbunden sind:

Lässt man Menschen genau angeben, wieviel sie im Monat netto verdienen, ist das eindeutig schwieriger zu beantworten, als sich in eine der Kategorien „bis 1.000 EUR | 1.001 bis 2.000 EUR | 2.001 bis 3.000 EUR | 3.001 EUR und mehr" einzustufen.

Wenn man alle Fragen in einem Fragebogen offen formuliert, überfordert man meist die Befragten. Wegen ihrer Komplexität sollte man hohe Skalenniveaus deshalb nur dort einsetzen, wo sie zur Ergebnisermittlung auch wirklich benötigt werden.

A 4.3 | Messniveaus im Detail

Ihr Messniveau charakterisiert die verschiedenen Skalen (VGL. ABBILDUNG 18 AUF SEITE 66).

Bei **Nominalskalen** – der einfachsten und „niedrigsten" Skalenform – erfolgt eine eindeutige, aber willkürliche Zuordnung von Zahlen zu Antwortkategorien. Es gibt jedoch keine sinnvolle Beziehung zwischen Antwortkategorie und Wert.[15] Bei diesem Messniveau müssen nur Gleichheit bzw. Unterschiedlichkeit berücksichtigt werden. Die Kategorien hinter den Zahlen müssen exakt sein und sich gegenseitig ausschließen. Nominalskalen bieten aus statistischer Sicht die wenigsten Informationen, nur wenige Auswertungsverfahren – wie z.B. Häufigkeitszählungen – sind bei ihnen anwendbar.

Ordinalskalen sind dadurch gekennzeichnet, dass ein höherer Zahlenwert einer stärkeren Merkmalsausprägung entspricht. Solange die Informationen über „größer" bzw. „kleiner" erhalten bleiben, sind – wie bei Nominalskalen – auch hier willkürliche Zahlenzuordnungen möglich. Die Hauptinformation dieser Skalenart besteht in einer Ranginformation, aber grundsätzlich können auch einfache Häufigkeiten je Kategorie berechnet werden.

Bei **Intervallskalen** sind die Abstände zwischen den Zahlenwerten gleich groß und repräsentieren damit „tatsächliche", je Zahlenfolge empirisch gleiche Abstände zwischen den Untersuchungsobjekten. Ab dieser Skalenform sind Addition und Subtraktion erlaubt. Intervallskalen bilden darüber hinaus die Voraussetzung für viele statistische Verfahren wie z.B. auch Mittelwert und Standardabweichung.

> **Schulnoten** werden – obwohl sie eigentlich eine Ordinalskala beschreiben – in den Sozialwissenschaften beim Auswerten meistens als Intervallskala behandelt. Schulnotenskalen weisen zwar streng genommen nicht dieselben Abstände zwischen den Skalenpositionen auf: So gibt es etwa „sehr gute Einser", die vom „gerade noch Zweier" viel weiter entfernt sind als ein „leider schon Dreier". In der Sozialforschung beschäftigt man sich aber oft mit theoretischen Konstrukten, die gerne mit Schulnoten abgebildet werden, weil diese für die meisten Befragtengruppen „gelernt" und sehr verständlich sind.
>
> *Wenn man Zustimmung und Ablehnung zu Aussagen auf einer Schulnotenskala zwischen 1 = „trifft sehr zu" und 5 in Österreich bzw. 6 in Deutschland = „trifft gar nicht zu" abbildet, dann gilt: Eine Person, die der Aussage „ich lese gern wissenschaftliche Literatur" mit 1 zustimmt, ist von einer Person, die 2 wählt, EINE Skalenposition entfernt. Und jemand, der 4 angibt, ist gegenüber einem anderen, der 5 wählt, ebenso EINE Skalenposition entfernt.*

Aus diesem Grund werden in der sozialwissenschaftlichen Forschungspraxis ALLE eigentlich ordinalen Ratingskalen fast immer und überall als **„Quasi-Intervallskalen"** behandelt. Sie werden damit für Mittelwerts- und weitere statistische Berechnungen „tauglich gemacht".

Rationalskalen zeichnet zusätzlich zu den bisher angeführten Skalen (entweder-oder, größer-kleiner, idente Abstände) auch eine Verhältnismäßigkeit der Zahlen zueinander aus: Eine Skalenposition 4 bedeutet damit „doppelt so viel" wie Position 2. Diese Skalenform besitzt im Unterschied zu Intervallskalen auch einen realen Nullpunkt: Der Wert 0 bedeutet

---

[15] Es ist hier völlig egal, ob Männer mit Code 1 und Frauen mit Code 2 erfasst werden oder z.B. mit den Codes 123 und 456. Die Zahlen haben nur „Entweder-oder-Bedeutung".

„keine Ausprägung" des mit der Skala abgebildeten Merkmals. Auswertungstechnisch werden Rationalskalen wie Intervallskalen behandelt: Möglich sind Addition, Subtraktion und hier werden wegen der Verhältnismäßigkeit der Zahlen auch Multiplikation und Division sinnvoll. Natürlich können auch Mittelwert und Standardabweichung berechnet sowie beliebige statistische Verfahren angewendet werden.

Ein Beispiel soll den Unterschied zwischen Intervall- und Rationalskalen verdeutlichen.

> *Der Nullpunkt einer Celsius-Temperatur-Skala (= Intervallskalierung) ist willkürlich. 0 Grad bedeutet nicht „keine Temperatur", sondern „relativ kalt". Zwischen 0 und 10 Grad liegt zwar derselbe Abstand wie zwischen 10 und 20 Grad, aber 20 Grad sind nicht doppelt so warm wie 10 Grad (daher keine Rationalskala).*
> *Wenn hingegen ein Auto eine Strecke von 50 km Länge mit 50 km/h zurücklegt, benötigt es doppelt so lange wie ein anderes Fahrzeug, das mit 100 km/h unterwegs ist. Hier handelt es sich also um eine Rationalskalierung. Das zeigt auch der Nullpunkt: 0 km/h Geschwindigkeit bedeutet „gar kein Fortkommen", eben „stehen".*

A 4.3.1 | Diskrete (kategoriale) und stetige (metrische) Werte

Bei Skalen wird auch oft über „stetige" und „diskrete" Werte gesprochen.

Nominal- und Ordinalskalen sind **diskret** bzw. **kategorial**: Das bedeutet, dass Merkmalsausprägungen ausschließlich Antwortkategorien zugeordnet werden können. Ein Merkmal kann nur bestimmte vorher definierte Werte annehmen. Diese Werte (= Zahlen) haben aber keinerlei rechnerische Bedeutung.

Intervall- und Rationalskalen sind **stetig** bzw. **metrisch**: Ein Merkmal kann hier jeden beliebigen Wert zwischen einem Minimal- und einem Maximalwert annehmen. Hier haben die Zahlen hinter den Antworten rechnerische Bedeutung, z.B. für die Ermittlung von Mittelwerten und vielen anderen statistischen Maßzahlen.

A 4.4 | Praktische Anwendungen von Messniveaus

Zur praktischen Veranschaulichung sind im zweiseitigen **Beispielfragebogen**[16] in ABBILDUNG 19 UND ABBILDUNG 20 (SEITE 69 UND 70) am rechten Rand grau hinterlegt die Messniveaus jeder einzelnen Frage angeführt.

A 4.4.1 | Schulnotenskalen oder andere (breitere) Skalen?

Oft stellt sich die Frage, ob ein Fragebogen Schulnoten- oder andere, „bessere", „breitere" Skalen verwenden soll. Diese Entscheidung muss jede/r Forschende für sich selbst treffen.

Für Beurteilungen mit Schulnoten spricht, dass sie „in den Köpfen verankert" sind. Alle Menschen aller Bildungsschichten können für gewöhnlich gut damit umgehen.

---

[16] Alle in diesem Buch angeführten Beispiele zeigen immer nur EINE von vielen Möglichkeiten der Umsetzung. **Jedes empirische Vorhaben ist eine „Maßanfertigung", die sich immer individuell nach den jeweiligen Erkenntnisinteressen**, Forschungsfragen und Hypothesen **richten muss**.

Fragebogen & Skalenniveaus

Liebe Teilnehmerin, lieber Teilnehmer,

im Rahmen eines Forschungsprojekts an der Universität […] führen wir eine Umfrage durch, die sich mit dem Lesen von Büchern beschäftigt. Ihre Meinung ist besonders wichtig!

Bitte nehmen Sie sich 5 Minuten Zeit und beantworten diesen Fragebogen. Ihre Angaben erfolgen völlig anonym und werden mit Ihrer Person garantiert in keinerlei Zusammenhang gebracht. Die Umfrage dient ausschließlich wissenschaftlichen Zwecken!

Herzlichen Dank, dass Sie uns durch Ihre Teilnahme unterstützen!

Bei den folgenden Fragen geht es ganz allgemein um das Lesen von Zeitungen, Zeitschriften und Büchern.   **Messniveau**

#	Frage		Messniveau
1	In der heutigen Informationsgesellschaft gibt es überall ein sehr breites Angebot an Texten aller Art. Wie ist das bei Ihnen? Egal, wo und was: Lesen Sie gerne?	ja ☐₁ nein ☐₀	nominal
2	Haben Sie in den letzten 12 Monaten zumindest einen Roman gelesen?	ja ☐₁ nein ☐₀	nominal
3	Haben Sie in den letzten 12 Monaten zumindest ein Fachbuch gelesen?	ja ☐₁ nein ☐₀	nominal

Wenn Sie zumindest ein Mal pro Jahr Fachliteratur lesen – weiter zu Frage 4! Sonst bitte weiter bei 9.

#	Frage		Messniveau
4	Kaufen Sie Bücher lieber in einer Buchhandlung oder im Versandhandel?	lieber in einer Buchhandlung ☐₁ lieber im Versandhandel ☐₂	nominal
5	Ganz spontan: Wie muss ein ideales Fachbuch für Sie beschaffen sein?	_____	nominal

6 Wie muss ein ideales Fachbuch für Sie beschaffen sein, damit Sie es gerne lesen?
   Urteilen Sie jetzt bitte auf einer Skala von 1 bis 5, wobei 1 = „sehr wichtig" und 5 = „gar nicht wichtig" bedeutet. Dazwischen können Sie abstufen.

   *ordinal, in Sozialforschung wie **intervall** behandelt*

	sehr wichtig				gar nicht wichtig
Ein Fachbuch muss … mir sympathisch sein	①	②	③	④	⑤
optisch ansprechend sein	①	②	③	④	⑤
leicht verständlich sein	①	②	③	④	⑤
interessante Inhalte haben	①	②	③	④	⑤
einen leicht lesbaren Text haben	①	②	③	④	⑤
einen hohen persönlichen Nutzen haben	①	②	③	④	⑤
rasch Informationen liefern	①	②	③	④	⑤
übersichtlich gestaltet sein	①	②	③	④	⑤
immer wieder Neues zu entdecken haben	①	②	③	④	⑤

#	Frage		Messniveau
7	Denken Sie jetzt bitte an das letzte Fachbuch, das Sie gelesen haben. Versuchen Sie bitte, dieses Fachbuch mit drei Eigenschaftswörtern möglichst treffend zu charakterisieren.	|_____| |_____| |_____|	nominal
8	Wie viel Euro haben Sie in den letzten sechs Monaten für Fachliteratur ausgegeben? Wenn Sie es nicht genau wissen, schätzen Sie bitte.	EUR: |__|__|__|	rational

Bitte umblättern …

Abbildung 19: Ein Fragebogen (Seite 1) und seine Messniveaus

Fragebogen & Skalenniveaus

Wieder an alle Befragten: ↓ ↓ ↓ ↓

9 Egal, ob Sie sie lesen oder nicht: Was denken Sie <u>ganz allgemein</u> über Fachbücher? Wie sehr treffen die positiven oder negativen Ausprägungen der folgenden Eigenschaften Ihrer Ansicht nach auf Fachbücher zu?

Urteilen Sie bitte auf einer Skala von 1 bis 6.

<u>Fachbücher sind/bieten generell …</u>

	①	②	③	④	⑤	⑥	
sympathisch	①	②	③	④	⑤	⑥	unsympathisch
optisch nicht ansprechend	①	②	③	④	⑤	⑥	optisch ansprechend
leicht verständlich	①	②	③	④	⑤	⑥	nicht leicht verständlich
uninteressant	①	②	③	④	⑤	⑥	interessant
leicht lesbar	①	②	③	④	⑤	⑥	schwer lesbar
niedrigen persönlichen Nutzen	①	②	③	④	⑤	⑥	hohen persönlichen Nutzen
rasch Informationen	①	②	③	④	⑤	⑥	langsam Informationen
übersichtlich	①	②	③	④	⑤	⑥	unübersichtlich
nicht viel Neues zu entdecken	①	②	③	④	⑤	⑥	immer Neues zu entdecken

ordinal, in Sozialforschung wie **intervall** *behandelt*

10 Welches Papierformat ist Ihnen bei einem Buch das liebste, welches am zweitliebsten usw.?
Tragen Sie bitte Rangplätze zwischen 1 und 6 ein. Das Ihnen sympathischste Format erhält eine 1, das am wenigsten sympathische eine 6.

Papierformat	A4	A5	A6
Taschenbuch			
Hardcover			

ordinal

11 Wenn Sie einmal ein gutes Buch lesen: Wem empfehlen Sie es weiter? (Mehrfachantworten sind möglich)

PartnerIn, Familie ☐₁   FreundInnen ☐₁   KollegInnen ☐₁   Anderen ☐₁

nominal

Abschließend bitten wir noch um ein paar Angaben zu Ihrer Person.

12 Sind Sie …   weiblich ☐₁   männlich ☐₂   *nominal*

13 In welchem Bundesland wohnen Sie?
Wien ☐₁   OÖ ☐₄   Trl ☐₆   Stmk ☐₈
NÖ ☐₂   Sbg ☐₅   Vbg ☐₇   Ktn ☐₉
Bgld ☐₃

nominal

14 Wie alt sind Sie? |__|__| ✎   *rational*

15 Welche Art von Texten lesen Sie am liebsten?
kurze Artikel in Zeitungen, Zeitschriften, online … ☐₁   Romane, Belletristik ☐₂   Sach- und Fachbücher ☐₃

nominal

16 Wie viele Bücher lesen Sie im Schnitt pro Jahr? |__|__|__| ✎   *rational*

17 Und wie viele Bücher lesen Sie im Schnitt pro Jahr „nicht ganz freiwillig" (z.B. im Rahmen einer Ausbildung)? |__|__|__| ✎   *rational*

Herzlichen Dank für die Beantwortung der Fragen!

Abbildung 20: Ein Fragebogen (Seite 2) und seine Messniveaus

Dies gilt allerdings nur für Erhebungen, die nationale Grenzen nicht überschreiten.

Würde man z.B. eine Befragung in Ungarn, Österreich und Deutschland mit österreichischen Schulnoten durchführen, hätten ausschließlich Personen aus Österreich den Vorteil des vertrauten Urteilens. Ungarische Schulnotenbeurteilungen hingegen laufen umgekehrt (5 ist der beste Wert), Deutschland hat mit seinen 6 Noten ebenfalls ein anderes System. Ein Teil der Befragten antwortet somit auf „verinnerlichter" Basis, der andere Teil in einem fremden System. Das führt zu verzerrten, nur eingeschränkt vergleichbaren Ergebnissen. In einem derartigen Fall sollten besser ALLE an der Erhebung teilnehmenden Personen mit einem für sie abstrakten Beurteilungssystem konfrontiert werden (z.B. „Urteilen Sie bitte zwischen 0 und 100 ...").

Ein großer Vorteil von Schulnotenskalen besteht in ihrer besseren Kommunizierbarkeit: „Note 2 für den letzten Sommer" stellt eine deutlich bessere Schlagzeile dar als etwa „Mittelwert von 3,2 auf der 7-stufigen Beurteilungsskala".

Ein Nachteil bei Schulnotenskalen mit einer ungeraden Anzahl von Positionen kann die „Flucht" einiger Befragter zur Mittelposition (Note 3 in Österreich) sein. Damit muss man bei jeder „ungeraden" Skala rechnen (VGL. DAZU AUCH DAS FOLGENDE KAPITEL).

A 4.4.2 | Gerade oder ungerade Anzahl von Skalenpositionen?

Wie bei der Entscheidung pro oder contra Schulnoten gibt es auch bei der Überlegung zu gerader oder ungerader Anzahl an Skalenpositionen unterschiedliche Sichtweisen.

Einerseits kann man mit der Vorlage „gerader Skalen" die Fluchttendenz zur Mitte ausschalten. Man zwingt also die Probanden dazu, sich für ein positives oder negatives Rating zu entscheiden.

Andererseits wird es wohl Themen geben, bei denen Befragte gern auf eine Mittelposition ausweichen möchten. Immer dann, wenn man Gleichgültigkeit zu einer Frage ausdrücken möchte, wird man ohne mittlere Skalenposition kein Auslangen finden.

Stellt man etwa folgende Frage zur Taschenbuchausgabe eines Romans:

> *Wie sehr würden Sie sich wünschen, dass die Titelseite dieses Buchs eine andere Farbe hat als die gegenwärtige? Urteilen Sie bitte von 1 bis 5, wobei 1 bedeutet: „würde ich mir sehr wünschen", 3: „ist mir egal" und 5: „würde ich völlig ablehnen". Dazwischen können Sie abstufen.*

werden sicher einige die mittlere Antwort „3" wählen wollen ...

Möchte man hingegen konkret wissen, wie der Roman bei seinen Lesenden ankommt, wird man eher zu einer Entscheidung zwingen und fragen:

> *Wie gefällt Ihnen dieses Buch? Urteilen Sie bitte zwischen 1 und 4, 1 bedeutet: „gefällt mir sehr gut", 2: „gefällt mir gut", 3: „gefällt mir weniger", 4 „gefällt mir gar nicht".*

Auch hier müssen Forschende also themenabhängig bzw. aus dem Forschungskontext heraus entscheiden.

Für die Anzahl der Abstufungen einer Skala sowie eine gerade oder ungerade Zahlenanzahl lässt sich also keine eindeutige Empfehlung abgeben. Eines steht aber fest: Je mehr Abstufungen man wählt, desto genauer lassen sich Unterschiede in den Ausprägungen von Eigenschaften abbilden. Das wiederum geht jedoch zulasten der Befragten, die dadurch immer überforderter werden.

A 4.4.3 | Itembatterien bipolar abfragen?

Ein weiteres Kriterium der Skalengestaltung ist – v.a. bei Eigenschaftslisten – umstritten. Soll man Itemlisten nur mit einer Ausprägung der Items vorlegen (VGL. FRAGE 6 IM FRAGEBOGEN IN ABBILDUNG 19 AUF SEITE 69) oder jeweils die positive und negative Bedeutung der Items anführen (VGL. FRAGE 9 IN ABBILDUNG 20 AUF SEITE 70).

Wenn man sich für die zweite Variante entscheidet, muss man eine weitere Festlegung treffen: Wird immer die positive Seite der Items auf der einen Seite der Skala und die negative Seite auf der anderen Seite angeführt oder wird die Ausrichtung abgewechselt (WIE BEI FRAGE 9 IM BEISPIEL)?

EINE Meinung innerhalb der Forschungswelt geht dahin, dass der Richtungswechsel zu fehlerhaften Antworten führt, weil er von den Befragten übersehen werden kann. Menschen lesen den Text nur flüchtig und nicht derart genau, dass ihnen auffallen würde, dass sich die Skalierung plötzlich umdreht. Im Glauben, (noch) die andere Item-Richtung vor sich zu haben, kreuzen sie falsch an.

Gegnerinnen und Gegner dieser Meinung sind unbedingt FÜR mehrmalige Richtungswechsel. Sie behaupten, dass die Befragten dadurch „gezwungen" werden, sich mit der Befragungsmaterie auch wirklich und ernsthaft auseinanderzusetzen. Wird die Polarität nicht gewechselt, führt das in vielen Fällen zu einer einheitlichen Beurteilung der gesamten Skala: Befragte setzen beim ersten Item an und machen aus Bequemlichkeit z.B. über alle Noten 2 einen Strich vom ersten bis zum letzten Item. Oder sie klicken alle Items bei Note 2 einheitlich durch.

Auch diese Frage muss themenbezogen bzw. subjektiv nach Forschendenmeinung entschieden werden.

A 4.5 | Indikatoren, Gütekriterien und Skalierungsverfahren

In der empirischen Sozialforschung stehen oft nicht direkt erfahrbare Sachverhalte im Mittelpunkt. So sind etwa Meinungen und Einstellungen nicht direkt am Menschen „ablesbar" und damit auch nicht direkt messbar. Aus diesem Grund arbeiten Erhebungen sehr oft mit **Indikatoren**. Indikatoren repräsentieren bzw. stehen stellvertretend für nicht direkt messbare Eigenschaften. Sie bestehen meist aus mehreren Items oder Aussagen, die Befragten zur Zustimmung oder Ablehnung vorgelegt werden. Die Antworten jeder Person auf die Einzelaussagen werden zusammengefasst, woraus sich die Eigenschaftsausprägung ergibt.

Eine Itemliste, die Einstellungen messen will, wird **Einstellungsskala** genannt.

EIN Item einer Einstellungsskala könnte folgendermaßen lauten und damit u.a. die Einstellung zum Klimaschutz widerspiegeln:

> *Wie sehr stimmen Sie den folgenden Aussagen zu? Urteilen Sie bitte auf einer Skala von 1 bis 7. 1 bedeutet: „trifft voll auf mich zu", 7: „trifft gar nicht auf mich zu". Dazwischen können Sie abstufen.*
>
> > *Rein um die Umwelt zu schützen, lasse ich mein Auto nach Möglichkeit stehen und benutze, wann immer es möglich ist, den öffentlichen Verkehr*   ① ② ③ ④ ⑤ ⑥ ⑦

Wichtig ist, dass die „richtigen" Indikatoren eingesetzt werden: Nur dann nämlich messen sie auch wirklich jenes Merkmal, das sie vorgeben zu messen. Ein guter Indikator muss objektiv, reliabel und valid sein.

A 4.5.1 | Objektivität

Objektivität bedeutet Freiheit von subjektiven Einflüssen. Das ist dann der Fall, wenn die Ergebnisse nicht durch eine die Erhebung durchführende Person verzerrt werden.

Da Auswertungen überschaubarer empirischer Studien (im studentischen Bereich) oft von Einzelpersonen durchgeführt werden, werden Objektivitätsüberlegungen erst gar nicht angestellt. Die Objektivität JEDES empirischen Forschungsvorhabens sollte aber unbedingt in ihrem gesamten Ablauf gesichert werden (VGL. HUG/POSCHESCHNIK 2015, EBSTER/STALZER 2013).

Bereits die DUCHFÜHRUNG eines empirischen Projekts darf nicht durch die dabei agierende(n) Person(en) verzerrt werden (**Durchführungsobjektivität**). Zwischenmenschliche Kontakte zwischen Forschenden und Erforschten müssen stark eingeschränkt werden. Persönliche Interaktionen sollten so gut wie möglich standardisiert ablaufen – etwa durch klare Vorgaben im Fragebogen, Beobachtungsbogen oder experimentellem Design. Derartige Forderungen sind bei quantitativen Erhebungen deutlich einfacher realisierbar als im qualitativen Bereich.

In weiterer Folge müssen auch AUSWERTUNG und INTERPRETATION der Daten möglichst objektiviert ablaufen.

Auswertungsobjektivität bezeichnet die Unabhängigkeit empirischer Ergebnisse von auswertenden Personen.

> *Zwei Auswertende dürfen Fragebögen mit offenen Fragen bei der Analyse nicht unterschiedlich kategorisieren oder uneindeutige Nennungen verschieden interpretieren.*

Mit **Interpretationsobjektivität** wird die Unabhängigkeit der Ergebnisinterpretation von persönlichen Vorlieben oder Denkweisen umschrieben.

> *Schlussfolgerungen aus den Ergebnissen empirischer Erhebungen dürfen nicht persönlich gefärbt sein oder aus speziellen Blickwinkeln erfolgen bzw. in eine bestimmte Richtung gelenkt werden.*

Diesen Ansprüchen an Auswertung und Interpretation kann man nur mit standardisierten

Ergebnisermittlungsverfahren entgegenwirken (VGL. DIE KAPITEL „B 4.5 | EINFACHE AUSWERTUNGEN (DESKRIPTIVE STATISTIK)" AB SEITE 240 UND INSBESONDERE „B 4.6 | PRÜFUNG AUF SIGNIFIKANZ (SCHLIESSENDE STATISTIK)" AB SEITE 267). Diese Auswertungsroutinen engen den Spielraum für individuelle Schlussfolgerungen deutlich ein.

Überprüfbar sind Auswertungs- und Interpretationsobjektivität, indem man mehrere Menschen parallel dieselbe Auswertung bzw. Ergebnisinterpretation durchführen lässt. Am Ende erfolgt ein Vergleich der Ergebnisse. Je ähnlicher diese ausfallen, desto höhere Objektivität konnte im Erhebungsdesign sichergestellt werden.

Einwirken kann man in allen beschriebenen Fällen aber nur auf die INTERindividuelle Objektivität im Forschungsprozess. Dennoch werden wohl auch INTRAindividuell, je nach Tagesverfassung, unterschiedliche Forschungsergebnisse bei ein und demselben Menschen erzielt. **Objektivität ist deshalb generell nur sehr schwer kontrollier- bzw. messbar.**

A 4.5.2 | Reliabilität

Ein Erhebungsinstrument ist **reliabel** (zuverlässig), wenn das zu untersuchende Merkmal auch bei wiederholter Untersuchung unter den gleichen Bedingungen und in geringem zeitlichen Abstand ident ausgeprägt ist.

Um Reliabilität zu überprüfen und in weiterer Folge sicherzustellen, gibt es verschiedene Möglichkeiten (VGL. KARMASIN/KARMASIN 1977, FRIEDRICHS 1990, EBSTER/STALZER 2013).

Eine Variante besteht darin, dieselben Personen nach einem gewissen Zeitraum ein zweites Mal mit denselben Fragen zu konfrontieren (**Re-Test-Methode**).[17] Oder man legt den teilnehmenden Personen unmittelbar hintereinander zwei unterschiedliche Listen von Fragen (Items) vor, die vorgeben, das idente Konstrukt (Eigenschaft) zu messen (**Parallel-Test-Methode**).[18] Die **Split-Half-Technik** wiederum teilt vorhandene Fragenlisten in zwei gleiche Teile: Ausgewertet wird jeweils die Hälfte der vorgelegten Fragen (Items), die dieselbe Eigenschaft messen. In allen drei Anwendungsfällen erfolgt am Ende ein Vergleich der beiden Erhebungsergebnisse. Je ähnlicher sie sind, desto eher kann man von Reliabilität ausgehen.

Bei einem weiteren Verfahren – der **Konsistenzanalyse** – wird jeweils EIN Item mit allen ANDEREN Items in Zusammenhang gebracht (= korreliert). Der dabei ermittelte Indexwert (**Cronbachs Alpha**) kann zwischen 0 und 1 liegen. Werte nahe 1 weisen auf hohe Reliabilität hin: Die Items sind homogen, messen konsistent dieselbe Eigenschaft.

> Interessierte Leserinnen und Leser finden unter howtodo.at im ABSCHNITT „DOWNLOADS – MULTIVARIATE VERFAHREN" ein Beispiel für eine mit dem Auswertungsprogramm SPSS berechnete Reliabilitätsanalyse.

Das vor allem für Inhaltsanalysen wichtige Postulat der **Inter- und Intra-Coder-Reliabilität** (VGL. KAPITEL „A 1.1 | INHALTSANALYSE" AB SEITE 19) kann mittels eines sehr gebräuchlichen und einfachen Testverfahrens überprüft werden.

---

[17] Die Kunst liegt hier darin, den Zeitabstand richtig zu bemessen sowie Lerneffekte der teilnehmenden Personen auszuschalten.
[18] Hier besteht die Herausforderung darin, Fragen (Items) zu definieren bzw. zu finden, die dasselbe messen.

Der sogenannte **Holsti-Test** funktioniert über die einfache Formel

$$\frac{2 * \text{Anzahl der übereinstimmenden Codierungen}}{\text{Zahl der Codierungen von Codierer1} + \text{Zahl der Codierungen von Codierer2}}$$

und erreicht im Idealfall (= völlige Übereinstimmung aller Codierungen) den Wert 1.

Mit dem Holsti-Koeffizienten kann immer nur die Übereinstimmung zwischen zwei Codierenden (bzw. Codiervorgängen) ermittelt werden.[19] Arbeiten an einer Inhaltsanalyse mehr als zwei Codierende mit, erfolgt die Berechnung für jedes Codiererpaar. Aus allen derart ermittelten Ergebnissen wird ein Mittelwert errechnet. Zur Überprüfung gelangen im Idealfall etwa 10% der zu codierenden Fälle, keinesfalls aber weniger als 30 bis 50 Datensätze.

Bei einer Inhaltsanalyse wird die Inter-Coder-Reliabilität zwischen drei codierenden Personen gemessen. Aus allen zu codierenden Artikeln werden 40 Artikel ausgewählt. Jede der drei Personen führt eine Codierung dieser 40 Artikel durch. Jeder Artikel ist auf 10 verschiedenen Variablen zu codieren. Damit werden also pro Person 400 Codierungen miteinander verglichen.

*Person 1 und 2 besitzen 350 übereinstimmende Codierungen, der Holsti-Koeffizient berechnet sich also wie folgt: (2 * 350) / (400 + 400) = **0,875**. Person 2 und 3 besitzen 300 Übereinstimmungen (Holsti = (2 * 300) / (400 + 400) = **0,75**). Person 1 und 3 codieren in allen 400 Fällen übereinstimmend (Holsti = (2 * 400) / (400 + 400) = **1**). Der Mittelwert der drei Teil-Koeffizienten beträgt also (0,875 + 0,75 + 1) / 3 = **0,875**.*

A 4.5.3 | Validität

Valid ist eine Erhebung dann, wenn das Merkmal, das gemessen werden soll, auch tatsächlich gemessen wird: Damit ist die Validität das wichtigste Gütekriterium einer Messung.

Wenn man nur aus der Zustimmung zur alleinstehenden Formulierung

> „Ich lasse mein Auto nach Möglichkeit stehen und benutze, wann immer es möglich ist, den öffentlichen Verkehr"

Befürwortung des Klimaschutzes ableitet, kann das auch falsch sein, weil das Stehenlassen des Autos neben dem Klimaschutzbewusstsein durchaus auch monetäre (hohe Spritpreise) oder völlig andere Gründe haben kann.

Wie die Reliabilität besitzt auch die Validität empirischer Erhebungen verschiedene Dimensionen, die in der Literatur ausführlich erläutert werden (VGL. KARMASIN/KARMASIN 1977, FRIEDRICHS 1990, EBSTER/STALZER 2013).[20] Die meisten dieser Beschreibungen sind aber eher theoretischer Natur, in den meisten Fällen fehlen konkrete Handlungsanweisungen.

---

[19] Der Holsti-Koeffizient gelangt zwar oft zur Anwendung, wird in der Literatur aber immer wieder als ungenau kritisiert (VGL. MAYRING 2010). Deutlich komplexere Maßzahlen wie z.B. der Koeffizient von Krippendorf (VGL. FRIEDRICHS 1990) werden mitunter als tauglichere Reliabilitätsmaße angeführt.
[20] In der angeführten Literatur wird relativ übereinstimmend zwischen Inhalts-, Kriteriums- und Konstruktvalidität unterschieden.

An dieser Stelle wird deshalb ausschließlich auf den konkreten Praxisbezug zwischen Einstellungsmessung und Validität fokussiert.

Da es sehr oft nicht möglich ist, komplexe Merkmale durch eine einzelne Frage zu erfassen, kommen bei der Einstellungsmessung mehrere Items – eine **Itembatterie** – zum Einsatz. Dabei geben die Probandinnen und Probanden für jedes Item den Grad ihrer Zustimmung oder Ablehnung an. Bei der Auswertung wird ein Summen- oder Durchschnittsscore errechnet.

Möchte man z.B. Kundenzufriedenheit im Bankenbereich messen, so sollten alle wesentlichen Indikatoren der Kundenzufriedenheit in der Erhebung enthalten sein. NICHT enthalten sein sollten alle jene Indikatoren, die nichts mit Kundenzufriedenheit zu tun haben.

Das Erstellen einer Itembatterie, die verlässlich misst, was man messen will, ist ein sehr komplexer Vorgang, der sich über Wochen oder gar Monate hinziehen kann.[21] Aus diesem Grund ist es empfehlenswert, von der eigenen Entwicklung einer Skala abzusehen. In der Literatur finden sich eine Vielzahl bereits „ausgereifter", fertig entwickelter und ausgetesteter Itemlisten.

Diese Skalen beschreiben erprobterweise das, was sie vorgeben zu messen. Sie sind also valide und können direkt oder leicht adaptiert auf das konkrete Forschungsvorhaben zur Anwendung gelangen.

Das folgende Beispiel veranschaulicht die Abfrageitems einer in mehreren Studien über zwei Jahre entwickelten „Persönlichkeits-Stärke-Skala". In die Entwicklung dieser Skala flossen insgesamt 12.000 Repräsentativinterviews ein (VGL. DIE STUDIE „PERSÖNLICHKEITSSTÄRKE" 1983, S. 414 F.).

1.	Gewöhnlich rechne ich bei dem, was ich mache, mit Erfolg.	trifft zu ☐	trifft nicht zu ☐
2.	Ich bin selten unsicher, wie ich mich verhalten soll.	trifft zu ☐	trifft nicht zu ☐
3.	Ich übernehme gern Verantwortung.	trifft zu ☐	trifft nicht zu ☐
4.	Ich übernehme bei gemeinsamen Unternehmungen gern die Führung	trifft zu ☐	trifft nicht zu ☐
5.	Es macht mir Spaß, andere Menschen von meiner Meinung zu überzeugen.	trifft zu ☐	trifft nicht zu ☐
6.	Ich merke öfter, daß sich andere nach mir richten.	trifft zu ☐	trifft nicht zu ☐
7.	Ich kann mich gut durchsetzen.	trifft zu ☐	trifft nicht zu ☐
8.	Ich bin anderen oft einen Schritt voraus.	trifft zu ☐	trifft nicht zu ☐

---

[21] Man startet in einer ersten Erhebung mit Items, die man aus theoretischen Vorüberlegungen oder Vorstudien als Indikatoren für das zu messende Merkmal aufstellt. Die Ergebnisse dieser ersten Nullmessung werden mittels statistischer Verfahren (z.B. Faktorenanalyse) verdichtet und auf ihre Übereinstimmung mit dem zu messenden Merkmal überprüft. In weiteren Erhebungen werden Items ergänzt, weggelassen, Formulierungen adaptiert. Erst wenn wiederholte Erhebungen idente Ergebnisse bringen und Vergleichsfragen Übereinstimmung zeigen, ist die Skalenentwicklung erfolgreich abgeschlossen.

9. Ich besitze vieles, worum andere mich beneiden.	trifft zu ☐	trifft nicht zu ☐
10. Ich gebe anderen Ratschläge, Empfehlungen.	oft ☐ ab & zu ☐	fast nie ☐
11. Inhaber einer beruflichen Führungsposition	trifft zu ☐	trifft nicht zu ☐
12. In der Freizeit Mitarbeit in Partei, Gewerkschaft, Bürgerinitiative ...	trifft zu ☐	trifft nicht zu ☐
13. Inhaber eines Amtes in einem Verein, einer Organisation ...	trifft zu ☐	trifft nicht zu ☐

Bei der Auswertung der Skala erhält jede befragte Person im Hinblick auf ihre Antworten einen Punktwert und lässt sich damit hinsichtlich ihrer Persönlichkeitsstärke in eine der Kategorien „sehr stark - stark - schwach - sehr schwach" einordnen (VGL. BRAUNECKER 1993, S. 141).

Alle Methoden, die zur Erstellung eines Messinstruments verwendet werden, werden unter dem Begriff **Skalierungsverfahren** zusammengefasst.

Ein sehr gebräuchliches Skalierungsverfahren zur Abtestung von Eigenschaften (z.B. Images) ist das **semantische Differential**.

Das semantische Differential besteht aus bipolaren, mit jeweils gegensätzlichen Adjektiven besetzen Ratingskalen (VGL. FRAGE 9 IN ABBILDUNG 20 AUF SEITE 70). Dabei sollte die Anzahl der Gegensatzpaare 20 nicht übersteigen, da ansonsten die Befragten überfordert werden.

Die Auswertung dieser Skalenform erfolgt sehr oft in Form von Mittelwerten über alle Befragten und spezielle Teilgruppen im Vergleich. Grafisch dargestellt werden die Ergebnisse in Form von Eigenschaftsprofilen (VGL. DAZU ABBILDUNG 42 AUF SEITE 133).

Beispiele zu den weiteren Möglichkeiten, Skalierungsfragen zu formulieren, finden sich in KAPITEL „A 5.3.2 | ARTEN VON FRAGEN: FRAGETYPEN" IM ABSCHNITT „SKALENFRAGE, ITEMBATTERIE" AUF SEITE 92.

Zusatzinformationen und weiterführende Literatur zu diesem Kapitel:

- Ebster, Claus/Stalzer, Lieselotte (2013): Wissenschaftliches Arbeiten für Wirtschafts- und Sozialwissenschaftler. 4., überarbeitete Auflage. Wien: facultas.wuv, Seite 148–163.

- Raab-Steiner, Elisabeth/Benesch, Michael (2015): Der Fragebogen. Von der Forschungsidee zur SPSS-Auswertung. 4., aktualisierte und überarbeitete Auflage. Wien: facultas, Seite 26–34.

- Rössler, Patrick (2011): Skalenhandbuch Kommunikationswissenschaft. Wiesbaden: VS-Verlag.

- Schnell, Rainer/Hill, Paul B./Esser, Elke (2013): Methoden der empirischen Sozialforschung. 10., überarbeitete Auflage. München: Oldenbourg Verlag, Seite 49 ff. und Seite 117–198.

A 5 | Leitfaden und Fragebogen

... in diesem Kapitel geht's um:

- **Programmfragen (Forschungsfragen/Hypothesen) und Testfragen:**
  zuerst definieren, WAS erhoben werden soll • erst DANN konkrete Fragen formulieren
- **Gesprächs- und Diskussionsleitfaden:**
  <u>qualitativ</u> • freies Gespräch • erzählend • Fragereihenfolge flexibel • frei formulierbar, an Befragte angepasst
- **(standardisierter) Fragebogen:**
  Fragereihenfolge fixiert • <u>qualitativ</u>: frei formulierbar, an Befragte angepasst, viele offene Fragen • <u>quantitativ</u>: exakter Wortlaut ohne persönliche Interaktionen mit den Befragten, wenig offene Fragen
- **Regeln für Fragebögen:**
  Einleitung zu Beginn • Dauer max. 20 Min. • Übersichtlichkeit bewahren • thematische Strukturierung • Themenreihenfolge beachten • Sozialstatistik besser am Ende • Rotieren verhindert Platzierungseffekte • einfache, klare Sprache • Danke am Ende
- **Arten von Fragen:**
  den Gesprächsverlauf lenkend • offen und geschlossen • direkt und indirekt • spontan und gestützt • manipulativ
- **verbreitete Online-Software:** unipark.de, surveymonkey.de, soscisurvey.de, qualtrics.com
- **Pretest ist unverzichtbar!**

VOR jeder Erhebung muss man sich darüber im Klaren sein, WAS genau man damit bezweckt. Wozu „forscht" man, welche Fragen möchte man beantworten? Nur dann kann sichergestellt werden, dass die Erhebung wirklich alle Erkenntnisinteressen vollständig abdeckt. Außerdem werden keine unnötigen Fragen formuliert, die über das hinausgehen, was man eigentlich wissen möchte (VGL. RAAB-STEINER/BENESCH 2015, S. 38 F. UND EBSTER/STALZER 2013, S. 36 F.). Das verlängert, verteuert und verkompliziert die Erhebung.

A 5.1 | Programmfragen, Forschungsfragen, Hypothesen

Um beim Wesentlichen zu bleiben, hilft es, sogenannte **Programmfragen** (oder **Forschungsfragen**)[22] bzw. Hypothesen zu formulieren. Diese richten sich noch nicht an die Befragten, sondern stellen vorerst eine Art Themenkatalog dar. Diese Themenabgrenzung ist essentiell notwendig, um einerseits Antworten auf ALLE Fragestellungen zu finden, andererseits keine Antworten auf NICHT VORHANDENE Fragen zu generieren.

---

[22] In der Literatur werden Programmfragen auch als Vertiefung zu Forschungsfragen beschrieben (VGL. BROSIUS/HAAS/KOSCHEL 2016, S. 96). Bei BROSIUS ET AL. werden beide Begriffe synonym verwendet, weil sie denselben Zweck verfolgen: Präzisierung der Erkenntnisinteressen. Nützliche Tipps zu den Möglichkeiten, Forschungsfragen zu formulieren, finden sich bei KARMASIN/RIBING (2014, S. 23 FF.).

Erst nachdem die Erkenntnisinteressen derart präzisiert worden sind, kann man daran gehen, zu jeder Programmfrage eine oder mehrere Testfragen zu formulieren.

*So könnte zur **Programm- oder Forschungsfrage** „Besitzt die zu befragende Zielgruppe Affinität zum Lesen?" folgende konkrete **Testfrage** Einzug in einen Fragebogen finden:*

Lesen Sie gerne?	ja ☐	nein ☐

Zur Programmfrage „Welche Affinität zum Lesen besitzt die zu befragende Zielgruppe?" könnte die konkrete Testfrage lauten:

Wie gerne lesen Sie? Urteilen Sie bitte mit Schulnoten zwischen 1 = „sehr gern" und 5 = „gar nicht gern".	① ② ③ ④ ⑤

Der Fragebogen in ABBILDUNG 19 UND 20 AUF SEITE 69 F. könnte auszugsweise (auch) aus den in folgender Tabelle gelisteten Programmfragen entstanden sein.

Ist Leseverhalten geschlechtsspezifisch?	→ *Fragen 1, 2, 3 & 12*
Gibt es regionale Unterschiede im Leseverhalten?	→ *Fragen 1, 2, 3 & 13*
Welche Anforderungen stellen Leserinnen und Leser an Fachbücher? Gibt es dabei Unterschiede zwischen Buchhandlungs- und Versand-KäuferInnen?	→ *Fragen 6 und 4*
Welches Image haben Fachbücher bei gerne Lesenden und nicht gerne Lesenden?	→ *Fragen 9 und 1*

Worin unterscheiden sich nun aber Hypothesen von Forschungsfragen? Forschungsfragen drücken ein neutrales Erkenntnisinteresse in Frageform aus. Hypothesen hingegen stellen Behauptungen auf, die auf Basiswissen (z.B. aus Vorerhebungen, Literatur etc.) beruhen.

Eine beispielhafte Forschungsfrage in einer Erhebung zum Leseverhalten der Bevölkerung könnte lauten:

„Welchen Zusammenhang gibt es zwischen Bildungsniveau und Lesehäufigkeit?"

Hypothesen hingegen werden als „Wenn-dann"- oder „Je-desto"-Regeln formuliert. Im Bezug auf Bildung und Lesehäufigkeit könnte wie folgt formuliert werden:

Deutsche Studien haben ergeben, dass Menschen mit höherem Bildungsniveau signifikant öfter lesen. Die aktuelle österreichische Studie prüft somit die Hypothese: „Bildungsniveau steht mit Lesehäufigkeit in positivem Zusammenhang. <u>Je</u> höher das Bildungsniveau, <u>desto</u> größer ist die Lesehäufigkeit" Oder: „<u>Wenn</u> das Bildungsniveau höher ist, <u>dann</u> wird häufiger gelesen als bei niedrigerer Bildung".

A 5.2 | Qualitativ oder quantitativ – Leitfaden oder Fragebogen?

Der Einsatz qualitativer oder quantitativer Forschungsmethoden bestimmt die Anwendung unterschiedlicher Erhebungsinstrumente. Bei qualitativen Designs werden Gesprächs- oder

Diskussionsleitfäden oder strukturierte, jedoch nicht standardisierte Fragebögen eingesetzt. Bei quantitativen Befragungen stehen hingegen standardisierte Fragebögen im Vordergrund. ABBILDUNG 21 gibt einen Überblick über die gebräuchlichsten Formen der Erhebungsinstrumente.

Leitfaden und Fragebogen

qualitativ

Diskussionsleitfaden
für Gruppendiskussionen
- Formulierungen frei
- Frage-Reihenfolge frei

Gesprächsleitfaden
für Leitfadeninterviews
- Formulierungen frei
- Frage-Reihenfolge frei

Fragebogen
für qualitative Befragungen
- Formulierungen oft frei
- Frage-Reihenfolge fix

quantitativ

Fragebogen
für quantitative Befragungen
- Formulierungen immer fix
- Frage-Reihenfolge fix

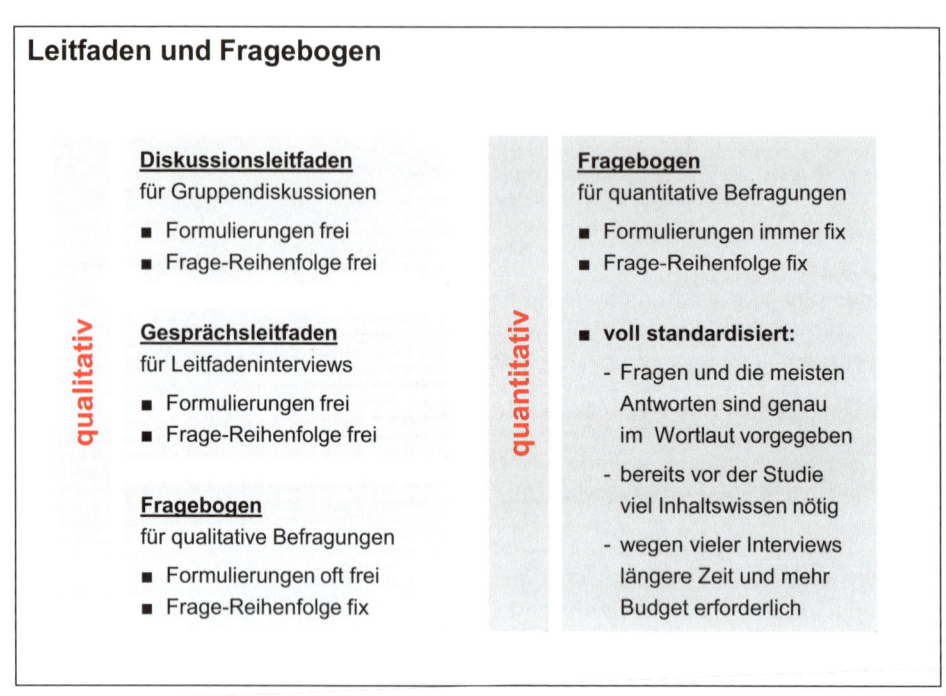

- **voll standardisiert:**
  - Fragen und die meisten Antworten sind genau im Wortlaut vorgegeben
  - bereits vor der Studie viel Inhaltswissen nötig
  - wegen vieler Interviews längere Zeit und mehr Budget erforderlich

Abbildung 21: Leitfaden und Fragebogen

A 5.2.1 | Gesprächs- und Diskussionsleitfaden

Gesprächsleitfaden (bei einem Leitfadeninterview) und **Diskussionsleitfaden** (bei einer Gruppendiskussion) skizzieren den Verlauf eines qualitativen, verbalisierenden Interviews oder einer Fokusgruppe. Das freie Gespräch mit der interviewenden bzw. moderierenden Person lässt den einzelnen Befragten bzw. miteinander Diskutierenden Platz für ihre Gedanken. Sie werden nicht durch ein fixes Frage-Antwort-Schema eingeschränkt, wie dies bei allen Arten von quantitativen Erhebungen mit standardisierten Fragebögen der Fall ist. Damit gelangen „im Hintergund" verborgene Meinungen besser „nach vorne".

Bei einer Erhebung dieser Art muss die Fragestellung nicht zwingend exakt wie im Leitfaden formuliert werden. Der genaue Wortlaut der Fragen wird der Situation und dem Niveau der Befragten angepasst. Auch die Reihenfolge der Fragen kann sich am konkreten Antwortverhalten orientieren.

ABBILDUNG 22 AUF SEITE 81 zeigt einen beispielhaften Auszug aus einem Gesprächsleitfaden.

Gesprächsleitfaden

Name der interviewführenden Person: _____ Datum: |___|___|.|___|___|

- persönliches Bekanntmachen: Vorstellung der Interviewerin, des Interviewers
- kurze Darlegung der Ziele der Befragung
  (… im Rahmen eines Forschungsprojekts an der Universität […]; Gespräche mit vielen Menschen; möglichst viele Meinungen zum Thema „Lesen" sammeln; ob, wo, wann, was Sie lesen…)
- Hinweis auf Wichtigkeit jedes einzelnen Geprächs und Zusicherung der Anonymität

1. Heutzutage gibt es überall Texte – Zeitungen, Internet, Bücher: Erzählen Sie mir bitte gleich zu Beginn, was Sie am liebsten lesen und wann und wo. Gehen wir dazu vielleicht gemeinsam die letzten paar Tage in Gedanken durch …
(Tageszeit, Situation, Textart, Medium, Dauer, Häufigkeit …)

2. Lesen Sie auch (öfter) Bücher? Welche denn z.B.?
Was lesen Sie gern? Wie oft? Wie kommen Sie zu den Büchern?
(Was zuletzt gelesen? Freiwillig oder erzwungen? Papier oder elektronisch? Aus der Bücherei, dem Buchgeschäft oder Versand?)

3. Lesen Sie auch einmal ein Fachbuch? Wie oft? Was? Wie war das beim letzten Mal?
(Welches zuletzt gelesen? Aus welchem Grund? Wie lange daran gelesen? Gerne gelesen? Leicht lesbar?)

4. Denken Sie jetzt bitte einmal an ein Ihrer Meinung nach ideales Fachbuch. Wie müsste das sein, dass Sie es gerne lesen?
(zu welchem Thema, wie gestaltet, wo zu kaufen, wie darauf aufmerksam werden, Preis, Layout, Format, Verständlichkeit, Textgröße …)

[>>> usw., in Wiederholung für mehrere Medien]

Interviewer bitte einstufen:

Funktion/Tätigkeit der befragten Person: _____

Geschlecht	weiblich - männlich
geschätzes Alter	|___|___|___|
geschätztes Bildungsniveau	hoch - mittel - niedrig
Bundesland, in dem das Interview stattfand	W - NÖ - Bgld - OÖ - Sbg - Trl - Vbg - Stmk - Ktn

Abbildung 22: Gesprächsleitfaden (Auszug) zum Thema Lesen

Diskussionsleitfaden

Warm-Up-Phase (~ 10 min.)
- Begrüßung und Vorstellung von Moderatorin/Moderator; für die Teilnahme bedanken; Informationen über den Ablauf der Diskussion: Erklärung, dass es keine richtigen oder falschen Antworten gibt, jede Meinung willkommen ist, dass alle Antworten anonym sind, dass die Diskussion rund 90 Minuten dauern wird, dass es um Werbung gehen wird ...
- Kurze Vorstellungsrunde (Vorname, Alter, Bezug zum Erhebungsgegenstand)

Teil 0: Bekanntheit & Image bisheriger Kommunikation der Firma XYZ (~ 15 min.)
- Kennen Sie Werbung von XYZ? Wenn JA: Woran erinnern Sie sich da? Was haben Sie gesehen/gelesen/gehört?
- Wie hat Ihnen diese Werbung gefallen, wie haben Sie sie erlebt? Gibt es etwas, das Ihnen an dieser Kommunikation fehlt, das Sie sich wünschen? Was?
- Image von XYZ generell – wie sehen Sie XYZ, was ist das für ein Unternehmen?

Teil 1: Kommunikations-Konzept 1 (~ 15 min.)

Ich zeige Ihnen jetzt den Entwurf für eine neue Kampagne von XYZ, die Seniorinnen und Senioren zwischen 60 und 75 Jahren ansprechen soll. Bitte blättern Sie die Unterlagen in Ruhe durch.
- Was sagen Sie dazu? Was fällt Ihnen dazu ein? Was geht Ihnen durch den Kopf?
- Was finden Sie daran gut, ansprechend, sinnvoll? Warum, inwiefern?
- Gibt es auch etwas, das Ihnen nicht gefällt, das Sie stört? Was? Warum?
- Ist diese Kampagne Ihrer Ansicht nach passend für die Zielgruppe der 60- bis 75-Jährigen? Wenn ja, wodurch speziell? Wenn nein: Warum nicht – was ist falsch oder fehlt?

Teil 2: Kommunikations-Konzept 2 (~ 15 min.) → wie oben

Teil 3: Kommunikations-Konzept 3 (~ 15 min.) → wie oben

Teil 4: Vorlage aller 3 Konzepte (~ 15 min.)

Bitte betrachten Sie nun alle drei Konzepte nebeneinander, legen Sie das gesamte Material vor sich auf. Geben Sie bitte jeder der drei Ideen eine Schulnote.
- Diskussion aller drei Konzepte
- Ist dieses Konzept das geeignete, um die Zielgruppe anzusprechen? Warum, inwiefern? Bzw. warum nicht?

Abschlussrunde (~ 10 min.)
- Haben Sie während dieser Diskussion Ihre Meinung über das beste der drei Konzepte geändert und warum?
- Haben Sie jetzt, am Ende der Diskussion, ein anderes Bild von XYZ? Wenn JA: Welches? Warum?

Dank und Verabschiedung.

Abbildung 23: Diskussionsleitfaden (Auszug) zu Kommunikationskonzepten

So könnte eine Interviewerin gleich zu Beginn fragen: „Was lesen Sie am liebsten?" Die befragte Person könnte antworten: „Am liebsten Fachbücher zum Thema empirische Forschung. Da habe ich zuletzt ein Buch gelesen mit dem Titel ‚How to do Erhebungen und irgendeine Auswertungssoftware'. Die Interviewerin würde also gleich bei Frage 3 diese Antwort im genauen Wortlaut eintragen. Und gleich weiterfragen: „Warum haben Sie denn dieses Buch gelesen? Wie lange haben Sie dazu gebraucht? Wie ist es Ihnen dabei gegangen?" usw. Erst nachdem diese Frage komplett besprochen ist, würde ein Sprung zurück zum eigentlichen Fragebogenanfang erfolgen, z.B. mit folgender Formulierung: „Gibt es auch noch andere Arten von Texten, die Sie sonst noch besonders gerne lesen?"

ABBILDUNG 23 AUF SEITE 82 stellt Auszüge aus einem Diskussionsleitfaden einer Fokusgruppe dar, bei der ein neues Kommunikationskonzept einer Firma diskutiert wird. Auch hier kann – je nach Diskussionsverlauf – im Leitfaden „herumgesprungen" werden.

A 5.2.2 | Fragebogen

Fragebögen kommen sowohl bei **quali**tativen als auch bei **quanti**tativen Befragungen zum Einsatz. Unterschiede bestehen im Grad der Standardisierung (Formulierungsfreiheit) und Einsatzhäufigkeit offener und geschlossener Fragen (VGL. KAPITEL „A 5.3.2 | ARTEN VON FRAGEN: FRAGETYPEN" AB SEITE 89).[23]

Bei vielen **qualitativen Einzelbefragungen** ist die Reihenfolge der Fragen fixiert und vorgegeben, nicht jedoch deren genaue Formulierung. Die sprachliche Gestaltung der überwiegend offenen Fragen und die Wortwahl werden durch die erhebende Person bestimmt. Diese versucht, sich möglichst optimal auf ihr zu befragendes Gegenüber einzustellen. ABBILDUNG 24 AUF SEITE 84 STELLT AUSZÜGE AUS EINEM QUALITATIVEN FRAGEBOGEN DAR.

Im Unterschied zu qualitativen Einzelerhebungen setzen **quantitative Befragungen** auf **strenge Standardisierung**. Die großteils geschlossenen Fragen besitzen eine festgelegte Reihenfolge. Sie sind außerdem im Wortlaut exakt vorformuliert. Außerdem erhält (bei persönlichen oder telefonischen Erhebungen) die interviewende Person präzise Anweisungen, was an welcher Stelle des Fragebogens wie zu tun ist. EIN QUANTITATIVER FRAGEBOGEN DIESER ART FINDET SICH IN ABBILDUNG 19 UND 20 AUF SEITE 69 F.

Die erhebungsdurchführenden Personen haben somit keinerlei Gestaltungsspielraum während des Interviews.

Jede Frage muss der Reihe nach im genauen Wortlaut mit ihren vorgegebenen Antwortalternativen vorgelesen werden. Die gegebenen Antworten werden kommentarlos angekreuzt. Antworten auf offene Fragen müssen möglichst genau im Wortlaut notiert werden.

Persönliche Interaktionen mit den Befragten sind unerwünscht und zu vermeiden. Dadurch sollen Einflüsse der erhebenden Personen auf das Antwortverhalten weitestgehend ausgeschaltet werden. Das völlige Unterbleiben von jeglichem persönlichen Kontakt zwischen Befragenden und Befragten bleibt naturgemäß eine theoretische Forderung.

---

[23] Es gibt hier viele Mischformen, die in der Literatur breit und uneinheitlich beschrieben und diskutiert werden. In diesem Kapitel werden deshalb nur die beiden gebräuchlichsten Varianten skizziert.

Qualitativer Fragebogen

Liebe Teilnehmerin, lieber Teilnehmer,

im Rahmen eines Forschungsprojekts an der Universität […] führen wir eine Umfrage durch, die sich mit dem Lesen von Büchern beschäftigt. Ihre Meinung ist besonders wichtig! Bitte nehmen Sie sich 5 Minuten Zeit und beantworten die wenigen Fragen. Ihre Angaben erfolgen völlig anonym und werden mit Ihrer Person garantiert in keinerlei Zusammenhang gebracht. Die Umfrage dient ausschließlich wissenschaftlichen Zwecken!

Herzlichen Dank, dass Sie uns durch Ihre Teilnahme unterstützen!

Bei den folgenden Fragen geht es ganz allgemein um das Lesen von Zeitungen, Zeitschriften und Büchern.

1. **Wie ist das bei Ihnen? Lesen Sie gerne? Wo? Wann und was? Was noch?**

   _____

   _____

2. **Haben Sie in den letzten 12 Monaten zumindest EINEN Roman und/oder zumindest EIN Fachbuch gelesen?**

   ☐ Roman   ☐ Fachbuch

3. INT.: WENN FACHBUCH GELESEN!
   Denken Sie bitte ganz spontan an das Fachbuch, das Sie zuletzt gelesen haben: Wie haben Sie dieses Buch empfunden? Wie ist es Ihnen beim Lesen gegangen?

   _____

   _____

4. **Vergeben Sie bitte diesem Buch, das Sie soeben beschrieben haben, eine Schulnote zwischen 1 (= sehr gut) und 6 (= ungenügend).**   ① ② ③ ④ ⑤ ⑥

5. **Denken Sie bitte ganz spontan an ein für Sie ideales Fachbuch. Wie muss dieses Buch beschaffen sein, damit Sie es gerne lesen? Wie noch?**

   _____

   _____

[usw. …]

[**am Ende** Abfrage der **Sozialstatistik** analog einem quantitativen Fragebogen)

Herzlichen Dank für die Beantwortung der Fragen!

Abbildung 24: Qualitativer Fragebogen (Auszug) zum Thema Lesen

Die Natur einer immer individuellen Gesprächssituation macht es unmöglich, alles Zwischenmenschliche völlig auszuschalten. Ein gutes persönliches Interview ERFORDERT es aber, persönliches Interagieren zumindest auf ein Mindestmaß zu reduzieren. Dazu kann ein gut formulierter und gestalteter Fragebogen wesentlich und unterstützend beitragen.

Für einen „funktionierenden" quantitativen Fragebogen muss man bereits VOR einer Studie viel über die zu befragenden Inhalte wissen. Quantitative Erhebungen erstrecken sich wegen der erforderlichen größeren Interviewanzahl meist über einen längeren Zeitraum. Ein standardisierter Fragebogen darf, wenn er einmal im Einsatz („im Feld") ist, keinesfalls mehr verändert werden. Deshalb muss ein guter Fragebogen von Anbeginn an sorgfältig entwickelt werden.

A 5.3 | Fragebogengestaltung

Jeder Fragebogen ist ein individuelles „Werk": Einige können einen Fragebogen sehr gut gelungen finden, andere bemängeln ihn deutlich. Es gibt keine generelle Anleitung, wie ein Fragebogen zu gestalten ist. Es gibt keine Richtlinien, was wie gefragt werden MUSS.

Es gibt aber aus der Erhebungspraxis abgeleitete Regeln, die man befolgen sollte, wenn man einen „guten" und professionellen Fragebogen erstellen möchte.

A 5.3.1 | Regeln für professionelle Fragebögen

- <u>Begrüßung, Einleitung, Dauer der Befragung angeben.</u>

    Jeder Fragebogen beginnt mit einer Begrüßung und Einleitung. Das **Einleitungsstatement** sollte für alle Befragten ident sein. In der Einleitung wird das Thema der Erhebung kurz angeschnitten, ohne aber zu sehr ins Detail zu geben. Die Befragten wissen damit, worum es im Fragebogen geht, kennen aber nicht den genauen Zweck der Erhebung. Das könnte ansonsten ihr Antwortverhalten beeinflussen.

    Die **Zusicherung von Anonymität** gleich zu Beginn ist ratsam, weil sie die Auskunftsbereitschaft erhöht.

    Auch die (tatsächliche!) **durchschnittliche Dauer** der Befragung sollte gleich am Anfang angegeben werden. Dadurch lassen sich eventuelle Interviewabbrüche verhindern, wenn das Interview wider Erwarten zu lange dauert.

> *Liebe Teilnehmerin, lieber Teilnehmer,*
> *im Rahmen eines Forschungsprojekts an der Universität […] führen wir eine Umfrage durch, die sich mit dem Konsum von alkoholfreien Getränken beschäftigt. Ihre Meinung ist besonders wichtig!*
> *Bitte nehmen Sie sich 5 Minuten Zeit und beantworten diesen Fragebogen. Ihre Angaben erfolgen völlig anonym und werden mit Ihrer Person garantiert in keinerlei Zusammenhang gebracht! Die Umfrage dient ausschließlich wissenschaftlichen Zwecken!*
> *Herzlichen Dank, dass Sie uns durch Ihre Teilnahme unterstützen!*

- Eine Befragung darf keinesfalls zu lange dauern.

    Der Fragebogen muss kurz und prägnant sein. Die tatsächlich mögliche Dauer einer Befragung ist befragtenabhängig. **Die ideale Dauer einer Befragung beträgt 10 Minuten, noch verschmerzbar sind vielleicht 20.** Bei allem, was darüber hinausgeht, ist mit steigender Anzahl vorzeitiger Abbrüche zu rechnen. Ein Verschleiern der tatsächlichen Länge zu Interviewbeginn ist in jedem Fall kontraproduktiv.

- Orientierung, Übersicht und Abwechslung für Interviewende und Befragte bieten.

    Eine **layoutmäßige** Trennung zwischen Interviewanweisungen, Fragentext und Antwortvorgaben schafft in jedem Fall entsprechende Ordnung im Fragebogen.

    Ein in diesem Sinne formal gestalteter Fragebogen könnte (auszugsweise) folgendermaßen aussehen:

1.	Besuchen Sie zumindest ab und zu News-Portale im Internet?	weiter
	ja ☐ nein ☐	▶ 2.
2.	INT.: BEI DER NÄCHSTEN FRAGE DEN HEUTIGEN WOCHENTAG NENNEN.	
	An wie vielen Tagen seit dem letzten .... (INT.: WOCHENTAG NENNEN)	
	haben Sie zumindest ein News-Portal (auch nur kurz) besucht?	
	an 6–7 Tagen ☐ 4–5 Tagen ☐ 2–3 Tagen ☐ an 1 Tag ☐	▶ 3.
	gar nicht ☐	▶ 4.
3.	Welche(s) News-Portal(e) haben Sie in den letzten 7 Tagen besucht? Wenn Sie mehr als 4 Portale besucht haben, geben Sie bitte die 4 letztbesuchten an.	▶ 4.
	Portal(e): _____ (max. 4 ✎)	

- Thematische Strukturierung, Abwechslung und Gesprächscharakter sind wichtig.

    Der Fragebogen sollte für die Befragten den Charakter eines Gesprächs simulieren. **Spannende Themen** gehören **an den Anfang**. Sogenannte „Eisbrecher-Fragen" zu Beginn eines Fragebogens sollten von allen Befragten beantwortet werden können und suggerieren: „Ihre Meinung ist uns wichtig!"

    Überhaupt muss auf eine **gute thematische Strukturierung** großes Augenmerk gelegt werden. Der Fragebogen darf zu keiner „Mülllhalde" werden, wo mal dies, mal das gefragt wird. Ideal ist es, wenn man die Befragten vom Allgemeinen zum Speziellen leitet.

    Möchte man z.B. Teekonsum erforschen, könnte man mit einer ganz allgemeinen Frage beginnen, welche Getränke überhaupt konsumiert werden.

1.	Bei der folgenden Frage geht es um den Konsum von Getränken. Welche der folgenden alkoholfreien Getränke konsumieren Sie zumindest ab und zu?
	Kaffee ☐ Tee ☐ Wasser, Mineralwasser ☐
	Fruchtsäfte ☐ Softdrinks ☐ Energy-Drinks ☐
	andere alkoholfreie Getränke, und zwar:
	_____ ✎

> **2** INT.: WENN BEI 1. „TEE" ANGEGEBEN:
> *Sie haben gesagt, dass Sie zumindest ab und zu Tee trinken. Welchen Tee bzw. welche Teesorte(n) trinken Sie?*
> _____

Jeder Fragebogen sollte also im Hinblick auf seinen Aufbau, die Reihenfolge der Fragen sowie die Überleitungen von einem Thema zum anderen den Charakter eines „Gesprächs, einer Konversation" besitzen (VGL. KARMASIN/KARMASIN 1977, S. 197 FF.).

Auch Übergänge wie „Kommen wir jetzt zu etwas ganz anderem …" oder Ähnliches lenken bewusst zu einem anderen Themenkomplex.

In der Befragungspraxis hat sich gezeigt, dass das kontrollierte Wechseln der Themenbereiche die Befragten durchaus „bei Interesse" halten kann. Auch unterschiedliche Fragetypen (VGL. KAPITEL „A 5.3.2 | ARTEN VON FRAGEN: FRAGETYPEN" AB SEITE 89) sowie Bild- und Logovorlagen helfen dabei, ein Interview möglichst abwechslungsreich zu gestalten.[24]

- Heikle Fragen und Sozialstatistik besser erst gegen Ende fragen.

    Da persönliche Interaktion Sympathie steigert, dürfen **peinliche Fragen** oder solche zu sozial heiklen Themen **keinesfalls zu Beginn** gestellt werden.

    Auch **Sozialstatistik sollte man eher am Ende abfragen**. Warum sich in sehr vielen Fragebögen statistische Fragen dennoch am Anfang finden, hat meist pragmatische Gründe: Wenn man mit der Befragung gewisse Zielgruppen erreichen möchte, ist es erforderlich, gleich zu Beginn zu erheben, ob die befragte Person zur gesuchten Zielgruppe gehört. Außerdem ermöglichen anfänglich gesammelte sozialstatistische Angaben, das Interview auch bei Interviewabbrüchen wenigstens bis zur Stelle des Abbruchs verwenden zu können. Ansonsten fehlen in derartigen Fällen jegliche Möglichkeiten, die Daten in die Stichprobenstruktur einzuordnen, was sie nutzlos macht.

- Auch für die Reihenfolge der Themen, Fragen und Fragetypen gelten Prämissen.

    Bewertung vor Wissensfragen, offene vor geschlossenen Fragen, Statements und Skalen sollen am Ende eines Themenkomplexes, komplizierte Fragen ebenfalls möglichst spät abgefragt werden. Zu ähnliche Fragen senken die Aufmerksamkeit und verärgern, weil sie zu Redundanzempfinden führen.

- Rotieren (Wechsel der Reihenfolge) verhindert Platzierungseffekte.

    Ähnliche Fragen und Itemlisten sollten **den Befragten in unterschiedlicher Reihenfolge vorgelegt werden**. Denn oft stellen einzelne Fragen einen Bezugsrahmen für die folgende(n) Frage(n) dar (Halo-Effekt): Wenn eine Frage oder ein Item in einer Eigenschaftsliste besonders positive oder negative Gefühle hervorruft, kann das auf die Beantwortung der darauffolgenden Fragen beeinflussend (antwortverzerrend) wirken.

---

[24] Dem Anspruch nach Abwechslung im Fragebogen werden z.B. die meist sehr variationsreichen Fragebogeninhalte von Mehrthemenumfragen (Omnibus-Befragungen, VGL. KAPITEL „A 1.5 | UMFRAGE, BEFRAGUNG" AUF SEITE 31) gerecht.

Verzerrungen der Antworten können aber auch aus einer Art „Langeweile" der Befragten heraus entstehen.

Man stelle sich vor, man legt Befragten im Rahmen eines Imagevergleichs vier idente Eigenschaftslisten (je 15 Imageitems) für Firma A, B, C und D vor. Wenn die Eigenschaften von Firma D jedesmal zuletzt abgefragt werden, sind die Interviewten immer bei dieser Firma bereits etwas lustlos, weitere 15 Items zu raten. Firma D wird sicher realistischere Urteile erhalten, wenn man jeder befragten Person die vier Firmenlisten in anderer Reihenfolge (= rotiert) präsentiert.

Bei Befragungen, die über eine Befragungssoftware abgewickelt werden (online, telefonisch oder persönlich computerunterstützt), verändert die Software bei Bedarf automatisch die Reihenfolge der Fragen bzw. Items. Bei Erhebungen in Papierform kann man sich mit verschiedenen Fragebogenvarianten helfen, die mit unterschiedlich farbigen Deckblättern gekennzeichnet werden.

- Sprachliche Regeln für professionelle Fragebögen
  - → **einfache, alltägliche Sprache**, kein Dialekt, keine Fremdwörter, keine regional unterschiedlich gefärbten Wörter, keine Spezialausdrücke (es sei denn, spezielle Zielgruppen sind Adressaten der Erhebung)
  - → **kurze Sätze**, keine langen und verschachtelten Nebensätze
  - → **„richtige", wirkliche Fragen stellen**
    (nicht: *„Ich halte dieses Buch für … spannend | nicht spannend"* → besser: *„Halten Sie dieses Buch für spannend oder nicht? spannend | nicht spannend"*)
  - → **eindeutige** Fragen
    (nicht: *„Wie beurteilen Sie Länge und Gestaltung dieses Buchs? ① ② ③ ④ ⑤"*)
  - → **genaue Angaben bei Skalenfragen** (*„Wie sehr treffen die folgenden Aussagen Ihrer Meinung nach auf XYZ zu? Urteilen Sie bitte von 1 bis 5, wobei 1 bedeutet: ‚trifft voll zu' und 5: ‚trifft gar nicht zu'. Dazwischen können Sie abstufen."*)
  - → **trennscharfe, überschneidungsfreie** Antwortvorgaben
    (nicht: *„Wie alt sind Sie? Ordnen Sie sich bitte einer Alterskategorie zu: 14 bis 20 Jahre | 20 bis 30 Jahre | …"* → richtig: *„14 bis 20 Jahre | 21 bis 30 Jahre | …"*)
  - → **eindeutiger zeitlicher** und „erinnerbarer", aktueller **Bezugsrahmen**
    (nicht: *„Wie viele Bücher lesen Sie?"* → in welchem Zeitraum?)
    (nicht: *„Wie viele Tagesausflüge haben Sie im letzten Jahr unternommen?"* → wer soll sich DARAN erinnern?)
  - → **keine** (doppelten) **Verneinungen**
  - → **keine Suggestivfragen** (nicht: *„Sie sind doch auch der Ansicht, dass …"*)

- Abschluss-Statement nicht vergessen.
  Jeder Fragebogen sollte mit einem kurzen Dank enden.

  Herzlichen Dank für die Beantwortung der Fragen!

A 5.3.2 | Arten von Fragen: Fragetypen

In strukturierten Fragebögen kommen viele unterschiedliche Arten von Fragen zum Einsatz. Um einen Überblick zu schaffen, teilt das folgende Kapitel die Fragen in Typen ein. Zu jedem Fragetyp finden sich entsprechende Beispiele.

- Fragen, die den Gesprächsverlauf lenken

    Zu Fragen, die den Gesprächsverlauf während einer Befragung lenken, zählen unter anderem **Screening-** bzw. **Sondierungsfragen**: Sie helfen ganz am Anfang eines Fragebogens dabei, die für ein Interview richtigen Interview-Partnerinnen und -Partner zu finden. Im Rahmen von sogenannten Screenings werden die für die Erhebung benötigten Zielgruppen gesucht. Fällt jemand nicht in die gesuchte Zielgruppe, wird das Interview bereits an dieser Stelle beendet.

    So könnte man für eine Erhebung unter Konsumentinnen und Konsumenten von Tee zu Beginn eines Fragebogens folgende Screeningfrage stellen: [25]

1	Trinken Sie zumindest ein Mal pro Woche Tee, egal welche Sorte?	ja ☐ nein ☐	▶ Frage 2 ▶ Interviewende

Einleitungsfragen finden sich am Anfang eines Fragebogens oder Themenabschnitts. Sie haben die Aufgabe, das „Eis" zu brechen, die Befragten an die Situation des Interviews zu gewöhnen. Diese Art von Fragen kann auch dazu eingesetzt werden, um zunächst eine allgemeine Perspektive zu eröffnen und dann erst in weiterer Folge auf das Erhebungsthema zu fokussieren.

1	In diesem Fragebogen geht es um den Konsum von Getränken. Welche der folgenden Getränke konsumieren Sie zumindest ab und zu?
	Kaffee, Tee ☐ Energy-Drinks ☐ Fruchtsäfte, Softdrinks ☐ Wasser, Mineralwasser ☐ Bier, Wein ☐ andere alkohol. Getränke ☐ andere Getränke, und zwar: _____

Übergangsfragen führen von einem Thema zum anderen. Sie kommen sehr oft auch in Mehrthemenumfragen zum Einsatz.

8	Wir haben bis jetzt über Tee gesprochen. Wenden wir uns nun einem anderen Heißgetränk, dem Kaffee, zu. Wie viele Tassen Kaffee trinken Sie an einem durchschnittlichen Wochentag? |_|_|

Filterfragen stellen im Gesprächsablauf eine Art „Weiche": Sie erheben, ob die befragte Person die nächste(n) Frage(n) beantworten kann, weil sie über ein Merkmal verfügt, um das es bei den folgenden Fragen geht.

---

[25] Die Nummerierung der Fragen in den folgenden beispielhaften Fragebogenauszügen erfolgt willkürlich.

Folgefragen sind jene Fragen, die alle Befragten gestellt bekommen, die der Filterfrage (dem Filterkriterium) „entsprechen". Alle anderen Befragten werden zum nächsten Themenblock geleitet.

1.	*Trinken Sie zumindest ein Mal pro Woche Tee, egal welche Sorte?*	ja ☐ nein ☐	▶ Frage 2 ▶ Frage 8
2.	INT.: WENN TEE-TRINKERIN, FRAGEN 2 BIS 7 STELLEN. ANDERE WEITER BEI FRAGE 8. *Sie haben gesagt, dass Sie zumindest ein Mal pro Woche Tee trinken. Welchen Tee bzw. welche Teesorte(n) trinken Sie?*		

- Offene und geschlossene Fragen

Offene Fragen werden eingesetzt, um Befragte völlig frei antworten zu lassen, um z.B. qualitative Details eines Themas zu erforschen. Auch neue Aspekte, Motive, Einstellungen und Werthaltungen lassen sich besser offen erforschen. Die Frage wird vorgelesen, die Antwort möglichst im genauen Wortlaut notiert. Offene Fragen werden vor allem dann notwendig, wenn man zu geringe Informationen über ein Thema besitzt oder sehr differenzierte Antworten erwartet. Man kann dann vorab keine Antwortkategorien zum Ankreuzen festlegen.

3.	*Warum trinken Sie Tee?*

Offene Fragen haben viele **Vorteile**. Sie engen die Befragten nicht ein und berücksichtigen auch Aspekte, die bei der Fragebogenerstellung übersehen wurden. Außerdem beleben sie das Interview, entsprechen einem normalen Gespräch und sind deshalb für unterschiedliche Sprachniveaus gleichermaßen gut geeignet.

Allerdings ist gerade darin auch wieder ein **Nachteil** zu sehen: Manche Befragte können mit offenen Fragen verbal überfordert sein. Auch ist die Interpretation offen gegebener Antworten bei ihrer Auswertung da und dort subjektiv gefärbt. Offene Fragen sollten in quantitativen Erhebungen mit vielen Befragten nicht gehäuft vorkommen, da der Aufwand, den sie bei der Datenauswertung nach sich ziehen, nicht zu unterschätzen ist (VGL. DAZU KAPITEL „A 7.1.1 | QUALITATIV AUSWERTEN" AB SEITE 121).

Geschlossene Fragen verwendet man dann, wenn man ein Thema in seinen Dimensionen bereits kennt und nur mehr an den Häufigkeiten der möglichen Antworten interessiert ist. Vorwissen zu einem Thema muss also bereits vorhanden sein. Die Frage wird vorgelesen, auch die Antworten sind vorgegeben und werden vorgelesen.

Geschlossene Fragen haben ebenfalls Vor- und Nachteile. **Für sie spricht**, dass sie auf jeden Fall objektiver sind als offene Fragen. Die Befragten können auf keine Aspekte vergessen oder die Frage falsch interpretieren. Außerdem sind geschlossene Fragen völlig unkompliziert, rasch und einfach auszuwerten.

Als **Nachteil** ist in manchen Fällen die Gefahr einer zu großen Vereinfachung der Antworten für sprachlich versierte Befragte zu werten. Sprachlich Überforderte hingegen können dazu verleitet werden, eine Antwort zu erraten. Außerdem können Inhalte verloren gehen, weil Befragte „ihre" Antwort nicht finden.

3.	Wann haben Sie zuletzt Tee getrunken?	
	heute ☐	vor einer Woche ☐
	gestern ☐	ist schon länger her ☐
	vor etwa zwei bis drei Tagen ☐	
	vor etwa vier bis sechs Tagen ☐	kann mich nicht mehr erinnern ☐

Bei halboffenen Fragen wird an eine geschlossene Frage zusätzliche eine offene Kategorie angehängt. Damit bekommen alle, die sich in den gelisteten Antworten „nicht finden", dennoch eine Artikulationsmöglichkeit.

Halboffene Fragen werden oft nur als „andere Nennungen" in der Auswertung geführt. Die Antworten, die man in solchen Fällen erhält, sind derart speziell, selten und heterogen, dass sie nicht bedeutungsmäßig in Dimensionen zusammengeführt werden können. Damit bieten sie keine neuen Erkenntnisse. Trotzdem werden halboffene Fragen gerne eingesetzt, um das Interview zu beleben und dynamischer zu gestalten.

3.	Warum trinken Sie Tee?	
	INT.: MEHRFACHNENNUNGEN SIND MÖGLICH!	
	weil er mir schmeckt ☐	weil er gesund ist ☐
	weil er nicht dick macht ☐	weil er günstig ist ☐
	aus einem anderen Grund, und zwar: _____ ✏ ☐	→ halboffene Frage

Bei Einfachnennung ist nur EINE Antwort möglich, Mehrfachnennungen lassen mehrere Antworten zu. Auf mögliche Mehrfachangaben sollte im Fragebogen explizit hingewiesen werden (VGL. OBIGES BEISPIEL).

In manchen Fällen kann es wünschenswert sein, den Befragten eine Frage offen zu stellen, obwohl man die möglichen Nennungen großteils vorab einschätzen kann. Das uneingeschränkte Antworten soll einfach nur das Gesprächsklima im Interview beleben. In solchen Situationen kann man die spätere Auswertung erheblich erleichtern, indem das Interviewer-Personal bereits bei der Zuordnung der Antworten Vorarbeit leistet.

3.	INT.: BEI DER FOLGENDEN OFFENEN FRAGE DIE ANTWORTALTERNATIVEN NICHT VORLESEN! DIE ANTWORTEN NACH MÖGLICHKEIT VERSUCHEN ZUZUORDNEN. NUR NICHT ZUORDENBARES WÖRTLICH EINTRAGEN. MEHRFACHNENNUNGEN SIND MÖGLICH!			
	Warum trinken Sie Tee?			
	_____ ✏			
	schmeckt ☐	ist gesund ☐	macht nicht dick ☐	günstig ☐

Die folgenden **Beispiele** zeigen oft gebräuchliche Arten **geschlossener Fragen**.

Ja-Nein-(Keine Angabe)-Frage

4.	**Trinken Sie (auch) Rooibos-Tee?**
	ja ☐ nein ☐
	keine Angabe bzw. ich weiß nicht, was das ist ☐

Einfache Alternativfrage

5.	**Trinken Sie lieber Rooibos-Tee, Schwarztee oder eine andere Teesorte?**
	Rooibos-Tee ☐ Schwarztee ☐ eine andere Teesorte ☐

Zustimmungsfrage

7.	**Welchen Tee trinken Sie für gewöhnlich?**
	<u>INT.</u>: MEHRFACHNENNUNGEN SIND MÖGLICH!
	Rooibos-Tee ☐ Schwarztee ☐
	eine andere Teesorte, und zwar: _____ ☐

Skalenfrage, Itembatterie

6.	**Beurteilen Sie bitte, wie Ihnen die folgenden Teesorten schmecken. Benutzen Sie dazu bitte Schulnoten von 1 = „schmeckt mir sehr gut" bis 5 = „schmeckt mir überhaupt nicht".**
	Rooibos-Tee ① ② ③ ④ ⑤
	Schwarztee ① ② ③ ④ ⑤
	eine andere Teesorte, und zwar: _____ ① ② ③ ④ ⑤

7.	**Wie sehr treffen die folgenden Aussagen Ihrer Meinung nach auf die Teesorte ROOIBOS zu? Urteilen Sie bitte von 1 bis 7, wobei 1 bedeutet: „trifft voll zu" und 7: „trifft gar nicht zu". Dazwischen können Sie abstufen.**
	trifft trifft gar
	voll zu << >> nicht zu
	ist eine moderne Teesorte ① ② ③ ④ ⑤ ⑥ ⑦
	ist eine gut schmeckende Teesorte ① ② ③ ④ ⑤ ⑥ ⑦
	ist eine kostengünstige Teesorte ① ② ③ ④ ⑤ ⑥ ⑦

7.	**Wie sehr stimmen Sie den folgenden Aussagen über die Teesorte ROOIBOS zu? Urteilen Sie bitte von 1 bis 6, wobei 1 bedeutet: „stimme voll zu" und 6: „stimme gar nicht zu". Dazwischen können Sie abstufen.**
	stimme stimme gar
	voll zu << >> nicht zu
	ist eine moderne Teesorte ① ② ③ ④ ⑤ ⑥
	ist eine gut schmeckende Teesorte ① ② ③ ④ ⑤ ⑥
	ist eine kostengünstige Teesorte ① ② ③ ④ ⑤ ⑥

7. *Wie sehr treffen die folgenden positiven und negativen Eigenschaften Ihrer Meinung nach auf die Teesorte ROOIBOS zu? Urteilen Sie bitte auf einer Skala von 1 bis 6, je nachdem, wie sehr Sie der jeweils links oder rechts stehenden Eigenschaft zustimmen.*

modern	① ② ③ ④ ⑤ ⑥	traditionell
schmeckt nicht gut	① ② ③ ④ ⑤ ⑥	schmeckt gut
kostengünstig	① ② ③ ④ ⑤ ⑥	teuer

7. *Wie sehr treffen die folgenden positiven und negativen Eigenschaften Ihrer Meinung nach auf die Teesorte ROOIBOS zu? Je nachdem, wie sehr Sie der pro Zeile links oder rechts stehenden Eigenschaft zustimmen, kreuzen Sie bitte das entsprechende Symbol an.*

modern	😊 🙂 😐 🙁 ☹	traditionell
schmeckt gut	😊 🙂 😐 🙁 ☹	schmeckt nicht gut
kostengünstig	😊 🙂 😐 🙁 ☹	teuer

7. *Wie sehr treffen die folgenden positiven und negativen Eigenschaften Ihrer Meinung nach auf die Teesorte ROOIBOS zu? Je nachdem, wie sehr Sie der links oder rechts stehenden Eigenschaft zustimmen, kreuzen Sie bitte das entsprechende Kästchen an.*

traditionell	☐ ☐ ☐ ☐ ☐	modern
schmeckt nicht gut	☐ ☐ ☐ ☐ ☐	schmeckt gut
kostengünstig	☐ ☐ ☐ ☐ ☐	teuer

7. *Wie sehr treffen die folgenden positiven und negativen Eigenschaften Ihrer Meinung nach auf die Teesorte ROOIBOS zu?*
Sie finden bei jeder Eigenschaft einen Schieberegler. Bitte ziehen Sie diesen Regler so weit nach links oder rechts, wie Sie der positiven oder negativen Ausprägung der jeweiligen Eigenschaft zustimmen.

modern	|————⊙————|	traditionell
schmeckt nicht gut	|————⊙————|	schmeckt gut
kostengünstig	|————⊙————|	teuer

Hinter der „Schieberegler-Frage" in obigem Beispiel könnten (in einer Online-Befragungssoftware) drei, vier, aber auch 100 oder mehr Skalenabstufungen definiert werden. Dementsprechend ändern sich die „Granularität" der Abstufung, die Metrik des Messniveaus und damit die weiteren Auswertungsmöglichkeiten (VGL. DAZU KAPITEL „A 4.2 | MESSNIVEAUS UND DATENANALYSE" AB SEITE 65).

Skalenfragen kommen in quantitativen Fragebögen sehr oft vor. Wie die angeführten Beispiele zeigen, kann die Anzahl der Skalenpositionen unterschiedlich – gerade oder ungerade, unipolar oder bipolar – formuliert sein (VGL. DAZU AUCH KAPITEL „A 4.4 | PRAKTISCHE ANWENDUNGEN VON MESSNIVEAUS" AB SEITE 68). Auch die Richtung der Ausprägungen – von positiv (über neutral) zu negativ oder umgekehrt – wird unterschiedlich gehandhabt. **In jedem Fall ist es aber ratsam, die Abstufungen „gleichgewichtig" zu formulieren.**

Bei einer 4-stufigen Skala sollte man also z.B. „stimme sehr zu | stimme eher zu | stimme eher nicht zu | stimme gar nicht zu" formulieren und nicht „stimme sehr zu | stimme etwas zu | stimme zu | stimme nicht zu".

Weitere Beispiele für Formulierungen von Skalenabstufungen:

sehr gut - eher gut - weder gut noch schlecht - eher schlecht - sehr schlecht; trifft gar nicht zu - trifft eher nicht zu - trifft eher zu - trifft sehr zu; sehr stark - etwas - kaum - eher nicht - gar nicht; nie - selten - gelegentlich - oft - immer; völlig richtig - ziemlich richtig - unentschieden - ziemlich falsch - völlig falsch (VGL. AUCH ROHRMANN 1978)

Fast immer gibt es zur Abdeckung desselben Erkenntnisinteresses mehrere Möglichkeiten, offene oder geschlossene Fragen zu stellen. Jede Formulierung führt zu unterschiedlichen Ergebniszahlen und besitzt damit gewisses „Lenkungspotential".

Die folgenden Beispiele machen deutlich, dass die Sorte Rooibos bei jeder Fragestellung unterschiedlich große Präferenzwerte erzielen wird.

Offene Frage

6.	Welche Teesorte schmeckt Ihnen besonders gut?
	_____

Einfache geschlossene Frage

6.	Schmeckt Ihnen Rooibos-Tee?
	ja ☐ nein ☐

Komplexe geschlossene Frage

6.	Hier habe ich eine Liste mit verschiedenen Teesorten. Welche davon schmeckt Ihnen besonders gut?
	Schwarztee ☐ Rooibos-Tee ☐ Früchtetee ☐
	eine andere Teesorte, und zwar: _____ ☐

Itembatterie, Skalierung

6.	Sagen Sie mir bitte zu jeder der folgenden Teesorten anhand der Skala von 1 bis 7, wie gut sie Ihnen schmeckt. 1 bedeutet „schmeckt mir sehr gut", 7 „schmeckt mir überhaupt nicht", dazwischen können Sie abstufen.
	Schwarztee ① ② ③ ④ ⑤ ⑥ ⑦
	Rooibos-Tee ① ② ③ ④ ⑤ ⑥ ⑦
	Früchtetee ① ② ③ ④ ⑤ ⑥ ⑦

Die meisten Möglichkeiten, die Ergebnisse in mehrere Richtungen zu interpretieren, bietet die im Beispiel zuletzt angeführte Frage.

Hier kann man die Häufigkeit jener Personen ermitteln, die Rooibos die Note 1 vergeben haben. Damit ist ein eher geringerer, dafür aber deutlich ausgeprägterer Wert der Geschmackspräferenz zu erwarten.

Besser (= höher, aber weniger deutlich ausgeprägt) werden die Ergebnisse, wenn man auch Note 2 oder Note 3 in die Häufigkeitsermittlung miteinbezieht.

Eine weitere Möglichkeit zur Interpretation stellt die Ermittlung von Skalenmittelwerten dar.

Mehr zu Auswertung und Ergebnisdarstellung von Ratingskalen findet sich in Kapitel „A 7.3.4.3 | Skalenitems: Häufigkeiten und Mittelwert" ab Seite 145.

- Direkte und indirekte Fragen

Bei **direkten Fragen** werden die Befragten direkt und unmittelbar angesprochen. Alle bisher in diesem Buch angeführten Fragestellungen waren direkt.

Indirekte (projektive) **Fragen** kommen bei heiklen, in der Gesellschaft tabuisierten Themen zum Einsatz. So sind etwa bei der Frage nach Alkoholkonsum, sexuellen Gewohnheiten u.Ä. Antwortbarrieren und sozial erwünschte Antworten zu befürchten.

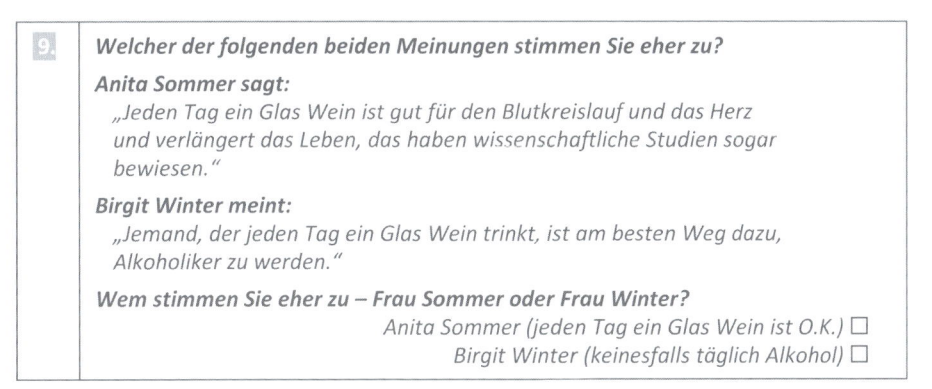

> 9. *Welcher der folgenden beiden Meinungen stimmen Sie eher zu?*
>
> *Anita Sommer sagt:*
> „Jeden Tag ein Glas Wein ist gut für den Blutkreislauf und das Herz und verlängert das Leben, das haben wissenschaftliche Studien sogar bewiesen."
>
> *Birgit Winter meint:*
> „Jemand, der jeden Tag ein Glas Wein trinkt, ist am besten Weg dazu, Alkoholiker zu werden."
>
> *Wem stimmen Sie eher zu – Frau Sommer oder Frau Winter?*
> Anita Sommer (jeden Tag ein Glas Wein ist O.K.) ☐
> Birgit Winter (keinesfalls täglich Alkohol) ☐

Um diese Effekte bestmöglich zu vermeiden, bettet man die Frage gerne in einer kleinen Geschichte ein oder formuliert sie als Meinung einer dritten Person. Durch den Einsatz derartiger **Dialogfragen** wird bei den meisten Befragten die direkte Identifikation mit den eigenen Antworten aufgehoben. Über die Zustimmung zu einer dritten Meinung lassen sich jedoch Rückschlüsse auf die eigene Antwortposition ableiten.

Projektiv wird auch dann gefragt, wenn die Themen zwar nicht heikel sind, direkte Fragen aber an ihre Grenzen stoßen. Vor allem in qualitativen Erhebungen möchte man oft gern Unbewusstes ans Tageslicht bringen. Was assoziieren Befragte z.B. mit einer Marke, einer Firma, einem Logo? Derartige Erkenntnisinteressen kann man nicht auf direktem, gewöhnlichem Weg abfragen. Hier wird es nötig, auf die „hinter den Antworten stehenden Bedeutungen" auszuweichen und daraus die notwendigen Schlüsse zu ziehen.

Nachfolgend finden sich – aus vielfältigen Kreativitätstechniken ausgewählt – drei Beispiele für projektive Fragetechniken.

Im ersten Beispiel werden den Befragten Bilder mit klischeehaften Darstellungen sehr unterschiedlicher Menschen vorgelegt. Darunter findet sich z.B. „ein typischer Bauer", „ein junger, moderner, urbaner Mensch", Jugendliche in der Vorstadt, eine „typische Hausfrau", ein aus der Bierflasche trinkender Barbauchiger usw.

> **9.** **Ich habe hier einen Stapel Bilder mit den Darstellungen unterschiedlicher Menschen. Schauen Sie sich die Bilder bitte an. Versuchen Sie eine Aufteilung. Machen Sie bitte 3 Bildstapel:**
>
> *Welche dieser Menschen gehören zur typischen Kundschaft von Unternehmen X?*
> _____
>
> *Welche kaufen eher bei Unternehmen Y ein?*
> _____
>
> *Und welche passen weder zu Unternehmen X noch zu Unternehmen Y?*
> _____

Eine weitere Möglichkeit, spontane Assoziationen zu erheben, ist die „Liftfrage".

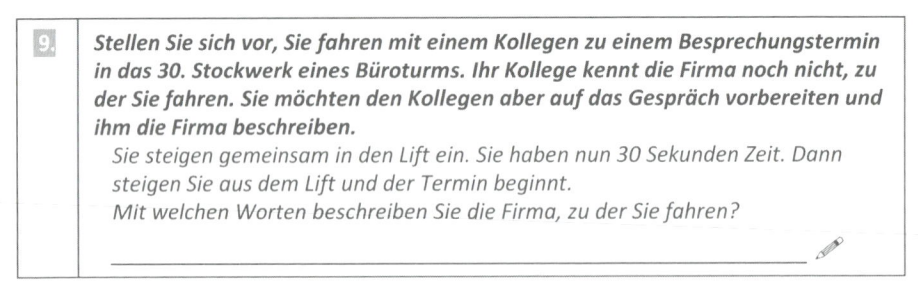

> **9.** **Stellen Sie sich vor, Sie fahren mit einem Kollegen zu einem Besprechungstermin in das 30. Stockwerk eines Büroturms. Ihr Kollege kennt die Firma noch nicht, zu der Sie fahren. Sie möchten den Kollegen aber auf das Gespräch vorbereiten und ihm die Firma beschreiben.**
> *Sie steigen gemeinsam in den Lift ein. Sie haben nun 30 Sekunden Zeit. Dann steigen Sie aus dem Lift und der Termin beginnt.*
> *Mit welchen Worten beschreiben Sie die Firma, zu der Sie fahren?*
> _____

Eine andere Variante zur Ableitung oft unbewusster Assoziationen ist die „Planetenfrage" (VGL. BATINIC/APPEL 2008, S. 262).

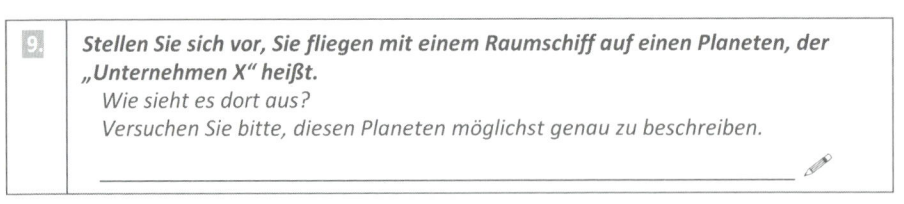

> **9.** **Stellen Sie sich vor, Sie fliegen mit einem Raumschiff auf einen Planeten, der „Unternehmen X" heißt.**
> *Wie sieht es dort aus?*
> *Versuchen Sie bitte, diesen Planeten möglichst genau zu beschreiben.*
> _____

- <u>Spontane und gestützte Abfragen</u>

  Fast immer, wenn es in Erhebungen um die Bekanntheit von Firmen, Marken oder Ähnlichem geht, erfolgt die Abfrage in mehreren Stufen. Zuerst wird **ungestützt** (spontan) gefragt, die Befragten erhalten keinerlei Gedächtnisstützen (= unaided Recall).

  Erst in einem weiteren Schritt erfolgt die Abfrage **gestützt** (= aided Recall, Recognition).

Die Stützung der Abfrage kann z.B. über Produktgruppen, Markennamen oder die Abbildung von Firmenlogos erfolgen.

2.	Welche Teesorten sind Ihnen namentlich bekannt?

3.	INT.: BEI DER FOLGENDEN FRAGE NUR TEESORTEN NENNEN, DIE BEI 2. NOCH NICHT GENANNT WURDEN. MEHRFACHANGABEN SIND MÖGLICH!
	Von welchen der folgenden Teesorten haben Sie schon einmal gehört? Mehrfachangaben sind möglich.
	    Earl Grey ☐ Rooibos ☐ Honeybush ☐
	    Darjeeling ☐ Oolong ☐ usw. ☐

Die Datenauswertung erfolgt je Frage und danach auch meist additiv: Anzahl spontaner Nennungen, Anzahl gestützter Nennungen, Gesamtanzahl spontaner UND gestützter Nennungen. „Wertvoller" ist natürlich der spontane Bekanntheitsgrad, weil er direkt „aus den Köpfen" kommt.

- Manipulative Fragestellungen

  Manipulative Fragestellungen versuchen, Antworten in eine bestimmte, erwünschte Richtung zu lenken. Eine seriöse Forschung sollte Derartiges natürlich vermeiden. Ergibt sich – aus welchen Zwängen auch immer – die Notwendigkeit, Daten etwas „beschönigen" zu müssen, ist von manipulativen Fragen dennoch strikt Abstand zu nehmen. Richtungsweisende Fragestellungen sind offenkundig, unseriöses Vorgehen kann sofort enttarnt werden.[26]

  Der Vollständigkeit halber werden im Folgenden mehrere Möglichkeiten angeführt, Ergebnisse zu beeinflussen.

  Syntaktische Formen fordern die Befragten zur Übereinstimmung auf:

0.	Trinken Sie nie Tee?
0.	Sind Sie auch der Meinung, dass Teetrinken gesund ist?

  Verbindung mit Ereignissen bzw. Konsequenzen:

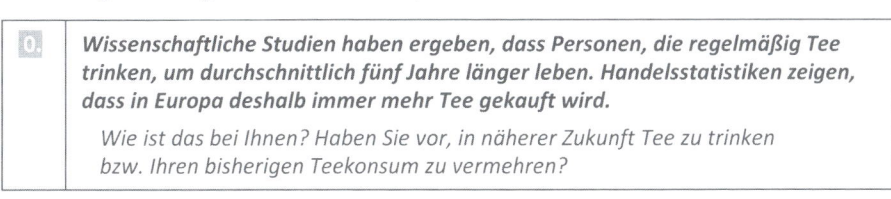

  | 0. | Wissenschaftliche Studien haben ergeben, dass Personen, die regelmäßig Tee trinken, um durchschnittlich fünf Jahre länger leben. Handelsstatistiken zeigen, dass in Europa deshalb immer mehr Tee gekauft wird.
    Wie ist das bei Ihnen? Haben Sie vor, in näherer Zukunft Tee zu trinken bzw. Ihren bisherigen Teekonsum zu vermehren? |

---

[26] Subtilere Möglichkeiten, Ergebnisse etwas zu „justieren", ergeben sich beim Interpretieren von Daten (VGL. DAZU KAPITEL „A 7.3.5 | SUBTILE „MANIPULATION" VON ERGEBNISSEN" AB SEITE 150). Eine in Kommunikationsabteilungen gerne gelebte Praxis besteht etwa darin, nur Erwünschtes zu interpretieren und zu präsentieren. Unerwünschte Ergebnisse werden gerne „vergessen".

A 5.4 | Erhebungssoftware

Die aktuell sehr stark verbreiteten Fragebögen in Form von Online-Formularen lassen sich mittels ausgereifter Softwareprodukte rasch erstellen. Während Institute meist mit speziellen bzw. maßgeschneiderten Produkten arbeiten, sind Online-Erhebungen auch für individuelle Projekte ohne allzu großen Aufwand realisierbar.

Aus der großen Fülle verfügbarer Lösungen können an dieser Stelle vier in der Praxis[27] oft und gern benutzte Möglichkeiten in den Fokus gerückt werden: **unipark.de**, **surveymonkey.de**, **soscisurvey.de** und **qualtrics.com**. Alle vier Produkte bieten die Möglichkeit rascher Einarbeitung und damit Umsetzung, attraktive Preise (oder kostenlose Vereinbarungen) für wissenschaftliche Befragungen, unkomplizierten Zugang und Support bzw. User-Communities für die Behandlung von Detailproblemen.

Vor dem Entscheid für eine Software sollte man die entsprechenden Webseiten besuchen und mehrere individuelle Fragen abklären:

- Wie sympathisch ist die Online-Hilfe bzw. das Handbuch zur jeweiligen Software?
- Was darf das Vorhaben kosten?
- Gibt es aufgrund bestehender Lizenzen, auf die zugegriffen werden kann, eine „Nähe" zu einer bestimmten Software?
- Wie umfangreich ist das Vorhaben: Was muss die Software alles können? Ist ein individuelles Layout (mit Logoeinbindung oder Ähnliches) gewünscht? Welche Fragetypen sind notwendig, müssen audiovisuelle Elemente eingebaut werden, wo und in welcher Form sind „drag-&-drop-Elemente" im Fragebogen erforderlich?
- Soll das Formular mittels einfachem, allgemeingültigem Link versendet werden oder ist eine Benutzerverwaltung mit personalisierten Formularzugriffen und Einladungs- bzw. Reminder-E-Mails eine Voraussetzung (VGL. KAPITEL „A 3.1.3 | REPRÄSENTATIVITÄT BEI ONLINE-ERHEBUNGEN" AB SEITE 46)?
- Erfolgt die Auswertung der Ergebnisse direkt über die Online-Software oder ist ein Datendownload (im Format Excel oder besser SPSS) wünschenswert?

Die mittlerweile einfache und vielfach selbsterklärende Anwendung von Online-Befragungssoftware zeigt ABBILDUNG 25 AUF SEITE 99 anhand zweier Screenshots aus dem Fragebogeneditor von **unipark** (Questback GmbH).

Online-Erhebungssoftware lässt sich nicht nur ausschließlich zur Befragung von Personen einsetzen. Der Fantasie sind hier keine Grenzen gesetzt. Über die eingebauten Zufallsfunktionalitäten (Randomisierung) lassen sich etwa experimentelle Designs sehr gut abwickeln.

Jede Person, die an einem Experiment teilnimmt, soll z.B. unterschiedliches Bildmaterial (bzw. in unterschiedlicher Reihenfolge) vorgelegt bekommen. Das erledigt eine Umfrage-Software sehr schnell und einfach per Mausklick.

---

[27] Vor allem im Zusammenhang mit Forschungsarbeiten im akademischen Bereich.

Abbildung 25: Fragebogengestaltung mit Online-Software am Beispiel Questback GmbH, Köln

Andere verwenden Online-Befragungssoftware zur einheitlich strukturierten reinen Datenerfassung.

Mehrere Personen können ortsunabhängig z.B. Papierfragebögen erfassen oder in das Codierschema einer Inhaltsanalyse Eingaben tätigen. Auch (schriftliche) Beobachtungsprotokolle lassen sich einfach digitalisieren.

Das aufwendige Zusammenfügen vieler einzelner – eventuell auch noch uneinheitlicher Datenfiles – entfällt. Die gesammelten Daten sind sofort in ein gewünschtes Datenformat exportierbar und können somit viel rascher ausgewertet werden.

A 5.5 | Pretest

Jeder Fragebogen sollte, bevor er praktisch eingesetzt wird, unbedingt einem Vorab-Test unterzogen werden. Dies ist vor allem deshalb so wichtig, weil Fragebögen, mit denen eine Erhebung gestartet wurde, nicht mehr verändert werden dürfen. Auch dann nicht, wenn sie fehlerhaft sind.

Selbst wenn noch so große Sorgfalt an die Fragebogenerstellung gelegt wird, kann es vorkommen, dass der fertige Fragebogen nicht ganz „rund" ist. Forscherinnen und Forscher besitzen starken inhaltlichen Bezug zum Thema – sonst könnten sie den Fragebogen ja nicht designen. Da kann schon einmal der Fall eintreten, dass gewisse Formulierungen Vorwissen bei den Befragten voraussetzen, das diese nicht besitzen. Oder Befragte verstehen Fragen anders, als es die Forschenden eigentlich beabsichtigt hatten. Damit gehen einige oder alle

Antworten in die falsche Richtung und sind nur mehr eingeschränkt oder gar nicht verwertbar.

> Das Erkenntnisinteresse einer Erhebung könnte z.B. darin bestehen, zu ermitteln, ob die Befragten in einem Haushalt mit Kindern unter 15 Jahren leben. Im nicht ausgetesteten Fragebogen finden sich die Fragen: „Haben Sie Kinder?" und „Wie alt sind diese?" Viele Befragte, auch ältere, antworten auf die erste Frage mit „Ja". Auf die Frage nach dem Alter ihrer Kinder geben sie an: „37 Jahre alt", „22 Jahre alt", „43 Jahre alt" usw.

Damit derartige Fehlinterpretationen nicht passieren können, ist ein Pretest jedes Fragebogens Pflicht.

Dabei erfolgt in Form einer Checkliste eine Überprüfung auf folgende Kriterien:

- Ist der Fragebogen logisch aufgebaut und optisch ansprechend?
- Sind die Fragen verständlich und in schlüssiger Reihenfolge?
- Können die Fragen formal korrekt beantwortet werden?
- Werden mehrdeutige Begriffe verwendet?
- Motivieren die Fragen zum Antworten? Ermüden die Befragten? Halten sie durch bis zum Ende?
- Gibt es Verweigerungen bzw. Abbrüche des Interviews? Wo und an welcher Stelle?
- Gibt es andere Besonderheiten irgendwelcher Art?

„Pretesten" bedeutet, dass die Befragung probeweise mit einigen wenigen, möglichst unbedarften Mitgliedern der Zielgruppe, an die sich die Erhebung richtet, durchgeführt wird. Die Probanden dürfen, solange sie keinen Themenbezug haben, ruhig auch dem persönlichen Umfeld der Fragebogenverantwortlichen entstammen.

Gegebenenfalls muss der Fragebogen nach dem Pretest noch da und dort adaptiert werden, bevor er endgültig zum Einsatz gelangen („ins Feld gehen") kann.

Zusatzinformationen und weiterführende Literatur zu diesem Kapitel:

> Karmasin, Matthias/Ribing, Rainer (2014): Die Gestaltung wissenschaftlicher Arbeiten. Ein Leitfaden für Seminararbeiten, Bachelor-, Master-, Magister- und Diplomarbeiten sowie Dissertationen. 8., aktualisierte Auflage. Wien: facultas.wuv. FORSCHUNGSFRAGE Seite 23–27.

> Raab-Steiner, Elisabeth/Benesch, Michael (2015): Der Fragebogen. Von der Forschungsidee zur SPSS-Auswertung. 4., aktualisierte und überarbeitete Auflage. Wien: facultas, Seite 47–69.

> Schnell, Rainer/Hill, Paul B./Esser, Elke (2013): Methoden der empirischen Sozialforschung. 10., überarbeitete Auflage. München: Oldenbourg Verlag. WISSENSCHAFTSTHEORIE Seite 45–116.

A 6 | Schwankungsbreiten der Ergebnisse und Stichprobengrößen

... in diesem Kapitel geht's um:

- **Schwankungsbreiten:**
  Unschärfe beim Übertragen der Ergebnisse aus **Zufallsstichproben** auf die Grundgesamtheit
  • abhängig von Höhe des Prozentergebnisses und Größe der Stichprobe bzw. analysierten Sampleteilgruppen • abhängig auch vom Größenverhältnis Stichprobe : Grundgesamtheit

- **Gruppenunterschiede**
  sind nur dann zu interpretieren, wenn sich die Fehlerspannen NICHT überlappen • doppelte Schwankungsbreite (2σ) liefert Sicherheit von 95,5%

- **Mindeststichprobengröße:**
  ableitbar aus Schwankungsbreiten-Tabellen • orientiert sich an der max. akzeptierten Fehlerspanne in der kleinsten Stichproben-Teilgruppe, die analysiert werden soll • Stichprobengröße hängt nicht von Größe, sondern von Heterogenität der Grundgesamtheit ab

- **Stichprobenausfälle**
  führen zu größeren Schwankungsbreiten • wenn Ausfälle die Stichprobenstruktur verändern, werden die Ergebnisse unrepräsentativ und nicht oder nur mehr teilweise verwendbar

- **Formeln** für die **Berechnung** von **Schwankungsbreiten** und **Stichprobengrößen**

Quantitative Forschung strebt sehr oft an, aus der Analyse einer überschaubaren Menge (= Stichprobe) eine generelle Aussage über eine unüberschaubare Menge (= Grundgesamtheit) zu treffen. Wenn eine Stichprobe repräsentativ ist, „repräsentieren" ihre Ergebnisse die Grundgesamtheit. Man macht ja die Erhebung mit der Stichprobe, um Aussagen über die dahinterstehende Grundgesamtheit zu erlangen. Das Schließen von der Stichprobe auf die Grundgesamtheit ist einer der Hauptwesenszüge der quantitativen empirischen Sozialforschung.

Die Schlüsse von der Stichprobe auf die durch sie vertretene Grundgesamtheit gelten aber nicht uneingeschränkt. Stichproben-Ergebnisse repräsentieren die Grundgesamtheit zwar relativ genau, aber nicht zu 100% genau. Stichproben weichen von den tatsächlichen Gegebenheiten in der Grundgesamtheit mit einer gewissen Wahrscheinlichkeit etwas ab. Die Abweichung der Stichprobe von der Realität in der Grundgesamtheit kann in einem Mehr (= größerer Prozentsatz in der Stichprobe als real) oder Weniger (= kleinerer Prozentsatz als real) bestehen. Ob die Abweichung vom tatsächlichen, realen Wert der Grundgesamtheit – also von der „Wirklichkeit" – klein oder groß ist, kann man berechnen.

Das bedeutet zusammengefasst, dass man das, was in der Stichprobe erhoben wurde, nur mit kleineren oder größeren Einschränkungen auf die durch sie repräsentierte Grundgesamtheit übertragen kann. Diese Einschränkungen nennt man **Schwankungsbreiten**. Schwankungsbreiten geben an, mit welcher Unschärfe (= Einschränkungen) man die in der Stichprobe ermittelten Ergebnisse einer Erhebung auf die durch die Stichprobe repräsentierte Grundgesamtheit übertragen kann.

Die Basis dieser Grundsätze empirischer Forschung bilden mathematische Wahrscheinlichkeitstheorien in Verbindung mit Zufallsprinzipien. Damit lässt sich ermitteln, mit welcher Fehlerspanne (= Unschärfe) und wie wahrscheinlich ein Stichprobenergebnis für eine dahinterstehende Grundgesamtheit gilt. Die Zufallsprinzipien bei der Berechnung der Fehlerspannen kommen wegen der zufälligen Auswahl der Stichprobenmitglieder ins Spiel. Schwankungsbreiten bilden im Prinzip eine Unsicherheit ab. Eine Unsicherheit, die sich dadurch ergibt, dass man bei einer Zufallsstichprobe nie wissen kann, welche unterschiedlichen Individuen (oder Erhebungsobjekte) in die Stichprobe gelangen. Man kann also nie genau wissen, wie gut man mit der Stichprobe die Grundgesamtheit abbildet oder „trifft".

Aus diesem Grund haben Schwankungsbreiten ihre Berechtigung ausschließlich bei ZUFALLSstichproben. Fast alle Erhebungsprojekte Studierender verfügen jedoch nicht über die notwendigen Ressourcen, auf „richtigen" Zufallsstichproben aufzusetzen. Deshalb hat sich im studentischen Bereich, oft auch in der Wirtschaft, auch bei NICHT zufälligen Stichproben die Berechnung von **„Quasi-Schwankungsbreiten"**[28] eingebürgert.

Bei Quotenstichproben (mit subjektiver Auswahl) sind Schwankungsbreiten mangels Anwendbarkeit der Prinzipien der Zufälligkeit genau genommen nicht interpretierbar. Auch bei Vollerhebungen benötigt man keine Schwankungsbreiten: Hier erhebt man ja die Grundgesamtheit in ihrer Vollständigkeit und muss keine Ergebnisübertragung aus einer Stichprobe durchführen.

A 6.1 | Schwankungsbreiten von Prozentwerten

Beim Interpretieren von Ergebnissen aus Stichprobenerhebungen wird gerne darauf vergessen, Schwankungsbreiten (= Fehlerspannen) zu berücksichtigen. Die Prozentwerte aus der Stichprobe werden ohne weiter nachzudenken einfach 1 : 1 übernommen und auf die Grundgesamtheit übertragen. Das führt leider immer wieder zu Fehlinterpretationen und Missdeutungen und rückt die empirische Sozialforschung da und dort in schlechtes Licht.

Für ALLE Prozentergebnisse aus Zufallsstichproben gilt immer folgender Grundsatz:

$$\text{Tatsächliches Ergebnis einer Erhebung} = \text{Ergebnis aus der Stichprobe} \pm \text{Schwankungsbreite}$$

Das Ausmaß der Fehlerspanne hängt • von der Stichprobengröße und • vom in der Stichprobe ermittelten Ergebnis-Prozentwert ab.

Kleine Stichproben sind mit großen Schwankungsbreiten behaftet und liefern deshalb eher unsichere Ergebnisse. Deshalb **sind größere Stichproben anzustreben:** Je mehr Fälle eine Stichprobe umfasst, desto kleiner werden die Fehlerspannen, die Ergebnissicherheit wird dadurch immer größer.

Schwankungsbreiten wirken sich auch umso stärker aus, je näher ein Ergebnis aus einer Stichprobe an der 50%-Grenze liegt (50% der Fälle besitzen eine Merkmalsausprägung, 50%

---

[28] Als eine Art „Richtwert" für die Güte der Ergebnisse.

besitzen sie nicht). **Je weiter weg von 50% ein Ergebniswert** hingegen **ausfällt, desto kleiner werden auch die Schwankungsbreiten**. Ein Ergebnis von 1% (oder seine Gegenmenge 99%) besitzt in einer Stichprobe die geringste Schwankungsbreite.

Die folgenden Beispiele verdeutlichen die praktische Bedeutung von Schwankungsbreiten.

In einer repräsentativen Zufallsstichprobe von **1.000 Menschen** *wird gefragt:*	*In einer Zufallsstichprobe von* **1.000 Zeitungsartikeln** *wird bei einer Inhaltsanalyse gezählt:*	*Eine Beobachtung* **100** *zufällig ausgewählter* **Kundengespräche** *eines Callcenters ermittelt:*
„Arbeiten Sie auch an Sonntagen?"	*Wie oft kommt das Wort „Klimawandel" vor?*	*Für wie viele bringt das Gespräch eine Lösung?*
10% *der Befragten antworten mit „JA".*	**50%** *der Artikel enthalten diesen Begriff.*	**50%** *der Gespräche enden mit einer Lösung.*
Als **Schwankungsbreite** *lässt sich in diesem Fall* **± 1,9%** *errechnen.*	*Als* **Schwankungsbreite** *lässt sich in diesem Fall* **± 3,2%** *errechnen.*	*Als* **Schwankungsbreite** *lässt sich in diesem Fall* **± 10%** *errechnen.*
→ *Das bedeutet, dass zwischen 8,1 und 11,9 % der Grundgesamtheit ALLER Menschen auch an Sonntagen arbeitet (10% ± 1,9%).*	→ *Das bedeutet, dass zwischen 46,8 und 53,2 % der Grundgesamtheit ALLER Artikel dieses Wort enthalten (50% ± 3,2%).*	→ *Das bedeutet, dass zwischen 40 und 60 % der Grundgesamtheit ALLER Gespräche eine Lösung bringen (50% ± 10%).*

ABBILDUNG 26 AUF SEITE 104 veranschaulicht die Verschiedenartigkeit der Schwankungsbreiten bei unterschiedlich großen Stichproben und unterschiedlichen Prozentergebnissen. Eine derartige Tabelle ist in so gut wie jedem Studienbericht von Marktforschungsinstituten enthalten.[29]

Die Abbildung zeigt, dass der „Genauigkeitsgewinn" immer mehr zunimmt, je größer eine Stichprobe wird. Betrachtet man in der Abbildung die Spalte mit der größten Schwankungsbreite (ganz rechts außen, bei 50%), kann man aber Folgendes erkennen: Beträgt die Verringerung der Fehlerspanne bei Vergrößerung einer Stichprobe von n = 50 Fälle auf n = 100 Fälle noch rund ± 4% (von 14,1 auf 10,0%), sind es bei der Vergrößerung von 5.000 auf 10.000 Fälle nur noch ± 0,4% (von 1,4 auf 1,0%).

Warum ist es dann notwendig, Zufallsstichproben derart groß, mit mehreren tausend Fällen, anzulegen? Dies geschieht deshalb, weil die Größe der Schwankungsbreiten nicht allein von der Größe des Gesamtsamples abhängt. Es kommt auch wesentlich auf die Größe jener Teilgruppen einer Stichprobe an, über die noch Aussagen getroffen werden sollen.

---

[29] Die Tabelle in Abbildung 26 kann z.B. auf Excel-Basis leicht an beliebige Teilgruppen-Fallzahlen einer individuellen Erhebung angepasst werden. Die Berechnungsformel dazu findet sich in KAPITEL „A 6.1.1 | SCHWANKUNGSBREITEN VON PROZENTWERTEN BERECHNEN" AUF SEITE 106.

Übersicht über Schwankungsbreiten [2 σ, Wahrscheinlichkeit von 95,5%]

Prozentergebnis >>> größte Schwankungsbreite: ↓

n	5% Restmenge 95%	10% Restmenge 90%	15% Restmenge 85%	20% Restmenge 80%	25% Restmenge 75%	30% Restmenge 70%	35% Restmenge 65%	40% Restmenge 60%	45% Restmenge 55%	50% Restmenge 50%
50	6,2	8,5	10,1	11,3	12,2	13,0	13,5	13,9	14,1	14,1
80	4,9	6,7	8,0	8,9	9,7	10,2	10,7	11,0	11,1	11,2
100	4,4	6,0	7,1	8,0	8,7	9,2	9,5	9,8	9,9	10,0
200	3,1	4,2	5,0	5,7	6,1	6,5	6,7	6,9	7,0	7,1
300	2,5	3,5	4,1	4,6	5,0	5,3	5,5	5,7	5,7	5,8
400	2,2	3,0	3,6	4,0	4,3	4,6	4,8	4,9	5,0	5,0
500	1,9	2,7	3,2	3,6	3,9	4,1	4,3	4,4	4,4	4,5
750	1,6	2,2	2,6	2,9	3,2	3,3	3,5	3,6	3,6	3,7
1.000	1,4	1,9	2,3	2,5	2,7	2,9	3,0	3,1	3,1	3,2
1.500	1,1	1,5	1,8	2,1	2,2	2,4	2,5	2,5	2,6	2,6
2.000	1,0	1,3	1,6	1,8	1,9	2,0	2,1	2,2	2,2	2,2
2.500	0,9	1,2	1,4	1,6	1,7	1,8	1,9	2,0	2,0	2,0
3.000	0,8	1,1	1,3	1,5	1,6	1,7	1,7	1,8	1,8	1,8
5.000	0,6	0,8	1,0	1,1	1,2	1,3	1,3	1,4	1,4	1,4
7.500	0,5	0,7	0,8	0,9	1,0	1,1	1,1	1,1	1,1	1,2
10.000	0,4	0,6	0,7	0,8	0,9	0,9	1,0	1,0	1,0	1,0
15.000	0,4	0,5	0,6	0,7	0,7	0,7	0,8	0,8	0,8	0,8

Stichprobengröße >>>

Abbildung 26: Schwankungsbreiten-Übersicht (2σ-Wert, Wahrscheinlichkeit von 95,5%)

Schwankungsbreiten von Prozentwerten

Tanzen Sie gerne? – Antwort: „JA"
Zufallsstichprobe: n = 400

→ obere Grenze
Schwankungsbreite
→ untere Grenze

Zwischen Männern und Frauen besteht EIN (GERINGER) Unterschied.

Zwischen Stadt- und Landbevölkerung besteht KEIN Unterschied.

(doppelte) Schwankungsbreite ± 6% ± 7%

(doppelte) Schwankungsbreite ± 7% ± 7%

Nur dort, wo die Fehlerspannen einander nicht überlappen, bestehen tatsächliche Unterschiede.

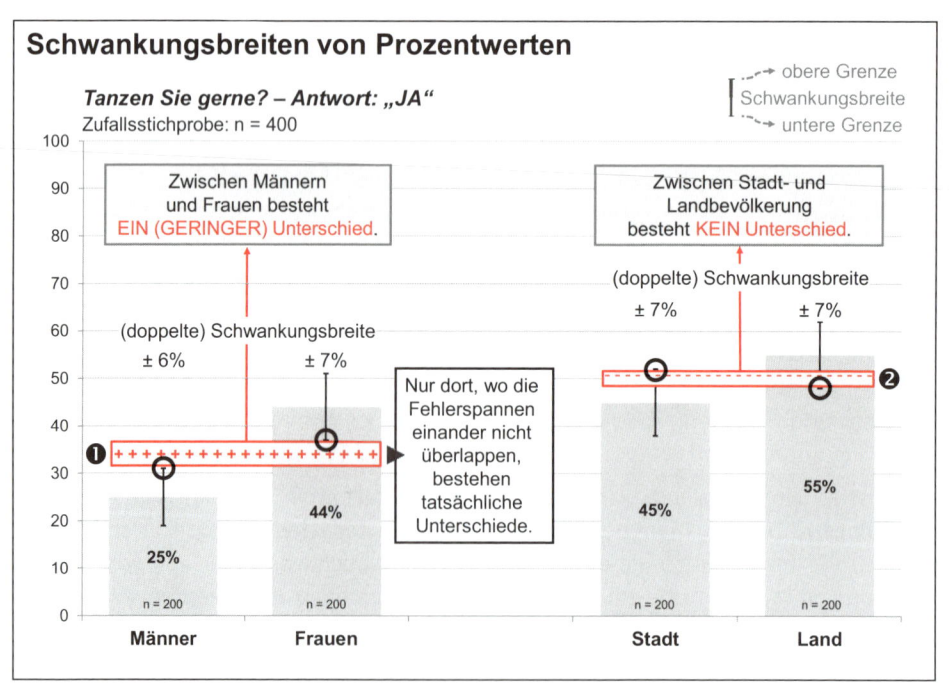

Männer: 25% (n = 200)
Frauen: 44% (n = 200)
Stadt: 45% (n = 200)
Land: 55% (n = 200)

Abbildung 27: Schwankungsbreiten (Fehlerspannen) von Prozentergebnissen

Angenommen, ein Bevölkerungssample umfasst 10.000 Fälle. Trifft man über das gesamte Sample Aussagen, liegt dabei die maximale Fehlerspanne bei ± 1% (VGL. ABBILDUNG 26 AUF SEITE 104). Beziehen sich die Aussagen hingegen auf Sampleteilgruppen, gilt für die Ermittlung der Schwankungsbreiten deren Größe innerhalb der Gesamtstichprobe. Das bedeutet, dass selbst bei einem 10.000er-Sample auch hohe Schwankungsbreiten auftreten können, wenn eine Teilgruppe sehr klein ist. Das könnten – um ein markantes Beispiel zu konstruieren – in einem Bevölkerungssample Menschen sein, die einen Modellhubschrauber besitzen. Angenommen, dieses Spezialsegment umfasst nur 1% innerhalb der Gesamtstichprobe. Das bedeutet, dass von den 10.000 Stichprobenmitgliedern nur 100 Personen (1% von 10.000) einen Modell-Heli besitzen. Die maximalen Schwankungsbreiten für Heli-Fans belaufen sich demnach trotz der großen Gesamtstichprobe auf satte ± 10%.

ABBILDUNG 27 AUF SEITE 104 zeigt, wie sich die Berücksichtigung von Schwankungsbreiten auf die Interpretation von Unterschieden zwischen Befragtengruppen auswirkt.

Im Beispiel unterscheiden sich sowohl Männer und Frauen als auch Stadt- und Landbevölkerung im Stichprobenergebnis. In der Realität der Grundgesamtheit bestehen jedoch nur dort, wo die Fehlerspannen einander nicht überlappen, tatsächliche Unterschiede zwischen den Gruppen.

Das ist in ABBILDUNG 27 nur zwischen Männern und Frauen der Fall: Man kann aus den dargestellten Ergebnissen lediglich ableiten, dass mehr Frauen als Männer gerne tanzen. Der geschlechtsspezifische Unterschied ist aber nur gering: Mit gewisser Sicherheit[30] darf nur von einem Unterschied von 6% ausgegangen werden: Der höchste Wert der Männer liegt bei 31%[31], der niedrigste der Frauen bei 37%.[32] Das bedeutet, das der geschlechterspezifische Unterschied im schlechtesten Fall sich einander maximal annähernder Schwankungsbreiten zwar noch immer vorhanden ist, weil zwischen der oberen Grenze der Männer (bei 31%) und der untersten Grenze der Frauen (bei 37%) noch 6 Prozentpunkte übrig bleiben (❶).

Dieser Unterschied könnte aber auch viel größer sein, er könnte von 19% bei den Männern[33] bis zu 51% bei den Frauen[34] reichen. Das KANN, MUSS in der Grundgesamtheit aber nicht der Fall sein. In der Abbildung ist das Wort „gering" deshalb in Klammern gesetzt.

KEINESFALLS für die Grundgesamtheit ableiten kann man jedenfalls mehr Tanzfreudige am Land als in der Stadt. Hier überlappen sich die Fehlerspannen eindeutig (❷, 52% in der Stadt stehen 48% am Land als kleinstmöglicher Unterschied[35] gegenüber).

Das Beispiel in ABBILDUNG 27 macht klar, wie sensibel das Interpretieren von Gruppenunterschieden in der empirischen Sozialforschung erfolgen muss. Nicht selten werden in publizierten Erhebungsergebnissen – z.B. bei Wahlprognosen – bereits Stichprobenunterschiede

---

[30] Mehr zum Thema „Ergebnissicherheit" findet sich im nächsten KAPITEL „A 6.1.1 | SCHWANKUNGSBREITEN VON PROZENTWERTEN BERECHNEN" AB SEITE 106.
[31] 25% Stichprobenergebnis plus 6% Schwankungsbreite.
[32] 44% Stichprobenergebnis minus 7% Schwankungsbreite.
[33] 25% Stichprobenergebnis minus 6% Schwankungsbreite.
[34] 44% Stichprobenergebnis plus 7% Schwankungsbreite.
[35] Stadt: 45% Stichprobenergebnis plus 7% Schwankungsbreite, Land: 55% minus 7% Schwankungsbreite.

von 2% oder 3% in 200er-Stichproben als reale Ergebnisse einer Grundgesamtheit beschrieben. Hier fehlt in vielen Fällen noch das Wissen bzw. Verständnis um den richtigen Umgang mit Schwankungsbreiten.

A 6.1.1 | Schwankungsbreiten von Prozentwerten berechnen

Schwankungsbreiten von Prozentwerten können rasch und einfach mit folgender Formel berechnet werden:

$$\sigma = \sqrt{\frac{p*(100-p)}{n}}$$

σ = Schwankungsbreite („Standardabweichung")
p = ermittelter Stichprobenwert in Prozent
n = Stichprobengröße

Die mit dieser Formel ermittelte einfache Standardabweichung 1σ („ein ['sig:ma]") besitzt eine Wahrscheinlichkeit von 68,3%. Das bedeutet, dass ein Stichprobenergebnis mit einer Unschärfe von ± dem errechneten einfachen σ-Wert mit rund 68% Wahrscheinlichkeit auf die dahinterstehende Grundgesamtheit übertragen werden kann.

Im Beispiel in ABBILDUNG 27 AUF SEITE 104 *kann man für den Stichprobenwert der Männer eine EINfache Schwankungsbreite von 3,1%, für Frauen, Stadt- und Landbevölkerung jeweils 3,5% ermitteln.*

$$\sigma_{Männer} = \sqrt{\frac{25*(100-25)}{200}} = 3{,}06 \quad \sigma_{Frauen} = \sqrt{\frac{44*(100-44)}{200}} = 3{,}51$$

Das bedeutet inhaltlich: Sowohl Männer und Frauen als auch Städter und Landbewohner unterscheiden sich auch in der Grundgesamtheit in Bezug auf ihre Tanzvorlieben. Einem Maximalwert von 28,1% Männern stehen minimal 40,5% Frauen gegenüber.[36] *Das heißt, der Unterschied in der Grundgesamtheit beträgt auch im schlechtesten Fall größter Ergebnisschwankung noch immer rund 12,5%.* **Allerdings lässt sich diese Aussage nur mit einer Wahrscheinlichkeit von 68% treffen.**

Auch der Unterschied zwischen Stadt und Land ist bei einfachem σ jetzt ein signifikanter: Maximal 48,5% Städtern stehen minimal 51,5% Landbewohner gegenüber.[37] *Aber auch hier gilt die Verallgemeinerung des Stichprobenergebnisses auf die Grundgesamtheit nur mit einer Wahrscheinlichkeit von 68%.*

Mit den verbleibenden 32% Wahrscheinlichkeit kann die Unschärfe jedoch in allen Fällen noch größer sein als 1σ. Aus diesem Grund hat sich in den Sozialwissenschaften eingebürgert, den errechneten Schwankungsbreiten-Wert σ zu verdoppeln.

Die doppelte Standardabweichung 2σ besitzt eine Wahrscheinlichkeit von mehr als 95% (genau: 95,5%). Das bedeutet, dass ein Stichprobenergebnis mit einer Unschärfe von ± dem

---

[36] 25% plus 3,1% maximale Fehlerspanne bei Männern, 44% minus 3,5% maximale Fehlerspanne bei Frauen.
[37] 45% plus 3,5% max. Fehlerspanne (Städter) gegenüber 55% minus 3,5% Fehlerspanne (Personen vom Land).

errechneten doppelten σ-Wert mit 95,5% Wahrscheinlichkeit auf die dahinterstehende Grundgesamtheit übertragen werden kann. Die Unschärfe wird damit zwar größer, aber dafür genauer vorhersagbar.

Umgelegt auf das Beispiel in ABBILDUNG 27 AUF SEITE 104 gelten jetzt die doppelten Schwankungsbreiten, wie sie in der Abbildung jeweils über den Diagramm-Säulen angeführt werden.

$$\sigma_{Männer} = 3{,}06 * 2 = \pm\, 6{,}1\% \qquad \sigma_{Frauen} = 3{,}51 * 2 = \pm\, 7\%$$

Der tatsächliche Unterschied zwischen Männern und Frauen wird damit bei der Umlegung auf die Realität der Grundgesamtheit deutlich kleiner: Den rund 31% Tanzfreudigen bei den Männern stehen nur mehr 37% bei den Frauen gegenüber.[38] Der Unterschied bleibt aber in der Grundgesamtheit ein realer. Er kann jetzt nur mit viel größerer „Prognosekraft" von 95,5% behauptet werden.
Anders wirkt sich die Verdoppelung der Schwankungsbreiten bei Stadt und Land aus. Hier vergrößern sich die Werte auf maximal 52% in der Stadt sowie auf minimal 48% am Land.[39] Die Prozentzahlen „überlappen" sich, der Realunterschied in der Grundgesamtheit fällt in diesem Fall bei Verdoppelung der Schwankungsbreiten weg.

Die Unschärfen werden also beim Verdoppeln des Sigma-Wertes zwar größer, die Sicherheit der Aussagen dafür aber deutlich höher. Bei verdoppelter Schwankungsbreite besteht nur noch eine Unsicherheit von rund 5% (Restmenge zu 95%), dass die Unschärfe des Ergebnisses NOCH größer als 2σ ist.

In den bisher erläuterten Formeln zur Schwankungsbreite fand die Größe der Grundgesamtheit noch keine Beachtung.

Grundsätzlich ist es für die Ergebnisgenauigkeit weitgehend unerheblich, ob die Stichprobe einer großen oder kleinen Grundgesamtheit entstammt. Eine Ausnahme besteht hier nur dann, wenn einer eher kleinen Grundgesamtheit (N) eine eher große Stichprobe (n) entnommen wurde: In derartigen Fällen muss bei der Berechnung der statistischen Unschärfe der sogenannte **Endlichkeitsfaktor** mitberücksichtigt werden.

Dazu muss die ab SEITE 106 erläuterte und beispielhaft berechnete Formel für die Schwankungsbreite zusätzlich noch mit der im Folgenden grau hinterlegten Formel multipliziert werden:

$$\sigma = \sqrt{\frac{p * (100 - p)}{n}} \; * \; \sqrt{\frac{N - n}{N - 1}}$$

N = Größe der Grundgesamtheit
n = Stichprobengröße

Bei einer exemplarischen Grundgesamtheit von N = 50.000 und der im obigen Beispiel angeführten Substichprobengröße von je n = 200 Männern und n = 200 Frauen wäre der Endlichkeitsfaktor vernachlässigbar:

---

[38] 25% plus 6,1% Fehlerspanne bei Männern, 44% minus 7% Fehlerspanne bei Frauen.
[39] Stadt: 45% Stichprobenergebnis plus 7% Schwankungsbreite, Land: 55% minus 7% Schwankungsbreite.

$$\text{Endlichkeitsfaktor} = \sqrt{\frac{50.000 - 200}{50.000 - 1}} = \sqrt{\frac{49.800}{49.999}} = 0{,}998$$

Ein Multiplikator von **0,998** bedingt keine nennenswerte Veränderung der Schwankungsbreite. Ein ganz anderes Ergebnis liefert jedoch die Berechnung bei einer angenommenen Grundgesamtheit von N = 500.

$$\text{Endlichkeitsfaktor} = \sqrt{\frac{500 - 200}{500 - 1}} = \sqrt{\frac{300}{499}} = 0{,}775$$

Der in diesem Fall errechnete Multiplikator von **0,775** reduziert die ursprüngliche Schwankungsbreite um fast ein Viertel:

$$\sigma_{Männer} = \pm\, 6{,}1\% * 0{,}775 = 4{,}73 \qquad \sigma_{Frauen} = \pm\, 7\% * 0{,}775 = 5{,}43$$

Da Stichproben meist aus sehr großen Grundgesamtheiten entnommen werden, besitzt der Endlichkeitsfaktor auch meist keine Bedeutung: Umfasst eine Zufallsstichprobe weniger als 1 bis 10% der Grundgesamtheit, nähert sich der Endlichkeitsfaktor in seinem Ergebnis der Zahl 1 an und kann damit als Multiplikator in der Formel vernachlässigt werden. Liegt der Endlichkeitsfaktor jedoch deutlich unter der Zahl 1, verkleinert er die Schwankungsbreite (VGL. AUCH KAPITEL „A 6.3 | ERMITTLUNG VON MINDESTSTICHPROBENGRÖSSEN" AB SEITE 113).

Auf diesen detaillierten Berechnungen beruhen alle Schwankungsbreiten von Prozentergebnissen bei ZUFALLSstichproben.[40] **Schwankungsbreiten werden in den Sozialwissenschaften üblicherweise am 95,5%-Niveau, also mit doppeltem σ-Wert, angeführt und verwendet.**[41]

Warum gibt es überhaupt Schwankungsbreiten? Welchen Hintergrund haben Zufälligkeit, die angeführten Wahrscheinlichkeiten des Schließens auf die Grundgesamtheit und die Notwendigkeit, den σ-Wert zu verdoppeln?

A 6.1.2 | Theoretischer Hintergrund

Schwankungsbreiten dürfen also eigentlich nur bei Zufallsstichproben berechnet und angewendet werden. Nur hier gilt die Annahme, dass „zufällige Ergebnisse einer Normalverteilung folgen". Was bedeutet das?

---

[40] Für Quotenstichproben ist wie bereits erwähnt die Berechnung von Schwankungsbreiten unzulässig – ausgenommen die „Quasi-Schwankungsbreiten" Studierender.
[41] Manche Tabellen arbeiten auch mit genau 95,0% Wahrscheinlichkeit: Dort wird dann die einfache Schwankungsbreite nicht verdoppelt, sondern mit dem Faktor 1,96 multipliziert.

Eine Zufallsstichprobe wird zufällig aus einer Grundgesamtheit gezogen. Jede Zufallsstichprobe ergibt sich damit zufällig aus unendlich vielen theoretisch möglichen Kombinationen: Die Zufallsauswahl hätte ja auch ganz andere Einzelelemente aus der Grundgesamtheit in eine aktuell vorhandene Stichprobe bringen können. Jedes Mal, wenn man aus derselben Grundgesamtheit per Zufall eine neue Stichprobe zieht, sieht diese anders aus. Jede neue Stichprobe setzt sich aus immer wieder anderen Teilen der Grundgesamtheit zusammen.[42]

Es liegt auf der Hand, dass Stichprobenergebnisse aus EINER zufällig zusammengesetzten Stichprobe etwas anders aussehen werden als jene aus einer ANDEREN. Da theoretisch – wie oben erwähnt – unendlich viele Stichprobenzusammensetzungen möglich sind, gibt es auch theoretisch unendlich viele Ergebnisse (der möglichen verschiedenen Stichproben). Diese Ergebnisse der vielen möglichen Zufallsstichproben folgen einer Normalverteilung. Das hat die diesbezügliche wissenschaftliche Forschung herausgefunden. Aus diesem Umstand lassen sich jene rechnerischen Schlüsse ableiten, die für Wahrscheinlichkeiten und Fehlerspannen die Basis bilden.

Zur Veranschaulichung und Erklärung soll ein kleines praktisches Gedankenexperiment dienen. Die Erläuterung erfolgt zum besseren Verständnis „verkehrt herum", in einer Art umgekehrten Reihenfolge. Eine Visualisierung dazu erfolgt in ABBILDUNG 28 AUF SEITE 110.

Angenommen, es gibt eine Grundgesamtheit, von der bereits VOR einer Stichprobenerhebung genau bekannt ist, dass 40% gerne tanzen.

Aus dieser Grundgesamtheit wird nun am heutigen Tag eine Zufallsstichprobe von 300 Personen gezogen. Morgen wird wieder eine Zufallsstichprobe von 300 Menschen gezogen, bei der andere Menschen in die Stichprobe gelangen. Übermorgen erfolgt die nächste Sampleziehung, wieder 300 Individuen, wieder andere Personen. Und auf diese Art wird weiter fortgefahren, insgesamt 100 Tage lang. Am Ende liegen also 100 Zufallsstichproben vor, die aus unterschiedlichen Menschen gebildet werden. Die Samples werden durchnummeriert, von Sample 1 am ersten Tag bis zu Sample 100 am letzten Tag.

Die 300 Personen von Sample 1 werden am ersten Tag gefragt: „Tanzen Sie gerne?" Die Zustimmungsquote am ersten Tag liegt bei 38%. Der Wert „trifft" also nicht genau den von der Grundgesamtheit bekannten tatsächlichen Wert von 40%, liegt aber ziemlich in dessen Nähe. Sample 2 wird am zweiten Tag befragt – das Ergebnis liegt bei 43%. Sample 3 am dritten Tag liefert 40% Tanzfreudige, Sample 4 am Tag darauf 41%. In Sample 5 werden 37% als Tanzende identifiziert, das 6. Sample trifft wieder die realen 40%. Jeden Tag erfolgt eine neue Erhebung.

Nach 68 Tagen wird klar, dass die Ergebnisse aller bis dahin erforschten Stichproben zwischen 35 und 45% schwanken, also ± 5% vom realen Wert der Grundgesamtheit entfernt liegen. In ABBILDUNG 28 werden die Ergebnisse jeder einzelnen Stichprobe in Form eines Kästchens mit dem entsprechenden Prozentwert dargestellt.

Noch fehlen aber 32 Stichproben, bei denen keine Erhebung der Präferenz zum Tanzen stattgefunden hat. Deshalb wird weiter befragt: Stichprobe 69 liefert einen Wert von 32%, Stichprobe 70 ergibt 34%, in Stichprobe 70 sind es 48% Tanzende, in der nächsten und 71.

---

[42] Als anschaulicher Vergleich mag hier die regelmäßige Lottoziehung dienen. Hier werden mehrmals wöchentlich „6 aus 45" gezogen. Die gezogenen Zahlen sind immer andere.

Stichprobe wieder 48% usw. Nach der 95. Stichprobe wird klar: Die Ergebnisse weiterer 27 Stichproben liegen entweder zwischen 30 und 35% oder zwischen 45 und 50%, also etwas weiter weg vom bekannten und realen Wert von 40%.

Ergebnisse wiederholter Zufallsstichproben sind normalverteilt

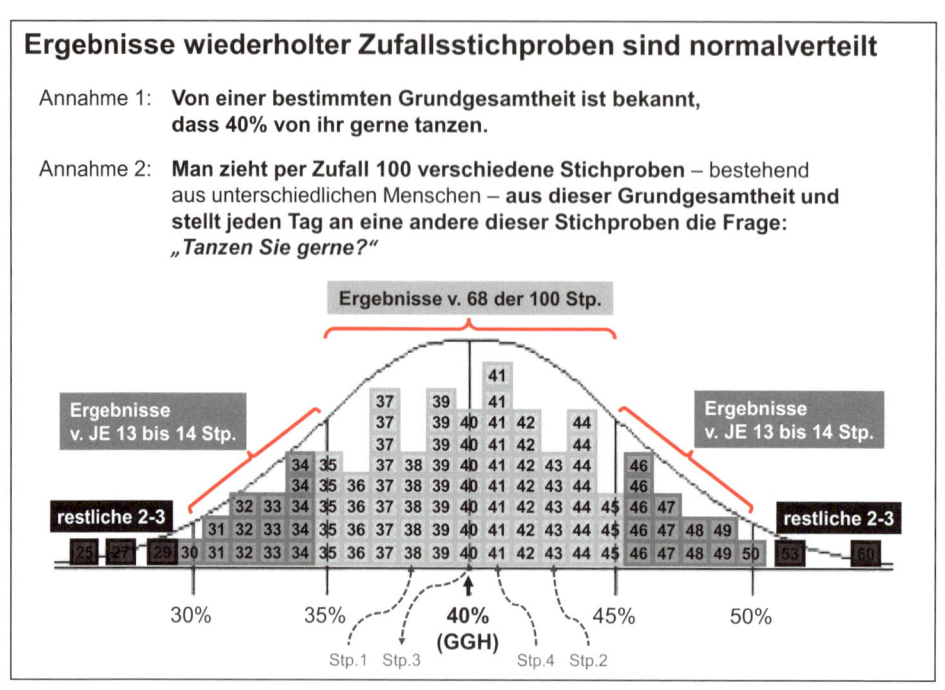

Annahme 1: Von einer bestimmten Grundgesamtheit ist bekannt, dass 40% von ihr gerne tanzen.

Annahme 2: Man zieht per Zufall 100 verschiedene Stichproben – bestehend aus unterschiedlichen Menschen – **aus dieser Grundgesamtheit und stellt jeden Tag an eine andere dieser Stichproben die Frage: „Tanzen Sie gerne?"**

Abbildung 28: Normalverteilung der Ergebnisse wiederholter Zufallsstichproben

Die Ergebnisse der nun noch verbleibenden 5 Stichproben liegen unter 30% oder über 50%.

Zusammenfassend zeigt dieses Gedankenexperiment, dass 68 von 100 Stichproben (= 68%) mit ihren Ergebnissen ± 5% vom realen Wert der Grundgesamtheit entfernt liegen, weitere 27 (also in Summe 95 = 95%) im Bereich ± 10% vom realen Wert der Grundgesamtheit. Die unterschiedlichen Werte der Stichproben fallen aufgrund der Zufälligkeit „gemischt" an: Es werden also nicht zuerst die oben beschriebenen 68 näher an der Grundgesamtheit liegenden Werte erforscht und dann erst die 27 weiter weg liegenden. An einem Tag liegt das Stichprobenergebnis innerhalb der 68 „näheren", am nächsten Tag innerhalb der 27 „entfernteren", dann wieder näher, dann wieder weiter weg usw. Geht man aber davon aus, dass der Abstand von 35% bzw. 45% zu den 40% der Grundgesamtheit dem einfachen σ-Wert entspricht (± 5%), schließt sich gewissermaßen der Kreis zu den im vorigen Kapitel angeführten theoretischen Überlegungen zur einfachen und doppelten Standardabweichung und deren Geltungswahrscheinlichkeiten.

Das soeben angeführte Beispiel beginnt eigentlich „am Ende", beim Wert der Grundgesamtheit. Dieser Wert ist in empirischen Erhebungen nicht bekannt. Gerade dieser Wert soll ja durch die Erhebung bestimmt bzw. vorausgesagt werden.

Schwankungsbreiten: Der Hintergrund

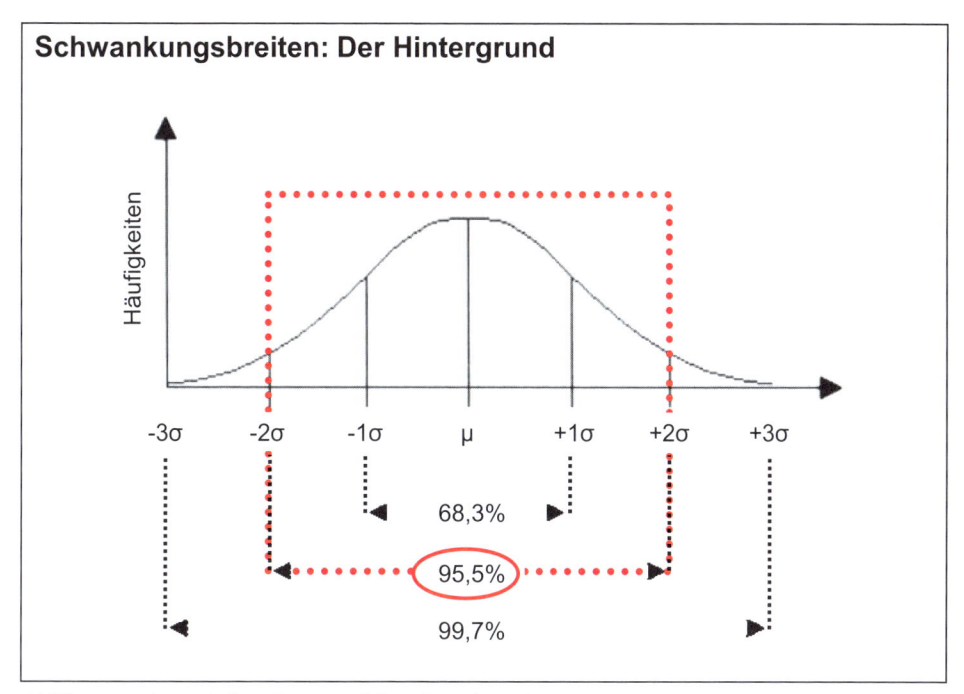

Abbildung 29: Theoretischer Hintergrund der Schwankungsbreiten

Für diesen vorauszusagenden Wert „der Realität" gilt (VGL. ABBILDUNG 29 UND DIE WEITEREN AUSFÜHRUNGEN IN ANLEHNUNG AN EBSTER/STALZER 2013, S. 170):

Ergebnisse von (wiederholten) Zufallsstichproben folgen der **Gaußschen Normalverteilung**: Man geht in der Theorie bei ausreichend großen Samples immer vom Idealfall aus, dass sich die Merkmale mehrerer Stichproben aus derselben Grundgesamtheit einer Normalverteilung annnähern. Insgesamt liegen somit 100% aller unendlich möglichen Stichproben mit ihren Merkmalsausprägungen unter der Normalverteilungskurve. Die Kurve bekommt ihre charakteristische Glockenform durch die Wendepunkte bei einer Standardabweichung von ± 1σ ['sig:ma].

Durch ± 1σ wird ein Bereich gebildet, der 68,3% der Fläche umfasst: Das bedeutet, dass etwa zwei Drittel aller aus der Grundgesamtheit bildbaren Stichproben Merkmalsausprägungen haben, die nicht weiter als ± 1σ vom wahren und tatsächlichen Wert der Grundgesamtheit abweichen (entfernt liegen). Der tatsächliche Wert der Grundgesamtheit wird in der Statistik als „μ" [mü:] bezeichnet.

Im Entfernungsbereich ± 2σ von μ liegen sogar 95,5% aller möglichen Ergebnisse: Bei unendlich vielen möglichen Stichproben aus der Grundgesamtheit liegen 95,5% der Merkmalsausprägungen maximal innerhalb dieser Grenzen vom tatsächlichen Wert μ der Grundgesamtheit entfernt.

Bei den statistischen Berechnungen der empirischen Sozialwissenschaften verwendet man aufgrund dieser Theorien in der Regel einen sogenannten **Vertrauensbereich** (auch **Konfidenz-** oder **Sicherheitsniveau**) von 95% (genau: 95,5%) bzw. eine **Irrtumswahrscheinlichkeit** von 5% (genau: 4,5%).

Die Grenzziehung erfolgt im Alltagsgebrauch bei 5% Rest-Irrtum, der in Kauf genommen wird, um die Fehlerspannen nicht noch weiter zu vergrößern. Ansonsten könnten die einfachen σ-Werte auch verdreifacht werden und würden dann ein Sicherheitsniveau von 99,7% besitzen.

Dieselbe 5%-Grenze findet sich auch bei allen im zweiten Abschnitt dieses Buchs beschriebenen statistischen Signifikanztests (VGL. KAPITEL „B 4.6 | PRÜFUNG AUF SIGNIFIKANZ (SCHLIESSENDE STATISTIK)" AB SEITE 267).

A 6.2 | „Schwankungsbreiten" von Mittelwerten

Neben Schwankungsbreiten für Prozentwerte gibt es auch solche für Mittelwerte. Der sogenannte **Standardfehler des Mittelwerts** wird nach seiner Berechnung wie σ verdoppelt, um das Konfidenzintervall des Mittelwerts bei 95,5% zu erhalten.

Die Interpretation dieser „Schwankungsbreite des Mittelwerts" folgt jener der Werte in KAPITEL „A 6.1 | SCHWANKUNGSBREITEN VON PROZENTWERTEN" AB SEITE 102.

Die Formel dafür lautet:

$$\text{Konfidenzintervall des Mittelwerts (bei 95,5\%)} = \frac{s}{\sqrt{n}} * 2 \quad \begin{array}{l} s = \text{Standardabweichung} \\ n = \text{Stichprobengröße} \end{array}$$

Der durch das Konfidenzintervall des Mittelwerts entstehende ± Fehlerspannenbereich gibt die „Schwankungsbreiten" des Mittelwerts an: den Unschärfebereich also, der beim Übertragen des Mittelwerts aus der Zufallsstichprobe auf die dahinterliegende Grundgesamtheit beachtet werden muss. Je größer diese Fehlerspanne ist, desto weniger genau gilt das Stichprobenergebnis für die Grundgesamtheit. Durch den Multiplikator von 2 in der o.a. Formel wird auch hier die Wahrscheinlichkeit, mit der die Fehlerspanne in der Realität der Grundgesamtheit Gültigkeit besitzt, auf 95,5% erhöht.

Ein veranschaulichendes Beispiel findet sich in Form eines sogenannten **Fehlerbalkendiagramms** in ABBILDUNG 30 AUF SEITE 113 (zu dessen Erstellung VGL. AUCH KAPITEL „B 4.8.3 | FEHLERBALKENDIAGRAMM" AUF SEITE 308 F.).

> *Der Mittelwert der Wichtigkeits-Beurteilung des Items „sympathisch" lässt im Gruppenvergleich keinen interpretierenswerten Unterschied erkennen, die Konfidenzintervalle überlappen sich (❶ UND ❷).*
>
> *Anders beim Item „leicht verständlich": Der hellgraue Fehlerbalken ist bei jenen, die Bücher lieber in einer Buchhandlung kaufen, deutlich „weiter unten", der Mittelwert also eindeutig „wichtiger", weil niedriger. Der Balken überlappt sich mit dem der Versandhandel-Bestellenden überhaupt nicht (❸ UND ❹). Bei diesem Item ist also von einem signifikanten, realen Unterschied zwischen den beiden Käufergruppen auch in der Grundgesamtheit auszugehen.*

Konfidenzintervall des Mittelwerts

Wie muss ein ideales Fachbuch für Sie beschaffen sein?
Mittelwerte der Skala von 1 = „sehr wichtig" bis 5 = „gar nicht wichtig"
Zufallsstichprobe: n = 505

- Konfidenzintervall obere Grenze
- Mittelwert
- Konfidenzintervall untere Grenze

I sympathisch
I leicht verständlich

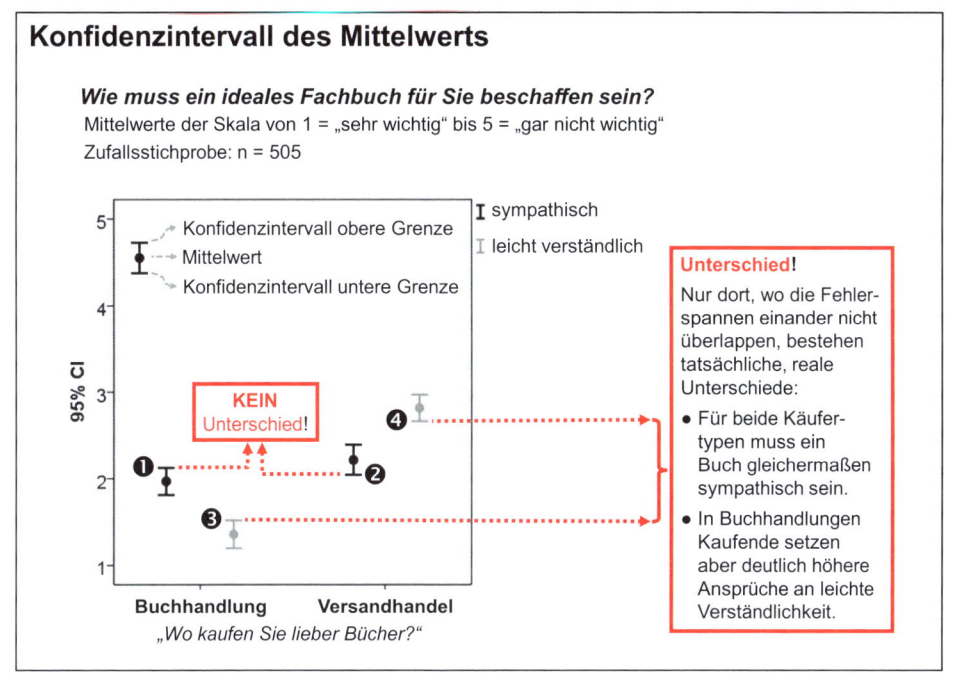

Unterschied!
Nur dort, wo die Fehlerspannen einander nicht überlappen, bestehen tatsächliche, reale Unterschiede:
- Für beide Käufertypen muss ein Buch gleichermaßen sympathisch sein.
- In Buchhandlungen Kaufende setzen aber deutlich höhere Ansprüche an leichte Verständlichkeit.

KEIN Unterschied!

Buchhandlung   Versandhandel
„Wo kaufen Sie lieber Bücher?"

Abbildung 30: Konfidenzintervall des Mittelwerts

Wie die Schwankungsbreiten von Prozentwerten wird auch der Standardfehler des Mittelwerts mit zunehmendem Stichprobenumfang kleiner. Die Ergebnisse werden dadurch also „besser" und „schärfer".

A 6.3 | Ermittlung von Mindeststichprobengrößen

Wie groß muss eine gute Stichprobe sein? Zu große Stichproben verbrauchen sinnlos Ressourcen, zu kleine sind wegen großer Schwankungsbreiten ungenau. Wo liegt die Mitte?

Die im Einzelfall benötige Stichprobengröße richtet sich nach folgenden Kriterien:

- **Höhe des angestrebten Sicherheitsgrades:**
  Je kleiner die Schwankungsbreiten sind, die man maximal akzeptieren will, desto größer muss die Stichprobe sein.

- **Größe der kleinsten Teilgruppe**,
  über die noch (halbwegs) verlässliche Aussagen getroffen werden sollen.

- **Erwartete Prozentwert-Ergebnisse in der Grundgesamtheit:**
  Je kleiner die Ergebnis-Prozentwerte (bzw. deren Gegenmengen) ausfallen, desto geringer sind die Schwankungsbreiten. Da man es im Normalfall mit unterschiedlichen und vorab unbekannten Ergebniswerten zu tun hat, geht man vom schlechtesten Fall von 50% aus. Dort sind die Schwankungsbreiten am größten.

Unter Berücksichtigung der soeben angeführten Kriterien kann die nötige Stichprobengröße problemlos aus Standardtabellen für Schwankungsbreiten abgelesen werden. Folgt man der Tabelle in ABBILDUNG 31 (ABBILDUNG IN ANLEHNUNG AN EBSTER/STALZER 2013, S. 185), könnte man festlegen:

Man geht von der größtmöglichen Schwankungsbreite aus, weil man das Ergebnis vorab nicht abschätzen kann. Die Fehlerspanne soll maximal ± 2% betragen. Die Ergebnissicherheit soll bei 95,5% liegen.

Aus diesen drei Faktoren lässt sich eine eindeutige Mindest-Samplegröße von n = 2.500 ableiten (VGL. DIE HERVORHEBUNGEN IN ABBILDUNG 31). Eine Einschränkung dieser Größenfestlegung muss jedoch dringend beachtet werden: Die maximale Schwankungsbreite von ± 2% würde jetzt ausschließlich bei Aussagen über das GESAMTsample gelten.

Bei Untergruppenvergleichen von SampleTEILEN orientieren sich deren Fehlerspannen an DEREN Größe innerhalb der Gesamtstichprobe.

Angenommen, man hätte in einer Grundgesamtheit für eine Inhaltsanalyse in derselben Menge Print- und Online-Artikel vorliegen. Als Festlegung sollen JEWEILS 2% Maximalschwankung gelten. Wenn sowohl für Print als auch Online maximal ± 2% gelten soll, benötigt man für JEDEN der beiden (gleich großen) Sampleteile eine Größe von n = 2.500. In diesem Fall müsste die Gesamtstichprobe dementsprechend n = 5.000 Artikel groß sein (2.500 Print-Artikel und 2.500 Online-Artikel). Aussagen über die GESAMTE Stichprobe hätten dann mit nur mehr ± 1,4% eine noch größere Zuverlässigkeit.

Übersicht über Schwankungsbreiten [2 σ, Wahrscheinlichkeit von 95,5%]

n	Prozentergebnis 5% / Restmenge 95%	10% / 90%	15% / 85%	20% / 80%	25% / 75%	30% / 70%	35% / 65%	40% / 60%	45% / 55%	50% / 50%
50	6,2	8,5	10,1	11,3	12,2	13,0	13,5	13,9	14,1	14,1
80	4,9	6,7	8,0	8,9	9,7	10,2	10,7	11,0	11,1	11,2
100	4,4	6,0	7,1	8,0	8,7	9,2	9,5	9,8	9,9	10,0
200	3,1	4,2	5,0	5,7	6,1	6,5	6,7	6,9	7,0	7,1
300	2,5	3,5	4,1	4,6	5,0	5,3	5,5	5,7	5,7	5,8
400	2,2	3,0	3,6	4,0	4,3	4,6	4,8	4,9	5,0	5,0
500	1,9	2,7	3,2	3,6	3,9	4,1	4,3	4,4	4,4	4,5
750	1,6	2,2	2,6	2,9	3,2	3,3	3,5	3,6	3,6	3,7
1.000	1,4	1,9	2,3	2,5	2,7	2,9	3,0	3,1	3,1	3,2
1.500	1,1	1,5	1,8	2,1	2,2	2,4	2,5	2,5	2,6	2,6
2.000	1,0	1,3	1,6	1,8	1,9	2,0	2,1	2,2	2,2	2,2
2.500	0,9	1,2	1,4	1,6	1,7	1,8	1,9	2,0	2,0	**2,0**
3.000	0,8	1,1	1,3	1,5	1,6	1,7	1,7	1,8	1,8	1,8
5.000	0,6	0,8	1,0	1,1	1,2	1,3	1,3	1,4	1,4	1,4
7.500	0,5	0,7	0,8	0,9	1,0	1,1	1,1	1,1	1,1	1,2
10.000	0,4	0,6	0,7	0,8	0,9	0,9	1,0	1,0	1,0	1,0
15.000	0,4	0,5	0,6	0,7	0,7	0,7	0,8	0,8	0,8	0,8

Stichprobengröße >>>

[Schwankungsbreiten hier ohne Berücksichtigung der Größe der Grundgesamtheit!]

Abbildung 31: Stichprobengrößen aus Schwankungsbreitentabelle ableiten

Umgekehrt können in einer Grundgesamtheit auch sehr kleine Gruppen vorkommen. Angenommen, es sollen Aussagen über ein sehr kleines Online-Newsportal getroffen werden. Dessen Artikel besitzen in der Grundgesamtheit lediglich einen Anteil von 2%. Zwei Prozent von 2.500 bedeuten lediglich 50 Fälle. Schwankungsbreiten berechnen sich auch für Sampleteilgruppen nach deren Größe: Damit besitzen die Ergebnisse des kleinen Online-Portals trotz der 2.500 Fälle umfassenden großen Gesamtstichprobe dennoch eine Maximalschwankung von ± 14,1% (VGL. DIE MAXIMALSCHWANKUNGSBREITE IN ABBILDUNG 31, ERSTE TABELLENZEILE BEI 50 FÄLLEN, GANZ RECHTS).

In einem derartigen Fall wäre es überlegenswert, die Gesamtstichprobe größer anzulegen (= zumindest zu verdoppeln, dann würden aus den 50 Fällen 100, das Gesamtsample würde aber auf 5.000 Fälle anwachsen). Will man das vermeiden, könnte man auch lediglich die kleine Teilgruppe mit den 50 Fällen disproportional verstärken. Sie müsste dann aber für Gesamtbetrachtungen ALLER Stichprobenergebnisse jedesmal wieder nach unten gewichtet werden.

Detaillierte Ausführungen zu diesem Thema finden sich in KAPITEL „A 3.2.2 | ZUFÄLLIGE AUSWAHL: VORGESCHICHTETE STICHPROBEN" AB SEITE 52.

A 6.3.1 | Stichprobengröße und Größe der Grundgesamtheit

Wie bereits in Kapitel „A 6.1.1 | SCHWANKUNGSBREITEN VON PROZENTWERTEN BERECHNEN" AB SEITE 106 erläutert und beispielhaft berechnet ist es aus Sicht der Ergebnisschärfe für eine Stichprobe weitgehend unerheblich, ob hinter ihr eine große oder kleine Grundgesamtheit steht. Eine Ausnahme besteht wie beschrieben nur dann, **wenn einer eher kleinen Grundgesamtheit (N) eine eher große Stichprobe (n) entnommen wurde**: In derartigen Fällen **muss bei der Berechnung der statistischen Unschärfe der sogenannte Endlichkeitsfaktor berücksichtigt werden**.

Liegt der Endlichkeitsfaktor unter der Zahl 1, verkleinert er die Schwankungsbreite. Was sich mit der Schwankungsbreite ebenfalls verkleinert, ist die nötige Stichprobengröße.

ABBILDUNG 32 AUF SEITE 116 veranschaulicht die „Ersparnis" an Stichprobengröße bei maximal tolerierter Schwankungsbreite von ± 5% und ± 3%.

Die Tabellen in der Abbildung[43] zeigen: Bei einer Grundgesamtheit von 200 Fällen sind nur 134 Fälle nötig, um 5% Schwankungsbreite nicht zu überschreiten. Bei 50.000 Fällen in der Grundgesamtheit muss die Stichprobe hingegen fast drei Mal so groß sein – nämlich 397 Fälle umfassen (VGL. ❶). Danach ändert sich nicht mehr viel an der errechneten Mindest-Stichprobengröße: Auch bei weiterem Anstieg der Grundgesamtheit sind nur rund 390 (genau: 392) Fälle bei N = 20.000 erforderlich, um die max. 5% Stichprobenunschärfe zu erreichen.

Noch deutlicher wirkt der Endlichkeitsfaktor bei einer statistischen Maximalunschärfe von ± 3%: Notwendigen 170 Fällen bei einer Grundgesamtheit von 200 stehen 1.087 Elemente bei N = 50.00 gegenüber. Das bedeutet: Um dieselbe Sicherheit statistischer Aussagen zu erreichen, benötigt man bei N = 50.000 eine mehr als sechs Mal so große Stichprobe als

---

[43] Den Zahlen in der Abbildung liegt eine Ergebnissicherheit von 95,5% zugrunde, bei der der lt. Formel ermittelte σ-Wert verdoppelt werden muss (VGL. KAPITEL „A 6.1.1 | SCHWANKUNGSBREITEN VON PROZENTWERTEN BERECHNEN" AB SEITE 106).

bei N = 200. Auch hier flacht aber dann der Unterschied deutlich ab: Bei N = 100.000 sind nur mehr zusätzliche 12 Fälle nötig, um dieselbe Ergebnisschärfe zu erzielen (VGL. ❷).

Die Tabelle macht also deutlich, dass sich der Endlichkeitsfaktor immer mehr der Zahl 1 annähert, je mehr Fälle die Grundgesamtheit umfasst.

Da Stichproben meist aus sehr großen Grundgesamtheiten entnommen werden, besitzt der Endlichkeitsfaktor keine allzu große Bedeutung. Umfasst eine Zufallsstichprobe weniger als 1 bis 10% der Grundgesamtheit, nähert sich der Endlichkeitsfaktor in seinem Ergebnis der Zahl 1 an und kann damit als Multiplikator in der Formel vernachlässigt werden.

Grundgesamtheit : Stichprobengröße [2 σ, Wahrscheinlichkeit von 95,5%]

		Erforderliche Mindeststichprobengröße bei max. ± 5% Schwankungsbreite				Erforderliche Mindeststichprobengröße bei max. ± 3% Schwankungsbreite		
			größte Schwankungsbreite		Endlich-keits-faktor		größte Schwankungsbreite		Endlich-keits-faktor
N		n	OHNE Endlichkeitsfaktor	MIT Endlichkeitsfaktor		n	OHNE Endlichkeitsfaktor	MIT Endlichkeitsfaktor	
200	❶	134	± 8,6%	± 5,0%	0,58	❷ 170	± 7,7%	± 3,0%	0,39
250		154	± 8,1%	± 5,0%	0,62	204	± 7,0%	± 3,0%	0,43
300		172	± 7,6%	± 5,0%	0,65	236	± 6,5%	± 3,0%	0,46
400	❸	200	± 7,1%	± 5,0%	0,71	294	± 5,8%	± 3,0%	0,52
500		222	± 6,7%	± 5,0%	0,75	345	± 5,4%	± 3,0%	0,56
750		261	± 6,2%	± 5,0%	0,81	448	± 4,7%	± 3,0%	0,63
1.000		286	± 5,9%	± 5,0%	0,85	527	± 4,4%	± 3,0%	0,69
1.500		316	± 5,6%	± 5,0%	0,89	639	± 4,0%	± 3,0%	0,76
2.000		333	± 5,5%	± 5,0%	0,91	715	± 3,7%	± 3,0%	0,80
3.000		353	± 5,3%	± 5,0%	0,94	811	± 3,5%	± 3,0%	0,85
5.000		370	± 5,2%	± 5,0%	0,96	909	± 3,3%	± 3,0%	0,90
7.500		380	± 5,1%	± 5,0%	0,97	968	± 3,2%	± 3,0%	0,93
10.000		385	± 5,1%	± 5,0%	0,98	1.000	± 3,2%	± 3,0%	0,95
20.000		392	± 5,1%	± 5,0%	0,99	1.053	± 3,1%	± 3,0%	0,97
50.000	❶	397	± 5,0%	± 5,0%	1,00	❷ 1.087	± 3,0%	± 3,0%	0,99
100.000	❶	398	± 5,0%	± 5,0%	1,00	❷ 1.099	± 3,0%	± 3,0%	0,99

(Größe der Grundgesamtheit >>>)

Abbildung 32: Grundgesamtheit und Stichprobengröße

Für Schwankungsbreiten und Ergebnisschärfe mag es zwar mathematisch und rechnerisch ziemlich unerheblich sein, ob die Stichprobe aus einer SEHR großen oder etwas kleineren Grundgesamtheit stammt. Für die Repräsentativität und damit „Güte" der Ergebnisse gilt das aber nicht: Natürlich bildet eine Stichprobe von z.B. 1.000 Personen die Bevölkerung einer Stadt wesentlich besser ab als – extrem gesehen – die Weltbevölkerung. **Bei sehr großen oder heterogenen Grundgesamtheiten sind – unabhängig von Schwankungsbreiten – deutlich größere Stichproben nötig als bei einer kleinen bzw. relativ homogenen Ausgangsmenge.**

Am besten entscheidet man bei jeder Erhebung neu, ob man aus DIESEM Blickwinkel die Stichprobe etwas größer anlegt oder nicht. Die „Qualität" der Ergebnisse korreliert nicht ausschließlich mit geringen rechnerischen Fehlerspannen.

Dazu kommt ein weiterer entscheidender Aspekt: Repräsentativität und Schwankungsbreiten beziehen sich nie auf die GEZOGENE Stichprobe, sondern IMMER auf den RÜCKLAUF: Als Maß gilt die erreichte **Netto**-, niemals die gezogene **Bruttostichprobe** (VGL. DAS NÄCHSTE KAPITEL „A 6.3.2 | STICHPROBENAUSFÄLLE").

A 6.3.2 | Stichprobenausfälle

Hat man es mit „menschlichen" Stichproben zu tun, sind Stichprobenausfälle unvermeidbar. Bei Zufallsstichproben müssen von den Interviewenden genau definierte Zielpersonen kontaktiert werden. Es ist meist völlig unrealistisch, mit jeder Zielperson ein tatsächliches Interview zu führen. Dabei stehen qualitätsneutralen Ausfällen (z.B. Adressfehler) qualitätsrelevante (Verweigerungen, Abbrüche, Kranke, Nicht-Anwesende usw.) gegenüber.

Der Prozentsatz erreichter Stichprobenmitglieder wird als **Rücklaufquote (Ausschöpfungsgrad)** bezeichnet. Als **Ausfall(squote)** wird der Prozentsatz jener Zielpersonen bezeichnet, mit denen kein Interview durchgeführt werden konnte.

Ob sich Stichprobenausfälle auf die Ergebnisqualität einer Erhebung auswirken, hängt entscheidend davon ab, ob sich die nicht erreichbaren Stichprobenmitglieder strukturell von den erreichbaren unterscheiden oder nicht. Bleibt die ursprüngliche Samplestruktur trotz Ausfällen erhalten, steigen lediglich die Schwankungsbreiten – die Stichprobe wird ja kleiner. Verzerren die Ausfälle hingegen auch die Samplestruktur, wird die Stichprobe unrepräsentativ und kann nicht oder nur mehr teilweise verwendet werden.

Eine niedrigere Rücklaufquote muss also nicht gleich zu einer Ergebnisverzerrung führen. Ziemlich sicher aber entstehen Probleme bei der Datenqualität, wenn der Rücklauf generell sehr gering ausfällt. Andererseits können trotz hohen Rücklaufs Ergebnisse noch immer deutlich „danebenliegen", wenn bestimmte homogene Gruppen ganz oder stark ausfallen.

Samplerücklaufquoten sind schwer vorhersehbar, weil sie sehr von Themen und Zielgruppen abhängen**. Als Durchschnittswert kann man bei persönlichen oder telefonischen Erhebungen von einem Rücklauf von etwa 70%, bei schriftlichen Befragungen von etwa 25% ausgehen. Online-Samples können noch deutlich darunter liegen.** Wegen der zu erwartenden Sampleausfälle muss die gezogene BRUTTOstichprobe jedenfalls immer größer sein als die tatsächlich geplante NETTOstichprobe. Ein dreifaches oder noch größeres **Oversampling** ist hier deshalb sinnvoll und üblich.

Bei nicht zufälligen Stichprobenverfahren werden die Ausfälle „nicht sichtbar", da sie so gut wie immer durch Interviews mit Ersatzpersonen ausgeglichen werden. Hier besitzt deshalb bereits zu Beginn einer Erhebung erfolgendes Oversampling auch nur marginale oder gar keine Bedeutung.

A 6.3.3 | Formel für die Ermittlung der Mindeststichprobengröße

In ABBILDUNG 31 AUF SEITE 114 wurden Beispiele für Mindeststichprobengrößen mit großer oder unbekannter Größe der Grundgesamtheit OHNE Endlichkeitsfaktor berechnet. In ABBILDUNG 32 AUF SEITE 116 erfolgte mittels Endlichkeitsfaktor der Einbezug der Größe der

Grundgesamtheit in die Berechnungsformel. Alle in den beiden Abbildungen berechneten Beispielwerte kann man für den individuellen Einzelfall auch selbst exakt ermitteln. Dazu ist es lediglich erforderlich, die Formeln für die statistische Schwankungsbreite und den Endlichkeitsfaktor mathematisch aufzulösen.

Auch wenn man die Mindeststichprobengröße selbst errechnet: Der zu ermittelnde Stichprobenumfang hängt immer von jener Schwankungsbreite ab, die man im konkreten Fall noch tolerieren will. Diese Fehlerspanne muss direkt in die Formel eingegeben werden.

Das Resultat ist die Mindestgröße der GESAMTstichprobe. Möchte man die maximal zu tolerierende Fehlerspanne bereits für SampleTEILE berechnen, setzt sich die Gesamtstichprobe aus den Summen dieser Sampleteile zusammen (VGL. DAZU AUCH DIE AUSFÜHRUNGEN ZU BEGINN DIESES KAPITELS AUF SEITE 113).

A 6.3.3.1 | OHNE Einbeziehung der Grundgesamtheit

Ist die Grundgesamtheit sehr groß oder von ihrer Größe her nicht zu beziffern, findet man mit folgender Formel das Auslangen:

$$n \geq \frac{\text{Multiplikator}_{\text{für die Wahrscheinlichkeit}}^2 * p * (100 - p)}{\text{Schwankungsbreite}_{\text{maximal akzeptiert}}^2}$$

n = zu ermittelnde Mindeststichprobengröße

Multiplikator$_{\text{für die Wahrscheinlichkeit}}$
= Multiplikator für das Sicherheitsniveau aus der Schwankungsbreitenformel (**2** für 95,5 % Wahrscheinlichkeit | **1,96** für 95,0% Wahrscheinlichkeit)

p = Ergebnisprozentsatz, den man sich erwartet
(bei keiner bestimmten Ergebniserwartung: **50**)

Schwankungsbreite$_{\text{maximal akzeptiert}}$
= maximale Schwankungsbreite, die noch toleriert werden soll

Angenommen, die Schwankungsbreite in der Gesamtstichprobe soll höchstens 2% betragen. Das Sicherheitsniveau wird auf 95,5% festgelegt, Ergebniserwartung gibt es keine.

$$n \geq \frac{2^2 * 50 * 50}{2^2} = \frac{4 * 2.500}{4} = 2.500$$

Die Mindeststichprobengröße beträgt also 2.500 (VGL. AUCH DIE HERVORHEBUNG IN ABBILDUNG 31 AUF SEITE 114).

A 6.3.3.2 | MIT Einbeziehung der Grundgesamtheit

Ist die Größe der Grundgesamtheit (zumindest ungefähr) bekannt, muss man die Formeln zur Berechnung der Schwankungsbreite UND des Endlichkeitsfaktors parallel auflösen. Die dabei entstehende Formel für die Mindeststichprobengröße sieht auf den ersten Blick etwas „erschreckend" aus. Sie ist es aber bei näherer Betrachtung keineswegs.

$$n \geq \frac{N}{1 + \frac{(N-1) * \text{Schwankungsbreite}_{\text{maximal akzeptiert}}^2}{\text{Multiplikator}_{\text{für die Wahrscheinlichkeit}}^2 * p * (100 - p)}}$$

n = zu ermittelnde Mindeststichprobengröße

N = Größe der Grundgesamtheit

Schwankungsbreite$_{\text{maximal akzeptiert}}$
= maximale Schwankungsbreite, die noch toleriert werden soll

Multiplikator$_{\text{für die Wahrscheinlichkeit}}$
= Multiplikator für das Sicherheitsniveau aus der Schwankungsbreitenformel (**2** für 95,5 % Wahrscheinlichkeit | **1,96** für 95,0% Wahrscheinlichkeit)

p = Ergebnisprozentsatz, den man sich erwartet
(bei keiner bestimmten Ergebniserwartung: **50**)

Angenommen, die Grundgesamtheit umfasst 400 Fälle. Die maximale Schwankungsbreite, die toleriert werden soll, beträgt 5%. Die Wahrscheinlichkeit der Schwankungsbreiten-Gültigkeit soll 95,5% betragen. Ein Ergebnis kann nicht vorhergesagt werden.

$$n \geq \frac{400}{1 + \frac{(400-1) * 5^2}{2^2 * 50 * 50}} = \frac{400}{1 + \frac{399 * 25}{4 * 50 * 50}} = \frac{400}{1 + \frac{9.975}{10.000}} = 200$$

In die Formel eingesetzt berechnet sich mit diesen Angaben die Stichprobengröße auf ZU-MINDEST 200 Fälle (VGL. AUCH ❸ IN ABBILDUNG 32 AUF SEITE 116).

Das bedeutet in diesem Einzelfall gegenüber der Ermittlung der Mindeststichprobengröße OHNE Berücksichtigung der Grundgesamtheit eine Ersparnis um die Hälfte.

Aus ABBILDUNG 31 AUF SEITE 114 hätten sich – ohne Einbeziehung des Endlichkeitsfaktors – bei 5% Maximalschwankung, 95,5% Sicherheit und unbekanntem Ergebnis n = 400 ergeben. Das hätte der Notwendigkeit einer Totalerhebung entsprochen.

Zusatzinformationen und weiterführende Literatur zu diesem Kapitel:

- Borg, Ingwer (2003): Führungsinstrument Mitarbeiterbefragung. Theorien, Tools und Praxiserfahrungen. 3., überarbeitete und erweiterte Auflage. Göttingen: Hogrefe, Seite 183–192.

- Ebster, Claus/Stalzer, Lieselotte (2013): Wissenschaftliches Arbeiten für Wirtschafts- und Sozialwissenschaftler. 4., überarbeitete Auflage. Wien: facultas.wuv, Seite 169–189.

A 7 | Ergebnisbericht

… in diesem Kapitel geht's um:

- **Qualitative Daten** münden meist in aufwendige Inhaltsanalysen • Texte werden dabei in ihrem gesamten Bedeutungszusammenhang zu Dimensionen zusammengefasst
- **Quantitative Erhebungen** finden oft das Auslangen mit Häufigkeiten und Mittelwerten, für die gesamte Stichprobe oder nach Untergruppen • manchmal werden auch Korrelationen berechnet • spezifische Software erzeugt standardmäßige Auswertungen
- **Weiterführende statistische Analysen** laufen über eigene Statistikprogramme wie SPSS, PSPP oder SAS • Teil B dieses Buchs beschäftigt sich detailliert mit SPSS
- **Interpretationstexte** sollten sich von den Zahlen „lösen"
- **Diagramme** sollten unbedingt den Text der Fragestellung, Informationen zu Skalierung, dargestellten Werten und zur Basis der Darstellung enthalten • keine Informationsüberlastung • vollständige Skalen, keine Ausschnitte • keine unterschiedlichen Skalierungen bei Vergleichsdarstellungen • richtungsbereinigte bipolare Eigenschaftsprofile
- **Summarys** MÜSSEN methodische Details enthalten • Stichproben-Strukturübersicht liefert wichtige Informationen über die Repräsentativität der Erhebung
- Je nach Auswertungsart gibt es unterschiedliche **Optimierungsregeln** für die Ergebnisdarstellung

Ist eine Erhebung abgeschlossen, beginnen Datenanalyse und Ergebnisinterpretation.

Bei **qualitativ erhobenen Daten** liegt meist umfangreicher Text vor, der auf bedeutungsmäßige Gemeinsamkeiten hin untersucht werden muss. Das zieht in der Regel komplexe und zeitaufwendige Inhaltsanalysen nach sich.

Leichter und rascher durchführbar sind **quantitative Datenanalysen**: Sie bestehen zunächst im rein technischen Auszählen von Daten. Je nach Skalenniveau der Erhebungsvariablen (VGL. KAPITEL „A 4.2 | MESSNIVEAUS UND DATENANALYSE" AB SEITE 65) und Erkenntnisinteressen müssen geeignete Auswertungsverfahren ausgewählt und angewendet werden.

Eine Vielzahl von quantitativen Erhebungen begnügt sich mit einfachen Häufigkeitszählungen und Mittelwertsdarstellungen, für die gesamte Stichprobe und nach Untergruppen von Erhebungselementen. Derartige Auswertungen werden von Instituten bzw. unterschiedlicher Befragungssoftware automatisch erstellt.

Nach dem technischen Auswerten steht die zusammenfassende Interpretation der Ergebnisse am Ende jeder Erhebung. Ihr kommt eine überaus entscheidende Rolle zu, da sie die „Qualität" der gesamten Erhebung nach außen hin bestimmt. **Die zusammenfassende Ergebnisinterpretation (Summary)** muss es schaffen, in knapper und prägnanter Form Zweck, Anlage und Ergebnisse der gesamten Erhebung vorzustellen: Das beginnt einleitend mit den Erkenntnisinteressen der Studie, gefolgt von einer kurzen Darstellung der gewählten Forschungsmethodik. Die darauffolgende Beantwortung aller Forschungsfragen und

Hypothesen sollte strukturiert und leicht lesbar ALLE WESENTLICHEN Details der Forschungsarbeit beinhalten.

Jene, die ihre Daten selbst auswerten oder komplexere Analysen durchführen wollen bzw. müssen, greifen auf statistische Auswertungssoftware zurück. Dazu zählen SPSS, SAS, PSPP, R, Minitab, Stata und viele andere. MIT DEN DETAILS EINFACHER UND SPEZIFISCHER ANALYSEROUTINEN AM BEISPIEL DER WEIT VERBREITETEN SOFTWARE SPSS BESCHÄFTIGT SICH TEIL B (AB SEITE 176). AUCH DAS SELBST-AUSWERTEN QUALITATIVER DATEN WIRD DORT ERLÄUTERT.

A 7.1 | Grundlagen technischer Datenanalyse

Die technische Auswertung qualitativer Erhebungsdaten ist deutlich komplexer und zeitintensiver als die meisten quantitativen Datenanalysen.

A 7.1.1 | Qualitativ auswerten

Die Rohdaten **qualitativer Erhebungen** bestehen meist aus vielen Einzelnennungen in Textform. „Gesprochene" Antworten werden vor der Auswertung in schriftliche Form transkribiert. Die Kunst erfolgreicher Datenanalysen besteht nun darin, aus den vielen individuellen Textpassagen die relevanten Informationen herauszufiltern. Es sollen ja letztendlich Forschungsfragen beantwortet bzw. Hypothesen überprüft werden können.

Auch bereits einfache qualitative Auswertungen stellen vom Prinzip her qualitative Inhaltsanalysen dar. Diese gehen sehr oft über ein reines Zählen genannter Begriffe hinaus. Sie interpretieren die **zu analysierenden (längeren) Texte in ihrem gesamten Bedeutungszusammenhang**. Aus den Texten (**Verbatims**) werden bedeutungs- und größenmäßig sinnvolle, trennscharfe und eindeutige Ergebniskategorien gebildet. Den Output bilden klar voneinander abgegrenzte, inhaltlich detailliert beschreibbare Antwortdimensionen.

Bei qualitativen Inhaltsanalysen bzw. der Analyse qualitativer Umfragedaten kommen sehr oft mehrdimensionale Texte vor. Meist ist das Identifizieren von eindeutigen Ergebniskategorien wegen der Fülle der langen Textpassagen ein umständlicher und langwieriger Prozess.[44] Breit angelegte Erhebungen auf Basis mehrerer hundert Erhebungselemente sollten aus diesem Grund auf qualitative Methodik nach Möglichkeit (weitgehend) verzichten.

Enthält ein Datensatz viele Fälle (etwa 500 und mehr) und dennoch offene Fragen, empfiehlt sich bei der Auswertung folgendes Vorgehen: Vor der eigentlichen qualitativen Inhaltsanalyse wird eine Zufallsmenge von 100 bis 200 Fällen aus den Daten gezogen. Bei der Bildung der Ergebnisdimensionen wird dann nur dieses reduzierte Textmaterial durchforstet. Denn Textpassagen, die derart gehäuft auftreten, dass sie bereits in der kleinen Zufallsmenge Ergebniskategorien ergeben, tun dies auch in der großen Gesamtstichprobe. Wurden die Ergebnisdimensionen aus der kleinen Zufallsmenge fertig definiert, müssen ihnen natürlich noch ALLE Textpassagen der Gesamtstichprobe zugeordnet werden.

---

[44] Mayring 2010 beschreibt ausführlich das Prinzip der Kategorienbildung: Die Bildung der Antwortgruppen kann direkt aus dem Datenmaterial heraus (induktive Kategorienbildung) erfolgen. Die Dimensionen können aber auch bereits aus theoretischen Zusammenhängen (Literatur, Vorstudien usw.) bekannt sein (deduktive Kategorienbildung).

Qualitativ auswerten

DATEN-SATZ	WIE HABEN SIE IHREN LETZTEN URLAUB EMPFUNDEN?	ASSOZIATION POSITIV	NEUTRAL	NEGATIV
1	schön war's, aber zu kurz	✓		✓
2	das Wetter war furchtbar, es hat immer nur geregnet			✓
3	hatte diesmal ein tolles Ziel, fahre vielleicht wieder hin	✓	✓	
4	war zu Hause, es war sonnig und heiß	✓	✓	
5	hatte super Wetter, aber große Probleme beim Flug	✓		✓
6	ich mache nie Urlaub		✓	
7	ich war wandern, in Südtirol		✓	
8	ich war am Nordkap, es war wunderschön, aber eiskalt	✓	✓	✓
9	ich mache nie wieder Cluburlaub		✓	
10	heuer war's die Westküste, nächstes Jahr wird's Kanada		✓	

Abbildung 33: Qualitatives Auswerten

Das folgende Beispiel veranschaulicht die (technische) Vorgehensweise qualitativer Auswertungen anhand fiktiver und simplifizierter Antworten von 10 Personen.

Im Beispieldatenfile in ABBILDUNG 33 sind in 10 Zeilen offen abgefragte Assoziationen zum letzten Urlaub erfasst.

EINE Möglichkeit, die wenigen Aussagen inhaltsanalytisch zu Dimensionen zusammenzufassen, besteht darin, sie in „positiv", „neutral" und „negativ" zu clustern (VGL. DIE DREI SPALTEN „POSITIVE" | „NEUTRALE" | „NEGATIVE" ASSOZIATION).

Jeder Datensatz ist in der bzw. den seiner Antwort zuzuordnenden Assoziation(en) mit einem Häkchen versehen. Es fällt auf, dass 5 der 10 Datensätze aufgrund ihrer mehrdimensionalen Antworten gleichzeitig in mehrere Assoziationskategorien fallen.

Hat man die qualitativen Daten verdichtet und geclustert, können sie wie in KAPITEL „A 7.3.3 | QUALITATIVE ERGEBNISSE UND DARSTELLUNGEN" AB SEITE 141 beschrieben (VGL. INSBESONDERE ABBILDUNG 46 AUF SEITE 140), dargestellt werden.

Bei qualitativen Ergebnisinterpretationen ist besondere Vorsicht bei der Interpretation von PROZENTwerten geboten.

Wenn man z.B. insgesamt 12 Interviews mit Expertinnen und Experten durchgeführt hat und dann von „50% der Fälle" spricht, beziehen sich solche Aussagen auf 6 Personen.

Prozentangaben weisen auf eine quantitative Generalisierbarkeit der Ergebnisse hin, die bei geringen Fallzahlen keinesfalls erfolgen darf! Hier ist es deshalb deutlich sinnvoller, beim Generalisieren nur ABSOLUTZAHLEN zu interpretieren und zu beschreiben.

So werden „50% der Fälle" bei 12 ExpertInnen deutlich besser mit „6 von den befragten 12 Personen" oder „Hälfte der Interviews" oder „jede zweite Person" verbalisiert.

Bei größerer Fallzahl – ab etwa 50 Datensätzen – zeichnen dann wahrscheinlich eine Häufigkeitsauswertung der Antwortdimensionen (VGL. „A 7.3.4.1 | HÄUFIGKEITSTABELLEN" AUF SEITE 142 F.) oder eine Mehrfachantworten-Analyse (VGL. „A 7.3.4.2 | TABELLEN FÜR MEHRFACHANGABEN" AUF SEITE 144 F.) ein bereits besseres und übersichtlicheres Ergebnisbild. Auch hier sollte man aber über die Verwendung von Prozentwerten noch sehr genau nachdenken.

Nur wenn der qualitative Datenstand umfangreich genug ausgeprägt und eine Stichprobe repräsentativ ist, kann man durch die Verwendung von Prozentangaben vorsichtig generalisieren. Dies sollte nicht unter 70 Fällen und auch dann nur im Ausnahmefall geschehen. Ab 100 Fällen und mehr kann dann immer besser generalisiert werden.

A 7.1.2 | Quantitativ auswerten

Sehr viele quantitative Erhebungen finden das Auslangen mit einer Handvoll einfacher Arten von Datenanalysen. Sie beschränken sich auf die Ergebniszahlen weniger Auswertungsverfahren und deren grafische Darstellung: **Häufigkeiten** und **Mittelwerte** gelangen am häufigsten zur Anwendung. Analysiert man neben der Gesamtheit aller Erhebungselemente auch einzelne Untergruppen, wird man zusätzlich mit **Kreuztabellen** und **Mittelwertsvergleichen** konfrontiert. Darüber hinaus zeigen **Korrelationen** Zusammenhänge zwischen Erhebungsmerkmalen auf.

Das Daten- und Auswertungs-Beispiel in ABBILDUNG 34 AUF SEITE 124 veranschaulicht das jeweilige **Prinzip** dieser fünf gebräuchlichsten quantitativen Auswertungsverfahren anhand fiktiver Erhebungsdaten von 10 Personen. Eine realdatenbezogene Anwendung mit der Analysesoftware SPSS erfolgt IM KAPITEL „B 4.5 | EINFACHE AUSWERTUNGEN (DESKRIPTIVE STATISTIK)" AB SEITE 240.

Im Beispieldatenfile in ABBILDUNG 34 sind in 10 Zeilen die Merkmale WOHNORT (Stadt oder Land), ANZAHL DER URLAUBE PRO JAHR und ALTER von 10 Befragten angeführt.

Welche Auswertung „die richtige" ist, hängt in erster Linie vom Skalenniveau ab (VGL. KAPITEL „A 4.2 | MESSNIVEAUS UND DATENANALYSE" AUF SEITE 65 F.), mit dem das auszuwertende Merkmal in die Erhebung aufgenommen wurde.

(A) Häufigkeitszählungen stellen die einfachste Art der Auswertung dar. Sie kommen bei nominalen Merkmalen zur Anwendung. Dabei wird die absolute und prozentuelle Häufigkeit jeder einzelnen Merkmalsausprägung ermittelt.

In den Beispieldaten in ABBILDUNG 34 ist das Merkmal WOHNORT mit 1 = „Stadt" und 2 = „Land" codiert.

Code 1 (Stadt) kommt bei Datensatz 2, 3, 5, 6, 7, 9 und 10 – in Summe also 7 Mal vor. Code 2 (Land) hat eine Häufigkeit von 3 Fällen. In den Beispieldaten wohnen also 70% Menschen in der Stadt (7 von insgesamt 10 Fällen) und 30% auf dem Land (3 von den 10 Fällen).

Quantitativ auswerten

(A) Häufigkeiten
des Merkmals WOHNORT

(B) Mittelwert
des Merkmals URLAUBE PRO JAHR

(C) Kreuztabelle
URLAUBE PRO JAHR mit WOHNORT

(D) Mittelwertsvergleich
URLAUBE PRO JAHR nach WOHNORT

(E) Korrelation
zwischen URLAUBE PRO JAHR und ALTER

DATEN-SATZ	WOHN-ORT	URLAUBE PRO JAHR	ALTER
1	2	2	30
2	1	0	20
3	1	1	24
4	2	0	22
5	1	3	45
6	1	1	27
7	1	1	33
8	2	1	29
9	1	3	40
10	1	4	50

Merkmale
Datensätze
n = 10

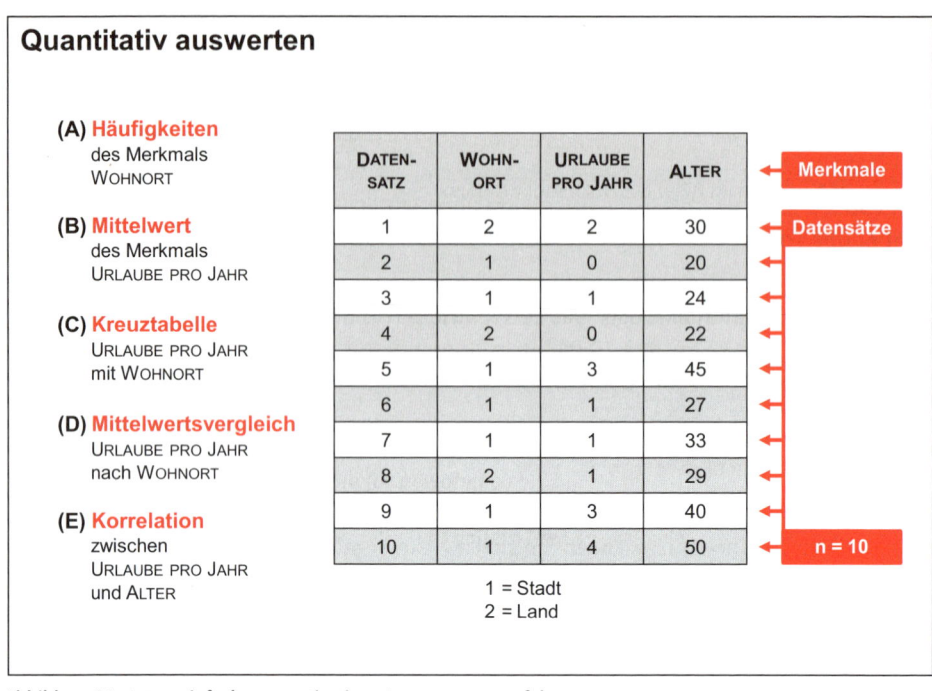

1 = Stadt
2 = Land

Abbildung 34: Arten einfacher quantitativer Auswertungsverfahren

*Alle 10 Datensätze haben einen Eintrag zu „Stadt" oder „Land", es gibt also keine „fehlenden Werte" (**Missings**). Alle Werte sind gültig (**valid**).*

(B) Für die **Ermittlung eines Mittelwerts** ist Intervall- oder Rationalskalenniveau (bzw. eine Schulnoten[45]- oder Beurteilungsskala) erforderlich. Bei der Berechnung von Mittelwerten werden die Werte aufsummiert und durch ihre Anzahl dividiert.

In den Beispieldaten würde man die mittleren URLAUBE PRO JAHR wie folgt ermitteln: (2+0+1+0+3+1+1+1+3+4) / 10 = 1,6. Die 10 Befragten machen also im Schnitt 1,6 Mal pro Jahr Urlaub.

Bei Mittelwertsberechnungen kommt der Anzahl der Antworten eine hohe Bedeutung zu. Als Divisor darf nur die Anzahl gültiger Werte fungieren. Im soeben berechneten Beispiel gibt es auch zwei Mal den Wert 0. Hat diese Zahl eine inhaltliche Bedeutung in Bezug auf das Erhebungsmerkmal, wird sie „mitgerechnet". Das ist im Beispiel der Fall, man kann ja 0 Mal (also nie) auf Urlaub fahren, der Divisor ist damit 10.

Der Wert Null kommt in anderen Datensätzen u. U. aber auch bei fehlenden Angaben vor. Befragte wollen nicht antworten oder das Erhebungsmerkmal hat bei verschiedenen Datensätzen aus diesen oder jenen Gründen keine Ausprägung.

Würde in den Beispieldaten die Variable URLAUBE PRO JAHR nicht die Urlaubsanzahl, sondern

---

[45] Zur skalenmäßigen Sonderstellung von Schulnoten in der Sozialforschung VGL. SEITE 67.

z.B. eine Schulnotenbeurteilung des letzten Urlaubs darstellen, wäre der Divisor ein anderer: Schulnote 0 gibt es (in Österreich und Deutschland) nicht, dementsprechend würden die beiden Datensätze mit Wert 0 (Datensatz 2 und 4) in diesem Fall „aus der Analyse fallen" (= Missings darstellen). Der richtige Mittelwert würde sich dann (aus 8 valids) folgendermaßen berechnen: (2+1+3+1+1+1+3+4) / 8 = 2,0. Das Ergebnis wäre also trotz derselben Daten ein völlig anderes wie oben.

(C) Eine **Kreuztabelle** stellt eine kombinierte Häufigkeitsauswertung zweier Merkmale dar. Mit ihr wird ermittelt, wie oft jede einzelne Ausprägung EINER Variable mit jeder einzelnen Ausprägung der ANDEREN Variable in Kombination vorkommt. Kreuztabellen werden wie Häufigkeitsauszählungen bei nominal skalierten Merkmalen (bzw. bei höher skalierten Merkmalen mit einer überschaubaren Anzahl an Ausprägungen) durchgeführt. Sie erlauben es, zu überprüfen, ob Untergruppen einer Stichprobe deutliche Unterschiede in der Ausprägung von Merkmalen aufweisen.

Kreuzt man aus unserem Datenbeispiel URLAUBE PRO JAHR mit WOHNORT, ergibt sich eine Kreuztabelle wie in ABBILDUNG 35 AUF SEITE 126, DARSTELLUNG ❶*. Die vorliegende Kreuztabelle stellt die Urlaubshäufigkeiten von Stadt- und Landbevölkerung gegenüber: So machen jeweils 1 Person aus der Stadt und 1 vom Land nie Urlaub, 3 Städtische 1 Urlaub pro Jahr usw. Alle kombinierten absoluten Häufigkeiten in der Kreuztabelle müssen in Summe die gesamten 10 Datensätze des Datenfiles ergeben.*

Da zu vergleichende Gruppen mengenmäßig meist nicht gleich groß in einer Stichprobe abgebildet werden, besitzen Absolutzahlen beim Gruppenvergleich keine besondere Aussagekraft.

Einzelne Merkmalsausprägungen der 7 Befragten aus der Stadt werden – in Absolutzahlen – üblicherweise öfter in den Daten vorkommen als jene der 3 Befragten vom Land. Menschen aus der Stadt stellen ja die größere Befragtengruppe dar.

Zur besseren Interpretation von Kreuztabellen arbeitet man deshalb weniger mit Absolutzahlen als vielmehr mit Prozentwerten. Durch Prozentzahlenvergleiche erhält man rasch die Information und Interpretationshilfe, ob sich Teilgruppen einer Stichprobe von anderen Teilgruppen unterscheiden. Ungleiche Größenverhältnisse der Vergleichsgruppen spielen keine Rolle. Jede Gruppe wird ja für sich allein in ihrer prozentuellen Merkmalsverteilung betrachtet.

Die Prozentuierungen können zeilenweise (DARSTELLUNG ❷*) oder spaltenweise (DARSTELLUNG* ❸*) erfolgen. Bei* ❷ *ergibt jede Zeile 100%, bei* ❸ *jede Spalte.*

Wie interpretiert man nun die ermittelten Prozentwerte?

*Mit dem in ABBILDUNG 35 vorliegenden Beispiel könnte man z.B. die Forschungsfrage beantworten, ob sich Stadt- und Landbevölkerung in ihrer Urlaubshäufigkeit unterscheiden. Dazu könnte man mit aufsummierten Prozentwerten (**kumulierte Prozente**) der DARSTELLUNG* ❸ *arbeiten.*

Zählt man die jeweiligen Spaltenprozentwerte von Stadt und Land zeilenweise zusammen, ergibt sich ein unterschiedliches Bild: Am Land urlauben 33% nie, 33% 1 Mal. Zwei Drittel der Landbevölkerung (33 + 33 = 66%) urlauben also maximal 1 Mal pro Jahr. Integriert man eine weitere Mengenkategorie in diese Berechnung, erhält man 99% (66% + 33% 2-

Mal-Urlaubende). Das heißt, ALLE Befragten vom Land urlauben höchstens 2 Mal pro Jahr, niemand öfter.

Kreuztabelle und Mittelwertsvergleich

❶ Absolutzahlen

Urlaube pro Jahr	Wohnort Stadt	Land
0	1	1
1	3	1
2		1
3	2	
4	1	
		10

❷ Zeilenprozent

Urlaube pro Jahr	Wohnort Stadt	Land	
0	50	50	100%
1	75	25	100%
2		100	100%
3	100		100%
4	100		100%

❹ Mittelwertsvergleich

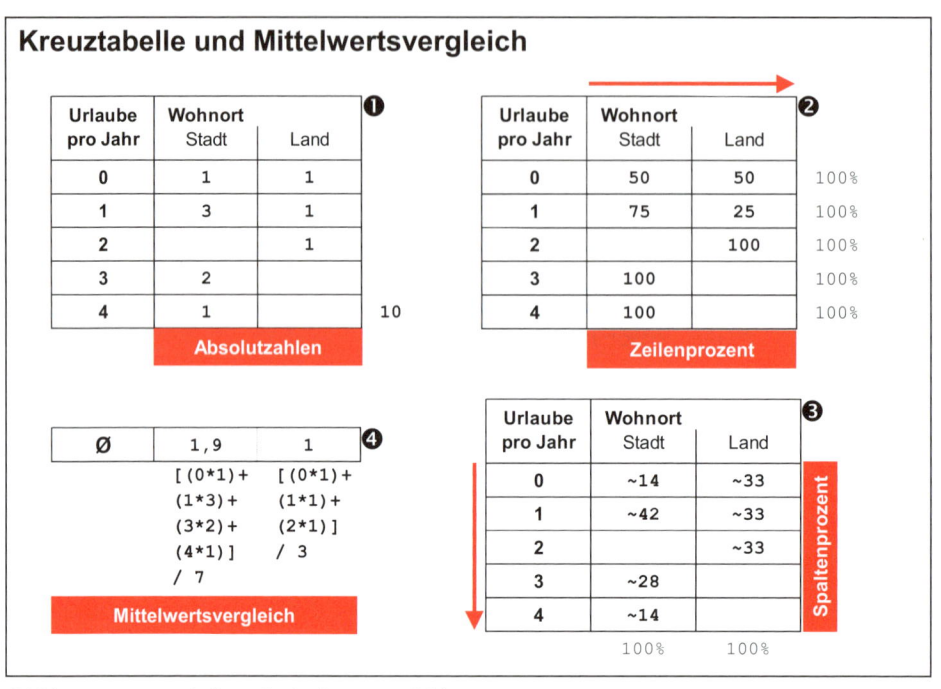

Ø	1,9	1
	[(0*1)+ (1*3)+ (3*2)+ (4*1)] / 7	[(0*1)+ (1*1)+ (2*1)] / 3

❸ Spaltenprozent

Urlaube pro Jahr	Wohnort Stadt	Land
0	~14	~33
1	~42	~33
2		~33
3	~28	
4	~14	
	100%	100%

Abbildung 35: Kreuztabelle und Mittelwertsvergleich

In der Stadt hingegen kommen zu den 14% ohne Urlaube 42% mit 1 Urlaub dazu (14 + 42 = 56). 2 Urlaube macht in der Stadt niemand. Im Vergleich zum Land urlauben also nur etwas mehr als die Hälfte (eben 56%) höchstens 2 Mal pro Jahr. Die Restmenge von 42% entspannt öfter (28% mit 3 Urlauben und 14 % mit 4 Urlauben).

Daraus lässt sich die oben angeführte Forschungsfrage eindeutig beantworten: Menschen aus der Stadt urlauben deutlich öfter als die Landbevölkerung.

Arbeitet man hingegen mit den Zeilenprozent aus ❷, könnte man folgende Aussage treffen: Jeweils 100% der 3- und 4-Mal-Urlaubenden kommen aus der Stadt.

(D) Ein **Mittelwertsvergleich** folgt derselben Logik wie die Mittelwertsberechnung **(B)**. Hier erfolgt die Ermittlung des Durchschnitts jedoch nicht für die Gesamtmenge aller Datensätze, sondern für Untergruppen. Mittelwertsvergleiche erfordern deshalb zwei Variablen: zunächst eine mindestens intervallskalierte Variable (bzw. Schulnoten- oder Zustimmungsskala), aus der der Mittelwert errechnet wird. Die zweite Variable muss nominal bzw. ordinal skaliert sein und bildet die Vergleichsgruppen ab.

Darstellung ❹ in Abbildung 35 zeigt den Berechnungsweg und das Ergebnis der durchschnittlichen Urlaubshäufigkeit für Stadt und Land. Wie bei der Kreuztabelle wird auch hier eindeutig ersichtlich, dass die städtische Bevölkerung öfter urlaubt: Mit 1,9 liegt ihre durchschnittliche Urlaubsmenge fast doppelt so hoch wie der 1 Urlaub, den sich die Landbevölkerung im Mittel pro Jahr gönnt.

(E) Den Abschluss der gebräuchlichen Auswertungsverfahren stellt die **Korrelation** dar. Bei einer Korrelation werden zwei Merkmale zueinander in Beziehung gesetzt. Geprüft wird, ob der Wert des einen Merkmals zunimmt, wenn der Wert des anderen Merkmals ebenfalls zunimmt.

Das Wesen einer Korrelation lässt sich am einfachsten grafisch erläutern: In einem **Punkt- bzw. Streudiagramm** erhält jeder einzelne Datensatz einen individuellen Eintrag. Jeder einzelne Punkt im Diagramm wird durch die Kombination der Ausprägungen bestimmt, die dieser Einzelfall bei den beiden dargestellten Variablen aufweist.

ABBILDUNG 36 veranschaulicht in ❶ *das Prinzip dieser Darstellung. Rechts neben jedem Punkt ist die Datensatznummer des jeweiligen Einzelfalls aus* ABBILDUNG 34 AUF SEITE *124 angeführt. Da der Beispieldatensatz aus 10 Fällen besteht, enthält auch das Diagramm 10 dargestellte Punkte. Das Diagramm kombiniert die Merkmale* ALTER *und* URLAUBE PRO JAHR. *So ist der erste Befragte (Datensatz 1) beispielsweise 30 Jahre alt und urlaubt 2 Mal pro Jahr. Der zweite Befragte (Datensatz 2) urlaubt im Alter von 20 Jahren gar nicht, der dritte mit 24 Jahren ein Mal usw.*

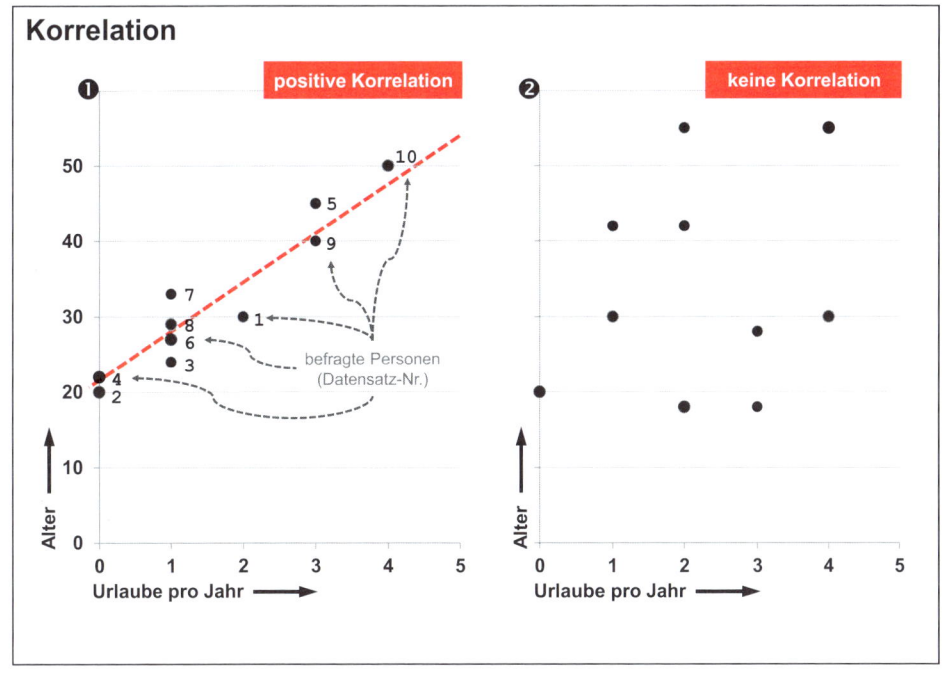

Abbildung 36: Korrelation

Ein Zusammenhang zwischen den beiden Merkmalen ALTER *und* URLAUBSHÄUFIGKEIT *liegt dann vor, wenn die Punkte im Diagramm so zu liegen kommen, dass man möglichst in ihrer aller Nähe eine Gerade durch sie hindurch zeichnen kann. Das ist in DARSTELLUNG ❶ der Fall. Je näher möglichst viele der Punkte an dieser Geraden liegen, desto höher ist der Zusammenhang zwischen den beiden Merkmalen.*

Steigt die Gerade durch die Punkte von links unten nach rechts oben an, deutet das auf einen positiven Zusammenhang hin: Je stärker das eine Merkmal ausgeprägt ist, desto stärker ist auch das andere Merkmal ausgeprägt.

In DARSTELLUNG ❶ IN ABBILDUNG 36 auf der vorherigen Seite ist diese Situation gegeben. Die Interpretation lautet deshalb: „Je älter die Befragten sind, desto mehr Urlaube machen sie."

Sinkt die Punktgerade von links oben nach rechts unten ab, weist das auf einen negativen Zusammenhang hin: Je mehr Ausprägung das eine Merkmal aufweist, desto weniger stark herrscht das andere vor. Das könnte z.B. ein Resultat sein, wenn man Alter und Kinobesuchshäufigkeit miteinander korrelieren würde: „Je älter jemand ist, desto seltener geht diese Person üblicherweise ins Kino."

Lässt sich durch den Punkteschwarm keine Gerade legen, die möglichst nah an möglichst viele Punkte zu liegen kommt, liegt kein Variablenzusammenhang vor.

Kommen die aus der Kombination ihrer Merkmalsausprägungen dargestellten Datenpunkte wie in DARSTELLUNG ❷ VON ABBILDUNG 36 „wie ein aufgescheuchter Wespenschwarm" zu liegen, besteht keine Korrelation zwischen den beiden Variablen.

Bei visualisierten Korrelationen wie im Beispiel sollten beide Variablen möglichst metrisch sein. Je weniger Ausprägungen bei einer oder beiden Variablen vorliegen, desto schwerer interpretierbar wird das in ABBILDUNG 36 angeführte Streudiagramm.[46]

Konkrete Ergebnisauswertungen und praktische Darstellungen der soeben skizzierten Auswertungsverfahren finden sich in KAPITEL „A 7.3.4 | ARTEN VON QUANTITATIVEN ERGEBNISSEN UND DARSTELLUNGEN" AB SEITE 141.

A 7.1.3 | Interpretationstexte schreiben

Wird ein Bericht (auch) in Textform verfasst, werden die Ergebnisse leichter fassbar, wenn es gelingt, den Text etwas „von den Zahlen zu lösen".

Der folgende sehr zahlenlastige Absatz fiktiver Erhebungsergebnisse …

„23% gaben an, im vergangenen Monat Wein getrunken zu haben, 13% mehr Rotwein, 12% mehr Weißwein. 45% bekundeten ein Hauptinteresse für Wein – 15% für österreichische Weine, 16% für deutsche und 14% für Weine aus dem übrigen Europa."

… kann mit „Platzhaltern" deutlich flüssiger formuliert werden:

„Ein knappes Viertel (23%) gaben an, im vergangenen Monat Wein getrunken zu haben,

---

[46] In Fällen mit geringeren als metrischen Skalenniveaus (Ordinal- oder Zustimmungsskalen) sollte man anstelle der grafischen Darstellung besser lediglich eine „errechnete" Korrelation (Korrelationskoeffizient) anführen. Diese Kennzahl lässt sich für rein metrische und ordinale Datenniveaus unterschiedlich berechnen und wird in ABSCHNITT B (VGL. KAPITEL „B 4.5.6 | ZWEI METRISCHE (ORDINALE) MERKMALE: KORRELATION" AB SEITE 261) näher beleuchtet.

je zur Hälfte mehr Rotwein und Weißwein. Fast die Hälfte (45%) bekundeten ein Hauptinteresse für Wein, zu etwa gleichen Teilen für österreichische, deutsche und Weine aus dem übrigen Europa."

So steht als „Platzhalter" für rund 50% *„etwa die Hälfte"*, für 30 bis 35% *„rund ein Drittel"*. 63% wären *„knapp zwei Drittel"*, etwa 10% könnte man mit *„eine Person von insgesamt zehn befragten"* umschreiben usw.

A 7.1.4 | Ergebnisgrafiken erstellen

Um die Ergebnisse quantitativer Auswertungsverfahren in einem Bericht übersichtlich darzustellen, benötigt man meist Ergebnisgrafiken. Sie helfen dabei, Resultate überblicksmäßig zu visualisieren, verständlich(er) und vor allem leicht und rasch fassbar zu machen.

Wie auch immer man ein Ergebnisdiagramm gestaltet: Man sollte darauf achten, dass es

- ganz allgemein **keine Informationsüberlastung** darstellt
- keine **irreführenden Überschriften** enthält
- auch **falscher Farbeinsatz** (zu viele Farben, zu wenig kontrastreich, schlechtes Erscheinungsbild beim Ausdruck) wirkt eher kontraproduktiv.

Die **Skalierungen**, auf denen die dargestellten Zahlen beruhen, sollten auf jedem Diagramm dargestellt und **explizit beschrieben** werden. Fehlende Skalen-Angaben werfen bei Betrachterin und Betrachter sofort Fragen auf.

Objektiv, „ehrlich" und informativ ist es, eine **Skala** in ihrer gesamten **Bandbreite** mit den tatsächlich erhobenen bzw. abgefragten Unterteilungen darzustellen.

Bei österreichischen Schulnoten sollte also die Größenachse des Diagramms mit „1 - 2 - 3 - 4 - 5" und nicht z.B. „1 - 1,5 - 2 - 2,5 - 3 - 3,5 - 4 - 4,5 - 5" unterteilt werden. Neutraler und mit anderen Diagrammen vergleichbarer sind Prozentskalen von 0 bis 100% und nicht z.B. von 20 bis 40%, wenn alle Werte nur in diese Bandbreite fallen.

Auch für das Hineinzoomen in Beurteilungsskalen gilt Ähnliches. Stellt man z.B. von einer 10-stufigen Skala nur einen kleinen Detailbereich dar, wirken Unterschiede weit größer, als sie es tatsächlich sind (VGL. ABBILDUNG 37 GEGENÜBER ABBILDUNG 38 AUF SEITE 131).

Ist es zum Interpretieren unbedingt nötig, einen Teilbereich der Skala darzustellen, sollte dies unbedingt deutlich am Diagramm vermerkt werden (VGL. ❶ IN ABBILDUNG 37).

Außerdem sollten die Diagramme eines Ergebnisberichts **keine unterschiedlichen Skalierungen** aufweisen. Das kann schnell zu Fehlinterpretationen führen (VGL. ABBILDUNG 39 GEGENÜBER ABBILDUNG 40 AUF SEITE 132).

ABBILDUNG 39 vermittelt auf den ersten Blick ein ziemlich ähnliches Bild der drei dargestellten Kommunikationskanäle. Bei näherer Betrachtung wird aber klar: Während sich die Skala bei Printmedien von 0 bis 350 ausdehnt (❶), beträgt die Bandbreite bei Radio & TV hingegen nur 0 bis 40 (❷) und bei Online 0 bis 180 (❸).

In ABBILDUNG 40 sind alle drei Skalen zwischen 0 und 350 definiert (❶, ❷ UND ❸). Dieses Chart liefert somit gleich auf den ersten Blick eine richtige und klare Ergebnisübersicht.

Stellt man **bipolare Eigenschaftsprofile** dar (VGL. KAPITEL „A 4.4.3 | ITEMBATTERIEN BIPOLAR ABFRAGEN?" AUF SEITE 72), empfiehlt es sich, die einzelnen Items einer sogenannten **Richtungsbereinigung** zu unterziehen (VGL. ABBILDUNG 41 GEGENÜBER ABBILDUNG 42 AUF SEITE 133).

Damit erhält man weitaus übersichtlichere und leichter interpretierbare Ergebnisse: Alle in ABBILDUNG 42 dargestellten Items „weisen in dieselbe Richtung", links steht die positive Ausprägung, rechts die negative. Die Profillinie der Firma, die weiter links liegt, repräsentiert somit das „bessere" Unternehmen. Man muss also nicht wie in ABBILDUNG 41 bei jedem Item neu überlegen, in welche Richtung das Item gepolt ist und ob ein hoher oder niedriger Mittelwert den besseren Wert darstellt.

Wie man bei dieser „Richtungskorrektur" rechnerisch vorgeht, erläutert im Detail KAPITEL „B 4.4.1 | (UM-)CODIEREN" AB SEITE 230.[47]

A 7.1.5 | Die wichtigsten Regeln für „gute" Darstellungen

Will man nachvollziehbare und aussagekräftige Ergebnisgrafiken anfertigen, sollte man Angaben zu **Datenquelle**[48], dargestellter **Skala**[49] und **Datenbasis**[50] sowie bei Befragungen den genauen **Text der Fragestellung** unbedingt im Diagramm mit anführen.

ABBILDUNG 43 AUF SEITE 134 veranschaulicht die Schwierigkeiten einer sinnvollen Ergebnisinterpretation ohne genaue Informationen über das Zustandekommen der Daten.

In DIAGRAMM ❶ fehlt der Fragetext bzw. wie „Lesende" und „Nicht-Lesende" definiert sind. Auch Fallbasis, Skalendimension und Skalenbeschriftung werden nicht angeführt.

DIAGRAMM ❷ enthält zwar den Text einer Frage, doch auch hier sind Einzelheiten zu Skala (75 und 24 ergeben nicht 100, sind das also Prozentangaben oder doch nicht?) und Basis der Erhebungsergebnisse nicht ausgewiesen.

DIAGRAMM ❸ stellt zwar auf attraktive und außergewöhnliche Weise Ergebnisse dar, doch ist diese Darstellung überhaupt die abstrakteste: Aus ihr kann man keinerlei Informationen über die Ergebnisgenese entnehmen. Darstellungen dieser Art sind – v.a. ohne begleitende Informationen – ziemlich unbrauchbar.

DARSTELLUNG ❹ symbolisiert ein (Ideal-)Beispiel mit allen notwendigen Informationen (unter der Annahme, dass die Datenquelle bereits an anderer Stelle angegeben wurde).

Ob man dem Diagramm einen Titel und/oder den Kern seiner Aussage als textliche Kurzinterpretation (in einem Satz) hinzufügt, bleibt dem persönlichen Geschmack und dem Verwendungszusammenhang überlassen.

---

[47] Den Mittelwert einer 5er-Skala kann man rasch „richtungskorrigieren", indem man ihn von der Zahl 6 subtrahiert. Ein Mittelwert von 1,0 bedeutet dann 5 (6 - 1 = 5), 5,0 wird zu 1 (6 - 5); 3,0 bleibt 3, 2,5 entspricht 3,5 (6 - 2,5) usw.
[48] Bei Summarys mit einer Vielzahl an Diagrammen sollte die Quellenangabe natürlich nur einmalig erfolgen.
[49] Beispielsweise „in Prozent" oder „Absolutzahlen".
[50] Beispielsweise „Basis: alle Erhebungselemente" oder Angabe einer Teilmenge „Basis: Kennen die Marke lt. Frage 1", inklusive Fallzahlen „n = 123".

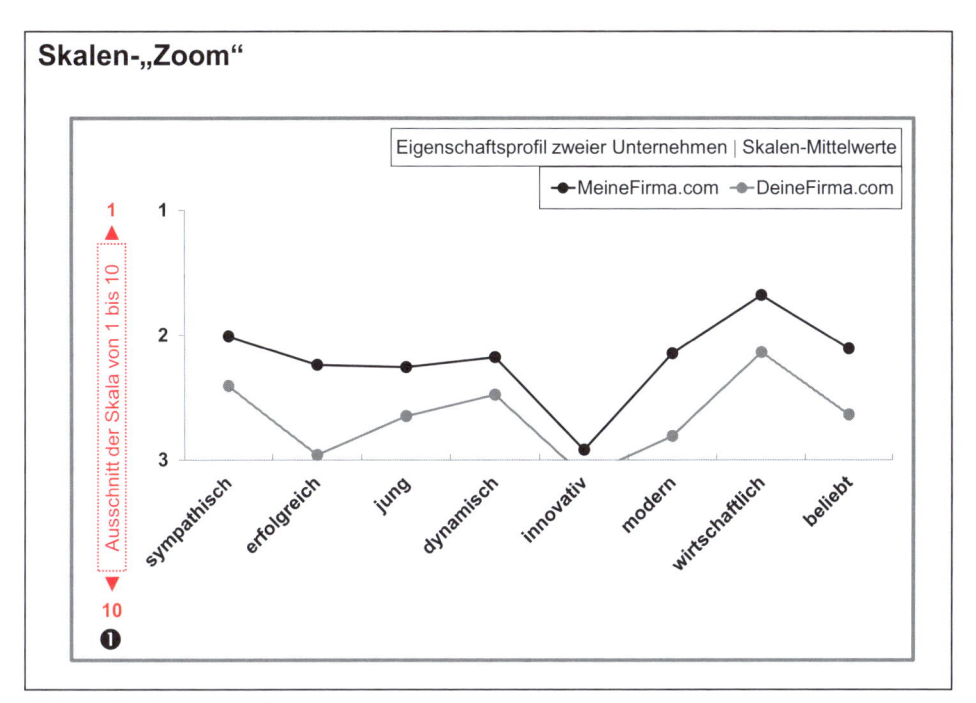

Abbildung 37: Skalen-„Zoom"

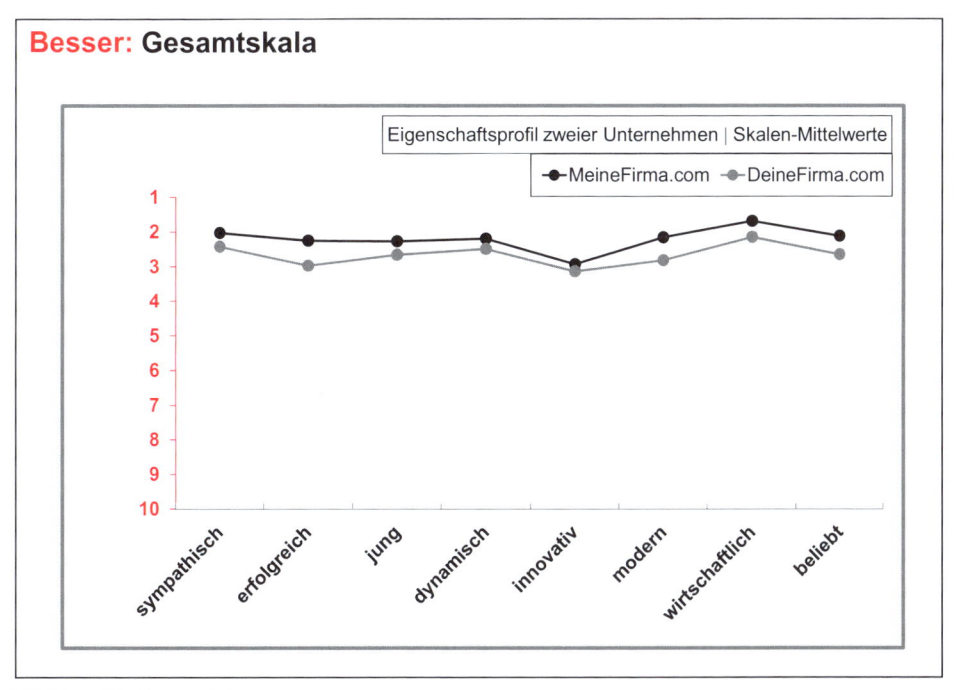

Abbildung 38: Gesamtskala

Unterschiedliche Skalierung

Ergebnisse einer Inhaltsanalyse:

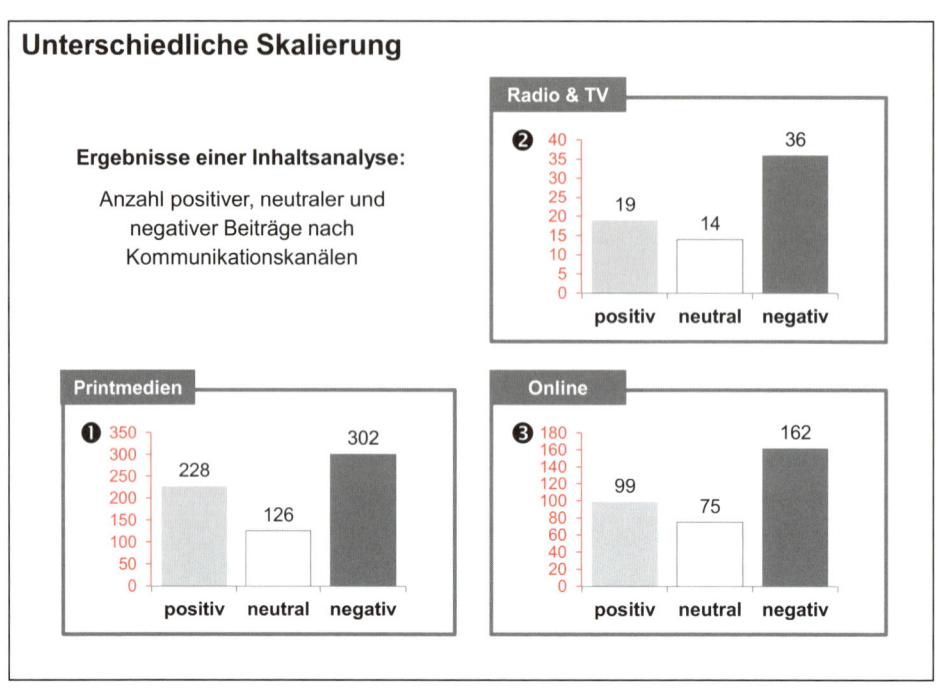

Anzahl positiver, neutraler und negativer Beiträge nach Kommunikationskanälen

Radio & TV
❷ positiv 19, neutral 14, negativ 36 (Skala 0–40)

Printmedien
❶ positiv 228, neutral 126, negativ 302 (Skala 0–350)

Online
❸ positiv 99, neutral 75, negativ 162 (Skala 0–180)

Abbildung 39: Unterschiedliche Skalierung

Besser: Idente Skalierung

Ergebnisse einer Inhaltsanalyse:

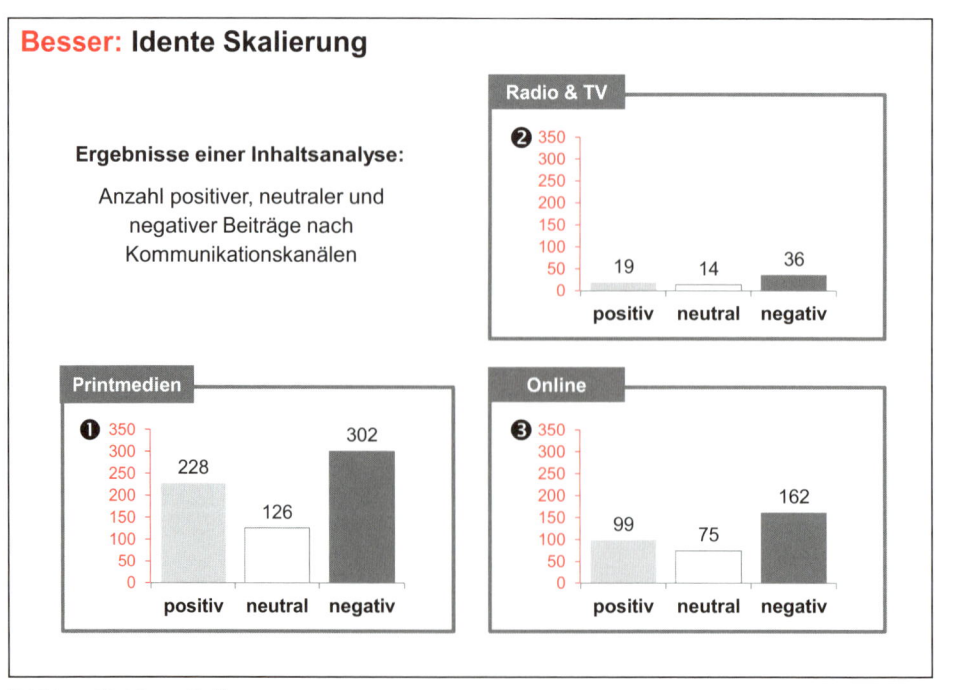

Anzahl positiver, neutraler und negativer Beiträge nach Kommunikationskanälen

Radio & TV
❷ positiv 19, neutral 14, negativ 36 (Skala 0–350)

Printmedien
❶ positiv 228, neutral 126, negativ 302 (Skala 0–350)

Online
❸ positiv 99, neutral 75, negativ 162 (Skala 0–350)

Abbildung 40: Idente Skalierung

Teil A | A 7 | Ergebnisbericht

Semantisches Differential – unterschiedliche Item-Polung

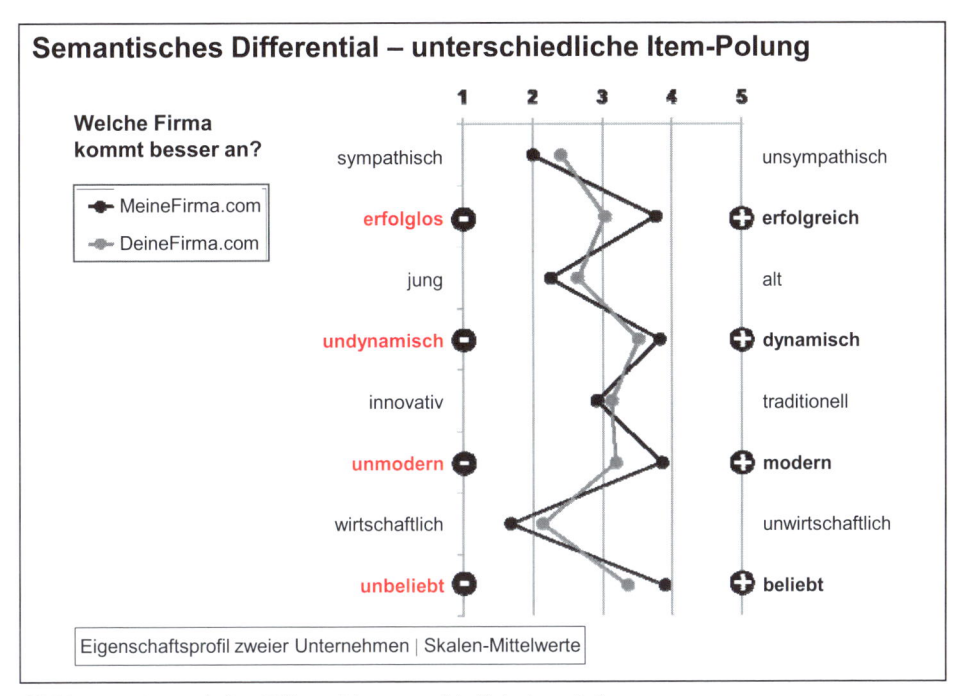

Welche Firma kommt besser an?
- MeineFirma.com
- DeineFirma.com

	1	2	3	4	5	
sympathisch						unsympathisch
erfolglos ⊖						⊕ erfolgreich
jung						alt
undynamisch ⊖						⊕ dynamisch
innovativ						traditionell
unmodern ⊖						⊕ modern
wirtschaftlich						unwirtschaftlich
unbeliebt ⊖						⊕ beliebt

Eigenschaftsprofil zweier Unternehmen | Skalen-Mittelwerte

Abbildung 41: Semantisches Differential – unterschiedliche Item-Polung

Besser: Semantisches Differential – idente Polung ALLER Items

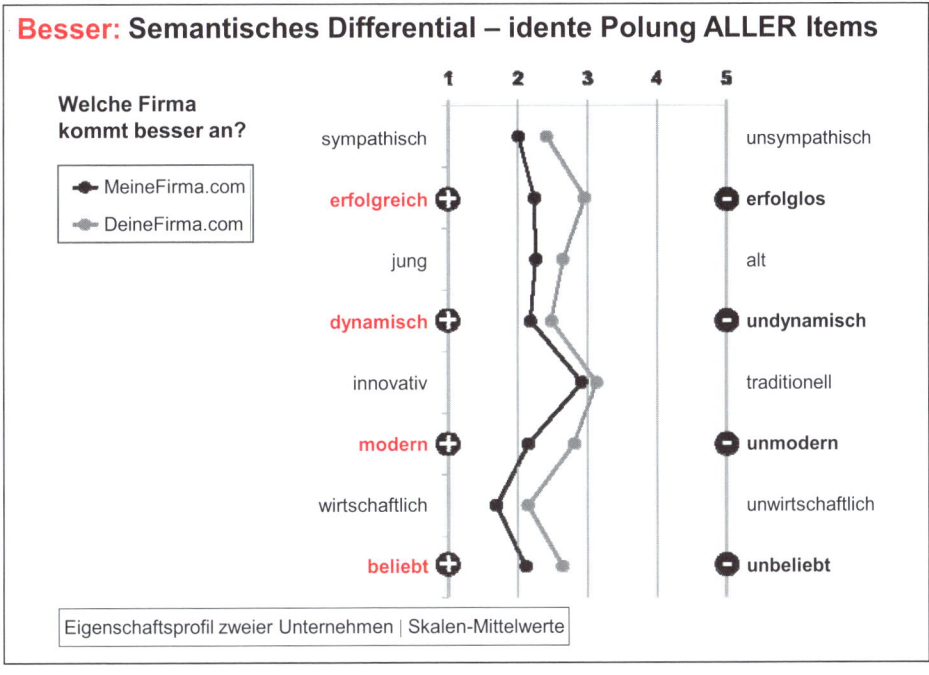

Welche Firma kommt besser an?
- MeineFirma.com
- DeineFirma.com

	1	2	3	4	5	
sympathisch						unsympathisch
erfolgreich ⊕						⊖ erfolglos
jung						alt
dynamisch ⊕						⊖ undynamisch
innovativ						traditionell
modern ⊕						⊖ unmodern
wirtschaftlich						unwirtschaftlich
beliebt ⊕						⊖ unbeliebt

Eigenschaftsprofil zweier Unternehmen | Skalen-Mittelwerte

Abbildung 42: Semantisches Differential – idente Polung ALLER Items

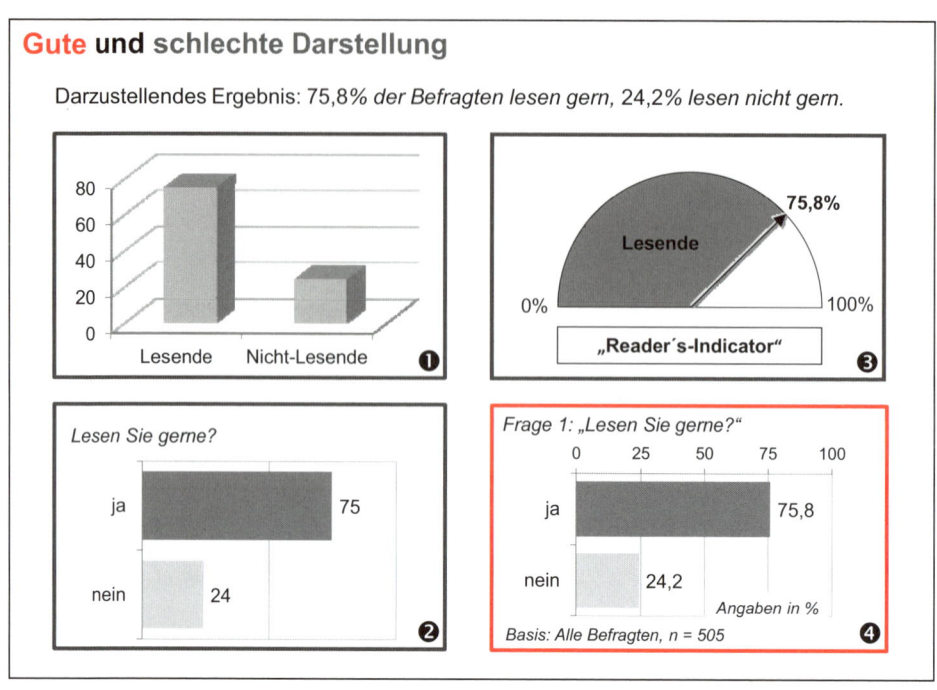

Abbildung 43: Grafische Darstellungsvarianten

In Ergebnisberichten in PowerPoint-Form kommen oft auch „sprechende Headlines" zur Anwendung: Hier wird die zentrale Aussage des Diagramms direkt als dessen Titel formuliert. In KAPITEL „A 7.3 | ANGEWANDTE ERGEBNISDARSTELLUNGEN UND INTERPRETATIONEN" AB SEITE 138 erfolgt anhand konkreter Analyseergebnisse eine eingehende praktische Auseinandersetzung mit grafischen und textlichen Interpretationen.

A 7.2 | Zusammenfassende Ergebnisinterpretation (Summary)

Eine **Summary** ist fast immer zentraler Bestandteil eines Ergebnisberichts. Ihr wichtigstes Ziel besteht darin, meist komplexe und detailreiche Forschungsprojekte leicht fassbar und greifbar zu machen. Dabei muss sehr oft eine Art „Gratwanderung" zwischen benötigter Detailtreue und Informations-Overkill vollzogen werden. Das gilt im wissenschaftlichen Bereich genauso wie bei Marktstudien der Wirtschaft.

Eine Ergebnis-Summary bringt das Wesentliche auf den Punkt. Wenige Seiten müssen es den Lesenden ermöglichen, sich ein Bild über die Studie zu machen. Auch allen jenen, die in die empirische Forschung nicht oder nur am Rande involviert waren, muss kurz und prägnant vermittelt werden: Was wollte die Studie erforschen, wie ist sie dabei vorgegangen und welche Ergebnisse haben sich am Ende gezeigt? Eine gute Zusammenfassung geht über die rein kommentarlose Darstellung jeder einzelnen Erhebungsvariable hinaus: Sie interpretiert die Ergebnisse inhaltlich, arbeitet Gruppenunterschiede heraus und zieht gleichzeitig Schlüsse in Bezug auf die anfänglichen Erkenntnisinteressen.

Eine „griffige" Summary ist in der Erstellung DEUTLICH aufwendiger als ein dicker, dutzende Seiten umfassender Studienbericht. Zu viele Seiten bringen die Lesenden rasch in die Situation, den Überblick zu verlieren. Die genauen Ziele der Erhebung sind nicht zu erkennen, man steht der gesamten Studie schnell kritisch gegenüber.

Die eindeutigen, geordneten, klaren und kurzen Antworten einer Summary sollten sich auf ALLE Forschungsfragen und Hypothesen beziehen. Interpretationen und Empfehlungen sind optional und genügen in Kurzform. Nach dem Lesen einer guten Summary sind jedenfalls zunächst einmal ALLE Erkenntnisinteressen der Erhebung abgedeckt.

Detaillierte Ergebnisinformationen sind zwar unverzichtbar, wenn man Ergebnisdetails vertiefend analysieren möchte – für eine möglichst rasche und strukturierte Übersicht ist aber eindeutig „weniger mehr". **Umfangreiche Ausführungen, Erläuterungen, ausführliche Grafiken und Tabellen haben ihren Platz – aber nicht in der Summary.**

A 7.2.1 | Methodische Details: Ohne geht's nicht!

Bei jeder Ergebnisinterpretation helfen präzise Informationen über Ausgangspunkt, Anlage und Hintergründe der Erhebung entscheidend dabei mit, die gesamte Forschungsarbeit besser beurteilen und einschätzen zu können. Dieser Blick „hinter die Kulissen" ist vor bzw. in jeder Summary sehr empfehlenswert.

Dabei sollten vor allem folgende Kriterien möglichst vollständig hinterfragt werden (DIE FOLGENDE PUNKTATION FOLGT DEM VERBAND DER MARKTFORSCHER ÖSTERREICHS 2016, ONLINE):[51]

- Erkenntnisinteressen der Erhebung

    Worum ist es in der Forschungsarbeit eigentlich gegangen? Wie lautete die exakte Themenstellung? Warum wurde die Erhebung überhaupt durchgeführt? Welche Forschungsfragen sollte sie beantworten, welche Hypothesen prüfen? (VGL. KAPITEL „A 5.1 | PROGRAMMFRAGEN, FORSCHUNGSFRAGEN, HYPOTHESEN" AB SEITE 78).

    Es besteht in der gedanklichen Einordnung von Forschungsergebnissen durchaus ein Unterschied, ob es sich bei der Erhebung um eine wissenschaftliche Arbeit, eine Meinungs- oder Sozialforschung einer Interessenorganisation oder eine Studie eines Unternehmens handelt.

    Je nach ursächlichem Forschungszweck können die Ergebnisse eine „Richtungsfärbung" aufweisen bzw. mehr oder weniger „neutral" sein. Wissenschaftliche Arbeiten werden in vielen Fällen objektiver erfolgen als die „Bestätigungsforschung" des Managements einer Firma („*Wir haben den richtigen Weg gewählt*") oder politische Wahlforschung.

- Von wem und für wen wurde die Untersuchung durchgeführt?

    Dieses Kriterium hängt mit dem o.a. eng zusammen. Wie objektiv und „ehrlich" ist die Forschungsorganisation, die die Studie durchgeführt hat? Wer war Auftraggeber? Han-

---

[51] Die im Folgenden gelisteten Kriterien können auch als Kurzzusammenfassung der bisherigen Buchinhalte gelesen werden.

delt es sich um die Eigenerhebung einer Firma? Steht eine interne Verwendung innerhalb einer Firma oder eine Publikationsabsicht (Medien, Presseberichte) im Vordergrund? Zielt die Erhebung auf eine wissenschaftliche Veröffentlichung? Wurde die Studie vielleicht von einer Einzelperson durchgeführt?

Es macht bei den Ergebnissen z.B. einer Wählerbefragung durchaus Sinn, zwischen folgenden Szenarien zu unterscheiden: Fand die Erhebung unmittelbar vor einer Wahl statt oder lange davor? Hat sie einer politischen Partei für deren eigene Wahlstrategie gedient oder dem (taktischen) Zweck einer Presseaussendung? Hat ein Medium, eine Forschungsorganisation oder die Partei selbst die Wählerpräferenzen abgetestet?

- Erhebungsmethodik

Welche Forschungstechniken wurden wie effizient eingesetzt?[52] Handelte es sich um eine qualitative oder quantitative Erhebung, Beobachtung, Inhaltsanalyse oder ein Experiment? (VGL. KAPITEL „A 1 | ARTEN VON QUALITATIVEN UND QUANTITATIVEN DESIGNS" AB SEITE 19)

Wurden die Daten persönlich, telefonisch, schriftlich oder online erhoben? Wie viel und welches Erhebungspersonal ist zum Einsatz gekommen? Waren die Erhebenden ordnungsgemäß geschult?

- Feldarbeit(szeitraum)

Unterliegt das Thema der Erhebung saisonalen Schwankungen? In welchem Zeitraum (wie lange) wurde die Feldarbeit durchgeführt? An welchen Wochentagen und zu welchen Tageszeiten wurde erhoben? Welche möglicherweise ergebnisrelevanten Ereignisse fielen in diese Periode?

Das Thema „Einstellung zum Atomstrom" wird VOR einem atomaren Unfall sicher andere empirische Zahlen liefern als danach.

Die „Affinität zum Schifahren" wird in Mitteleuropa im Monat August im Erhebungsergebnis wahrscheinlich unter den Werten vom Januar oder Februar zu liegen kommen.

- Beschreibung der Grundgesamtheit

Auf welchen Personenkreis, welche Erhebungselemente beziehen sich die Daten der Studie? Über wen bzw. worüber sagen die Ergebnisse etwas aus? Hier rückt die in diesem Buch bereits ausführlich erläuterte Übertragbarkeit von Stichprobenergebnissen auf exakt definierte Grundgesamtheiten wieder in den Vordergrund. (VGL. KAPITEL „A 2.1 | GRUNDGESAMTHEIT" AB SEITE 37)

- Art und Methode der Stichprobenbildung

Welche „Qualität" besitzt die Stichprobe? Handelt es sich um eine Zufallsauswahl, Quotierung oder andere, willkürliche Auswahl der zu erhebenden Elemente (VGL. KAPITEL

---

[52] Wenn Ergebnisse einer Erhebung den Erwartungen oder eigenen Prognosen nicht entsprechen, wird oft versucht, die eingesetzte Erhebungsmethode oder das Stichprobenverfahren in Frage zu stellen. Auch aus diesen Gründen sollten Methodik und Stichprobenauswahlverfahren unbedingt in jedem Ergebnisbericht explizit (bzw. erklärend) dokumentiert werden.

„A 3.2 | Arten von Stichproben" ab Seite 49)? Welche statistischen Grundlagen (in welcher Güte und Aktualität) wurden für die Stichprobenbildung herangezogen? Stand Adressmaterial zur Verfügung – in welcher Qualität? Welche Quotenmerkmale wurden gewählt? Decken die Quoten alle erforderlichen Teilgruppen der Grundgesamtheit ab? Wurde jemand „vergessen"? Wie ist die Stichprobe geografisch verteilt?

Ist die Stichprobe überhaupt repräsentativ oder ist mit verzerrenden Einflüssen (schlechte Stichprobe) zu rechnen?

- Stichprobengröße und Schwankungsbreiten

  Ist die Stichprobe groß genug, um verlässliche Aussagen mit akzeptablen Schwankungsbreiten aus ihr ableiten zu können? Sind auch noch (statistisch abgesicherte) Aussagen über kleinere Untergruppen möglich? (vgl. Kapitel „A 6.3 | Ermittlung von Mindeststichprobengrößen" ab Seite 113)

- Rücklaufquote

  Wurden die für die Erhebung geplanten Zielelemente auch tatsächlich erfasst bzw. befragt? Ist mit verzerrenden Einflüssen (unausgeschöpfte Stichprobe) zu rechnen? Ein wie großer Teil der Stichprobe konnte aus welchen Gründen nicht der Erhebung zugeführt werden? (vgl. Kapitel „A 6.3.2 | Stichprobenausfälle" auf Seite 117)

- Gewichtungsverfahren

  Wurden die Ergebnisse auf Repräsentativität gewichtet? Wie hoch sind die maximalen Gewichtungsfaktoren? (vgl. Kapitel „A 3.2.2.1 | Ergebnisgewichtung" ab Seite 53)

- Genaue Informationen über Fragebogen, Leitfaden bzw. Erhebungskategorien

  Wie war (bei quantitativen Befragungen) der genaue Wortlaut im Fragebogen? Waren auch indirekte Fragestellungen erforderlich? Welche Themenabfolge wurde gewählt? Wurden Antwortalternativen vorgegeben oder die Fragen offen gestellt? Wie erfolgte die Kategorisierung offener Antworten? Kamen Hilfsmittel (wie z.B. Kartenvorlagen) zum Einsatz? (vgl. Kapitel „A 5.2.2 | Fragebogen" ab Seite 83) Wie lange hat ein Interview im Schnitt gedauert?

  Wie hat (bei qualitativen Designs) der Gesprächs- oder Diskussionsleitfaden ausgesehen? (vgl. Kapitel „A 5.2.1 | Gesprächs- und Diskussionsleitfaden" ab Seite 80) Wie lange hat eine Einzelexploration oder die Fokus-Group gedauert?

  Auf welche Art und Weise waren (bei Inhaltsanalysen oder Beobachtungen) die Kategorienschemata angelegt und formuliert? (vgl. Abbildung 1 (Codierschema Inhaltsanalyse) auf Seite 20 bzw. Abbildung 5 (Mystery-Protokoll) auf Seite 27)

- Auftraggeberinnen/Auftraggeber, Adressatinnen/Adressaten der Ergebnispräsentation

  Wurden Ergebnisse bereits jemandem vorgestellt? Auf welche Art und wem? Bereits durchgeführte Präsentationen können weitere Möglichkeiten der Dateninterpretationen einschränken. Man kann nicht in einer zweiten Präsentation „etwas anderes behaupten" als zuvor.

> Dies kann z.B. in der oft schnelllebigen Unternehmensrealität großer Firmen geschehen: Auch wenn neue Ergebnisinterpretationen aus einem anderen Blickwinkel heraus (richtig) erfolgen, sollten sie nicht bereits „akkordierten" Werten widersprechen. Das kann für große Verwirrung sorgen. Kaum jemand hat Zeit, sich wiederholt und intensiv mit dem Interpretieren von Ergebnissen zu beschäftigen. Ein neuer Blickwinkel wird nur ungern beachtet; was im Gedächtnis bereits verankert ist, bleibt dort. Vorrangig gesehen werden dann plötzlich veränderte Daten „unerklärbar" oder „unrichtig".

Es liegt auf der Hand, dass wohl nicht ALLE soeben beschriebenen Detailinformationen bei jeder Studie verfügbar sein werden. Je mehr der angeführten Kriterien jedoch einer Klärung zugeführt werden können, desto „besser" wird die Interpretation der Ergebnisse.

A 7.3 | Angewandte Ergebnisdarstellungen und Interpretationen

Für die erfolgreiche Gestaltung eines Ergebnisberichts gibt es keine fixen Regeln. Die Ergebniszusammenfassung kann rein aus Text bestehen oder auch mit Diagrammen aufgelockert werden. Gewisse zu erfüllende Grundsätze lassen sich aber für jeden Bericht festmachen.

A 7.3.1 | Studienbeschreibung

Unabhängig von der Art seiner Gestaltung sollte jeder Ergebnisbericht Detailinformationen zur Erhebung enthalten (VGL. KAPITEL „A 7.2.1 | METHODISCHE DETAILS: OHNE GEHT'S NICHT!" AB SEITE 135). Dies geschieht am besten gleich zu Beginn nach dem Titel(blatt) oder zusammenfassend am Ende.

> ABBILDUNG 44 AUF SEITE 139 stellt wichtige Studiendetails beispielhaft dar.

A 7.3.2 | Strukturübersicht

Nach einer Übersicht über die Eckpunkte einer Erhebung ist es wichtig, die Lesenden mit strukturellen Informationen über die Stichprobe zu versorgen. Daraus lässt sich rasch ableiten, ob die Studienergebnisse als repräsentativ angesehen werden können oder nicht.

> Im Beispiel in ABBILDUNG 45 AUF SEITE 139 wird die Struktur der befragten Personen insgesamt (Total, alle Befragten) und nach GESCHLECHT und BUNDESLAND dargestellt.

In der „Sprache" von Ergebnisberichten werden die Merkmale, nach denen Ergebnisse aufgesplittet werden, **Breaks** genannt. Die Ausprägungen der Breaks werden in **Breakzeilen** dargestellt.

> ❶ zeigt die auf 500 Fälle gewichtete Prozentverteilung der aus 505 tatsächlichen Personen bestehenden Stichprobe, ❷ stellt die Bevölkerungsstatistik lt. amtlicher Statistik daneben (jeweils Spaltenprozentuierung). Beide Prozentspalten weisen sehr ähnliche Prozentverteilungen aus. Die Stichprobe entspricht somit (nach den Kriterien GESCHLECHT und WOHNORT) der Bevölkerung, sie ist repräsentativ.

Studienbeschreibung

*Thematik	Titel*	•	Erwartungshaltung der Bevölkerung an Fachbücher
Durchführung	-	Claus Braunecker
Methodik	-	Telefonbefragung	Interviewdauer rd. 10 Minuten
Grundgesamtheit	-	Österreicherinnen und Österreicher	ab 15 Jahren
Sample	-	Zufallsstichprobe
	-	repräsentativ nach Geschlecht, Bundesland, Alter und Bildung
Bruttostichprobe	-	n = 936	Ausschöpfungsquote = 54%
Netto-Datenbasis	-	n = 505 (ungewichtet)	n = 500 (gewichtet)
Strukturbereinigung	-	Faktorengewichtung
Erhebungszeitraum	-	21. März bis 12. April 2020
Auftraggeber	-	Studie zur Generierung von BUCHdaten

Abbildung 44: Studienbeschreibung

Strukturübersicht

Struktur der Befragten

		n	in %	Bevölkerung in %	ungewichtet
Total, alle Befragten		500	100,0		100,0
Geschlecht	weiblich	257	51,4	51,6	56,8
	männlich	243	48,6	48,4	43,2
Wohnort liegt im Bundesland	Wien	101	20,1	20,8	21,4
	Niederösterreich	97	19,4	19,1	18,4
	Burgenland	17	3,4	3,4	4,0
	Oberösterreich	83	16,6	16,6	17,4
	Salzburg	31	6,1	6,2	4,2
	Tirol	43	8,5	8,5	6,1
	Vorarlberg	22	4,4	4,3	2,2
	Steiermark	74	14,8	14,5	17,8
	Kärnten	33	6,6	6,6	8,5
usw.					

Breaks, **Breakzeilen**

Rundungsdifferenzen sind gewichtungsbedingt.

❶ ❷ ❸

Abbildung 45: Übersicht über die Struktur der erhobenen Elemente (hier: Befragte)

In einem realen (quantitativen) Ergebnisbericht erfolgen derartige Vergleichsinformationen für ALLE Repräsentativitätskriterien.

Laut den Angaben in ABBILDUNG 44 wären das GESCHLECHT, BUNDESLAND, ALTER UND BILDUNG.

SPALTE ❸ IN ABBILDUNG 45 würde in einem tatsächlichen, realen Bericht nicht extra ausgewiesen werden. ❸ soll an dieser Stelle nur veranschaulichen, welch starken Einfluss die Gewichtung einer Stichprobe auf die Repräsentativität der Ergebnisse haben kann.[53] Würde man die vorliegende Stichprobe nicht gewichten, wäre ihre Struktur deutlich weiter von einem repräsentativen Abbild der Bevölkerung entfernt.

Auch bei **qualitativen Erhebungen** sollten zu Beginn eines Berichts unbedingt Informationen über die Erhebungselemente angeführt werden. Da beim Einsatz qualitativer Methodik Repräsentativität aber eine meist untergeordnete Rolle spielt, sind genaue Prozentverteilungen von Stichprobenuntergruppen weniger relevant. Hier geht es mehr darum, die analysierten Elemente genau zu charakterisieren und in ihrer absoluten Menge anzuführen.

Die Zielgruppenbeschreibung in einer qualitativen Ergebnisdarstellung könnte lauten:

Befragt wurden 50 Personen, die zumindest mehrmals pro Jahr ein Buchgeschäft aufsuchen, um sich dort über ein Fachbuch zu informieren. Die Befragten waren je zur Hälfte Männer und Frauen, zu je einem Drittel im Alter bis 29 Jahre, 30 bis 49 Jahre und älter. Kauf eines Buchs war keine Voraussetzung, um in die Stichprobe zu gelangen.

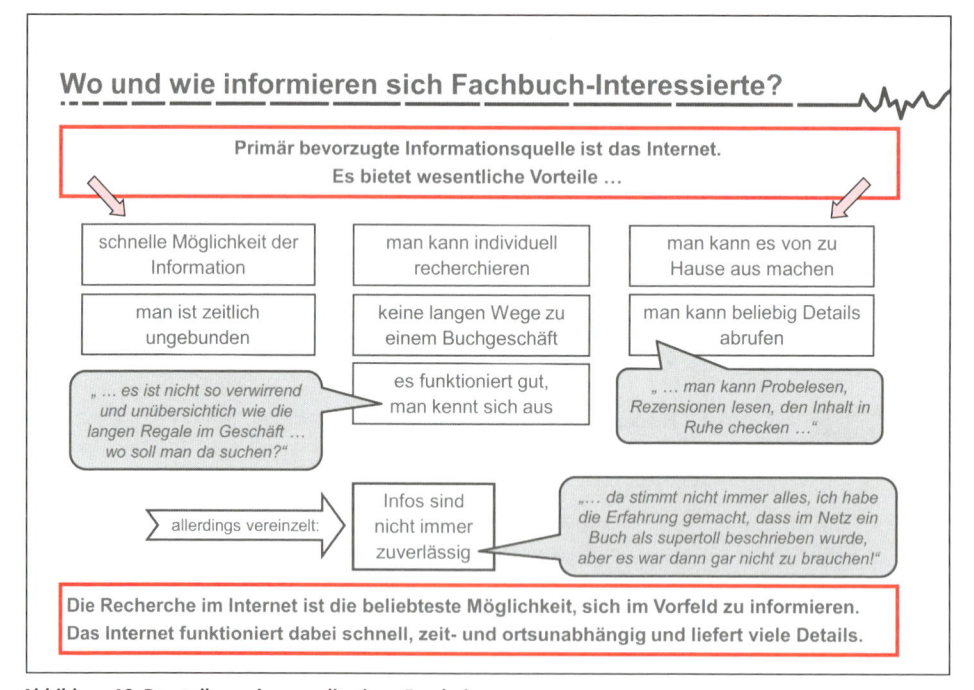

Wo und wie informieren sich Fachbuch-Interessierte?

Primär bevorzugte Informationsquelle ist das Internet.
Es bietet wesentliche Vorteile …

- schnelle Möglichkeit der Information
- man kann individuell recherchieren
- man kann es von zu Hause aus machen
- man ist zeitlich ungebunden
- keine langen Wege zu einem Buchgeschäft
- man kann beliebig Details abrufen
- es funktioniert gut, man kennt sich aus

„… es ist nicht so verwirrend und unübersichtlich wie die langen Regale im Geschäft … wo soll man da suchen?"

„… man kann Probelesen, Rezensionen lesen, den Inhalt in Ruhe checken …"

allerdings vereinzelt: Infos sind nicht immer zuverlässig

„… da stimmt nicht immer alles, ich habe die Erfahrung gemacht, dass im Netz ein Buch als supertoll beschrieben wurde, aber es war dann gar nicht zu brauchen!"

Die Recherche im Internet ist die beliebteste Möglichkeit, sich im Vorfeld zu informieren. Das Internet funktioniert dabei schnell, zeit- und ortsunabhängig und liefert viele Details.

Abbildung 46: Darstellung eines qualitativen Ergebnisses

---

[53] Vgl. die Erläuterungen in KAPITEL „A 3.2.2.1 | ERGEBNISGEWICHTUNG" AB SEITE 53.

A 7.3.3 | Qualitative Ergebnisse und Darstellungen

Qualitative Ergebnisdarstellungen bei geringerer Fallzahl (bis zu etwa 70 Fällen) erfolgen in der Regel verbal beschreibend und ergebnisverdichtend. Dabei wird versucht, die Vielzahl an Einzeltexten, die in die Analyse eingeflossen sind, in bedeutungsmäßig klar voneinander abgrenzbare eindeutige Dimensionen zusammenzufassen. ZUR TECHNIK QUALITATIVEN AUSWERTENS VGL. DIE KAPITEL „A 7.1.1 | QUALITATIV AUSWERTEN" AB SEITE 121 BZW. „B 3 | ANALYSE QUALITATIVER DATEN" AB SEITE 194.

Besonders charakteristische Einzelnennungen werden gerne beispielhaft im konkreten Wortlaut hervorgehoben.

> *Ein qualitatives Ergebnis einer Frage zum Informationssuchverhalten beim Fachbuchkauf könnte wie in* ABBILDUNG 46 AUF SEITE *140 dargestellt werden. Das Ergebnischart zeigt den Mix aus Auswertungsergebnissen (eingerahmt, zusammenfassende Antwortdimensionen) und die diesen zugrundeliegenden konkreten Wortmeldungen einzelner Personen (in den Sprechblasen, Verbatims).*

A 7.3.4 | Arten von quantitativen Ergebnissen und Darstellungen

Quantitative Ergebnisauswertungen, die von Instituten oder Standardsoftware geliefert werden, kommen in der Regel in vier verschiedenen Formen vor: Häufigkeitstabellen, Tabellen für Mehrfachangaben, Skalierungsfragen (mit Häufigkeiten und Mittelwert) sowie reine Mittelwertsübersichten.

Das folgende Kapitel beleuchtet diese vier verschiedenen Arten von Ergebnisanalysen[54] einzeln und im Detail. Die Beispiele, Erläuterungen und Ergebnisdarstellungen beziehen sich auf Ergebnisse einer fiktiven Erhebung zur Erwartungshaltung der Bevölkerung an Fachbücher. Der Fragebogen dieser Erhebung findet sich auf SEITE 69 F.

Für ALLE hier vorgestellten Tabellen- und Diagramm-Darstellungen (VGL. ABBILDUNG 47 AUF SEITE 143 BIS EINSCHLIEßLICH ABBILDUNG 54 AUF SEITE 150) gelten dieselben Aspekte:

Jede Tabelle und jedes Diagramm sollte unbedingt den **genauen Text der Fragestellung** enthalten (VGL. ❶). Damit sind die Ergebnisse inhaltlich leichter zu beurteilen und zu interpretieren.

Wie die Strukturübersicht **enthalten die Tabellen Breaks und Breakzeilen**, nach denen die Ergebnisse aufgesplittet werden. Sie helfen dabei, Gruppenunterschiede rasch identifizieren zu können.

Im Zahlenbereich jeder Tabelle ist die **erste Zeile** den **Totalergebnissen** gewidmet. Absolutzahlen und darunterstehende Prozent- bzw. Mittelwerte zeichnen ein erstes Bild vom Gesamtergebnis der Erhebung (VGL. ❷): Wie verteilen sich insgesamt die Nennungshäufigkeiten bzw. Mittelwerte?

In der ersten Spalte mit Zahlen (gleich rechts neben den Zeilenbeschriftungen) stehen die **Größen der** in den Breakzeilen **dargestellten Untergruppen** (VGL. SPALTE ❸). Damit lassen

---

[54] Zur Technik quantitativen Auswertens VGL. KAPITEL „A 7.1.2 | QUANTITATIV AUSWERTEN" AB SEITE 123.

sich die in der Tabelle ausgewiesenen Prozenthäufigkeiten bzw. Mittelwerte im Hinblick auf ihre Schwankungsbreiten beurteilen.

In den weiteren Spalten werden in jeder Zeile die **Prozenthäufigkeiten (Total und je Breakzeile) als Zeilenprozent bzw. Mittelwert** ausgewiesen (ALLE SPALTEN ❹).[55] Damit ist es sehr rasch möglich, von der allgemeinen Verteilung abweichende Breakzeilen zu identifizieren. In den dargestellten Tabellen sind „interpretierenswerte" auffällige Ergebnisse hellrot hinterlegt.

Weitere Besonderheiten einzelner Tabellen hängen von ihrer Art ab und werden weiter unten bei jeder Darstellung noch im Detail beschrieben.

Jede Tabelle und jedes **Diagramm** MUSS **Basisinformationen über die dargestellten Erhebungselemente und Werte** enthalten. Beim Interpretieren ist es absolut notwenig, zu wissen, ob sich die Darstellung auf ALLE erhobenen Elemente oder nur auf eine Teilmenge bezieht. Außerdem ist bei Mengenangaben in Diagrammen sehr oft nicht von vorneherein klar, ob es sich dabei um Absolutzahlen, Prozent- oder Mittelwerte oder andere Größen handelt (VGL. ❺).

Die in ABBILDUNG 53 AUF SEITE 149 UND ABBILDUNG 54 AUF SEITE 150 dargestellten Mittelwerte beziehen sich nur auf Lesende von Fachliteratur. Wird auf diesen Umstand nicht explizit hingewiesen, würden die Ergebnisse als für die gesamte Stichprobe relevant erachtet und überdies bei der Beurteilung der Schwankungsbreiten mit einer zu großen Basis belegt.

Ob ein Diagramm in **sprechenden Headlines** Kernaussagen der Darstellung hervorhebt, lieber mit Titel und **„Interpretationsbox"** arbeitet und/oder aus Ergebnissen herausstechende Sampleuntergruppen mit **(Pfeil-)Hinweisen** kennzeichnet, bleibt dem persönlichen Geschmack überlassen. Alle derartigen Hervorhebungen helfen aber beim raschen Erfassen der Kernaussagen (VGL. ❻).

A 7.3.4.1 | Häufigkeitstabellen

Eine Vielzahl empirischer Erhebungen begnügt sich mit der Auswertung und Darstellung einfacher absoluter und relativer Häufigkeiten.

Die Tabelle in ABBILDUNG 47 AUF SEITE 143 stellt technisch in Bezug auf den Totalwert eine Häufigkeitsauswertung, in Bezug auf die beiden Breaks zwei Kreuztabellen dar.

Im Beispiel zeigt sich: Während insgesamt 26,3% angeben, zumindest ein Mal pro Jahr ein Fachbuch zu lesen, sind es bei jenen, die gerne lesen (im zweiten Break) 68,0%, also deutlich mehr. Unter jenen, die nicht gerne lesen, greift mit 13,1% nur etwas mehr als jede zehnte Person einmal jährlich zu einem Fachbuch (VGL. FARBLICH HINTERLEGTE PROZENTZAHLEN).

Dieser große Unterschied ist „signifikant", also auch in der Grundgesamtheit vorhanden – selbst bei Berücksichtigung der Schwankungsbreiten.

Eine grafische Aufbereitung dieses Ergebnisses könnte wie in ABBILDUNG 48 AUF SEITE 143 aussehen.

---

[55] Manche Auswertungsprogramme arbeiten in ihren Ergebnistabellen nicht mit Zeilen-, sondern mit Spaltenprozent. Dabei werden die Breaks in den Tabellen-Spalten, die Antwortmöglichkeiten in den Zeilen angeordnet.

Häufigkeiten in Prozent

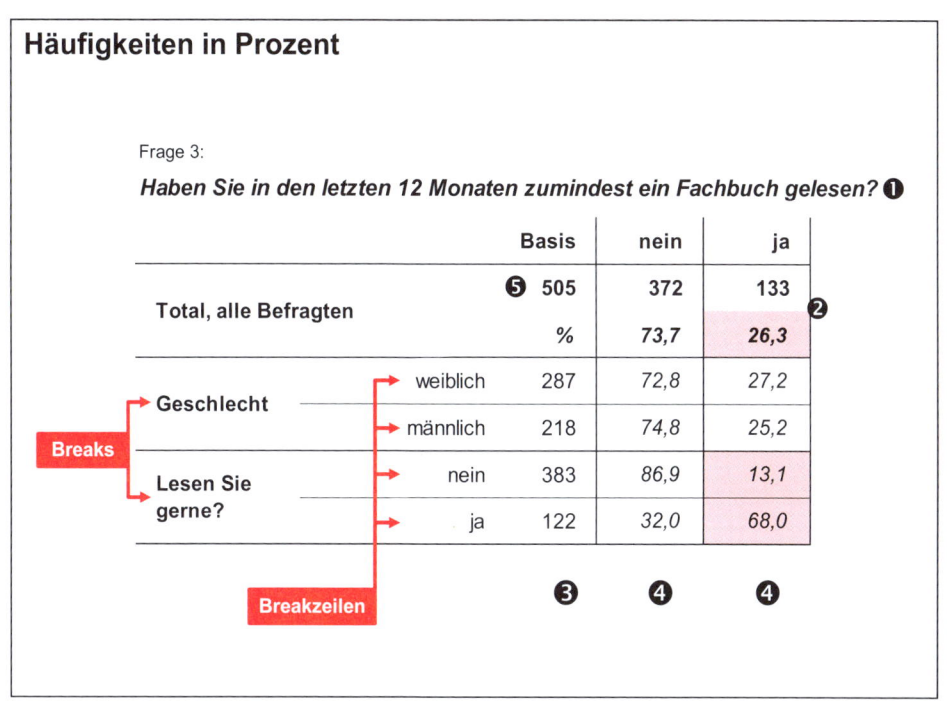

Frage 3:
Haben Sie in den letzten 12 Monaten zumindest ein Fachbuch gelesen? ❶

		Basis	nein	ja
Total, alle Befragten		❺ 505	372	133 ❷
		%	73,7	26,3
Geschlecht	weiblich	287	72,8	27,2
	männlich	218	74,8	25,2
Lesen Sie gerne?	nein	383	86,9	13,1
	ja	122	32,0	68,0

Breaks
Breakzeilen

❸ ❹ ❹

Abbildung 47: Tabellarische Darstellung von einfachen Häufigkeiten

Ein Viertel liest mindestens ein Fachbuch pro Jahr ❻

Frage 3:
Haben Sie in den letzten 12 Monaten zumindest ein Fachbuch gelesen? ▶ Antwort „JA' ❶

- Alle Befragten (n=505): 26,3 ⇐ ❻

Geschlecht
- weiblich (n=287): 27,2
- männlich (n=218): 25,2

Lesen gerne …
- nein (n=383): 13,1
- ja (n=122): 68,0 ❻

Basis: alle Befragten | n = 505 | Angaben in % ❺

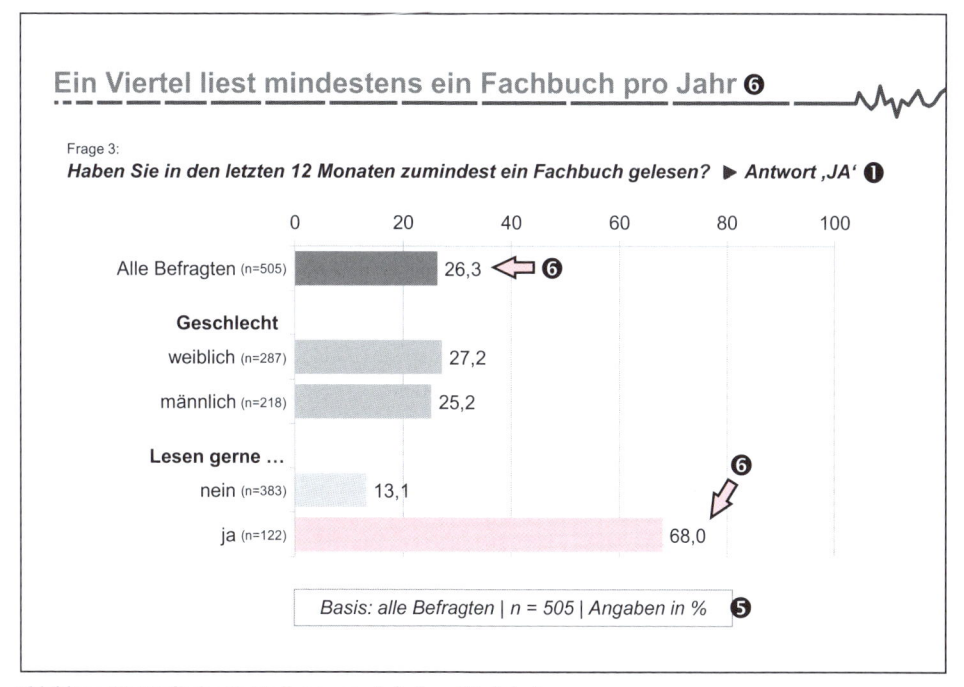

Abbildung 48: Grafische Darstellung von einfachen Häufigkeiten

A 7.3.4.2 | Tabellen für Mehrfachangaben

Für Tabellen, die Antworten auf Mehrfachangaben ausweisen, gelten grundsätzlich dieselben formalen Regeln wie für gewöhnliche Häufigkeitstabellen. Auch die Interpretation folgt denselben Grundsätzen.

Ein wesentlicher Unterschied besteht aber in der Basis der Antwortenden und Antworten. Mehrfachantwortmöglichkeiten kommen eher bei Umfragen und weniger bei anderen Erhebungen vor. Sie sind dadurch gekennzeichnet, dass Befragte auf eine Frage keine, eine oder gleichzeitig mehrere Antworten geben können. Damit ergibt die Gesamtanzahl aller Nennungen nie 100%, sondern meistens mehr. Trotzdem ist die Gesamtzahl aller Antwortenden in der Regel geringer als die Gesamtzahl der Befragten: Meistens macht nicht jede Person eine Angabe.

Mehrfachangaben

Frage 11:
Wenn Sie ein gutes Buch lesen: Wem empfehlen Sie es weiter? ❶
[Mehrfachangaben]

		alle Befragten	Antwortende	\multicolumn{4}{c}{Weiterempfehlung an …}
				PartnerIn, Familie	Freund-Innen	Kolleg-Innen	Andere
Total, alle Befragten		❺ 505	279	142	179	57	90 ❷
		%	❼ %	50,9	64,2	20,4	32,3
Geschlecht	weiblich	287	156	46,2	64,1	21,2	32,7
	männlich	218	123	56,9	64,2	19,5	31,7
Lesen Sie gerne?	nein	383	202	47,5	64,9	22,8	31,7
	ja	122	77	59,7	62,3	14,3	33,8
		❸	❽	❹	❹	❹	❹

Abbildung 49: Tabellarische Darstellung von Mehrfachantworten

In ABBILDUNG 49 ist ersichtlich, dass die Auswertung auf 505 Befragten beruht („TOTAL, ALLE BEFRAGTEN", SPALTE ❸ OBEN). Nur etwas mehr als die Hälfte haben aber bei dieser Frage eine Antwort gegeben (SPALTE ❽ OBEN, „ANTWORTENDE"). In den SPALTEN ❹ (hellgrau hinterlegt) finden sich die Antworthäufigkeiten der Antwortenden. Wie bei Häufigkeitstabellen enthält die erste Zeile die absoluten Häufigkeiten, die Zeilen darunter Zeilenprozentuierungen.

Die Zeilen-Prozent ergeben nie 100% – eben das ist das Wesen von Mehrfachangaben.

Addiert man die Prozentwerte der Totalzeile (❼), ergeben sich 167,8%.[56] Das bedeutet, dass jedeR Antwortende bei dieser Frage im Schnitt 1,7 mal geantwortet hat.

Ins Auge sticht auch der vergleichsweise höhere Prozentsatz der Weiterempfehlung an PartnerIn/Familie bzw. der geringere an KollegInnen bei jenen, die angeben, gerne zu lesen (hellrot hinterlegt, 59,7% bzw. 14,3%). Bei Mehrfachantworten muss man besonders darauf achten, keine Fehlinterpretationen der Ergebnisse durchzuführen. Je nachdem, wie die Auswertung technisch definiert wurde, wird die Zeilenprozentuierung – wie im vorliegenden Beispiel – auf die Antwortenden oder aber auf alle Befragten bezogen.

Auf ALLE Befragten bezogen würden etwa die in der Beispieltabelle ausgewiesenen 50,9% der Antwortenden bei „PartnerIn, Familie" nur mehr 28% und damit „die Hälfte der ursprünglichen Interpretation" bedeuten.

Bei der grafischen Darstellung von Mehrfachangaben bestehen im Vergleich zu gewöhnlichen Häufigkeitsdiagrammen keine wesentlichen Unterschiede. Es sollte nur am Diagramm explizit vermerkt werden, dass es sich bei der Darstellung um Mehrfachangaben handelt. Ansonsten könnten sich unversierte Betrachtende wundern, warum sich denn die Werte „nicht auf 100% ausgehen".

A 7.3.4.3 | Skalenitems: Häufigkeiten und Mittelwert

Eine weitere sehr gebräuchliche Art der Auswertung und Darstellung einzelner Items einer Beurteilungsskala (VGL. FRAGE 9 IM BEISPIELFRAGEBOGEN AUF SEITE 70) ist eine Kombination von Nennungshäufigkeiten und Mittelwerten. Diese Darstellung liefert in relativ übersichtlicher Form eine große Fülle an Informationen.

Die Tabelle in ABBILDUNG 50 AUF SEITE 146 stellt technisch in Bezug auf den Totalwert eine Häufigkeitsauswertung, in Bezug auf die beiden Breaks zwei Kreuztabellen dar. Im Hinblick auf die Mittelwerte am rechten äußeren Rand handelt es sich technisch gesehen in der Totalzeile um eine Mittelwertsberechnung, in den Breakzeilen darunter um zwei Mittelwertsvergleiche (VGL. DIE BESCHREIBUNG DER QUANTITATIVEN AUSWERTUNGSVERFAHREN IN KAPITEL „A 7.1.2 | QUANTITATIV AUSWERTEN" AB SEITE 123).

Der Häufigkeitsteil der Tabelle (SPALTEN ❸ UND ❹) kann interpretationstechnisch wie eine ganz normale Häufigkeitstabelle behandelt werden. Neben den sechs verschiedenen Antwortkategorien für die einzelnen Skalenstufen kommt im dargestellten Beispiel noch eine zusätzliche „keine Angabe"-Kategorie (SPALTE ❽) hinzu.

In der in ABBILDUNG 47 AUF SEITE 143 dargestellten Häufigkeitsauswertung fehlt eine Spalte „keine Angabe". Hier haben alle Befragten offensichtlich mit „ja" oder „nein" geantwortet. Anders stellen sich die Ergebnisse der Zahlentabelle in ABBILDUNG 50 auf Seite 146 dar: Hier haben immerhin 45 Personen eine Antwort verweigert.

Den in der äußerst rechten SPALTE ❾ gelisteten Mittelwerten liegen also nicht ALLE Befragten als Basis zugrunde, sondern nur jene, die bei dieser Frage eine Bewertung vergeben haben.

---

[56] 50,9% + 64,2% + 20,4% + 32,3%.

Skalenitems: Häufigkeiten & Mittelwert

Frage 9:
Egal, ob Sie sie lesen oder nicht: Was denken Sie ganz allgemein über Fachbücher? ❶
Wie sehr treffen die positiven oder negativen Ausprägungen der folgenden Eigenschaften Ihrer Ansicht nach auf Fachbücher zu?

▶ **SYMPATHISCH < > UNSYMPATHISCH**

		Basis	1: sympathisch	2	3	4	5	6: unsympathisch	keine Angabe	Mean ø
Total, alle Befragten		❺ 505	41	41	86	68	60	164	45	4,21
		%	8,1	8,1	17,0	13,5	11,9	32,5	8,9	❷
Geschlecht	weiblich	287	9,1	7,7	15,3	12,5	13,6	32,4	9,4	4,23
	männlich	218	6,9	8,7	19,3	14,7	9,6	32,6	8,3	4,19
Welche Art von Texten lesen Sie am liebsten?	kurze Artikel	280	6,4	8,9	12,5	12,1	14,6	38,9	6,4	4,46
	Romane, Belletristik	121	10,7	8,3	6,6	11,6	9,9	43,8	9,1	4,46
	Sach- & Fachbücher	104	9,6	5,8	41,3	19,2	6,7	1,9	15,4	3,16

❸ ❹ ❹ ❹ ❹ ❹ ❹ ❽ ❾

Abbildung 50: Tabellarische Darstellung von Skalenitems (Häufigkeiten und Mittelwert)

Bei bevorzugter Textart: Höhere Sympathie für Fachbücher ❻

Frage 9: *Egal, ob Sie sie lesen oder nicht:* **Was denken Sie ganz allgemein über Fachbücher?** ❶
Wie sehr treffen die positiven oder negativen Ausprägungen der folgenden Eigenschaften auf Fachbücher zu?

■ 1: sympathisch ■ 2 ■ 3 □ 4 □ 5 □ 6: unsympathisch

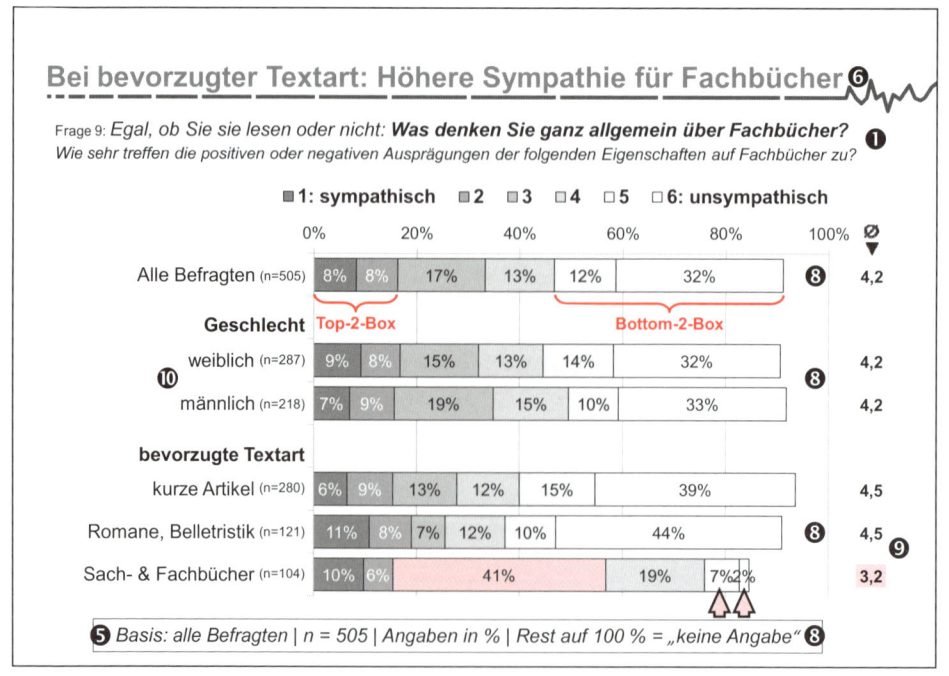

	1	2	3	4	5	6	ø
Alle Befragten (n=505)	8%	8%	17%	13%	12%	32% ❽	4,2
Geschlecht — Top-2-Box / Bottom-2-Box							
weiblich (n=287) ❿	9%	8%	15%	13%	14%	32% ❽	4,2
männlich (n=218)	7%	9%	19%	15%	10%	33%	4,2
bevorzugte Textart							
kurze Artikel (n=280)	6%	9%	13%	12%	15%	39%	4,5
Romane, Belletristik (n=121)	11%	8%	7%	12%	10%	44% ❽	4,5 ❾
Sach- & Fachbücher (n=104)	10%	6%	41%	19%	7%	2%	3,2

❺ Basis: alle Befragten | n = 505 | Angaben in % | Rest auf 100 % = „keine Angabe" ❽

Abbildung 51: Grafische Darstellung von Skalenitems (Häufigkeiten und Mittelwert)

Mit SPALTE ❾ ermöglichen derart kombinierte Tabellen neben den Vergleichen der Zeilenprozentwerte auch Aussagen über eventuelle Mittelwertsunterschiede.

In der Tabelle sticht der farblich hinterlegte größere Unterschied der Mittelwerte beim Break „WELCHE ART VON TEXTEN LESEN SIE AM LIEBSTEN?" ins Auge. Die in diesem Break dargestellten Teilgruppen haben nicht vollständig geantwortet – darauf deuten die Prozentzahlen in ❽ hin.

Betrachtet man die „Richtung" der Zahlen in der Skala, wird deutlich, dass ein höherer Mittelwert hier ein „schlechteres" Ergebnis bedeutet: Personen, die am liebsten Sach- und Fachbücher lesen, finden Fachbücher im Schnitt offensichtlich deutlich sympathischer als alle anderen Befragtengruppen (HELLROT HINTERLEGT, MITTELWERT VON 3,16, der sich vor allem durch die häufig besseren Urteile bei Note 3 begründet).

Die übrigen Werte zeigen keine großen Unterschiede zwischen den Zeilen und lassen dementsprechend auf den ersten Blick keine nennenswerten Interpretationen zu.

Bei komplexeren Ergebnistabellen wie der hier vorliegenden hilft eine grafische Aufbereitung entscheidend dabei, sich ein schnelleres und besseres Bild über die Datenlage machen zu können.

ABBILDUNG 51 veranschaulicht die aus der Tabellendarstellung in ABBILDUNG 50 abgeleitete Ergebnisinterpretation (VGL. MITTELWERTSUNTERSCHIED ❾ UND SPRECHENDE HEADLINE ❻).

Daneben zeigen sich weitere Besonderheiten dieser Darstellung: Durch die Aneinanderreihung und farbliche Abstufung der Prozenthäufigkeiten in Form eines gestaffelten Balkendiagramms kann man mit wenigen Blicken erkennen, wie die Befragten urteilen.

Auch ein Vergleich der dargestellten Untergruppen, die zur besseren Einschätzung wirklich relevanter Unterschiede (im Hinblick auf Schwankungsbreiten der Ergebnisse) mit ihren Fallzahlen angeführt sind (VGL. ❿), ist leicht möglich.

Darüber hinaus gibt es auch die Möglichkeit, sogenannte **Top-** oder **Bottom-Box-Werte** zu interpretieren (IN ABBILDUNG 51 ROT FORMATIERT): Dabei werden die Häufigkeiten der beiden „besten" und/oder „schlechtesten" Skalenkategorien rechnerisch zusammengefasst. Aus der Analyse der positiv oder negativ Urteilenden lassen sich sehr einfach und auf einen Blick Kernergebnisse ableiten.

So zeigt z.B. der Bottom-Box-Wert der „Fachbuch-Textliebhabenden" nur 9% an (VGL. DIE PFEILMARKIERUNG). Bei allen anderen Befragtengruppen erreichen die Bottom-2-Werte deutlich schlechtere Ausprägungen mit über 40 bis 50%. Dieses Ergebnis unterstreicht auch der für diese Befragtengruppe im Vergleich deutlich bessere Mittelwert von 3,2. Die (farbig hervorgehobene) überproportional neutrale Einstellung der „Fachbuchtext-Befürwortenden" (41%) stellt ein weiteres Kernergebnis der dargestellten Frage dar.

Weiters führt das Diagramm deutlich vor Augen, dass Frauen und Männer Fachbücher offensichtlich gleichermaßen sympathisch finden.

Die Darstellungsart in ABBILDUNG 51 hat einen weiteren großen Vorteil: Man sieht auf einen Blick, wie groß der Anteil jener Personen ist, die bei dieser Frage eine Beurteilung verweigert haben (VGL. ❽). Die Mittelwerte am rechten Rand, neben den Balken, komplettieren den hohen Informationsgehalt dieses Diagramms.

A 7.3.4.4 | Mittelwertsübersicht

Die im vorigen Beispiel erläuterte Auswertung und Darstellung liefert Informationen über EINZELNE Items einer Beurteilungsskala. Zur überblicksmäßigen Darstellung gesamter Itembatterien werden gerne Mittelwertsübersichten verwendet.

Mittelwertsübersichten wie in ABBILDUNG 52 AUF SEITE 149 stellen technisch gesehen in Bezug auf den Totalwert eine Mittelwertsdarstellung, in Bezug auf die Breakzeilen Mittelwertsvergleiche dar.

> *Die in der Abbildung dargestellte tabellarische Auswertung der gesamten FRAGE 6 DES BEISPIELFRAGEBOGENS AUF SEITE 69 stellt die Mittelwerte aller 9 abgefragten Items vergleichend nebeneinander (VGL. ALLE SPALTEN ❹). Wie bei den bisherigen Ergebnistabellen ist in SPALTE ❸ die jeweilige Basis der Total- und Breakzeilen dargestellt: Damit kann man sich beim Interpretieren wieder ein Bild über die den Mittelwerten zugrundeliegende Anzahl der Antwortenden machen. Da es sich beim bevorzugten Kaufort um eine Folgefrage zu einer Filterfrage handelt, beziehen sich die Ergebnisse nur auf eine Teilmenge von 133 aller 505 Befragten: Und zwar auf jene Menschen, die angegeben haben, in den letzen 12 Monaten zumindest ein Fachbuch gelesen zu haben (VGL. ABBILDUNG 47 AUF SEITE 143).*

Unterschiede zwischen Samplegruppen sind umso „früher" (= bei umso kleinerer Differenz) als tatsächlich „relevant" zu beurteilen, je größer die dahinterliegenden Fallzahlen sind: Mit steigenden Fallzahlen werden die statistischen Schwankungsbreiten geringer.

> *In der Tabelle in ABBILDUNG 52 weisen die hellrot hinterlegten Zahlen auf klar „interpretierenswerte" Ergebnisse hin: Die wichtigsten Kriterien für Fachliteratur-Lesende sind „Sympathie", „Optik" und „Übersichtlichkeit". Dies noch umso mehr, wenn es sich um Befragte handelt, die ihre Bücher lieber im Buchhandel beziehen.[57]*

Dieses Ergebnis findet sich (in Gesamtwerten, ohne Sampleuntergruppen) auch in ABBILDUNG 53 AUF SEITE 149 dargestellt.

Die Darstellung weist als Besonderheit eine **umgekehrte Skalierung** von 5 bis 1 auf (VGL. ❺). Diese Art der Darstellung wird gerne bei Skalen verwendet, bei denen ein niedriger Wert als „gut" und ein hoher als „schlecht" definiert ist. Die meisten Personen sehen in Diagrammen den längeren Balken als den besseren an. Die umgedrehte Skalierung erleichtert somit das Interpretieren.

> *Im Diagramm in ABBILDUNG 53 ragen die wichtigsten Kriterien „sympathisch", „optisch ansprechend" und „übersichtlich gestaltet" aus der Menge der übrigen Items (VGL. ❻).*

> *Würde man bei einer (österreichischen) Schulnotenskala die Größenachse des Diagramms nicht „umdrehen", müsste man im Idealfall eines Mittelwerts von Note 1,0 auf der Skala von 1 bis 5 einen nicht vorhandenen Balken suchen.*

Eine weitere Möglichkeit, Mittelwerte darzustellen, besteht darin, von der Skalenmitte aus Balken nach links bzw. rechts zu zeichnen (VGL. ❼ IN ABBILDUNG 54 AUF SEITE 150). Damit wird klar symbolisiert, ob ein Mittelwert eine positive oder negative Richtung „einschlägt".

---

[57] Mittelwert der Buchhandlungskaufenden von 1,22 gegenüber 2,23 der Versandhandelkaufenden beim Item „sympathisch", 1,36 gegenüber 2,30 bei „optisch ansprechend" und 1,46 gegenüber 2,18 bei „übersichtlich gestaltet".

Skalenitems/Mittelwerts-Übersicht

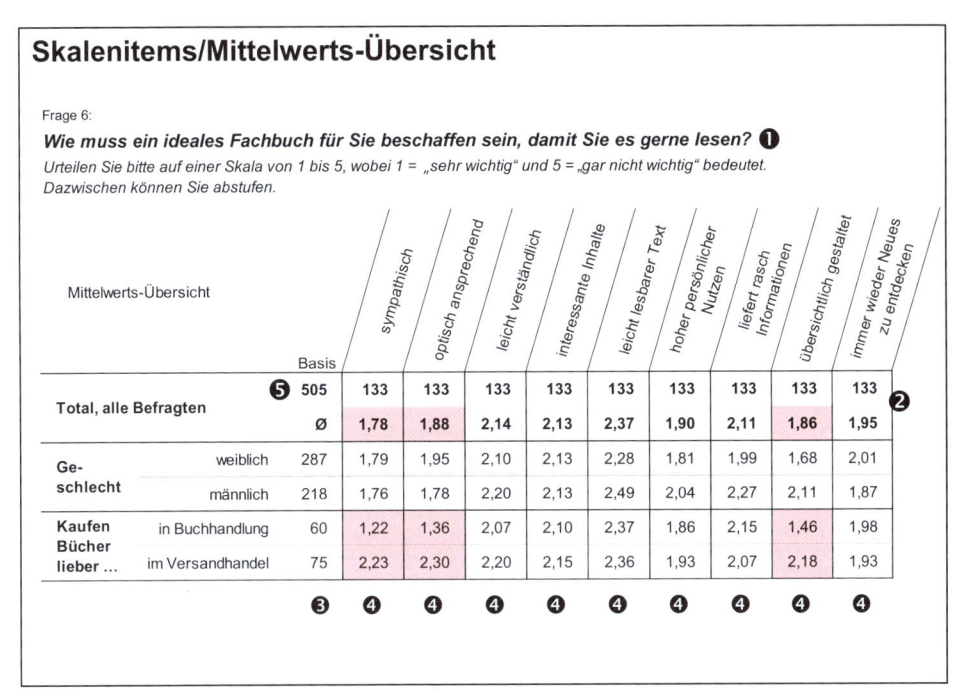

Frage 6:
Wie muss ein ideales Fachbuch für Sie beschaffen sein, damit Sie es gerne lesen? ❶
Urteilen Sie bitte auf einer Skala von 1 bis 5, wobei 1 = „sehr wichtig" und 5 = „gar nicht wichtig" bedeutet. Dazwischen können Sie abstufen.

Mittelwerts-Übersicht		Basis ❺	sympathisch	optisch ansprechend	leicht verständlich	interessante Inhalte	leicht lesbarer Text	hoher persönlicher Nutzen	liefert rasch Informationen	übersichtlich gestaltet	immer wieder Neues zu entdecken ❷
Total, alle Befragten		505	133	133	133	133	133	133	133	133	133
		Ø	1,78	1,88	2,14	2,13	2,37	1,90	2,11	1,86	1,95
Ge-schlecht	weiblich	287	1,79	1,95	2,10	2,13	2,28	1,81	1,99	1,68	2,01
	männlich	218	1,76	1,78	2,20	2,13	2,49	2,04	2,27	2,11	1,87
Kaufen Bücher lieber ...	in Buchhandlung	60	1,22	1,36	2,07	2,10	2,37	1,86	2,15	1,46	1,98
	im Versandhandel	75	2,23	2,30	2,20	2,15	2,36	1,93	2,07	2,18	1,93

❸ ❹ ❹ ❹ ❹ ❹ ❹ ❹ ❹ ❹

Abbildung 52: Tabellarische Darstellung von Skalenitems (Mittelwertsübersicht)

Eigenschaften eines idealen Fachbuchs ❻

Frage 6: Wie muss ein ideales Fachbuch für Sie beschaffen sein, damit Sie es gerne lesen? ❶
Urteilen Sie bitte auf einer Skala von 1 bis 5, wobei 1 = „sehr wichtig" und 5 = „gar nicht wichtig" bedeutet. Dazwischen können Sie abstufen.

Eigenschaft	Wert	
sympathisch	1,78	⇐ ❻
optisch ansprechend	1,88	⇐ ❻
leicht verständlich	2,14	
interessante Inhalte	2,13	
leicht lesbarer Text	2,37	
hoher persönlicher Nutzen	1,90	
liefert rasch Informationen	2,11	
übersichtlich gestaltet	1,86	⇐ ❻
immer Neues zu entdecken	1,95	

Skala: 5,00 – 4,00 – 3,00 – 2,00 – 1,00 ✪

Sympathie, Optik und Übersichtlich-keit stehen im Vordergrund. ❻

Basis: Lesen zumindest ein Mal pro Jahr Fachliteratur | n = 133 | Skalen-Mittelwerte ❺

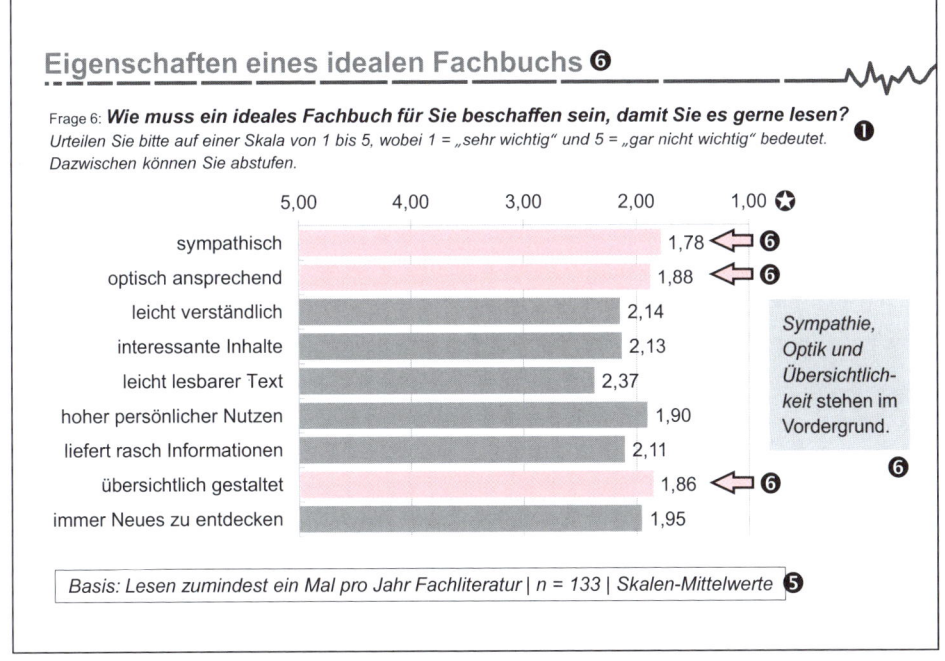

Abbildung 53: Grafische Darstellung von Skalenitems (Mittelwertsübersicht)

Eigenschaften eines idealen Fachbuchs ❻

Frage 6: **Wie muss ein ideales Fachbuch für Sie beschaffen sein, damit Sie es gerne lesen?**
Urteilen Sie bitte auf einer Skala von 1 bis 5, wobei 1 = „sehr wichtig" und 5 = „gar nicht wichtig" bedeutet. ❶
Dazwischen können Sie abstufen.

Eigenschaft	kaufen lieber in einer Buchhandlung	kaufen lieber im Versandhandel
sympathisch	1,22	2,23 ⇐❻
optisch ansprechend	1,36	2,30 ⇐❻
leicht verständlich	2,07	2,20
interessante Inhalte	2,10	2,15
leicht lesbarer Text	2,37	2,36
hoher persönlicher Nutzen	1,86	1,93
liefert rasch Informationen	2,15	2,07
übersichtlich gestaltet	1,46	2,18 ⇐❻
immer Neues zu entdecken	1,98	1,93

In Buchhandlungen Kaufende schätzen gegenüber Bestellenden im Versand v.a. Sympathie, Optik und Übersichtlichkeit. ❻

Basis: Lesen zumindest ein Mal pro Jahr Fachliteratur | n = 133 | Skalen-Mittelwerte ❺

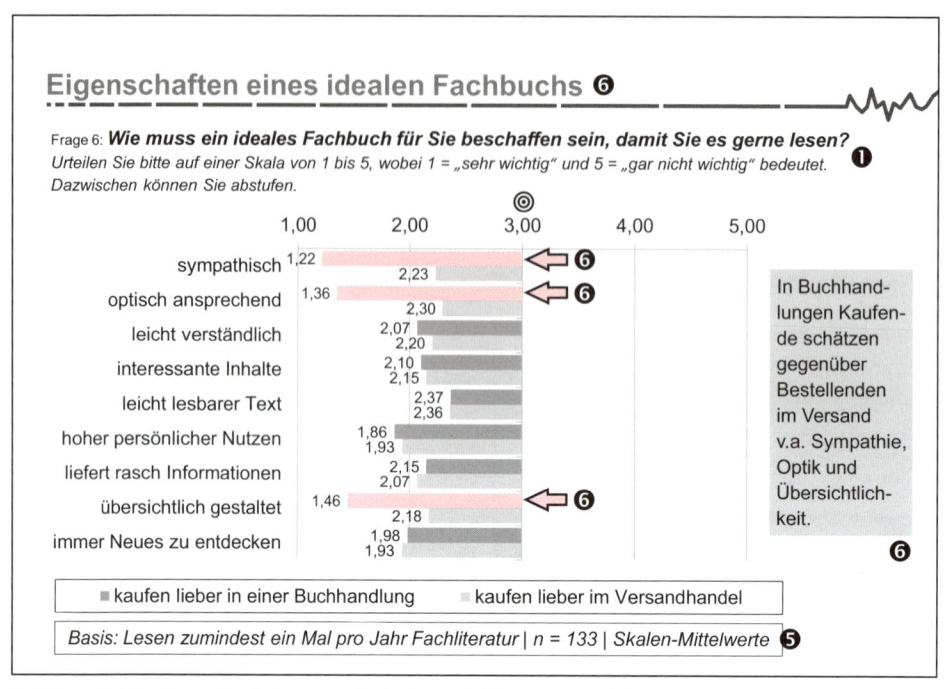

Abbildung 54: Grafische Darstellung von Skalenitems (Mittelwertsvergleich)

*Abbildung 54 stellt zusätzlich auch „Buchhandlungskaufende" und „Versandhandelaffine" einander gegenüber. Sehr schön wird ersichtlich, dass die Items „sympathisch", „optisch ansprechend" und „übersichtlich gestaltet" wesentliche Unterscheidungsmerkmale zwischen diesen beiden Gruppen darstellen (*VGL.* ❻).*

A 7.3.5 | Subtile „Manipulation" von Ergebnissen

Manchmal werden Ergebnisse in Summarys etwas beschönigt bzw. (leicht) verzerrt dargestellt. Dies geschieht in der Wirtschaft insbesondere zu Kommunikationszwecken, kann aber auch an anderen Firmeninterna liegen. Bei den folgenden derartigen Beispielen ist die (verschwiegene, unterdrückte) „Wahrheit" nach dem Pfeilzeichen → angeführt.

In der Einleitung zu einer Studie steht: Erzielt werden konnte die beachtliche Anzahl von 6.235 Interviews ...
→ ... offenen Online-Interviews ohne jegliche Repräsentativität!

Eine satte Menge von 2.300 Interviews konnte erreicht werden ...
→ ... von fast 50.000 Kundinnen und Kunden, die dazu kontaktiert und befragt werden mussten!

80% der Top-Kundinnen und -Kunden beurteilen das Unternehmen mit Bestnoten ...
→ ... befragt wurden 5 Personen!

66% der Befragten beurteilen das Unternehmen als erfolgreich ...
→ ... 75% würden es aber keinesfalls weiterempfehlen!

90% beurteilen den Webauftritt des Unternehmens mit Schulnote 1 oder 2
→ ... zuvor wurde gefragt: „Kennen Sie den Webauftritt?", was nur 10% aller Befragten bejahten!

85% der Beurteilungen liegen im positiven Bereich
→ ... davon vergeben 80% die Schulnote 4!

In einer repräsentativen Bevölkerungsstichprobe (n=100) wird gefragt: „Würden Sie ein derartiges Produkt dieser Qualität kaufen?" – Ergebnis: 2% der Stichprobe geben an, das erfragte Produkt „sicher" oder „wahrscheinlich" kaufen zu wollen. Daraus wird bei einer repräsentierten Grundgesamtheit von 7 Millionen Personen eine Absatzmenge von 140.000 Stück prognostiziert ...
→ ... Schwankungsbreiten? Antwortverhalten? Stichprobenverzerrungen?

In objektiven wissenschaftlichen Erhebungsberichten haben subtile „Ergebnisaufbesserungen" natürlich absolutes Platzverbot.

Zusatzinformationen und weiterführende Literatur zu diesem Kapitel:

- Mayring, Philipp (2010): Qualitative Inhaltsanalyse. Grundlagen und Techniken. 11., aktualisierte und überarbeitete Auflage. Weinheim und Basel: Beltz Verlag. QUALITATIV AUSWERTEN Seite 68–85.

- Verband der Marktforscher Österreichs (VMÖ) (2016): Mafo-Wissen. Datenanalyse und Interpretation. Wien: http://www.vmoe.at/index.php?option=com_content&view=article&id=129:datenanalyse-und-interpretation&catid=13:wissen&Itemid=58, abgerufen am 15.06.2016 um 20:18 Uhr.

A 8 | Umsetzungs-Tipps für die Praxis

… in diesem Kapitel geht's um:

- Jedes Forschungsvorhaben benötigt unbedingt einen roten Faden
- Umsetzungs-Tipps für **Leitfaden- oder qualitative Interviews** (A 8.2, S. 154)
- Umsetzungs-Tipps für **qualitative Gruppendiskussionen** (A 8.3, S. 155)
- Umsetzungs-Tipps für die **Sekundäranalyse von Firmendaten** (A 8.4, S. 156)
- Umsetzungs-Tipps für **Inhaltsanalysen** (A 8.5, S. 157/A 8.6, S. 159/A 8.7, S. 160)
- Umsetzungs-Tipps für verdeckte Testkäufe **(Mystery-Shoppings)** (A 8.8, S. 162)
- Umsetzungs-Tipps für „**Vor-Ort-Erhebungen**" (A 8.9, S. 163)
- Umsetzungs-Tipps für **Mitarbeiterbefragungen** (A 8.10, S. 165)
- Umsetzungs-Tipps für eine **Potenzialanalyse** (A 8.11, S. 167)
- Umsetzungs-Tipps für **Expertenbefragungen** (A 8.12, S. 169)
- Beispiel einer kaum erreichbaren Zielgruppe (A 8.13, S. 171)
- Umsetzungs-Tipps für ein **Laborexperiment** (A 8.14, S. 171)
- Umsetzungs-Tipps für ein **experimentelles Befragungsdesign** (A 8.15, S. 173)

Das letzte Kapitel des ersten Buchabschnitts widmet sich der Umsetzung aller bisherigen Ausführungen in der Praxis.

A 8.1 | Jedes Forschungsvorhaben benötigt einen roten Faden

Generell ist für JEDES Forschungsvorhaben, egal, welcher Art, ein roter Faden unumgänglich: An diesem „hängen" der Reihe nach alle Phasen der empirischen Erhebung – von der ersten Forschungsidee bis zur Ergebnispräsentation (VGL. ABBILDUNG 55 AUF SEITE 153).

Im Detail geht es dabei um folgende Prozessschritte:

Jedes Forschungsvorhaben besitzt zunächst **1.** ein **generelles Erkenntnisinteresse**.

Aus diesem Erkenntnisinteresse werden **2. Forschungsfrage(n) und/oder Hypothese(n)** abgeleitet (S. 78 F.). Das erfolgt in der Wirtschaft aus sachlichen Zusammenhängen, in der Wissenschaft im Zuge eingehender Literaturrecherchen.[58]

Parallel dazu, manchmal vor dem 2. Schritt, manchmal auch danach, lässt sich **3.** eine passende **Forschungsmethodik**, ein sinnvolles **qualitatives** oder **quantitatives** Forschungsdesign (AB S. 16 BZW. S. 19) festmachen. Dieses wird auch Setting genannt und soll die For-

---

[58] Vgl. dazu die in allen Büchern über wissenschaftliches Arbeiten beschriebenen Recherchetechniken (Z.B. HUG/POSCHESCHNIK 2015, AB S. 41).

schungsfragen möglichst effizient beantworten bzw. die Hypothesen möglichst zielgerichtet einer Prüfung zuführen.

In Wechselwirkung mit dem Setting steht **4.** die genaue Definition der **Grundgesamtheit**. Damit zusammenhängend erfolgt die Entscheidung über eine **Vollerhebung** (AB S. 39), meist **willkürliche Auswahl** (AB S. 55) bei qualitativen Verfahren, in der Regel **zufällige Stichprobe** (AB S. 51) oder **Quotenstichprobe** (AB S. 56) bei quantitativen Designs.

Empirischer Forschungsprozess

1. Erkenntnisinteresse
2. Forschungsfragen, Hypothesen
3. Forschungsmethodik, qualitatives oder quantitatives Setting
4. Grundgesamtheit, Vollerhebung oder Stichprobe
5. Fragebogen, Leitfaden, Codebogen, Protokoll
6. Pretest
7. Datenerfassung, Rücklaufkontrolle
8. technische Auswertung
9. Ergebnisinterpretation
10. Ergebnisaufbereitung, Präsentation

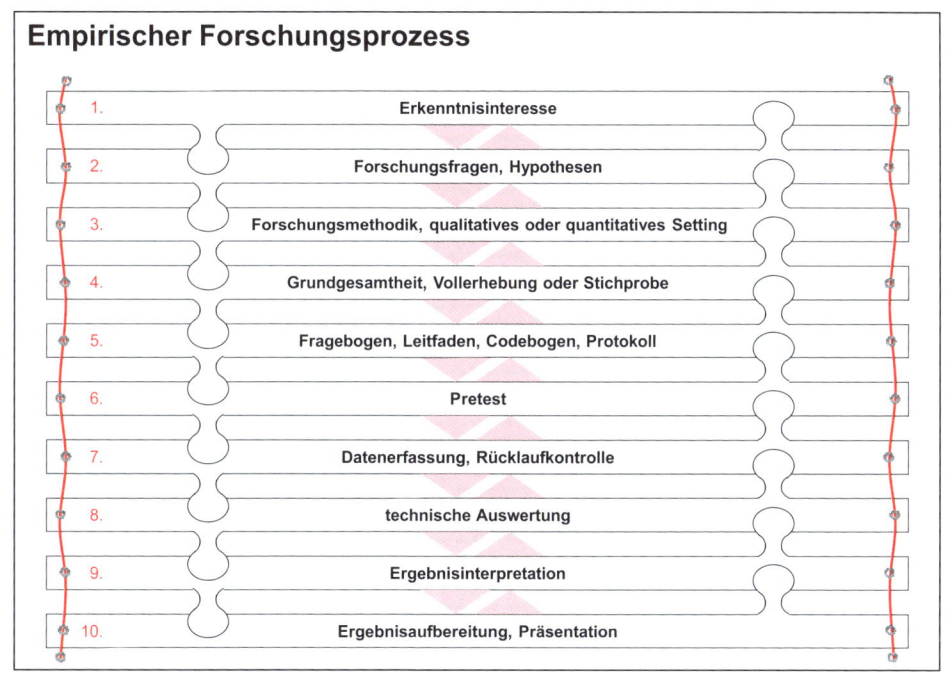

Abbildung 55: Jedes Forschungsvorhaben benötigt einen roten Faden

Sind Methodik und Stichprobenverfahren festgelegt, ist auch der Weg für **5.** das **Erhebungsinstrument** – Fragebogen, Leitfaden, Codierschema oder Protokollbogen – vorgezeichnet. Damit das Erhebungsinstrument mit den Forschungsfragen und/oder Hypothesen korrespondiert, müssen die Fragen oder Erhebungsdimensionen „Passgenauigkeit" besitzen. Hier ist neben der exakten inhaltlichen Abdeckung der Erkenntnisinteressen auch die Skalenform der Erhebungsinhalte (AB S. 65) von entscheidender Bedeutung.

Beim **6. Pretest** wird das Erhebungsinstrument auf seine Einsetzbarkeit überprüft. Funktioniert es nicht zufriedenstellend, muss es noch einmal überarbeitet werden.

In der Phase der **7. Datenerfassung** muss die Kontrolle erfolgen, ob die Vollerhebung wirklich „voll" erhoben hat bzw. ob die Stichprobe zufriedenstellenden **Rücklauf** verzeichnet (S. 117). Vor allem quantitative Daten müssen ja vor der Auswertung sehr oft repräsentativ sein (AB S. 42).

Liegen Daten vor, folgt deren **8. technische Auswertung** (AB S. 121 BZW. IM TEIL B).

Wenn die Daten fertig ausgewertet sind, kann mit der **9. Ergebnisinterpretation**, Beantwortung der Forschungsfragen und Hypothesenprüfung begonnen werden (AB S. 134). Zu diesem Zeitpunkt finden auch eventuell notwendig gewordene vertiefende Datenanalysen statt.

Erst dann werden **10.** die **Ergebnisse** möglichst plakativ **aufbereitet und** derart **präsentiert**, dass sie möglichst alle Erkenntnisinteressen abdecken und die erforderlichen Antworten auf die Forschungsfragen und Hypothesen geben (AB S. 138).

Alle Phasen einer Erhebung müssen wie ein Puzzle ineinandergreifen und aufeinander abgestimmt sein. Veränderungen nur einer Phase können – manchmal sogar auch „rückwirkend" – andere Phasen beeinflussen.

Im Folgenden werden mögliche Lösungen für unterschiedlichste empirische Erhebungsnotwendigkeiten angeführt. Datenschutzrechtliche Einschränkungen bei Online- und Telefon-Erhebungen (AB S. 60) finden an dieser Stelle keine Beachtung. Am Ende jedes Beispiels erfolgen kurze exemplarische Erläuterungen möglicher Unstimmigkeiten im Forschungsprozess.

A 8.2 | Entwicklung eines idealen Fachbuchs

Ein Autorenkollegium möchte ein ideales Fachbuch für eine bestimmte studentische Zielgruppe entwickeln.

Die Methode erster Wahl stellen in diesem Fall qualitative Einzelgespräche dar. Sie erlauben es, die individuellen Aspekte, die hier zum Tragen kommen, detailreich zu erfassen. Da man im Regelfall alleine liest, ist die Erhebung bei Einzelpersonen gegenüber der ansonsten ebenso denkbaren Methodik von Fokusgruppen der idealere Weg. Je nachdem, wie „offen" die Erhebung gestaltet werden soll, gelangen Gesprächsleitfaden (Leitfadeninterview) bis hin zu qualitativem Fragebogen zum Einsatz.

Zunächst muss die Zielgruppe, die das Buch anspricht, genau definiert werden. Die Grundgesamtheit sollte nach Möglichkeit soziodemografisch und nach ihrer „Fachbuchverwendung" beschrieben werden. Das könnte z.B über die Studienrichtung (Sozial-, Wirtschafts, Naturwissenschaften ...), Ausbildungsstätte (Universität oder FH), Zeitaufwand (Fulltime- oder berufsbegleitendes Studium) oder bereits absolvierte Semesteranzahl (Bakkalaureat- oder Master-Studierende) erfolgen.

Ein ganz anderer Ansatz einer – alternativen oder ergänzenden – Zielgruppe könnten Marketingfachleute („Expertinnen und Experten") in Sach- und Fachbuchverlagen darstellen.

Da bei qualitativen Designs ein repräsentatives Sample meist wenig Sinn macht, hat diese Vorschichtung den primären Zweck, auf keine wichtige Teilzielgruppe zu vergessen.

Die Stichprobe kann systematisch sein – hier würden sich Quoten nach den oben definierten Segmenten anbieten. Im Rahmen der qualitativen Einzelgespräche kann damit ein detailliertes Bild eines idealen Fachbuchs gezeichnet werden. Gibt es sehr spezielle oder zielgruppenspezifische Bedürfnisse, sind auch diese aus dem quotierten Sample gut ableitbar. Von der Menge her stellen mindestens zehn Personen je Teilsamplegruppe eine vernünftige qualitative Erhebungsbasis dar.

Zusammenfassung möglicher Vorgehensweise(n):

- Quotenauswahl (AB S. 56), Screening über Screening- bzw. Sondierungsfragen zur Identifizierung der Befragtenteilgruppen ist dabei empfehlenswert (S. 89).
- Je nach Offenheit der Gesprächsführung Gesprächsleitfaden (AB S. 80) oder qualitativer Fragebogen (AB S. 83).
- Ergebnis-Auswertung und -Darstellung erfolgen nach qualitativen Grundsätzen (AB S. 121 UND S. 141).

Mögliche Unstimmigkeiten könnten auftreten ...

... **zwischen Setting, Stichprobe und Ergebnisinterpretation:** Die Personen, die für die Einzelinterviews willkürlich ausgewählt wurden, sind Individuen mit wahrscheinlich divergierenden Meinungen. Bei der Ergebnisinterpretation werden diese Einzelmeinungen fälschlich generalisiert: Es erfolgt ein Schluss auf das Verhalten ALLER Studierenden: Meinen z.B. zwei Drittel der Gesprächskontakte, Sachbücher müssten unbedingt im Format A5 erhältlich sein, wird daraus abgeleitet, dass 66% aller Studierenden das Buch in A5 kaufen würden. → Die hier angewandte Methodik kann ausschließlich dazu herangezogen werden, ein für möglichst viele ideales Fachbuch (verbalisierend) zu beschreiben. In einer ganzheitlichen Sichtweise können Rückschlüsse auf die konkrete Buchgestaltung abgeleitet werden. Aus der offensichtlichen Wichtigkeit von A5 auf ein (prozentuelles) Kaufverhalten zu schließen, wäre völlig unzulässig. Mit qualitativen Settings lassen sich keinesfalls zahlenmäßige Verhältnisse in Grundgesamtheiten abbilden.

... **zwischen Setting und technischer Auswertung:** Trotz qualitativen Settings werden fast ausschließlich geschlossene Fragen gestellt, auf offene Fragestellungen wird großteils verzichtet. Bei der Auswertung werden fast nur Prozentzahlen errechnet. → Da Generalisierungen bei qualitativen Erhebungen mit fast immer kleinen Samples nicht erfolgen dürfen, machen Prozentauswertungen wenig Sinn.

A 8.3 | Abtestung von Kommunikationskonzepten

Eine deutsche Firma entwirft mehrere Kommunikationskonzepte für die Zielgruppe der Seniorinnen und Senioren im Alter von 60 bis 75 Jahren. Die Entwürfe sollen in Deutschland möglichst rasch bundesweit auf ihre Stimmigkeit, Akzeptanz und Kommunikationsleistung überprüft werden.

Dazu könnten in einer süddeutschen, west-, ost- und norddeutschen Hauptstadt jeweils eine, besser jeweils zwei, Gruppendiskussion(en) durchgeführt werden. Jede Gruppe setzt sich zu gleichen Teilen aus weiblichen und männlichen Kunden und Nicht-Kunden der Firma zusammen. Die Vertreterinnen und Vertreter der Zielgruppe wohnen im Idealfall teils in der Stadt, teils außerhalb.

In jeder Fokusgruppe werden die Kommunikationskonzepte rund eine bis zwei Stunden lang diskutiert. Besonderes Augenmerk liegt dabei darauf, wie gut die Entwürfe aus Zielgruppensicht zur Firma passen und beurteilt werden.

Die Ergebnisse aller Diskussionen liegen bereits nach ein bis zwei Wochen in einem schriftlichen Bericht vor.

Zusammenfassung möglicher Vorgehensweise(n):

- Willkürliche Auswahl (S. 55) aus der Testpersonen-Datenbank eines Instituts oder Interessentensuche in städtischen Fußgängerzonen der entsprechenden Regionen. Pro Gruppendiskussion werden zehn bis zwölf Personen rekrutiert, damit eine Nettoanwesenheit von zumindest acht Teilnehmenden erreicht wird.
- Diskussionsleitfaden (S. 80).
- Ergebnis-Auswertung und -Darstellung erfolgen nach qualitativen Grundsätzen (AB S. 121 UND S. 141).

Mögliche Unstimmigkeiten könnten auftreten ...

... **zwischen Setting, Stichprobe und Ergebnisinterpretation:** Die beiden Gruppen, die sich in Süddeutschland zur Diskussion treffen, setzen sich zufälligerweise aus Einzelpersonen mit divergierenden Meinungen zusammen. Die Ergebnisinterpretation generalisiert stark aus diesen Einzelmeinungen und schließt auf das Verhalten aller Seniorinnen und Senioren des Zielgebiets. Dabei wird sogar die prozentuelle Meinungsverteilung in den beiden Gruppen auf die Grundgesamtheit übertragen. → Dieses Vorgehen ist sehr gefährlich: Qualitative Methodik dieser Art eignet sich primär dazu, das Pro und Kontra der Kommunikationskonzepte verbalisierend zu beschreiben. Daraus können die notwendigen Rückschlüsse auf die konkrete Kommunikationsgestaltung abgeleitet werden. Zahlenmäßige Verhältnisse in der Grundgesamtheit lassen sich an Gruppendiskussionen jedoch keinesfalls festmachen.

... **zwischen Leitfaden und Auswertung:** Die Erhebung hat unter anderem auch das Ziel, herauszufinden, wie kaufanregend die einzelnen Kommunikationskonzepte erlebt werden. Die beiden Gruppen im Norden haben sehr intensiv diskutiert, die Diskussionsleitung konnte das Zeitbudget kaum einhalten. Der Aspekt „kaufanregend" wurde deshalb leider nicht mehr besprochen. Im Ergebnisbericht lässt sich dieses Kriterium deshalb nur mehr aus jenen Gruppen ableiten, bei denen es auch zur Sprache kommen konnte. → Wenn im Diskussionsablauf einzelner Gruppen inhaltliche Details fehlen, kann sich das verzerrend auf das Ergebnisbild auswirken. Nicht vorhandene „Meinungsteile" könnten ja ganz andere sein als die in der Summary als allgemeingültig interpretierten und dargestellten.

A 8.4 | Analyse der Käuferinnen- und Käufer-Struktur veräußerter Artikel

Ein Versandhändler möchte die soziodemografische Struktur und Kaufgewohnheiten seiner Kundinnen und Kunden kennenlernen. Dazu analysiert er alle im Verlauf der letzten sechs Monate veräußerten Artikel. Alle Verkaufsvorgänge wurden in einem Webshop elektronisch erfasst.

Hier bietet sich zunächst eine Totalerhebung an. Verkaufsvorgänge können die Forschungsteilnahme nicht verweigern und damit die Ergebnisdaten strukturell verzerren. Damit ist das Ergebnis völlig repräsentativ, weil es ja alle Fälle abdeckt. Es gibt auch keine Schwankungsbreiten zu berücksichtigen oder Signifikanztests zu berechnen: Da ALLE Verkäufe analysiert werden, müssen keine Stichprobenergebnisse auf eine dahinterstehende Grundgesamtheit projiziert werden.

Ist die Totalerhebung wegen hoher Datenmengen (z.B. hunderttausende Verkäufe) nicht durchführbar, muss eine Stichprobe Abhilfe schaffen. Als Setting erster Wahl kann zunächst eine reine Zufallsauswahl von z.B. 5.000 Verkaufsvorgängen angedacht werden. Denn obwohl hier die Datenmenge für die Auswertung überschaubar bleibt, bewegen sich die statistischen Schwankungsbreiten noch im Rahmen.

Bei derartigen reinen Zufallsauswahlen entsteht jedoch möglicherweise ein Problem: Selten verkaufte Artikel wie z.B. (teure) Spezial-Produkte können der reinen Zufälligkeit der Auswahl zum Opfer fallen. Um dem entgegenzuwirken, müsste man vor der zufälligen Ermittlung der Verkaufsdatensätze eine Vorschichtung selten und öfter gewählter Produktgruppen durchführen. Erst aus diesen beiden Erhebungsmengen erfolgt dann die endgültige Datenauswahl für die Analyse.

Da es sich bei diesem Vorhaben um eine Analyse vorhandener Daten handelt, gibt es keinen Fragebogen. Die Auswertungsmöglichkeiten sind aber dennoch von den Messniveaus der im Webshop abgespeicherten Merkmale abhängig. Die Erhebung richtet sich hier weniger nach den Forschungsfragen; vielmehr müssen umgekehrt die Erkenntnisinteressen nach den Möglichkeiten ihrer Beantwortbarkeit definiert werden.

Zusammenfassung möglicher Vorgehensweise(n):

- Vollerhebung (AB S. 39) ODER einfache zufällige Stichprobenauswahl aus der Datenbank (AB S. 51) ODER komplexe zufällige Auswahl (vorgeschichtet, kleine Untergruppen disproportional verstärkt, Faktorengewichtung auf repräsentativ, AB S. 52). Die Größe der Stichprobe richtet sich nach der maximalen Höhe der Schwankungsbreiten, die noch akzeptiert werden kann (AB S. 113).
- Kein Fragebogen, nur Auswertungsplan; Forschungsfragen richten sich nach den Möglichkeiten der vorhandenen Datenstrukturen.
- Ergebnis-Auswertung und -Darstellung erfolgen nach quantitativen Grundsätzen (AB S. 123 UND S. 141). Beruhen die Daten auf einer Zufallsstichprobe, ist bei der Interpretation unbedingt auf die Berücksichtigung statistischer Schwankungsbreiten zu achten (AB S. 101).

Mögliche Unstimmigkeiten könnten auftreten …

… **zwischen Forschungsfragen und technischer Auswertung**: Bei der Definition der konkreten Erkenntnisinteressen bzw. Forschungsfragen muss unbedingt an die spätere Auswertbarkeit der Daten gedacht werden. So können etwa Merkmale, die in der Datenstruktur des Webshops nur in Kategorien vorliegen, später nicht im Rahmen eines Mittelwertvergleichs ausgewertet und dargestellt werden. → Liegt z.B. die Besuchshäufigkeit des Webshops nur in der Form „letzter Besuch erfolgte in der letzten Woche | im letzten Monat | im letzten Quartal" vor, kann eine Forschungsfrage nicht auf die Ermittlung durchschnittlicher Besuchsfrequenzen einzelner Kundinnen und Kunden abzielen.

A 8.5 | Inhaltsanalyse (zehn Jahre) über Printmedien-Berichterstattung

Im Rahmen einer Inhaltsanalyse soll erhoben werden, wie die reichweitenstärksten tagesaktuellen Printmedien eines Landes in den letzten zehn Jahren über ein bestimmtes Thema berichtet haben. Sowohl Boulevardpresse (drei definierte Medien) als auch Qualitätszeitungen (ebenfalls drei definierte Medien) werden in die Erhebung miteinbezogen.

In einer zentralen Datenbank, in der ALLE Zeitungsartikel der bezeichneten Medien (auch) für den Untersuchungszeitraum archiviert aufzufinden sind, lassen sich mithilfe einer Schlagwortsuche insgesamt 1.000 Artikel identifizieren, die thematische Relevanz besitzen. Davon fallen 100 Artikel auf die Boulevard-, 900 auf die Qualitätspresse.

Da jeder Artikel intensiv inhaltsanalytisch betrachtet werden soll, würde eine Totalerhebung der 1.000 Artikel den Rahmen vorhandener Personalressourcen sprengen. Durchführbar erscheint eine Analyse von höchstens 400 Artikeln. Es muss also eine Stichprobe im Umfang von 40% der Grundgesamtheit der 1.000 identifizierten Artikel gezogen werden.

Dabei taucht ein Problem auf: 40% der 900 Qualitätspresse-Artikel stellen eine ausreichende Menge für eine empirische Analyse dar. 40% der insgesamt nur 100 Boulevard-Artikel wären aber nur 40 Artikel, die in die Erhebung gelangen: Das ist für statistisch abgesicherte und inhaltlich generalisierbare Aussagen deutlich zu wenig.

Die Studienverantwortlichen entscheiden sich deshalb für eine Vorschichtung, disproportionale Stichprobe und Ergebnisgewichtung: Die 100 Boulevard-Artikel werden, um statistisch höherwertige Aussagen zu erzielen, in ihrer Gesamtheit total erhoben. Aus den relevanten Artikeln der Qualitätspresse hingegen wird eine Zufallsstichprobe gezogen: Jeder dritte Artikel (= 300 der 900 Artikel) gelangt in die Analyse. Die endgültige Stichprobe enthält damit die forschungstechnisch „durchführbaren" 400 Artikel.

Nach Abschluss der Inhaltsanalyse können nun sinnvolle Aussagen über die Qualitäts- UND Boulevard-Artikel, jedoch nur IN ISOLIERTER BETRACHTUNG getätigt werden.

Für eine Ergebnis-GESAMTaussage ist unbedingt wieder eine Abgewichtung der Boulevardpresse und Aufgewichtung der Qualitätsmedien erforderlich: Das ursprüngliche Mengenverhältnis in der Grundgesamtheit war ja 100 : 900 Artikel. Die Artikel aus der Boulevardpresse haben also 10% der Grundgesamtheit umfasst. In der gezogenen Stichprobe ist das Verhältnis jetzt jedoch 100 : 300. Der Boulevardteil hat damit einen (deutlich zu hohen) Mengenanteil von 25%. Um die urspüngliche Verhältnismäßigkeit wiederherzustellen, müssen die Boulevardartikel deshalb mit einem Faktor von 0,4 abgewichtet werden. Damit werden aus den 100 erhobenen Artikeln rechnerische 40, also die erforderlichen 10% der 400er-Gesamtstichprobe. Aus den 300 Artikeln der Qualitätspresse werden mit einem Gewichtungsfaktor von 1,2 rechnerische 360 Artikel. Damit umfasst die Stichprobe auch nach der Gewichtung noch 400 Artikel, jetzt aber wieder im richtigen Mengenverhältnis von 10 : 90%.

Die Forschungsfragen an die Erhebung müssen mittels Codebuch und Codierbogen umgesetzt (= operationalisiert) werden.

Zusammenfassung möglicher Vorgehensweise(n):

- Komplexe zufällige Auswahl (vorgeschichtet, die kleine Untergruppe wird disproportional verstärkt, Faktorengewichtung auf repräsentativ, AB S. 52). Die Größe der Stichprobe richtet sich nach der maximalen Höhe der Schwankungsbreiten, die noch akzeptiert werden kann (AB S. 113).

- Codebuch (Beispiel ab S. 21, Ausführungen davor) und Codierschema (S. 20) zur Datenerfassung. Enthält das Codierschema qualitative Elemente, kann die Kategorienbildung induktiv oder deduktiv erfolgen (S. 121 und im Detail ab S. 194).
- Ergebnis-Auswertung und -Darstellung erfolgen vorwiegend nach quantitativen Grundsätzen (ab S. 123 und S. 141). Alle qualitativen Elemente des Codebogens sollten mit der Zitation von erläuternden Textbeispielen ergänzt werden (S. 141). Da die Daten auf einer Zufallsstichprobe beruhen, ist bei der Interpretation unbedingt auf die Berücksichtigung statistischer Schwankungsbreiten zu achten (ab S. 101).

Mögliche Unstimmigkeiten könnten auftreten ...

... zwischen Forschungsfragen, Codierschema und Auswertung: Bei der Definition der konkreten Erkenntnisinteressen (Forschungsfragen) muss unbedingt an deren Zusammenspiel mit dem Codierschema gedacht werden. So können etwa Merkmale, die im Codebuch nur nominal definiert werden, später keiner metrischen Auswertung zugeführt werden. → Beispielsweise soll die Intensität der Berichterstattung über einzelne Themen gemessen werden. Codiert wird aber nur mit „ja | nein", ob die einzelnen Themen überhaupt vorkommen. Damit wird eine Aussage über Intensität unmöglich. Dazu wäre eine mengenmäßige Abbildung der Themenhäufigkeiten (in Form einer Skalierung, konkreten Zählung o.Ä.) notwendig gewesen.

... zwischen Grundgesamtheit, Stichprobe und Ergebnissen: Bei der Auswahl der Artikel werden der Einfachheit halber 100 Artikel der Boulevard- und 100 Artikel der Qualitätspresse analysiert und gemeinsam ausgewertet. Das Ergebnis wird generalisiert. → Die dabei entstehenden Aussagen sind keinesfalls repräsentativ. In der Grundgesamtheit ist das Verhältnis zwischen Boulevard- und Qualitätsmedien 1 : 9. In der hier angewendeten Stichprobe hingegen 1 : 1.

A 8.6 | Inhaltsanalyse (sechs Monate) der Chronik-Artikel einer Tageszeitung

Alle im Verlauf der letzten sechs Monate publizierten Artikel im Chronikteil der (fiktiven) Zeitung „Die Tageszeitung" sollen einer Inhaltsanalyse unterzogen werden.

Dazu scheint zunächst eine Vollerhebung am besten geeignet zu sein. Zeitungsartikel verweigern keine Forschungsteilnahme, die Ergebnisdaten können somit nicht strukturell verzerrt sein. Damit ist das Ergebnis völlig repräsentativ, weil es ja alle Fälle abdeckt. Es gibt auch keine Schwankungsbreiten zu berücksichtigen oder Signifikanztests zu berechnen: Da ALLE Artikel analysiert werden, müssen keine Ergebnisse von einer Stichprobe auf die dahinterstehende Grundgesamtheit projiziert werden.

Ist die Anzahl der Artikel zu groß oder eine Vollerhebung zu aufwendig, bietet sich bei diesem Forschungsvorhaben ein reines Zufallssample an. Grundgesamtheit sind die an allen Tagen der sechs Beobachtungsmonate im Chronikteil der „Tageszeitung" publizierten Artikel. Zunächst erfolgt eine nach Datum gelistete Aufstellung der Erhebungstage. Daraus werden per Zufall Tage ausgewählt. Von diesen Tagen wird – wieder zufällig – jeweils einer der am jeweiligen Tag publizierten Chronik-Artikel in die Analyse miteinbezogen. Das könnte z.B. alternierend der erste und letzte Artikel aus dem Chronikteil des jeweiligen Tages sein. Einfacher, aber – bei wahrscheinlich unterschiedlicher Artikelanzahl pro Tag –

methodisch ungenauer ist es, ALLE Chronik-Artikel der zufälligen ausgewählten Tage in die Analyse mitaufzunehmen.

Ist unter der Woche und am Wochenende Ungleichgewicht in den Artikelmengen zu erwarten, sollte man die Stichprobe noch etwas verfeinern: Die Grundgesamtheit könnte in diesem Fall noch nach Tagestypen vorgeschichtet werden. Die Anteile der ausgewählten Tage von z.B. Mo bis Fr (unter der Woche) sowie Sa und So (Wochenendausgaben) an der Gesamtstichprobe würden dann dem Verhältnis dieser Tage in der Grundgesamtheit entsprechen.

Die Forschungsfragen an die Erhebung müssen mittels Codebuch exakt definiert (= operationalisiert) und in einem Codierschema für die Datenerfassung umgesetzt werden.

Zusammenfassung möglicher Vorgehensweise(n):

- Vollerhebung (AB S. 39) ODER einfache zufällige Stichprobenauswahl aus der Datenbank (AB S. 51) ODER komplexe zufällige Auswahl (vorgeschichtet, AB S. 52). Die Größe der Stichprobe richtet sich nach der maximalen Höhe der Schwankungsbreiten, die noch akzeptiert werden kann (AB S. 113).
- Codebuch (BEISPIEL AB SEITE 21, AUSFÜHRUNGEN DAVOR) und Codierschema (S. 20) zur Datenerfassung. Enthält das Codierschema qualitative Elemente, kann die Kategorienbildung induktiv oder deduktiv erfolgen (S. 121 UND IM DETAIL AB S. 194).
- Ergebnis-Auswertung und -Darstellung erfolgen nach quantitativen Grundsätzen (AB S. 123 UND S. 141). Beruhen die Daten auf einer Zufallsstichprobe, ist bei der Interpretation unbedingt auf die Berücksichtigung statistischer Schwankungsbreiten zu achten (AB S. 101). Kommen im Codebogen qualitative Elemente vor, müssen diese dementsprechend ausgewertet (AB S. 121), interpretiert und dargestellt (S. 141) werden.

Mögliche Unstimmigkeiten könnten auftreten …

… zwischen Forschungsfragen, Codierschema und Auswertung: Die konkreten Forschungsfragen müssen sich unbedingt auch im Codierschema widerspiegeln. → Ist z.B. eine Ergebnisdarstellung nach Artikellänge Teil der Erkenntnisinteressen, muss dementsprechend eine diesbezügliche Variable ins Codebuch mitaufgenommen werden.

A 8.7 | Inhaltsanalyse der gesamten Mitarbeiterkommunikation

Die Kommunikationsabteilung eines Unternehmens hat den Auftrag erhalten, die gesamte Mitarbeiterkommunikation der letzten zwölf Monate inhaltsanalytisch zu durchleuchten. Dazu zählen alle Kommunikationsfälle wie Texte in Rund-E-Mails, Briefen, Mitarbeiterzeitungen, im Intranet usw.

Auf den ersten Blick bietet sich hier wieder eine Vollerhebung an. Auf Kommunikationsinhalte kann wohl in der Regel zumindest ein Jahr lang zugegriffen werden. Kommunizierte Beiträge können keine Erhebung verweigern, die Analyse kann also keine strukturell verzerrten Ergebnisse liefern. Wenn alle Fälle analysiert werden, ist als weiterer Vorteil auch kein Stichprobenfehler zu berücksichtigen.

Ist die Totalerhebung zu aufwendig, könnte man zuerst eine Zufallsauswahl aus den 52

Kalenderwochen der letzten zwölf Monate vornehmen. Die Gesamtkommunikation wird dabei z.B. nur mehr aus zehn zufällig gezogenen Wochen in die Analyse mitaufgenommen. Das reduziert die Menge der Totalerhebung auf ein Fünftel.

Sind bei den Erkenntnisinteressen der Erhebung Saisonalitäten relevant, wäre zusätzlich eine diesbezügliche Vorschichtung sinnvoll: Im Unternehmen fallen z.B. zwei Drittel des Jahres auf Wochen mit relativ konstanten Mitarbeiterzahlen. Im restlichen Drittel herrscht starke Personalfluktuation vor. In Zeiten umfangreicher Personalveränderungen findet erfahrungsgemäß auch deutlich mehr interne Kommunikation statt. Die ausgewählten Analysewochen sollten sich deshalb ebenfalls in diesem Verhältnis auf die beiden Zeittypen verteilen.

Eine im gegenständlichen Beispiel zusätzlich sehr wichtige Festlegung betrifft die Codiereinheiten: E-Mails, Briefe, Zeitungen und Intranet stellen je „Ausgabe" von der Themenmenge her völlig unterschiedliche Dimensionen dar. Überwiegen bei manchen Kanälen pro Kommunikationsfall einzelne Themen, handelt es sich an anderer Stelle um eine Vielfalt kommunizierter Inhalte. Eine Möglichkeit, diesem Umstand Rechnung zu tragen, besteht darin, die (Auswahl- und) Codiereinheiten als „thematische Einheiten" zu definieren.

Die Forschungsfragen an die Erhebung müssen mittels Codebuch und Codierbogen umgesetzt (= operationalisiert) werden.

Zusammenfassung möglicher Vorgehensweise(n):

- Bevorzugt Vollerhebung (AB S. 39) aus allen oder den Inhalten zufällig ausgewählter Kalenderwochen (AB S. 51). Eventuelle Vorschichtung der Kalenderwochen nach Saisonalitäten (AB S. 52). Die Größe der Stichprobe richtet sich nach der maximalen Höhe der Schwankungsbreiten, die noch akzeptiert werden kann (AB S. 113).
- Codebuch (BEISPIEL AB S. 21, AUSFÜHRUNGEN DAVOR) und Codierschema (S. 20) zur Datenerfassung.
- Ergebnis-Auswertung und -Darstellung erfolgen nach quantitativen Grundsätzen (AB S. 123 UND S. 141). Beruhen die Daten auf einer Zufallsstichprobe, ist bei der Interpretation unbedingt auf die Berücksichtigung statistischer Schwankungsbreiten zu achten (AB S. 101). Enthält der Codebogen qualitative Elemente, müssen diese dementsprechend ausgewertet (AB S. 121), interpretiert und dargestellt (S. 141) werden.

Mögliche Unstimmigkeiten könnten auftreten …

… zwischen Forschungsfragen, Codierschema und Auswertung: Bei der Definition der konkreten Erkenntnisinteressen (Forschungsfragen) muss unbedingt an deren Zusammenspiel mit dem Codierschema gedacht werden. So können etwa Merkmale, die im Codebuch nur mit einzelnen Ausprägungen definiert werden, später keiner Auswertung nach mehrfachem Vorkommen zugeführt werden. → Beispielsweise soll analysiert werden, ob in den einzelnen Kommunikationsfällen gleichzeitig verschiedene Führungskräfte zu Wort kommen. Erfasst und codiert wird dazu aber nur EINE Variable FÜHRUNGSKRAFT. Somit ist – kommen in einer Codiereinheit MEHRERE Personen vor – weder eine Aussage über deren Position im Unternehmen noch über eine Anzahl möglich. Dazu wären – je nach Art der Mehrfachcodierung (NACH MULTIPLEN DICHOTOMIEN ODER MULTIPLEN KATEGORIEN, AB S. 244) – mehrere Variablen notwendig gewesen.

... zwischen Grundgesamtheit, Stichprobe und Ergebnissen: Bei der Auswahl der Artikel werden zehn E-Mails, zehn Briefe, zehn Mitarbeiterzeitungen und zehn Intranet-Beiträge analysiert und gemeinsam ausgewertet. Das Ergebnis wird generalisiert. → Die dabei entstehenden Aussagen sind keinesfalls repräsentativ. In der Grundgesamtheit ist das Verhältnis zwischen den einzelnen Kommunikationskanälen bestimmt nicht ausgeglichen. Hier macht es natürlich Sinn, die Auswahl der Analyseelemente an der strukturellen Verteilung der Kommunikationsfälle in der Grundgesamtheit zu orientieren.

A 8.8 | Mystery-Shopping eines Lebensmitteldiskonters

Ein bundesweiter deutscher Lebensmitteldiskonter plant in seinen Filialen ein Mystery-Shopping.

Das wohl einfachste Setting wäre hier eine Vollerhebung aller Filialen.

Ist eine Vollerhebung aller Filialen nicht durchführbar, bietet sich eine Zufallsstichprobe aus dem gesamten Filialnetz an. Um ein repräsentatives Bild zu erhalten, müssen Strukturmerkmale definiert werden, deren Verteilung in der Stichprobe auf Übereinstimmung mit der Grundgesamtheit überprüft werden können. Das können bei Mystery-Tests Filialstandort (Bundesland) oder Filialgröße (Mitarbeitende, Umsatz oder Verkaufsvorgänge) sein. Die durchzuführenden Mystery-Tests müssen derart auf das Filialnetz aufgesplittet werden, dass sie dessen Verteilung innerhalb der definierten Strukturmerkmale widerspiegeln. Vereinfacht gesagt müssen große Filialen öfter getestet werden als kleine. Die Zufallsstichprobe sollte anhand der Strukturmerkmale vorgeschichtet werden, um in jedem Fall Repräsentativität sicherzustellen.

Eine Quotenstichprobe der Filialen (z.B. 100 Tests in Bayern, 100 in Hessen usw.) wäre hier wohl möglich, stellt aber wegen der zu befürchtenden subjektiven Auswahl der Testorte durch die Testenden eine weniger zu empfehlende Variante dar. Wenn die Entscheidung trotzdem auf eine Quotenstichprobe fällt, sollten die Testpersonen nur wenig Entscheidungsspielraum bei der Filialauswahl zugestanden bekommen. Jedenfalls müssen auch die Quoten unbedingt die definierten Strukturmerkmale widerspiegeln.

Unabhängig von der Art der Stichprobe ist auf eine möglichst breite Verteilung der Tests über Tage, Wochentage und Tageszeiten zu achten. Als Tagestypen und Uhrzeiten könnte man definieren: Montag, Dienstag bis Donnerstag, Freitag, Samstag bzw. 7:00 bis 9:00, 9:01 bis 11:00, 11:01 bis 14:00, 14:01 bis 16:00, 16:01 bis 19:00 Uhr. Eine Quotierung der Filialbesuche nach diesen Tagen und Zeiten wäre eine praktikable Lösung. Im Idealfall erstreckt sich die gesamte Erhebung über mehrere Wochen.

Die Forschungsfragen an die Erhebung müssen mittels Mystery-Protokollbogen objektiv umgesetzt (= operationalisiert) werden. Mystery-Tests stellen keine Kundenbefragungen dar, sondern OBJEKTIVE Bestandsaufnahmen. Die Testpersonen dürfen deshalb nur objektive Gegebenheiten erfassen, ihre eigene Meinung ist wenn, dann höchstens ergänzend, am Rande gefragt.

Zusammenfassung möglicher Vorgehensweise(n):
- Vollerhebung (AB S. 39) ODER einfache zufällige Stichprobenauswahl aus dem Filial-

netz (AB S. 51) ODER besser komplexe zufällige Auswahl (vorgeschichtet nach zu definierenden Strukturmerkmalen, kleine Untergruppen disproportional verstärkt, Faktorengewichtung auf repräsentativ, AB S. 52). Die Größe der Stichprobe (= Mystery-Tests) richtet sich nach der maximalen Höhe der Schwankungsbreiten, die noch akzeptiert werden kann (AB S. 113).

- Mystery-Protokollbogen (S. 27) zur Datenerfassung.
- Ergebnis-Auswertung und -Darstellung erfolgen so gut wie immer nach quantitativen Grundsätzen (AB S. 123 UND S. 141). Beruhen die Daten auf einer Zufallsstichprobe, ist bei der Interpretation unbedingt auf die Berücksichtigung statistischer Schwankungsbreiten zu achten (AB S. 101).

Mögliche Unstimmigkeiten könnten auftreten …

… zwischen Grundgesamtheit, Stichprobe und Ergebnissen: Für die Stichprobe werden nur große Filialen ausgewählt. Dort ist das Kundenaufkommen am größten und am ehesten mit Problemen zu rechnen – so die Annahme der Forschungsleitung. Außerdem wird den Testpersonen freigestellt, wann sie den Test machen: Einkäufe finden ja auch zu x-beliebigen Zeiten statt. → Die Beschränkung auf große Filialen wegen ausschließlich dort zu erwartender Probleme stellt ein Präjudiz dar. Vielleicht stellen sich gerade kleine Filialen problembehafteter dar. Wird darüber hinaus die Zeitlage der Besuche freigestellt, fehlt jegliche Kontrolle über die Verteilung der Tests. Etwa werden nebenberuflich tätige Testpersonen ihre Tests bevorzugt nach der Arbeit, am späteren Nachmittag durchführen. Vielleicht treten die größten Probleme aber am Vormittag auf …? Ohne repräsentative Aufteilung der Mystery-Checks auf Filialen und Zeitlagen ist deshalb mit einem (deutlich) verzerrten Ergebnisbild zu rechnen.

… zwischen Erkenntnisinteressen und Erhebungsprotokoll: Im Erhebungsprotokoll wird gefragt: „Wie freundlich war der/die Mitarbeiter/in, den/die Sie am Regal nach der Schuhcreme gefragt haben? Urteilen Sie bitte mit Schulnoten von 1 bis 6". → Mystery-Tests müssen streng objektiviert ablaufen. Freundlichkeit ist für jeden Menschen (und damit auch die Testenden) anders definiert. Die Ergebnisse einer Bewertung dürfen aber nicht von der Testperson abhängen! Es müssen Indikatoren gefunden werden, die „Freundlichkeit" kennzeichnen. Ein derartig objektiver Gradmesser könnte im Beispiel sein: „Wie hat der/die Mitarbeiter/in auf Ihre Frage nach der Schuhcreme reagiert? >>> hat mich auf die Abteilung verwiesen | hat mir den Platz mit ‚dort drüben' gezeigt | ist mit mir zum entsprechenden Regal gegangen | hat anders reagiert, und zwar …".

A 8.9 | Kundenzufriedenheitsanalyse eines Einkaufszentrums

Eine Kundenzufriedenheitsanalyse fokussiert auf weibliche und männliche Privatkundinnen und -kunden eines Einkaufszentrums in einer mittleren Stadt.

In einem Einkaufszentrum muss sich niemand beim Einkauf namentlich registrieren. Es gibt hier also keine zugängliche, bekannte Grundgesamtheit. Auch in einer repräsentativen Bevölkerungsstichprobe wird man kaum genügend Kundinnen und Kunden dieses Einkaufszentrums finden (= kleine Inzidenz). Außerdem ist das Einzugsgebiet nicht bekannt, also von wie weit die Kundschaft zufährt. Damit fehlt die Information, wie breit man die

Bevölkerungsstichprobe geografisch ausdehnen müsste, um ein repräsentatives Kundenbild zu bekommen.

In einem derartigen Fall kann man nur auf eine willkürliche Auswahl direkt vor Ort zurückgreifen. Die Auswahl der Befragten sollte auf jeden Fall zeitlich sehr breit gestreut (nach Uhrzeit und Wochentagen) und über einen längeren Zeitraum erfolgen. Damit ist die Wahrscheinlichkeit größer, die unterschiedlichen Kundengruppen in ihrer Gesamtheit möglichst gut abzudecken. Auch auf das Abbilden (oder Vermeiden – je nach Erkenntnisinteresse) spezieller saisonaler Unregelmäßigkeiten in der Kundenstruktur sollte geachtet werden.

Will man sicherstellen, dass das Meinungsbild wichtiger Teilsegmente nicht fehlt, kann man hier durchaus auch mit einem Quotensample arbeiten: Das würde bedeuten, dass man z.B. festlegt, wie viele Männer und Frauen aus der Bevölkerung des Stadtbezirks, in dem das Zentrum liegt, in der Stichprobe enthalten sein müssen. Weitere Quoten werden für weibliche und männliche Personen definiert, die von weiter her anfahren. Hat man Informationen aus vorangegangenen Erhebungen, wie sich die Kundschaft auf diese beiden Kriterien (Geschlecht und Wohnnähe) aufteilt, kann man die Befragungsquoten danach festlegen. Fehlen diese Informationen, muss man frei definieren: je zur Hälfte Frauen und Männer, die jeweils wiederum je zur Hälfte aus demselben Stadtbezirk oder von weiter her kommen.

Die hier beschriebenen Stichprobenverfahren werden durch die Erhebungspersonen stark subjektiv gefärbt. Dagegen Abhilfe schaffen könnte eine objektivere Auswahl, die eine Zufallskomponente enthält: Man legt generell fest, dass jede zehnte Person zu befragen ist, die das Einkaufszentrum durch eine gewisse Pforte betritt. Dazu werden als Grundgesamtheit alle vollen Stunden definiert, die das Zentrum während eines Monats geöffnet hält. Aus diesen Stunden lassen sich Zeitabschnitte zusammenfassen, die wiederum die Basis einer Zufallsauswahl bilden. Die Befragung jeder zehnten Person findet dann z.B. am Montag zwischen 11 und 12 sowie 15 bis 16 Uhr, Dienstag zwischen 8 und 9 Uhr, Mittwoch zwischen 13 und 14 sowie 19 und 20 Uhr usw. statt.

Vollständige Repräsentativität wird man hier niemals erreichen: Einerseits können unbekannte Effekte die Käuferstrukturen verändern (z.B. Verkaufsaktionen einzelner Firmen). Andererseits kann man mangels Information über die strukturelle Zusammensetzung der Grundgesamtheit nicht beurteilen, ob die Stichprobenstruktur jener der Grundgesamtheit entspricht. Man wird sich aber durch die angeführten Maßnahmen dem Idealfall der Repräsentativität zumindest weitestmöglich annähern.

Bei Erhebungen dieser Art kommen in der Regel quantitative Fragebögen zum Einsatz.

Zusammenfassung möglicher Vorgehensweise(n):

- Willkürliche Auswahl (S. 55) oder besser Quotenstichprobe (AB S. 56) nach zu definierenden Strukturmerkmalen, die erhebungsrelevant sind. Zur besseren Objektivierung der Auswahl zufällige Streuung der Erhebungstage, Tageszeiten und Zielpersonen (AB S. 51). Repräsentativität (AB S. 42) kann hier in keinem Fall gemessen bzw. gewährleistet werden.

- Wenn die Auswahl keine Zufallsstichprobe darstellt, ist die Berechnung von Schwankungsbreiten (AB S. 101) unzulässig.

- Meist quantitativer Fragebogen (BEISPIEL AUF S. 69 F., IM DETAIL AB S. 85), der vereinzelt auch qualitative Elemente beinhalten kann.
- Ergebnis-Auswertung und -Darstellung erfolgen überwiegend nach quantitativen Grundsätzen (AB S. 123 UND S. 141). Beruhen die Daten auf einer Zufallsstichprobe, ist bei der Interpretation unbedingt auf die Berücksichtigung statistischer Schwankungsbreiten zu achten (AB S. 101). Enthält der Fragebogen qualitative Elemente, müssen diese dementsprechend ausgewertet (AB S. 121), interpretiert und dargestellt (S. 141) werden.

Mögliche Unstimmigkeiten könnten auftreten ...

... zwischen Stichprobe und Ergebnisinterpretation: Die Befragung im Einkaufszentrum ist folgendermaßen angelegt: Die Erhebungspersonen wählen an zwei aufeinanderfolgenden Samstagen ab 10 Uhr vormittags bei der zentralen Eingangstür willkürlich 100 Männer und 100 Frauen aus. Jede „ansprechbar" erscheinende Person wird zur Befragung eingeladen. → Damit nähert sich das Sample keinesfalls auch nur irgendwie der Repräsentativität an: Zumindest fehlt eine Streuung der Befragungen nach Wochentagen, Tageszeiten und Einzugsbereich der Kundinnen und Kunden. Von der Momentaufnahme zweier strukturell ähnlicher Vormittage auf eine Grundgesamtheit zu schließen ist methodisch unzulässig. Zusätzlich verzerrt auch noch der Sympathiefaktor zwischen Befragten und Befragenden, ohne den ein Interview gar nicht zustandekommt, das Ergebnis.

A 8.10 | Mitarbeiterbefragung einer Möbelkette

Eine deutsche Möbelkette möchte ihre Mitarbeiterinnen und Mitarbeiter befragen.

Dazu werden als Grundgesamtheit definiert: alle weiblichen und männlichen Mitarbeiter aller Filialen und der Verwaltung, die seit mindestes einem halben Jahr im Ausmaß von mindestens 20 Wochenstunden fix angestellt sind und keiner Führungsebene (auch nicht Teamleitung) angehören.

Hier kommt – bei halbwegs überschaubarer Mitarbeitendenanzahl – eine Vollerhebung in Frage. Beschäftigte sind ja üblicherweise in Unternehmensdatenbanken erfasst, also direkt kontaktierbar. Im Falle einer Gesamterhebung ist jedoch unbedingt darauf zu achten, dass der Rücklauf der Interviews auch repräsentativ für die Grundgesamtheit ist. Um das beurteilen zu können, müssen Strukturmerkmale definiert werden, deren Verteilung in der gesamten Belegschaft bekannt ist. Nur dann kann die Struktur jener, die sich an der Erhebung beteiligt haben, auf ihre Übereinstimmung mit der Grundgesamtheit (= Repräsentativität) überprüft werden. Das könnten im gegenständlichen Fall Filialstandort (Bundesland), Filialgröße (Anzahl der Mitarbeitenden, Umsatz oder Verkaufsvorgänge), Beschäftigtenart (Arbeitende oder Angestellte) oder auch Abteilung (Filiale oder zentrale Verwaltung, und dort Vertrieb, Einkauf, Marketing und Werbung usw.) sein.

Nach derartigen Kriterien wäre auch eine – hier ebenfalls anwendbare – Zufallsstichprobe vorschichtbar. Für jede Teilgruppe dieser Vorschichtung wird ihre anteilsmäßig erforderliche Größe ermittelt. Erst dann erfolgt – wieder je Teilgruppe – eine Zufallsauswahl aus den Mitarbeiterdaten. Zu kleine Gruppen werden aufgestockt, also mengenmäßig vergrößert (und bei der Gesamtergebnisermittlung wieder abgewichtet).

Eine Zufallsstichprobe würde bei den meisten Mitarbeiterbefragungen repräsentativere Ergebnisse liefern als eine Vollerhebung. Durch die Vorschichtung wird es möglich, ein besseres Abbild der Grundgesamtheit zu zeichnen als bei einer Totalerhebung. Denn dort verzerrt üblicherweise der unterschiedliche Interview-Rücklauf aus den verschiedenen Firmenbereichen das Ergebnis (z.B. befragungsaffineres Büropersonal versus ablehnenderes Verkaufspersonal).

Bei Mitarbeiterbefragungen kommen in der Regel quantitative Fragebögen zum Einsatz.

Vom Feld her ist es in den meisten Unternehmen möglich, mittels Online-Befragung vorzugehen. Online-Befragungen bieten den großen Vorteil, durch den Versand von Reminder-E-Mails den Rücklauf zu erhöhen. Ob man die versendeten Links personalisiert oder nicht, muss situationsspezifisch entschieden werden (VGL. DAZU KAPITEL „A 3.1.3 | REPRÄSENTATIVITÄT BEI ONLINE-ERHEBUNGEN" AB SEITE 46).

Zwei Probleme treten aber bei allen Online-Erhebungen im Mitarbeiterbereich – ob personalisiert oder nicht – immer wieder auf: 1. gibt es bei der Belegschaft Bedenken, dass die Erhebung nicht anonym ist; 2. sind Arbeitsbereiche, die über keine Büros mit Computer und Internet verfügen, schwieriger zu erreichen als andere. Einige Mitarbeiterbefragungen gehen deshalb den – deutlich umständlicheren – Weg über eine schriftliche Befragung. Diese wird an die Wohnadressen der Mitarbeiterinnen und Mitarbeiter verschickt. Ein frankiertes Rücksendekuvert liegt bei. Das ist einer Abgabe des Fragebogens in der Firma (z.B. Einwurf in Boxen) vorzuziehen, weil dadurch der erlebte Anonymitätsgrad verbessert wird. Nachteil der schriftlichen Methode ist der höhere Zeit-, Kosten- und Organisationsaufwand sowie der zu erwartende geringe Rücklauf.

Eine alternative – noch komplexere – Vorgehensweise könnte den Kanal der Fragebeantwortung überhaupt freistellen: Die Mitarbeitenden erhalten einen Fragebogen mit Rücksendekuvert zugeschickt. Am Fragebogen ist auch der Link auf ein Befragungsformular aufgedruckt, das man ebenso für die Beantwortung heranziehen kann. Ist am Papierfragebogen zusätzlich ein persönlicher Code angeführt, kann über dessen Eingabe im Online-Formular die Beantwortung sogar personalisiert erfolgen.

Wird die Befragung nicht als Vollerhebung, sondern in Form einer repräsentativen Stichprobe aufgesetzt, kann als weiterer effizienter Befragungskanal das (Mobil-)Telefon ins Auge gefasst werden. Hier wird wahrscheinlich der Privatanschluss oder ein Handy die bessere Alternative zum Firmenfestnetz sein.

Wie auch immer man die Mitarbeiterbefragung aufsetzt: In jedem Fall bietet begleitende Kommunikation im Unternehmen eine wichtige Unterstützung. Dabei kann vor allem auch der Aspekt der Anonymität stark in den Vordergrund gerückt werden. Das wirkt positiv auf die Ausfüllbereitschaft.

Zusammenfassung möglicher Vorgehensweise(n):

- Vollerhebung (AB S. 39) ODER einfache zufällige Stichprobenauswahl (AB S. 51) ODER komplexe zufällige Auswahl (vorgeschichtet nach zu definierenden Strukturmerkmalen, kleine Untergruppen disproportional verstärkt, Faktorengewichtung auf repräsentativ, AB S. 52). Besonderes Augenmerk bei Vollerhebungen sollte unbedingt auf die Repräsentativität (AB S. 42) des Datenrücklaufs gelegt werden. Die Größe der Stich-

probe richtet sich nach der maximalen Höhe der Schwankungsbreiten, die noch akzeptiert werden kann (AB S. 113).
- Meist quantitativer Fragebogen (BEISPIEL AUF S. 69 F., IM DETAIL AB S. 85), der vereinzelt auch qualitative Elemente beinhalten kann.
- Ergebnis-Auswertung und -Darstellung erfolgen überwiegend nach quantitativen Grundsätzen (AB S. 123 UND S. 141). Beruhen die Daten auf einer Zufallsstichprobe, ist bei der Interpretation unbedingt auf die Berücksichtigung statistischer Schwankungsbreiten zu achten (AB S. 101). Enthält der Fragebogen qualitative Elemente, müssen diese dementsprechend ausgewertet (AB S. 121), interpretiert und dargestellt (S. 141) werden.

Mögliche Unstimmigkeiten könnten auftreten …

… zwischen Stichprobe und Ergebnisinterpretation: Die meisten Mitarbeiterbefragungen richten sich an alle Mitarbeitenden. Die Erhebung ist abgeschlossen, von den 1.000 Mitarbeitenden haben 510 geantwortet, der Rücklauf liegt also bei 51%. Stolz wird ein Ergebnisbericht erstellt, das Ergebnis kommuniziert und in die Unternehmensprozesse eingesteuert. → Bei der Ergebnisermittlung erfolgt die Auswertung des Rücklaufs oft unreflektiert. Was zählt, ist nur die Menge an Antworten, deren Struktur wird wenig oder nicht kontrolliert. Damit begeht man einen enscheidenden Fehler: Wenn sich die Struktur jener, die an der Erhebung teilgenommen haben, stark von der Grundgesamtheit unterscheidet, fehlt die Repräsentativität. Von 51% Teilnehmenden darf dann nicht ohne Weiteres auf die gesamte Belegschaft geschlossen werden. Sind die Daten spezieller Mitarbeitergruppen unterrepräsentiert, die Antworten anderer Abteilungen überrepräsentiert, verzerrt das ziemlich sicher das Ergebnis. Hier MUSS eine Ergebnisgewichtung vorgenommen werden.

… zwischen Stichprobe und Ergebnisinterpretation: Probleme der Repräsentativität können auch dann auftreten, wenn der Datenrücklauf zwar strukturell überprüft wird, entscheidende Kriterien dabei aber unbeachtet bleiben. → Es könnte z.B. sein, dass die Beschäftigtenart (Arbeitende oder Angestellte) starken Einfluss auf die Arbeitszufriedenheit hat. Bei der strukturellen Kontrolle des Datenrücklaufs wird dieses Merkmal jedoch nicht beachtet. Insgesamt passt der Datenrücklauf hinsichtlich Bundesland, Filialgröße und Abteilung zu den Verhältnissen in der Grundgesamtheit. Man geht deshalb von Repräsentativität aus. Vielleicht sind nun aber gerade Arbeiterinnen und Arbeiter weniger zufrieden als Angestellte? Und Unzufriedene beteiligen sich vermehrt an der Befragung, weil sie ihrem Ärger Luft machen wollen. Das führt nun doch zur Ergebnisverzerrung …

A 8.11 | Potenzialanalyse eines Fertighausproduzenten

Ein Fertighausproduzent möchte in der österreichischen Bevölkerung das Potenzial für sein Produkt ermitteln.

Man kann davon ausgehen, dass im gegenständlichen Fall die Hauptzielgruppe (= Grundgesamtheit) für ein neues Haus alle jene darstellen, die kurz vor oder nach der Schwelle zur Familiengründung stehen oder ein gewisses Maß an Sesshaftigkeit in ihr Leben bringen wollen. Diese Menschen werden sich wohl altersmäßig großteils zwischen 20 und 45

Jahren in der Bevölkerung finden. Dementsprechend könnte man hier als einfache Lösung eine Erhebung im passenden altersmäßigen Ausschnitt einer Standard-Bevölkerungsstichprobe beauftragen. Man könnte z.B. im Rahmen einer Mehrthemenumfrage eines Instituts ausschließlich 20- bis 45-Jährige befragen, ob sie in nächster Zeit an ein neues Haus denken.

Der hieraus resultierende Prozentsatz lässt sich auf die dahinterstehenden Absolutzahlen der Grundgesamtheit projizieren. Die absoluten Zahlen von Menschen verschiedenen Alters in der Bevölkerung liegen aus amtlichen Statistiken vor. Wenn 20- bis 45-Jährige rund 1,5 Mio. Menschen ausmachen und die Umfrage z.B. ein Interesse von 10% dieser Altersgruppe an Fertighäusern ermittelt, bedeutet das ein tatsächliches Potenzial von etwa 150.000 Menschen.

Potenzialerhebungen funktionieren grundsätzlich immer nach diesem Prinzip: Man „kennt" eine Grundgesamtheit und kann sie im Idealfall bereits größenmäßig beziffern. Besitzt man (noch) keine verwendbare Statistik, ist vorab Basisforschung notwendig. Die Ergebnisse der Erhebung, das „Potenzial", wird zahlenmäßig auf die bekannte Grundgesamtheit übertragen. Manche Erhebungen nennen das „Projektion". Reichweitendaten von Medien oder Zuschauerquoten von Fernsehsendungen werden z.B. auf diese Art und Weise ermittelt. Eines setzen alle derartigen Projektionen auf Absolutzahlen voraus: Potenzialanalysen machen nur dann Sinn, wenn die Größe der Grundgesamtheit bekannt ist. Ansonsten ist ja nicht beurteilbar, ob z.B. 2% ein großes oder kleines Potenzial darstellen.

Bei Erhebungen dieser Art kommen in der Regel quantitative Fragebögen zum Einsatz.

Zusammenfassung möglicher Vorgehensweise(n):

- Zufallsauswahl (AB S. 51) oder Quotenstichprobe (AB S. 56) nach bevölkerungsstrukturellen Merkmalen (Geschlecht, Alter, Bildung, Wohnort, Beruf). Die Grundgesamtheit muss für dieses Vorhaben größenmäßig bezifferbar sein.
- Wenn die Auswahl keine Zufallsstichprobe darstellt, ist die Berechnung von Schwankungsbreiten (AB S. 101) unzulässig.
- Quantitativer Fragebogen (BEISPIEL AUF S. 69 F., IM DETAIL AB S. 85), der vereinzelt auch qualitative Elemente beinhalten kann.
- Die Ergebnis-Auswertung und -Darstellung erfolgt nach quantitativen Gesichtspunkten (AB S. 123 UND S. 141). Beruhen die Daten auf einer Zufallsstichprobe, ist bei der Interpretation unbedingt auf die Berücksichtigung statistischer Schwankungsbreiten zu achten (AB S. 101).

Mögliche Unstimmigkeiten könnten auftreten ...

... zwischen Fragebogen und Erkenntnisinteresse: Mit der Erhebung soll auch das Potenzial unter den 20- bis 30-jährigen Personen, die in Salzburg wohnen, ermittelt werden. Dazu werden die Bevölkerungsdaten der Statistik Austria abgefragt. Diese sind je Bundesland und Altersgruppe im Netz abrufbar. Im Fragebogen werden folgende Fragen gestellt: „Wo liegt der Mittelpunkt Ihrer Lebensinteressen? >>> in Wien, Niederösterreich, Burgenland | Oberösterreich, Salzburg | Tirol, Vorarlberg | Steiermark, Kärnten" sowie „Wie alt sind Sie? Welcher der folgenden Altersgruppen ordnen Sie sich zu? >>> 15 bis 20 | 21 bis 35 | 36 bis 50 Jahre | 51 und älter". → Fragebogen und Erkenntnisinteresse sind nicht deckungsgleich. Die Kategorien der Merkmale Region und Alter lassen keine Aussagen über 20- bis 30-jährige Menschen in Salzburg zu: Salzburg wurde gemeinsam mit Oberösterreich abgefragt, das Alter in der Gruppierung 21 bis 35 Jahre. Somit kann das Zielsegment aus den Daten nicht herausgelöst werden.

A 8.12 | Expertenbefragung kleinerer und mittlerer Unternehmen

Eine Expertenbefragung möchte in Erfahrung bringen, welchen Stellenwert Qualitätsmanagement in kleineren und mittleren Unternehmen (KMU's) einer bestimmten Branche besitzt.

Für die methodische Umsetzung dieses Erkenntnisinteresses spielt die Größe der Grundgesamtheit eine entscheidende Rolle.

Ist die Branche sehr überschaubar, existieren vielleicht nur eine Handvoll kleinerer und mittlerer Unternehmen. Hier stellen wohl Leitfaden-Gespräche bzw. qualitative Interviews mittels Fragebogen die Methode erster Wahl dar. Nach telefonischem oder per E-Mail durchgeführtem Aviso finden an vereinbarten Orten Einzelinterviews mit Expertinnen und Experten der jeweiligen Firmen statt. Methodisch stellt dieses Vorgehen eine Vollerhebung dar. Erhebungen in derart geringem Umfang können natürlich kaum die Forderung nach Anonymität erfüllen. Bei der Auswertung muss deshalb gerade der Anonymisierung von „Wer hat welche Meinung vertreten" große Bedeutung beigemessen werden. Ein Weg dazu kann darin bestehen, zu Beginn des Berichts die Expertinnen und Experten zwar namentlich anzuführen, sie im Bericht selbst jedoch nur als „Person A", „Person B" usw. (ohne Verbindung zum Namen) zu zitieren.

Ist die Branche etwas größer, kann die qualitative Methodik eventuell (noch) beibehalten werden. Die Kontaktpersonen lassen sich dann vielleicht aber bereits über eine (nach Firmengröße und/oder Region vorgeschichtete) Zufallsstichprobe ermitteln. Auch quotierte Kontaktvorgaben sind hier möglich und sinnvoll.

Sind in der Branche deutlich mehr Betriebe gelistet, die in die Untersuchung einbezogen werden könnten, ist die vorgeschichtete Zufallsstichprobe wahrscheinlich die beste Wahl. Die Schichtung kann hier wieder über die Kriterien Region und Firmengröße erfolgen. Bei größerer Fallzahl kommt der Struktur des Rücklaufs bereits entscheidende Bedeutung zu: Nur wenn die Zusammensetzung der Teilnehmerschaft jener der Grundgesamtheit (halbwegs) entspricht, sind die Ergebnisse repräsentativ und generalisierbar. Generalisieren bedeutet dann auch eher die Abkehr vom Leitfaden zu einem quantitativen Fragebogen. Bei Firmenbefragungen ist zumeist eine Online-Erhebung naheliegend.

Sind strukturelle Brancheninformationen nicht verfügbar, die Grundgesamtheit somit unbekannt, ist Repräsentativität zahlenmäßig nicht bezifferbar. Man kann zunächst also daran denken, völlig willkürlich verschiedene Firmen auszuwählen. Das Ergebnisbild ist dann natürlich auch ein (ziemlich) willkürliches. Eine bessere Variante stellt hier ein Quotensample dar. Dabei könnte man definieren: Jeweils zehn Experteninterviews in jedem Bundesland, die sich jeweils zu gleichen Teilen auf kleine (10 bis 49 Mitarbeitende) und mittlere Unternehmen (50 bis unter 250 Mitarbeitende) aufteilen. Mit dieser Streuung innerhalb erhebungsrelevanter Merkmale bekommt man ein umfassendes und vielschichtiges

Meinungsbild. Dieses Setting erlaubt zwar noch immer kein mathematisches Generalisieren auf die unbekannte Grundgesamtheit aller Betriebe. Der gewonnene Überblick über die Bedeutung des Themas in der erhobenen Branche kommt aber (durch die breite Auswahl) einem repräsentativen Bild am nächsten. Damit ist dieser Weg der einzige, trotz undefinierter Grundgesamtheit eine Art Repräsentativität zu erreichen.

Die größte Herausforderung für alle hier diskutierten Varianten wird wohl das Auffinden der konkreten Expertenkontakte sein. Bei wenigen qualitativen Interviews kann man sich bei der Terminvereinbarung zur richtigen Person „durchtelefonieren". Bei der quantitativen Online-Befragung ist direkt in der Einladungs-E-Mail die Bitte um Weiterleitung an die richtige Person sinnvoll. Tritt jemand auf diesem Weg einfach „im Namen der Forschung" an zufällig ausgewählte Firmen heran, wird sich der Rücklauf ziemlich in Grenzen halten. Ist der oder die Forschende branchenbekannt, besitzt persönliches Involvement zum Thema oder stellt die Erhebung im Erstkontakt zumindest möglichst interessant dar, fördert das sicherlich die Beantwortungsquote.

Zusammenfassung möglicher Vorgehensweise(n):

- Je nach Größe und Zugänglichkeit der Grundgesamtheit Vollerhebung (AB S. 39), Zufallsauswahl (AB S. 51) oder Quotenstichprobe (AB S. 56) nach zu definierenden Strukturmerkmalen, die erhebungsrelevant sind. Ist die Grundgesamtheit unbekannt, kann Repräsentativität (AB S. 42) nicht gemessen werden.
- Wenn die Auswahl keine Zufallsstichprobe darstellt, ist die Berechnung von Schwankungsbreiten (AB S. 101) unzulässig.
- Je nach Anlage der Erhebung und Offenheit der Gesprächsführung Gesprächsleitfaden (AB S. 80), qualitativer Fragebogen (AB S. 83) oder quantitativer Fragebogen (BEISPIEL AUF S. 69 F., IM DETAIL AB S. 85), der vereinzelt auch qualitative Elemente beinhalten kann.
- Die Ergebnis-Auswertung und -Darstellung erfolgt dem Setting entsprechend nach qualitativen Gesichtspunkten (AB S. 121 UND S. 141) oder quantitativ (AB S. 123 UND S. 141). Beruhen die Daten auf einer Zufallsstichprobe, ist bei der Interpretation unbedingt auf die statistischen Schwankungsbreiten zu achten (AB S. 101).

Mögliche Unstimmigkeiten könnten auftreten ...

... **zwischen Setting und Ergebnisinterpretation:** Aufgrund der schwierigen Grundgesamtheit entscheidet man sich für eine qualitative Befragung von fünf Expertinnen und fünf Experten. Daraus leitet man ein gesamtes Branchenbild ab. → Das ist ein unzulässiges methodisches Vorgehen. Weder lassen sich qualitative Interviews geringer Menge noch willkürlich ausgewählte Stichprobenelemente verallgemeinern. Möglich ist Derartiges nur, wenn die zehn Befragten eine Totalerhebung aller in der Branche tätigen Personen mit Expertenstatus darstellen.

... **zwischen Stichprobe und Ergebnisinterpretation:** Ist die Grundgesamtheit bekannt und „erreichbar", kann aus ihr rasch eine Zufallsstichprobe gezogen werden. Es werden also 1.000 Expertinnen und Experten ausgewählt und online befragt. Der Rücklauf liegt über allen Erwartungen: Am Ende der Feldphase können 500 Interviews der Auswertung zugeführt werden. Damit weisen die Ergebnisse nur geringe Schwankungsbreiten auf und lassen sich treffsicher generalisieren. → Die Auswertung des Rücklaufs darf keinesfalls unkontrolliert erfolgen. Viele Antwortende bedeuten nicht unbedingt repräsentative Ergebniszahlen. Wenn sich die Struktur jener, die an der Erhebung teilgenommen haben, von der Grundgesamtheit stark unterscheidet, sind die Ergebnisse möglicherweise verzerrt: Vielleicht agieren Kleinunternehmen im Norden völlig anders – und gerade dieses Teilsegment hat in viel zu geringem Ausmaß Antworten abgegeben. Für die Strukturvergleiche zwischen Datenrücklauf und Grundgesamtheit müssen verfügbare und erhebungsrelevante Merkmale herangezogen werden. Entspricht die Struktur der vorliegenden Nettostichprobe nicht der Gesamtheit, sind Ergebnisgewichtung oder zusätzliche Befragung fehlender Stichprobenteile notwendig.

A 8.13 | Leserbefragung dieses Buchs zu diesem Buch

Die Leserinnen und Leser dieses Buchs sollen dazu befragt werden, wie ihnen Aufbau und Gestaltung gefallen.

Diese Aufgabenstellung stellt sich ziemlich schwierig dar.

Es gibt keine Grundgesamtheit, die man kennt, das Buch kann ja jede und jeder irgendwo gekauft, geschenkt bekommen oder ausgeborgt haben.

In Kooperation mit einem Versandhändler wie Amazon an Käuferinnen und Käufer heranzutreten, mag vielleicht funktionieren, ist aber datenschutzrechtlich nicht unbedenklich und liefert auch nur einen Teil der Leserschaft. Eine Vollerhebung oder Zufallsstichprobe scheiden hier ebenso aus. Auch eine Quotenstichprobe ist wenig sinnvoll, weder kennt man die Struktur der Käuferinnen und Käufer noch weiß man, wo man sie findet.

Wieder eine andere Möglichkeit wären Befragungskärtchen direkt im Buch (mit Einsendeadresse) oder das Abdrucken eines Links auf ein Befragungsformular. Hier würde man zwar Meinungen bekommen und Befragungsdaten generieren, auch diese wären aber fern jeglicher Repräsentativität. Man hätte keinerlei Kontrolle darüber, wer das Kärtchen ausfüllt und einschickt bzw. wer den Link aufruft: Anzunehmen ist, dass überdurchschnittlich häufig besonders Begeisterte und besonders Enttäuschte, eventuell auch ein paar Nicht-Lesende, an der Befragung teilnehmen – über den Link vielleicht sogar mehrmals.

Hier stoßen alle Forschenden an die Grenzen quantitativer Erhebbarkeit. Überhaupt ein Bild machen kann man sich hier höchstens über qualitative Einzelstatements (mit Buchvorlage, ÄHNLICH DEM BEISPIEL IN A 8.2 AUF S. 154). Aus methodischer Sicht stellen eigentlich Rezensionen (in abgeschwächter Form) eine derartige Erhebungsform dar.

A 8.14 | Experiment zur Wirkung von Farben auf Aufmerksamkeit

Ein Möbelhersteller möchte die Auswirkung von Farbe bzw. Holzart von Büromöbeln auf Wohlbefinden und Arbeitseffizienz untersuchen. Ein Laborexperiment wird aufgesetzt.

Folgende Möblierungsvarianten sollen getestet werden: Weiße, graue, rote Möbel, Möbel mit hellem, mittel- und dunkelbraunem Holzfurnier. Die Tests werden in Zusammenarbeit mit einer Studierendengruppe einer Fachhochschule durchgeführt.

Die am Experiment Teilnehmenden rekrutieren sich aus freiwilligen Studierenden der Bildungseinrichtung, an der das Experiment stattfindet. Das experimentelle Design baut auf sechs zufällig gebildeten Versuchsgruppen ohne Kontrollgruppe auf. Für das Experiment werden ein Einzelbüro, ein Doppelzimmer und ein Büro mit Vierfach-Belegung reserviert. Damit lassen sich auch eventuelle Wechselwirkungen zwischen Möblierung und Raumgröße bzw. Personenanzahl im Arbeitsraum identifizieren.

Jede Versuchsgruppe erhält per Zufall eine der sechs Möblierungsvarianten zugewiesen. Alle drei Raumgrößen werden mit dieser einen Möbelart eingerichtet. Wieder führt der Zufall Regie dabei, welche Testperson der jeweiligen Versuchsgruppe in welchem Raum (Einzel-, Doppel-, Vierer-Raum) am Experiment teilnimmt.

Das Experiment wird in jeder Versuchsgruppe (= Möbelvariante) mit unterschiedlichen Menschen fünf Mal wiederholt. Das soll die Fallbasis erhöhen und bei der Ergebnisermittlung vereinzelte individuelle Effekte in den Hintergrund drängen. Wer beim ersten Durchgang, wer beim zweiten usw. an die Reihe kommt, entscheidet ebenfalls der Zufall. Niemand nimmt doppelt (in zwei Versuchsgruppen) am Experiment teil.

Das Experiment läuft folgendermaßen ab: Die Teilnehmenden eines Durchgangs werden in die ihnen zugewiesenen Räume an ihren „Arbeitsplatz" gebeten. In den Mehrpersonenräumen wird die Platzwahl ebenfalls per Zufall bestimmt. Tische und Sessel sind höhenverstellbar. Die Tür zum Raum wird geschlossen. Auf jedem Arbeitsplatz liegen ein Kugelschreiber und ein auszufüllender Erhebungsbogen. ALLE am Experiment teilnehmenden Personen erhalten idente Fragen und Aufgabenstellungen. Raumklima, Wetter, Wochentag und Tageszeit sind bei allen fünf Durchgängen vergleichbar.

Die Fragen am Erhebungsbogen beschäftigen sich mit durchführungstechnischen Aspekten zum Experiment (Raumgröße, Holzfarbe) und sozialstatistischen Details. Danach erfolgt die Messung der Arbeitseffizienz. Dazu gelangt ein standardisierter psychologischer Test (in Auszügen) zur Anwendung. Im letzten Teil des Experiments wird das körperliche Wohlbefinden erfragt.

Die Auswertung vergleicht die Ergebnisse der Effizienz-Tests und die Antworten auf dem Erhebungsbogen zwischen den Versuchsgruppen. Besonderes Augenmerk wird dabei zusätzlich auf das Identifizieren eventueller Störeffekte durch soziodemografische Variablen gerichtet.

Zusammenfassung möglicher Vorgehensweise(n):

- Reine Zufallsauswahl (AB S. 51) aus willkürlich gesammelter Teilnehmerschaft.
- Quantitativer Fragebogen (BEISPIEL AUF S. 69 F., IM DETAIL AB S. 85) bzw. Anwendung eines standardisierten Testverfahrens.
- Die Ergebnis-Auswertung und -Darstellung erfolgt nach quantitativen Gesichtspunkten (AB S. 123 UND S. 141). Da die Daten auf einer Zufallsstichprobe beruhen, ist die Anwendung statistischer Schwankungsbreiten (AB S. 101) und schließender Statistik (AB S. 267) möglich und sinnvoll.

Mögliche Unstimmigkeiten könnten auftreten ...

… zwischen Setting und Ergebnisinterpretation: Das Experiment setzt auf eine freiwillige Stichprobe (von Studierenden) in einer künstlichen Umgebung. Es „repräsentiert" die große Heterogenität von in Büros arbeitenden Menschen, deren unterschiedlichste Arbeitsumgebungen, Tätigkeitsbereiche und Arbeitssituationen zu wenig. → Damit sind die Ergebnisaussagen möglicherweise signifikant für die Versuchsbedingungen im Labor, jedoch nicht auf die reale Lebenssituation übertragbar.

A 8.15 | Experiment zur Wirkung von Texten auf Vertrauen

Eine Studierendengruppe möchte in einem Befragungsexperiment untersuchen, ob und wie stark die unterschiedliche Thematisierung von Problemlösungskompetenz in Online-Nachrichten Firmen-Images verändert.

Dazu werden fünf verschiedene Nachrichtentexte über ein Geldinstitut formuliert, das sich in wirtschaftlichen Schwierigkeiten befindet. Ein neutraler Artikel bildet die Ausgangsbasis. Er wird einer Kontrollgruppe vorgelegt. Die anderen vier Artikel thematisieren unterschiedliche Ausprägungsstufen von Problemlösungskompetenz. Jeder Artikel stellt einen Stimulus für eine von vier Versuchsgruppen dar. Die Indikatoren für die Stärke des Merkmals „Problemlösungskompetenz" entstammen themenspezifischer wissenschaftlicher Literatur. Darauf aufbauend erfolgt die konkrete Formulierung der vier Texte.

Auch die Operationalisierung von Art und Stärke des abhängigen Merkmals Image erfolgt auf Literaturbasis. Auf der Grundlage von bereits testerprobten Imagedimensionen wird eine für das gegenständliche Vorhaben leicht adaptierte Imagebatterie entwickelt. Die Imageitems messen über eine 7-stufige Zustimmungsskala (von 1 = „trifft sehr auf dieses Geldinstitut zu" bis 7 „trifft gar nicht auf dieses Geldinstitut zu").

Die Befragung selbst erfolgt in Form einer Online-Erhebung. Jede befragte Person erhält im Umfrageformular per Zufall EINEN der fünf Artikel eingeblendet. Dadurch „entstehen" direkt während der Feldphase zufällig Kontrollgruppe (= Personen, die den neutralen Beitrag erhalten) und Versuchsgruppen. Die Teilnehmerinnen und Teilnehmer am Experiment werden dazu aufgefordert, ihren Artikel genau durchzulesen. Danach erhalten alle Gruppen dieselben Imageitems mit der 7-stufigen Ratingskala rotiert (= in unterschiedlicher Reihenfolge) auf den Bildschirm. Den Abschluss des Experiments bilden soziodemografische Fragen.

Um die Erhebung auf solider Fallbasis durchführen zu können, erfolgt eine E-Mail-Adressen-Sammlung unter Studierenden. Dabei können mehrere hundert Kontaktadressen generiert werden. Auf die Definition einer Grundgesamtheit muss aus durchführungstechnischen Zwängen verzichtet werden. Dies ist aber bei derartigen Experimenten eine übliche und „verschmerzbare" Vorgehensweise: Es geht hier in erster Linie um die Identifikation von Kausalbeziehungen, weniger um die Projektion von Stichprobenergebnissen auf eine Population. Viel wichtiger ist die wirklich umfassend zufällige Steuerung der Gruppenbildung: Dadurch werden eventuell verzerrende Effekte durch Persönlichkeitseigenschaften möglichst verhindert.

Die Auswertung vergleicht die Zustimmungs- bzw. Ablehnungswerte der fünf Befragtengruppen bei den Imageitems.

Zusammenfassung möglicher Vorgehensweise(n):
- Reine Zufallsauswahl (S. 51 F.) aus willkürlich gesammelten E-Mail-Adressen.

- Quantitativer Fragebogen (BEISPIEL AUF S. 69 F., IM DETAIL AB S. 85).
- Die Ergebnis-Auswertung und -Darstellung erfolgt nach quantitativen Gesichtspunkten (AB S. 123 UND S. 141). Da die Daten auf einer Zufallsstichprobe beruhen, ist die Anwendung statistischer Schwankungsbreiten (AB S. 101) und schließender Statistik (AB S. 267) möglich und sinnvoll.

Mögliche Unstimmigkeiten könnten auftreten ...

... zwischen Fragebogen und Ergebnisinterpretation: Die aus der Literatur abgeleiteten und für die Erhebung adaptierten Aussagen operationalisieren oder messen nicht das, was sie vorgeben. Sie sind nicht valide. → Wenn die Artikel Problemlösungskompetenz falsch oder nicht abbilden, sind keine Ergebnisaussagen über die abhängige Dimension „Image" möglich. Das Experiment funktioniert nicht. Dennoch gefundene (signifikante) Zusammenhänge können nicht im Sinne des Experiments interpretiert werden. Sie sind zufällig oder in anderen, nicht definierten Ursachen begründet.

Teil B | Datenanalyse

B | Vorbemerkungen

Der zweite Abschnitt dieses Buchs beschäftigt sich mit der Auswertung empirischer Erhebungen. Die kapitelmäßige Gliederung folgt den Schritten, die bei Datenanalysen normalerweise durchlaufen werden. An vielen Stellen wird durch Querverweise der Konnex zum ersten Buchteil hergestellt.

Unabhängig vom Design der Erhebung sind bei allen Ergebnisanalysen dieselben Grundsätze und Regeln zu beachten. So ist eine Inhaltsanalyse bei der Ergebnisanalyse genauso zu behandeln wie ein Experiment, eine Beobachtung oder eine Befragung. Alle hier demonstrierten Routinen und Verfahren sind deshalb auf jegliche Art empirischer Forschung anzuwenden und übertragbar.

Strikt unterscheiden muss man IN JEDEM FALL zwischen qualitativen und quantitativen Daten: Deren Auswertung erfolgt unterschiedlich und wird dementsprechend auch in diesem Buchteil eigenständig betrachtet.

Die Ausführungen haben den Anspruch, möglichst praxisnah zu sein: Allen qualitativen und quantitativen Auswertungsbeispielen liegt ein dafür speziell entwickelter Fragebogen mit zugehörigem Datenfile (im Folgenden als „BUCHDATEN" bezeichnet) zugrunde. Der Fragebogen wurde bereits im Abschnitt A bei der Erläuterung der Skalenniveaus verwendet (VGL. ABBILDUNG 19 UND 20 AB SEITE 69 IM KAPITEL „A 4.4 | PRAKTISCHE ANWENDUNGEN VON MESSNIVEAUS").

Leserinnen und Leser dieses Buchs können Fragebogen, Daten und weitere Auswertungsbeispiele unter dem Link howtodo.at downloaden.

Auf den folgenden Seiten finden sich Screenshots von Datenanalysesoftware.

Für alle Screenshots gilt: © Microsoft 2013 (Excel) sowie

© IBM Corporation 2016 (IBM SPSS Statistics)

In den Kapiteln „B 4.5 | EINFACHE AUSWERTUNGEN (DESKRIPTIVE STATISTIK)" AB SEITE 240 und „B 4.6 | PRÜFUNG AUF SIGNIFIKANZ (SCHLIESSENDE STATISTIK)" AB SEITE 267 werden ausgewählte Ergebnisse auch wissenschaftlich formuliert, und zwar gemäß der APA-Normen (VGL. AMERICAN PSYCHOLOGICAL ASSOCIATION 2013) und des im deutschen Sprachraum üblichen Wordings.

Zusatzinformationen und weiterführende Literatur zu den folgenden Kapiteln:

- Bühl, Achim (2016): SPSS 23. Einführung in die moderne Datenanalyse. 15., aktualisierte Auflage. Hallbergmoos: Pearson (QUANTITATIVE AUSWERTUNG MIT SPSS BZW. PSPP).

- Mayring, Philipp (2010): Qualitative Inhaltsanalyse. Grundlagen und Techniken. 11., aktualisierte und überarbeitete Auflage. Weinheim und Basel: Beltz Verlag (QUALITATIVE AUSWERTUNG).

- Zöfel, Peter (2003): Statistik für Psychologen. München u.a.: Pearson Studium im Klartext.

B 1 | Ablauf einer Datenanalyse: Die Analyseschritte

… in diesem Kapitel geht's um:

• **Datenrücklaufkontrolle:**   kann die Analyse starten? • liegen alle Daten in der beabsichtigten Struktur vor? • sind die Daten repräsentativ? • muss eine Ergebnisgewichtung stattfinden?
• **Daten sichten oder erfassen:**   bei digitalen Daten einen ersten Überblick verschaffen • nicht-digitale Daten zunächst erfassen
• **Konsistenzprüfung:**   inkonsistente Daten plausibilisieren, sonst werden die Ergebnisse verzerrt
• **Daten aufbereiten:**   für den Ergebnisoutput von Analysesoftware (oft kurze) Variablennamen und (rein) numerische Codierungen „schön" und erklärend beschreiben
• **Daten auswerten:**   qualitative und quantitative Daten werden völlig unterschiedlich analysiert
• **Ergebnisdarstellung:**   meist der letzte Schritt • aufbereiten und interpretieren • Summary erstellen • Key Findings • Generalisierbarkeit ist von Struktur und Größe der Stichprobe abhängig!

Das folgende Kapitel bietet zur Orientierung einen kurzen Überblick über die wichtigsten Aspekte von Datenauswertungen.

Nicht immer kommt jedem Auswertungsdetail dieselbe Bedeutung zu:

Bei einer Inhaltsanalyse von Zeitungsartikeln gibt es keine Verweigerungen, an der Erhebung teilzunehmen: Auf den Rücklauf von Datensätzen ist hier also im Gegensatz z.B. zu einer Mitarbeiterbefragung NICHT zu achten.

Bei Daten, die aus einer Online-Befragung stammen, ist es nicht erforderlich, sich mit den Details der Datenerfassung auseinanderzusetzen.

Wertet jemand rein qualitative Daten aus, ist quantitative Auswertungssoftware wenig oder gar nicht relevant.

Alle in diesem Kapitel kurz umrissenen Auswertungsschritte enthalten deshalb Querverweise zu jenen Stellen dieses Buchs, die sich im Detail damit auseinandersetzen. Leserinnen und Leser haben damit die Möglichkeit, auf Basis der Kapitelübersicht die für sie relevanten weiteren Buchabschnitte leicht ausfindig zu machen.

B 1.1 | Rücklaufkontrolle

Zu Beginn einer Datenanalyse stellt sich fast immer die Frage, ob die Daten dafür überhaupt bereits geeignet sind. Sind die Daten vollständig eingelangt? Hat man alle Stichprobenvorgaben eingehalten? Ist die Stichprobe ordentlich ausgeschöpft, der Rücklauf groß genug (vgl. Kapitel „A 6.3 | Ermittlung von Mindeststichprobengrößen" ab Seite 113) und repräsentativ (vgl. Kapitel „A 3.1 | Repräsentativität" ab Seite 42)? Wurden im Fall einer Totalerhebung (zumindest fast) alle Elemente der Grundgesamtheit erreicht?

Wenn sich die Struktur der vorliegenden Daten (sehr) stark von der Struktur der Grundgesamtheit unterscheidet, müssen unter Umständen Nacherhebungen durchgeführt werden (vgl. Kapitel „A 6.3.2 | Stichprobenausfälle" auf Seite 117). Dasselbe gilt auch, wenn die Ausschöpfung einer Stichprobe zu gering ist.

Bei nicht erreichten Totalerhebungen oder strukturmäßig nicht allzu stark verzerrten Stichproben kann man auch Gewichtungsfaktoren definieren, um Repräsentativität zu „errechnen".[59]

B 1.2 | Daten sichten oder erfassen

Wurde eine Erhebung nicht elektronisch durchgeführt, müssen die auf Papier niedergeschriebenen Daten digitalisiert (= erfasst) werden (vgl. Kapitel „B 2.2 | Daten erfassen" ab Seite 187). Dies kann mit einem gebräuchlichen Tabellenkalkulationsprogramm wie z.B. MS Excel oder auch gleich direkt mit einer Datenanalysesoftware wie SPSS erfolgen (vgl. im Überblick Kapitel „B 4.3 | Handling von Daten in SPSS (PSPP)" bzw. im Detail Kapitel „B 4.3.1 | Daten öffnen, importieren oder neu erfassen" ab Seite 216).

Entstammen die zu analysierenden Daten einer Erhebungssoftware, liegen sie bereits in digitaler Form vor. Gebräuchliche Datenformate, die Erhebungssoftware liefert, sind reines Textformat, Excel oder SPSS. Hier sollte man sich zunächst einen Überblick über die Datenlage verschaffen.[60]

B 1.3 | Konsistenzprüfung

Ein weiterer wichtiger Aspekt noch VOR jeder Datenanalyse ist die Sicherstellung konsistenter, „sauber" auswertbarer Daten (vgl. Kapitel „B 2.3 | Daten plausibilisieren (screenen)" ab Seite 190). Nur nach einer Konsistenzprüfung aller Datensätze ist sichergestellt, dass die Auswertung problemlos erfolgen kann. Dabei ist es unerheblich, ob es sich um neu erfasste oder aus Erhebungen bereits digitalisiert vorliegende Daten handelt: Ohne Plausibilisierung von Inkonsistenzen kann es zu „unschönen" Ergebnissen, Ergebnisverfälschung und Fehlinterpretationen kommen.

In einem Datenfile einer Inhaltsanalyse ist jeder Artikel entweder als Bericht (Code 1) oder als Meinung (Code 2) gekennzeichnet. Darüber hinaus sieht die Codierung keine weiteren Klassifizierungen vor. In mehreren Datensätzen kommt hier aber Code 0 vor. Das bringt Häufigkeitszählungen durcheinander: Die Zahl 0 ist bei dieser Variable nicht definiert und wirft Fragen auf, wenn sie in der Auswertung trotzdem auftaucht.

---

[59] Vgl. die Ausführungen in Kapitel „A 3.2.2.1 | Ergebnisgewichtung" ab Seite 53 und im Programm SPSS in Kapitel „B 4.3.2 | Datensätze zusammenfügen, auswählen, gewichten" ab Seite 217.
[60] Detaillierte Ausführungen zur Anlage und Struktur von Analysedaten finden sich in Kapitel „B 2.1 | Datenauswertung, Codierung und Datenfile" ab Seite 182.

In einem anderen Datenstand werden 100 Personen abgebildet, die gefragt wurden, ob sie Fachbücher lesen. 40 davon haben diese Frage bejaht. Fachbuchlesende sollten in einer Folgefrage ihr zuletzt gelesenes Buch mit Schulnoten beurteilen. Im Datenfile finden sich aber nicht 40 Schulnoten (von 40 Fachbuch-Lesenden), sondern 50 Urteile. Wie können 10 Personen eine Beurteilung zu etwas abgeben, das sie nicht gelesen haben?

B 1.4 | Datenaufbereitung: Variablen und Werte beschreiben

Erfolgt die Auswertung mittels Analysesoftware, werden die Daten für die Ergebnistabellen meist noch „verschönert".

In den Daten wurde z.B. die Frage nach dem Geschlecht unter der Bezeichnung „F1" abgelegt (erste Frage, die im Fragebogen bzw. Online-Formular gestellt wurde). F1 hat als mögliche Ausprägung die Codes 1 für „weiblich" und 2 für „männlich".

Auswertungsprogramme bieten die Möglichkeit, die hinter oft kurzen, kryptischen Merkmalsbezeichnungen und Codierungen stehenden Bedeutungen mit ausführlichem Text zu beschreiben. Damit wird die Auswertung leichter lesbar und erhält ein attraktives Äußeres (VGL. KAPITEL „B 4.3.3 | VARIABLEN- UND WERTEBESCHRIFTUNGEN (LABELS)" AB SEITE 224).

*Im Ergebnisoutput steht dann nicht, dass bei **F1** Code **1** 52% und Code **2** 48% ausmacht, sondern dass die Daten dem **Geschlecht** nach Angaben von 52% **Frauen** und 48% **Männern** beinhalten.*

B 1.5 | Daten auswerten

Bei der Datenauswertung muss deutlich zwischen qualitativen und quantitativen Daten unterschieden werden.

Bei **qualitativen Daten** (Texte, Beschreibungen, Verbalisierungen) werden im Zuge der Auswertung viele Einzelnennungen zu eindeutigen Antwortgruppen verdichtet. Diese Ergebnis-Dimensionen müssen klar voneinander abgrenzbar sein und möglichst aussagekräftig beschrieben werden.[61]

Im Falle **quantitativer Daten** mündet die Auswertung in Prozente, Mittelwerte und weitere statistische Maßzahlen. Den Weg, den quantitative Datenanalysen beschreiten[62], veranschaulicht ABBILDUNG 56 AUF SEITE 180). Meist erfolgen in einem ersten Schritt einfache (Häufigkeits-)Auszählungen oder beschreibende Berechnungen wie Mittelwert und Standardabweichung (❶). Viele Forschende finden bereits damit ihr Auslangen.

Jene, die die quantitative Auswertung detaillierter betreiben wollen, beschäftigen sich nach der ersten Ergebnissichtung mit der Analyse von (komplexeren) Zusammenhängen (❷). An dieser Stelle finden dann auch Schlüsse von Stichprobenergebnissen auf Grundgesamtheiten (= Signifikanzprüfungen) statt.

Seltener gelangen deutlich anspruchsvollere – sogenannte multivariate – Analyseverfahren

---

[61] Für ein konkretes qualitatives Auswertungsbeispiel VGL. KAPITEL „B 3 | ANALYSE QUALITATIVER DATEN" AB SEITE 194.
[62] Vgl. alle Ausführungen ab dem KAPITEL „B 4 | ANALYSE QUANTITATIVER DATEN (MIT SPSS BZW. PSPP)" AB SEITE 202.

zum Einsatz. Der Vollständigkeit halber widmet dieses Buch auch ihnen ein abschließendes kurzes Überblicks-Kapitel. ANLEITUNGEN ZUR KONKRETEN ANWENDUNG MULTIVARIATER ROUTINEN WIE FAKTOREN-, RELIABILITÄTS-, CLUSTER-, DISKRIMINANZ- UND REGRESSIONSANALYSEN FINDEN SICH (INKL. BEISPIELDATENFILES) IM NETZ UNTER howtodo.at.

Quantitative Datenanalyse-Arten: Ein Überblick

❶ **univariat:** Untersuchung **einzelner Variablen**
❷ **bivariat**: Untersuchung **zweier Variablen**
▪ **multivariat:** Untersuchung der **Zusammenhänge mehrerer Variablen**

Nach der anfänglichen
 ❶ Beschreibung der Merkmalsverteilungen (= **deskriptive Statistik**)
stellen sich
 ❷ meist folgende Fragen der **schließenden Statistik**:
  - Kann man die in der Stichprobe ermittelten Ergebnisse auf die Grundgesamtheit übertragen?
  - Besteht ein Zusammenhang zwischen einzelnen Variablen? Ist dieser signifikant?

❶ **deskriptiv:** Häufigkeiten | Mittelwerte | Streuungsmaße
❷ **schließend:** Kreuztabellen | Korrelationen | Mittelwertsvergleiche
▪ **multivariat:** Faktoren- | Cluster- | Diskriminanz- | Regressionsanalyse

---

Abbildung 56: Arten quantitativer Datenanalysen

Grundsätzlich QUALItative Daten können auch einige wenige quantitative Elemente beinhalten. Vice versa können auch in QUANTItativen Erhebungen vereinzelt offene Fragen mit vielen Verbalisierungen vorkommen. In derartigen Mischfällen gilt aber ebenso: Quantitative Elemente werden IMMER quantitativ, qualitative IMMER qualitativ ausgewertet.

B 1.6 | Ergebnisdarstellung: Aufbereiten, Interpretieren, Generalisieren

Meist erst am Ende jeder Datenanalyse wird ein Endbericht (inkl. Summary) verfasst. Erst jetzt erfolgen Ergebnisaufbereitung und Interpretation und die möglichst plakative Darstellung und Herausarbeitung aller Key Findings.

Die Themenbereiche „Ergebnisdarstellung und Interpretation" wurden bereits ausführlich im BUCHABSCHNITT A skizziert (VGL. KAPITEL „A 7 | ERGEBNISBERICHT" AB SEITE 120). Deshalb beschäftigt sich ABSCHNITT B nur noch mit Inhalten, die darüber hinausgehen und im Zusammenhang mit der Datenauswertung mit SPSS stehen.

Nicht immer lassen sich Generalisierungen ausschließlich auf Basis quantitativer Daten durchführen. Und auch Verbalisierungen bedingen nicht immer rein qualitative Settings.

Bei ALLEN Auswertungen ist vielmehr entscheidend, ob die Struktur und Menge der Daten generalisierende Schlüsse auf die Grundgesamtheit überhaupt zulassen (VGL. DAZU DIE DIESBEZÜGLICHEN AUSFÜHRUNGEN IN KAPITEL „A 7.1.1 | QUALITATIV AUSWERTEN" AB SEITE 121). Ist die Stichprobe zu klein oder nicht repräsentativ, stellen alle Ergebnisdaten, egal ob quantitativ oder qualitativ erhoben, im besten Fall Indikatoren für mögliche Verhältnisse in der Grundgesamtheit dar.

B 2 | Vor der Datenanalyse

… in diesem Kapitel geht's um:

- **Daten und Auswertung:**
  Datenauswertungen beschäftigen sich damit, welche unterschiedlichen Codes einzelnen Subjekten bzw. Objekten bei verschiedenen Merkmalen zugeordnet wurden.

- **Richtig codieren:**
  den Merkmalsausprägungen werden Zahlen zugeordnet • die Unterschiede der Zahlen (= Codes) zueinander werden analysiert • bei quantitativen Daten besser im Vorhinein • bei qualitativen Daten meist erst im Nachhinein möglich (Gruppenbildung) • Codierungsregeln beachten! • Codes immer genau dokumentieren!

- **Aufbau von Datenfiles:**
  je Variable eine Spalte • je Datensatz eine Zeile • erste Zeile enthält Variablennamen • ab der zweiten Zeile finden sich die Datensätze mit den Ausprägungen jeder Variable

- **Daten erfassen:**
  in der Praxis oft ohne Software, da zu komplex • einfach mit Excel • Variablennamen in die erste Zeile schreiben • Plausibilisierungen während der Eingabe sind kein Muss und können auch erst beim Screenen der Daten erfolgen

- **Daten plausibilisieren („screenen"):**
  Prüfung der Daten auf Plausibilität • Datensätze dürfen nur erlaubte Codierungen enthalten • keine falschen oder irrealen Angaben • konsistente Datensätze bei Filter- und Folgefragen • unbedingt VOR dem Start der Auswertung durchführen! • gut mit Excel möglich

B 2.1 | Datenauswertung, Codierung und Datenfile

B 2.1.1 | Was bedeutet „auswerten"?

In der Sozialforschung (und anderen Wissenschaften) werden die zu untersuchenden Subjekte oder Objekte anhand ihrer forschungsrelevanten Eigenschaften (= Merkmale, Variablen) beschrieben. Die jeweiligen Ausprägungen dieser Variablen werden mit Zahlen gekennzeichnet (VGL. DAZU AUCH KAPITEL „A 4.1 | MESSEN UND SKALEN" AUF SEITE 64 F.). Diese Zahlen werden bei der Datenanalyse als **Codierung** bezeichnet.

Den Merkmalsausprägungen WEIBLICH und MÄNNLICH der Variablen GESCHLECHT werden z.B. die Zahlen 1 und 2 zugeordnet.

Die Variable LÄNGE der Artikel einer Inhaltsanalyse wird über deren Wortanzahl erfasst. Die Ausprägungen von LÄNGE können sich z.B. zwischen 10 und 500 Worten bewegen.

Eine Codierung besteht also darin, Merkmalsausprägungen in Form von Zahlen einer Variable zuzuordnen. Jede Codierung stellt somit eine Klassifikation dar: Diese Einteilung entspricht einer Art Messung und ermöglicht die spätere Auswertung dieser Variablen.

Die Menge aller codierten Merkmalsmessungen über alle zu analysierenden Subjekte oder Objekte bezeichnet man als **Daten**.

> Bei der Auswertung werden mithilfe statistischer Berechnungen Unterschiede in der Ausprägung von Merkmalen analysiert und erklärt. Eine Datenauswertung beschäftigt sich im Prinzip damit, welche unterschiedlichen Codes die einzelnen Analyseeinheiten bei den verschiedenen Variablen aufweisen.

Alle Arten von (quantitativen) Daten[63] werden nach diesen Regeln ausgewertet.

Bei einer Analyse von Befragungsdaten kann eine sehr einfache erste Auswertung darin bestehen, bei der Variablen GESCHLECHT zu zählen, wie oft in den Daten die Codierung 1 und 2 vorkommen – also wie viele Datensätze von Männern und von Frauen stammen. Für eine sinnvolle Ergebnisinterpretation ist es natürlich notwendig, zu wissen, ob Code 1 „männlich" oder „weiblich" bedeutet.

Bei einer Beobachtung bedeuten die Codes 1 und 2 vielleicht etwas völlig anderes: Bei der Variable BEOBACHTUNGSART wird z.B. die Anzahl der „teilnehmenden Beobachtungen" (Code 1) jener der „verdeckten Beobachtung" (Code 2) gegenübergestellt.

Bei einer österreichischen Schulnotenbeurteilung verweisen die Codes 1 und 2 auf die positive Seite der Skala, 3 bedeutet neutral, 4 und 5 bedeuten negativ. Hier könnte man die Codes abzählen (= Häufigkeit) oder auch einen Mittelwert berechnen.

Bei einer Inhaltsanalyse stehen dieselben Codes 1 und 2 beim Merkmal BERICHTSART z.B. für 1 = „Fakten" und 2 = „Meinung". Auch sie werden nach ihrer Häufigkeit ausgewertet. Die Variable LÄNGE hingegen wird durch die Wortanzahl definiert: Sie reicht von 10 bis zu 500 Worten. Hier ist die Ergebniszahl ein Mittelwert über alle analysierten Artikel.

Grundlegende Details zu Codierungen und Auswertungsmöglichkeiten finden sich in Kapitel „A 4.3 | Messniveaus im Detail" ab Seite 67 (insbesondere auch in Abbildung 18 auf Seite 66). Die Hauptarten quantitativen Auswertens werden in Kapitel „A 7.1.2 | Quantitativ Auswerten" ab Seite 123 näher beschrieben.

B 2.1.2 | Richtig codieren

Aus technischer Sicht erfolgt eine Codierung in den meisten Fällen bereits VOR der eigentlichen Erhebung, spätestens unmittelbar vor der Datenerfassung. Wenn es sich um klar definierte, fixe Merkmalsausprägungen handelt, stehen diese ja von vornherein fest. Das gilt z.B. für geschlossene Fragen einer Umfrage.

Bei der Variable WOCHENTAG z.B. ist von Anfang an klar, dass sie max. 7 Codierungen umfasst, die sich auf „Montag" bis „Sonntag" verteilen.

Können die konkreten Merkmalsausprägungen bis zur Datenerfassung noch nicht fixiert werden (z.B. bei offenen Fragen einer Umfrage), bildet man die Codes sehr oft erst im Nachhinein. Dabei werden zunächst aus den bereits vorliegenden Gesamtdaten überschneidungsfreie Dimensionen (= Gruppen von Antworten) gebildet. Danach erfolgt eine Codierung dieser Antwortgruppen. Erst dann können die einzelnen Datensätze den Dimensionen zugeordnet werden.

---

[63] Beispiele für Daten: Erhebungsdaten einer Umfrage, einer Inhaltsanalyse, einer Beobachtung, Daten eines Experiments, Kundendaten, Projektdaten, Internet-Logfiles, Online-Formulardaten, Verkaufsstatistiken usw.

Das genaue diesbezügliche Vorgehen bei einer derartigen Analyse meist qualitativer Inhalte beschreibt IM ÜBERBLICK KAPITEL „A 7.1.1 | QUALITATIV AUSWERTEN" AB SEITE 121 bzw. IM DETAIL KAPITEL „B 3 | ANALYSE QUALITATIVER DATEN" AB SEITE 194.

Egal, ob man im Vorhinein oder Nachhinein codiert: **Codieren** (**vercoden**) bedeutet immer, JEDER Merkmalsausprägung oder Antwort bzw. Antwortkategorie einen numerischen Wert zuzuordnen. Dabei gilt es, folgende Regeln zu beachten:

- JEDE Ausprägung muss sich einer Kategorie zuordnen lassen:

  Bleiben unzuordenbare Merkmalsausprägungen oder Antworten übrig, können Erhebungsergebnisse nicht ausgewertet werden. Aus diesem Grund findet sich bei Merkmalen, deren Ausprägungen nicht völlig klar sind, als letzte die Kategorie „Sonstiges" (VGL. „HALBOFFENE FRAGEN" IN KAPITEL „A 5.3.2 | ARTEN VON FRAGEN: FRAGETYPEN" AUF SEITE 91).

- Die Kategorien müssen einander ausschließen:

  Immer wieder begehen Personen, die zum ersten Mal einen Fragebogen erstellen, Fehler folgender Art:

  Auf die Frage „Wie alt sind Sie?" werden z.B. die Anwortmöglichkeiten „15 bis 30 | 30 bis 50 | 50 und älter" vorgegeben. Personen, die genau 30 oder 50 Jahre alt sind, fallen damit in zwei Antwortkategorien.

- Die Kategorien müssen eindimensional sein:

  Zwei Beispiele für mehrdimensionale, nicht auswertbare Daten:

  Jemand erhebt bei einer Inhaltsanalyse von Zeitungsartikeln die Länge von Titel und Untertitel. Für die Datenerfassung steht nur die Variable TITELLÄNGE zur Verfügung.

  In einem Telefoninterview wird die Frage „Wie beurteilen Sie das Wetter und die Temperatur an Ihrem letzten Urlaubstag?" mit nur EINER Variable statt zwei abgebildet.

- Der Umfang der Codes orientiert sich am Erhebungsgegenstand:

  In vielen Fällen gibt das Merkmal die Zahl der Codes vor (z.B. GESCHLECHT). Dort, wo dies nicht der Fall ist, muss darauf geachtet werden, nicht zu viele, aber auch nicht zu wenige Codes zu vergeben. Wählt man Kategoriengrenzen zu breit (= wenige Codes), werden Unterschiede verdeckt. Wählt man sie zu eng (= viele Codes), werden zufällige Unterschiede überbewertet.

  Definiert man z.B. Altersgruppen, wird es wohl übertrieben sein, wenn jede Kategorie nur fünf Lebensjahre umfasst. Umgekehrt machen nur wenige Codes (z.B. nur zwei Altersgruppen) ebenso wenig Sinn.

Oft richtet sich die Anzahl von Kategorien auch nach der Vergleichbarkeit mit anderen oder Vor-Erhebungen.

Wie man in Daten bereits vorhandene breite Verteilungen praktikabel in Gruppen zusammenfassen kann, veranschaulicht KAPITEL „B 4.4 | (UM-)CODIEREN, BERECHNEN, TEILGRUPPEN BILDEN" AB SEITE 230.

- Jede Codierung muss klar dokumentiert werden:

  In der Praxis hat es sich bewährt, auf Fragebögen oder Codierschemata die Zahlen der Codierung (in kleiner Schrift) gleich direkt mitanzuführen (VGL. DIE KLEINEN ZAHLEN RECHTS NEBEN DEN ANKREUZ-KÄSTCHEN AM FRAGEBOGEN IN ABBILDUNG 19 UND 20 AUF SEITE 69 F.). So können die Antworten oder einzelnen Beobachtungsmerkmale bei der Datenerfassung sofort und zweifelsfrei in die zahlenmäßigen Codes umgesetzt werden. Die Übersicht bleibt erhalten, auch wenn mehrere Personen mit der Erfassung beschäftigt sind. Deutlich komfortabler wird damit auch das Erstellen eines Auswertungsprogramms oder das Lesen der Ergebnisse.

  Aus denselben Gründen sollten auch neue Codierungen, die erst während der Dateneingabe oder Auswertung „entstehen", sofort vollständig beschrieben werden.

  Bei einer Beobachtung wird z.B. erst im Zuge der Datenerfassung klar, dass man eigentlich zwischen Erhebungen am Tag und in der Nacht unterscheiden möchte: Man sollte sofort dokumentieren, ob die Ausprägungen der Variablen TAGESZEIT mit 1 = „Tag" und 2 = „Nacht" oder umgekehrt codiert werden.

B 2.1.3 | Aufbau von Datenfiles

Jeder Datenfile ist analog aufgebaut – vergleichbar einer Tabelle: Jeder Variable (= Merkmal) wird eine eigene Spalte, jedem Datensatz eine Zeile zugeordnet.

In der ersten Zeile der Tabelle stehen die Namen der Variablen (VGL. ❶ IN ABBILDUNG 57 AUF SEITE 186). Um die Übersichtlichkeit zu erhöhen, werden die Variablennamen oft kurz und kryptisch gehalten: Sie entsprechen z.B. der Nummerierung der Fragen in einem Fragebogen. Hinter diesen Kurzbezeichnungen stehen die inhaltlichen Bedeutungen[64] (IN ABBILDUNG 57 MIT ❷ GEKENNZEICHNET)[65].

Ab der zweiten Zeile enthält jeder Datenfile die eigentlichen Datensätze. Jeder Datensatz umfasst in der Regel eine Zeile. In jeder Zelle dieser Zeile wird die Ausprägung des Datensatzes auf jener Variable eingetragen, die die jeweilige Spalte bezeichnet.

Bei Befragungen wird also in einer eigenen Spalte pro Frage die Antwort jeder einzelnen befragten Person abgebildet. ABBILDUNG 57 stellt beispielhaft Auszüge aus jenem Datenfile BUCHDATEN dar, der den gesamten Abschnitt B zu Demonstrationszwecken begleitet. Die Daten referieren auf die FRAGENUMMERN UND CODIERUNGEN AUF DEM FRAGEBOGEN IN ABBILDUNG 19 UND 20 AUF SEITE 69 F.

Auswertungsprogramme unterscheiden zwischen vielen unterschiedlichen Zahlen-, Datums- und Texteingabeformaten. Die meisten Variablen sind rein **numerisch codiert**, die Codes bestehen ausschließlich aus Zahlen (❸). Erfasster Text wird als **Text-Variable** (**String-Variable**) definiert (❹).

Eine Sonderform bei der Datenerfassung stellen **Mehrfachangaben** dar.

---

[64] Die Bedeutungen hinter den Variablennamen werden in Auswertungsprogrammen als „Labels" oder „Beschriftungen" bezeichnet (VGL. ABBILDUNG 81 AUF SEITE 225).
[65] Die inhaltlichen Bedeutungen dienen in der Abbildung nur zur Erläuterung und sind NICHT Teil der Datentabelle.

Aufbau eines Datenfiles (Datenauszüge aus BUCHDATEN)

▶ **je Variable eine Spalte, je Datensatz eine Zeile**
▶ **Variablennamen** stehen in der ersten Zeile ❶

❷ FraboNr	Lesen Sie gerne?	Fachbuch gelesen?	Eigenschaften eines idealen Fachbuchs	PartnerIn, Familie	Freund-Innen	KollegInnen	Andere	Geschlecht
❶ lfdNr ❸	f_01 ❸	f_03 ❸	f_05_txt ❹	f_11_1	f_11_2	f_11_3	f_11_4	f_12 ❸
1	0	0		0	0	0	0	2
2	0	0		0	0	0	0	1
3	0	0		0	1	0	0	1
5	1	0		0	0	0	0	1
6	0	1	❻ roter Faden durch alle Kapite	1	1	1	0	1
7	0	0		0	0	0	0	1
13	1	1	❻ mit vielen Bildern, die die Ank	1	0	0	1	2
14	0	0		0	0	0	0	1
15	0	1	❻ viele Informationen, die sehr	0 ❺	1 ❺	0 ❺	1 ❺	1
usw.								

▶ **numerische** ❸ und **alphanumerische** (Text, String) ❹ Variablen**ausprägungen**

▶ **Mehrfachantworten** ❺ benötigen pro Antwortalternative eine eigene Spalte
  ▪ dichotome Codierung: Antwort gegeben Code 1, sonst Code 0

▶ ❻ = **Filterfrage**: nur bei Code 1 (f_03) ein Eintrag (f_05_txt), sonst bleibt f_05_txt leer

Abbildung 57: Aufbau eines Datenfiles

Mehrfachangaben kommen fast nur bei Befragungen vor und sind dadurch gekennzeichnet, dass auf eine Frage eine, mehrere oder gar keine Antwort gegeben werden kann. Bei Mehrfachangaben erhält nicht die Frage, sondern jede Antwortmöglichkeit im Datenfile eine eigene Spalte zugeordnet (❺). Wird die betreffende Antwort gegeben, wird sie mit 1 codiert, nennt die befragte Person diese Antwort nicht, wird ihr die Zahl 0 zugewiesen.

> *Bei Frage 11 des Fragebogens[66] können bis zu vier Antworten gegeben werden. Die ersten beiden in* ABBILDUNG 57 *dargestellten Personen geben keine der vier Antworten (VGL. DIE SPALTEN ❺, DIE BEIDEN ERSTEN ZEILEN NACH DEN VARIABLENNAMEN), Person 3 nennt nur „FreundInnen" (Antwort 2), Person 6 antwortet mit „PartnerIn/Familie, FreundInnen und KollegInnen" (Antworten 1 bis 3) usw.*

Ein Lesebeispiel für die in ABBILDUNG 57 dargestellten Auszüge aus einem Datensatz (wegen besserer Übersichtlichkeit sind nicht alle Variablen des Datensatzes dargestellt):

> *Die als Erste erfasste Person (1 bei lfdNr, in der ersten Zeile nach den Variablennamen) liest NICHT gerne (Frage 1, Code 0). Sie hat auch in den letzten Jahren kein Fachbuch gelesen (Frage 3, Code 0). Damit überspringt diese Person die nächsten Fragen: Das zeigt sich in den dargestellten Codierungen von Frage 5 (kein Text) und den Fragen 11.1 bis 11.4 (überall Code 0 für „Antwort nicht gegeben"). Erst bei Frage 12 sind in diesem Fall wieder Dateneinträge vorhanden (Code 2, die Person ist männlich).*

Auch Datenfiles, die nicht aus Befragungen stammen, sind analog zu den beschriebenen

---

[66] Lautet: *„Wenn Sie einmal ein gutes Buch lesen: Wem empfehlen Sie es weiter? (Mehrfachantworten sind möglich)"* und beinhaltet die Antwortalternativen: 1: *„PartnerIn, Familie"* | 2: *„FreundInnen"* | 3: *„KollegInnen"* | 4. *„Anderen"*.

BUCHDATEN aufgebaut.

Die Daten einer Inhaltsanalyse könnten z.B. ein Format wie in ABBILDUNG 1 AUF SEITE 20 aufweisen.

Eine Beobachtung wiederum könnte (hier beispielhaft vereinfacht) in der ersten Zeile die Variablen DATUM, UHRZEIT, ORT usw. definieren und ab der zweiten Zeile je Einzelbeobachtung die dazugehörigen Angaben enthalten.

B 2.2 | Daten erfassen

Liegen Daten analog – z.B. auf Papier – vor, müssen sie vor der Analyse zunächst digitalisiert (= erfasst) werden. Dies geschieht sehr oft mit dem Programm Excel.

Daten (in Excel) zu erfassen bedeutet einfach, eine neue Tabelle anzulegen und die Variablennamen der Erhebung in die erste Tabellenzeile zu schreiben. Dabei wird jeder Variable eine neue Spalte zugeordnet. Ab der zweiten Zeile werden die Datensätze mit ihren Variablenausprägungen eingetragen. Jeder Datensatz bekommt eine neue Zeile.

Bei **Mehrfachantworten** wird für jede Antwortalternative eine eigene Spalte (mit eigenem Variablennamen) angelegt. Bei gegebener Antwort wird auf der entsprechenden Spalte 1 codiert, ansonsten 0 (= dichotome Erfassung). Auswertungssoftware wie SPSS erlaubt es, Variablenspalten, die Mehrfachantworten abbilden, für die Auswertung als „zusammengehörig" zu deklarieren (VGL. KAPITEL „B 4.5.2 | ANALYSE VON MEHRFACHANTWORTEN" AB SEITE 244).

Bei **offenen Fragen** wird zunächst der komplette Antworttext in die Spalte der betreffenden Variable eingegeben. Die Auswertung offener Fragen (= qualitativer Daten) wird detailliert in KAPITEL „B 3 | ANALYSE QUALITATIVER DATEN" AB SEITE 194 beschrieben.

ABBILDUNG 58 AUF SEITE 188 zeigt beispielhaft drei in Excel erfasste Datenzeilen der BUCHDATEN. Auf Basis dieser Darstellung funktionieren alle Datenerfassungsprogramme.

Grundsätzlich besitzen fast alle Variablen des Datenfiles numerisches Format. Ausgenommen sind die mit ❶ gekennzeichneten Datenspalten: Sie stellen Textvariablen (auch „String" genannt) dar. Eine Mehrfachantworten-Codierung findet sich bei ❷. Nicht vorhandene, fehlende Werte (leere Datenzellen) sind durch ❸ gekennzeichnet. Sie sind leer, weil die entsprechenden Befragten keine Antwort gegeben haben. Die Zeile rechts neben ❹ enthält ebenfalls fehlende Werte bis zur Variable F_09_1: DIESE Zellen sind leer, weil sie aufgrund der Antwort auf die Filterfrage 3 übersprungen werden.

Datenerfassungen können auch **direkt in einem Datenanalyseprogramm** erfolgen (VGL. DETAILS DAZU IN KAPITEL „B 4.3.1 | DATEN ÖFFNEN, IMPORTIEREN ODER NEU ERFASSEN" AB SEITE 216).

Daten, die **aus elektronischen Erhebungen** (Online-Formulare, Befragungssoftware) stammen, brauchen in der Regel nur abgespeichert bzw. exportiert zu werden. Dabei sind die Formate Excel oder Text (*.txt, *.csv) – getrennt mit Semikolons (;) oder Tabulatoren – die meistverbreitete Form der Datenübertragung: Diese Formate kann so gut wie jedes Auswertungsprogramm interpretieren bzw. importieren. Zum Datenimport nach SPSS VGL. KAPITEL „B 4.3.1 | DATEN ÖFFNEN, IMPORTIEREN ODER NEU ERFASSEN" AB SEITE 216.

Drei Datensätze, mit Excel erfasst

lfdNr	Gewicht	f_01	f_02	f_03	f_04	f_05_txt ❶	f_06_1	f_06_2	f_06_3	f_06_4	f_06_5
14	0,33	0	0	❹0							
15	1,23	0	0	1	2	viele Informationen	2	2	3	2	2
16	0,65	0	1	1	2	kompakt, einfach	1	5	3	3	2

f_06_6	f_06_7	f_06_8	f_06_9	f_07_txt ❶	f_08	f_09_1	f_09_2	f_09_3	f_09_4
						6	3	1	3
1	2	2	2	nützlich,informativ, sehr gut erklärt	200,00	❸	2	4	3
2	1	1	1	prägnant,allgemeinbildend, interessan	120,00		3	4	4

f_09_5	f_09_6	f_09_7	f_09_8	f_09_9	f_10_1	f_10_2	f_10_3	f_10_4	f_10_5	f_10_6
4	1	4	3	3						
❸	3	5	6	3	6	5	3	3	1	2
	3		2	3	5	4	4	3	4	6

❷ f_11_1	❷ f_11_2	❷ f_11_3	❷ f_11_4	f_12	f_13	f_14	f_15	f_16	f_17
0	0	0	0	1	8	62	1	1	1
0	1	0	1	1	3	38	3	12	4
1	1	0	1	1	1	29	3	10	8

Abbildung 58: Drei erfasste Datensätze der BUCHDATEN[67]

B 2.2.1 | Besonderheiten (Regeln) bei der Datenerfassung

Damit Variablennamen fehlerfrei in Auswertungsprogramme übernommen werden, dürfen sie keine Leer- oder Sonderzeichen beinhalten. Auch Bindestrich, Beistrich (Komma) und Rufzeichen(!) sind tabu.[68]

Weitere wichtige Regeln bei der Datenerfassung betreffen leere Zeilen, Spalten und Zellen. Leerzeilen und Leerspalten innerhalb der Daten müssen vermieden werden! Sonst ist der Datenfile an diesen Stellen „zu Ende". Alle Daten rechts neben einer leeren Spalte oder unterhalb einer leeren Zeile können – z.B. beim Sortieren in Excel – durcheinandergeraten oder für die Datenanalyse überhaupt verlorengehen.

In Auswertungsprogrammen gibt es in Datenspalten mit numerischen Codierungen keine leeren Zellen: Zellen ohne Inhalt werden zu „fehlenden Werten", gekennzeichnet mit einem Punkt.[69] Lediglich bei Text-Variablen gelten leere Felder als gültige Werte.

---

[67] Aus formalen Gründen (Satzspiegelbreite) sind die drei Datenzeilen mit darüberliegender Variablenzeile in der Darstellung auf vier Abschnitte unterteilt. Im Datenfile befinden sich diese Abschnitte nebeneinander. Die Mehrfachantworten-Codierung der offenen Fragen 5 und 7 wurden hier ausgeblendet, weil sie erst später, nach Dimensionsbildung aus allen Datensätzen (VGL. KAPITEL „B 3 | ANALYSE QUALITATIVER DATEN" AB SEITE 194), erfolgen kann.

[68] In älteren Versionen von manchen Auswertungsprogrammen dürfen Variablennamen höchstens 8 Zeichen lang sein (im Programm SPSS entfällt diese Beschränkung ab der Version 12). Bis Microsoft Office 2007 kann ein Datenfile in Excel max. 256 Spalten (= Variablen) enthalten, in späteren Versionen entfällt diese Beschränkung.

[69] Zur Bedeutung fehlender Werte VGL. INSBESONDERE DAS KAPITEL „B 4.3.4 | FEHLENDE WERTE" AB SEITE 226.

Die in Tabellenkalkulationssoftware verwendeten Formeln werden von Analyseprogrammen beim Datenimport nicht übernommen oder interpretiert: Zu analysierende Datentabellen dürfen deshalb nur reine Zahlen- oder Texteinträge beinhalten.

B 2.2.2 | Software zur Datenerfassung

Die meisten Institute arbeiten mit professioneller Datenerfassungssoftware. Mit ihr können bereits bei der Eingabe Konsistenzchecks erfolgen. So kann man etwa verhindern, dass Codes erfasst werden, die es gar nicht gibt. Oder man schließt aus, dass Werte außerhalb gewisser Grenzen zulässig sind. Die Eingabe kann auch so definiert werden, dass Folgefragen einer Filterfrage, die nicht „zutrifft", übersprungen werden.

Wenn GESCHLECHT mit den Ausprägungen 1 = „weiblich" und 2 = „männlich" definiert ist, dürfen nur diese beiden Codes erfasst werden. Gibt jemand bei dieser Variable die Zahl 3 oder höher ein, meldet das Erfassungsprogramm einen Fehler.

Die Erfassung des konkreten Alters befragter Personen ist nur möglich, wenn eine Zahl zwischen 14 und 105 eingegeben wird. Gibt man eine Zahl unter 14 oder über 105 ein, erhält man eine Fehlermeldung.

Wenn jemand eine bestimmte Zeitung nicht kennt, darf eine Beurteilungsskala dieser Zeitung keine Werte enthalten. Das Eingabeprogramm „überspringt" die Variablen der Beurteilungsitems.

Datenerfassungsprogramme sparen Eingabezeit und sichern von Anbeginn an eine höhere Datenqualität. Allerdings sind sie komplex zu bedienen und benötigen Einarbeitungszeit. Deshalb kommt derartige Software bei empirischen EINZELstudien nur selten zum Einsatz.

Zwar kann eine einfache Datenerfassung in einem Tabellenkalkulationsblatt umfangreiche Echtzeit-Checks während der Eingabe nicht umsetzen. Bei einmaligem oder seltenem Datenerfassungsbedarf lohnt es sich aber nicht, ein Eingabeprogramm zu erwerben UND dessen Bedienung zu erlernen. Hier ist es deutlich ökonomischer, nach erfolgter Dateneingabe Daten-Konsistenzchecks durchzuführen. Diese sollten ohnehin vor jeder Datenanalyse erfolgen, egal, wie die Daten zustandegekommen bzw. auf welchem Weg sie erfasst worden sind (VGL. DAZU KAPITEL „B 2.3 | DATEN PLAUSIBILISIEREN (SCREENEN)" AB SEITE 190).

Eine Art Zwischenlösung zwischen Datenerfassungssoftware und völlig unkontrollierter Eingabe stellen die Datenüberprüfungsmöglichkeiten dar, die Excel bietet. Sie ermöglichen, bereits während der Dateneingabe „im Hintergrund" gewisse Checks durchzuführen und bei Fehleingaben eine Warnung ausgeben zu lassen.

ABBILDUNG 59 AUF SEITE 190 zeigt ein diesbezügliches Beispiel:

- Die zu überprüfenden Zellen (in der Regel die gesamte Spalte) durch Klick auf den Spaltenbuchstaben markieren (❶).
- Im Menü Daten → Datenüberprüfung im Dialogfeld als Einstellung „Ganze Zahl zwischen 1 und 2" eingeben und auf OK klicken.
- Ab nun erscheint bei Eingabe einer anderen Zahl als 1 oder 2 eine optische (❷) und akustische Warnung.

Datenerfassung mit Excel

Daten → Datenüberprüfung

▶ Plausibilisierung bereits während der Eingabe möglich

❶ Spalte markieren und …

… bei falscher Eingabe:

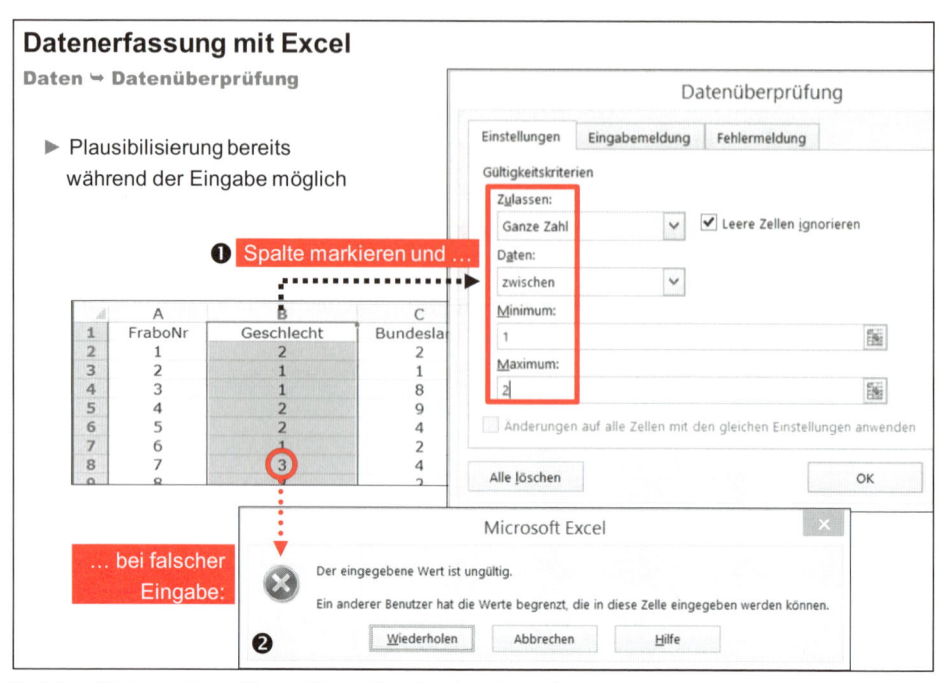

❷

Abbildung 59: Datenüberprüfung während der Eingabe mit Excel

Datenüberprüfungen dieser Art kann man nur für die weitere Datenerfassung einstellen. Sie gelten NICHT rückwirkend.

B 2.3 | Daten plausibilisieren (screenen)

VOR jeder Datenanalyse ist es sehr ratsam, alle Datensätze auf ihre Konsistenz hin zu überprüfen. Bei Erhebungen, deren Rohdaten auf Papier vorliegen, ist dieser vorbereitende Schritt sogar ein unbedingtes MUSS. Unplausible, inkonsistente Daten sorgen für verzerrte, ungenaue Auswertungen und werfen bei der Interpretation der Ergebnisse Fragen auf.

Was alles kann zu unplausiblen Auswertungen führen?

- Eine Variable enthält zu viele, zu wenige oder falsche Codierungen:

    Code 1 = „weiblich", Code 2 = „männlich", Code 3 = „Transgender", Code 4 = ???

- Eine Variable enthält Zellen ohne Wert, was bei ihr aber nicht vorkommen darf:

    Wenn eine Erhebung die Variable ZIELGRUPPE mit Code 0 = „gehört nicht zur Zielgruppe" und Code 1 = „gehört zur Zielgruppe" definiert, kann es bei KEINEM Datensatz andere oder nicht vorhandene Codierungen geben.

- Uneinheitliche Angaben bzw. Schreibweisen:

    Wenn in einer Inhaltsanalyse die Zeitung „Die Tageszeitung" einmal als „Tageszeitung", dann wieder als „Die Tageszeitung" in die Daten Einzug findet, führt das bei der Auswertung zu zwei verschiedenen Ergebniskategorien mit unterschiedlichen Häufigkeiten.

- Unplausible Extremwerte:

  Jemand gibt an, beim letzten McDonald's-Besuch 65 Minuten auf einen Hamburger gewartet zu haben.

- Inkonsistente Angaben:

  Erfolgt z.B. über mehrere Variablen eine Aufteilung von Prozentwerten, müssen diese Variablenwerte pro Zeile in Summe 100 % ergeben: Es wird erhoben, in welchem Verhältnis Printmedien analog und digital konsumiert werden. Eine Person gibt an, dass sie 60% analog und 50% digital konsumiert. Da diese Werte inkonsistent sind, müssen sie auf 100% plausibilisiert werden.[70]

- Unterschiedliche Fallzahl bei Filter- und Folgefragen:

  Jemand kennt eine bestimmte Zeitung nicht und hat auf der betreffenden Variable KENNT_ZEITUNG deshalb die Ausprägung 0 (= Nicht-Kennende). Alle nebenstehenden Beurteilungsvariablen dieser Zeitung dürfen somit keine Werte enthalten. Wenn man eine Zeitung nicht kennt, kann man sie nicht beurteilen. Weist der betreffende Datensatz dennoch Einträge bei den Beurteilungsvariablen auf, müssen diese Einträge entfernt ODER der Code der Variable KENNT_ZEITUNG auf 1 (= Kennende) verändert werden.

- Offensichtliche Unplausibilitäten:

  Jemand, der 25 Stunden am Tag fernsieht, ist genauso unplausibel wie eine Tageszeitung, die 500 Seiten dick ist usw.

Entstammen die zu analysierenden Daten einem Erhebungstool (Befragungssoftware, Online-Befragung, Datenerfassungsprogramm), liegen sie in der Regel in deutlich besserer Qualität als Papierdaten vor: Digitale Daten sind meist bis auf wenige Ausnahmen bereits schlüssig und plausibel. Trotzdem sollte man auch dort zur Sicherheit vor der Auswertung Konsistenzchecks durchführen.

ABBILDUNG 60 AUF SEITE 192 zeigt eine sehr effiziente und wirksame Methode, einen Überblick über die Struktur und Richtigkeit eines Datenfiles zu bekommen. Mit dem Excel-Befehl **Daten ↪ Filtern**[71] bekommt man sehr rasch eine Übersicht über die je Dimension (Variable) vorkommenden richtigen oder falschen Zelleinträge.

  Das im Beispiel dargestellte Datenblatt enthält die Variablen FRAGEBOGENNUMMER, GESCHLECHT, BUNDESLAND und ALTER.

  📠 Wenn man sich mit dem Cursor irgendwo innerhalb der Datentabelle befindet und auf **Daten ↪ Filtern** klickt (❶), wird bei jeder Spaltenüberschrift rechts neben dem Variablennamen ein kleiner Pfeil angezeigt.

---

[70] Das könnte z.B. folgendermaßen geschehen: 60 + 50 = 110 >>> 60 / 110 = 55%, 50 / 110 = 45%.
[71] Bis zur Excel-Version 2007 lautet der entsprechende Menübefehl **Daten ↪ Filter ↪ AutoFilter**.

- Ein Klick auf diesen Pfeil zeigt die in dieser Spalte vorkommenden Einträge (❷).
- Klickt man nun jene Einträge an, die unplausibel erscheinen oder aus anderen Gründen näher kontrolliert werden sollen, werden alle Zeilen mit anderen Einträgen ausgeblendet. Physisch bleiben im Datenfile aber ALLE Datenzeilen erhalten. In ❸ ist ersichtlich, dass offenbar beim Fragebogen mit der Nummer 27 beim Geschlecht Code 3 erfasst wurde. Dieser Code muss bereinigt werden.

Die Lösung kann nun darin bestehen, einfach die Zahl 3 zu löschen und damit einen „keine Angabe"-Eintrag zu produzieren. Im Idealfall würde man aber zuvor am Papierfragebogen (über die am Fragebogen notierte Fragebogennummer) nachrecherchieren, ob man ein Indiz für das „richtige" Geschlecht findet. Eine deutlich drastischere Problemlösung wäre es, gleich den gesamten Datensatz (= die gesamte Zeile) aus dem Datensatz zu löschen. Geht man allerdings bei jedem Eingabefehler derart streng vor, reduziert sich die Fallzahl vor der eigentlichen Auswertung wahrscheinlich in beträchtlichem Ausmaß.

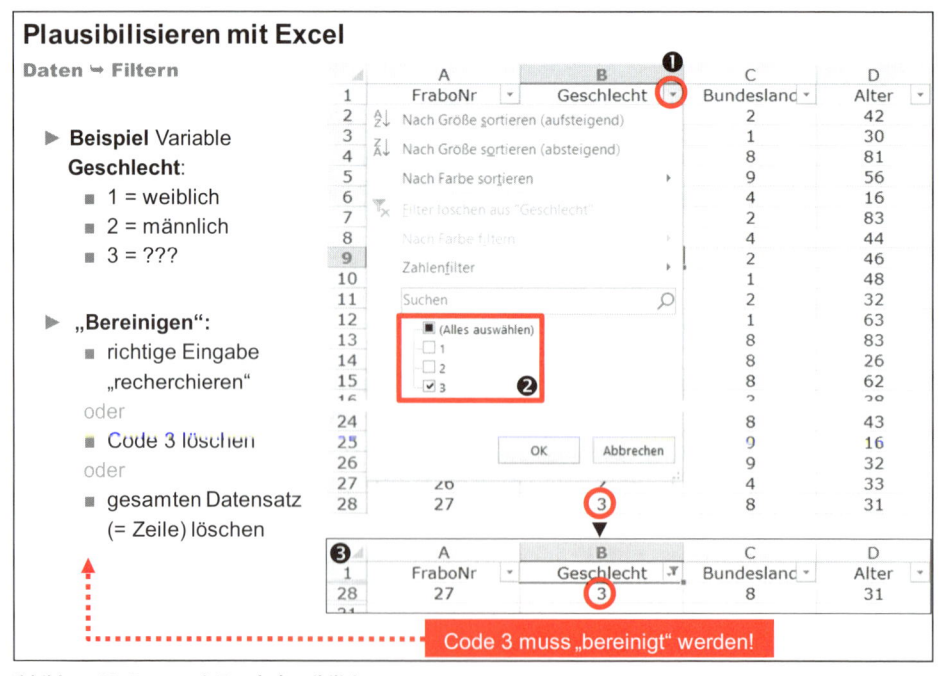

Abbildung 60: Daten mit Excel plausibilisieren

Der hier beschriebene Datenfilter funktioniert nur bei einer Datentabelle mit Spaltenüberschriften (= Variablennamen). Der Datenfilter wird immer auf den Bereich nach unten bis zur nächsten leeren Zeile oder nach rechts bis zur nächsten leeren Spalte angewendet. Unter leeren Zeilen oder neben leeren Spalten liegende Zeilen oder Spalten werden nicht als Teil der Datenbank berücksichtigt. Diese Teile der Datentabelle werden damit auch beim Löschen von Datenzeilen oder beim Sortieren der Daten nicht berücksichtigt. Dadurch kann es passieren, dass halbe Zeilen plötzlich fälschlich anderen Datensätzen zugeordnet werden

– der gesamte Datenbestand kann durcheinanderkommen und unbrauchbar werden! Deshalb ist es sehr ratsam, in Datentabellen dazwischenliegende leere Zeilen oder Spalten zu vermeiden.

Die Daten-Filterfunktion eignet sich auch gut zum Auffinden gesuchter Dateneinträge.

Ebenfalls sehr effizient kann mit **Daten → Filtern** die Bildung von Datensatzgruppen für vergleichende Auswertungen zu einem späteren Zeitpunkt realisiert werden.

Eine Anforderung an die spätere Datenauswertung könnte in einem Regionalvergleich des Ostens Österreichs mit dem restlichen Bundesgebiet bestehen. Bezogen auf das Beispiel in Abbildung 60 könnte dieser vorbereitende Auswertungsschritt bereits an dieser Stelle umgesetzt werden.

- Man fügt neben der Spalte BUNDESLAND eine neue Tabellenspalte mit der Überschrift REGION ein.
- In BUNDESLAND werden über den Datenfilter alle Zeilen mit Codierung 1, 2 oder 3 (angenommen, diese Codes entsprechen den Bundesländern Wien, Niederösterreich und Burgenland) ausgewählt.
- Alle ausgewählten Zeilen erhalten in REGION Code 1 zugewiesen. Dazu wird in der ersten sichtbaren, nicht ausgeblendeten Zeile eine 1 eingetragen und über alle weiteren nicht ausgeblendeten Zeilen „heruntergezogen".
- Danach werden in REGION alle Zellen mit der Bezeichnung (Leere) ausgewählt. Sie erhalten nach demselben Muster Code 2 zugewiesen.

Auf diese Art und Weise hat man sehr unkompliziert eine neue Gruppierungsvariable erzeugt, die man später bei der Auswertung komfortabel zum Vergleich Ost- gegenüber Rest-Österreich heranziehen kann.

Mit plausibilisierten und konsistenten Daten kann die Auswertung endlich beginnen!

B 3 | Analyse qualitativer Daten

… in diesem Kapitel geht's um:

• **Prinzip qualitativer Datenanalyse:** Einzeltexte werden eindeutigen und voneinander klar abgrenzbaren Dimensionen zugeordnet
• **Dimensionsbildung:** erfolgt aus den Daten heraus oder theoriegeleitet
• **Auswertung:** über Häufigkeitszählungen • optional Mehrfachantworten-Codierung
• praktisches **Anwendungsbeispiel**
• **verbreitete Analysesoftware:** atlasti.com, maxqda.de, qsrinternational.com

Qualitative Rohdaten liegen fast immer in einem hohen Verbalisierungsgrad vor.

Bei einer offenen Frage in einem Fragebogen haben 500 Personen teils idente, teils ähnliche, teils völlig unterschiedliche Einzelantworten abgegeben.

In einer Inhaltsanalyse von Zeitungsartikeln müssen verschiedene Textpassagen auf bedeutungsmäßige Übereinstimmung hin überprüft werden.

Es müssen also viele einzelne Nennungen oder Textsequenzen ausgewertet werden. Dies geschieht über die Bildung von eindeutigen und klar voneinander abgrenzbaren Bedeutungsdimensionen, denen sich die Einzel-Texte zuordnen lassen. Die Dimensionen stellen Oberbegriffe oder Gruppierungen dar, unter denen sich die Einzeltexte zusammenfassen lassen.

Die Gruppierungen bildet man entweder auf Basis des vorliegenden Datenmaterials (**induktive Kategorienbildung**, VGL. MAYRING 2010, S. 85). Oder man baut auf theoretischen Grundlagen auf und leitet die Dimensionen aus bestehenden (literaturgestützten) Zusammenhängen bzw. Strukturierungen ab (**deduktive Kategorienbildung**, VGL. EBD.). In der Forschungspraxis beschreiten wissenschaftliche Inhaltsanalysen gerne den deduktiven Weg, induktiv werden offene Antworten bei den meisten Befragungen strukturiert.

ABBILDUNG 61 AUF SEITE 195 (VGL. MAYRING 2010, S. 84, ADAPTIERT) veranschaulicht die oft notwendige iterative Vorgehensweise bei induktiver Kategorienbildung.

Die erstellten Gruppierungen erlauben in weiterer Folge das Quantifizieren (= Zählen) der jeweiligen Einzeltexte, die ihnen zugeordnet wurden.

Ein Beispiel soll das Vorgehen bei der induktiven Analyse qualitativer Daten veranschaulichen. Dabei werden die voneinander abgrenzbaren Antwortgruppen aus den vorliegenden Daten einer Umfrage gebildet. Die Antwortgruppierungen erhalten Codes zugewiesen (VGL. KAPITEL „B 2.1.2 | RICHTIG CODIEREN" AB SEITE 183) – meistens erfolgt eine einfache Durchnummerierung der Dimensionen. Danach wird jede einzelne Antwort mit dem ihr entsprechenden Code erfasst – sehr oft in Form einer Mehrfachantworten-Erfassung (VGL. KAPITEL „B 4.5.2 | ANALYSE VON MEHRFACHANTWORTEN" AB SEITE 244).

Induktive Kategorienbildung qualitativer Daten

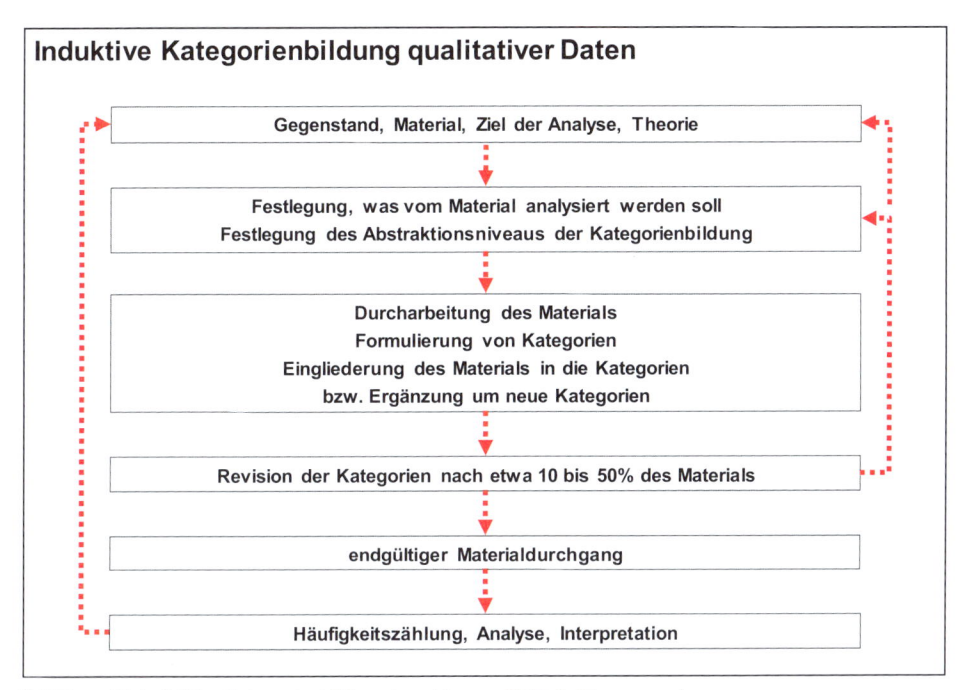

- Gegenstand, Material, Ziel der Analyse, Theorie
- Festlegung, was vom Material analysiert werden soll
  Festlegung des Abstraktionsniveaus der Kategorienbildung
- Durcharbeitung des Materials
  Formulierung von Kategorien
  Eingliederung des Materials in die Kategorien
  bzw. Ergänzung um neue Kategorien
- Revision der Kategorien nach etwa 10 bis 50% des Materials
- endgültiger Materialdurchgang
- Häufigkeitszählung, Analyse, Interpretation

Abbildung 61: Induktive Kategorienbildung (VGL. MAYRING 2010, S. 84, ADAPTIERT)

Auf Frage 5 des Beispielfragebogens (VGL. S. 69 F.) „Ganz spontan: Wie muss ein ideales Fachbuch für Sie beschaffen sein?" konnten insgesamt 118 Antworten erzielt werden.

In den BUCHDATEN wurden alle Angaben zunächst in Textform erfasst. Die untenstehende Liste enthält alle vorhandenen Angaben bei der Variablen f_05. Zusätzlich ist auch die Fragebogennummer der jeweiligen Nennung (lfdNr) mit angeführt.

Von jenen, die bei Frage 3 „Haben Sie in den letzten 12 Monaten zumindest ein Fachbuch gelesen?" mit „nein" geantwortet haben, fehlt eine Angabe. Diese Personen haben diese Frage (und andere) übersprungen. Die jeweiligen Datenzeilen enthalten hier also keine Einträge. Diese leeren Zeilen sind in der folgenden Liste NICHT enthalten.

Ganz spontan: Wie muss ein ideales Fachbuch für Sie beschaffen sein?	
lfdNr	*f_05_txt*
15	viele Infos, die sehr realitätsnah sind; muss persönlichen Vorteil (z.B. für zukünftige Arbeit) bieten
16	kompakt, einfache Formulierung, Bildmaterial, gut strukturiert, Praxisbeispiele
17	Praxis mit Beispielen
24	viele Grafiken, praktische Beispiele, übersichtlich gestaltet, Stichwortverzeichnis, roter Faden
28	mit praxisrelevanten Beispielen, neben Theorie Beispiele, um die Theorie besser zu verstehen
30	gutes Inhaltsverzeichnis, damit man schnell findet, was man sucht
40	flüssig zu lesen, simpel erklärt, Fach soll veranschaulicht werden
41	gut strukturiert, spezielle Begriffe leicht auffindbar, verständlich
44	eher größeres Format, mehrere Abbildungen enthalten, nicht nur im Textformat geschrieben, aussagekräftige Überschriften und Kapitel
48	interessanter, leichter Schreibstil, mit Humor geschrieben

53	die Informationen müssen persönlich nutzbar sein
54	kurz und prägnant, Beispiele müssen alle Varianten abdecken
56	nicht zu dick, übersichtlich, gut strukturiert
66	gut strukturiert, verständlich, gut lesbar
67	klare und eindeutige Ausdrücke, interessant, mit Praxisbeispielen
75	klare Gliederungen, leicht zum Nachschlagen von Begriffen
76	inhaltlich nachvollziehbar strukturiert
77	gut strukturiert, flüssig zu lesen, komplexe Sachverhalte grafisch dargestellt
78	logischer Zusammenhang, Sätze verständlich formuliert, grafische Darstellungen und Beispiele
83	klare, nachvollziehbare Erklärung von Fachbegriffen, am Ende ABC-Register und Erklärung (Definitionen)
84	viele praktische Beispiele
86	wissenschaftliche Quellen, kompakt, inhaltlich relevant, strukturiert
94	wichtige Aspekte sollten hervorgehoben werden, es sollte viel mit Farben gearbeitet werden
95	sollte ein Hardcover sein, nicht zu kompliziert, dennoch wissenschaftlich, angenehme Formatierung, Kontrast von Seite- und Schriftfarbe
97	genaues Inhaltsverzeichnis, Stichwörterverzeichnis, klare Strukturierung – Kapitel/Unterkapitel/Grafiken
101	leicht verständlich, gut gegliedert, dünn, handliches Format („Softcover")
102	Praxisbezug soll gegeben sein, Übersichtlichkeit, besser einfacher als kompliziert geschrieben, Beispiele!
106	ansprechendes Design, einfacher verständnisvoller Text, nicht zu viele Fachbegriffe, Praxisbeispiele, Übersicht des Inhalts mit Schlagwörtern
108	interessant, lustig geschrieben, praxisnah, hilfreich
110	es sollte möglichst einfach beschrieben sein, sollte möglichst verständlich erklären, was man lernen will
117	übersichtlich, einfach zu lesen, Fremdwörter vermeiden bzw. solche verwenden, die verstanden werden
118	es muss spannend (d.h. nicht zu trocken) geschrieben sein, leicht verständlich, aber eher nicht auf dem „Dummies"-Bücher-Niveau, praxisnah
120	verständlich, einfach geschrieben, Definitionen von Fachvokabular sollten enthalten sein, Screenshots
122	Sprache „für Dummies", jeder sollte alles verstehen, gute inhaltliche Gliederung (auch im Inhaltsverzeichnis)
125	keine Fachsprache wenn vermeidbar, einfach erklären, größere Schrift, anschaulich mit Bildern
133	informativ und unterhaltsam zugleich, einzelne Kapitel mit abschließendem „Check-Up"
137	übersichtlich gestaltet, gutes Inhaltsverzeichnis, alle Fremdwörter erklärt, am Rand Bemerkungen bzw. Fußnoten, Visualisierungen
140	es muss sich einer verständlichen Sprache bedienen und bildhafte Beschreibungen enthalten
141	gut gegliedertes Inhaltsverzeichnis, einfaches Wording, kurze Einstiegsworte vor jedem Kapitel, Beispiele aus der Praxis
148	sprachlich verständlich, viele Praxisbeispiele
150	gut strukturiert, übersichtlich gegliedert
152	übersichtlich, gut strukturiert (roter Faden), verständlich, aber wissenschaftlich
157	gute Balance zwischen Theorie und Beispielen
161	übersichtlich gestaltet, Beispiele, Grafiken, Schritt-für-Schritt-Anleitungen
168	übersichtlich gegliedert, gutes Inhaltsverzeichnis und Register
172	handlich, nicht zu dick, leicht lesbar ohne zu viele Fachwörter
188	klare Strukturierung, gut auffindbare, nicht zu lange Kapitel, Beispiele zur Veranschaulichung
196	verständlich formuliert, nicht unnötig schwer geschrieben, auf den Punkt gebracht
199	kreative Wortwahl, Mischung aus seriösem und humorvollem Schreibstil
200	gut strukturiert, keine zu langen Passagen und Kapitel, Zwischenüberschriften
204	step by step, praxisbezogen, unterhaltsam
205	gut strukturiertes Inhaltsverzeichnis, sollte auf den Punkt kommen

208	einfach formuliert, übersichtlich strukturiert, muss meinem Wissensniveau entsprechen
215	keine verschachtelten Sätze, Layout, Schrift und Papier sollten angenehmes Lesen ermöglichen
217	übersichtlich, mit Stichworten, nicht zu viele Kapitel, Information zu weiterführender Information
220	weniger als 200 Seiten, Grafiken, Tabellen, klare Gliederung
227	übersichtlich, klare Formulierungen, wie Gebrauchsanleitung genaue Abfolge erklären
228	kurze Sätze, flüssig, kein Gendering im Text, Illustrationen sollten den Lesefluss nicht stören
231	einfache, kurze Sätze, damit anspruchsvolle Inhalte leichter verständlich sind
235	einfach, nicht zu lang, max. 250 Seiten, mit Skizzen oder Bildern, praxisnah, umgangssprachlich
246	gut strukturiert, Beispiele, leicht leserlich, roter Faden
247	Leserlichkeit, Haptik, Verständlichkeit, Erklärung, angenehme Schriftgröße, Struktur
248	muss gut aufgebaut und strukturiert sein, einfach zu lesen, keine langen Sätze, Grafiken, Bilder
250	sollte nicht allzu „geschwollen" geschrieben sein, Beispiele aus der Praxis machen jedes Fachbuch interessanter
252	nicht zu theoretisch, sollte praxisnah sein, anwendbar, kurze Textpassagen
263	klar strukturiert, roter Faden, aufbauend
266	verständlich geschrieben und optisch gut aufgearbeitet
270	mit Darstellungen, Erklärungen der Zusammenhänge, Beispiele
272	übersichtlich aufgebaut, Erläuterung der Vorgehensweise (1., 2., 3., …), mit Screenshots, Tipps und Tricks zur Umsetzung
274	gut strukturiert mit ausreichend großer Schrift, genügend anschauliche Alltagsbeispiele, um eine Vorstellung der Anwendbarkeit zu bekommen
275	systematischer Aufbau, verständliche Gliederung, sollte sich auf das Wesentliche konzentrieren und nicht zu sehr in angrenzende Themen ausschweifen
281	das Wesentliche muss schnell erfassbar sein, Zusammenfassungen, Diagramme vor Fließtext
285	zielführend gestaltet, keine überflüssigen Ausschweifungen, gute Zusammenfassungen, anschauliches Beispiel
286	übersichtlich und nicht allzu schwer zu lesen, aber dennoch einen gewissen Standard erfüllen
289	guter Schreibstil (leicht und verständlich), Grafiken zur Veranschaulichung, konkrete Beispiele, gute Struktur (Aufbau), kein „Geschwafel" bzw. unnötiger Text
292	leicht zu verstehen, mit velen Bildern und Diagrammen, Beispiele
293	Gliederung und Struktur muss passen, muss zitierwürdig und zitierfähig sein
302	gute Gliederung ist wichtig
303	gut verständlich, übersichtlich, nicht zu umständlich geschrieben (formuliert)
306	verständlich, gut strukturiert
309	gute Gliederung, inkl. Literaturverzeichnis
316	gutes Inhaltsverzeichnis, verständliche Gliederung, Theorie erläutert mit ausreichend Beispielen
320	klare Struktur, einfach zu verstehen, aber nicht zu ausführlich, keine Wiederholungen
321	gut verständlich, logisch aufgebaut
325	genau strukturiert, Grafiken, Tabellen, Praxisbeispiele
331	guter Aufbau, leichte Beispiele, nicht zu kompliziert
334	viele Beispiele, Praxisbezug, Abbildungen
336	viele Beispiele, verständlich, Handbuch
347	interessant erklären
350	übersichtlich, nicht zu viel Text pro Seite, mit Tabellen arbeiten
355	inhaltlich gut gegliedert, klare Erklärungen
359	verständlich, erklärend, viele Diagramme und Bilder
363	es muss zitierwürdig sein, gut gegliedert und mit anschaulichen Grafiken/Tabellen versehen sein
372	gut gegliedert, übersichtlich, zitierwürdig

387	leicht lesbar, verständlich, mit Bilderklärungen
390	mit Bildern und einfachen Erklärungen
392	kleines Format, A5, mit Beispielen veranschaulicht
403	Beschriftungen, Bilder
405	Praxisbezug
406	relativ einfach geschrieben, übersichtlicher Aufbau
411	übersichtlich, möglichst einfach geschrieben
412	Grafiken, Praxisbezug
413	verständlich formuliert, Theorie und dazugehörige Tabellen und Grafiken
424	Praxisbezug
425	Abbildungen, strukturiert
429	Bilder und Grafiken zum Veranschaulichen, simple Beispiele zur Theorie
432	viele Abbildungen, Verknüpfung von Theorie mit Praxis, Beispiele mit Lösungen
435	Grafiken (in Farbe), Abbildungen, Quellen, Beispiele
440	leicht zu lesen, praxisbezogen
442	übersichtlich, verständlich, logisch aufgebaut
446	Bilder helfen beim Verständnis
447	mit Praxisbezug, Beispielen, mehr Absätzen und nicht ein Text ohne Ende
453	übersichtlich, Beispiele, gut gegliedert
456	Bilder & Skizzen, Diagramme zum besseren Verständnis
464	übersichtlich, Beispiele
467	Farbdruck, viele Grafiken und Bilder, nach jedem Kapitel Zusammenfassungen
468	praxisrelevant mit Beispielen und Lösungen
475	übersichtlich, mit Beispielen, Grafiken, in einfachen Worten erklärt, in Farbe

Aus den 118 Einzelantworten lassen sich gemäß der in ABBILDUNG 61 skizzierten Vorgehensweise bei qualitativen Auswertungen folgende 13 Antwortdimensionen bilden:

Code	**Dimensionen** *(in der Reihenfolge ihrer Häufigkeit)*
01	**Übersichtlichkeit**, Struktur, roter Faden, Gliederung
02	**leichte Lesbarkeit**, Logik, Verständlichkeit, Unkompliziertheit, humoriger Schreibstil
03	viele **Beispiele** (aus der Praxis), Praxisnähe
04	viele **Abbildungen**, Grafiken, Bilder, Tabellen
05	**Prägnanz**, Kompaktheit, Kürze, dünn, handlich
06	leichtes **Zurechtfinden**, zum Nachschlagen, gutes Inhalts- und/oder Stichwortverzeichnis
07	ansprechendes **Design**, Formatierung, farbliche Hervorhebungen, kontrastreich
08	persönlicher **Nutzen**, realitätsnahe Information, gute Veranschaulichung
09	**Wissenschaftlichkeit**, wissenschaftliche Quellen, Zitierfähigkeit
10	**Zusammenfassungen** am Seitenrand, Beginn oder Ende der Kapitel
11	**Spannung**, interessante Inhalte
12	**Gebrauchsanleitungscharakter**, Tipps und Tricks
13	**Sonstige** Nennungen (eher größeres Format | nicht auf dem „Dummies"-Bücher-Niveau | gute Balance zwischen Theorie und Beispielen | muss meinem Wissensniveau entsprechen | Information zu weiterführender Information | kein Gendering im Text | Illustrationen sollten den Lesefluss nicht stören | soll einen gewissen Standard erfüllen)

Das **technische Vorgehen zur Erstellung von Antwortdimensionen** beschreibt Mayring (VGL. MAYRING 2010, ABBILDUNG 10, S. 68, UND PUNKTATION, S. 70, ZUSAMMENGEFÜHRT UND TEXTLICH LEICHT ADAPTIERT) **wie folgt**:

1. **Bestimmung der Analyseeinheiten**[72]
2. **Paraphrasierung der inhaltstragenden Textstellen**
   2.1 Streiche alle nicht (oder wenig) inhaltstragenden Textbestandteile wie ausschmückende, wiederholende, verdeutlichende Wendungen.
   2.2 Übersetze die inhaltstragenden Textstellen auf eine einheitliche Sprachebene.
   2.3 Transformiere sie auf eine grammatikalische Kurzform.
3. **Bestimmung des angestrebten Abstraktionsniveaus: Generalisierung der Paraphrasen auf das Abstraktionsniveau**
   3.1 Generalisiere die Gegenstände der Paraphrasen auf die definierte Abstraktionsebene, sodass die alten Gegenstände in den neu formulierten impliziert sind.
   3.2 Generalisiere die Satzaussagen (Prädikate) auf die gleiche Weise.
   3.3 Belasse die Paraphrasen, die über dem angestrebten Abstraktionsniveau liegen.
   3.4 Nimm theoretische Vorannahmen bei Zweifelsfällen zu Hilfe.
4. **Erste Reduktion durch Selektion, Streichen bedeutungsgleicher Paraphrasen**
   4.1 Streiche bedeutungsgleiche Paraphrasen innerhalb der Auswertungseinheiten.
   4.2 Streiche Paraphrasen, die auf dem neuen Abstraktionsniveau nicht als wesentlich inhaltstragend erachtet werden können.
   4.3 Übernimm die Paraphrasen, die weiterhin als zentral inhaltstragend erachtet werden (Selektion).
   4.4 Nimm theoretische Vorannahmen bei Zweifelsfällen zu Hilfe.
5. **Zweite Reduktion durch Bündelung, Konstruktion, Integration von Paraphrasen auf dem angestrebten Abstraktionsniveau**
   5.1 Fasse Paraphrasen mit gleichem (ähnlichem) Gegenstand und ähnlicher Aussage zu einer Paraphrase (Bündelung) zusammen.
   5.2 Fasse Paraphrasen mit mehreren Aussagen zu einem Gegenstand zusammen.
   5.3 Fasse Paraphrasen mit gleichem (ähnlichem) Gegenstand und verschiedener Aussage zu einer Paraphrase zusammen.
   5.4 Nimm theoretische Vorannahmen bei Zweifelsfällen zu Hilfe.
6. **Zusammenstellung der neuen Aussagen als Kategoriensystem**
7. **Rücküberprüfung des zusammenfassenden Kategoriensystems am Ausgangsmaterial**

Abbildung 62: Zusammenfassende Inhaltsanalyse (VGL. MAYRING 2010, S. 68, S. 70, ADAPTIERT)

ABBILDUNG 63 AUF SEITE 200 zeigt anhand der ersten 18 Datensätze beispielhaft die Zuordnung der Einzelantworten (bzw. ihrer Teile) zu den 13 gebildeten Dimensionen. Sind die Einzelantworten aller Datensätze zugeordnet, kann die Häufigkeit des Vorkommens jeder Dimension ermittelt werden.

ABBILDUNG 64 AUF SEITE 200 veranschaulicht das Gesamtergebnis der Dimensionszuordnung. Ergebnisauswertungen dieser Art liefern zunächst lediglich ein Gesamtbild ohne weitere Differenzierungsmöglichkeiten. Weitere vertiefende Analysen sind hier NICHT möglich.

---

[72] Bei Befragungen sind das fast immer die Einzelantworten. Bei Inhaltsanalysen von Textpassagen kann eine Analyseeinheit vom gesamten Text (z.B. Artikel in einer Zeitung) bis zur einzelnen sprachlichen Sinneinheit reichen.

Zuordnung der Einzelantworten zu den Dimensionen

▶ jede (Teil-)Antwort wird mittels Code einer Dimension zugeordnet

befragte Person	Einzelantworten	Dimension(en)
15	viele Informationen, die sehr realitätsnah sind; muss einen persönlichen Vorteil (z. B. für zukünftige Arbeit) bieten	08
16	kompakt, einfache Formulierung, Bildmaterial, gut strukturiert, Praxisbeispiele	01 | 02 | 03 | 04 | 05
17	Praxis mit Beispielen	03
24	viele Grafiken, praktische Beispiele, übersichtlich gestaltet, Stichwortverzeichnis, roter Faden	01 | 03 | 04 | 06
28	mit praxisrelevanten Beispielen, neben Theorie Beispiele, um die Theorie besser zu verstehen	03
30	gutes Inhaltsverzeichnis, damit man schnell findet, was man sucht	06
40	flüssig zu lesen, simpel erklärt, Fach soll veranschaulicht werden	02 | 08
41	gut strukturiert, spezielle Begriffe leicht auffindbar, verständlich	01 | 02 | 06
44	eher größeres Format, mehrere Abbildungen enthalten, nicht nur im Textformat geschrieben, aussagekräftige Überschriften und Kapitel	01 | 04 | 13
48	interessanter, leichter Schreibstil, mit Humor geschrieben	02 | 11
53	die Informationen müssen persönlich nutzbar sein	08
54	kurz und prägnant, Beispiele müssen alle Varianten abdecken	03 | 05
56	nicht zu dick, übersichtlich, gut strukturiert	01 | 05
66	gut strukturiert, verständlich, gut lesbar	01 | 02
67	klare und eindeutige Ausdrücke, interessant, mit Praxisbeispielen	02 | 03 | 11
75	klare Gliederungen, leicht zum Nachschlagen von Begriffen	01 | 06
76	inhaltlich nachvollziehbar strukturiert	01

Abbildung 63: Zuordnung der Einzelantworten zu den Dimensionen

Gesamtergebnis der Dimensionszuordnung (Häufigkeiten)

Anzahl (Absolutzahlen)

Dimension	Anzahl
Übersichtlichkeit, Struktur, roter Faden, Gliederung	60
leichte Lesbarkeit, Logik, Verständlichkeit, Unkompliziertheit, humoriger Schreibstil	58
viele **Beispiele** (aus der Praxis), Praxisnähe	44
viele **Abbildungen**, Grafiken, Bilder, Tabellen	37
Prägnanz, Kompaktheit, Kürze, dünn, handlich	26
leichtes **Zurechtfinden**, leicht zum Nachschlagen, gutes Inhalts- und/oder Stichwortverzeichnis	15
ansprechendes **Design**, Formatierung, farbliche Hervorhebungen, kontrastreich	11
persönlicher **Nutzen**, realitätsnahe Information, gute Veranschaulichung	11
Wissenschaftlichkeit, wissenschaftliche Quellen, Zitierfähigkeit	8
Zusammenfassungen am Seitenrand, am Beginn oder Ende der Kapitel	7
Spannung, interessante Inhalte	5
Gebrauchsanleitungscharakter, Tipps und Tricks	4
sonstige Nennungen	7

Abbildung 64: Gesamtergebnis der Dimensionszuordnung

Diese Datenbasis ist z.B. NICHT dahingehend auswertbar, geschlechts- oder altersspezifische Wünsche an Fachbücher zu identifizieren. Vielleicht möchte man auch eine Berechnung durchführen, wie viele Einzelantworten jede Person im Durchschnitt abgegeben hat. Auch das ist hier aber nicht umsetzbar.

Die Darstellung erfolgt deshalb am besten in Form eines Diagramms oder einer Tabelle mit absoluten oder prozentuellen Häufigkeiten (VGL. ABBILDUNG 48 AUF SEITE 143, aber eben nur insgesamt, ohne Untergruppen darzustellen).

Will man die Daten aus offenen Fragestellungen über reine Häufigkeitszählungen hinaus **in statistischen Analysen weiterverarbeiten**, ist eine Rückführung der Dimensionszuordnungen in die Gesamtdaten notwendig. Diese Datenaufbereitung erfolgt üblicherweise in Form einer Mehrfachantworten-Codierung.

Wie man dabei auswertungstechisch vorgeht, erläutert KAPITEL „B 4.5.2 | ANALYSE VON MEHRFACHANTWORTEN" AB SEITE 244. Die Codierung der einzelnen Datensätze kann in den BUCHDATEN (VGL. DIE VARIABLEN F_05_01 BIS F_05_13_TXT) nachvollzogen werden.

Im hier beschriebenen Beispiel wurden 128 Datensätze ausgewertet. Hat man es mit **qualitativen Daten geringerer Fallzahl** zu tun, folgt die Auswertung technisch denselben Grundsätzen: Bildung von Dimensionen und Zuordnung der Textpassagen. Als Auswertungsbasis werden dabei die bei Gruppendiskussionen und qualitativen Einzelinterviews üblichen Transkriptionen (VGL. KAPITEL „A 1.3 | GRUPPENDISKUSSION (FOKUSGRUPPE)" AUF SEITE 27 F. UND „A 1.4 | QUALITATIVE EINZELBEFRAGUNGSTECHNIKEN" AUF SEITE 28 F.) herangezogen.

Bei weniger als 50 Datensätzen sind Häufigkeitsauszählungen, bei weniger als 70 Fällen ist das Verwenden von Prozentwerten aber nicht ratsam.

Zu sehr wird damit eine hier keinesfalls mögliche Generalisierbarkeit der Ergebnisse suggeriert (VGL. DAZU IM DETAIL KAPITEL „A 7.1.1 | QUALITATIV AUSWERTEN" AB SEITE 121). Die Darstellung qualitativer Ergebnisse auf Basis kleiner Fallzahlen erfolgt deshalb besser verbalisierend – wie in KAPITEL „A 7.3.3 | QUALITATIVE ERGEBNISSE UND DARSTELLUNGEN" AUF SEITE 141 und in ABBILDUNG 46 AUF SEITE 140 beschrieben.

Für kleine, einzelne oder seltene Textanalysen der hier beschriebenen Art zahlen sich Ausgaben bzw. Einarbeitungszeiten für **qualitative Analysesoftware** kaum aus. Muss man öfter oder umfangreich qualitativ auswerten, kann man Softwareunterstützung in Betracht ziehen. Folgende Produkte werden im akademischen Bereich gerne verwendet: atlas.ti (atlasti.com), maxqda.de, nvivo (qsrinternational.com).

Mit diesen Programmen erhält man vor allem Unterstützung bei der Verwaltung von Texten, Entwicklung von Dimensionen und deren Zuordnung zu den Textpassagen. Auch (einfache) Auswertungen und Schnittstellen zu Datenanalysesoftware gehören zum Standardangebot derartiger Lösungen.

B 4 | Analyse quantitativer Daten (mit SPSS bzw. PSPP)

… in diesem Kapitel geht's um:

- Im Mittelpunkt dieses Kapitels stehen die **softwaregestützte Datenanalyse** und das **Verständnis allgemeiner statistischer Zusammenhänge**
- Basis ist ein **eigener Fragebogen mit korrespondierendem Datenfile** • downloadbar unter **howtodo.at**
- Abbildungen und Erläuterungen gelten für SPSS • sind fast immer auch auf PSPP anwendbar

B 4.1 | Quantitative Analysesoftware

Qualitative Datenanalysen sind (mit Einschränkungen) oft auch ohne Software möglich. Da **quantitative Auswertungen** und das Darstellen von Häufigkeiten, Prozentzahlen, Mittelwerten und anderen Maßzahlen hingegen meist auf großen Datenmengen basieren, kommt man ohne Datenanalysesoftware nicht weit.

Das gesamte Kapitel B 4 widmet sich deshalb der **softwaregestützten Datenanalyse**. Basis dazu bildet ein **eigener Fragebogen** mit korrespondierendem **Datenfile** (Buchdaten, downloadbar unter howtodo.at). Um effizient arbeiten zu können, wird auch dem Verständnis allgemeiner statistischer Zusammenhänge die notwendige Aufmerksamkeit gewidmet.

Auswertungssoftware gibt es in beträchtlicher Zahl. Die Bandbreiten reichen von sehr einfacher bis hochkomplexer Bedienung, von Freeware bis zu Lizenzkosten von mehreren 1.000 Euro, von weiter Verbreitung bis zum Einsatz für (sehr) spezielle Nutzergruppen.

Dieses Buch demonstriert quantitatives Auswerten am Statistik-Paket **SPSS** (**S**tatistical **P**ackage for the **S**ocial **S**ciences). Die Software startete in den 1960er-Jahren ihre weltweite Verbreitung in San Francisco und wurde 2009 von IBM übernommen. Für dieses Buch wurde die seit März 2016 aktuelle **Version 24** herangezogen. SPSS wird sowohl in der Wirtschaft als auch in vielen (universitären) Forschungsbereichen eingesetzt. Lizenzen sind direkt bei IBM oder über Vertriebspartner erhältlich. Für Studierende gibt es spezielle Angebote einzelner Bildungseinrichtungen. Auch im Netz sind Studierendenlizenzen (**studyhouse.de**), auf der SPSS-Homepage Testversionen (**spss.com**) zum Download verfügbar.

An dieser Stelle soll die Freeware **PSPP** nicht unerwähnt bleiben. Das Spiel mit den Buchstaben kommt nicht von ungefähr: Bei dem Programm handelt es sich um eine SPSS „nachgebaute" Software, die laufend ergänzt und verfeinert wird. Natürlich ist das Original-Produkt SPSS deutlich ausgereifter, es bietet eine attraktivere Benutzeroberfläche und weit größere Programmvielfalt. PSPP kann da und dort ein wenig „buggy" sein, der Ergebnisoutput ist sehr einfach gehalten. Wenn aber jemand erste Auswertungsschritte unternehmen möchte, stellt das Programm zwar einen reduzierten, jedoch kompatiblen Ersatz dar: Es verwendet das SPSS-Datenformat und vergleichbare Menübefehle.

Alle Ausführungen und Screenshots der folgenden Kapitel gelten für SPSS. Wegen seiner Nähe zu SPSS sind fast alle Erläuterungen auch auf PSPP anwendbar.

B 4.2 | SPSS Programm-Basics

... in diesem Kapitel geht's um:

• **SPSS** ist stark **fensterorientiert**: Der **Dateneditor** zeigt die Daten (Datenansicht) und Variableneinstellungen (Variablenansicht) • das **Ausgabefenster (Viewer)** liefert Ergebnisse, Programmmeldungen und Warnhinweise • der optionale **Syntaxeditor** enthält den abspeicherbaren und wiederverwendbaren Befehlstext, den die Menü-Klicks hervorrufen
• Die **Statusleiste** am unteren Fensterrand zeigt Infos zum Programmablauf sowie ob die Daten gefiltert oder gewichtet vorliegen
• **Dialogfelder** listen links die vorhandenen, rechts die für die jeweilige Prozedur ausgewählten Variablen • Verzweigungen zu Untermenüs finden sich am rechten Rand • Einfügen der Syntax und Zurücksetzen des Dialogfelds erfolgt am unteren Rand
• Alle Programmeinstellungen sind über **Bearbeiten ↪ Optionen...** steuerbar
• Das **Hilfe-System** ist vielseitig einsetzbar • **Tabellenvorlagen** erlauben die Definition eigener Auswertungslayouts • die **Menü-Übersicht** am Kapitelende listet die gebräuchlichsten Befehle

Öffnet man SPSS, zeigt sich zunächst ein **Start-Dialogfeld** (VGL. ABBILDUNG 65 AUF SEITE 204): Dort lassen sich neue Dateien anlegen (❶), zuletzt verwendete öffnen (❷) und Neuerungen zur aktuellen Programmversion, zur SPSS-Community bzw. Lernprogramme anzeigen (❸).

Jene, die nicht bei jedem Programmstart das Start-Dialogfeld sehen möchten, können es mit ❹ wegschalten. Andere, die gerne mit einem Klick auf zuletzt geöffnete Dateien zugreifen wollen, arbeiten bei jedem Programmstart mit ❷.

SPSS ist ein stark **„fensterorientiertes" Programm**. Man findet sich in der Bedienung nur dann gut zurecht, wenn man die Bedeutung von insgesamt drei Windows-Fenstern kennt, durch die das Programm strukturiert ist. Deshalb werden an dieser Stelle zunächst die SPSS-Programmfenster beschrieben. Dazu wird das Start-Dialogfeld aus ABBILDUNG 65 zunächst weggeklickt (❺).

Eine SPSS-Sitzung beginnt mit dem Öffnen oder Neuerstellen von Daten. SPSS-Daten besitzen die Erweiterung ***.sav** und lassen sich durch Doppelklick auf den Datenfile oder den Menübefehl **Datei ↪ Öffnen ↪ Daten...** öffnen. Die Genese eines neuen Datenfiles wird in KAPITEL „B 4.3.1 | DATEN ÖFFNEN, IMPORTIEREN ODER NEU ERFASSEN" AUF SEITE 216 F. behandelt.

B 4.2.1 | SPSS Dateneditor

Der **Dateneditor** ist das erste Fenster bei Programmstart. Er besitzt eine Datenansicht (VGL. ABBILDUNG 66 AUF SEITE 204) und eine Variablenansicht (VGL. ABBILDUNG 67 AUF SEITE 205).

In der **Datenansicht** wird der Inhalt der Datendatei angezeigt. In der ersten Zeile befinden sich die Variablennamen (❶), das kleine Symbol vor jedem Variablennamen kennzeichnet dessen in der Variablenansicht einstellbares Messniveau – nominal, ordinal, metrisch oder Text/alphanumerisch. Die Zeilen darunter enthalten jeweils pro Zeile einen Datensatz (❷).

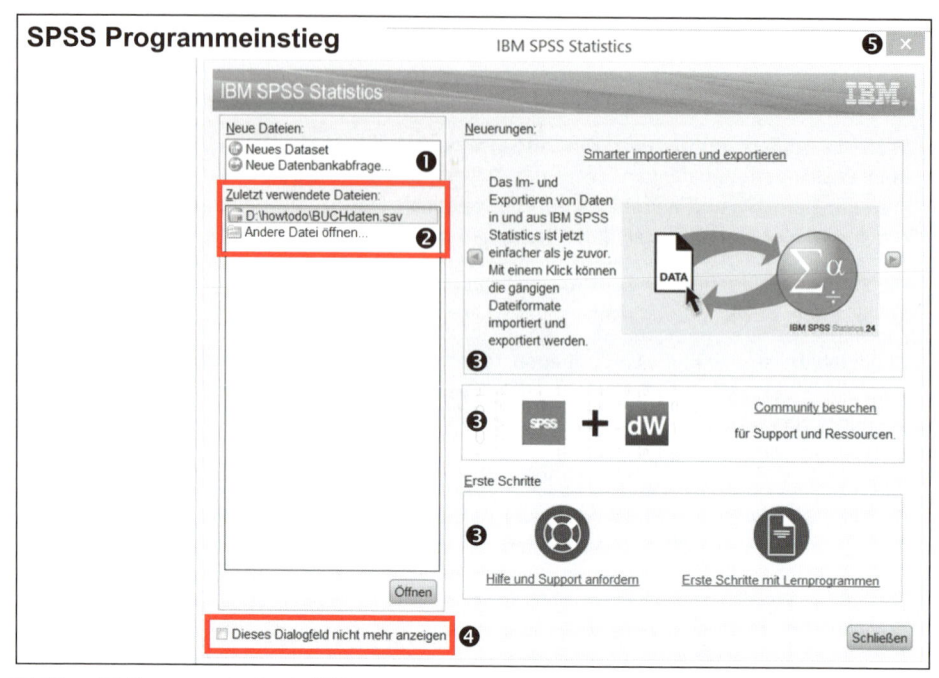

Abbildung 65: Programmeinstieg in SPSS

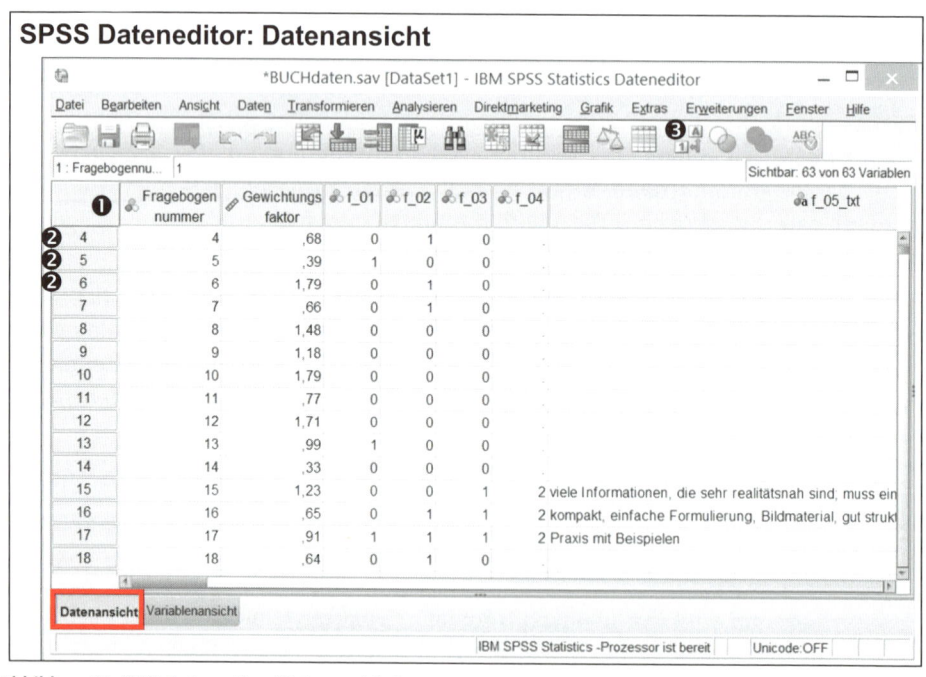

Abbildung 66: SPSS Dateneditor (Datenansicht)

SPSS Dateneditor: Variablenansicht

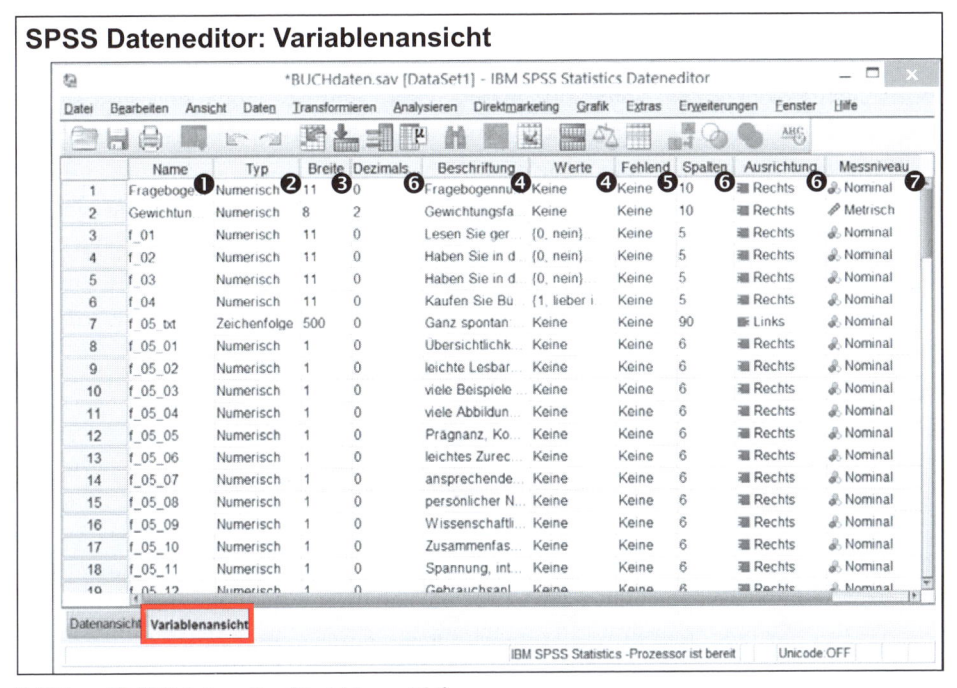

Abbildung 67: SPSS Dateneditor (Variablenansicht)

In jeder Datenzelle werden wahlweise die Codierungen oder deren Beschriftungen (VGL. KAPITEL „B 4.3.3 | VARIABLEN- UND WERTEBESCHRIFTUNGEN (LABELS)" AB SEITE 224) angezeigt. Das Umschalten zwischen Codierungs- und Beschriftungsanzeige erfolgt mit ❸ IN ABBILDUNG 66 AUF SEITE 204. In alle Zellen können Daten eingegeben werden.

Die Position einer Variablen lässt sich verändern:

- Dazu wird die gesamte Spalte in der Spaltenüberschrift ❶ markiert, mit der linken Maustaste festgehalten und per drag & drop verschoben.

Daten kann man ändern, löschen, ausschneiden, kopieren, einfügen.

Leere (numerisch codierte) Zellen werden zu **fehlenden Werten** („Missings", sie enthalten einen Punkt „."; VGL. KAPITEL „B 4.3.4 | FEHLENDE WERTE AB SEITE 226).

Die **Variablenansicht** des Dateneditors (VGL. ABBILDUNG 67) zeigt und ermöglicht wichtige Einstellungen für alle Variablen des Datenfiles.

Die **Variablennamen** (❶) sind meist knappe, eher kryptische Bezeichnungen, die sich an Fragennummern in Fragebögen oder der Kurzbeschreibung von Merkmalen orientieren. Sie sollten bewusst kurz und prägnant formuliert werden, da mit ihnen alle Auswertungen „gesteuert" werden: Strukturierte Formulierungen der Variablennamen helfen dabei, die Übersicht zu behalten (VGL. ❶ – DIE BENENNUNG DER VARIABLEN NACH DEN NUMMERN DER FRAGEN BEI DEN BUCHDATEN: f_01 BIS f_17).

So ist es z.B. besser, eine Variable ALTER oder f_01 zu nennen anstatt VAR322.

Variablennamen müssen eindeutig sein und mit einem Buchstaben beginnen, das letzte Zeichen darf kein Punkt sein. Sie dürfen keine Leer- und Sonderzeichen enthalten. Bestimmte Buchstabenkombinationen sind für SPSS-Programmbezeichnungen reserviert (z.B. all, ne, eq, to, with …) und dürfen nicht in Variablennamen vorkommen.

Kurze Variablennamen erleichtern zwar die Auswertung, der Ergebnisoutput wird dadurch aber schwer lesbar. Deshalb müssen die Variablennamen mit **Beschriftungen** (❹) versehen werden. Damit enthält der Output nicht länger unverständliche Kurz-Bezeichnungen.

Soll der Ergebnisoutput anstelle aussagenloser numerischer Codierungen auch anzeigen, was sich „hinter den Zahlen verbirgt", können auch die **Werte** (❹) beschriftet werden.

Die Beschriftung der Variable f_12 der BUCHDATEN *könnte „Geschlecht der Befragten" lauten. Code 1 würde mit „weiblich", Code 2 mit „männlich" bezeichnet werden.*

Weitere Details zu Variablen- und Wertebeschriftungen finden sich in KAPITEL „B 4.3.3 | VARIABLEN- UND WERTEBESCHRIFTUNGEN (LABELS)" AB SEITE 224.

Als **Variablentyp** (❷) lässt sich eine Vielzahl von Formaten einstellen. Empfehlenswert ist es jedoch, sich auf die Typen Numerisch und Zeichenfolge zu beschränken. Andere Formate können die spätere Auswertung deutlich verkomplizieren. Gibt man in Textvariablen Zahlen ein, werden diese als Text interpretiert: Mit diesen Variablen können dann keine numerischen Operationen wie z.B. Mittelwertsberechnungen durchgeführt werden.

Die **Breite** der Spalten (❸) hat weniger Relevanz und sollte nicht verändert werden. Gibt man hier – v.a. bei Textvariablen – eine zu kleine Zahl ein, werden die Einträge „abgeschnitten" und damit unbrauchbar.

Die Spalte **Fehlend** (❺) lässt die Eingabe von Werten zu, die bei der Auswertung wie nicht vorhandene Werte („fehlende Werte") behandelt werden sollen (VGL. KAPITEL „B 4.3.4 | FEHLENDE WERTE" AB SEITE 226).

Die Angaben zu Dezimalstellen, Spaltenbreite und Ausrichtung (❻) sind eher vernachlässigbar. Keine besondere Relevanz besitzt auch die Einstellung des Messniveaus (❼): Dieses wird vom Programm zumeist aufgrund der Datenlage richtig erkannt. Außerdem verlangen nur wenige Auswertungsdialoge nach einem „korrekten" Skalenniveau. Ist in speziellen Dialogfeldern das Messniveau dann doch von Relevanz, lässt es sich an diesen Stellen bequem per „rechter Maustaste über dem Variablennamen" verändern.

Im Menü **Ansicht** kann das Aussehen des Dateneditors (Schriftarten, Gitterlinien, Wertelabels) beeinflusst werden. Informationen zum aktuell geöffneten Datenfile (Variablen, deren Formate, Beschriftungen usw.) bekommt man über **Datei ↳ Datendatei-Informationen anzeigen**, indem man dort **Arbeitsdatei** auswählt.

VOR der ersten Datenanalyse müssen die Daten unbedingt **bereinigt** (= plausibilisiert) vorliegen (VGL. DAZU KAPITEL „B 2.3 | DATEN PLAUSIBILISIEREN (SCREENEN)" AB SEITE 190)!

B 4.2.2 | SPSS Ausgabefenster

SPSS legt bei jeder Sitzung automatisch ein **Ausgabefenster (Viewer)** an. Die Ergebnisse aller SPSS-Berechnungen werden in diesem Ausgabefenster angezeigt. Auch Programmmeldungen und Warnhinweise finden sich in dieser Ausgabe. Nicht zuletzt enthält das Ausgabefenster auch den Befehlstext sämtlicher Ereignisse, die in der laufenden SPSS-Sitzung stattfinden (IM DETAIL VGL. DAZU KAPITEL „B 4.2.3 | SPSS SYNTAXEDITOR" AB SEITE 208).

Nach dem Ausführen jeder Auswertungsprozedur können die Ergebnisse (meist Tabellen oder Diagramme) im Ausgabeviewer angezeigt, bearbeitet, als Ausgabedatei gespeichert, exportiert oder via copy & paste in einen Bericht eingefügt werden.

SPSS Ausgabe

Die Ergebnisse aller Berechnungen werden im Ausgabefenster angezeigt.

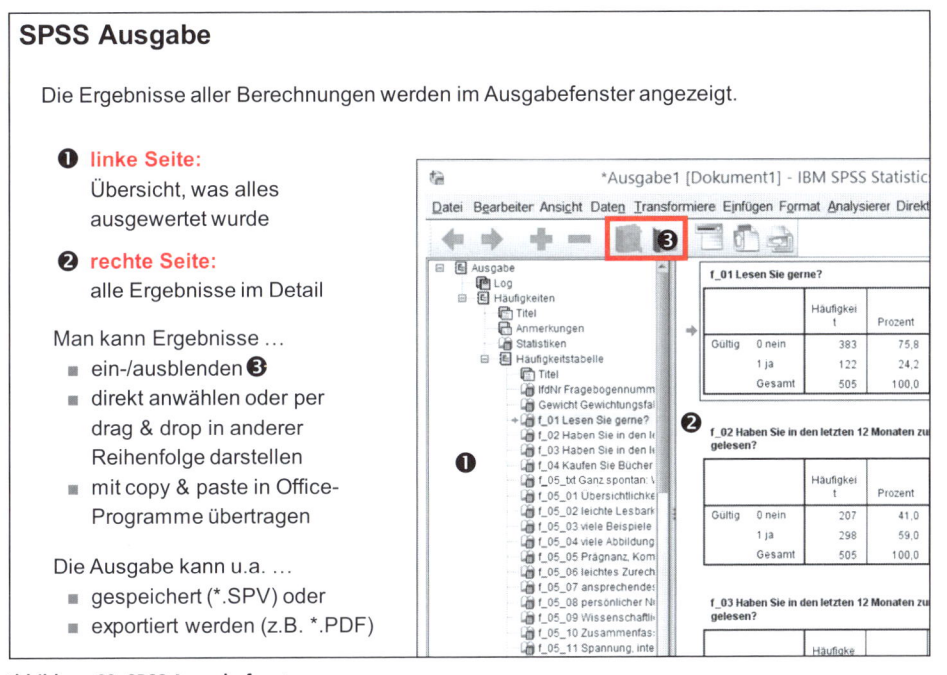

❶ **linke Seite:**
Übersicht, was alles ausgewertet wurde

❷ **rechte Seite:**
alle Ergebnisse im Detail

Man kann Ergebnisse …
- ein-/ausblenden ❸
- direkt anwählen oder per drag & drop in anderer Reihenfolge darstellen
- mit copy & paste in Office-Programme übertragen

Die Ausgabe kann u.a. …
- gespeichert (*.SPV) oder
- exportiert werden (z.B. *.PDF)

Abbildung 68: SPSS Ausgabefenster

In ABBILDUNG 68 ist der Screenshot einer Häufigkeitszählung der BUCHDATEN dargestellt.

▭ Eine Häufigkeitszählung des gesamten Datenfiles erhält man über den Menübefehl **Analysieren → Deskriptive Statistiken → Häufigkeiten**.

▭ Alle Variablen, die sich auf der linken Seite des Dialogfeldes befinden, werden nach rechts in die Auswahl gezogen.

▭ Ein Klick auf **OK** startet die Auswertung.

Die linke Seite des Ausgabefensters (❶) enthält die sogenannte **Gliederung**: Eine Übersicht zeigt an, was alles ausgewertet wurde. Auf der rechten (breiteren) Seite der Ausgabe werden die Ergebnisse aufgelistet (❷).[73] Diese sind über die Gliederung direkt anwählbar. Ein

---

[73] Im Sinne einer besseren Darstellbarkeit wurde das Standard-Erscheinungsbild der Ergebnistabellen in allen Abbildungen leicht adaptiert (VGL. DAZU AUCH DIE ERLÄUTERUNGEN RUND UM ABBILDUNG 73 UND ABBILDUNG 74 AUF SEITE 214).

Doppelklick auf eine Ergebnisdarstellung oder einen Kommentar auf der rechten Seite des Ergebnisviewers öffnet das Element und lässt eine Bearbeitung zu.

So können z.B. aus Tabellen Diagramme erzeugt werden. Grafiken lassen sich verschönern, Texte an beliebigen Stellen einfügen, Seitenumbrüche und -ränder definieren usw.

Einzelne Ergebnisdarstellungen oder Kommentare sind ein- und ausblendbar (**Doppelklick** in der Gliederung oder auf ❸). Mit der **Entfernen**-Taste auf der Tastatur werden sie dauerhaft gelöscht.

SPSS erlaubt es, mehrere Ausgabefenster gleichzeitig nebeneinander geöffnet zu haben. Ausgabe-Dateien enden mit ***.spv**.[74]

B 4.2.3 | SPSS Syntaxeditor

Das dritte Programmfenster – der **Syntaxeditor** – ist ein essentieller Bestandteil von SPSS. Einsteigerinnen und Einsteiger benötigen diesen Programmteil eher selten, Profis arbeiten meist ausschließlich damit.

- Was ist die SPSS-Syntax?

    Eine Syntaxdatei ist eine Textdatei, die SPSS-Befehle enthält. Alles, worauf in den SPSS-Menüstrukturen und Dialogfeldern geklickt werden kann, lässt sich auch über eine eigene Befehlssprache realisieren. Man muss also nicht durch viele Menüs und Submenüs navigieren, sondern findet vielmehr das Auslangen mit geschriebenem Befehlstext (VGL. ABBILDUNG 69 AUF SEITE 209).

    Die Vorteile derartiger Auswertungen liegen auf der Hand: Menü-Klicks sind vergänglich und einmalig. Befehlstext hingegen kann gespeichert und automatisch ausgeführt werden. Er ist rasch abänderbar, kopierbar, wiederholbar. Datenanalysen können viel rascher und effizienter ablaufen als beim Klicken durch komplexe Menüstrukturen und Dialogfelder. Außerdem werden alle Auswertungsschritte nachvollziehbar, weil sie niedergeschrieben und dokumentiert sind.

    Eine SPSS-Syntax kann mit jedem reinen Textprogramm geschrieben werden. Dabei müssen – wie auch sonst überall in SPSS – Textkonstanten unter Hochkomma (Apostroph) eingegeben werden, numerische Konstanten mit einem Punkt als Kommazeichen.

    > if (SPEISE = 'Wienerschnitzel') PREIS = 11.90.

    Diese beispielhafte Zeile einer SPSS-Syntax würde Folgendes bewirken: Jeder Datensatz, dessen Textvariable SPEISE die Ausprägung „Wienerschnitzel" beinhaltet, erhält in einer neuen numerischen Variable PREIS den konstanten Wert 11 EUR 90 zugewiesen. Der Punkt am Ende, nach 11.90, beendet den Syntaxbefehl.

    SPSS selbst bietet zum Erstellen einer Syntax den Syntaxeditor an. Dort wird durch farbliche Kennzeichnung der Textelemente für mehr Übersicht im Befehlstext gesorgt.

---

[74] Bis Version 16 besitzen SPSS-Outputs die Dateierweiterung *.spo. Diese können mit aktuellen SPSS-Versionen nicht geöffnet werden. Zum Öffnen älterer Outputs ist ein eigenes Hilfsprogamm notwendig, das von der SPSS-Website heruntergeladen werden muss.

SPSS Syntaxeditor

Eine Syntaxdatei ist eine Textdatei, die SPSS-Befehle enthält.

▶ **Vorteile:**
- wiederholt und automatisch ausführbar
- leicht veränderbar, kopierbar, „ausprobierbar"
- viel schneller als „durch die Menüs klicken"
- Auswertungsschritte werden dadurch nachvollziehbarer

▶ **Syntax ausführen:**

❶ Cursor innerhalb des auszuführenden Befehls positionieren oder (mehrere) Befehl(e) markieren

❷ Ein Klick auf den Pfeil im Syntaxfenster führt diese(n) Befehl(e) aus

Abbildung 69: SPSS Syntaxeditor

SPSS Syntax (Befehlssprache) lernen

Datei → Neu → Syntax

▶ **Syntax-Regeln:**
- jeder Befehl beginnt auf einer neuen Zeile und endet mit Punkt (.)
- keine Unterscheidung zw. Groß- und Kleinschreibung

▶ **„Weg" zur Syntax:**
- zum „Kennenlernen" Routinen über die Menüs aufrufen, in jedem Dialogfeld **Einfügen** klicken: Befehlstext wird in Syntax-Editor eingefügt
- Syntaxdatei speichern, öffnen, bearbeiten ...
- ... nach und nach „learning by doing"

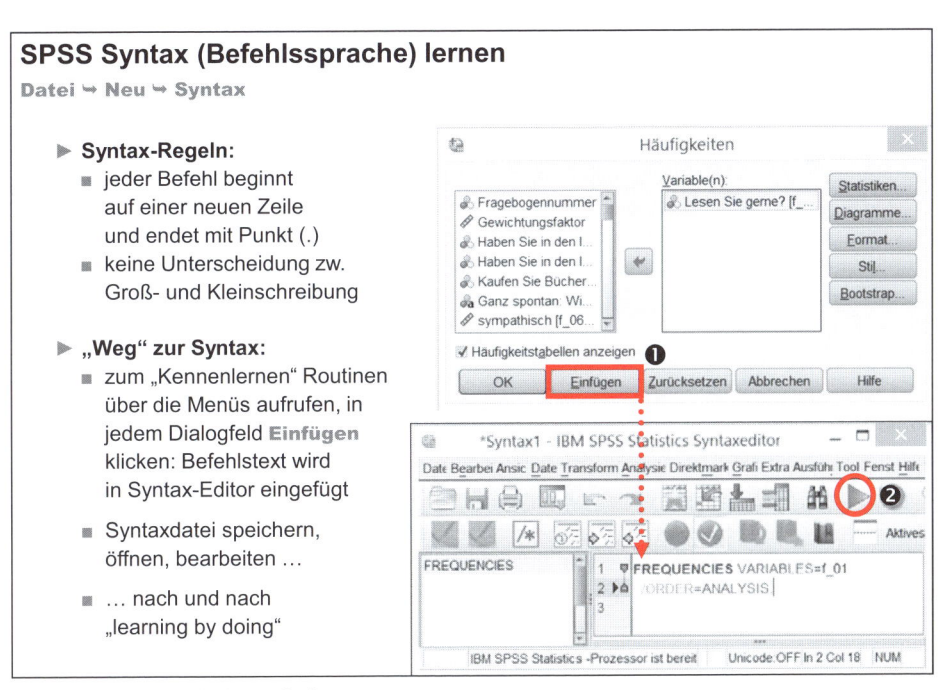

Abbildung 70: SPSS Befehlssprache lernen

- Wie kommt man zu einer Syntax?

  Zur Befehlssprache führen mehrere Wege:

  1. **Datei ↪ Neu ↪ Syntax** öffnet ein Syntaxfenster. Dort kann man mit der Befehlseingabe beginnen. Syntax-Dateien besitzen die Erweiterung ***.sps**.

  2. Kennt man die Befehlssprache (noch) nicht, macht es Sinn, alle Routinen zunächst über die Menübefehle aufzurufen. In jedem Dialogfeld gibt es einen Button **Einfügen**, der den Befehlstext des ausgefüllten Dialogfeldes in den Syntaxeditor einfügt. Auf diese Art und Weise lernt man nach und nach „by doing" den Umstieg auf die Befehlssprache (vgl. ❶ in Abbildung 70 auf Seite 209).

  3. Eine weitere Möglichkeit besteht darin, den Syntax-Text aus dem **Befehls-Log** im Ergebnisviewer zu kopieren: Im Zuge der Auswertung werden alle ausgeführten Routinen von SPSS automatisch mit ihrem Befehlstext in die Ausgabe kopiert. Zusätzlich legt SPSS eine Log-Datei an, die die Vorgänge jeder SPSS-Sitzung protokolliert. Diese Datei trägt die Bezeichnung **Sitzungsjournal** und kann über **Bearbeiten ↪ Optionen…** und den Karteireiter **Dateispeicherorte** an einem bevorzugten Festplattenplatz abgelegt werden.

- Wie setzt man Syntaxbefehle in Auswertungen um?

  Wenn der Cursor im Syntaxfenster auf einen auszuführenden Befehl weist, genügt es, in der Symbolleiste auf den grünen Pfeil (vgl. ❷ in Abbildung 69 bzw. Abbildung 70) zu klicken. Auch mehrere Befehlszeilen können markiert und derart ausgeführt werden (vgl. ❶ in Abbildung 69).

B 4.2.4 | SPSS-Programmhandling

Jedes Fenster von SPSS hat eigene Menüs und eine eigene **Symbolleiste**. Weist man mit dem Cursor auf ein Symbol der Symbolleiste und verweilt dort kurz, wird eine Quickinfo eingeblendet. Über **Ansicht ↪ Symbolleisten** können die Symbolleisten ein- und ausgeblendet werden. Über denselben Befehl ist auch eine indiviuelle Anpassung der standardmäßigen Icons möglich.

Die **Statusleiste** von SPSS (vgl. Abbildung 71 auf Seite 211) befindet sich am unteren Fensterrand und enthält allgemeine Informationen zum Programmablauf. **IBM SPSS Statistics - Prozessor ist bereit** zeigt an, dass das Programm korrekt läuft und auf Eingaben bzw. Anforderungen wartet. In der Statusleiste wird auch angezeigt, welche Datensätze bei einer Analyse gerade durchlaufen werden. **Filtern an** informiert darüber, dass nur Teilmengen des Datenfiles in die Analyse gelangen. **Gewichtung an** weist auf eine bestehende Datengewichtung hin. Die Themen Datenauswahl und Gewichtung werden in Kapitel „B 4.3.2 | Datensätze zusammenfügen, auswählen, gewichten" ab Seite 217 eingehend erläutert.

Dialogfelder (vgl. Abbildung 72 auf Seite 211) öffnen sich in SPSS immer dann, wenn das Programm Definitionen für eine Auswertungsroutine erwartet.

SPSS Statusleiste

Ansicht → Statusleiste

▶ am unteren Fensterrand, „SPSS-Prozessor ist bereit" und Zusatz-Infos

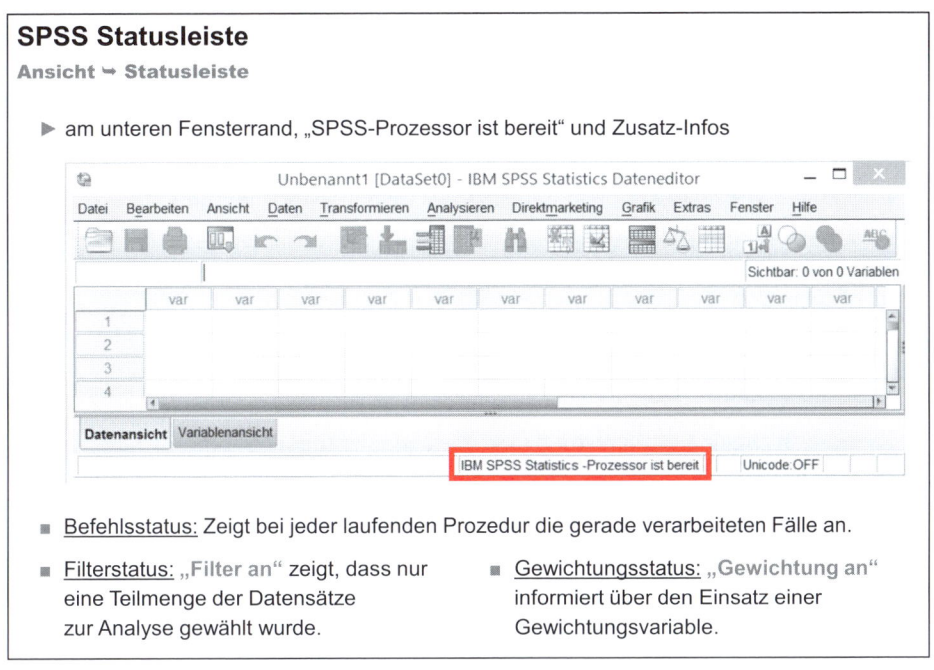

- **Befehlsstatus:** Zeigt bei jeder laufenden Prozedur die gerade verarbeiteten Fälle an.
- **Filterstatus:** „Filter an" zeigt, dass nur eine Teilmenge der Datensätze zur Analyse gewählt wurde.
- **Gewichtungsstatus:** „Gewichtung an" informiert über den Einsatz einer Gewichtungsvariable.

Abbildung 71: SPSS Statusleiste

SPSS Dialogfelder

▶ alle Dialogfelder sind ident strukturiert und öffnen sich immer dann, wenn SPSS nähere Eingaben und Definitionen erwartet

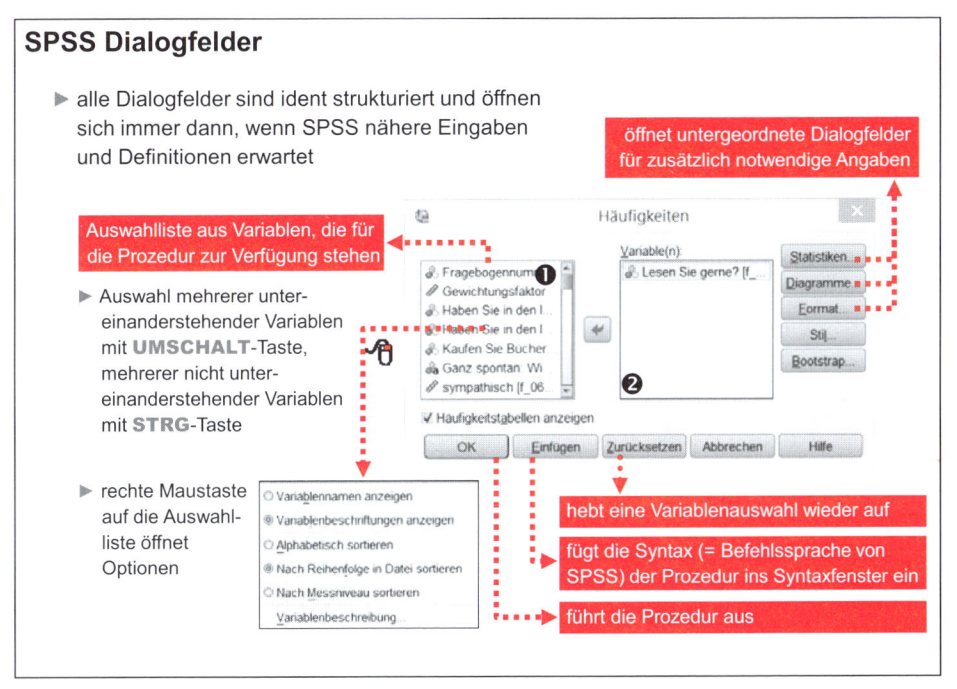

- Auswahlliste aus Variablen, die für die Prozedur zur Verfügung stehen
- ▶ Auswahl mehrerer untereinanderstehender Variablen mit **UMSCHALT**-Taste, mehrerer nicht untereinanderstehender Variablen mit **STRG**-Taste
- ▶ rechte Maustaste auf die Auswahlliste öffnet Optionen

- öffnet untergeordnete Dialogfelder für zusätzlich notwendige Angaben
- hebt eine Variablenauswahl wieder auf
- fügt die Syntax (= Befehlssprache von SPSS) der Prozedur ins Syntaxfenster ein
- führt die Prozedur aus

Abbildung 72: SPSS Dialogfelder

Alle Dialogfelder sind ähnlich strukturiert: Auf der linken Seite befindet sich die Liste aller Variablen (❶) IN ABBILDUNG 72 AUF SEITE 211), die für eine Auswertungsroutine verfügbar sind. Jene Variablen, die in die Routine einbezogen werden sollen, werden durch Doppelklick, per drag & drop oder den Pfeil rechts neben der Auswahlliste in den Auswahlbereich geschoben (❷). Sollen mehrere Variablen in die Analyse gelangen, können sie mit gleichzeitigem Drücken der **UMSCHALT**-Taste oder **STRG**-Taste markiert werden.

Sind die Variablen mit Beschriftungen versehen, wird die Variablenliste (❶) rasch unübersichtlich.

> Ein Klick auf die rechte Maustaste, während der Cursor über der Variablenliste platziert ist, schafft hier Abhilfe: Die Variablen können über das Optionsfeld, das sich nun öffnet, ohne Beschriftungen bzw. in anderer Reihenfolge angezeigt werden.

SPSS „merkt sich" bei jedem Dialogfeld (inkl. dessen eventueller Submenüs) die zuletzt getätigten Einträge für die aktuelle Sitzung. **Zurücksetzen** setzt das Dialogfeld auf den ursprünglichen Ausgangszustand bei Programmstart zurück und lässt SPSS alle bisherigen Einstellungen dieses Dialogfelds „vergessen".

Einfügen fügt die Syntax (= Befehlssprache von SPSS, VGL. KAPITEL „B 4.2.3 | SPSS SYNTAXEDITOR" AB SEITE 208) der Prozedur ins Syntaxfenster ein. Die Prozedur wird dabei NICHT ausgeführt. Das Dialogfeld schließt, der Syntaxeditor öffnet sich. Das Ausführen der Prozedur muss daraufhin im Syntaxeditor erfolgen bzw. durch erneutes Aufrufen über die Menüs.

Die Buttons am rechten Rand jedes Dialogfelds öffnen untergeordnete Optionen-Menüs, die weitere Definitionen und Spezifikationen der jeweiligen Routine ermöglichen.

OK führt die Prozedur aus.

SPSS-Programmeinstellungen finden sich unter **Bearbeiten → Optionen....** Unter anderem kann dort Folgendes eingestellt werden:

- **Allgemein**
  Wie sollen die Variablen in der Auswahlliste (der Dialogfelder) angezeigt werden? Soll sich die Anzeigereihenfolge nach dem Namen der Variablen oder ihrer Beschriftung richten? Möchte man die Variablen alphabetisch sortieren oder in der Reihenfolge, wie sie in der Datei vorkommen?

- **Viewer**
  Hier kann man den Anzeigestatus von unterschiedlichen „Objektarten" einstellen: Was alles soll im Ausgabefenster ein- oder ausgeblendet werden? In welcher Schriftart, Schriftgröße, Farbe usw. wird die Darstellung von Überschriften, Ergebnistabellen, Grafiken usw. bevorzugt? Soll das Ausgabefenster die Befehlssyntax (**Element: Log**) anzeigen oder ausblenden?

- **Ausgabe**
  Für die Ergebnisausgabe besteht u.a. die Option, in der **Gliederungsbeschriftung** (linke Seite des Ausgabefensters, Übersicht über alle Ausgaben) bzw. in den Ergebnistabellen (**Beschriftung für Pivot-Tabellen**, rechte Seite, eigentliche Ausgabe) **nur** die

(meist kurzen und kryptischen) Variablen**namen** bzw. Werte (= **Codes**), **nur** die **Beschriftungen** (Labels) **oder beides** (Namen, Codes und Beschriftungen) anzeigen zu lassen.

- Dateispeicherorte
  Alles, was man in SPSS während einer Sitzung durchführt, kann in einem „Sitzungsjournal" aufgezeichnet werden. Dabei besteht die Möglichkeit, diese Datei (*.JNL-Datei) bei jeder SPSS-Sitzung neu anlegen oder immer fortführen zu lassen. Auch der Dateispeicherort ist wählbar (solange man im jeweiligen Festplattenordner Schreibrechte besitzt).

Das **Hilfe-System** von SPSS ist vielseitig: Aus vielen Situationen der Programmanwendung heraus können Hilfeinformationen abgerufen werden.

Hilfe → Themen verzweigt in den Browser zu strukturierten, sehr umfangreichen und ausführlichen Darstellungen von Hilfethemen.

Hilfe → Befehlssyntaxreferenz (Command Syntax Reference) öffnet eine pdf-Datei mit detaillierten (englischsprachigen) Ausführungen zur SPSS-Befehlssprache. Die einzelnen Befehle werden alphabetisch gelistet und überblicksmäßig mit allen Optionen und Anwendungsbeispielen beschrieben.

Darüber hinaus finden sich in allen Dialogfeldern Hilfe-Buttons. Diese bieten eine rasche Übersicht über die aktuelle Prozedur, zu der das gerade geöffnete Dialogfeld gehört.

Eine Möglichkeit, die Ausgabe von SPSS eigenen Bedürfnissen entsprechend zu formatieren, stellen Tabellenvorlagen (VGL. ABBILDUNG 73 AUF SEITE 214) dar. Das Programm bietet dazu eine Reihe vordefinierter Erscheinungsbilder an. Bei der Auswertung werden die Tabellen in jenem Layout erstellt, das unter Bearbeiten → Optionen... im Karteireiter Pivot-Tabellen ausgewählt wurde.

Änderungen bei Tabellenvorlagen wirken sich nicht – wie etwa in Word – **auf ALLE auch bereits bestehenden Tabellen aus**: Erst ab dem Zeitpunkt der Änderung erstellte Tabellen erscheinen im neuen Layout. ABBILDUNG 73 veranschaulicht das Vorgehen beim Auswählen einer vordefinierten Tabellenvorlage.

- Unter Bearbeiten → Optionen... lässt sich im Karteireiter Pivot-Tabellen eine Vorlage auswählen. Ab sofort werden alle **neu erstellten** Tabellen auf Basis dieser Tabellenvorlage formatiert (❶).

- Tabellenvorlagen lassen sich mit Durchsuchen auch an anderen Speicherorten als dem voreingestellten finden. Möchte man einen auf diese Weise lokalisierten Vorlagen-Ordner zum generellen Vorlagenverzeichnis machen, geschieht dies mit dem Button Verzeichnis für Tabellenvorlagen (❷).

Ändert man bei einer bestehenden Tabelle deren Erscheinungsbild (durch Doppelklick und weitere Bearbeitung), wird dadurch – nur bei dieser EINEN Tabelle – das Vorlagen-Layout überschrieben.

SPSS Tabellenvorlagen anwenden

Bearbeiten → Optionen...

❶ Durchsuchen

Verzeichnis (Ordner) für Tabellenvorlagen aufsuchen, danach die gewünschte Vorlage auswählen:

- ▶ ab nun werden alle **neu erstellten** Tabellen im Viewer mit dieser Tabellenvorlage erstellt

❷ Verzeichnis für Tabellenvorlagen

- ▶ macht aktuellen Ordner zum Standard-Tabellenvorlagenverzeichnis

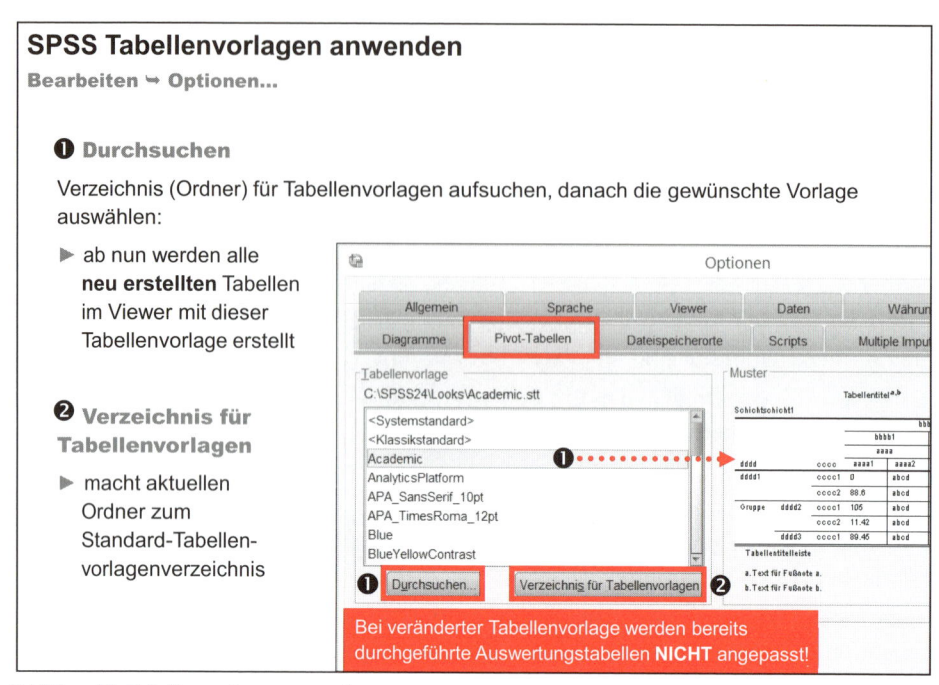

> Bei veränderter Tabellenvorlage werden bereits durchgeführte Auswertungstabellen **NICHT** angepasst!

Abbildung 73: Tabellenvorlagen anwenden

SPSS Tabellenvorlagen ändern

Format → Tabelleneigenschaften...

Tabellenvorlagen können über eine beliebige Ergebnis-Tabelle verändert werden.

- ▶ Tabelle im Editor anklicken
- ▶ Tabelleneigenschaften... oder Format → Tabelleneigenschaften...

❶ Tabelle verändern durch Klick auf die zu ändernden Bereiche

❷ Vorlage speichern oder unter neuem Namen speichern

> Änderungen wirken sich nur auf die gerade aktive Tabelle bzw. alle späteren Tabellen aus (NICHT auf bereits erstellte Tabellen).

> Schreibrechte im Systemverzeichnis von SPSS sind nötig, wenn die Vorlagen dort gespeichert sind.

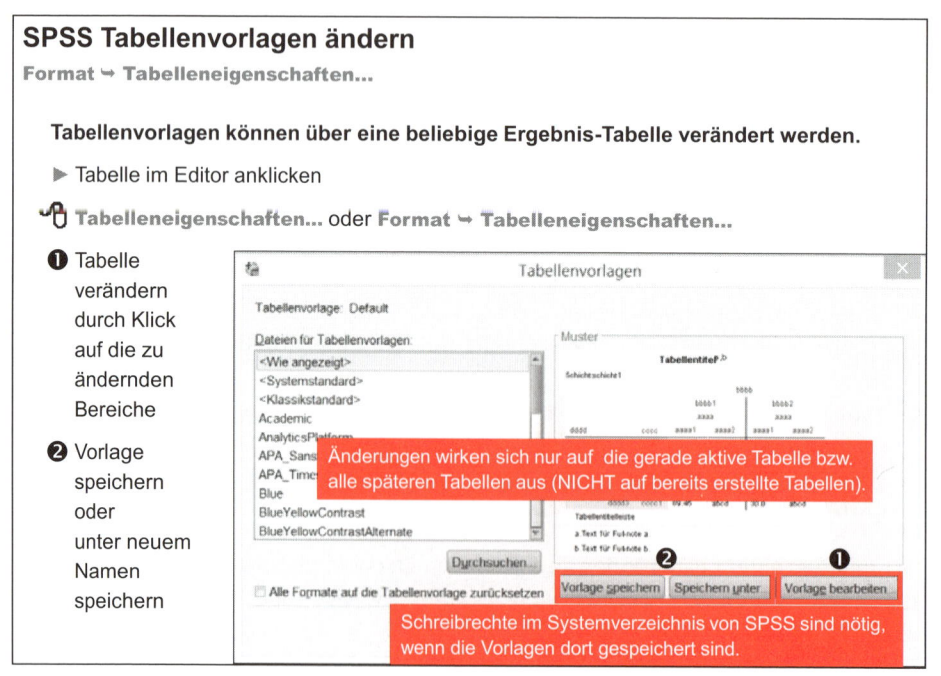

Abbildung 74: Tabellenvorlagen ändern

Auch das Erstellen eigener Vorlagen ist problemlos möglich (VGL. ABBILDUNG 74 AUF SEITE 214).

- Dazu ist es am einfachsten, in der Ausgabe eine bereits bestehende Tabelle mit Doppelklick zu öffnen.
- Mit einem Klick der rechten Maustaste auf **Tabelleneigenschaften...** aus dem Kontextmenü oder über **Format → Tabelleneigenschaften...** erhält man das Dialogfeld wie in der Abbildung.
- Mit **Vorlage bearbeiten...** gelangt man in einen Subdialog (VGL. ❶ IN ABBILDUNG 74), bei dem man alle Bereiche der Tabelle per Klick anwählen und mit verändertem Layout versehen kann.
- Die fertige Vorlage lässt sich mit **Vorlage speichern** oder **Speichern unter...** einem anderen Namen auf der Festplatte ablegen (❷).

Das Speichern neuer Tabellenvorlagen funktioniert nur, wenn man sich in einem Verzeichnis mit Schreibrechten befindet: Arbeitet man im Standard-Vorlagenordner von SPSS, können restriktive Einstellungen des Computer-Betriebssystems unter Umständen das Abspeichern von Tabellenvorlagen in diesem Festplattenordner nicht zulassen.

Zum Abschluss zeigt die **kurze Menüübersicht** in ABBILDUNG 75 die gebräuchlichsten SPSS-Menübefehle und deren bedeutungsmäßige Zuordnung.

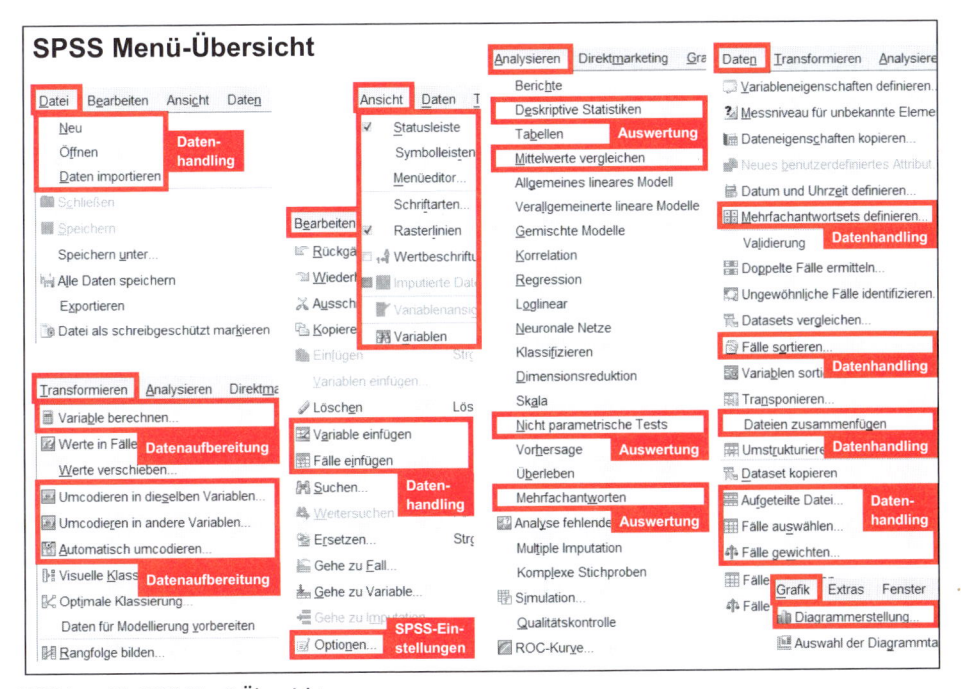

Abbildung 75: SPSS Menü-Übersicht

B 4.3 | Handling von Daten in SPSS (PSPP)

… in diesem Kapitel geht's um:

- SPSS Datendateien enden mit der Erweiterung *.sav • auch der Import von Excel- und Text-Dateien ist problemlos möglich
- SPSS bietet eigenen Assistenten, um zusätzliche **Datensätze nachträglich hinzuzufügen** • übereinstimmende Variablennamen werden erkannt
- Vor der Auswertung ist es möglich, bestimmte **Datensatzgruppen auszuwählen** • damit beschränkt sich die Auswertung auf einen Teilbereich der Daten
- **Datengewichtung** erlaubt es, bei „schiefen" Stichprobenverteilungen rechnerisch Repräsentativität zu erzeugen
- Vor der Auswertung sollten alle **Variablen und Werte beschriftet** werden • der Output bekommt dadurch ein attraktiveres Erscheinungsbild
- **Fehlende Werte** (nicht vorhandene Daten) besitzen vor allem bei der Basis von Prozentwerten und bei der Berechnung von Mittelwerten äußerst große Relevanz • Nichtbeachtung fehlender Werte führt zu verzerrten oder falschen Ergebnissen!

B 4.3.1 | Daten öffnen, importieren oder neu erfassen

Bestehende SPSS-Datendateien enden mit der Erweiterung *.sav und können wie bei jedem anderen Programm durch Doppelklick **geöffnet** werden. Als erstes SPSS-Programmfenster öffnet sich der Dateneditor (VGL. KAPITEL „B 4.2.1 | SPSS DATENEDITOR" AB SEITE 203).

An bestehende Daten können an beliebiger Stelle neue Variablen bzw. Fälle hinzugefügt oder gelöscht werden:

> Die rechte Maustaste in der Datenansicht des Dateneditors über einer Spaltenüberschrift oder Zeilenbezeichnung öffnet diesbezügliche Dialogfelder.

SPSS fügt auch dann automatisch neue Variablen oder Fälle hinzu, wenn man im Dateneditor in der Variablenansicht am Ende der Variablenmatrix oder in der Datenansicht am Ende der Datenmatrix einen beliebigen Zelleintrag vornimmt.

SPSS **importiert** unter anderen auch Excel- und Text-Dateien.

> **Datei ↪ Öffnen ↪ Daten…** liest nach Angabe des Dateityps (in der Zeile **Dateien vom Typ:**) unterschiedliche Datenformate ein.

Öffnet man **Text**-Dateien, erhält man Dialogfelder für einen Text-Importassistenten:

> Öffnet man Daten zum ersten Mal, besitzt die Datei KEIN vordefiniertes Format.
> Meist sind die Variablen durch Trennzeichen getrennt, die erste Zeile enthält üblicherweise die Variablennamen.
> Der erste Fall befindet sich in der Regel in Zeile 2 der Daten, jede Zeile stellt einen

Fall dar, alle Fälle sollen importiert werden.

- Tabulator, Leerzeichen, Semikolon sind die am meisten verbreiteten Variablen-Trennzeichen.
- Ein weiteres Dialogfeld würde es erlauben, jeder Variable ein Format (Text oder Zeichen) zuzuweisen. Dieses Dialogfeld kann fast immer mit **Weiter >** übergangen werden. Variablenformate können später im Dateneditor einfacher definiert werden.
- Möchte man den soeben beschrittenen Weg durch den Importassistenten nicht für ein „nächstes Mal" (**vordefiniertes Format**) abspeichern, schließt ein Klick auf **Fertigstellen** den Importvorgang ab.
- Derart geöffnete Textdaten enthalten natürlich keine Variablen- und Wertebeschriftungen.

Öffnet man **Excel**-Dateien, ist der Vorgang deutlich einfacher.

- Wie bei Textdateien soll SPSS die Variablennamen der ersten Dateizeile entnehmen.
- Enthält die Datei mehrere Arbeitsblätter, kann das gewünschte ausgewählt werden.
- Nicht das gesamte Arbeitsblatt muss eingelesen werden, es ist auch möglich, nur einen ausgewählten Daten-Bereich *(mit Doppelpunkt anzugeben, z.B. A1:D50)* in SPSS zu öffnen.

Datensätze können auch problemlos direkt im Dateneditor von SPSS neu erfasst werden. Möchte man das tun, müssen in einem neuen Datenfile zuerst Variablen definiert werden.

- Mit **Datei ↳ Neu ↳ Daten** erhält man ein neues, leeres Datenblatt.
- In der Variablenansicht des Dateneditors müssen im nächsten Schritt die Variablen definiert werden, zu denen Eingaben erfolgen sollen. Details zu den Einstellungen des Dateneditors finden sich in Kapitel „B 4.2.1 | SPSS Dateneditor" ab Seite 203.
- Ist die Struktur des Datenfiles fixiert, kann mit der eigentlichen Dateneingabe in der Datenansicht des Dateneditors begonnen werden.

B 4.3.2 | Datensätze zusammenfügen, auswählen, gewichten

Mit dem Menübefehl **Daten ↳ Dateien zusammenfügen ↳ Fälle hinzufügen…** ist es möglich, **Datenfiles** verschiedener Erfassender oder Quellen zu einem einheitlichen Datenfile **zusammenzufügen**. Auch das nachträgliche Hinzufügen unerwartet auftauchender einzelner Datensätze ist damit rasch realisierbar.

SPSS bietet hier gegenüber dem einfachen Daten-Zusammenkopieren z.B. via Excel einen entscheidenden Vorteil: In einem Tabellenprogramm muss man beim Zusammenfügen von Datensätzen besonders darauf achten, die neuen Datensätze exakt „unter" den vorhandenen zu positionieren. Die Reihenfolge der Variablen der neuen Daten muss absolut deckungsgleich mit denen der Bestandsdaten sein! In den neuen Daten dürfen keine Variablen fehlen oder zusätzlich vorhanden sein. Alle Datenspalten der hinzukommenden Daten müssen völlig strukturgleich in die bestehenden Spalten hineinkopiert werden.

Daten zusammenfügen: Fälle hinzufügen
Daten ↪ Dateien zusammenfügen ↪ Fälle hinzufügen...

Datei 1 ❶

Datei 2 ❷

- ▶ Dateien zusammenfügen, die dieselben Variablen, aber unterschiedliche Fälle enthalten (= Zeilen hinzufügen):
  - ■ In beiden Dateien idente Variablen werden automatisch in die Variablenauswahl übernommen.
  - ■ Variablen mit unterschiedlichen Namen müssen mit STRG-Taste und Mausklick markiert und mit Klick auf **Paar** zu den Variablen der neuen Arbeitsdatei hinzugefügt werden.
  - ■ Variablen, die nur in einer der beiden Dateien vorkommen, müssen explizit ausgewählt werden.

nicht idente Variablen werden angezeigt

Variablenauswahl

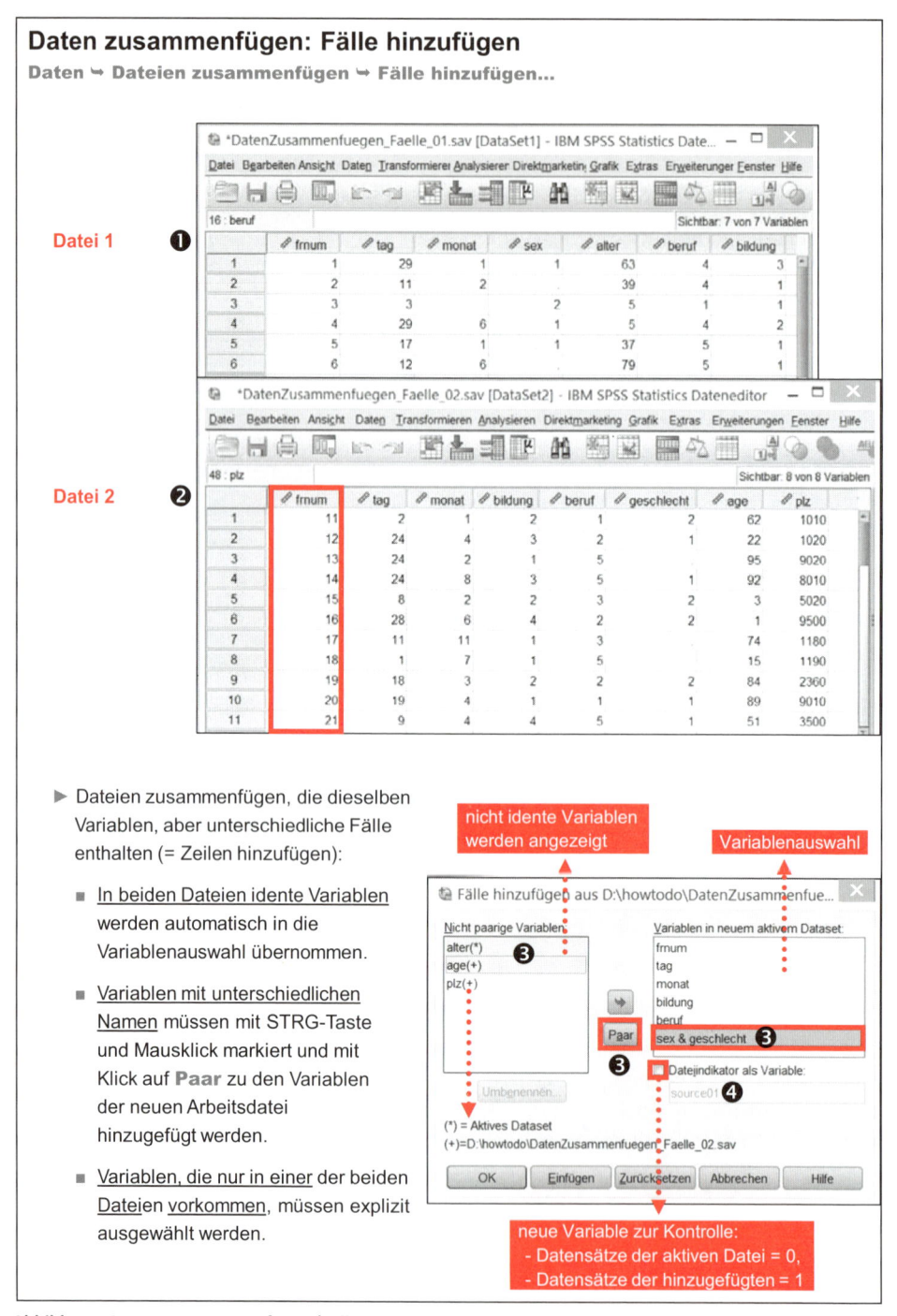

❸

neue Variable zur Kontrolle:
- Datensätze der aktiven Datei = 0,
- Datensätze der hinzugefügten = 1

❹

Abbildung 76: Daten zusammenfügen (Fälle hinzufügen)

SPSS „erledigt" diesen Variablenabgleich für die Userinnen und User. Es überprüft die Variablennamen auf idente Bezeichnung hin. Dabei ist die Position der Variable im neuen Datenstand unerheblich. Daten identer Variablen werden automatisch zu den vorhandenen Datensätzen kopiert.

Findet SPSS unterschiedliche Variablenbezeichnungen in den neuen und vorhandenen Daten, fragt es nach, was damit geschehen soll. Man bekommt die Möglichkeit, anzugeben, dass eine im neuen Datenfile anders benannte Variable einer vorhandenen Spalte zuzuordnende Daten abbildet. Besitzt die anderslautende Variable kein Gegenstück in den bisherigen Daten, kann man sie bei der Datenfusion zusätzlich neu mit aufnehmen oder auch einfach weglassen. Wird eine Variable beim Datenmatching zusätzlich mit aufgenommen, erhalten alle vorhandenen alten Datensätze bei dieser Variable automatisch einen fehlenden Wert (VGL. KAPITEL „B 4.3.4 | FEHLENDE WERTE" AB SEITE 226) zugeordnet.

ABBILDUNG 76 AUF SEITE 218 veranschaulicht die genaue Vorgehensweise beim Zusammenfügen von Datensätzen.

Dabei wird einer vorhandenen Datei (❶) eine neue mit 11 Datensätzen (❷) hinzugefügt.

- Die Basisdatei (❶), zu der die Daten hinzugefügt werden sollen, muss geöffnet sein.
- Über **Daten → Dateien zusammenfügen → Fälle hinzufügen...** öffnet sich ein Dialogfeld, in dem die hinzuzufügende Datei (❷) mit ihrem Speicherort ausgewählt werden muss. Optional kann hier auch der Verweis auf eine bereits geöffnete Datei erfolgen.
- Im nächsten Dialogfeld ist die Basisdatei mit (*), die hinzuzufügende mit (+) gekennzeichnet.
- Die Variablen Fragebogennummer (FRNUM), TAG, MONAT, BILDUNG und BERUF sind deckungsgleich, SEX, GESCHLECHT, ALTER, AGE und PLZ nicht. SEX und GESCHLECHT sowie AGE und ALTER bilden idente Daten ab und werden deshalb jeweils mit **Strg + Klick** markiert und per Klick auf **Paar** fusioniert (❸). Das bedeutet: SPSS kopiert die Ausprägungen der neuen Datensätze bei GESCHLECHT zur Variable SEX in den bestehenden Daten. Die ALTERsausprägungen gelangen zur vorhandenen Variable AGE. PLZ wird neu aufgenommen und enthält damit nach der Fusionierung in den Datensätzen von Datei ❶ ausschließlich fehlende Werte.
- Zusätzlich ist es möglich, eine Kontrollvariable **Dateiindikator** (im Beispiel SOURCE01) (❹) anlegen zu lassen: Damit behält man die Übersicht, welche Datensätze im fusionierten Datenfile neu hinzugefügte und welche bereits bestehende darstellen.

Eine Kontrolle derartiger Kopiervorgänge im Dateneditor ist sehr empfehlenswert. Zu den im beschriebenen Beispiel fusionierten Datensätzen VGL. ABBILDUNG 77 AUF SEITE 220.

Oft möchte man **in einer Auswertung nicht alle Datensätze, sondern nur Teile davon** berücksichtigen.

Dies kann dann der Fall sein, wenn man z.B. Datensätze für ein gesamtes Kalenderjahr gesammelt hat und nur ein einzelnes Quartal auswerten will.

Daten zusammenfügen: Fälle hinzufügen: Ergebnis

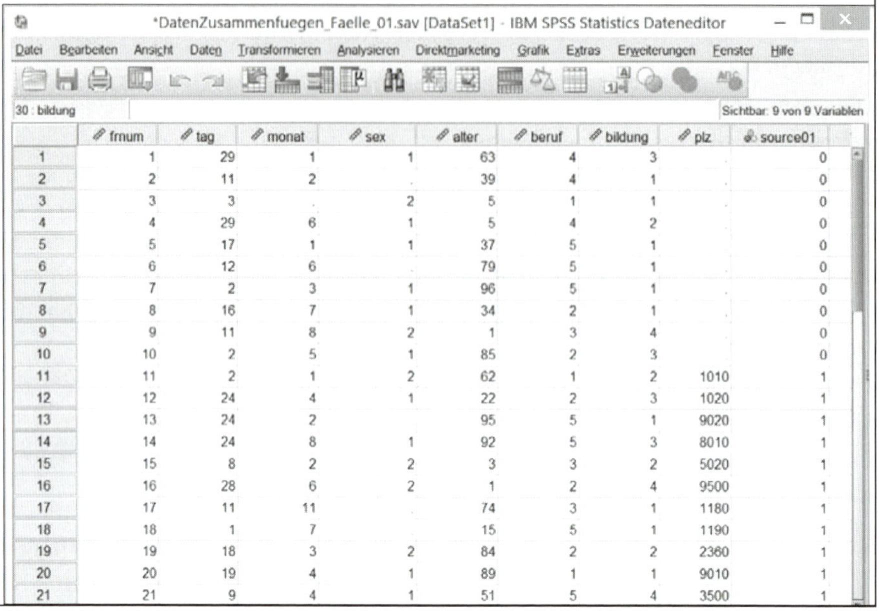

	frnum	tag	monat	sex	alter	beruf	bildung	plz	source01
1	1	29	1	1	63	4	3	.	0
2	2	11	2	.	39	4	1	.	0
3	3	3	.	2	5	1	1	.	0
4	4	29	6	1	5	4	2		0
5	5	17	1	1	37	5	1		0
6	6	12	6	.	79	5	1	.	0
7	7	2	3	1	96	5	1	.	0
8	8	16	7	1	34	2	1	.	0
9	9	11	8	2	1	3	4		0
10	10	2	5	1	85	2	3		0
11	11	2	1	2	62	1	2	1010	1
12	12	24	4	1	22	2	3	1020	1
13	13	24	2		95	5	1	9020	1
14	14	24	8	1	92	5	3	8010	1
15	15	8	2	2	3	3	2	5020	1
16	16	28	6	2	1	2	4	9500	1
17	17	11	11	.	74	3	1	1180	1
18	18	1	7	.	15	5	1	1190	1
19	19	18	3	2	84	2	2	2360	1
20	20	19	4	1	89	1	1	9010	1
21	21	9	4	1	51	5	4	3500	1

Abbildung 77: Daten zusammenfügen (Fälle hinzufügen): Ergebnis

Die Notwendigkeit zur Auswahl von Datensätzen kann auch entstehen, wenn bei (mehr als) 500 Datensätzen Antworten auf offene Fragen zur Auswertung vorliegen: Zur Dimensionsbildung ist es meist nicht nötig, ALLE Antworten heranzuziehen. Hier genügt eine Zufallsauswahl von 100 oder 200 Fällen.

Antworten, die derart gehäuft auftreten, dass sie zur Bildung einer Antwortkategorie führen, kommen auch in 100 oder 200 Fällen oft genug vor (vgl. dazu auch die Kapitel „A 7.1.1 | Qualitativ auswerten“ ab Seite 121 und „B 3 | Analyse qualitativer Daten“ ab Seite 194).

Man spart damit deutlich an Auswertungsaufwand.

In der Erhebungspraxis muss man auch dann Datensätze auswählen, wenn man aus Datenschutzgründen Datenstrukturen an Dritte weitergeben will, ohne dabei erhobene Daten in Umlauf zu bringen. Oder man möchte komplexe Rechenverfahren, die lange Rechenzeit benötigen, mit verschiedenen Einstellungen ausprobieren, bevor man sie auf sehr große Datenbestände anwendet.

Abbildung 78 auf Seite 221 demonstriert das konkrete Vorgehen bei der Datenauswahl.

- Im Beispiel werden über **Daten ➥ Fälle auswählen...** aus den BUCHDATEN alle Frauen ausgewählt (❶). Dazu ist es notwendig, im Subdialogfeld den Button bei **Falls Bedingung zutrifft** anzuklicken und bei **Falls...** f_12 = 1 (Variable Geschlecht und Code 2 für weiblich) einzugeben.
- Im selben Dialogfeld unmittelbar darunter wäre auch das Ziehen einer Zufallsstichprobe möglich.

Fälle auswählen

Daten → Fälle auswählen...

▶ wenn die gesamte Auswertung nur auf einer Daten-Teilmenge beruhen soll
  ■ z.B. Auswertung EINES von mehreren Analysedurchgängen
▶ zur Kategorienbildung bei offenen Fragen und vielen Datensätzen
▶ zur Weitergabe der Datenstruktur ohne „richtige" Daten
▶ Auswertungs-„Versuche" komplexer Routinen bei sehr vielen Datensätzen

Nicht ausgewählte Fälle werden „durchgestrichen" oder gelöscht.

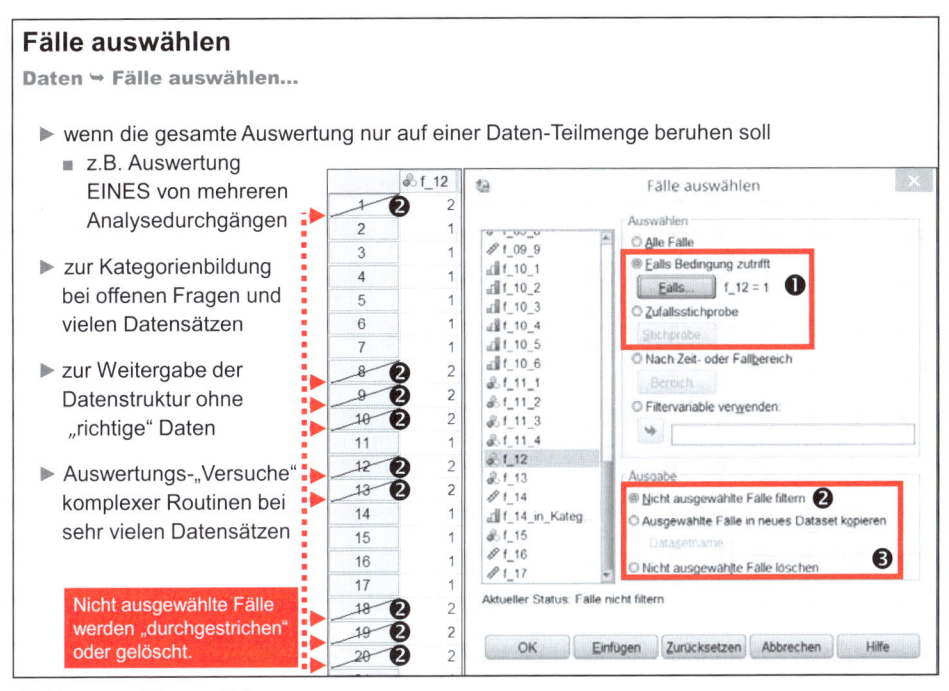

Abbildung 78: Fälle auswählen

- Nicht ausgewählte Datensätze können wie im Beispiel gefiltert werden. Dabei werden sie in der Zeilennummer der Datenansicht durchgestrichen (❷).
- Ausgewählte Fälle können auch in einen neuen Datenfile kopiert, nicht ausgewählte gelöscht werden (❸).

Werden nicht ausgewählte Fälle gefiltert, bleiben sie physisch im Datenfile. In diesem Fall erstellt SPSS automatisch eine Filtervariable FILTER_$, die ausgewählten Werten den Wert 1, unausgewählten den Wert 0 zuordnet.

Vorsicht ist beim Löschen nicht ausgewählter Datensätze geboten: Wählt man diese Option und speichert danach den Datenfile ohne Sicherungskopie, gehen alle Daten verloren.

Eine weitere Art, Daten auszuwählen, stellt die Datenaufteilung dar. Dabei wird ein Datenfile in Teile „zerlegt". Für jeden dieser Teile erfolgt eine separate Auswertung – so lange, bis die Dateiteilung wieder aufgehoben wird. ABBILDUNG 79 AUF SEITE 222 zeigt das Dialogfeld des Menübefehls Daten → Aufgeteilte Datei...

- Im Beispiel werden über Daten → Aufgeteilte Datei... die Daten nach der Variablen Geschlecht (❶) der BUCHDATEN in zwei Datensatzgruppen zerlegt. Dazu muss unter dem Dialogfeldbereich Ausgabe nach Gruppen aufteilen die Geschlechtsvariable f_12 angegeben werden.
- Somit erfolgt für jede der beiden Gruppen, also einmal für Frauen (❷), einmal für Männer (❸), die im Beispiel demonstrierte Altersauswertung.

Daten aufteilen („splitten")

Daten → Aufgeteilte Datei...

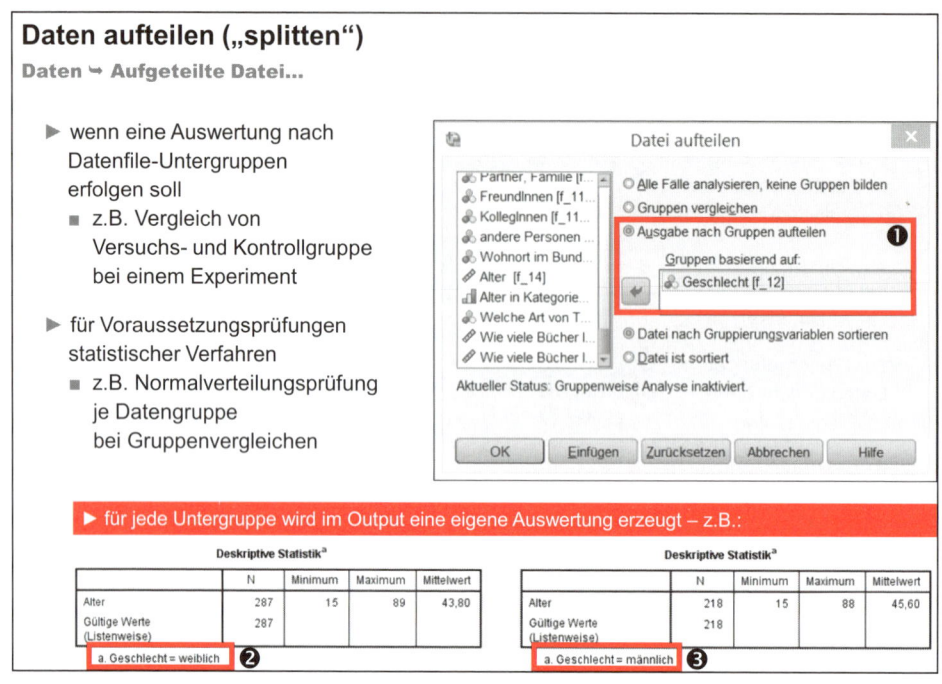

- ▶ wenn eine Auswertung nach Datenfile-Untergruppen erfolgen soll
  - z.B. Vergleich von Versuchs- und Kontrollgruppe bei einem Experiment
- ▶ für Voraussetzungsprüfungen statistischer Verfahren
  - z.B. Normalverteilungsprüfung je Datengruppe bei Gruppenvergleichen

▶ für jede Untergruppe wird im Output eine eigene Auswertung erzeugt – z.B.:

Deskriptive Statistik[a]

	N	Minimum	Maximum	Mittelwert
Alter	287	15	89	43,80
Gültige Werte (Listenweise)	287			

a. Geschlecht = weiblich ❷

Deskriptive Statistik[a]

	N	Minimum	Maximum	Mittelwert
Alter	218	15	88	45,60
Gültige Werte (Listenweise)	218			

a. Geschlecht = männlich ❸

Abbildung 79: Datei aufteilen

Daten gewichten

Daten → Fälle gewichten...

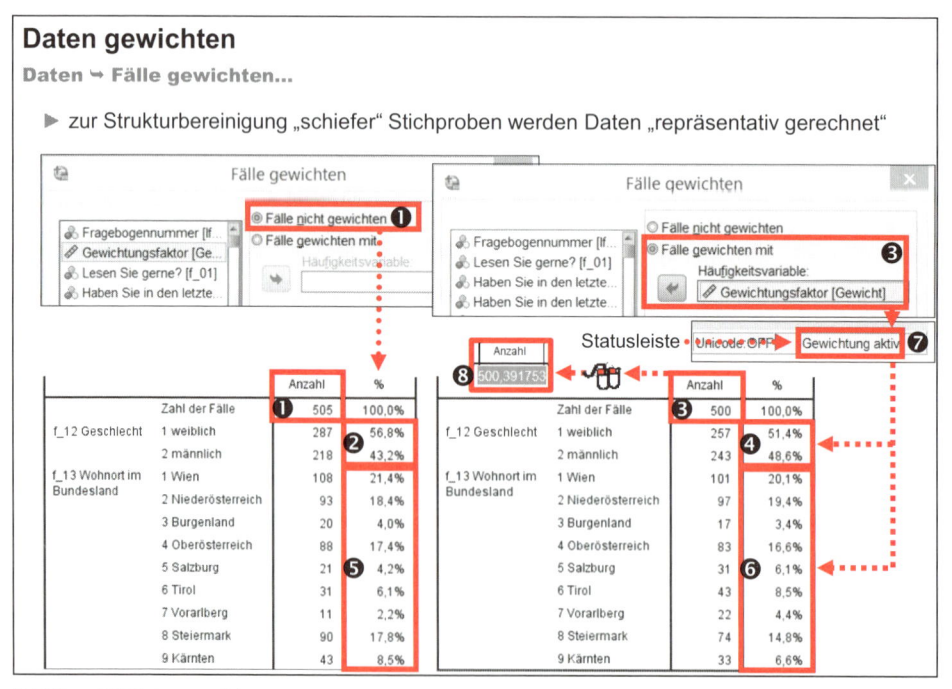

▶ zur Strukturbereinigung „schiefer" Stichproben werden Daten „repräsentativ gerechnet"

		Anzahl	%			Anzahl	%
	Zahl der Fälle	❶ 505	100,0%		Zahl der Fälle	❸ 500	100,0%
f_12 Geschlecht	1 weiblich	287	❷ 56,8%	f_12 Geschlecht	1 weiblich	257	❹ 51,4%
	2 männlich	218	43,2%		2 männlich	243	48,6%
f_13 Wohnort im Bundesland	1 Wien	108	21,4%	f_13 Wohnort im Bundesland	1 Wien	101	20,1%
	2 Niederösterreich	93	18,4%		2 Niederösterreich	97	19,4%
	3 Burgenland	20	4,0%		3 Burgenland	17	3,4%
	4 Oberösterreich	88	17,4%		4 Oberösterreich	83	16,6%
	5 Salzburg	21	❺ 4,2%		5 Salzburg	31	❻ 6,1%
	6 Tirol	31	6,1%		6 Tirol	43	8,5%
	7 Vorarlberg	11	2,2%		7 Vorarlberg	22	4,4%
	8 Steiermark	90	17,8%		8 Steiermark	74	14,8%
	9 Kärnten	43	8,5%		9 Kärnten	33	6,6%

Abbildung 80: Daten gewichten

Derartige Datensplittings machen z.B. bei Experimenten Sinn, bei denen man Ergebnisse einer Kontrollgruppe jenen einer Versuchsgruppe gegenüberstellt. Auch in anderen Fällen sind Datensplittings notwendig. So müssen vor der Anwendung statistischer Tests für Gruppenvergleiche Normalverteilungsprüfungen JE VERGLEICHSGRUPPE erfolgen (VGL. KAPITEL „B 4.6.3 | SIGNIFIKANZPRÜFUNGEN VON MITTELWERTSUNTERSCHIEDEN" AB SEITE 275).

Thematisch zum Datenhandling passt das **Gewichten** von Datensätzen. Datenanalyseprogramme wie SPSS bieten gegenüber Tabellenkalkulationssoftware den entscheidenden Vorteil der Datengewichtungsmöglichkeit. Dabei werden die Daten anhand einer Gewichtungsvariable mit unterschiedlichen Gewichten belegt.

Datengewichtungen machen es möglich, auch nicht völlig repräsentative Datensätze „repräsentativ zu rechnen". Das Prinzip der Datengewichtung wird detailliert in KAPITEL „A 3.2.2.1 | ERGEBNISGEWICHTUNG" AB SEITE 53 erläutert. Die Erzeugung von Gewichtungsfaktoren veranschaulicht beispielhaft ABBILDUNG 14 AUF SEITE 52.

ABBILDUNG 80 AUF SEITE 222 zeigt das technische Vorgehen bei der Auswertung.

Der Datenfile enthält ungewichtet (❶) 505 Datensätze, die sich im Verhältnis 57% zu 43% auf Frauen und Männer verteilen (❷).

In den BUCHDATEN wurde mit der Variablen GEWICHT ein repräsentativer Gewichtungsfaktor einer österreichischen Bevölkerungsstichprobe definiert.[75]

- Der SPSS-Menübefehl lautet **Daten → Fälle gewichten...**
- Gewichtet man die Daten über **Fälle gewichten mit Häufigkeitsvariable** mit der Gewichtungsvariable GEWICHT (❸), weist die Häufigkeitszählung von Geschlecht und Wohnort (f_12, f_13) nur noch 500 Datensätze aus.

Durch die unterschiedliche Gewichtung der einzelnen Fälle – fast jeder Fall ist jetzt mehr oder weniger als ein ganzer Fall „wert" – können also rechnerisch auch weniger Fälle „entstehen" als tatsächlich vorliegen. Die Geschlechterverteilung der gewichteten Daten kommt einem repräsentativen Bevölkerungsbild wesentlich näher als die ungewichteten Datensätze: Jetzt stehen 51% Frauen 49% Männern gegenüber (❹). Dasselbe gilt für Wohnort (und Alter, nicht abgebildet) VOR (❺) und NACH der Gewichtung (❻).

- Ob man gerade mit gewichteten oder ungewichteten Datensätzen arbeitet, kann man der Statusleiste von SPSS (am rechten unteren Fensterrand des Dateneditors, VGL. AUCH ABBILDUNG 71 AUF SEITE 211) entnehmen (❼).
- Oder man klickt in einer Ergebnistabelle doppelt auf eine beliebige Häufigkeitszahl: Ist diese eine Kommazahl, handelt es sich um gewichtete Daten (❽).

Die bei ❸ ausgewiesenen 500 Fälle sind bei näherer Betrachtung also genau 500,391753 Fälle.

---

[75] Die hier verwendeten Ausprägungen („Gewichte") der Variablen GEWICHT entstammen einem Gewichtungsprogramm eines Instituts. Sie wurden über einen SOLL-IST-Vergleich der Variablen GESCHLECHT, ALTER und BUNDESLAND zwischen Bevölkerungs- und Stichprobenstruktur erzeugt. Damit ist es möglich, die Ergebnisse der BUCHDATEN repräsentativ für die österreichische Wohnbevölkerung auszuwerten.

B 4.3.3 | Variablen- und Wertebeschriftungen (Labels)

Beschriftungen (Labels) dienen in SPSS und anderen Auswertungsprogrammen dazu, Variablen und deren Ausprägungen in Textform aussagekräftig zu kennzeichnen und zu beschreiben. Personen, die sich mit Analyseergebnissen auseinandersetzen, haben ein grundlegendes Bedürfnis: Sie wollen möglichst rasch und einfach erkennen, was sich hinter meist sehr kurzen Variablennamen und Zahlencodes verbirgt.

Beschriftungen sind notwendig, weil die Merkmale (Dimensionen, Variablen), die man auswertet, meist nur kurze Namen haben. Das hilft dabei, über die Fülle an Variablen in einem Datenfile die Übersicht zu bewahren. Die Person, die die Daten auswertet, besitzt einen „Insiderstatus", kennt sich im Datenfile gut aus und findet sich mit kurzen Variablennamen meist schneller zurecht als mit langen Merkmalsbeschreibungen. Jede Variable kann über ihre kurze Bezeichnung rasch – und besser strukturiert – der gewünschten Auswertungsroutine zugeführt werden.

So könnte in einer Befragung das Geschlecht in einer Variable mit dem Namen „F_01" abgebildet sein, weil die erste Frage die nach dem Geschlecht der befragten Person war.

In den BUCHDATEN *orientieren sich die Variablennamen ebenfalls an der Nummerierung des Fragebogens. Geschlecht wird hier mit f_12 bezeichnet, Alter mit f_14. Der ersten Frage im Fragebogen „Lesen Sie gerne?" ist die Datenspalte mit der Überschrift f_01 zugeordnet usw.*

Stehen bei der Definition der Auswertung leicht überblickbare und gut strukturierte VariablenNAMEN im Vordergrund, ist es beim Output einer Datenanalyse genau umgekehrt. Hier besteht die Notwendigkeit, plakative, möglichst prägnant verschriftlichte Ergebnistabellen und Grafiken zu erstellen. Auch jene Menschen, die in die Auswertung nicht involviert waren, sollen rasch verstehen, worum es geht: Ein textlich ansprechender Output ist gefragt.

Dasselbe gilt für die Variablencodierungen. Die Ausprägungen analysierter Merkmale sind in der Regel zahlenmäßig codiert. Wie der kurze Variablenname hilft diese Codierung, bei der Auswertung die Übersicht zu behalten. Schnell kann das richtige Skalenniveau identifiziert und die richtige Analyseroutine aufgerufen werden.

Die Variable F_01 (Geschlecht) könnte die Codierungen 1 (für „weiblich") und 2 (für „männlich") aufweisen.

Um sowohl bei Variablen als auch ihren Codierungen beide Interessen – Übersicht bei der Auswertung und verständlich gestalteter Output – vereinbaren zu können, arbeiten Auswertungsprogramme wie SPSS mit Beschriftungen bzw. Labels. Die Labels scheinen in den Ergebnissen auf und erleichtern deren Interpretation.

Labels werden – noch bevor eine Analyse beginnt – im Dateneditor festgelegt (VGL. ABBILDUNG 81 AUF SEITE 225). In der Variablenansicht können zu jedem Variablennamen die entsprechenden Beschriftungen in die Spalte **Beschriftungen** eingegeben werden. Ein eigenes Dialogfeld (❶) in der Spalte **Werte** bietet Platz für die Beschriftung der einzelnen Codierungen. Via copy & paste können mehreren Variablen idente Beschriftungen zugewiesen werden.

ABBILDUNG 81 zeigt unter anderem, dass die erste Frage im Fragebogen der BUCHDATEN mit f_01 benannt wurde. Die Beschriftung dieser Variable lautet „Lesen Sie gerne?" und entspricht damit dem gekürzten Wortlaut im Fragebogen. Code 0 ist – wieder dem Fragebogen entsprechend – mit „nein" beschriftet, Code 1 mit „ja" (❷).

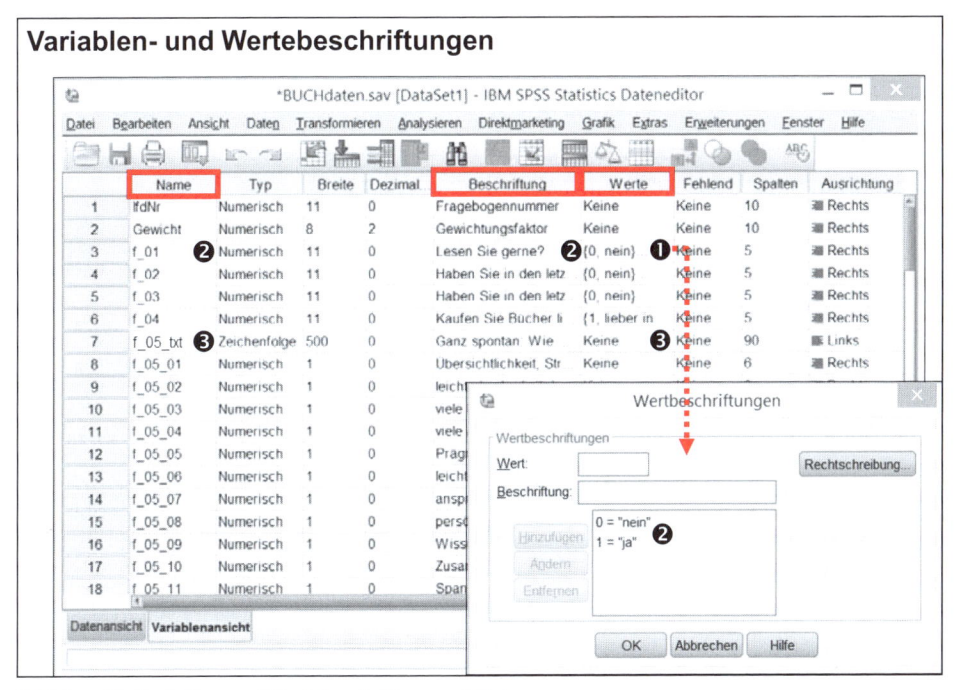

Abbildung 81: Variablen- und Wertebeschriftungen definieren

Keinen Sinn machen Wertebeschriftungen bei Textvariablen. Dort IST ja der Text gleichzeitig die „Beschriftung" seiner Ausprägung.

Frage 5 (f_05) der BUCHDATEN („Ganz spontan: Wie muss ein ideales Fachbuch für Sie beschaffen sein?") enthält den Antworttext jeder Person im Wortlaut. Hier gibt es keine Codierung und demzufolge auch keine Wertebeschriftung (❸).

Ebenso wenig zielführend sind beschriftete Werte bei metrischen Variablen wie z.B. f_14 (Alter).

Hier müsste man jede der zahlreichen Ausprägungen extra mit Labels versehen, also 14 = „14 Jahre alt"; 15 = „15 Jahre alt"; 16 = „16 Jahre alt" usw. Das ist nicht besonders sinnvoll.

Unter Bearbeiten → Optionen... lässt sich im Karteireiter Ausgabe festlegen, ob bei vorhandener Variablen- und Wertebeschriftung nur die Variablennamen und deren Zahlencodierung, nur die Variablen- und Wertebeschriftungen oder beides, Namen, Codierungen und Beschriftungen, angezeigt werden sollen. Wie in ABBILDUNG 82 AUF SEITE 226 ersichtlich, kann diese Einstellung für die linke Gliederungsspalte des Ergebnisviewers (❶) und die Ergebnistabellen (❷) gesondert getroffen werden (VGL. AUCH ABBILDUNG 68 AUF SEITE 207).

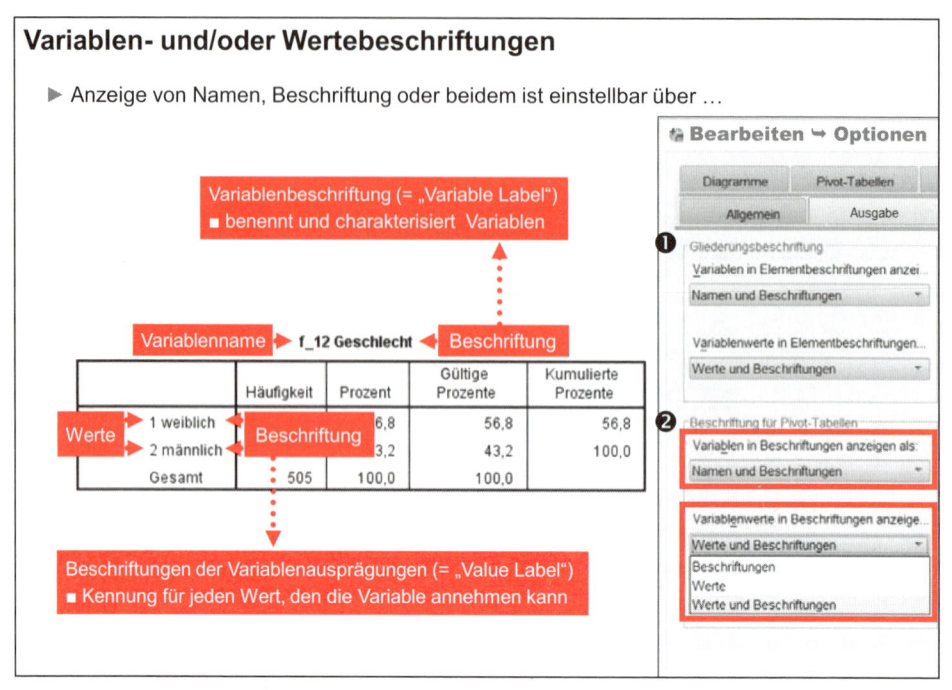

Abbildung 82: Variablen- und/oder Wertebeschriftungen anzeigen

B 4.3.4 | Fehlende Werte

In Auswertungsprogrammen wie SPSS gibt es bei numerischen Variablen keine leeren Datenzellen. Wenn das Programm in den Daten keinen Wert (Eintrag) findet, markiert es die entsprechende Zelle mit einem Punkt (.) und interpretiert die Werteausprägung als „systemdefiniert fehlend".

Fehlende Werte entstehen z.B. dann, wenn es zu einem Merkmal keine Ausprägungen gibt, also keine Daten vorhanden sind. Bei Befragungen können da und dort Antworten verweigert werden, Befragte keine Antwort wissen oder einfach darauf vergessen, zu antworten. Auch Folgefragen auf Filterfragen, die „nicht zutreffen", führen zu fehlenden Werten.

In den BUCHDATEN weisen z.B. all jene Personen bei den fachbuchbezogenen Fragen f_04 bis f_08 fehlende Werte auf, die bei f_03 („Haben Sie in den letzten 12 Monaten zumindest ein Fachbuch gelesen?") mit „nein" geantwortet haben.

Wie in ABBILDUNG 83 AUF SEITE 227 exemplarisch dargestellt, setzt SPSS für nicht vorhandene Codierungen automatisch einen fehlenden Wert ein („system missing", „sysmis"). Im Datenfenster werden die fehlenden Werte als Punkt „." dargestellt (VGL. DIE KREISMARKIERUNGEN).

Häufigkeitsauswertungen führen fehlende Werte explizit an (VGL. ❶ IN DER ABBILDUNG, DETAILS IN KAPITEL „B 4.5.1 | EINZELNE NOMINALE (ORDINALE) MERKMALE: HÄUFIGKEITEN" AB SEITE 240). Eine Prozentuierung erfolgt dort standardmäßig für alle Fälle (**Prozent**, ❷) und für alle Fälle ausgenommen fehlender Werte (**Gültige Prozente**, ❸).

Fehlende Werte in SPSS („Missings" bzw. „sysmis")

▶ Überall, wo SPSS in den Daten keinen Wert (Eintrag) findet, markiert es die Zelle mit einem Punkt (.) und interpretiert die Werteausprägung als „systemdefiniert fehlend".

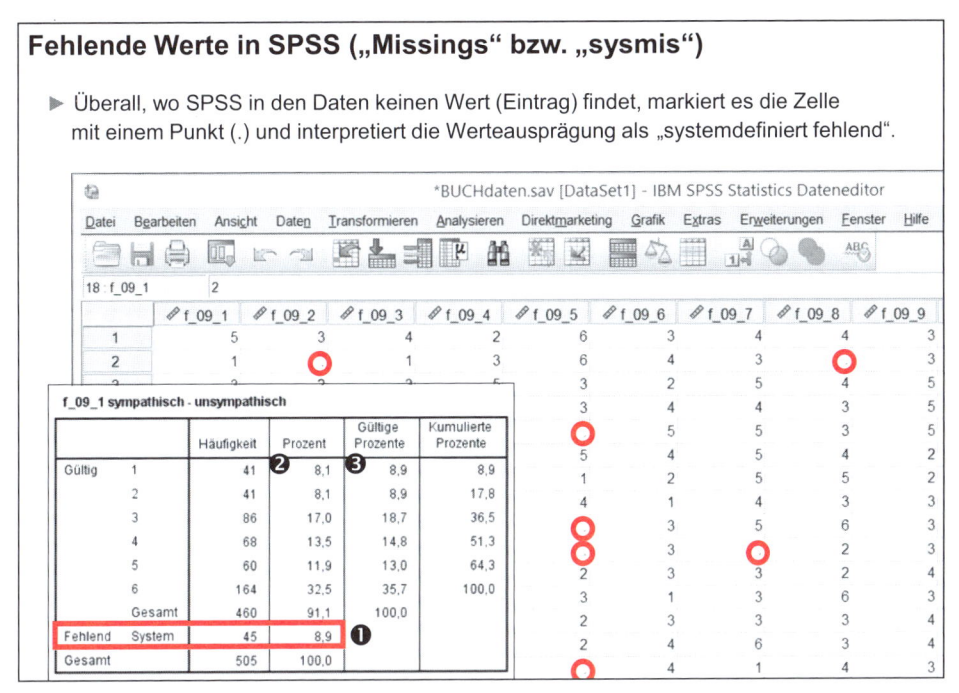

Abbildung 83: Fehlende Werte in SPSS

Zusätzlich zu den „system missings" kann man auch selbst bestimmte Werte in ihrer Bedeutung als „fehlenden Wert" („missing value", „Missing") definieren. Diese Werte stehen dann für Daten, die aus bestimmter Ursache fehlen.

Bei Online-Befragungen wird gern die Ziffer -99 oder -88 als Missing definiert. -99 steht dann nicht mehr für den Wert -99, sondern gibt an, dass für diesen Datensatz bei der entsprechenden Variable kein gültiger Wert vorhanden ist. Die Verwendung derartiger Codierungen für Missings zeigt sofort, dass der Dateneintrag nicht bloß vergessen worden ist. Die Definition mehrerer Missingwerte erlaubt eine Differenzierung zwischen verschiedenen Ursachen des Fehlens von Daten (z.B. -99 = „Frage nicht gestellt bekommen wegen Filterfrage"; -88 = „Frage übersprungen, nicht beantwortet"; -77 könnte bedeuten „kein Eintrag, weil Befragung abgebrochen" usw.). Fehlende Werte in Form hoher Negativzahlen haben auch den Vorteil, dass man schnell erkennen kann, wenn einmal eine Missing-Definition schiefläuft: Gelangt z.B. der Code -99 fälschlich in die Mittelwertsberechnung einer fünfstufigen Schulnotenskala, fällt der völlig unplausible Mittelwert rasch auf.

Selbstbestimmt fehlende Werte können im Dateneditor in der Variablenansicht in die Spalte **Fehlend** eingetragen werden (VGL. ❺ IN ABBILDUNG 67 AUF SEITE 205).

SPSS bezieht alle Arten von fehlenden Werten in die Auswertung gleichermaßen NICHT mit ein. Beim Interpretieren von Ergebnissen steht deshalb immer die Frage, ob das Ergebnis für ALLE Datensätze gilt oder Missings eine Rolle spielen, an erster Stelle.

Fehlende Werte besitzen hohe Relevanz

Person	Kinobesuche im letzten Monat	Schulnote für zuletzt gesehenen Blockbuster	
1	2	2	
2	0	fehlend	❸
3	1	1	
4	0	fehlend	❸
5	3	3	
6	1	1	
7	1	1	
8	1	1	
9	3	3	
10	4	4	
∅	1,6 ❺	2,0 ❼	
n	10 ❹	8 ❻	

Alle Personen, n = 100
Kennen Sie den letzten Blockbuster? ja 10 / nein 90 ❶
Wenn ja: Hat er Ihnen gefallen? ja 8 / nein 2 ❷

Basis Blockbuster-KennerInnen: ja 80 %, nein 20 %
Basis alle Personen: 92 %, 8 %

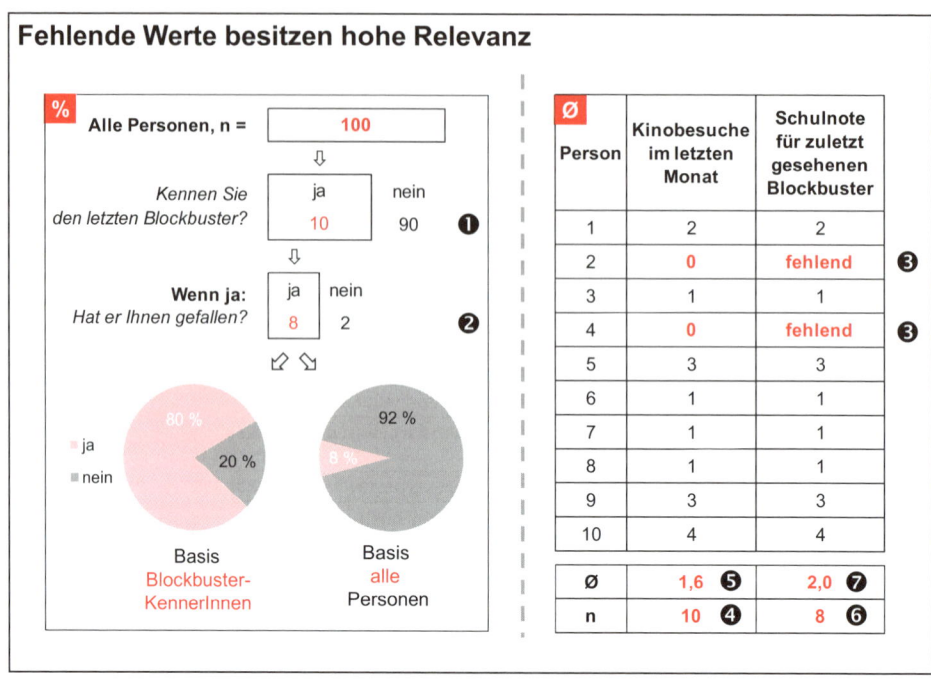

Abbildung 84: Relevanz fehlender Werte

Fehlende Werte haben **sehr große Relevanz** bei **Prozentberechnungen** und der **Ermittlung von Mittelwerten**. Bei Prozenten muss IMMER beachtet werden, auf welcher Basis die Ergebnisermittlung erfolgt: Handelt es sich um Prozentwerte ALLER erhobenen Datensätze oder nur vorhandener Werte? Bei Mittelwerten geht es primär darum, ob man „Null-Werte" in den Mittelwert miteinrechnet oder als fehlend (= nicht vorhanden) betrachtet.

ABBILDUNG 84 veranschaulicht die einschneidende Wirkung fehlender Werte auf die Ergebnisermittlung und Interpretation anhand konkreter Beispiele.

Angenommen, man fragt 100 Personen, ob sie den letzten Kino-Blockbuster kennen. 10 Leute antworten mit „ja" (❶). Diese 10 Befragten werden um ihr einfaches Urteil über den Film gebeten. 8 Menschen hat der Film gefallen (❷). Im Ergebnis könnten diese 8 Personen mit 80% oder 8% Befürwortung interpretiert werden – je nachdem, ob man als Basis alle Befragten oder nur die Filmkennerinnen und Filmkenner heranzieht.

In einem anderen Fall werden bei 10 Personen die Kinobesuche im letzten Monat ermittelt. Zwei Personen antworten mit 0 (= nie) (❸). Da die Zahl Null hier eine antwortmäßige Bedeutung hat, wird sie in den Mittelwert miteinbezogen. Im Schnitt sind die 10 Befragten (❹) also 1,6 Mal (❺) ins Kino gegangen. Würde sich der völlig idente Datenstand auf die Beurteilung eines Films beziehen, müsste man die beiden Null-Nennungen der zweiten und vierten Person (❸) durch fehlende Werte ersetzen. Es gibt ja keine Schulnote 0. Die Basis der Mittelwertsberechnung reduziert sich damit auf 8 Fälle (❻), der Mittelwert verändert sich zum Ergebnis 2,0 (❼).

Ein abschließendes Beispiel soll die große Bedeutung fehlender Werte bei Mittelwertsberechnungen ein weiteres Mal aufzeigen:

Eine Tourismusregion möchte ermitteln, wie zufrieden die Urlaubsgäste mit dem Radfahr- und Kletterangebot sind. Dazu finden in den Monaten Juni und Juli Befragungen von je 100 Urlauberinnen und Urlaubern statt. Die Befragten vergeben Schulnoten. Die Beurteilungen des Rad- und des Kletterangebots sollen in einem gemeinsamen Gesamtzufriedenheitswert zusammengefasst werden.

> **Im Juni werden 100 Personen befragt, die radfahren. Nur 25 davon klettern auch.**

Beurteilung Rad: Alle 100 Befragten nennen Note 1:   Mittelwert = 1
Beurteilung Klettern: 25 Befragte nennen Note 2,
    die 75 anderen klettern nicht und enthalten sich der Stimme: Mittelwert = 2

→ *Gesamtzufriedenheit = Mittelwert aus Beuteilung Rad und Beurteilung Klettern:*
    - bei Berechnung über die Mittelwerte: (1 + 2) / 2 = **1,5**
    - bei Berechnung über die Nennungen: ((100 * 1) + (25 * 2)) / 125 = **1,2**

> **Im Juli werden 100 Personen befragt, die radfahren. Alle 100 klettern auch.**

Beurteilung Rad: Alle 100 Befragten nennen Note 1:   Mittelwert = 1
Beurteilung Klettern: 100 Befragte nennen Note 2:   Mittelwert = 2

→ *Gesamtzufriedenheit = Mittelwert aus Beuteilung Rad und Beurteilung Klettern:*
    - bei Berechnung über die Mittelwerte: (1 + 2) / 2 = **1,5**
    - bei Berechnung über die Nennungen: ((100 * 1) + (100 * 2)) / 200 = **1,5**

Im Juli, als es in den Daten keine fehlenden Werte gibt, führt die Mittelwertsberechnung nach beiden Methoden zum selben Ergebnis. Im Juni hingegen verfälscht der einfachere Rechenweg über die Mittelwerte das richtigere Ergebnis: Die Berechnung über Mittelwerte impliziert bei „Rad" und „Klettern" dieselbe Basis (Zahl an Beurteilungen). Im Juni würden die nur 25 Kletter-Urteile damit fälschlich dasselbe „Gewicht" wie die 100 Rad-Ratings bekommen.

B 4.4 | (Um-)Codieren, berechnen, Teilgruppen bilden

... in diesem Kapitel geht's um:

- Hauptanwendungsfelder für **Umcodieren von Werten**:
  Zusammenfassen von (metrischen) Variablen **zu** (neuen) **Gruppen** • **Richtungsbereinigung** von umgekehrt gepolten Items in Itembatterien
- **Berechnungen** auf Einzelfallebene:
  Berechnung von Indexwerten für Itembatterien • Variablenberechnungen jeglicher Art
- **Teilgruppen bilden:**
  für spätere Ergebnisvergleiche werden Datensätze mit bestimmten Merkmalsausprägungen zusammengefasst

Bevor man mit der eigentlichen Auswertung beginnt, ist es oft noch erforderlich, in den Daten gewisse Justierungen oder Berechnungen vorzunehmen.

B 4.4.1 | (Um-)Codieren

Immer wieder tritt die Notwendigkeit auf, Codierungen von Variablen vor der Auswertung noch (leicht) abzuändern oder einander anzupassen. Dabei werden entweder (viele) Einzelwerte zu Gruppen zusammengefasst oder bestehende Codierungen verändert.

Eine Abänderung der Variablenwerte kann z.B. in folgenden Fällen erforderlich sein:

- Um breit gestreute Daten für einfache Auswertungen überblick-, interpretier- und darstellbar(er) zu machen, müssen **Kategorien gebildet** werden.

  Auf die Frage „Wie lange warten Kundinnen und Kunden, wenn sie einen Big Mac kaufen?" liegen 500 Angaben in Sekunden vor: 131 | 84 | 143 | 120 | 111 | 73 usw.

- Bei manchen Variablen sind **Klassenzusammenfassungen** notwendig, um größere und besser interpretierbare Untersuchungsgruppen zu erhalten.

  Arbeitende und Angestellte, kleine und mittlere Unternehmen etc. werden zu jeweils einer Kategorie zusammengefasst. Bei der Frage nach dem Wohnort entsteht aus Wien, Niederösterreich und Burgenland die Gruppe „Ost-Österreich", Tirol und Vorarlberg werden zu „West-Österreich" usw.

  Bei einer Schulnotenskala wird zur leichteren Ergebnisinterpretation der Versuch unternommen, die Positivnoten 1 und 2 den Negativnoten 4 und 5 gegenüberzustellen. Die Codes werden zu Top- und Bottom-Two-Box-Beurteilungsgruppen zusammengefasst (VGL. DAZU AUCH ABBILDUNG 51 AUF SEITE 146).

- Für ein Gesamtbild über eine Imagebatterie (Gesamtimage einer Firma) soll aus mehreren Variablen ein Durchschnitt oder Score gebildet werden. Einige der Items sind aber anders „gepolt" als die anderen: Zustimmung bei einem Item ist wertmäßig gleichbedeutend mit Ablehnung bei einem anderen Item. Die „verkehrten" **Items** müssen „**umgepolt**" werden.

  Die Skala enthält unter anderem die Items gut – schlecht bzw. unattraktiv – attraktiv.

Bedeutet beim ersten Item ein niedriger Code ein starkes Positivimage, steht beim zweiten Item ein niedriger Code für eine starke Negativassoziation. Eines der beiden Items muss deshalb umcodiert werden.

Die folgenden Beispiele und Abbildungen setzen wesentliche Anlassfälle für Umcodierungsnotwendigkeiten anhand der BUCHDATEN praktisch um.

*In den BUCHDATEN sollen aus den offenen Angaben auf die Frage nach dem Alter (f_14, „Wie alt sind Sie?") **Altersgruppen** erzeugt werden.*

Umcodieren von Daten: Gruppen bilden

Transformieren → Umcodieren in andere Variablen...

▶ die neuen Werte werden in eine neue Variable geschrieben

▶ ideal für Gruppenbildungen

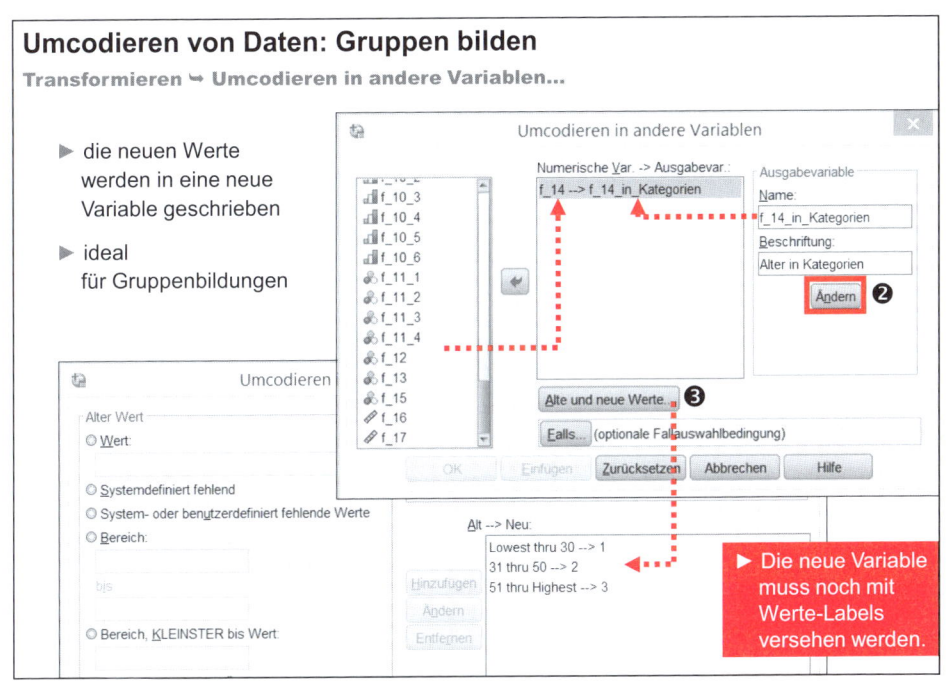

▶ Die neue Variable muss noch mit Werte-Labels versehen werden.

Abbildung 85: Gruppen bilden (umcodieren)

ABBILDUNG 85 demonstriert die konkrete Vorgehensweise bei dieser Umcodierung.

- Zunächst erfolgt der Menüaufruf **Transformieren → Umcodieren in andere Variablen...**
- Die umzucodierende Variable f_14 wird in die Auswahl übernommen (❶).
- Name und Beschriftung der Zielvariable, in der die neue Codierung abgelegt werden soll, müssen definiert werden (❷).
- Die eigentliche Umcodierung erfolgt über **Alte und neue Werte...** (❸).
- **Bereich, KLEINSTER bis Wert:** 30 ergibt die erste Gruppe mit der Codierung 1.
- **Bereich:** 31 **bis** 50 erhält Code 2.
- **Bereich, Wert bis GRÖSSTER:** 51 wird Code 3 zugewiesen.

✍ Letztendlich muss die neu erstellte Gruppierungsvariable noch mit Wertebeschriftungen versehen werden. Das geschieht am einfachsten in der **Variablenansicht** des Dateneditors.

Im Beispiel wurden die Altersangaben in einer neuen Variable f_14_IN_KATEGORIEN zu drei Gruppen zusammengefasst.

Möchte man eine metrische Verteilung z.B. in fallzahlmäßig annähernd gleich große Gruppen aufteilen, empfiehlt sich die Anwendung von Quartilen, Quintilen oder Dezilen. Diese statistischen Maßzahlen werden in Kapitel „B 4.5.3 | Einzelne metrische Merkmale: Mittelwert, Streuung usw." ab Seite 248 näher beschrieben.

VOR dem Beginn jeder Umcodierung ist es sinnvoll und empfehlenswert, zu Kontrollzwecken eine Häufigkeitsauszählung durchzuführen. NACH einer Umcodierung sollte immer eine Überprüfung der erzielten Ergebnisse erfolgen. Auch das kann mit einer einfachen Häufigkeitszählung geschehen. Erfolgte die Umcodierung in eine neue Variable, bietet eine Kreuztabellierung (vgl. dazu im Detail Kapitel „B 4.5.4 | Zwei nominale (ordinale) Merkmale: Kreuztabelle" ab Seite 254) der Basisvariable mit der neu erstellten Variable bessere Kontrollmöglichkeiten.

Abbildung 86 zeigt das Ergebnis der soeben erfolgten Gruppenbildung im Dateneditor (❶) und in Form einer Kreuztabellierung der Basisvariable f_14 mit der neu erstellten Variable f_14_IN_KATEGORIEN (❷).

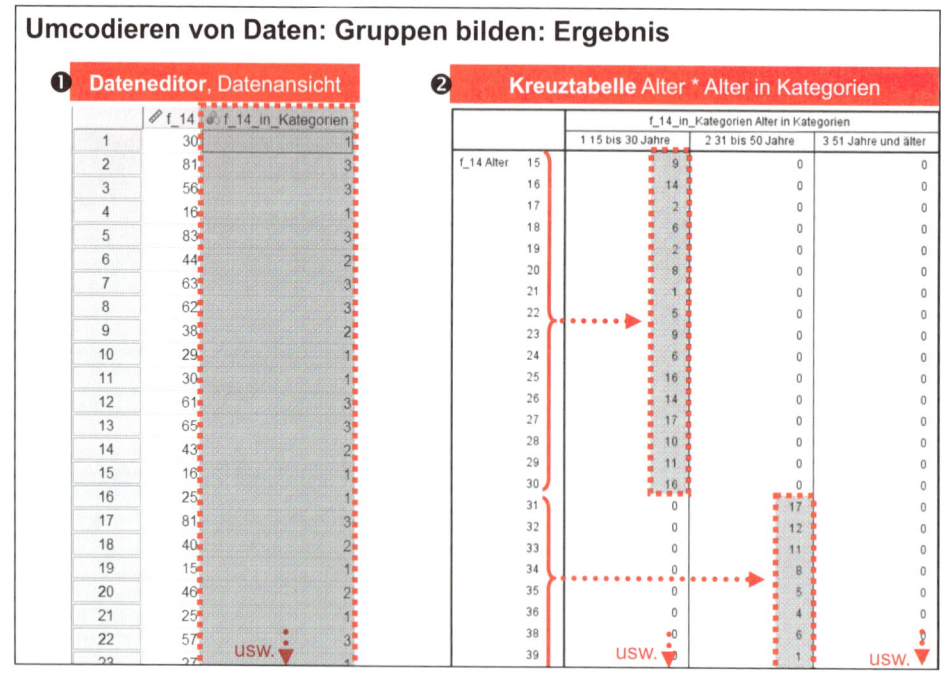

Abbildung 86: Gruppen bilden (umcodieren): Ergebnis

Im Zuge der hier beschriebenen Form der Codierung bleiben die ursprünglichen Variablen (und damit die ursprünglichen Werte) erhalten. SPSS fügt die recodierten Werte in Form der neuen Variable dem Datenfile am Ende hinzu. Das vergrößert zwar die Variablenzahl und Unübersichtlichkeit der Daten, die Originalvariablen bleiben aber unangetastet.

Bei den Items f_09_2, f_09_4, f_09_6 und f_09_9 (Frage 9 der BUCHDATEN, „Wie sehr treffen die folgenden Eigenschaften auf Fachbücher zu?") muss eine **Richtungsbereinigung** durchgeführt werden.

Diese vier Items weisen im Vergleich zu den anderen innerhalb der Itembatterie eine andere Polung (von negativ in Richtung positiv und nicht von positiv in Richtung negativ) auf. Während z.B. Item 1 im Fragebogen als „sympathisch ①②③④⑤⑥ unsympathisch" angeführt ist, ist Item 2 als „optisch nicht ansprechend ①②③④⑤⑥ optisch ansprechend" formuliert.

Die Skalierung ist von 1 = „trifft sehr zu" bis 6 = „trifft gar nicht zu" definiert.

ABBILDUNG 87 demonstriert das konkrete Vorgehen.

Umcodieren von Daten: (Richtungs-)Bereinigung von Daten
Transformieren ⇨ Umcodieren in dieselben Variablen...

▶ zum „Umdrehen" von Skalierungen, zum Bereinigen von Daten

Dabei werden die ursprünglichen mit den neuen Werten endgültig überschrieben!

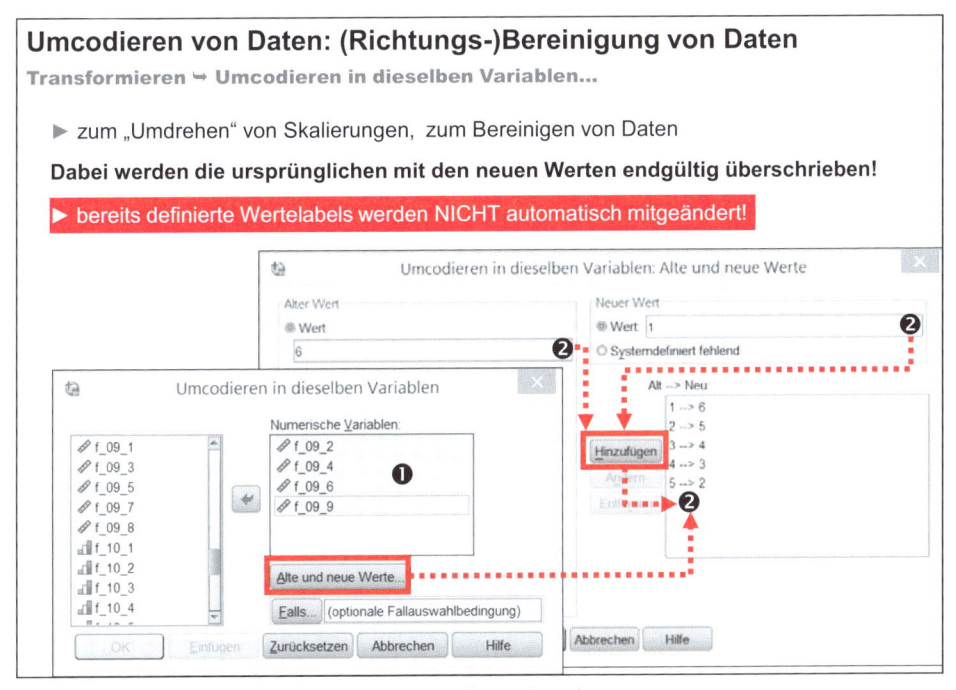

▶ bereits definierte Wertelabels werden NICHT automatisch mitgeändert!

Abbildung 87: Itemrichtungen und Daten bereinigen (umcodieren)

- Der Menüaufruf in diesem Anwendungsfall lautet **Transformieren ⇨ Umcodieren in dieselben Variablen...**
- Die vier umzucodierenden, verkehrt gepolten Variablen werden in die Auswahl übernommen (❶).

- Die eigentliche Umcodierung erfolgt über das Submenü **Alte und neue Werte…** (❷).
- Die Skalierung wird beim Umpolen sozusagen „gespiegelt": Aus Code 1 wird 6, 2 wird zu 5, 3 zu 4, aus 4 wird 3, 5 entspricht 2, 6 wird zu Code 1.
- Lagen für die alte, „verkehrte" Codierung bereits Beschriftungen vor, müssen auch diese neu angepasst werden. Das geschieht am einfachsten in der **Variablenansicht** des Dateneditors. Die Umcodierung selbst ändert nämlich NICHTS an bestehenden Variablen- und Wertebeschriftungen.

ABBILDUNG 88 zeigt (mit beispielhaften Markierungen) das Ergebnis in Form einer kontrollierenden Häufigkeitszählung der ursprünglichen und der neu codierten und beschrifteten vier Variablen.

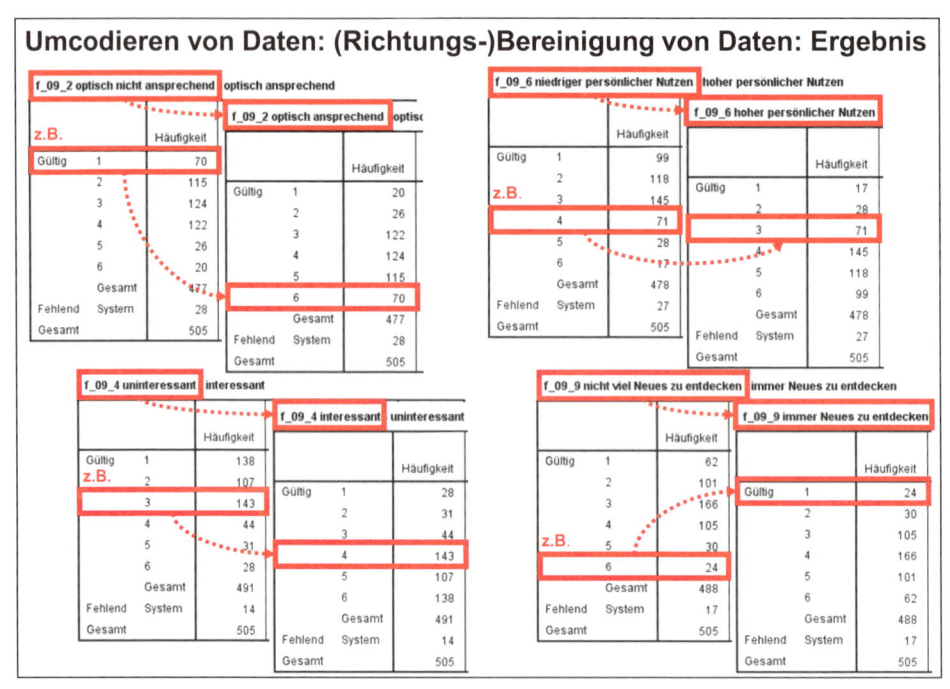

Abbildung 88: Itemrichtungen und Daten bereinigen (umcodieren): Ergebnis

Bei dieser Art der Codierung werden die ursprünglichen Variablen mit den neuen Codes überschrieben. Es ist deshalb empfehlenswert, hier SEHR genau und bedachtsam vorzugehen. Passieren an dieser Stelle Codierungsfehler, sind die ursprünglichen (richtigen) Daten für immer verloren.

Wichtig ist auch, die Richtungsbereinigung im Zuge einer Auswertung nicht irrtümlich wiederholt (ein zweites Mal) durchzuführen: Dadurch würde der ursprüngliche, „verkehrte" Zustand wiederhergestellt.

B 4.4.2 | Berechnen neuer Variablen

Gewisse Datenlagen zielen darauf ab, mit vorhandenen Datensätzen vor Beginn einer Auswertung noch Berechnungen (**auf Einzelfallebene**) durchzuführen.

- In vielen Erhebungen werden Einstellungsdimensionen über mehrere Fragen (meist Items) gemessen. Am Ende soll aber EIN einziger Gesamtwert die gesamte Einstellungsdimension kennzeichnen. Dazu müssen die einzelnen Beurteilungswerte jeder Person rechnerisch zusammengefasst werden. Das geschieht meist über eine Mittelwertsberechnung der bei den einzelnen Fragen vergebenen Skalenwerte: Jede Person erhält eine neue Variable, mit der der Mittelwert ihrer vergebenen Einzelratings abgebildet wird (= Berechnung auf Einzelfallebene). Diese neue Variable lässt sich in weiterer Folge über alle Datensätze genauso wie die Einzelratings auswerten.

  Aus der Frage „Beurteilen Sie bitte die Urlaubsregion anhand folgender Kriterien mit Schulnoten: Landschaft | Menschen | Kulinarik | Preisniveau" soll ein Gesamtzufriedenheitswert ermittelt werden. Dazu wird aus den Schulnoten, die jede Person den vier Kriterien vergibt, für jede Person eine fünfte Gesamtnote errechnet. Angenommen, jemand wertet die Landschaft mit Note 2, die Menschen mit 1, Kulinarik mit 1 und das Preisniveau mit 2. Seine Gesamtnote errechnet sich wie folgt: (2 + 1 + 1 + 2) / 4 = 1,5.

- In einer Erhebung werden parallel Fragen zum wöchentlichen, monatlichen und jährlichen Verhalten gestellt. Für die Auswertung ist ein einheitlicher Basiswert notwendig.

  Alle wöchentlichen Angaben werden mit 52, alle monatlichen mit 12 multipliziert. Damit werden sie zu jährlichen Angaben.

Wie beim Umcodieren liefern die BUCHDATEN auch für das Berechnen von Variablen zwei praktische Umsetzungsbeispiele.

Beispiel 1: Mit den BUCHDATEN soll aus den 9 Items der Frage 6 (f_06) „Wie muss ein ideales Fachbuch für Sie beschaffen sein?" ein **Wichtigkeitsindex** für Fachbücher erzeugt werden. Alle 9 Items sind mit 1 = „sehr wichtig" bis 5 = „gar nicht wichtig" codiert.

ABBILDUNG 89 AUF SEITE 236 zeigt das technische Vorgehen (BEISPIEL 1).

- Der Menübefehl, um Berechnungen durchzuführen, lautet **Transformieren → Variable berechnen...**

- Zunächst muss die Zielvariable, in der das Berechnungsergebnis abgelegt werden soll, definiert werden (❶). Dabei kann auch gleich eine Beschriftung dieser Ergebnisvariable eingegeben werden (❹).

- Die eigentliche Berechnungsanweisung findet in ❷ statt. Wegen des besseren Umgangs mit fehlenden Werten ist nach Möglichkeit der Verwendung von Funktionen (❸) der Vorzug gegenüber selbst definierten Rechenanweisungen zu geben.[76]

---

[76] Eine in SPSS eingegebene Rechenanweisung liefert als Ergebnis ein Missing, wenn nur EINE von den Variablen, mit denen gerechnet wird, einen fehlenden Wert aufweist. So liefert GESAMTNOTE = NOTE_01 + NOTE_02 + NOTE_03 bei einer Person nur dann einen gültigen Wert, wenn keine der drei Variablen NOTE_01, NOTE_02 und NOTE_03 ein Missing enthält. Berechnet man hingegen mit einer Funktion Gesamtnote = Sum(NOTE_01,NOTE_02,NOTE_03), funktioniert die Summierung in die neue Variable auch bei einzelnen fehlenden Werten.

Klickt man auf eine der unter **Funktionsgruppe** gelisteten Funktionen, erhält man in ❺ eine Kurzbeschreibung dieser Funktion.

Berechnen (Erzeugen) neuer Variablen (auf Einzelfallebene)
Transformieren → Variable berechnen...

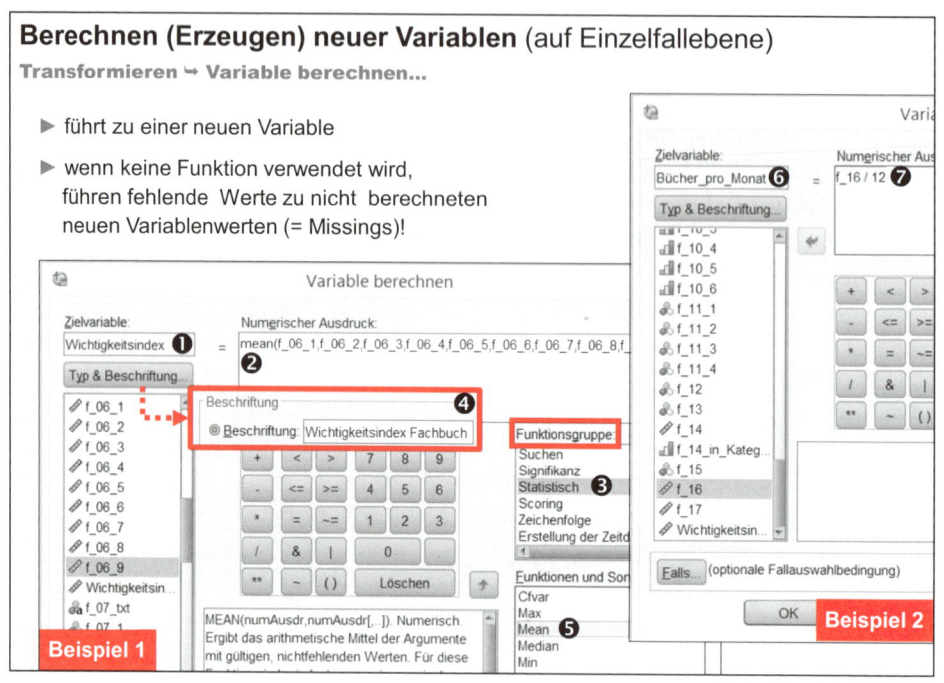

▶ führt zu einer neuen Variable

▶ wenn keine Funktion verwendet wird, führen fehlende Werte zu nicht berechneten neuen Variablenwerten (= Missings)!

Abbildung 89: Berechnen (Erzeugen) neuer Variablen (auf Einzelfallebene)

Beispiel 2: Aus den Angaben bei Frage 16 der BUCHDATEN (f_16) „Wie viele Bücher lesen Sie im Schnitt pro Jahr?" soll der **monatliche Durchschnittskonsum** ermittelt werden.

Die Erläuterung des technischen Vorgehens folgt wieder ABBILDUNG 89 (BEISPIEL 2).

- Der Menübefehl, um Berechnungen durchzuführen, lautet **Transformieren → Variable berechnen...**
- Die Zielvariable, in der das Berechnungsergebnis abgelegt werden soll, lautet BÜCHER_PRO_MONAT (❻).
- Die Variable errechnet sich als Zwölftel des Jahreswertes von f_16 (❼).

Bei solchen Berechnungen bleiben die Basisvariablen der Berechnung immer bestehen, jedes Mal wird eine neue Ergebnisvariable am Ende des Datenfiles angelegt.

ABBILDUNG 90 AUF SEITE 237 zeigt die Ergebnisse beider Berechnungsbeispiele in der Datenansicht des Dateneditors. Dazu wurden die neu erstellten Variablen per drag & drop vom Ende der Variablenliste nach vorne zu den Basisvariablen gezogen, aus denen sie berechnet wurden.

Berechnen (Erzeugen) neuer Variablen (auf Einzelfallebene): **Ergebnis**

	f_0 6_1	f_0 6_2	f_0 6_3	f_0 6_4	f_0 6_5	f_0 6_6	f_0 6_7	f_0 6_8	f_0 6_9	Wichtigkeitsindex	f_16	Bücher_pro_Monat
1	.	.	.	.	.	.	.	.	.	.	15	1,25
2	.	.	.	.	.	.	.	.	.	.	1	,08
3	.	.	.	.	.	.	.	.	.	.	1	,08
4	.	.	.	.	.	.	.	.	.	.	7	,58
5	.	.	.	.	.	.	.	.	.	.	4	,33
6	.	.	.	.	.	.	.	.	.	.	2	,17
7	.	.	.	.	.	.	.	.	.	.	0	,00
8	.	.	.	.	.	.	.	.	.	.	1	,08
9	2	2	3	2	2	1	2	2	2	2,00	12	1,00
10	1	5	3	3	2	2	1	1	1	2,11	10	,83
11	2	2	1	2	2	2	1	1	2	1,67	6	,50
12	.	.	.	.	.	.	.	.	.	.	1	,08
13	.	.	.	.	.	.	.	.	.	.	1	,08
14	.	.	.	.	.	.	.	.	.	.	1	,08
15	1	1	1	1	2	2	2	1	3	1,56	20	1,67
16	3	1	3	5	1	1	2	1	5	2,44	6	,50
17	.	.	.	.	.	.	.	.	.	.	1	,08
18	.	.	.	.	.	.	.	.	.	.	2	,17
19	.	.	.	.	.	.	.	.	.	.	9	,75
20	2	3	3	3	3	1	1	1	5	2,44	12	1,00
21	1	3	2	2	3	1	3	1	2	2,00	10	,83
22	.	.	.	.	.	.	.	.	.	USW.	1	,08 USW.

Beispiel 1 / Beispiel 2

Abbildung 90: Berechnen (Erzeugen) neuer Variablen (auf Einzelfallebene): Ergebnis

Die in diesem Kapitel vorgestellten Datentransformationen sind die bei der täglichen Auswertung gebräuchlichsten. Ebenso nützlich aus dem **Transformieren**-Menü von SPSS können folgende Befehle sein:

- **Transformieren ↪ Automatisch Umcodieren...**
  erzeugt aus nicht aufeinanderfolgenden Werten eine neue Variable mit aufeinanderfolgenden Codes. Bestehende Wertelabels werden übernommen.

- **Transformieren ↪ Visuelles Klassieren...**
  erzeugt aus metrischen Daten eine neue Variable mit wählbarer Kategorienanzahl.

- **Transformieren ↪ Rangfolge bilden...**
  erzeugt für eine Basisvariable eine neue Variable, die den Rangplatz des jeweiligen Falles aufgrund der Basisvariable erhält.

B 4.4.3 | Bildung von Daten-Teilgruppen

Für Ergebnisvergleiche im Zuge der Auswertung kann es hilfreich sein, gewisse Datensätze mit speziellen Merkmalsausprägungen in Gruppen zusammenzufassen. Bei der Ergebnisauswertung können diese Gruppen dann sehr einfach einander gegenübergestellt und miteinander verglichen werden.

In den BUCHDATEN sollen männliche Ost-Österreicher gekennzeichnet werden. Als Vergleichsmenge dienen alle übrigen Befragten. Die Variable Geschlecht ist in den BUCHDATEN in f_12 (1 = „männlich", 2 = „weiblich") abgelegt, das Bundesland kann f_13 (1 = „Wien", 2 = „Niederösterreich", 3 = „Burgenland", 4 bis 9 entsprechen den restlichen Bundesländern) entnommen werden.

ABBILDUNG 91 zeigt die technische Vorgehensweise, wenn die Teilgruppenbildung über Menübefehle erfolgt.

Bilden von Daten-Teilgruppen über Menübefehle
Transformieren → Variable berechnen...

▶ um Ergebnisse von speziellen Teilgruppen später miteinander vergleichen zu können, ist es sinnvoll, die Teilgruppen zunächst als neue Variable(n) zu definieren

❶ Zielvariable: Befragtengruppe = 0
1. Erstellen & Beschriften einer neuen Variable mit Wert 0 für alle Datensätze
Beschriftung: Ost-ÖsterreicheR

❷ 2. Aufruf
Zielvariable: Befragtengruppe = 1
2. Variable erhält den Wert 1, wenn ((männlich und (W oder NÖ oder Bgld))
Falls... f_12 = 2 and (f_13 = 1 or f_13 = 2 or f_13 = 3)

Beispiel:
männliche Ost-Österreicher den anderen gegenüberstellen

▶ Routine 2 Mal aufrufen!

3. Wert 0 („entspricht NICHT der Gruppe") und 1 („entspricht der Gruppe") im Dateneditor beschriften

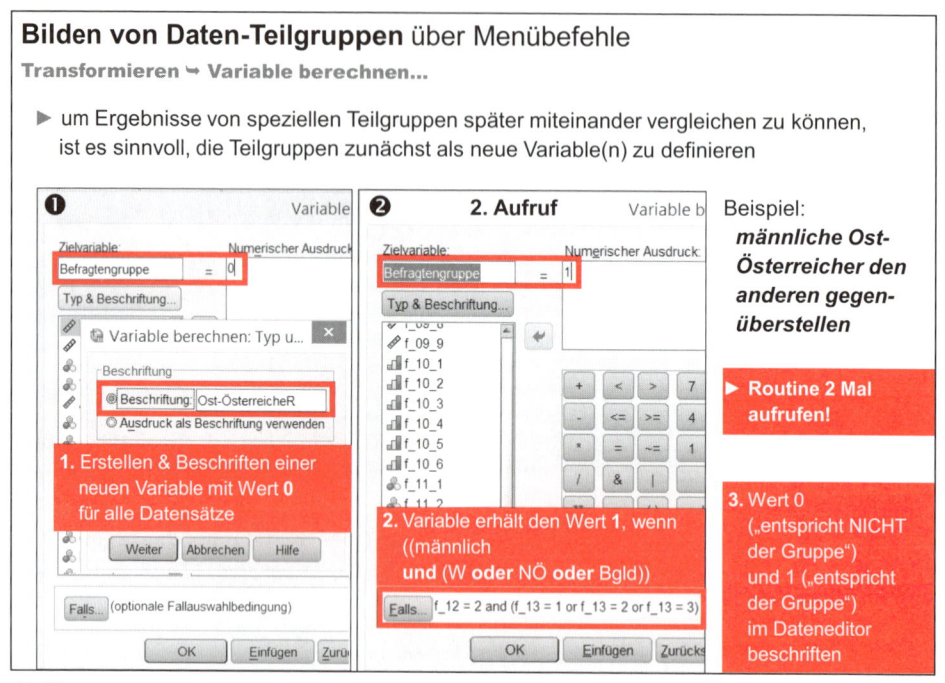

Abbildung 91: Erzeugen neuer Daten-Teilgruppen (auf Einzelfallebene) über Menübefehle

- Im ersten Schritt ist es notwendig, die Gruppierungsvariable BEFRAGTENGRUPPE über Transformieren → Variable berechnen... zu erstellen, mit Code 0 (für alle Datensätze) zu initialisieren und zu beschriften (❶).
- Dieser Menübefehl wird zunächst einmal ausgeführt. Jeder Datensatz weist nun bei der Variablen BEFRAGTENGRUPPE die Codierung 0 auf.
- Transformieren → Variable berechnen... wird ein zweites Mal aufgerufen. Nun erhalten alle jene bei BEFRAGTENGRUPPE den Wert 1, Falls... sie männlich sind UND aus Wien ODER Niederösterreich ODER dem Burgenland kommen (f_12 = 2 and (f_13 = 1 or f_13 = 2 or f_13 = 3)).
- Letztendlich müssen die Werte der neuen Variable BEFRAGTENGRUPPE in der Variablenansicht des Dateneditors noch beschriftet werden. Code 0 könnte mit „entspricht NICHT der Gruppe", Code 1 mit „entspricht der Gruppe" ettiketiert werden.

Wesentlich einfacher als über Menübefehle lassen sich die Daten-Teilgruppen über die

SPSS-Syntax (VGL. KAPITEL „B 4.2.3 | SPSS SYNTAXEDITOR" AB SEITE 208) definieren. ABBILDUNG 92 zeigt den SPSS-Befehlstext.

Bilden von Daten-Teilgruppen über SPSS-Syntax
Datei → Neu → Syntax

▶ Gruppenbildung ist mit der SPSS-Syntax am einfachsten

Beispiel:
männliche Ost-Österreicher den anderen gegenüberstellen

1. Erstellen einer neuen Variable BEFRAGTENGRUPPE mit Ausprägung **0** für alle Datensätze
2. wenn (männlich **und** (Bundesland W **oder** NÖ **oder** Bgld)): Variablenwert wird zu **1**
3. Definition der **Beschriftungen**
4. „**Umsetzungs**"-Befehl

▶ alles markieren

5. abspeichern & „**laufen lassen**"

```
compute BEFRAGTENGRUPPE = 0.                ❶
if (f12 = 2
    and (f_13 = 1
    or f_13 = 2                              ❷
    or f_13 = 3))
    BEFRAGTENGRUPPE = 1.
variable labels
    BEFRAGTENGRUPPE                          ❸
    'Ost-Österreicher'.
value labels
    BEFRAGTENGRUPPE                          ❸
    1 'entspricht der Gruppe'
    0 'entspricht NICHT der Gruppe'.
execute.                                     ❹
```

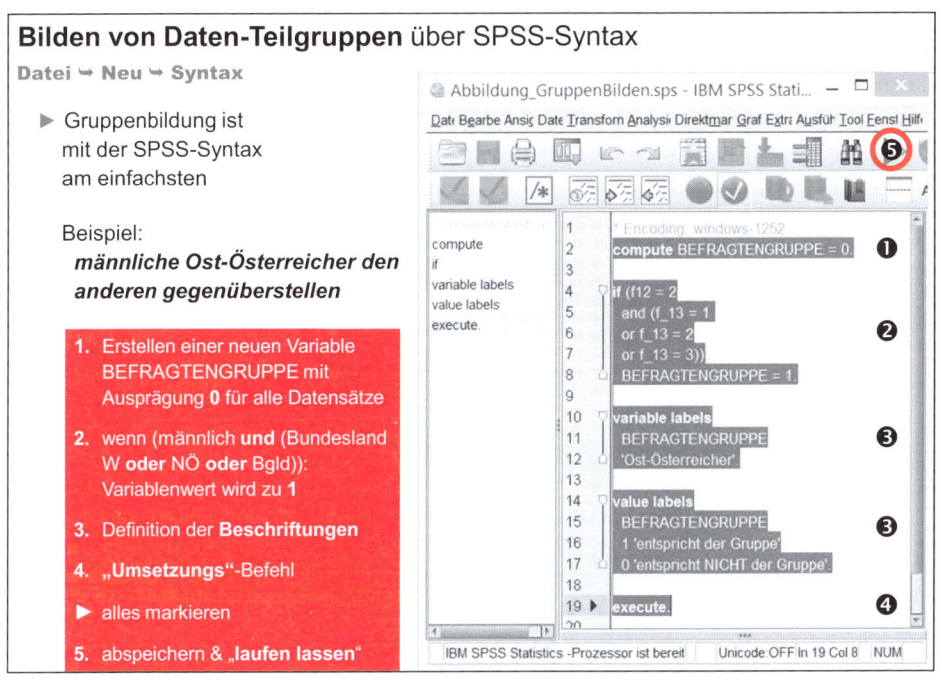

Abbildung 92: Erzeugen neuer Daten-Teilgruppen (auf Einzelfallebene) über Befehlssprache

- Mit **Datei → Neu → Syntax** wird ein neues Syntaxfenster angelegt.
- Im ersten Schritt wird die Variable BEFRAGTENGRUPPE erstellt und für alle Datensätze mit 0 codiert (❶).
- Danach erhalten alle Datensätze bei BEFRAGTENGRUPPE Wert 1, wenn sie männlich sind und aus Ost-Österreich stammen (❷).
- Was jetzt noch fehlt, sind die Variablen- und Wertebeschriftungen (❸).
- Den Abschluss bildet DER Umsetzungs-Befehl in der SPSS-Syntax (❹). Es schadet nie, am Ende einer Definition ein `execute.` zu platzieren. Dieses Wort sagt SPSS im übertragenen Sinn: „Führe die Befehle aus, die ich dir soeben aufgeschrieben habe."
- Nun kann die Syntax gespeichert werden. Alle Befehle werden mit der Maus markiert und mit Klick auf ❺ tatsächlich ausgeführt.

Eine derart neu erstellte Teilgruppenvariable kann in weiterer Folge in allen SPSS-Routinen als nominale Vergleichsvariable (wie z.B. Geschlecht) herangezogen werden.

B 4.5 | Einfache Auswertungen (deskriptive Statistik)

… in diesem Kapitel geht's um:

- **Häufigkeitszählung**:
  vor allem bei nominalen oder ordinalen Variablen • oft auch zur Übersicht über die Datenlage • liefert Absolutzahlen und verschiedene Arten von Prozentwerten

- **Analyse von Mehrfachantworten**:
  Mehrfachantworten werden auf mehreren Variablen „abgelegt" • müssen zuvor zu Antwortsets zusammengefasst werden • erst danach Auswertung möglich

- **Deskriptive Statistik oder explorative Datenanalyse**:
  bei einzelnen metrischen oder skalierten Variablen • liefert statistische Maßzahlen wie Mittelwert, Standardabweichung sowie weitere Zentral- und Lagemaße

- **Kreuztabelle**:
  setzt zwei nominale oder ordinale Variablen zueinander in Beziehung • liefert Absolutzahlen, Zeilen- und Spaltenprozentuierung

- **Mittelwertsvergleich oder explorative Datenanalyse**:
  erlaubt eine vergleichende Analyse metrischer oder skalierter Variablen nach nominalen oder ordinalen Untergruppen • liefert Mittelwert, Standardabweichung und weitere statistische Maßzahlen

- **Korrelation**:
  setzt zwei metrische oder zumindest ordinale Variablen zueinander in Beziehung • liefert als Zusammenhangsmaß den Korrelationskoeffizienten

Nach der Rücklaufkontrolle der Daten, ihrer Erfassung, Prüfung auf Konsistenz und etwaigen Umcodierungen bzw. Transformationen (VGL. DIE BEIDEN VORHERIGEN KAPITEL) kann die eigentliche Auswertung beginnen. Welche Routine man dabei für welche Variable oder Variablenkombination anfordert, hängt von deren Messniveau ab.

Die Grundlagen quantitativer Auswertungstechniken werden im Detail in KAPITEL „A 7.1.2 | QUANTITATIV AUSWERTEN" AB SEITE 123 beschrieben. ABBILDUNG 93 AUF SEITE 241 strukturiert an dieser Stelle noch einmal die einzelnen Auswertungsverfahren mit Beispielen und bildet damit die Basis für die folgenden Subkapitel.

B 4.5.1 | Einzelne nominale (ordinale) Merkmale: Häufigkeiten

Häufigkeiten und Prozentwerte sind die einfachsten und in der Praxis beliebtesten Maßzahlen zur Beschreibung kategorialer Daten. Häufigkeitszählungen werden in SPSS über den Menübefehl **Analysieren → Deskriptive Statistiken → Häufigkeiten…** aufgerufen. Jede Häufigkeitszählung liefert standardmäßig Absolutzahlen und drei verschiedene Arten von Prozentwerten: ABBILDUNG 94 AUF SEITE 241 stellt eine SPSS-Zähltabelle mit Erläuterung der einzelnen Zahlenarten dar.

Was wie auswerten?

▶ Das Verfahren der Auswertung wird durch das Messniveau bestimmt.

Variable 1	Variable 2	Verfahren	Beispiel
nominal (ordinal) — Sind Sie: - männlich - weiblich	keine 2. Variable	Häufigkeitsverteilung → Kapitel 4.5.1 | 4.5.2	Wie viele % Männer und % Frauen gibt es in der Stichprobe?
metrisch (oder Skala) — Wie alt sind Sie: |_|_| Urteilen Sie mit Noten: 1 2 3 4 5	keine 2. Variable	Deskriptive Statistik od. Explorative Datenanalyse → Kapitel 4.5.3	Wie alt sind die Befragten im Durchschnitt? Welche Note vergeben die Befragten im Schnitt?
nominal (ordinal) — Sind Sie: - männlich - weiblich	nominal (ordinal) — Kaufen Sie bei ABC ein? - ja - nein	Kreuztabelle → Kapitel 4.5.4	Sind mehr Männer als Frauen Kunde einer Firma?
metrisch (oder Skala) — Wie alt sind Sie: |_|_| Urteilen Sie mit Noten: 1 2 3 4 5	nominal (ordinal) — Sind Sie: - männlich - weiblich	Mittelwertsvergleich od. Explorative Datenanalyse → Kapitel 4.5.5	Sind die befragten Männer im Schnitt älter als die Frauen? Urteilen Männer besser als Frauen?
metrisch (oder Skala) — Wie alt sind Sie: |_|_|	metrisch (oder Skala) — Wie oft pro Jahr gehen Sie ins Kino: |_|_|_|	Korrelation → Kapitel 4.5.6	Gibt es einen Zusammenhang zwischen Alter und Kinobesuchshäufigkeit?

Abbildung 93: Was wie auswerten?

Häufigkeiten: Arten von Prozentwerten

❶ **absolute Häufigkeiten**
  = Anzahl der Fälle je Merkmalsausprägung

❷ **relative Häufigkeiten (Prozent)**
  = Anzahl der Fälle je Ausprägung, relativiert zu ALLEN Fällen

❸ **gültige Prozente**
  = Anzahl der Fälle je Ausprägung, relativiert an Fällen, die eine Merkmalsausprägung haben
  (also ohne „keine Angaben")

❹ **kumulierte Prozente**
  = Prozentwerte, summiert in steigender Reihenfolge der Merkmalsausprägungen

Wie viele Bücher lesen Sie pro Jahr?		absolut	Prozent	gültige Prozente	kumulierte Prozente
Gültig	1 Buch	138	27,3	29,2	29,2
	2 Bücher	98	19,4	20,7	49,9 ❺
	3 bis 5 Bücher	71	14,1	15,0	64,9
	6 bis 10 Bücher	63	12,5	13,3	78,2
	mehr als 10 Bücher	103	20,4	21,8	100,0
	Gesamt	473	93,7	100,0	
Fehlend		32	6,3		
Gesamt		505	100,0		
		❶	❷	❸	❹

Abbildung 94: Arten von Prozentwerten bei Häufigkeiten

Die einfachen Prozentwerte (❷) beziehen sich dabei immer auf ALLE Datensätze (❶). Gültige Prozentwerte (❸) schließen fehlende Werte aus – egal ob diese systemdefiniert vorliegen oder vom Auswertenden festgelegt wurden (VGL. DAZU IM DETAIL KAPITEL „B 4.3.4 | FEHLENDE WERTE" AB SEITE 226). Die kumulierten Prozentwerte (❹) zählen zum Prozentsatz der ersten Kategorie die zweite dazu. Zu dieser Summe wird die dritte Kategorie addiert. Zur neuen Summe kommt die vierte Kategorie usw.

❺ in der Abbildung kann z.B. wie folgt interpretiert werden:

> *Rund die Hälfte der Befragten, die eine Antwort abgegeben haben (49,9%), lesen bis zu zwei Bücher pro Jahr. Die Gegenmenge – also 50,1 % und damit die zweite Hälfte – lesen mehr als zwei Bücher.*

An dieser Stelle soll noch einmal auf die Gefährlichkeit hingewiesen werden, bei Stichprobengrößen unter zumindest 70 Fällen Prozentwerte zu interpretieren. Die dabei suggerierte Generalisierbarkeit der Ergebnisse ist bei derart kleiner Fallzahl so gut wie nie möglich (VGL. DAZU DIE DIESBEZÜGLICHEN AUSFÜHRUNGEN IN KAPITEL „A 7.1.1 | QUALITATIV AUSWERTEN" AB SEITE 121).

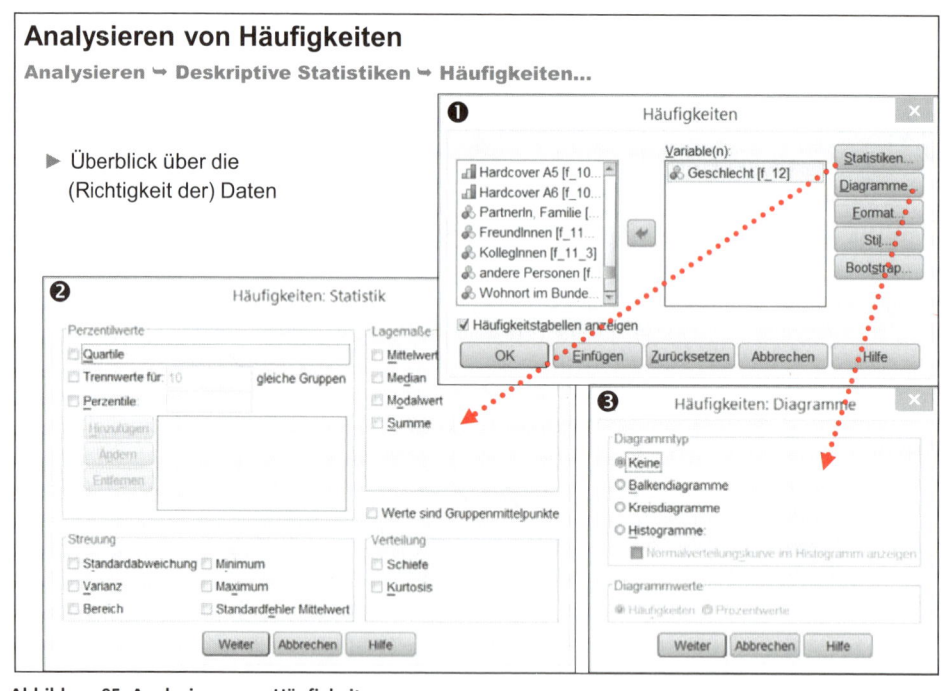

Abbildung 95: Analysieren von Häufigkeiten

In SPSS sind Häufigkeitszählungen sehr rasch über **Analysieren → Deskriptive Statistiken → Häufigkeiten...** realisierbar. ABBILDUNG 95 zeigt die Möglichkeiten, dabei auch statistische Maßzahlen (❷) und Diagramme (❸) anzufordern. Die im Sub-Dialogfeld (❷) angezeigten Maßzahlen ergeben nur bei metrischen Variablen Sinn. ANGEFORDERT kann von SPSS alles werden, auch wenn es inhaltlich falsch ist (z.B. ein Mittelwert von „Geschlecht").

Zu Beginn jeder Auswertung ist es sinnvoll und empfehlenswert, sich durch eine Häufigkeitsauszählung aller Variablen einen Überblick über den gesamten Datenstand zu verschaffen. Damit behält man bei späteren, komplexeren Auswertungen den Überblick. ABBILDUNG 96 zeigt anhand der BUCHDATEN die Vorgehensweise über den Menübefehl (❶) und über die SPSS-Befehlssprache (❷).

- Geht man über **Analysieren → Deskriptive Statistiken → Häufigkeiten...** vor, markiert man einfach in der linken Variablenauswahl alle vorhandenen Variablen durch die Tastenkombination **Strg** & **a** und zieht die Variablenauswahl nach rechts.
- Bedient man sich der Syntax, öffnet man mit **Datei → Neu → Syntax** ein Syntaxfenster.
- Danach gibt man den Befehlstext wie in der Abbildung ein oder zumindest in Kurzform: **freq all.**
- Der Befehlstext wird markiert und über ❸ ausgeführt.

Im Ergebnisviewer können daraufhin alle Ergebnistabellen, die nach erster Kontrolle nicht weiter benötigt werden, gelöscht oder ausgeblendet werden (VGL. ❸ IN ABBILDUNG 68 AUF SEITE 207). Das kann z.B. Variablen wie die Fragebogennummer oder den Gewichtungsfaktor betreffen.

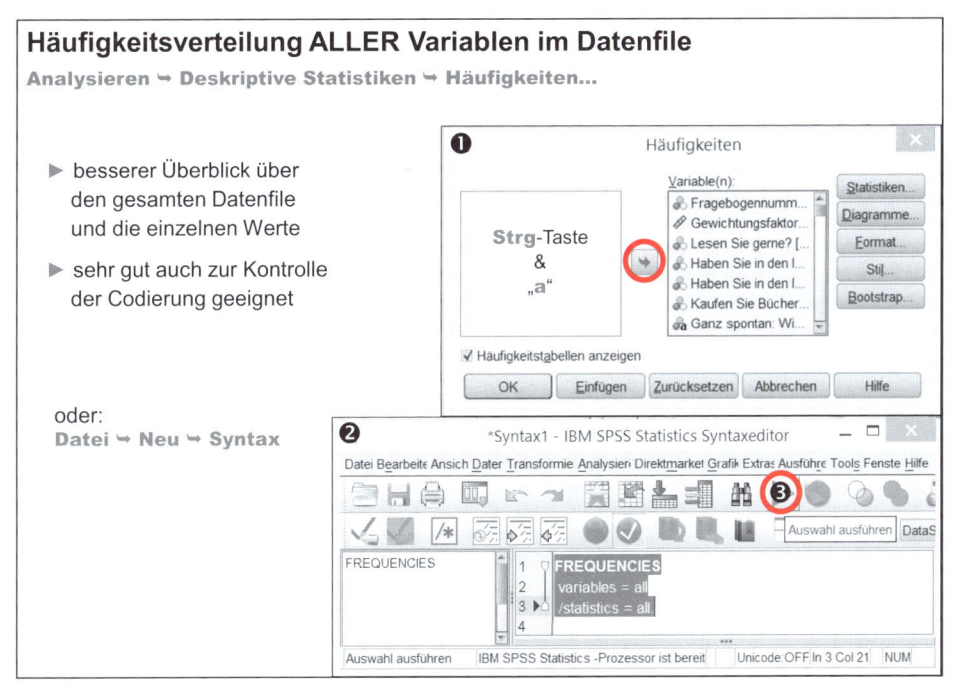

Abbildung 96: Häufigkeitsverteilung ALLER Variablen

B 4.5.2 | Analyse von Mehrfachantworten

Mehrfachantworten-Variablen sind überall dort nötig, wo Befragte keine, eine oder mehrere Angaben bei einer Frage machen können. Mehrfachnennungen können nicht direkt vercodet werden, da EINE Variable immer nur EINEN einzigen Wert enthalten kann. Für die Analyse von Mehrfachnennungen ist deshalb für jede der möglichen Antworten eine eigene Variable notwendig.

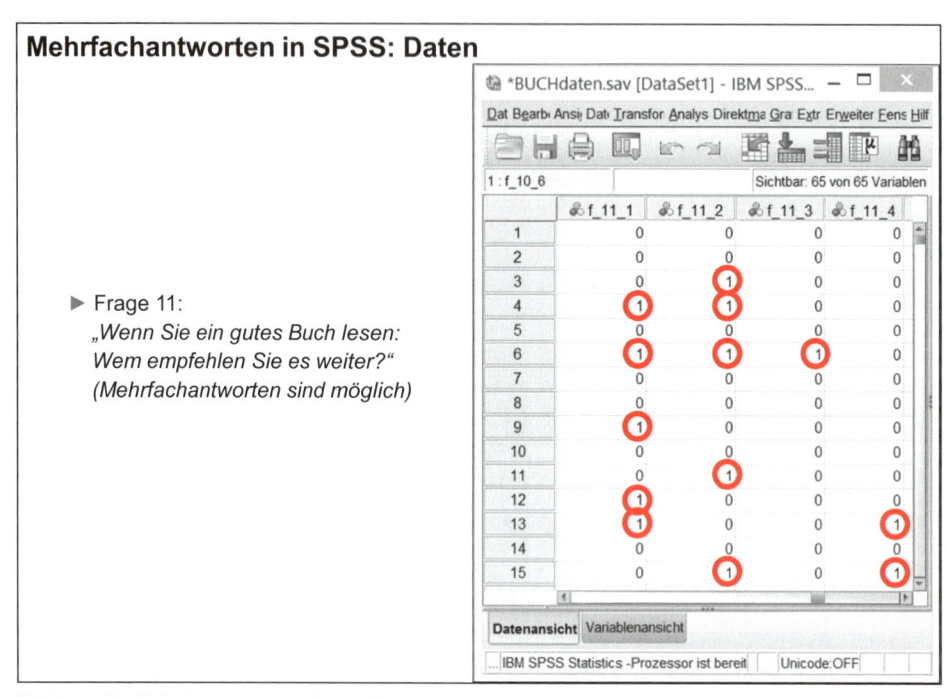

Abbildung 97: Mehrfachantworten in SPSS (Daten)

ABBILDUNG 97 zeigt die Codierung der ersten Datensätze der BUCHDATEN der Mehrfachfrage 11 (f_11) „Wenn Sie ein gutes Buch lesen: Wem empfehlen Sie es weiter?".

f_11_1 bildet die Antwortmöglichkeit „PartnerIn, Familie" ab, f_11_2 die Antwort „FreundInnen". Auf f_11_3 wird „KollegInnen" codiert, auf f_11_4 „Anderen".

Um eine Mehrfachantworten-Analyse durchführen zu können, müssen die Antwortvariablen zunächst in einem Variablenset zusammengefasst werden. Die diesbezügliche Vorgehensweise demonstriert ABBILDUNG 98 AUF SEITE 245.

- Über **Analysieren → Mehrfachantworten → Variablensets definieren…** gelangt man zum entsprechenden SPSS-Dialog.
- Die Variablen, die zur Mehrfachantworten-Frage gehören, müssen in die Auswahl übernommen werden (❶).

Mehrfachantworten in SPSS: Auswertung

Analysieren → Mehrfachantworten → Variablensets definieren…

▶ Fasst einzelne Variablen, die zu einer Frage mit Mehrfachantworten gehören, in einem „Mehrfachantwortset" zusammen.

▶ Die Sets können über

Analysieren
→ Mehrfachantworten
→ Häufigkeiten…

oder über

Analysieren
→ Mehrfachantworten
→ Kreuztabellen…

ausgewertet werden.

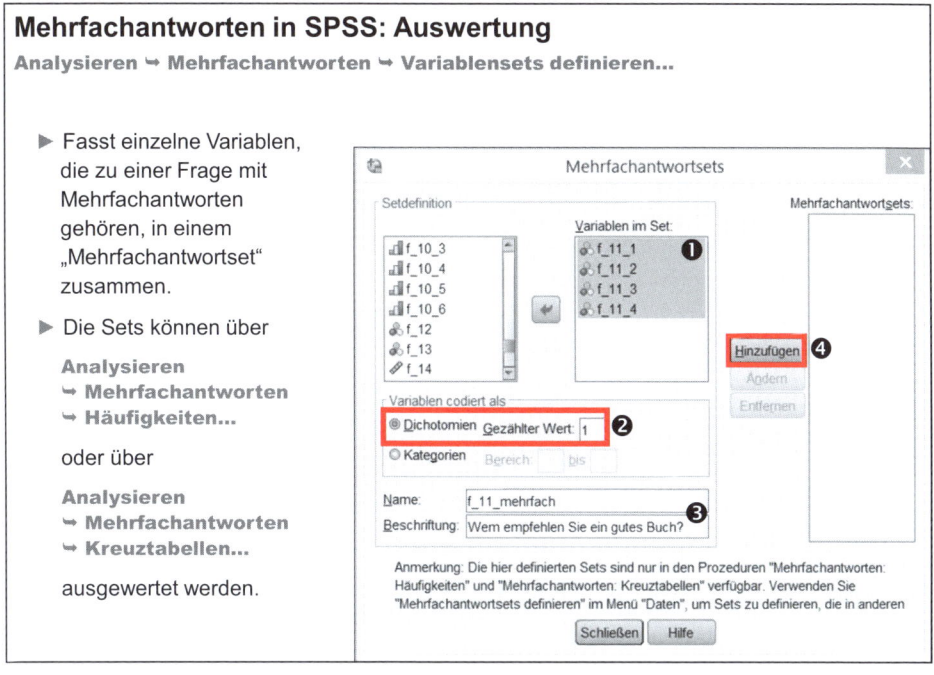

Abbildung 98: Mehrfachantworten in SPSS (Auswertung)

Mehrfachantworten in SPSS: Ergebnis

Analysieren → Mehrfachantworten → Häufigkeiten…

Der Menübefehl erfolgt wie bei einer Häufigkeitszählung

Fallzusammenfassung

	Fälle					
	Gültig		Fehlend		Gesamt	
	N	Prozent	N	Prozent	N	Prozent
$f_11_mehrfach[a]	279	55,2%	226	44,8%	505	100,0%

a. Dichotomie-Gruppe tabellarisch dargestellt bei Wert 1.

Die Ergebnisse werden

❷ als Prozentwerte **aller gültigen Fälle**

und

❸ als Prozentwerte **aller Antworten**

dargestellt.

Häufigkeiten von $f_11_mehrfach

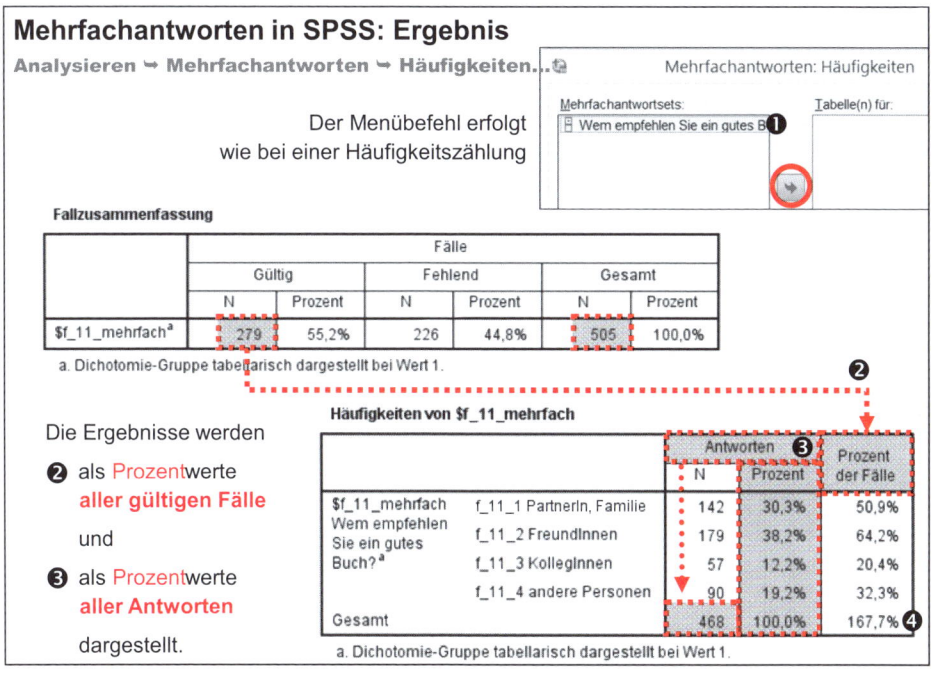

		Antworten		Prozent der Fälle
		N	Prozent	
$f_11_mehrfach Wem empfehlen Sie ein gutes Buch?[a]	f_11_1 PartnerIn, Familie	142	30,3%	50,9%
	f_11_2 FreundInnen	179	38,2%	64,2%
	f_11_3 KollegInnen	57	12,2%	20,4%
	f_11_4 andere Personen	90	19,2%	32,3%
Gesamt		468	100,0%	167,7%

a. Dichotomie-Gruppe tabellarisch dargestellt bei Wert 1.

Abbildung 99: Mehrfachantworten in SPSS (Ergebnis)

- Die Variablen sind hier codiert als **Dichotomien**, gezählt werden soll Wert 1 (❷).[77]
- Das Mehrfachantwortset erhält einen Namen und eine Beschriftung (❸) und wird in einer Liste abgelegt (❹).

Ist ein Antwortset definiert, kann es über **Analysieren** ↪ **Mehrfachantworten** ↪ **Häufigkeiten…** oder über **Analysieren** ↪ **Mehrfachantworten** ↪ **Kreuztabellen…** ausgewertet werden. In Abbildung 99 auf Seite 245 sind Menübefehl und Ergebnis einer Häufigkeitsauswertung des soeben definierten Mehrfachantwortsets dargestellt. Das SPSS-Dialogfeld ähnelt stark jenem einfacher Häufigkeitszählungen.

- Der Menübefehl zur Mehrfachauswertung lautet **Analysieren** ↪ **Mehrfachantworten** ↪ **Häufigkeiten**…
- Wie bei einer Häufigkeitszählung die verfügbaren Variablen werden in diesem Fall die definierten Sets in der linken Variablenauswahl gelistet. Analog dem Vorgehen bei der Häufigkeitszählung wird das auszuwertende Set nach rechts in die Auswahl gezogen (❶).
- **OK** startet die Auswertung.

Die Ergebnisse von Mehrfachantworten-Analysen werden einmal als Prozentwerte aller gültigen Fälle und einmal als Prozentwerte aller Antworten ausgewiesen.

Das in Abbildung 99 dargestellte Ergebnis könnte folgendermaßen beschrieben werden:

Etwas mehr als die Hälfte der Befragten (279 von 505 Personen) machen eine Angabe zur Weiterempfehlung von Büchern. Die Weiterempfehlungen (❸) teilen sich zu etwa gleichen Teilen auf PartnerIn/Familie (30%), FreundInnen (38%) und KollegInnen oder andere Personen (in Summe 31%) auf.

Wenn Weiterempfehlungen erfolgen, dann im Schnitt an 1,7 Personenkategorien (❹). Wären im Beispiel gleich viele Antworten wie Fälle vorhanden, würden die Antworten 100% der Fälle ergeben. Dann hätte jede Person im Schnitt 1 Antwort vergeben. Tatsächlich summieren sich alle Antworten auf rund 168%: Das bedeutet, dass auf jede Person im Schnitt 1,7 Antworten entfallen.

Zwei Drittel der antwortenden Befragten (64%) empfehlen im Freundeskreis weiter, mehr als die Hälfte (51%) in der Familie (❷).

Zur Codierung von Mehrfachantworten gibt es zwei verschiedene Verfahren. Der Methode multipler Dichotomien steht die Methode multipler Kategorien gegenüber.

Bildet man die Mehrfachantworten als **multiple Dichotomien** ab, wird für jede Antwortmöglichkeit eine eigene Variable definiert. Die Vercodung erfolgt mit 1 oder 0 (binär): Gibt die befragte Person eine Antwort innerhalb der vorgesehenen mehrfachen Alternativen, wird der genannten Antwortvariable Code 1 zugeordnet. Für jede nicht genannte Antwortmöglichkeit wird eine 0 vercodet (vgl. Abbildung 98 auf Seite 245 und die Codierung der offenen Frage 5 der Buchdaten in Abbildung 100 auf Seite 247).

---

[77] Der Unterschied zur Codierung als **Kategorien** wird etwas weiter unten in diesem Kapitel beschrieben.

Codierung einer offenen Frage: Multiple Dichotomien

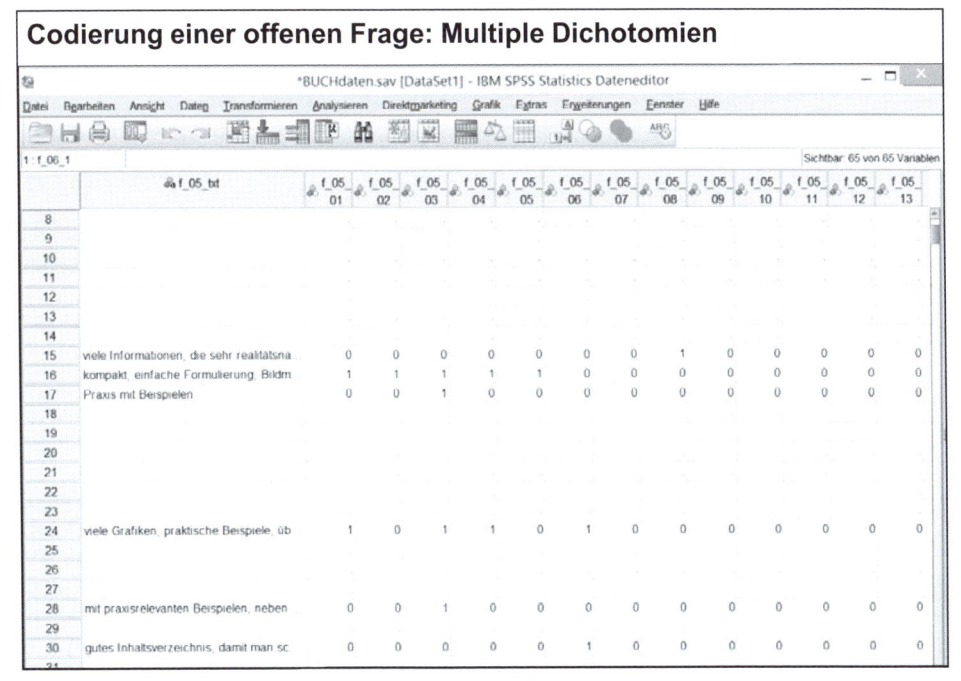

Abbildung 100: Codierung einer offenen Frage: Multiple Dichotomien

In ABBILDUNG 100 dargestellt sind die ersten – fertig codierten – 6 Datensätze jener Personen, die bei Frage 5 Angaben aufweisen, weil sie bei Frage 3 mit „ja" geantwortet haben.

Die – hier induktive – Ableitung der 13 Antwortdimensionen aus den Antworten der Befragten wird eingehend in KAPITEL „B 3 | ANALYSE QUALITATIVER DATEN" AB SEITE 194 beschrieben.

Bei **multiplen Kategorien** definiert man so viele Variablen, wie maximal Antworten der Befragten mit den meisten Nennungen vorliegen.

Bei maximal drei Antworten im Datenfile werden z.B. drei Variablen definiert.

Jede dieser drei Variablen erhält als mögliche Codierung alle Antwortmöglichkeiten (VGL. DIE CODIERUNG DER OFFENEN FRAGE 7 DER BUCHDATEN IN ABBILDUNG 101 AUF SEITE 248).

Bei Frage 7 (f_07) der BUCHDATEN „Versuchen Sie bitte das letzte Fachbuch, das Sie gelesen haben, mit drei Eigenschaften zu charakterisieren" ergab eine Inhaltsanalyse der maximal drei Antworten (VGL. DAZU KAPITEL „B 3 | ANALYSE QUALITATIVER DATEN" AB SEITE 194) die Kategorien 1 = „positive Nennung", 3 = „neutrale Nennung" und 5 = „negative Nennung". Zur Codierung der drei Antworten jeder Person wurden drei Variablen definiert. Code 0 kennzeichnet jeweils „keine Nennung".

Die multiplen Kategorien weisen also den Bereich 0 bis 5 auf (❶ IN ABBILDUNG 101 AUF SEITE 248). Die erste Antwort einer befragten Person erfasst man in Variable 1, die zweite Antwort in Variable 2, die dritte in Variable 3.

In ABBILDUNG 101 dargestellt sind wieder die ersten 6 Datensätze jener Personen, die bei Frage 7 Angaben aufweisen, weil sie bei Frage 3 mit „ja" geantwortet haben.

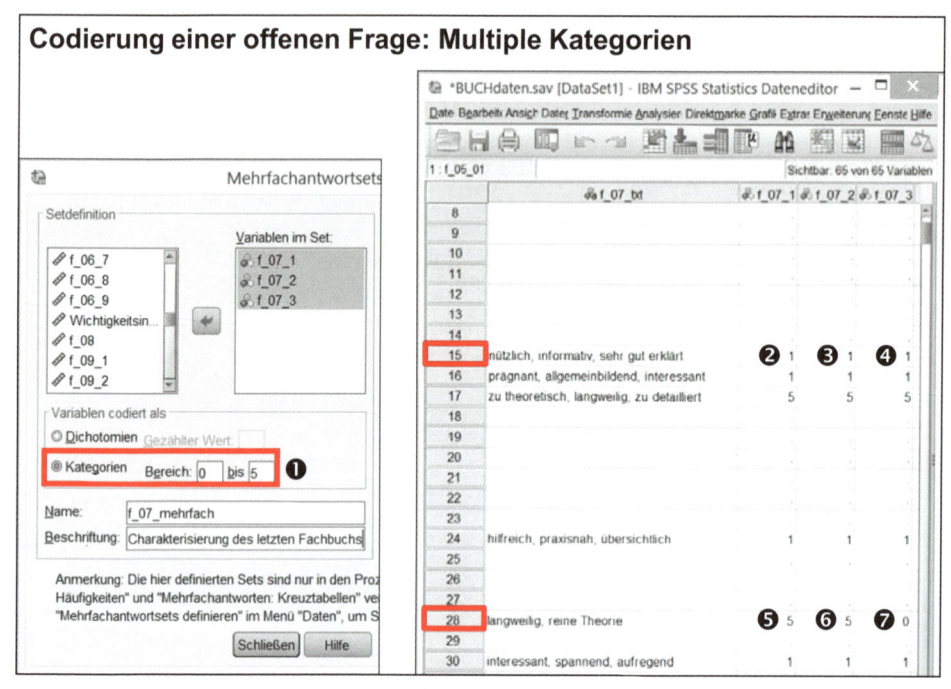

Abbildung 101: Codierung einer offenen Frage: Multiple Kategorien

Die befragte Person in Datenzeile 15 nennt nur positive Eigenschaften: die drei Variablen f_07_1 bis f_07_3 werden also jeweils mit 1 codiert (❷, ❸ und ❹). Eine andere Person – in Datenzeile 28 – antwortet zuerst mit zwei negativen Eigenschaften, dritte Antwort gibt sie keine. Dementsprechend erhalten die Variablen f_07_1 und f_07_2 die Codierung 5 (❺, ❻), f_07_3 wird mit 0 codiert (❼).

Der große Vorteil dieser Art der Mehrfachcodierung besteht darin, auch die Reihenfolge der Antworten im Datenfile abbilden zu können.

Mehrfachantwortsets sind in anderen Dialogfeldern als in Mehrfachantworten-Prozeduren NICHT verwendbar. Sie werden im Datenfile NICHT gespeichert und müssen bei jeder SPSS-Sitzung neu definiert werden.[78]

B 4.5.3 | Einzelne metrische Merkmale: Mittelwert, Streuung usw.

Möchte man einzelne metrische Variablen oder Skalenitems auswerten, benötigt man in SPSS Routinen wie **Deskriptive Statistiken** oder die **Explorative Datenanalyse**.

Zunächst erfolgt eine kurze Erläuterung der wichtigsten bei diesen Analysen zur Verfügung stehenden statistischen Maßzahlen (VGL. ABBILDUNG 102 AUF SEITE 249).

---

[78] Besitzt man das SPSS-Modul **Tables**, gibt es mit **Analysieren** ↪ **Tabellen** ↪ **Mehrfachantwortsets...** einen speziellen Befehl für Mehrfachvariablen. DIESE Definition KANN abgespeichert werden. Arbeitet man bei der Set-Defintion über das Tables-Modul, muss aber auch die Auswertung der Mehrfachnennungen über **Analysieren** ↪ **Tabellen** ↪ **Benutzerdefinierte Tabellen...** erfolgen.

Mittelwert, Median, Modalwert

❶ Mittelwert
= die Werte jeder/s Einzelnen werden addiert und durch die Zahl der Messungen dividiert

❷ Median
= teilt eine Stichprobe derart, dass sich 50% der <u>in aufsteigender Reihenfolge geordneten</u> Messwerte aller Datensätze unterhalb und 50% oberhalb befinden
▶ kennzeichnet bei einzelnen Extremwerten eine Verteilung besser als der Mittelwert.

❸ Modalwert (Modus)
= häufigster Wert in einer Verteilung

Gelesene Bücher	heuer	Vorjahr
Person 1	1	1
Person 2	1	1
Person 3	1	1
Person 4	1	1
Person 5	2	2 ❷
Person 6	2	2
Person 7	2	2
Person 8	3	3
Person 9	3	25
❶ Mittelwert	1,8 ❺	4,2 ❹
❷ Median	2	2
❸ Modalwert	1	1

❻ symmetrische Verteilung ❼ rechtssteile Verteilung ❽ linkssteile Verteilung

(Häufigkeit / Merkmalsausprägung)

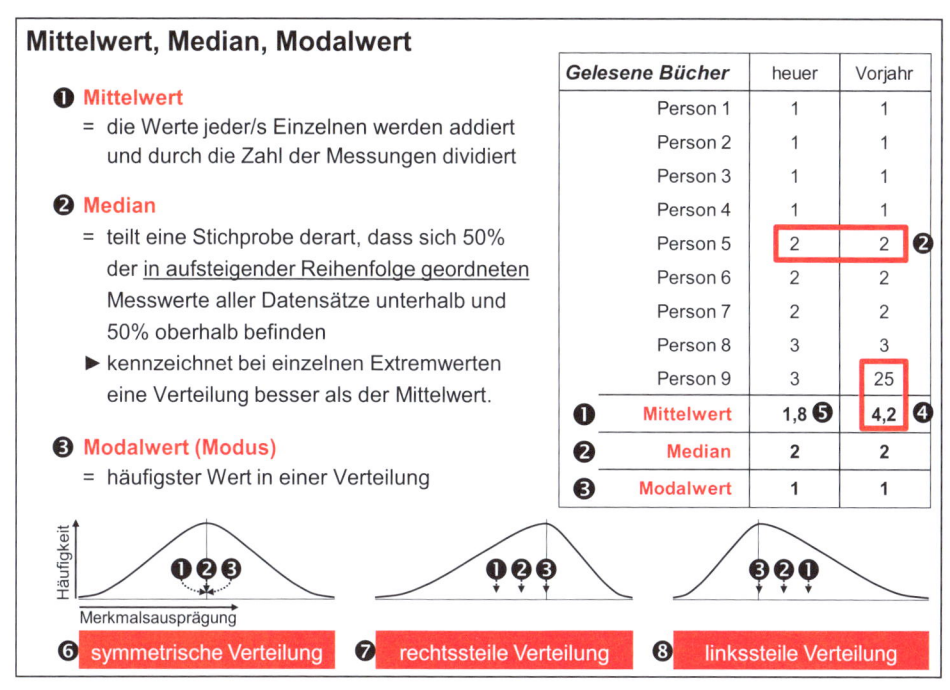

Abbildung 102: Mittelwert, Median und Modalwert

- Bei der Berechnung eines **Mittelwerts** (= arithmetisches Mittel) **werden die Werte jeder und jedes Einzelnen addiert und durch die Zahl der Messungen dividiert**.
  Wie ABBILDUNG 102 zeigt, sinkt die Aussagekraft des Mittelwerts bei unsymmetrischen Verteilungen oder extremen Werten rasch ab.

  Die 25 gelesenen Bücher von Person 9 im Abbildungsbeispiel treiben den Mittelwert in der Spalte „Vorjahr" derart in die Höhe, dass er nur mehr wenig über die durchschnittliche Verteilung der restlichen 8 Personen aussagt (❹). Für die Spalte „heuer" besitzt der Mittelwert aufgrund ähnlicher Daten sehr viel bessere Aussagekraft (❺).

  Sehr große Bedeutung kommt der Frage der Integration fehlender Werte in die Mittelwertsberechnung zu (VGL. DAZU DIE AUSFÜHRUNGEN ZU ABBILDUNG 84 AUF SEITE 228).

- Der **Median** teilt eine Stichprobe derart, **dass sich 50% der Messwerte aller Datensätze unterhalb und 50% oberhalb befinden**. Zuvor werden die Werte der Größe nach sortiert.

  In ABBILDUNG 102 wird rasch ersichtlich, dass der Median (❷) die vorhandene Verteilung eigentlich besser kennzeichnet als der Mittelwert.

  Der Median bietet gegenüber dem Mittelwert Vorteile bei „Ausreißern" und schiefen Verteilungen.

- Der **Modus** (Modalwert) ist der **Wert, der in einer Verteilung am häufigsten vorkommt**.

- Bei einer **symmetrischen Verteilung** liegen Mittelwert, Median und Modalwert an derselben Stelle (❻ IN ABBILDUNG 102). Ist die Verteilung **rechtssteil** (❼), ist der Mittelwert kleiner als der Median, dieser wiederum kleiner als der Modalwert.

Lagemaße: Quantile

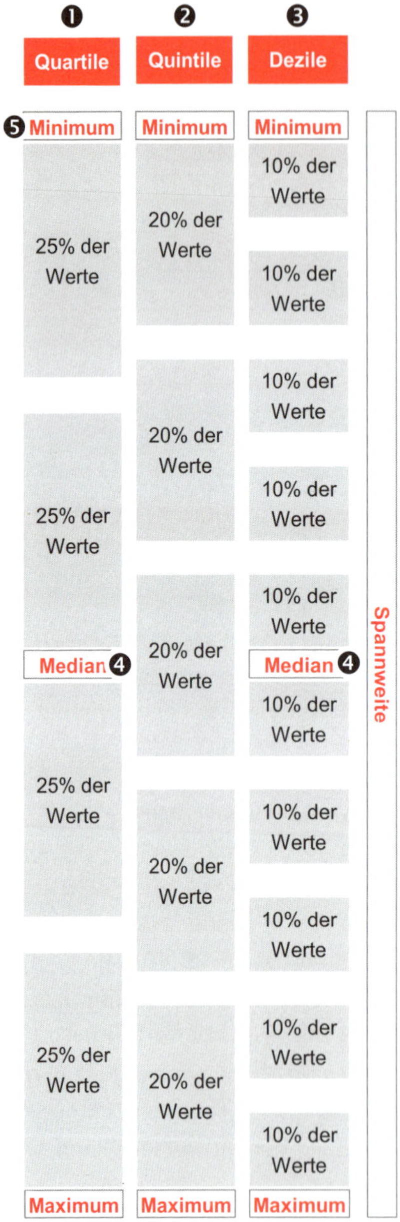

	❶ Quartile	❷ Quintile	❸ Dezile
	❺ Minimum	Minimum	Minimum
			10% der Werte
		20% der Werte	
	25% der Werte		10% der Werte
			10% der Werte
		20% der Werte	
			10% der Werte
	25% der Werte		
			10% der Werte
	Median ❹	20% der Werte	Median ❹
			10% der Werte
	25% der Werte		10% der Werte
		20% der Werte	
			10% der Werte
	25% der Werte		10% der Werte
		20% der Werte	
			10% der Werte
	Maximum	Maximum	Maximum

f_14 Alter

	Häufigkeit	Prozent	Gültige Prozente	Kumulierte Prozente
❺ 15	9	1,8	1,8	1,8
16	14	2,8	2,8	4,6
17	2	,4	,4	5,0
18	6	1,2	1,2	6,1
19	2	,4	,4	6,5
20	8	1,6	1,6	8,1
21	1	,2	,2	8,3
22	5	1,0	1,0	9,3
23 ❸	9	1,8	1,8	11,1
24	6	1,2	1,2	12,3
25	16	3,2	3,2	15,4
26	14	2,8	2,8	18,2
27 ❷❸	17	3,4	3,4	21,6
28	10	2,0	2,0	23,6
29 ❶	11	2,2	2,2	25,7
30	16	3,2	3,2	28,9
31	17	3,4	3,4	32,3
32	12	2,4	2,4	34,7
33	11	2,2	2,2	36,8
34	8	1,6	1,6	38,4
35	5	1,0	1,0	39,4
36 ❷❸	4	,8	,8	40,2
38	6	1,2	1,2	41,4
39	1	,2	,2	41,6
40	13	2,6	2,6	44,2
41	9	1,8	1,8	45,9
42	9	1,8	1,8	47,7
43 ❶❸❹	15	3,0	3,0	50,7
44	9	1,8	1,8	52,5
45	9	1,8	1,8	54,3
46	4	,8	,8	55,0
47	9	1,8	1,8	56,8
48	9	1,8	1,8	58,6
49 ❷❸	9	1,8	1,8	60,4
50	9	1,8	1,8	62,2
51	11	2,2	2,2	64,4
52	8	1,6	1,6	65,9
53	3	,6	,6	66,5
54	7	1,4	1,4	67,9
55	15	3,0	3,0	70,9
56		usw.		71,7

(Spannweite)

Abbildung 103: Lagemaße: Quantile

Umgekehrt verhält es sich bei **linkssteiler** Verteilung (❽): Hier ist der Mittelwert der größte Wert, der Median liegt darunter, der Modus ist noch kleiner.

Symmetrisch in unserer Bevölkerung verteilt ist z.B. die Körpergröße, rechtssteil das Alter (die Bevölkerung wird immer älter), linkssteil das Einkommen (es gibt wenige, die sehr viel verdienen).

- Der Median ist ein **Lagemaß**: Er liegt in der Mitte einer Verteilung. Weitere Lagemaße sind **Quartile**, **Quintile**, **Dezile** (VGL. ABBILDUNG 103 AUF SEITE 250). **Diese Maße teilen eine Verteilung in vier, fünf oder zehn gleich große Mengen auf.** Zwischen dem kleinsten Wert (Minimum) und dem größten Wert (Maximum) liegt die Spannweite.

Die Abbildung zeigt auf der linken Seite das Mengenprinzip der jeweiligen Lagemaße, rechts daneben findet sich eine Häufigkeitszählung der metrischen Altersvariable der BUCHDATEN. Anhand der kumulierten Prozentwerte (VGL. ❹ IN ABBILDUNG 94 AUF SEITE 241) lassen sich die den Lagemaßen entsprechenden Alterswerte leicht ablesen.

Das Minimum (jüngste befragte Personen) liegt bei den neun 15-Jährigen (❺). Das erste Quartil (25% der Verteilung) liegt bei einem Alter von 29 (❶). Das erste Quintil (20% der Verteilung) liegt bei 27 Altersjahren (❷) und fällt damit mit dem zweiten Dezil (❸) zusammen. Das erste Dezil (10% aller Alterswerte) liegt bei 23 Jahren usw.

Lagemaße erlauben einfache, mengenmäßig kumulierte Interpretationen.

Aus ❶ könnte man ablesen, dass ein Viertel der Befragten nicht älter als 29 Jahre ist.

❹ gibt den Hinweis darauf, dass rund jede zweite Person im Datenfile älter bzw. jünger als 43 Jahre ist usw.

Lagemaße liefern auch Informationen für Umcodierungen: Sie zeigen, wie im Fall von Gruppenbildungen die Wertgrenzen gesetzt werden müssen, damit die Gruppen annähernd gleich viele Elemente enthalten (VGL. DIE AUSFÜHRUNGEN ZU ABBILDUNG 85 AUF SEITE 231).

Möchte man z.B. die Altersverteilung in vier etwa gleich große Gruppen zusammenfassen, arbeitet man am besten mit Quartilen. Die erste Altersgruppe würde beim Umcodieren von 15 bis 29 Jahre definiert werden (Minimum bis zum ersten Quartil), die zweite Altersgruppe von 30 bis 43 Jahre (zweites Quartil = Median) usw. Aus formalen Gründen endet die Darstellung der kumulierten Altersverteilung in der Abbildung bei 55 Jahren. Die dritte Altersgruppe würde von 44 bis 60 reichen, die letzte von 61 bis zum Maximum, das in den BUCHDATEN bei 89 Jahren liegt.

- Neben Lagemaßen besitzen bei metrischen Verteilungen oder Skalenitems **Streuungsmaße** große Bedeutung. Sie **geben die Stärke der Streuung der Merkmalsausprägungen um den Mittelwert** (= deren Variabilität) **an**. Varianz und Standardabweichung sind die gebräuchlichsten Streuungsmaße.

Die **Varianz** ist definiert als die Summe aller quadrierten Abweichungen der einzelnen Messwerte vom Mittelwert, dividiert durch die Anzahl der[79] Messwerte. Die Varianz **ist**

---

[79] Bei Grundgesamtheiten wird durch die Anzahl ALLER Messwerte dividiert, bei Stichproben durch die Anzahl aller Messwerte minus 1.

also die durchschnittliche Abweichung der quadrierten Differenzen vom arithmetischen Mittel. Durch die Quadrierung werden größere Abweichungen stärker gewichtet als kleine. Die Varianz wird in der Regel nicht direkt interpretiert, sie stellt nur die Basis für die Standardabweichung dar. Die Quadrierung im Zuge der Varianzberechnung führt dazu, dass die Richtung der Abweichung eines Messwerts vom Mittelwert nach oben oder nach unten egalisiert wird. Würde keine Quadrierung erfolgen, würden sich Abweichungen nach oben und unten aufheben.

Angenommen, der Mittelwert einer Schulnotenskala ergibt 3. Person A hat mit 4 geurteilt, weicht also um plus 1 vom Mittelwert ab. Person B hat Note 2 vergeben, weicht also um minus 1 ab. Ohne Quadrierung und den „Umweg über die Varianz" wäre die durchschnittliche Abweichung vom Mittelwert damit fälschlich (- 1 + 1) / 2 = 0.

Die **Standardabweichung** ist die quadratische Wurzel der Varianz und viel besser und anschaulicher interpretierbar. Sie **gibt an, wie stark die einzelnen Messwerte im Schnitt vom Mittelwert abweichen**. Je größer die Standardabweichung ausfällt, desto weniger gut beschreibt ein Mittelwert eine Verteilung.

In SPSS stehen für die Auswertung von metrischen Variablen oder Skalenitems zwei gebräuchliche Routinen zur Verfügung (VGL. ABBILDUNG 104 AUF SEITE 253 UND ABBILDUNG 105 AUF SEITE 254). Welche der beiden Analysen man verwendet, bleibt dem persönlichen Geschmack überlassen. Beide Anwendungen haben Vor- und Nachteile. Die **Deskriptivstatistik** liefert weniger Maßzahlen, dafür ist der Output etwas übersichtlicher. Die **explorative Datenanalyse** punktet weniger mit ansprechendem Layout, generiert aber deutlich mehr Maßzahlen und erlaubt zusätzlich die Auswertung von Stichprobensubgruppen.

Analysieren → Deskriptive Statistiken → Deskriptive Statistik... ist wie in ABBILDUNG 104 ersichtlich relativ einfach und selbsterklärend. Die Routine erlaubt die Anforderung verschiedener Maßzahlen (❶) – Mittelwert, Standardabweichung, Minimum und Maximum sind voreingestellt. ❸ zeigt den Output.

Der Mittelwert von f_14 (Variable Alter in den BUCHDATEN) beschreibt die Verteilung nicht besonders gut – im Schnitt weicht jede befragte Person 18 Jahre (❹) vom Durchschnittsalter 45 (❺) ab. Auch die durchschnittlich pro Jahr gelesenen 6 Bücher (❹) besitzen keine Aussagekraft für den Datenstand. Jede Person weicht im Schnitt rund 6 Bücher vom Mittelwert (❺) ab.

Gültige Werte (Listenweise) (❻) weist aus, wie viele Fälle bei ALLEN im Dialogfeld eingetragenen Variablen einen Eintrag besitzen. Sobald auch nur EINE der in das Dialogfeld zur Analyse aufgenommenen Variablen einen fehlenden Wert (ein Missing) aufweist, wird dieser Datensatz in diese Kennzahl (Anzahl) NICHT mehr einbezogen.

Die Deskriptivstatistik bietet die Besonderheit, **standardisierte Werte als Variable speichern** zu können (❷): Diese Option führt mit den ausgewählten Variablen eine Transformation in sogenannte z-Werte durch, die in neuen Variablen am Ende des Datenfiles abgelegt werden. Das hat den Zweck, für Variablen, die in unterschiedlichen Einheiten vorliegen, vergleichbare Messwerte zu erzeugen.

In eine weiterführende Berechnung sollen die Variablen f_14 (Alter) und f_16 (gelesene

Bücher pro Jahr) der BUCHDATEN einfließen. Alter umfasst ein Intervall von 15 bis 89, die gelesenen Bücher haben Ausprägungen zwischen 0 und 22. Damit besitzt das Alter automatisch eine größere Variabilität der Werte als der Buchkonsum. Die Standardisierung der Werte gleicht dieses Ungleichgewicht aus und zwängt die Werte komprimiert quasi in eine gleich breite Skala.

Solche **z-Wert-Transformationen** bedeuten, dass die neu erzeugten Variablen allesamt einen Mittelwert von 0 und eine Standardabweichung von 1 erhalten. Damit werden sie vergleich- und in weiterführenden (multivariaten) Analysen einsetzbar.

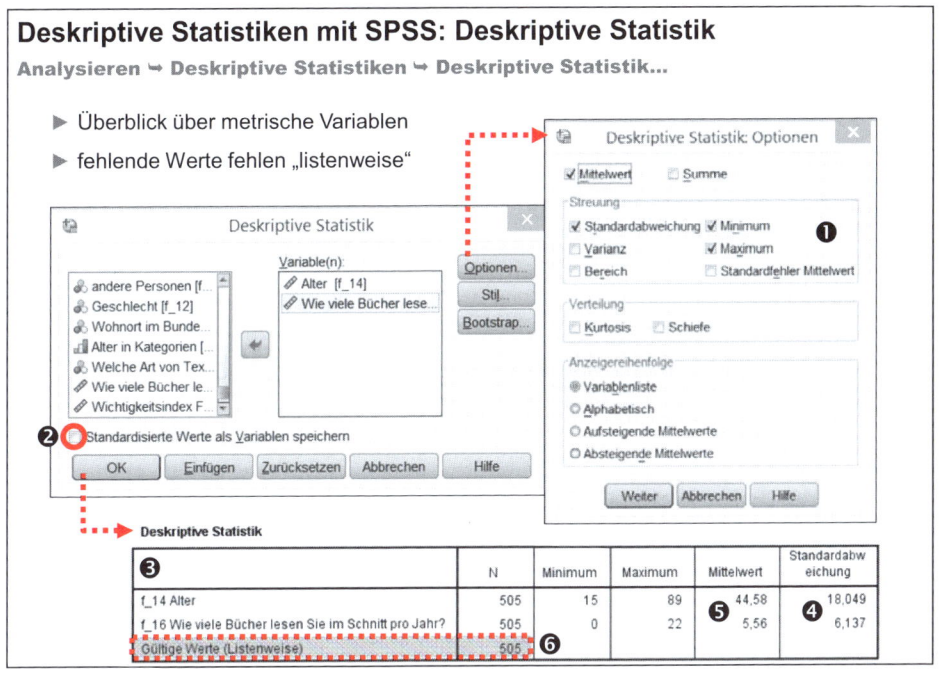

Abbildung 104: Deskriptive Statistiken mit SPSS: Deskriptive Statistik

Das zweite Verfahren für die Auswertung metrischer Daten und Skalenitems ist **Analysieren ↪ Deskriptive Statistiken ↪ Explorative Datenanalyse…**. ABBILDUNG 105 AUF SEITE 254 zeigt wieder anhand der Altersvariable f_14 ein Anwendungsbeispiel aus den BUCHDATEN. Wie die Abbildung verdeutlicht, liefert diese Routine deutlich mehr an Ergebnis. Neben gebräuchlichen Maßzahlen metrischer Verteilungen ermöglicht der Output über ❶ das Erkennen von Ausreißern.

Der Mittelwert wird einmal mit allen Werten (Ergebnis: 44,58) und einmal unter Ausschluss der 5% größten und 5% kleinsten Werte berechnet (5% getrimmtes Mittel, Ergebnis: 44,18). Da dieser getrimmte Wert sehr nahe beim „richtigen" Mittelwert liegt, halten sich hier Extremfälle deutlich in Grenzen.

Deskriptive Statistiken mit SPSS: Explorative Datenanalyse

Analysieren ↪ Deskriptive Statistiken ↪ Explorative Datenanalyse...

▶ Überblick über metrische Variablen
▶ Erkennen von Ausreißern ❶
▶ „Schwankungsbreiten" des Mittelwerts (Konfidenzintervall) ❷
▶ Behandlung fehlender Werte ist „steuerbar" ❸

Deskriptive Statistik

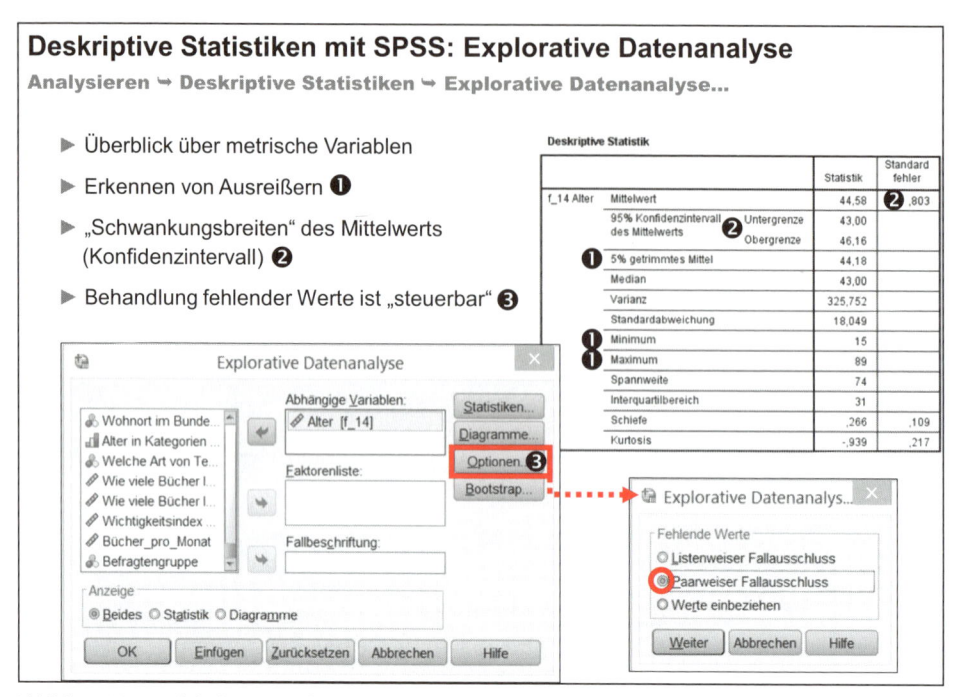

			Statistik	Standardfehler
f_14 Alter	Mittelwert		44,58	,803
	95% Konfidenzintervall des Mittelwerts	Untergrenze	43,00	
		Obergrenze	46,16	
	5% getrimmtes Mittel		44,18	
	Median		43,00	
	Varianz		325,752	
	Standardabweichung		18,049	
	Minimum		15	
	Maximum		89	
	Spannweite		74	
	Interquartilbereich		31	
	Schiefe		,266	,109
	Kurtosis		-,939	,217

Abbildung 105: Deskriptive Statistiken mit SPSS: Explorative Datenanalyse

❷ liefert den Standardfehler des Mittelwerts. Multipliziert man diesen mit 1,96, erhält man für Zufallsstichproben die „Schwankungsbreiten" des Mittelwerts am 95%-Niveau, die mit ihrer unteren und oberen Grenze angeführt sind (VGL. DAZU KAPITEL „A 6.2 | „SCHWANKUNGSBREITEN" VON MITTELWERTEN" AB SEITE 112).

Entstammt das dargestellte Ergebnis einer Zufallsstichprobe, kann man die Zahlen unter ❷ folgendermaßen interpretieren: In der Stichprobe wurde ein mittleres Alter von 44,58 Jahren ermittelt. In der dieser Stichprobe zugrundeliegenden Grundgesamtheit sind die Personen mit einer Wahrscheinlichkeit von 95% zwischen 43 und 46,16 Jahre alt.[80]

Bei diesem Menübefehl ist der Umgang mit fehlenden Werten steuerbar und wird meist auf **Paarweiser Fallausschluss** gesetzt (❸), wenn mehr als eine Variable in die Analyse-Auswahl kommt. Erfolgt der **Listenweise Fallausschluss** fehlender Werte, wird jeder Datensatz aus der explorativen Datenanalyse genommen, wenn auch nur eine einzige der im Dialogfeld angeführten Variablen einen fehlenden Wert aufweist.

B 4.5.4 | Zwei nominale (ordinale) Merkmale: Kreuztabelle

Die bisherigen Analysen beschäftigten sich mit der Auswertung einzelner nominaler (ordinaler) oder metrischer Variablen (Skalenitems). Im nächsten Schritt werden die Beziehungen (Zusammenhänge) von zwei Variablen untersucht.

---

[80] 44,58 ± (0,803 * 1,96).

Liegen die beiden auf gegenseitige Beziehungen hin auszuwertenden Variablen nominal oder ordinal vor, erfolgt eine Kreuztabellierung. Mit Kreuztabellen kann man deskriptive und schließende Statistiken berechnen, also Zusammenhangs- und Unterschiedshypothesen testen.

- Unter **Analysieren → Deskriptive Statistiken → Kreuztabellen...** erfolgt der Aufruf der Routine.

ABBILDUNG 106 zeigt die Vorgehensweise mit einem den BUCHDATEN entnommenen Beispiel.

Dabei sollen die Variablen f_01 („Lesen Sie gerne?") und f_03 („Haben Sie in den letzten 12 Monaten zumindest ein Fachbuch gelesen?") auf Zusammenhänge untersucht werden.

- Je eine der beiden zu kreuzenden Variablen wird in die Zeile(n) und Spalten übernommen (❶). Die Variable mit mehr Ausprägungen sollte aus Platzgründen in den Zeilen stehen. Im dargestellten Fall besitzen beide Variablen je zwei Ausprägungen.
- Im Subdialog **Zellen...** sollten Zeilen- und/oder Spaltenprozent angefordert werden (❷). Über Absolutzahlen allein sind Variablenzusammenhänge nur dann interpretierbar, wenn die Vergleichsgruppen gleiche Fallzahlen aufweisen.

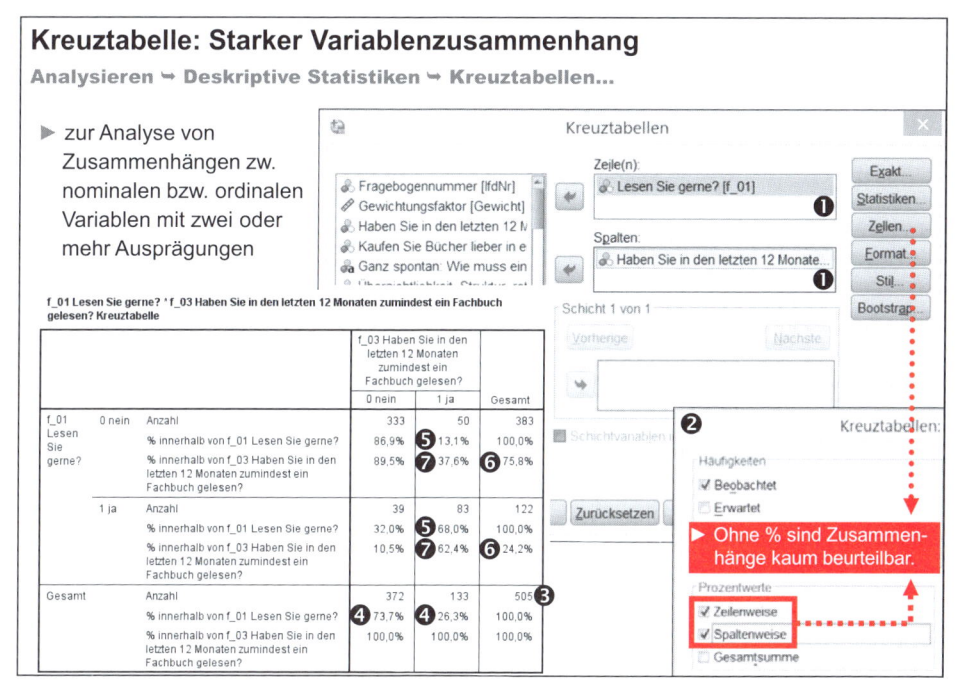

Abbildung 106: Kreuztabelle: Starker Variablenzusammenhang

Als Ergebnis erhält man im Viewer zunächst eine Übersicht (nicht in der Abbildung dargestellt), ob und wie viele fehlende Werte NICHT in der Kreuztabelle dargestellt werden: Sobald ein Datensatz bei einer der beiden zu kreuzenden Variablen einen fehlenden Wert aufweist, gelangt dieser Datensatz nicht in die Auswertung. Bei der Interpretation ist es deshalb unverzichtbar, darauf zu achten, ob die Tabelle alle Fälle enthält bzw. wie viele Datensätze ihr fehlen. **Generalisierungen der Prozentwerte müssen immer im Hinblick auf die Menge der fehlenden Werte erfolgen.**

Im Auswertungsbeispiel sind alle Datensätze in der Kreuztabelle enthalten. Darauf weist auch die vollständige Tabellenbasis aller verfügbaren Datensätze (❸) hin.

Eine auf die Auswertungsvariablen bezogene Annahme könnte lauten: Personen, die generell gerne lesen, haben in den letzten 12 Monaten eher ein Fachbuch gelesen als Personen, die NICHT gerne lesen. Oder: Der Anteil an Fachbuchlesenden der letzten 12 Monate ist unter jenen größer, die generell gerne lesen. Oder umgekehrt: Der Anteil generell gerne Lesender ist unter Fachbuch lesenden Personen der letzten 12 Monate größer.

Kreuztabellen müssen immer aus einem sinnvollen Zusammenhang heraus interpretiert werden – sie besitzen keine „Richtung".

Die soeben angeführte Annahme könnte rein mathematisch – ohne Berücksichtigung inhaltlich sinnvoller Zusammenhänge – umgangssprachlich nicht nur lauten: Gerne lesen hat Einfluss auf Fachbuch lesen, sondern genauso gut (und damit inhaltlich weniger sinnvoll): Fachbuch lesen führt dazu, gerne zu lesen.

Je nach persönlicher Präferenz und inhaltlicher Sinnhaftigkeit können die Ergebnisse über die Zeilen- oder die Spaltenprozentuierung analysiert werden.

*Nähert man sich inhaltlich über **Zeilenprozent**, beginnt man am besten in der letzten Gesamtzeile (❹): INSGESAMT stehen 26% Fachbuchlesenden 74% Nicht-Lesende gegenüber. Betrachtet man aber die Gruppen der Nicht-Gerne-Lesenden und Gerne-Lesenden in den darüberstehenden Zeilen, wird rasch der deutliche Unterschied erkennbar: Während der Prozentanteil Fachbuchlesender unter NICHT-Gerne-Lesenden nur rund 13% beträgt, sind es bei den Gerne-Lesenden 68%, die angeben, in den letzten 12 Monaten ein Fachbuch gelesen zu haben (❺).*

*Ähnlich eindeutige Zahlen liefert die **Spaltenprozentuierung**. Wieder beginnt die Interpretation in der äußersten Gesamtspalte: 76% aller Befragten lesen NICHT gerne, 24% gerne (❻). In den Spalten daneben finden sich die Werte der NICHT-Fachbuchlesenden der letzten 12 Monate und jener, die angeben, ein Fachbuch gelesen zu haben. Blickt man in die Spalte der Fachbuchlesenden, stehen dem Gesamtprozentsatz 24% Gerne-Lesender 62% (!) Gerne-Lesende unter den Fachbuchlesenden gegenüber (❼).*

Die Datenlage ist somit klar und eindeutig: Gerne lesen und Fachbuch lesen besitzt offenbar einen sehr starken Zusammenhang.

A<small>BBILDUNG</small> 107 <small>AUF</small> S<small>EITE</small> 257 zeigt demgegenüber ein Beispiel für Variablen OHNE nennenswerte Zusammenhänge.

Sowohl aus Sicht der Zeilen- (❶, ❷) als auch aus Sicht der Spaltenprozentuierung (❸, ❹) gibt es in der Kreuztabelle sehr ähnliche Prozentwerte: Frauen und Männer (f_12) verhalten sich offensichtlich in Bezug auf „Fachbuchlesen in den letzten 12 Monaten" (f_03) sehr ähnlich. Es gibt KEINEN Variablenzusammenhang zwischen Fachbuchlesen in den letzten 12 Monaten und Geschlecht.

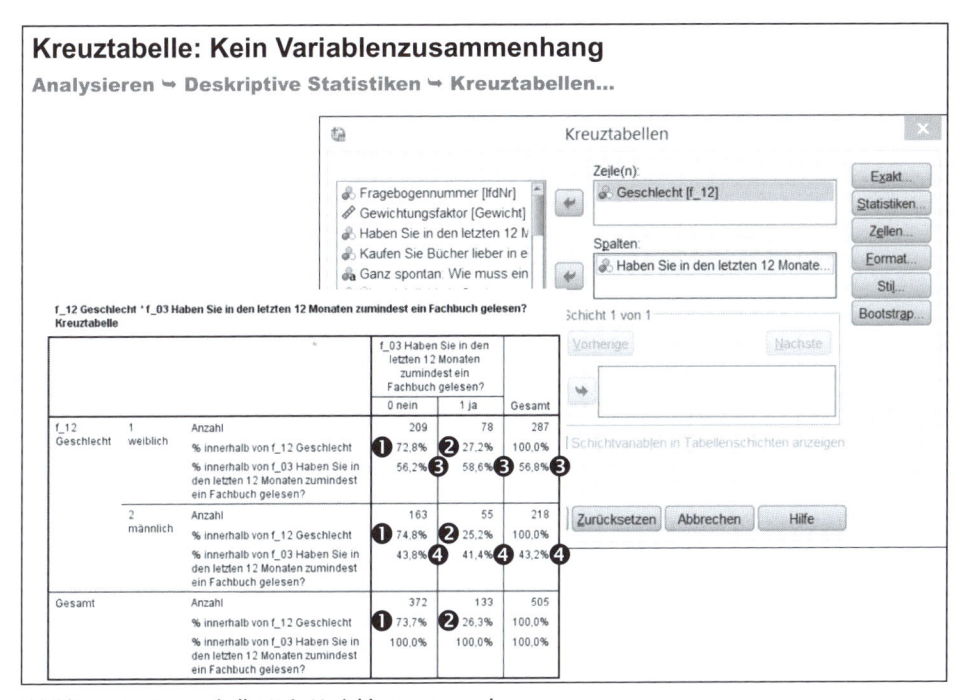

Abbildung 107: Kreuztabelle: Kein Variablenzusammenhang

B 4.5.5 | Metrisch und nominal (ordinal): Mittelwertsvergleich

Das vorherige Kapitel beschäftigte sich mit der Analyse von Beziehungen zweier nominaler oder ordinaler Variablen.

Ein anderer, in der Praxis sehr oft vorkommender Anwendungsfall ist die Auswertung metrischer Variablen oder von Skalenitems nach nominalen Untergruppen. Dabei gelangen zumeist Mittelwertsvergleiche zur Anwendung. Mittelwerte nach Untergruppen verschaffen einen ersten Überblick – zunächst noch ohne statistische Signifikanztests – über durchschnittliche (Beurteilungs-)Unterschiede zwischen Teilstichproben (z.B. Männern und Frauen oder Versuchs- und Kontrollgruppe bei einem Experiment usw.).

Ein Verfahren, das SPSS hier bereitstellt, ist die **explorative Datenanalyse**. Diese Routine (**Analysieren → Deskriptive Statistiken → Explorative Datenanalyse...**) gelangte bereits bei der Auswertung einzelner metrischer Variablen zur Anwendung. Neu an dieser Stelle ist eine mögliche Analyse nominaler Untergruppen.

> Dazu ist es lediglich erforderlich, in der **Faktorenliste** (VGL. ❶ IN ABBILDUNG 108 AUF SEITE 258) eine nominale Variable einzutragen, nach deren kategorialen Untergruppen die Mittelwerte (und andere statistische Maßzahlen) berechnet werden sollen.

Wie bei der Variableneinzelauswertung liefert der in ABBILDUNG 108 skizzierte Output neben gebräuchlichen metrischen Maßzahlen über ❷ die Möglichkeit, Ausreißer zu erkennen.

Diesmal erfolgt die Ergebnisdarstellung getrennt nach den Analysegruppen (❶).

Analog zur Einzelauswertung der Variablen Alter (f_14) der BUCHDATEN wird der Mittelwert je Untergruppe zunächst einmal mit ALLEN Werten (Ergebnis: 43,8 für die Frauen, 45,6 für die Männer) berechnet. Das 5% getrimmte Mittel stellt wieder die Mittelwerte unter Ausschluss der 5% größten und 5% kleinsten Werte dar. Die getrimmten Werte liegen auch in den Untergruppen sehr nahe beim „richtigen" Mittelwert, es gibt deshalb keine nennenswerten Extremfälle.

❸ liefert den **Standardfehler des Mittelwerts**. Multipliziert man diesen mit 1,96, erhält man für Zufallsstichproben die „Schwankungsbreiten" des Mittelwerts am 95%-Niveau (**Konfidenzintervall des Mittelwerts**), die mit ihrer unteren und oberen Grenze angeführt sind (VGL. DAZU KAPITEL „A 6.2 | „SCHWANKUNGSBREITEN" VON MITTELWERTEN" AB SEITE 112).

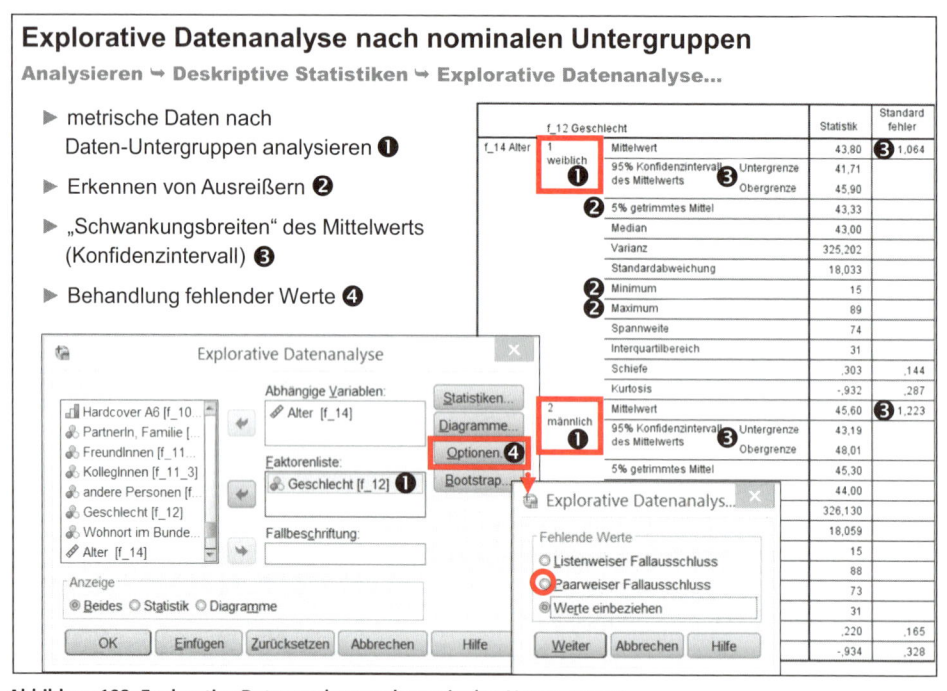

Abbildung 108: Explorative Datenanalyse nach nominalen Untergruppen

Entstammt das dargestellte Ergebnis einer Zufallsstichprobe, kann man die Zahlen unter ❸ folgendermaßen interpretieren: In der Stichprobe wurde für die Frauen ein mittleres Alter von 43,8 Jahren ermittelt. In der dieser Stichprobe zugrundeliegenden Grundgesamtheit sind die weiblichen Personen mit einer Wahrscheinlichkeit von 95% zwischen 41,7 und 45,9 Jahre alt. Die männliche Grundgesamtheit ist zwischen 43,2 und 48 Jahren alt.[81] Die Konfidenzintervalle der beiden Geschlechter überlappen sich, es besteht also KEIN signifikanter Altersunterschied zwischen Frauen und Männern.

---

[81] Frauen: 43,8 ± (1,064 * 1,96), Männer: 45,6 ± (1,223 * 1,96).

Die Behandlung fehlender Werte (❹) sollte auf **Paarweiser Fallausschluss** gesetzt werden. Erfolgt hier der **Listenweise Fallausschluss**, wird jeder Datensatz aus der explorativen Datenanalyse genommen, wenn er bei Geschlecht ODER Alter einen fehlenden Wert aufweist.

Möchte man sich beim Vergleich mehrerer Mittelwerte – z.B. bei Itembatterien – nach Untergruppen eine Übersicht verschaffen, ist eine **grafische Auswertung** zielführend. Wie man dabei vorgeht, zeigt ABBILDUNG 109 AUF SEITE 260.

Im dort beschriebenen und abgebildeten Beispiel wird aus den BUCHDATEN analysiert, ob Personen, die Bücher lieber in einer Buchhandlung kaufen (f_04), andere Ansprüche an Fachbücher haben als Versandhandelbefürwortende. Frage 6 enthält dazu 9 Wichtigkeitskriterien für Fachbücher (f_06_1 bis f_06_9), die zwischen 1 = „sehr wichtig" und 5 „gar nicht wichtig" beurteilt werden konnten.

Die genaue Formulierung der 9 Items kann dem Fragebogen zu den BUCHDATEN entnommen werden (VGL. ABBILDUNG 19 AUF SEITE 69). In ABBILDUNG 109 sind die Itembezeichnungen hochkantig formatiert abgedruckt.

- Über **Grafik** ↪ **Diagrammerstellung…** gelangt man zum entsprechenden Dialogfeld von SPSS.
- Man wählt **Balken** aus (❶) und zieht das Icon mit den einfachen Fehlerbalken (❶) in die Diagrammvorschau.
- Danach zieht man die kategoriale Gruppierungsvariable (f_04) auf den Bereich der X-Achse (❷).
- In einem weiteren Schritt werden alle Variablen der Frage 6 (f_06_1 bis f_06_9) in der Variablenauswahl des Grafik-Dialogfelds markiert und gleichzeitig in das Auswahlfeld der Y-Achse gezogen (❸). Die gleichzeitige Auswertung mehrerer Variablen ist nur dann möglich, wenn diese im metrischen Skalenniveau definiert sind. Darauf weist in der Variablenauswahl das kleine Lineal neben dem Variablennamen hin.[82]
- Fehlende Werte sollte man NICHT **Listenweise ausschließen** (❹), sonst gelangen nur Datensätze mit Einträgen bei ALLEN dargestellten Variablen ins Diagramm.
- Ein Klick auf **OK** (❺) startet die grafische Darstellung.

Das **Fehlerbalkendiagramm** ist wie rund um ABBILDUNG 30 AUF SEITE 113 erläutert zu interpretieren. Die runde Markierung in der Mitte jedes Balkens stellt den Mittelwert des jeweiligen Items dar. Die nach oben und unten führenden Striche zeigen das Konfidenzintervall des Mittelwerts. Überlappen die Striche, sind die Mittelwertsunterschiede nicht signifikant.

In der Abbildung veranschaulichen die ersten neun Fehlerbalken auf der linken Seite die Ergebnisse jener Personen, die laut Frage 4 Bücher lieber in einer Buchhandlung beziehen. Ihnen werden in den rechts danebenliegenden neun Strichen die Werte der Versandhandelkaufenden gegenübergestellt.

---

[82] Befinden sich neben den Variablennamen im Dialogfeld drei kleine Kugeln, weist das auf kategorial definierte Daten hin. Ein Klick mit der rechten Maustaste auf den oder die entsprechenden Variablennamen öffnet ein Dialogfeld und ermöglicht die Umstellung auf metrisch.

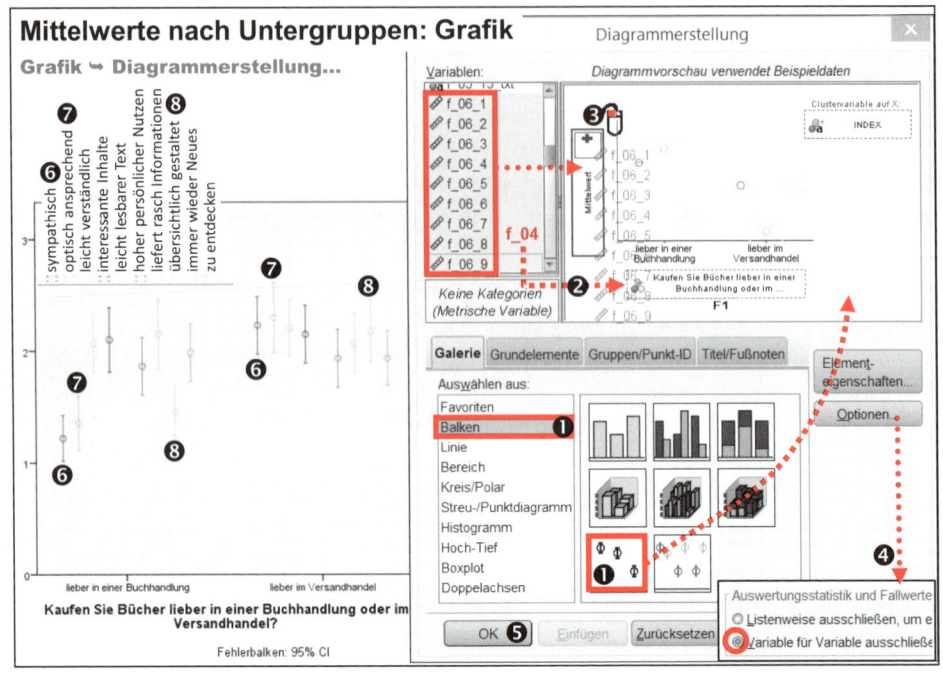

Abbildung 109: Mittelwerte nach Untergruppen: Grafik

Fast alle Mittelwerte liegen in etwa auf Höhe des Skalenwerts 2. Nur drei Items stechen sofort ins Auge: Der erste (❻), zweite (❼) und achte Fehlerbalken (❽) sind bei den Buchhandel-Kaufenden überlappungsfrei tiefer angesiedelt als bei den Versandhandel-Befürwortenden. Personen, die Bücher lieber im Buchandel kaufen, sind offensichtlich die Faktoren „Sympathie" (❻), „Optik" (❼) und „Übersichtlichkeit" (❽) überzufällig wichtiger als jenen mit Versandhandel-Präferenz.

Nach diesem Ergebnisüberblick erfolgt noch eine tabellarische Auswertung derselben Daten in einem **Mittelwertsvergleich**.

- Nach Klick auf **Analysieren** ↪ **Mittelwerte vergleichen** ↪ **Mittelwerte...** (VGL. ABBILDUNG 110 AUF SEITE 261) werden wieder die 9 Items der Frage 6 in die Variablenauswahl geschoben. Die **Unabhängige Variable** ist auch an dieser Stelle f_04 (❶).
- Neben Mittelwert, Standardabweichung und Fallzahl jedes Items können über das Submenü **Optionen** weitere statistische Maßzahlen angefordert werden (❷).

Der Ergebnisoutput zeigt eine tabellarische Gegenüberstellung der ausgewählten statistischen Maßzahlen, getrennt nach den beiden Untergruppen (❸) und insgesamt, für den gesamten Datenstand (❹).

Im in der Abbildung dargestellten Tabellenauszug (mit den ersten vier Skalenvariablen) ist der starke Mittelwertsunterschied zwischen den beiden Vergleichsgruppen bei den Variablen f_06_1 („sympathisch", ❺) und f_06_2 („optisch ansprechend", ❻) ersichtlich. f_06_3 und f_06_4 weisen keine interpretierbaren Unterschiede auf.

Mittelwerte nach Untergruppen

Analysieren ⇒ Mittelwerte vergleichen ⇒ Mittelwerte...

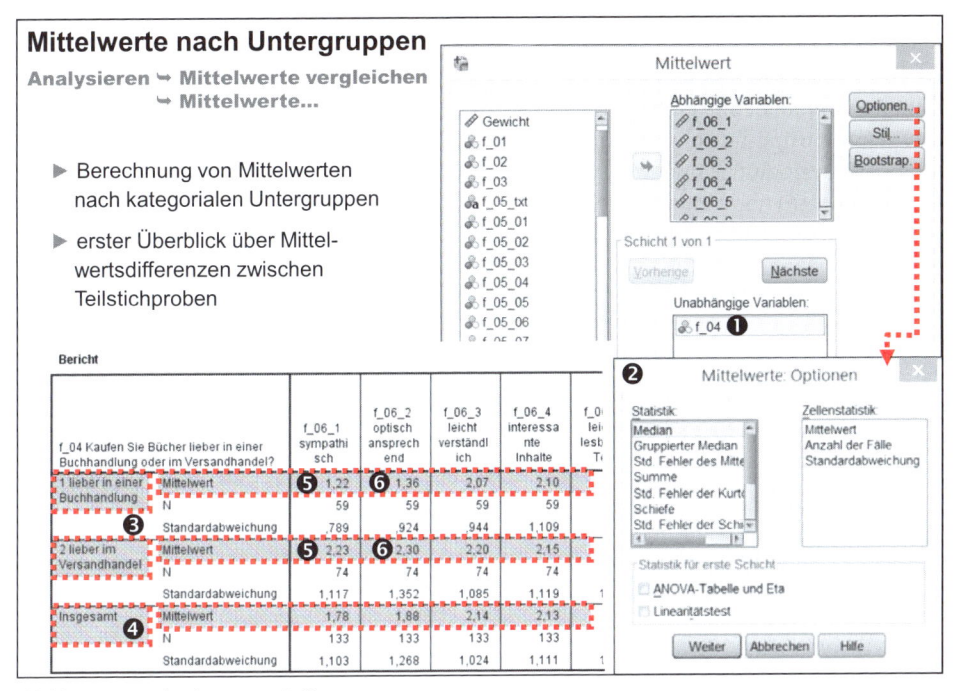

► Berechnung von Mittelwerten nach kategorialen Untergruppen

► erster Überblick über Mittelwertsdifferenzen zwischen Teilstichproben

Bericht

f_04 Kaufen Sie Bücher lieber in einer Buchhandlung oder im Versandhandel?		f_06_1 sympathisch	f_06_2 optisch ansprechend	f_06_3 leicht verständlich	f_06_4 interessante Inhalte
1 lieber in einer Buchhandlung	Mittelwert	1,22	1,36	2,07	2,10
	N	59	59	59	59
	Standardabweichung	,789	,924	,944	1,109
2 lieber im Versandhandel	Mittelwert	2,23	2,30	2,20	2,15
	N	74	74	74	74
	Standardabweichung	1,117	1,352	1,085	1,119
Insgesamt	Mittelwert	1,78	1,88	2,14	2,13
	N	133	133	133	133
	Standardabweichung	1,103	1,268	1,024	1,111

Abbildung 110: Mittelwerte nach Untergruppen

B 4.5.6 | Zwei metrische (ordinale) Merkmale: Korrelation

Nach der Auswertung metrischer Variablen nach nominalen Untergruppen fehlt zur Komplettierung aller Anlassfälle für bivariate Auswertungen noch der Analysefall zweier metrischer Variablen.

Zur Visualisierung metrischer Zusammenhänge dienen Streudiagramme, zur Ergebnisanalyse der Beziehung zweier zumindest ordinaler Variablen der Korrelationskoeffizient.

Streudiagramme können in SPSS wie alle Grafiken über den Assistenten unter **Grafik ⇒ Diagrammerstellung...** definiert werden. Die technische Erstellung von **Streudiagrammen** wird in Kapitel „B 4.8.2 | Streudiagramm" ab Seite 306 erläutert. An dieser Stelle wird – um den Gedankenfluss nicht zu beeinträchtigen – nur auf die Ergebnisse derartiger Diagramme referenziert.

Abbildung 111 auf Seite 262 zeigt zwei metrische Variablenbeziehungen. Die beiden Variablen in Diagramm ❶ besitzen einen hohen negativen Zusammenhang: Jeder Punkt im Diagramm steht für einen Datensatz, der in seiner gemeinsamen Ausprägung auf der Variablen f_14 (Alter) und f_17 („Wie viele Bücher lesen Sie im Schnitt pro Jahr nicht ganz freiwillig?") dargestellt wird. In der Anordnung der Punkte ist ein Muster zu erkennen: Sie nehmen nach rechts hin ab, die Punktestapel werden niedriger. Man könnte sich eine Gerade durch die gesamte Punktewolke vorstellen, die versucht, die Abstände zu jedem einzelnen Punkt in Summe möglichst gering zu halten. Diese Gerade könnte wie ❷ aussehen.

Zusammenhang zwischen metrischen Variablen: Streudiagramm

Grafik ↪ Diagrammerstellung...

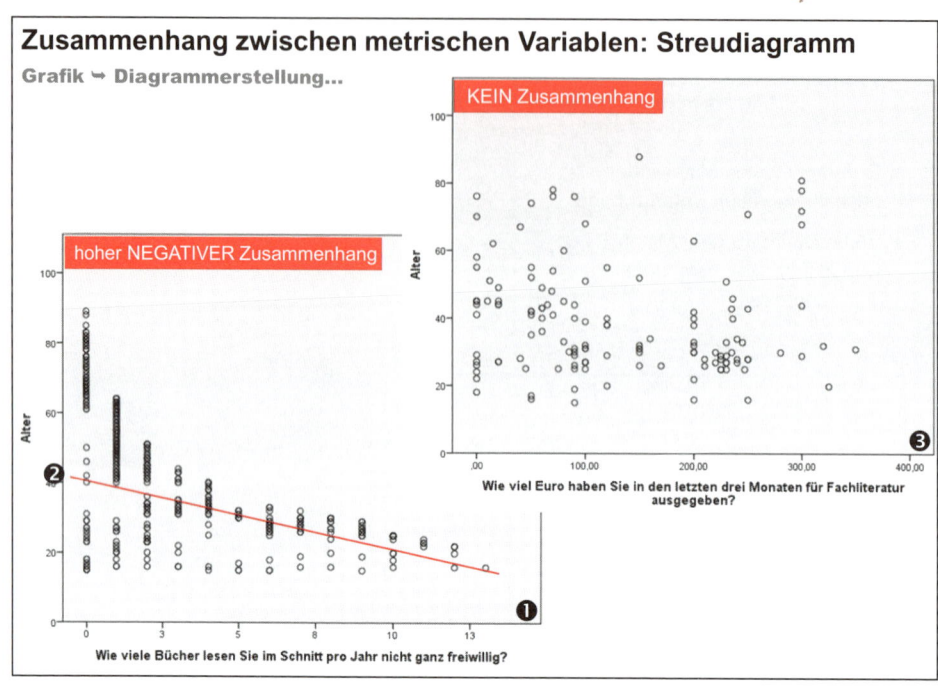

Abbildung 111: Zusammenhang zwischen metrischen Variablen: Streudiagramm

Wenn eine Punktwolke ein Muster wie im Beispiel erkennen lässt und eine Gerade wie im Beispiel von links nach rechts abfällt, spricht man von einem negativen Zusammenhang.

Je MEHR an Wert das eine Merkmal besitzt (Alter), desto WENIGER an Wert besitzt das andere Merkmal (unfreiwillige Bücher pro Jahr). Das bedeutet für das dargestellte Ergebnis: Je älter die befragten Personen sind, desto weniger Bücher lesen sie unfreiwillig (❶).

Bei positiven Zusammenhängen ist es genau umgekehrt: Hier steigen die (gedachte) Gerade und die Punktestapel von links nach rechts an. Je MEHR an Wert das eine Merkmal ausmacht, desto MEHR an Wert umfasst auch das zweite Merkmal.

Ein Beispiel für einen positiven Zusammenhang könnten Alter und Arzneimittelausgaben sein: Je älter man wird, desto höhere Ausgaben fallen monatlich in der Apotheke an.

KEIN Zusammenhang zwischen metrischen Variablen ist hingegen erkennbar, wenn die Punktwolke wie ein „aufgescheuchter Bienenschwarm" aussieht.

Dann sind im Streudiagramm keine Muster in der Punktedarstellung erkennbar. So zeigt ❸ in ABBILDUNG 111, dass Alter (f_14) mit Fachbuchausgaben (f_08, „Wie viel Euro haben Sie in den letzten drei Monaten für Fachliteratur ausgegeben?") offensichtlich NICHT in Zusammenhang steht.

Interpretiert man metrische (oder zumindest ordinale) Zusammenhänge nicht bloß über Grafiken, sondern über eine statistische Maßzahl, tritt der **Korrelationskoeffizient** in Erscheinung.

Korrelationsstatistiken liefern ein Maß für den Grad des Zusammenhangs zwischen zwei

Merkmalen (Variablen). Für jede Person in der Stichprobe existieren dazu zwei Messwerte (VGL. DIE GRAFISCHEN DARSTELLUNGEN IN ABBILDUNG 111 AUF SEITE 262).

Bei Ordinalskalen wird die sogenannte **Spearman-Korrelation** berechnet. Bei metrischen Daten erfolgt die Ermittlung des **Pearson**-Korrelationskoeffizienten, wenn BEIDE zu korrelierenden Variablen normalverteilt vorliegen (VGL. ❻ IN ABBILDUNG 102 AUF SEITE 249). Ist das nicht der Fall, ist auch bei metrischen Daten die Spearman-Korrelation anzuwenden.[83]

Pearson- und Spearman-Koeffizienten **können zwischen -1 und 0 bzw. zwischen 0 und +1 liegen.** Ergebnisse nahe 1 oder -1 kennzeichnen einen starken, solche nahe 0 einen schwachen Zusammenhang. Bis 0,2 (-0,2) deutet auf einen nur sehr geringen Zusammenhang hin, bis 0,5 (-0,5) auf einen geringen, ab 0,7 (-0,7) spricht man von einer mittleren Korrelation, bis 0,9 (-0,9) von einer hohen. Sehr hoch wird der Korrelationszusammenhang, wenn der Korrelationskoeffizient über 0,9 (-0,9) zu liegen kommt (VGL. ABBILDUNG 112).

Korrelation: Stärken

positiver Korrelationskoeffizient	Korrelation	negativer Korrelationskoeffizient
bis +0,2	sehr gering	bis -0,2
> +0,2 bis +0,5	gering	> -0,2 bis -0,5
> +0,5 bis +0,7	mittel	> -0,5 bis -0,7
> +0,7 bis +0,9	hoch	> -0,7 bis -0,9
> +0,9	sehr hoch	> -0,9

Positive Korrelation: „**Je mehr** X, **desto MEHR** Y"

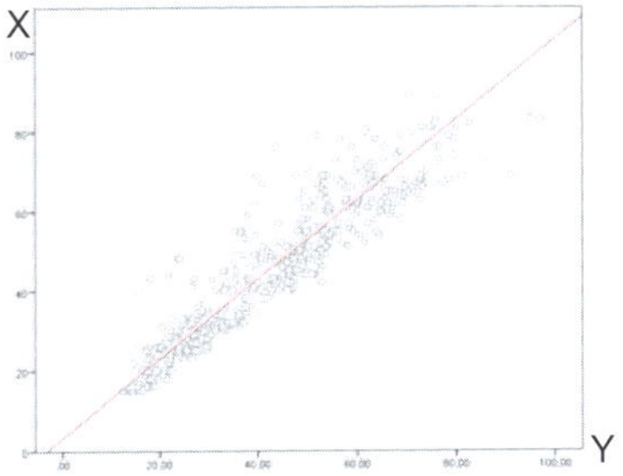

Negative Korrelation: „**Je mehr** X, **desto WENIGER** Y"

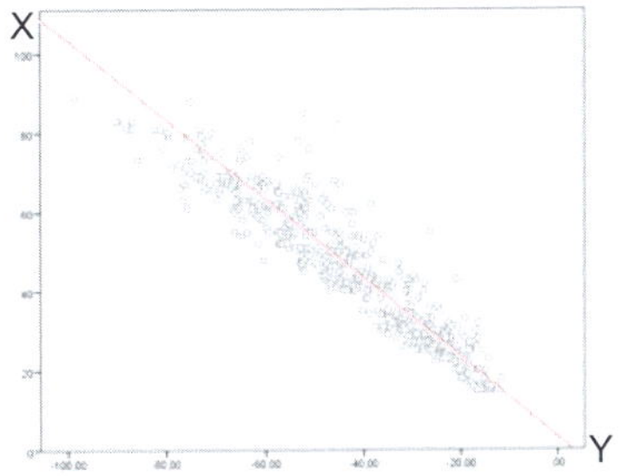

Abbildung 112: Stärke von Korrelationen

Ein **positiver Korrelationskoeffizient** bedeutet: Je größer der Wert der einen Variable ist, desto größer wird der Wert der anderen. Der Begriff „Zusammenhang" bedeutet aber NICHT, dass zwischen den beiden Merkmalen ein kausaler Zusammenhang besteht.

Ein **negativer Korrelationskoeffizient** bedeutet einen gegenläufigen Trend: Je größer der

---

[83] Beim Spearman-Koeffizienten werden Korrelationen „weniger gut" aufgrund von Rangwerten (und nicht Streuungsmaßen wie Kovarianz und Varianz) berechnet.

Wert der einen Variable ist, desto kleiner wird der Wert der anderen. Der Begriff „Zusammenhang" bedeutet auch hier NICHT, dass zwischen den beiden Merkmalen ein kausaler Zusammenhang besteht.

Die beiden Streudiagramme (zur Technik von Streudiagrammen vgl. Kapitel „B 4.8.2 | Streudiagramm" ab Seite 306) in Abbildung 112 auf Seite 263 weisen auf hohe bis sehr hohe Zusammenhänge hin. Jeder Messpunkt stellt eine Kombination der Ausprägung eines Datensatzes auf der Variablen X und Y dar. Fast alle Punkte liegen nah an der Geraden, die durch sie verläuft.

Bei einem **Korrelationskoeffizienten von 1** gilt: perfekt funktionaler positiver Zusammenhang (ohne statistische Abweichungen) – „Je größer X, desto größer Y". Ein **Koeffizient von -1** bedeutet: völlig linearer Negativzusammenhang – „Je größer X, desto kleiner Y".

Hier würden alle Messpunkte direkt AUF der Geraden zu liegen kommen.

Bei einem **Koeffizienten von 0** sind X und Y voneinander unabhängig.

In derartigen Fällen verteilen sich die Messpunkte wie ein Bienenschwarm über das gesamte Diagramm.

Wie oben erwähnt gelangt der Pearson-Korrelationskoeffizient nur dann zur Anwendung, wenn beide zu korrelierenden Variablen metrisch und normalverteilt vorliegen. Ob die beiden Variablen normalverteilt sind, wird mittels **Kolmogorov-Smirnov-Test** geprüft.

Prüfung auf Normalverteilung: Kolmogorov-Smirnov-Test

Analysieren → Nichtparametrische Tests → Alte Dialogfelder → K-S bei einer Stichprobe…

▶ Liegt Normalverteilung der Werte der zu korrelierenden Variablen vor?

▶ Ein NICHT signifikanter Wert (**p > 0,05**) **bedeutet Normalverteilung**.

Kolmogorov-Smirnov-Anpassungstest

		f_14	f_08	f_17
N		505	133	505
Parameter der Normalverteilung a,b	Mittelwert	44,58	130,5639	2,61
	Standardabweichung	18,049	95,08325	2,986
Extremste Differenzen	Absolut	,108	,152	,250
	Positiv	,108	,152	,250
	Negativ	-,060	-,128	-,191
Statistik für Test		,108	,152	,250
Asymptotische Signifikanz (2-seitig)		,000ᶜ	,000ᶜ	,000ᶜ

▶ KEINE der Variablen liegt normalverteilt vor.

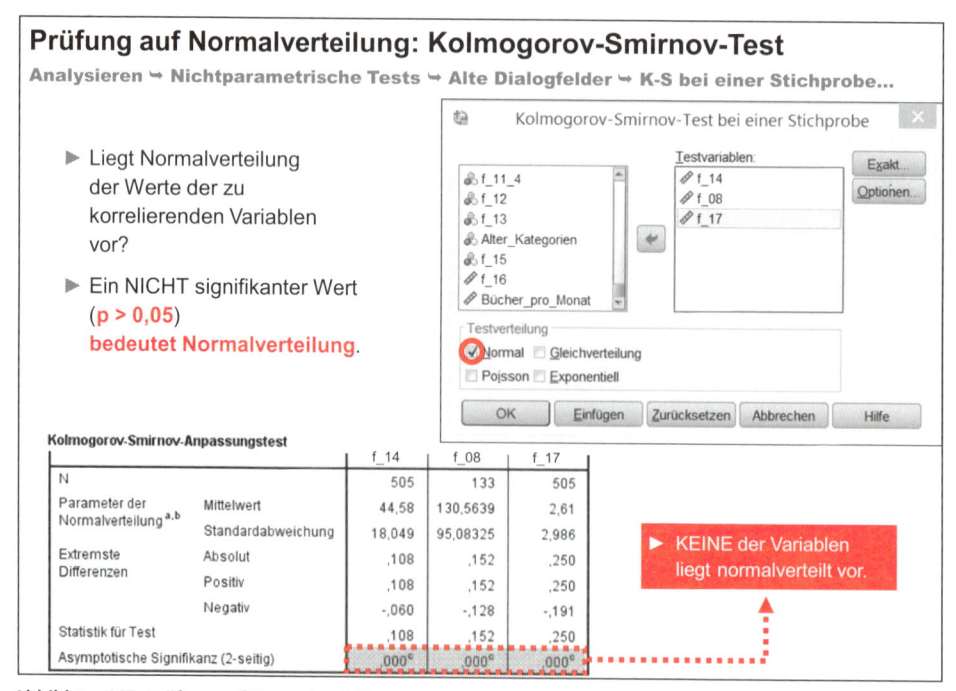

Abbildung 113: Prüfung auf Normalverteilung

- Dieser Test ist in SPSS wie in ABBILDUNG 113 AUF SEITE 264 dargestellt, über **Analysieren → Nichtparametrische Tests → Alte Dialogfelder → K-S bei einer Stichprobe...** aufrufbar.
- Die zu korrelierenden Variablen werden ausgewählt.

Beim Kolmogorov-Smirnov-Test lautet die Nullhypothese: „Es liegt Normalverteilung vor." **Umgekehrt als bei Signifikanzberechnungen(!)** weist deshalb bei diesem Test ein p-Wert größer gleich 0,05 (≥ 5%) auf Normalverteilung hin.

Im Beispiel der BUCHDATEN werden die drei bereits im Streudiagramm auf Zusammenhang geprüften Variablen f_14 (Alter), f_08 („Wie viel Euro haben Sie in den letzten sechs Monaten für Fachliteratur ausgegeben?") und f_17 („Wie viele Bücher lesen Sie im Schnitt pro Jahr nicht ganz freiwillig?") auf Normalverteilung geprüft. Wie ABBILDUNG 113 AUF SEITE 264 zeigt, liegen die Werte bei keiner einzigen der drei Variablen normalverteilt vor. Es gelangt deshalb die Korrelationsberechnung nach Spearman zur Anwendung.

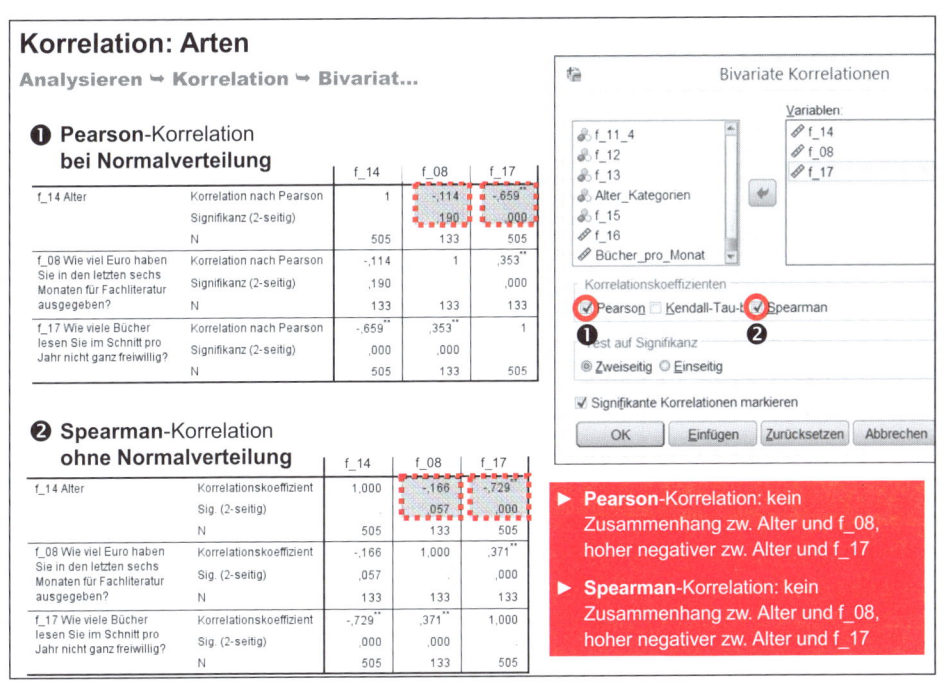

Abbildung 114: Arten von Korrelationen

- Die eigentliche Korrelationsberechnung erfolgt über **Analysieren → Korrelation → Bivariat...**.
- Die zu korrelierenden Variablen werden in die Auswahl gezogen. Welcher der beiden Koeffizienten berechnet werden soll, kann komfortabel via Mausklick ausgewählt werden (VGL. ❶ UND ❷ IN ABBILDUNG 114).

📧 Im Beispiel werden zu Demonstrationszwecken BEIDE Koeffizienten angewählt, obwohl die Datenlage (fehlende Normalverteilung) auf die Spearman-Korrelation verweist.

Die Ergebnisse beider Korrelationsberechnungen zeigen: Zwischen Alter und Fachbuchausgaben besteht kein Zusammenhang (Pearson-Koeffizient: -0,114, Spearman-Korrelation -0,166). Alter und unfreiwillig gelesene Fachbücher korrelieren hoch (Pearson -0,659, Spearman -0,729) (VGL. DIE ERLÄUTERUNGEN ZU ABBILDUNG 111 AUF SEITE 262).

Eine **wissenschaftliche Formulierung der Ergebnisse** in ABBILDUNG 114 AUF SEITE 265 könnte (zusätzlich) lauten: *Zwischen den Variablen Alter und Fachbuchausgaben konnte mittels Spearman-Rang-Korrelation ein schwacher negativer Zusammenhang nachgewiesen werden, der sich als (knapp) nicht signifikant[84] herausstellte (r_s (131) = -0,166, p = 0,057)[85]. Höchst signifikant fällt hingegen der hohe negative Zusammenhang zwischen Alter und unfreiwillig gelesenen Fachbüchern aus (r_s (503) = -0,729, p = 0,000).*

B 4.5.7 | Welches Auswertungsverfahren ist das richtige?

Bei der Auswahl der richtigen Auswertungsroutine kann es sich in vielen Fällen um eine durchaus komplexere Angelegenheit handeln.

Aus diesem Grund gibt ABBILDUNG 133 AUF SEITE 303 mit einem **Entscheidungsbaum** Hilfestellung. In der Abbildung sind alle in den Kapiteln „B 4.5 | EINFACHE AUSWERTUNGEN (DESKRIPTIVE STATISTIK)" AB SEITE 240 und „B 4.6 | PRÜFUNG AUF SIGNIFIKANZ (SCHLIESSENDE STATISTIK)" AB SEITE 267 beschriebenen Auswertungsverfahren zusammengefasst. Weitere Unterstützung bei der Auswertung bieten ABBILDUNG 93 AUF SEITE 241 (welches Verfahren ist wann anzuwenden) und ABBILDUNG 120 AUF SEITE 276 (Überblick über statistische Mittelwertsvergleichsverfahren).

---

[84] Zum Begriff „Signifikanz" VGL. KAPITEL „B 4.6.1 | DIE „IDEE" HINTER SIGNIFIKANZPRÜFUNGEN" AB SEITE 267.
[85] *r* (kursiv gesetzt) bedeutet „Korrelationskoeffizient", das tiefgestellte $_s$ kennzeichnet die Berechnung nach Spearman. Aus der Fallzahl n = 133 werden die **Freiheitsgrade** (**df** = degrees of freedom = Fallzahl - 2) berechnet und im Ergebnis in Klammern angegeben: df bei f_14 in Kombination mit f_08 = n - 2 = 131. Bei n = 505 ist df = 505 - 2 = 503. Je mehr Freiheitsgrade einem Ergebnis zugrundeliegen, als desto hochwertiger (fundierter) ist es zu betrachten. Am Ende wird mit dem *p*-Wert (p ebenfalls kursiv gesetzt) die Wahrscheinlichkeit der Nullhypothese (H_0: „Es besteht kein realer Zusammenhang.") angeführt.

B 4.6 | Prüfung auf Signifikanz (schließende Statistik)

… in diesem Kapitel geht's um:

- **Signifikanzprüfungen** erheben, ob ein Ergebnis einer Zufallsstichprobe für die dahinterstehende Grundgesamtheit WIRKLICH gilt oder ob es nur ein zufälliges Ergebnis EINER Stichprobe war • dazu werden Null- und Alternativhypothese aufgestellt • signifikante Zusammenhänge können stärker und schwächer ausgeprägt sein • Repräsentativität ist eine Voraussetzung für Signifikanz • „signifikant" bedeutet aber nicht „repräsentativ"!

- **Signifikanzprüfungen von Prozentunterschieden**
liegt der **Chi²-Test** zugrunde • er analysiert den Unterschied von beobachteten und erwarteten Häufigkeiten

- **Signifikanzprüfungen von Mittelwertsunterschieden**
können über **Parameterverfahren** oder **parameterfreie Verfahren** durchgeführt werden • Parameterverfahren müssen gewisse Voraussetzungen erfüllen, parameterfreie dürfen IMMER angewendet werden • in beiden Fällen ist das konkrete Testverfahren abhängig von der Menge der zu analysierenden Mittelwerte (zwei oder mehr) • und von der Art des Vergleichs (abhängige oder unabhängige Teilstichprobe)

Signifikanzprüfungen drehen sich im Prinzip um folgende zentrale Fragen: „Besteht ein Zusammenhang zwischen einzelnen Variablen?" und „Ist dieser Zusammenhang signifikant?"

Signifikanz bedeutet in diesem Zusammenhang, dass die in einer ZUFALLSstichprobe ermittelten Ergebnisse auf die dahinterstehende Grundgesamtheit WIRKLICH übertragbar sind. Sie treten also nicht nur in EINER oder ein paar wenigen Stichproben (die man gerade zufällig analysiert) auf. Vielmehr kommen sie wahrscheinlich in ALLEN oder fast allen Stichproben, die man theoretisch zufällig aus der Grundgesamtheit ziehen könnte, in dieser oder ähnlicher Form vor.

Mit den Prinzipien zufälliger Stichprobenauswahl und der damit zusammenhängenden Regel, nur bei Zufallsstichproben Schwankungsbreiten und Signifikanzen berechnen und argumentieren zu dürfen, beschäftigt sich Kapitel „A 6.1.2 | THEORETISCHER HINTERGRUND" AB SEITE 108. Die dortige Argumentationsbasis bildet die statistische Schwankungsbreite von einfachen Prozentwerten. An dieser Stelle wird dieselbe Thematik aus der Sicht von Prozent- bzw. MittelwertsUNTERSCHIEDEN (zwischen Teilgruppen) beleuchtet, wie sie bei Kreuztabellen und Mittelwertsvergleichen vorkommen.

B 4.6.1 | Die „Idee" hinter Signifikanzprüfungen

Bei allen Signifikanzprüfungen – egal, ob sie auf Prozenten oder Mittelwerten basieren – werden zwei sogenannte **Unterschiedshypothesen** formuliert. Dies kann explizit in Form textlicher Formulierungen geschehen. Fehlt eine konkrete Ausformulierung, stehen die Unterschiedshypothesen sozusagen implizit im Hintergrund.

Konkret geht es darum, festzustellen, ob in Analyseergebnissen gefundene Unterschiede zwischen untersuchten Stichproben(teilen) signifikant sind oder nicht. Sind Unterschiede zwischen Teilgruppen zu identifizieren, die groß genug sind, um sie immer, in jeder Zufallsstichprobe aus einer Grundgesamtheit zu vermuten? Oder sind sie nicht groß genug und kann es deshalb sein, dass die Ergebnisdifferenzen in der einen Zufallsstichprobe auftreten, in einer anderen wieder nicht?

Da man in einer Erhebung meist nur EIN Mal eine Zufallsstichprobe zieht, sind solche Überlegungen natürlich hypothetisch. Deshalb werden hier – explizit oder implizit – zwei Unterschiedshypothesen formuliert, eine sogenannte „Nullhypothese" und eine „Alternativhypothese".

Die **Nullhypothese** formuliert („postuliert"): Es gibt keinen Unterschied in der Realität (= Grundgesamtheit), die gefundenen Ergebnisunterschiede zwischen den Teilgruppen sind bloß Zufallsschwankungen, die nur da und dort, in der einen oder anderen Stichprobe auftreten. Es gibt also KEINEN Unterschied, mit dem man die Grundgesamtheit tatsächlich beschreiben oder kennzeichnen könnte.

Dem hält die **Alternativhypothese** entgegen: Es besteht sehr wohl ein Unterschied in der Realität (= Grundgesamtheit). Die gefundenen Ergebnisdifferenzen zwischen den Gruppen sind nicht zufällig. Die Differenzen treten nicht nur in der einen oder anderen Zufallsstichprobe auf, weil man bei der Zufallsauswahl gerade „solche" Menschen oder Elemente „erwischt" hat. (Fast) IMMER, wenn man aus der Grundgesamtheit, um die es geht, eine Zufallsstichprobe zieht, bekommt man derartige oder ähnliche Ergebnisunterschiede wie in der gerade aktuellen Auswertung.

Eine Signifikanzprüfung funktioniert nun folgendermaßen: Sie errechnet mit einem für die jeweilige Datenlage geeigneten Testverfahren eine Wahrscheinlichkeit in Prozent, mit der die Nullhypothese Gültigkeit besitzt. Bei Kreuztabellen (und Nominaldaten) ist das der Chi^2-Test. Bei Mittelwertsvergleichen (und metrischen Daten bzw. Skalenvariablen) muss das richtige Verfahren aus einer größeren Menge an Signifikanztests ausgewählt werden (VGL. ABBILDUNG 120 AUF SEITE 276).

Ein Ergebnis wird in der Sozialforschung dann als signifikant betrachtet, wenn die Nullhypothese eine Wahrscheinlichkeit von unter 5% besitzt.

Diese „Grenze" bzw. Schwelle zur Signifikanz nennt man **Signifikanzniveau**. In der Sozialforschung üblich sind 5%.

Die Forscherin bzw. der Forscher muss das Signifikanzniveau selbst festlegen.

Wie wird nun aber diese Über- oder Unterschreitung des Signifikanzniveaus ermittelt? In Auswertungsprogrammen wie SPSS wird von jedem statistischen Signifikanztest automatisch ein Wahrscheinlichkeitswert (p) berechnet. Dieser im Ergebnisoutput ausgewiesene p-Wert bewegt sich zwischen 0 und 1 und muss noch mit 100 multipliziert werden: Danach drückt er die prozentmäßige Wahrscheinlichkeit für die Gültigkeit der Nullhypothese aus.

Die Restmenge zur Wahrscheinlichkeit der Nullhypothese stellt – auf 100% gerechnet – die Wahrscheinlichkeit für die Gültigkeit der Alternativhypothese dar.

Ein Signifikanztest ergibt z.B. einen p-Wert von 0,03. Das bedeutet, dass der Nullhypothese eine Wahrscheinlichkeit von 3% (0,03 mal 100) zukommt.

Das Ergebnis wäre am 5%-Niveau SIGNIFIKANT. Die Alternativhypothese wäre zu 97% wahrscheinlich. Also KEIN zufälliges Ergebnis, KEIN zufälliger Unterschied zwischen den Vergleichsgruppen, für die der p-Wert ermittelt wurde. Wäre das Signifikanzniveau enger, mit nur 1% definiert, würde das völlig idente Ergebnis „NICHT signifikant" bedeuten.

Ist der Prozentwert (p-Wert) also kleiner als das Signifikanzniveau, gilt ein Ergebnis als signifikant. Die Nullhypothese wird verworfen, der Alternativhypothese wird der Vorzug eingeräumt. Die Vergleichsgruppen unterscheiden sich wirklich, real, überzufällig.

Überschreitet der p-Wert das Signifikanzniveau, ist das Ergebnis NICHT signifikant: Die Nullhypothese wird angenommen. Die Vergleichsgruppen weisen keine wirklichen, realen Unterschiede auf. Eventuell ermittelte Ergebnisdifferenzen sind zufällig.

Signifikanzprüfung: Wie signifikant ist das Ergebnis?

▶ **Die Nullhypothese wird verworfen,**
wenn der Prozentwert der Prüfung KLEINER als das Signifikanzniveau ist.

„Die H_0 wird verworfen, wenn der p-Wert < α ist."

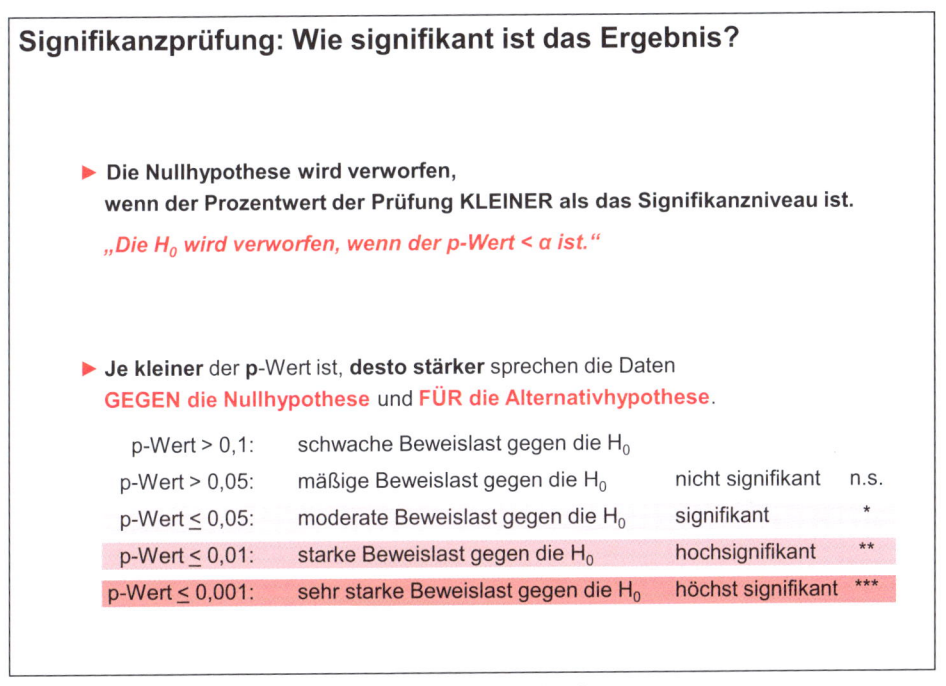

▶ **Je kleiner** der **p**-Wert ist, **desto stärker** sprechen die Daten
GEGEN die Nullhypothese und FÜR die Alternativhypothese.

p-Wert	Beweislast	Signifikanz	
p-Wert > 0,1:	schwache Beweislast gegen die H_0		
p-Wert > 0,05:	mäßige Beweislast gegen die H_0	nicht signifikant	n.s.
p-Wert ≤ 0,05:	moderate Beweislast gegen die H_0	signifikant	*
p-Wert ≤ 0,01:	starke Beweislast gegen die H_0	hochsignifikant	**
p-Wert ≤ 0,001:	sehr starke Beweislast gegen die H_0	höchst signifikant	***

Abbildung 115: Signifikanzprüfung: Wie signifikant ist das Ergebnis?

Wenn eine Nullhypothese zurückgewiesen wird, ist es möglich, dass dies fälschlich passiert. Dabei können zwei Fehlertypen auftreten. Der **Fehler erster Art** (**α-Fehler**) entsteht, wenn man eine Nullhypothese verwirft, obwohl sie eigentlich zutreffen würde. Das Signifikanzniveau α ist also gewissermaßen das Risiko, die sogenannte „Irrtumswahrscheinlichkeit", eben diesen Fehler zu begehen.

Man glaubt, etwas wäre signifikant, obwohl es das nicht ist.

ABBILDUNG 115 gibt einen Überblick über Signifikanzstärke: Je niedriger ein von SPSS ausgewiesener p-Wert ausfällt, desto „besser" und „stärker" ist ein Ergebnis. Wenn die Nullhypothese am 1%-Niveau (p-Wert von 0,01) widerlegt werden kann, beträgt die Irrtumswahrscheinlichkeit nur 1%: Nur bei EINER von 100 theoretisch möglichen zufälligen Stichprobenziehungen könnte man noch widersprüchliche Ergebnisse bekommen. Erreicht man Signifikanz „nur" am 5%-Niveau (p-Wert 0,05), wäre es immerhin möglich, in fünf von 100 gezogenen Stichproben divergierende Ergebnisse zu erhalten. Auch wenn ein p-Wert das Signifikanzniveau (leicht) überschreitet, ist ein Ergebnis aber noch nicht unbedingt „kein Ergebnis". Setzt die oder der Forschende das Signifikanzniveau z.B. auf 5%, bedeuten 6% Wahrscheinlichkeit für die Nullhypothese noch immer „fast signifikant".

Auf größte Signifikanz verweisen p-Werte von 0,01 und weniger.

Bei Erhebungen größerer Tragweite (z.B. in der Medizin, Pharmabranche oder bei strengen Qualitätssicherungsmaßnahmen) werden Signifikanzgrenzen deshalb oft niedrig (bei 1% oder weniger) angesetzt.

Beim **Fehler zweiter Art**, den man in diesem Zusammenhang ebenfalls begehen kann, wird eine Nullhypothese nicht verworfen, obwohl sie nicht zutrifft (**β-Fehler**). Hier wird also eine eigentlich falsche Nullhypothese für richtig gehalten.

Man glaubt, etwas wäre NICHT signifikant, obwohl es das eigentlich ist.

Der Vollständigkeit halber sei an dieser Stelle abschließend ausdrücklich erwähnt: Signifikanz hat NICHTS mit Repräsentativität zu tun. Signifikanzprüfungen setzen ein „ordentliches", strukturelles Abbild der Grundgesamtheit voraus. Fehlt die Repräsentativität, sind jegliche Signifikanzüberlegungen sinnlos.

B 4.6.2 | Signifikanzprüfungen von Prozentunterschieden

Signifikanzprüfungen von Prozentunterschieden von nominalen (und ordinalen) Variablen werden mittels **Chi²-Test** durchgeführt. Dieser Test kann in SPSS sehr einfach in einem Sub-Dialogfeld der Kreuztabellen angefordert werden (VGL. ❷ IN ABBILDUNG 119 AUF SEITE 274).

Ein Beispiel aus den BUCHDATEN soll die Vorgehensweise demonstrieren.

Die dabei verwendeten Variablen sind dieselben, die bereits in Kapitel „B 4.5.4 | ZWEI NOMINALE (ORDINALE) MERKMALE: KREUZTABELLE" AB SEITE 254 bei der grundsätzlichen Beschreibung der Kreuztabellen verwendet wurden. Dort erfolgte die Untersuchung einer möglichen Beziehung zwischen den Variablen f_01 („Lesen Sie gerne?") und f_03 („Haben Sie in den letzten 12 Monaten zumindest ein Fachbuch gelesen?").

Das Ergebnis war eindeutig: Gerne lesen und Fachbuch lesen besitzt laut BUCHDATEN einen sehr starken Zusammenhang: Jene, die generell gerne lesen, haben zu einem viel größeren Anteil in den letzten 12 Monaten ein Fachbuch gelesen als jene, die nicht gerne lesen.

ABBILDUNG 116 AUF SEITE 271 zeigt anhand des gruppierten Balkendiagramms, das man im Hauptdialogfeld der Kreuztabellen anfordern kann (❶), den deutlichen Unterschied.

> Im Dialogfeld der Kreuztabellen (**Analysieren → Deskriptive Statistiken → Kreuztabellen...**) wird in den **Zeile(n)** die Variable f_01 mit der Variable f_03 in den **Spalten** gekreuzt.

Gruppierte Balkendiagramme anzeigen erhält ein Auswahlhäkchen (❶).

Während unter Nicht-Gerne-Lesenden das Verhältnis Fachbuch-Lesender zu Nicht-Lesenden nur rund 1 : 9 (❷) ausmacht, sind es unter Gerne-Lesenden mehr als 2 : 1 (❸).[86]

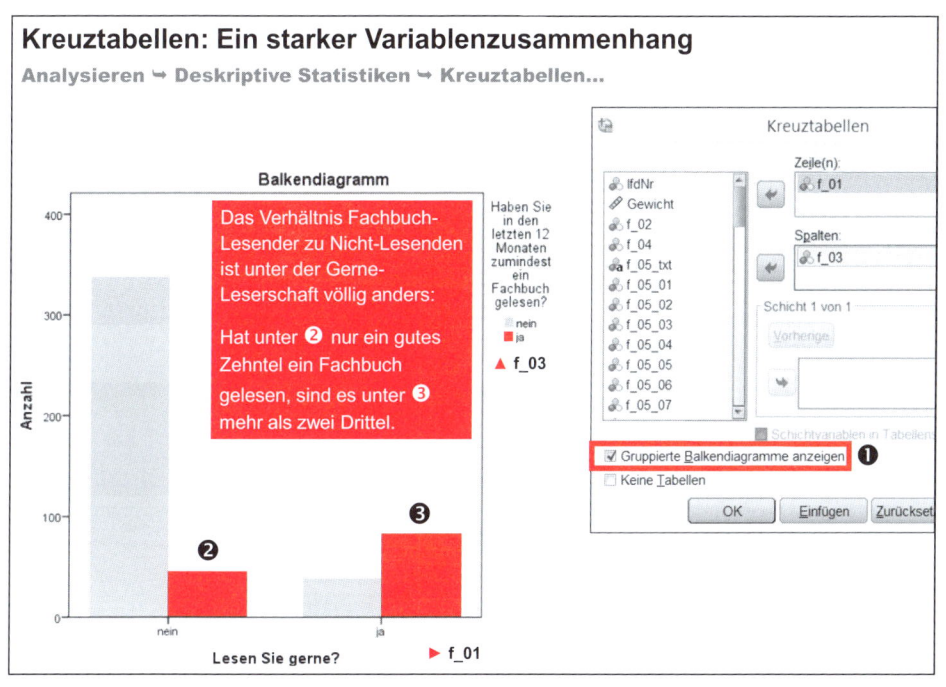

Abbildung 116: Kreuztabellen: Ein starker Variablenzusammenhang

Die Fragestellungen und Hypothesen, die eine Signifikanzprüfung bei diesem Beispiel inhaltlich formuliert (VGL. ABBILDUNG 117 AUF SEITE 272), sind:

Bestehen Gruppenunterschiede? Haben Personen, die gerne lesen, im letzen Jahr zu einem anderen Anteil ein Fachbuch gelesen als Leute, die NICHT gerne lesen?

Nullhypothese: Es gibt KEINEN wirklichen Unterschied, das sind Zufallsschwankungen. Leute, die gerne lesen, und Leute, die NICHT gerne lesen, verhalten sich ÄHNLICH.
Alternativhypothese: Es gibt EINEN wirklichen Unterschied, das sind KEINE Zufallsergebnisse. Leute, die gerne lesen, verhalten sich ANDERS als jene, die NICHT gerne lesen.

Wie oben beschrieben, wird bei der Signifikanzprüfung der Frage nachgegangen, wie groß die Wahrscheinlichkeit ist, dass die Nullhypothese gilt.

Also: Wie groß ist die Wahrscheinlichkeit, dass sich Personen bezüglich ihres Fachbuch-Konsums ähnlich verhalten, egal, ob sie gerne lesen oder nicht?

---

[86] Die prozentuellen Unterschiede und Zusammenhänge in den Zeilen und Spalten der Kreuztabelle wurden bereits ausführlich im KAPITEL „B 4.5.4 | ZWEI NOMINALE (ORDINALE) MERKMALE: KREUZTABELLE" AB SEITE 254 erläutert. Auf sie wird an dieser Stelle deshalb nicht neuerlich eingegangen.

Kreuztabellen: Null- und Alternativhypothese

▶ Bestehen Gruppenunterschiede?
„Haben Personen, die gerne lesen, im letzen Jahr zu einem anderen Anteil ein Fachbuch gelesen als Leute, die NICHT gerne lesen?"

- **Nullhypothese:**
  „Es gibt KEINEN wirklichen Unterschied, das sind Zufallsschwankungen."
  ▶ Leute, die gerne lesen, und Leute, die NICHT gerne lesen, verhalten sich ÄHNLICH.

- **Alternativhypothese:**
  „Es gibt EINEN wirklichen Unterschied, das sind KEINE Zufallsergebnisse."
  ▶ Leute, die gerne lesen, verhalten sich ANDERS als Leute, die NICHT gerne lesen.

- **Signifikanzprüfung:**
  ▶ Wie groß ist die Wahrscheinlichkeit, dass die Nullhypothese gilt?

Abbildung 117: Kreuztabellen: Null- und Alternativhypothese

Kreuztabellen: Beobachtete und erwartete Häufigkeiten

Analysieren ↪ Deskriptive Statistiken ↪ Kreuztabellen… ↪ Zellen…

▶ Bei einer Signifikanzprüfung werden die beobachteten mit den aufgrund des Gesamtprozentverhältnisses erwarteten Werten jeder Zelle verglichen.

▶ Zwei Variablen gelten umso mehr als abhängig, je stärker die beobachteten Häufigkeiten von den erwarteten abweichen.

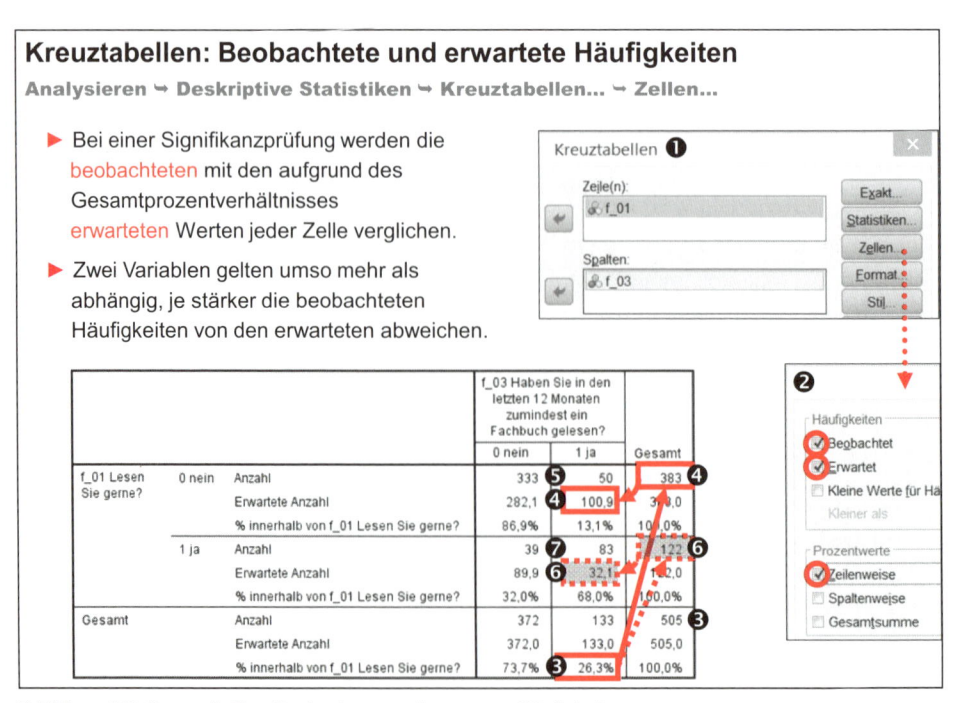

			f_03 Haben Sie in den letzten 12 Monaten zumindest ein Fachbuch gelesen?		
			0 nein	1 ja	Gesamt
f_01 Lesen Sie gerne?	0 nein	Anzahl	333	50	383
		Erwartete Anzahl	282,1	100,9	383,0
		% innerhalb von f_01 Lesen Sie gerne?	86,9%	13,1%	100,0%
	1 ja	Anzahl	39	83	122
		Erwartete Anzahl	89,9	32,1	122,0
		% innerhalb von f_01 Lesen Sie gerne?	32,0%	68,0%	100,0%
Gesamt		Anzahl	372	133	505
		Erwartete Anzahl	372,0	133,0	505,0
		% innerhalb von f_01 Lesen Sie gerne?	73,7%	26,3%	100,0%

Abbildung 118: Kreuztabellen: Beobachtete und erwartete Häufigkeiten

ABBILDUNG 118 AUF SEITE 272 demonstriert die Rechenweise des Chi^2-Tests. Das Testverfahren arbeitet mit dem Vergleich zwischen den sogenannten **beobachteten** und **erwarteten Werten** einer Kreuztabelle. Diese können in SPSS im Submenü **Zellen...** (❷) des Kreuztabellen-Dialogs (❶) angefordert werden.

26,3% der Personen im Beispiel haben in den letzten 12 Monaten ein Fachbuch gelesen (133 VON 505 FÄLLEN, ❸). Der erwartete Wert in der Zelle „Lesen Sie gerne – nein" und „Fachbuch gelesen" beträgt deshalb ebenfalls 26,3%. Und auch in der Zelle „Lesen Sie gerne – ja" und „Fachbuch gelesen" werden 26,3% erwartet.

Der erwartete Wert geht immer davon aus, dass sich eine Verteilung einheitlich durch einen gesamten Datenstand zieht und Untergruppen dieselbe Verteilung wie die Gesamtdaten aufweisen. Die erwarteten Werte „erwarten" also KEINE Gruppenunterschiede (im Beispiel zwischen Gerne-Lesenden und Nicht-Gerne-Lesenden).

Egal, ob Personen gerne lesen oder nicht: Sie haben mit 26,3% immer im selben Anteil in den letzten 12 Monaten ein Fachbuch gelesen. Für die 383 NICHT-Gerne-Lesenden in der Stichprobe (❹) bedeuten diese 26,3% erwartete 100,9 Personen, die ein Fachbuch gelesen haben (❹). Tatsächlich sind es aber „beobachtet" nur 50 Menschen – also weniger als erwartet (❺). Bei den 122 Gerne-Lesenden würden die 26,3% erwartete 32,1 fachbuchlesende Personen ergeben (❻). Tatsächlich sind es aber 83 – und damit deutlich mehr als erwartet (❼).

Für die ingesamt 73,7% jener, die in den letzten 12 Monaten KEIN Fachbuch gelesen haben, lassen sich dieselben Unterschiede zwischen beobachteten und erwarteten Werten – nur in umgekehrter Verhältnismäßigkeit – ablesen.

Zwei Variablen gelten umso mehr als voneinander abhängig, je stärker die beobachteten Häufigkeiten von den erwarteten abweichen. Je mehr dies der Fall ist, desto größer wird der Chi^2-Wert, desto kleiner sein p-Wert, desto größer die Signifikanz.

Die Nullhypothese geht davon aus, dass Menschen, die gerne lesen, und jene, die nicht gerne lesen, zu etwa identen Anteilen ein Fachbuch gelesen haben. Zwischen ihnen besteht KEIN wirklicher Unterschied. Die angeführten Differenzen zwischen erwarteten und beobachteten Werten kommen zufällig in EINER – eben der vorliegenden – von unendlich vielen möglichen Zufallsstichproben vor. In der durch diese Stichprobe repräsentierten Grundgesamtheit gibt es diesen Unterschied aber nicht.

Die Alternativhypothese verfolgt konträr zur Nullhypothese die Annahme, dass in der Grundgesamtheit ein tatsächlicher Unterschied zwischen Menschen besteht, die gerne lesen oder nicht, was ihren Fachbuchkonsum anbelangt. Egal, welche Stichprobe man per Zufall zieht: In jeder oder fast jeder Zufallsstichprobe (die man unendlich oft aus der Grundgesamtheit ziehen könnte) tritt ein Unterschied wie der vorliegende auf. Die Alternativhypothese ist damit das logische Gegenteil der Nullhypothese.

Der Chi^2-Test (ABBILDUNG 119 AUF SEITE 274) evaluiert den Unterschied zwischen beobachteten und erwarteten Werten in einer Berechnungsformel. Er kann in SPSS über das Submenü **Statistiken...** des Kreuztabellen-Dialogs angefordert werden (❷). Ergebnis ist ein Prozentwert (❸), der ausdrückt, mit welcher Wahrscheinlichkeit die Nullhypothese gilt.

Im Beispiel hat die Nullhypothese eine Wahrscheinlichkeit von 0%: Sie muss verworfen werden. Die Alternativhypothese ist demgegenüber zu 100% wahrscheinlich: Ihr wird der Vorzug eingeräumt. Mit 0% Wahrscheinlichkeit tritt ein Unterschied wie der beobachtete in einer derartigen Stichprobe zufällig auf.

Kreuztabellen: Chi2-Test
Analysieren ↪ Deskriptive Statistiken ↪ Kreuztabellen ↪ Statistiken...

▶ statistische Prüfung auf Signifikanz: Chi² -Test
- Vergleich der beobachteten mit den erwarteten Werten
- Sind Zeilen- und Spaltenvariablen unabhängig?

❸ Ergebnis ist ein Prozentwert, der die Wahrscheinlichkeit des Geltens der Nullhypothese ausdrückt.

	Wert	df	Asymptotische Signifikanz (zweiseitig)	Exakte Signifikanz (2-seitig)	Exakte Signifikanz (1-seitig)
Chi-Quadrat nach Pearson	144,156ª	1	,000		
Kontinuitätskorrekturᵇ	141,336	1	,000		
Likelihood-Quotient	132,649	1	,000		
Exakter Test nach Fisher				,000	,000
Zusammenhang linear-mit-linear	143,870	1	,000		
Anzahl der gültigen Fälle	505				

Die Nullhypothese hat eine Wahrscheinlichkeit von 0%:
▶ **Die Nullhypothese muss verworfen werden.**

Die Alternativhypothese ist somit zu 100% wahrscheinlich.
▶ **Der Alternativhypothese wird der Vorzug eingeräumt.**

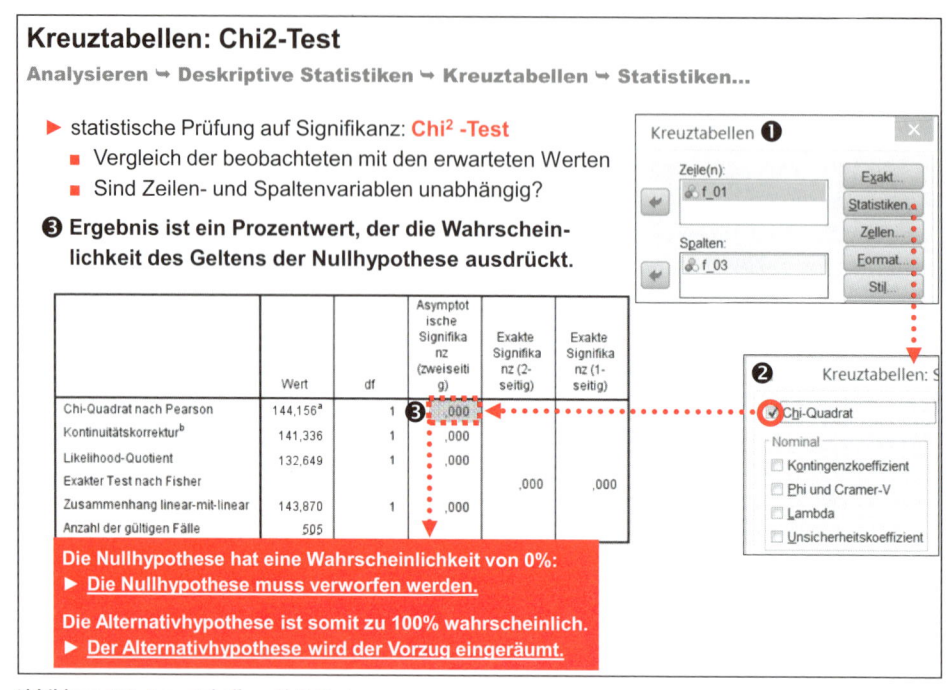

Abbildung 119: Kreuztabellen: Chi2-Test

Personen, die gerne lesen, haben zu einem signifikant größeren Prozentsatz in den letzten 12 Monaten ein Fachbuch gelesen als Personen, die nicht gerne lesen.

Eine wissenschaftliche Ergebnisformulierung könnte (zusätzlich) lauten:
Der Chi²-Test – χ² (1, n = 505) = 144,156, p = 0,000[87] *– zeigt einen höchst signifikanten Zusammenhang zwischen Leseaffinität und Fachbuchkonsum.*

Wie bereits in Kapitel „B 4.5.4 | ZWEI NOMINALE (ORDINALE) MERKMALE: KREUZTABELLE" AB SEITE 254 angeführt, besitzen Kreuztabellen keine Richtung.
Man kann beschreiben, wie viele Fachbuchlesende sich unter Gerne-Lesenden befinden.

---

[87] Die Angabe des χ²-Werts dient zur Bezifferung der Größe des Variablenzusammenhangs: je größer der χ²-Wert, desto stärker der Zusammenhang. Die erste Zahl in der Klammer bezeichnet die **Freiheitsgrade** (**df** = degrees of freedom). Diese kennzeichnen, aus wie vielen Zellen die jeweilige Kreuztabelle besteht (df = Zahl der Zeilen minus 1 * Zahl der Spalten minus 1). Sie geben damit einen wichtigen Hinweis auf die Komplexität des Variablenzusammenhangs: Je mehr Zellen (und df) eine Kreuztabelle enthält, desto schwieriger wird die Interpretation des Variablenzusammenhangs. Danach wird noch innerhalb der Klammer die Stichprobengröße *n* (n kursiv gesetzt) angeführt. Der *p*-Wert (p kursiv gesetzt) vervollständigt die Ergebnisdarstellung und bezeichnet die Wahrscheinlichkeit der Nullhypothese (H_0: „Es besteht kein realer Zusammenhang.").

Genauso gut ist aber auch ablesbar, wie viele Gerne-Lesende sich unter Fachbuchlesenden befinden. Mit anderen Worten: Führt gerne Lesen eher zu Fachbuchkonsum? Oder führt umgekehrt Fachbuchkonsum dazu, überhaupt gerne zu lesen?

Wichtig ist die inhaltliche Sinnhaftigkeit der Interpretation.

Abschließend sollen noch ein paar Voraussetzungen bzw. Einschränkungen von Chi^2-Tests nicht unerwähnt bleiben: Die erwarteten Häufigkeiten in den einzelnen Zellen dürfen nicht zu gering sein. Chi^2-Werte sind nicht eindeutig interpretierbar, wenn in mehr als 20% der Zellen einer Kreuztabelle die erwartete Häufigkeit weniger als 5 Fälle umfasst. Die Berechnung des Chi^2-Tests ist auch nur dann sinnvoll, wenn sich die gesamte Tabelle auf mehr als 25 Datensätze bezieht und alle erwarteten Werte größer als 5 sind.

B 4.6.3 | Signifikanzprüfungen von Mittelwertsunterschieden

Die Basisannahmen, die hinter Signifikanzprüfungen von Mittelwertsdifferenzen stehen, sind dieselben wie bei Prozentwerten. Sie wurden bereits in KAPITEL „B 4.6.1 | DIE „IDEE" HINTER SIGNIFIKANZPRÜFUNGEN" AB SEITE 267 skizziert und lassen sich wie folgt zusammenfassen:

Ist eine Mittelwertsdifferenz zwischen zwei oder mehr Gruppen real (= signifikant, auch in der Grundgesamtheit vorhanden) oder bloß mit dem Zufall zu erklären?

Anders als bei Prozentwerten, bei denen es EINEN Chi^2-Test gibt, gibt es bei Mittelwertsunterschieden eine Fülle unterschiedlicher Testverfahren. Diesen liegen unterschiedliche Basisannahmen zugrunde, die die Erfüllung unterschiedlicher Voraussetzungen verlangen.

Auch die Art der Datenlage (wer oder was miteinander verglichen wird) hat Einfluss auf das konkret auszuwählende Verfahren.

Bevor man also die Unterschiede von Mittelwerten einer Signifikanzprüfung unterziehen kann, muss man entscheiden, welches Testverfahren man dabei anwendet.

ABBILDUNG 120 AUF SEITE 276 gibt einen diesbezüglichen Überblick. Zunächst muss man prüfen, ob man ein Parameterverfahren ([1], [2], [3], [4]) anwenden DARF oder auf ein parameterfreies Verfahren ([5], [6], [7], [8]) zurückgreifen MUSS. Zusätzlich hängt die Auswahl des richtigen Signifikanztests auch davon ab, ob man die Werte abhängiger oder unabhängiger Stichproben(teile) miteinander vergleicht und ob man zwei oder mehr Teilgruppen analysieren will.

B 4.6.3.1 | Parameter- und parameterfreie Verfahren

Zur Signifikanzprüfung von Mittelwerten gibt es zwei Verfahrensarten: Parameterverfahren und parameterfreie Tests. Erstere sind „höherwertiger", weil sie mit den Parametern Mittelwert und Varianz rechnen. Allerdings sind sie nur unter gewissen Voraussetzungen anwendbar. Parameterfreie Verfahren hingegen rechnen auf einem niedrigeren Level auf der Basis von Rangplätzen. Sie sind deshalb verteilungsunabhängig und IMMER anwendbar.

Parameterverfahren setzen folgende Aspekte voraus:

1. Die zu prüfenden Variablen müssen **mindestens intervallskaliert sein oder** die Form

einer **Ratingskalierung** (bei Itembatterien, Zustimmungs- und Beurteilungsvariablen) besitzen.

2. Die zu vergleichenden **Werte** (bei Teilgruppenvergleichen JEDER EINZELNEN Vergleichsgruppe) **müssen normalverteilt vorliegen**. Eine diesbezügliche Prüfung erfolgt mit dem Kolmogorov-Smirnov-Test (VGL. DIE ERLÄUTERUNGEN RUND UM ABBILDUNG 113 AUF SEITE 264 UND KAPITEL „B 4.6.3.3 | NORMALVERTEILUNGSPRÜFUNG" AUF SEITE 278 F.).

3. Die **Varianzen** der zu vergleichenden Gruppen müssen **homogen** sein. Dieser Umstand wird im Zuge der jeweiligen Signifikanztests direkt geprüft (VGL. DIE ABBILDUNGEN UND ERLÄUTERUNGEN AUF DEN NÄCHSTEN SEITEN, DIREKT BEI DEN ENTSPRECHENDEN TESTS).

Verfahren für Mittelwertsvergleiche

Parameterverfahren

[1]	Stichproben bzw. Variablen	ABhängig = gepaart = verbunden	zwei	**T-Test** für **ABhängige Stichproben** [1]
[2]			drei & mehr	**Varianzanalyse** mit Messwiederholung [2]
[3]	Stichproben bzw. Variablen	UNabhängig	zwei	**T-Test** für **UNabhängige Stichproben** [3]
[4]			drei & mehr	**Varianzanalyse (ANOVA)** [4]

ParameterFREIE Verfahren

[5]	*Stichproben bzw. Variablen*	*ABhängig = gepaart = verbunden*	*zwei*	*Wilcoxon-Test* [5]
[6]			*drei & mehr*	*Friedman-Test* [6]
[7]	*Stichproben bzw. Variablen*	*UNabhängig*	*zwei*	*U-Test* [7]
[8]			*drei & mehr*	*Kruskal-Wallis-Test* [8]

Abbildung 120: Verfahren für Mittelwertsvergleiche

Trifft nur eine der drei Voraussetzungen NICHT zu, darf mit Parameterverfahren NICHT gerechnet werden. Die Auswertung muss auf ein passendes parameterfreies Verfahren zurückgreifen. Parameterfreie Verfahren haben außer der Forderung nach zumindest Ordinalskalierung keine weiteren Voraussetzungen. Sie sind immer anwendbar, auch dann, wenn alle Voraussetzungen für ein Parameterverfahren erfüllt wären.

B 4.6.3.2 | ABhängige und UNabhängige Stichproben

Hat man sich für den Weg über ein Parameter- oder parameterfreies Verfahren entschieden, muss noch der jeweils „richtige" Signifikanztest ausgewählt werden. Dabei kommt es darauf an, ob man Mittelwerte derselben Menschen (bzw. Datensätze) oder bestimmter Untergruppen vergleichen will und wie viele Mittelwerte verglichen werden sollen.

Mit „statistischeren Worten": Erfolgt die Signifikanzprüfung für die Mittelwertsdifferenzen von zwei oder mehr abhängigen oder unabhängigen Stichproben(teilen)? ABBILDUNG 121 fasst zusammen:

Zwei Stichproben(teile) sind dann voneinander **abhängig**, wenn jedem Wert der einen Stichprobe auf eindeutige Weise genau ein Wert der anderen Stichprobe zugeordnet werden kann. Man spricht auch von gepaarten (verbundenen) Stichproben.

Als Beispiel für einen derartigen Anwendungsfall lassen sich Wiederholungsmessungen (Messungen zu mehreren Zeitpunkten) bei denselben Personen anführen.

Bei einer Inhaltsanalyse wären Werte derselben Codiereinheiten als gepaart zu werten.

Zwei Stichproben(teile) sind voneinander **UNabhängig**, wenn einem Wert der einen Stichprobe KEIN Wert der anderen Stichprobe zugeordnet werden kann. Es handelt sich dabei meist um jeweils andere Personen innerhalb einer Stichprobe. Die zwei (oder mehr) Stichproben(teile) wurden also aus unterschiedlichen (Teil-)Grundgesamtheiten gezogen.

Als einfaches Beispiel für diese Datenlage gilt ein Mittelwertsvergleich zwischen Männern und Frauen oder Versuchs- und Kontrollgruppe(n) bei einem Experiment.

Bei Inhaltsanalysen wäre ein Vergleich von Messungen in zwei Medienarten als entsprechendes Beispiel zu nennen.

Abhängige und UNabhängige Stichproben(teile)

▶ Zwei Stichproben(teile) sind dann voneinander **abhängig**,
  → wenn jedem Wert der einen Stichprobe
  → auf eindeutige Weise
  → genau ein Wert der anderen Stichprobe zugeordnet werden kann.

  Man spricht auch von **gepaarten (verbundenen)** Stichproben.

  Beispiel: Wiederholungsmessungen (Messungen zu mehreren Zeitpunkten) bei **denselben Personen** bzw. **denselben Datensätzen**

▶ Zwei Stichproben(teile) sind voneinander **UNabhängig**,
  → wenn einem Wert der einen Stichprobe
  → KEIN Wert der anderen Stichprobe zugeordnet werden kann.

  Es handelt sich dabei um zwei (oder mehrere) Stichproben(teile), die aus unterschiedlichen (Teil-)Grundgesamtheiten gezogen wurden.

  Beispiel: Männer und Frauen – also **jeweils andere Personen** innerhalb einer Stichprobe bzw. **verschiedene Gruppen von Datensätzen**

Abbildung 121: Abhängige und UNabhängige Stichproben(teile)

Normalverteilungsprüfung vor Mittelwertsvergleichen

Analysieren → Nichtparametrische Tests → Alte Dialogfelder → K-S bei einer Stichprobe...

Liegt Normalverteilung der in weiterer Folge zu analysierenden Mittelwerte vor?

▶ bei Vergleichen unabhängiger Subgruppen für jede Teilstichprobe extra zu bestimmen

▶ ein nicht signifikanter Wert (p > 0,05) bedeutet Normalverteilung

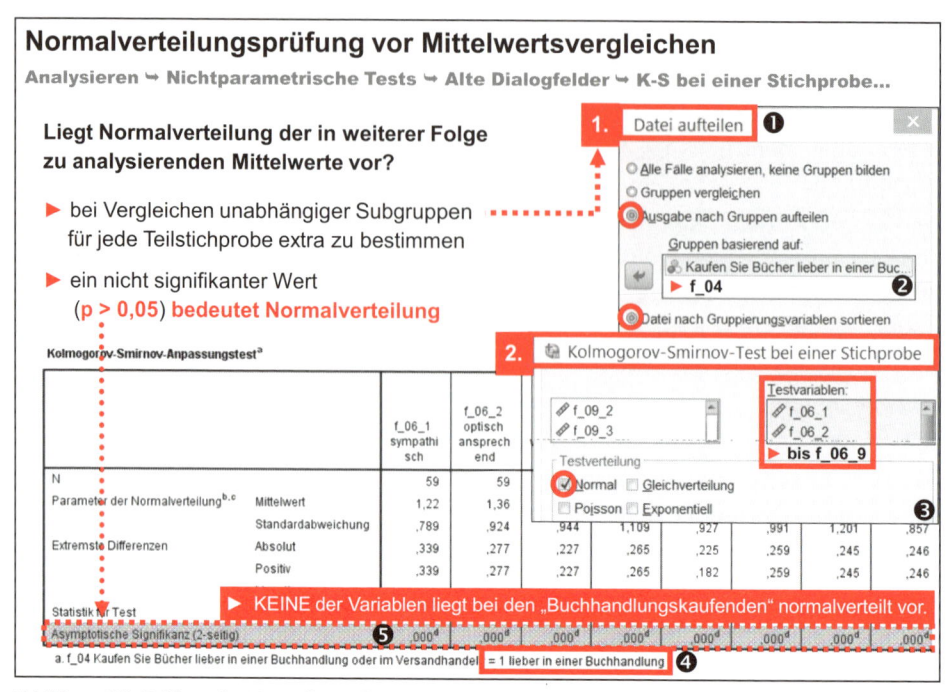

▶ KEINE der Variablen liegt bei den „Buchhandlungskaufenden" normalverteilt vor.

Abbildung 122: Prüfung der Normalverteilung vor Mittelwertsvergleichen

B 4.6.3.3 | Normalverteilungsprüfung

Im Zuge der Signifikanzberechnung von Mittelwertsunterschieden hat eine Normalverteilungsprüfung wie oben erwähnt den Zweck, die Möglichkeiten für ein Parameterverfahren auszuloten.

Ob die Ausprägungen der zu korrelierenden Variablen normalverteilt sind, wird mittels **Kolmogorov-Smirnov-Test** geprüft. Die Umsetzung in SPSS veranschaulicht ABBILDUNG 122.

Möchte man den Mittelwertsvergleich auf unabhängige Stichproben(teile) anwenden, muss die Normalverteilungsprüfung je Teilstichprobe erfolgen.

Im Beispiel in ABBILDUNG *122 soll aus den* BUCHDATEN *geprüft werden, ob Personen, die Bücher lieber in einer Buchhandlung kaufen (Frage 4), andere Ansprüche an Fachbücher haben (Itembatterie der Frage 6 mit insgesamt 9 Items zur Wichtigkeit von Fachbucheigenschaften) als Leute, die Fachbücher lieber auf dem Versandweg beziehen.*

- Da der Mittelwertsvergleich zwischen den Ausprägungen der Frage 4 zwei unabhängige Teilstichproben umfasst, muss die Normalverteilung für jede dieser beiden Gruppen geprüft werden. Dazu wird in einem ersten Schritt über **Daten → Aufgeteilte Datei...** (❶) die Auswertung in die beiden Stichprobenteile gemäß f_04 zerlegt (❷, VGL. DAZU AUCH DIE AUSFÜHRUNGEN RUND UM ABBILDUNG 79 AUF SEITE 222).

- Im nächsten Schritt erfolgt über **Analysieren → Nichtparametrische Tests → Alte Dialogfelder → K-S bei einer Stichprobe...** die eigentliche Normalverteilungsprüfung (❸).

🖥 Die Berechnung des Tests wird einmal für jene, die Fachbücher lieber in einer Buchhandlung kaufen (❹), und einmal für die Versandhandelbefürwortenden durchgeführt und im Viewer angezeigt. Die Warnmeldungen wegen zu geringer Fallzahl gibt SPSS an dieser Stelle aus, weil alle, die bei f_03 mit „nein" geantwortet haben, bei f_04 nur fehlende Werte aufweisen. Nach ihnen kann nicht gruppiert werden.

Bei diesem Test lautet die Nullhypothese: „Es liegt Normalverteilung vor." **Umgekehrt als bei Signifikanzberechnungen(!)** weist deshalb bei diesem Test ein p-Wert größer gleich 0,05 (≥ 5%) auf Normalverteilung hin.

Das Beispiel zeigt: In der Gruppe der Buchhandlungskaufenden ist kein einziger p-Wert größer bzw. gleich 0,05 (❺), Normalverteilung liegt also nirgends vor. Da es für Parameterverfahren notwendig ist, dass die Variablen JEDER Teilgruppe normalverteilt vorliegen, muss man sich bereits an dieser Stelle für ein parameterFREIES Verfahren entscheiden.

Dem Schema in Abbildung 120 auf Seite *276 folgend fällt die Wahl also auf den U-Test [7]: parameterfreier Vergleich der Werte zweier UNabhängiger Stichprobenteile. Der U-Test ist im Beispiel neun Mal auszuführen – ein Mal für jedes Item.*

🖥 Bevor der Signifikanztest aufgerufen wird, darf nicht darauf vergessen werden, über **Daten → Aufgeteilte Datei...** den Auswertungs-Split wieder rückgängig zu machen.

Die folgenden Kapitel demonstrieren der Reihe nach die in Abbildung 120 auf Seite 276 angeführten Testverfahren anhand konkreter Datenbeispiele aus den Buchdaten. Danach gibt Kapitel „B 4.7 | Entscheidungsbaum für Auswertungen" ab Seite 302 (insbesondere Abbildung 133 auf Seite 303) abschließend Entscheidungshilfen für das richtige Auswertungsverfahren. Dabei werden vom einfachen Auswerten einzelner Variablen bis hin zum Prüfen komplexerer Variablenzusammenhänge mit und ohne Signifikanzchecks in einem Gesamtüberblick alle in diesem Buch beschriebenen Auswertungsroutinen zusammengefasst.

B 4.6.3.4 | T-Test für ABhängige Stichproben

Bei einem T-Test für abhängige Stichproben werden ZWEI Mittelwerte derselben Personen bzw. Datensätze miteinander verglichen.

Für jeden Datensatz liegen bei jeder der beiden Vergleichsvariablen Werte vor. Diese sind „gepaart", da die Werte eines Datensatzes (in einer Zeile der Daten) jeweils an derselben Person (oder demselben Gegenstand) erhoben wurden.

Abbildung 123 auf Seite 280 veranschaulicht den T-Test für ZWEI abhängige Stichproben anhand zweier aus der Itembatterie zur Frage 6 der Buchdaten ausgewählten Variablen.

Die konkrete Frage 6 lautet: „Wie muss ein ideales Fachbuch für Sie beschaffen sein, damit Sie es gerne lesen?" Im Beispiel wird der Wichtigkeitsmittelwert von Item f_06_5 „muss einen leicht lesbaren Text haben" dem Mittelwert von Item f_06_8 „muss übersichtlich gestaltet sein" gegenübergestellt.

Da es sich beim T-Test um ein Parameterverfahren handelt, müssen die Messwert**differenzen** der Testvariablen normalverteilt vorliegen. Diese Prüfung erfolgt mittels **Kolmogorov-Smirnov-Test** (vgl. Kapitel „B 4.6.3.3 | Normalverteilungsprüfung" auf Seite 278 f.).

[1] T-Test für 2 abhängige Stichproben

Analysieren ↦ Mittelwerte vergleichen ↦ T-Test bei verbundenen Stichproben...

Unterscheiden sich die beiden Mittelwerte derselben Personen signifikant?

Statistik bei gepaarten Stichproben

		Mittelwert	Standardabweichung
Paaren 1	f_06_5 leicht lesbarer Text	2,37	1,033
	f_06_8 übersichtlich gestaltet	1,86	1,116

❷

▶ Ideale Fachbücher müssen eher übersichtlich gestaltet als leicht lesbar sein.

Test bei gepaarten Stichproben

		Gepaarte Differenzen					T	df	Sig. (2-seitig)
		Mittelwert	Standardabweichung	Standardfehler des Mittelwertes	95% Konfidenzintervall der Differenz				
					Untere	Obere			
Paaren 1	f_06_5 leichter lesbarer Text - f_06_8 übersichtlich gestaltet	,511	1,526	,132	,250	,773	3,865	131	,000

❸

▶ Die beiden Mittelwerte unterscheiden sich signifikant voneinander.

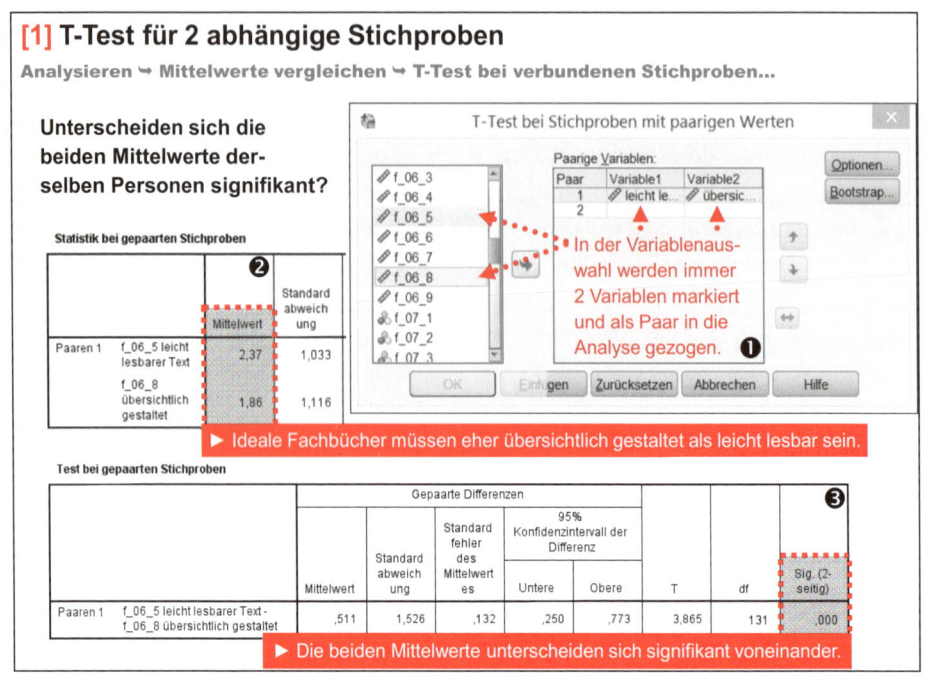

In der Variablenauswahl werden immer 2 Variablen markiert und als Paar in die Analyse gezogen. ❶

Abbildung 123: T-Test für 2 abhängige Stichproben

Der Test ergibt, dass die Messwertdifferenzen[88] beider Variablen NICHT normalverteilt vorliegen. Deshalb sollte der T-Test im Normalfall NICHT angewendet werden, sondern der parameterfreie Wilcoxon-Test (VGL. KAPITEL „B 4.6.3.8 | WILCOXON-TEST" AUF SEITE 293 F.).

Da der T-Test für abhängige Stichproben aber relativ robust auf die Verletzung seiner Voraussetzungen reagiert – also meist noch „richtig" rechnet –, gelangt er oft dennoch zur Anwendung.[89] Auch an dieser Stelle wird deshalb zu Demonstrationszwecken der T-Test ausgeführt und beschrieben.

- Der Aufruf des Tests erfolgt über Analysieren ↦ Mittelwerte vergleichen ↦ T-Test bei verbundenen Stichproben...
- In der Variablenauswahl müssen immer zwei zu vergleichende Variablen (STRG & Mausklick) markiert und in die Auswahl gezogen werden (❶ IN ABBILDUNG 123).

---

[88] Die Messwertdifferenzen werden für jeden Datensatz über Transformieren ↦ Variable berechnen (VGL. KAPITEL „B 4.4.2 | BERECHNEN NEUER VARIABLEN" AB SEITE 235) berechnet und in einer neuen Variable gespeichert.
[89] Forschende im wissenschaftlichen Bereich arbeiten – für Publikationen – oft nur ungern mit parameterfreien Verfahren. Sie lehnen deren niedrigeres Berechnungsniveau auf der Basis von Rangplätzen ab. Man wendet also das Parameterverfahren an und nimmt lieber dessen vergleichsweise geringere Teststärke in Kauf, die aus der Verletzung seiner Voraussetzungen resultiert. Das bedeutet, dass die Fähigkeit des Parameterverfahrens sinkt, einen Unterschied bzw. Zusammenhang als signifikant nachzuweisen. Der Test rechnet also zwar genauer als der parameterfreie, dafür „irrt" er sich leichter. Welchen Weg man hier beschreitet, hängt vor allem vom Verwendungszusammenhang der Testergebnisse ab. Studentische (und viele andere Arbeiten) orientieren sich im Regelfall strikt an den Ergebnissen der Voraussetzungsprüfung und wenden im Zweifelsfall das parameterfreie Verfahren an.

- Ein Klick auf **OK** liefert im Output eine Deskriptivstatistik (❷).

Der Mittelwert von f_06_5 ist deutlich höher als der von f_06_8.

- Die eigentliche Teststatistik zeigt ❸.

Der Mittelwertunterschied ist höchst signifikant. Ideale Fachbücher müssen eher übersichtlich gestaltet (= niedrigerer der beiden Mittelwerte) als leicht lesbar sein.

Achtung: Vergleicht man bipolare Items (wie z.B. in Frage 9 der BUCHDATEN), ist es erforderlich, vor dem Test eine **Richtungsbereinigung** eventuell umgekehrt gepolter Statements durchzuführen (VGL. KAPITEL „B 4.4.1 | (UM-)CODIEREN", DIE ERLÄUTERUNGEN RUND UM ABBILDUNG 87 AUF SEITE 233). Ansonsten werden eventuell Mittelwertsunterschiede interpretiert, die lediglich in der umgekehrten Abfrage im Fragebogen begründet sind.

Eine wissenschaftliche Formulierung könnte (zusätzlich) lauten: *Die Fachbuchanforderungen „übersichtliche Gestaltung" und „leicht lesbarer Text" wurden auf einer 5-stufigen Skala (1 = sehr wichtig; 5 = gar nicht wichtig) abgefragt und mittels gepaartem T-Test auf ihre Unterschiedlichkeit überprüft. Die Mittelwertdifferenz zwischen leichter Lesbarkeit (M = 2,37, SD = 1,033) und übersichtlicher Gestaltung (M = 1,86, SD = 1,116) konnte als höchst signifikant ($t(131) = 3,865$, $p = 0,000$)*[90] *nachgewiesen werden.*

B 4.6.3.5 | Varianzanalyse mit Messwiederholung

Bei einer Varianzanalyse mit Messwiederholung werden MEHR ALS ZWEI Mittelwerte derselben Personen bzw. Datensätze miteinander verglichen.

Für jeden Datensatz liegen bei jeder der Vergleichsvariablen Werte vor. Diese sind „gepaart", da die Werte eines Datensatzes (in einer Zeile der Daten) jeweils an derselben Person (oder demselben Gegenstand) erhoben wurden.

ABBILDUNG 124 AUF SEITE 282 veranschaulicht die Varianzanalyse mit Messwiederholung für MEHR ALS ZWEI abhängige Stichproben anhand aller 9 aus der Itembatterie zur Frage 6 der BUCHDATEN ausgewählten Variablen.

Die konkrete Frage 6 lautet: „Wie muss ein ideales Fachbuch für Sie beschaffen sein, damit Sie es gerne lesen?" Die von 1 = „sehr wichtig" bis 5 = „gar nicht wichtig" skalierten Items bezeichnen die verschiedenen Eigenschaften, die die Befragten in den BUCHDATEN einem guten Fachbuch zuschreiben.

---

[90] *M* (kursiv gesetzt) bezeichnet den Mittelwert, *SD* (ebenfalls kursiv) die Standardabweichung (standard deviation). Ist die Standardabweichung so groß oder größer wie eine ganze Skalenposition, kennzeichnet der Mittelwert die Verteilung nicht so gut: Jeder einzelne Messwert weicht dann im Schnitt eine ganze Skalenposition vom Mittelwert ab. Die Angabe des (kleingeschriebenen, kursiv gesetzten) *t*-Werts dient zur Bezifferung der Größe des Mittelwertsunterschieds: je größer der *t*-Wert, desto größer der Unterschied. Ein eventuelles negatives Vorzeichen vor dem *t*-Wert (wie im SPSS-Output) sollte nicht angeführt werden. Die **Freiheitsgrade** (**df**, degrees of freedom) werden in runden Klammern nach dem *t* angeführt. Sie bezeichnen – vereinfacht formuliert – die Anzahl der Werte, die man ändern könnte, ohne das Gesamtergebnis zu verändern. Freiheitsgrade nehmen in den Berechnungsformeln statistischer Tests eine wichtige Rolle ein und lassen sich am ehesten wie folgt interpretieren: Je mehr Freiheitsgrade einem Ergebnis zugrundeliegen, als desto hochwertiger bzw. fundierter ist es zu betrachten. Der *p*-Wert (p ebenfalls kursiv gesetzt) vervollständigt die Ergebnisdarstellung und bezeichnet die Wahrscheinlichkeit der Nullhypothese (H$_0$: „Es besteht kein realer Zusammenhang.").

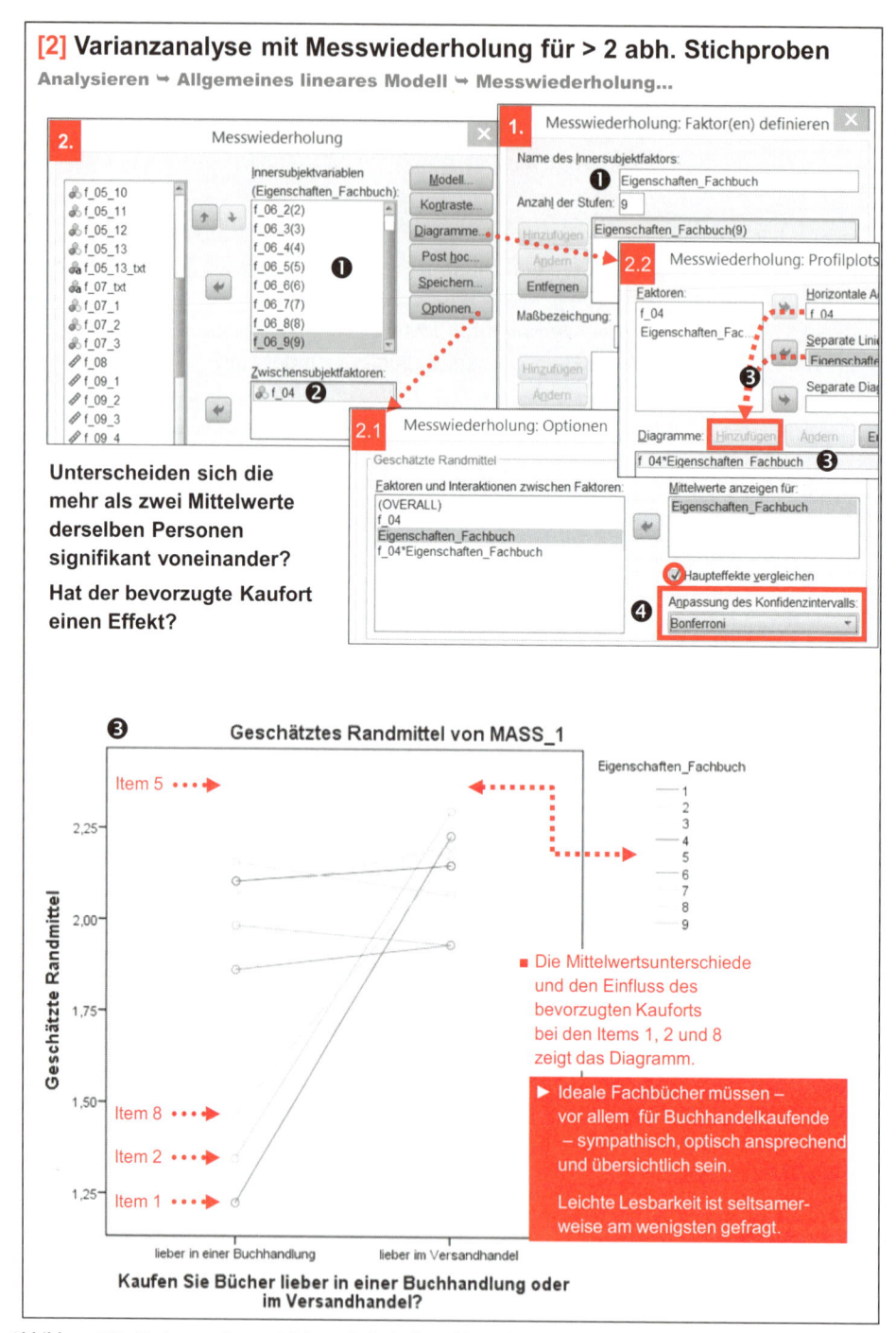

Abbildung 124: Varianzanalyse mit Messwiederholung für mehr als 2 abhängige Stichproben

„Ein Fachbuch muss …" f_06_1: „mir sympathisch sein" | f_06_2: „optisch ansprechend sein" | f_06_3: „leicht verständlich sein" | f_06_4: „interessante Inhalte haben" | f_06_5: „einen leicht lesbaren Text haben" | f_06_6: „einen hohen persönlichen Nutzen haben" | f_06_7: „rasch Informationen liefern" | f_06_8: „übersichtlich gestaltet sein" | f_06_9: „immer wieder Neues zu entdecken haben".

Zusätzlich kann bei der Varianzanalyse mit Messwiederholung auch der etwaige Einfluss nominaler Variablen auf die Mittelwertsunterschiede geprüft werden. Im Beispiel wird untersucht, ob der bevorzugte Buchkaufort (Frage 4) eine Einflussgröße darstellt.

Frage 4 lautet: „Kaufen Sie Bücher lieber in einer Buchhandlung oder im Versandhandel?" mit Antwortmöglichkeit „lieber in einer Buchhandlung" bzw. „lieber im Versandhandel".

Da es sich bei der Varianzanalyse um ein Parameterverfahren handelt, müssen die Testvariablen normalverteilt vorliegen. Diese Prüfung erfolgt mittels **Kolmogorov-Smirnov-Test** (VGL. KAPITEL „B 4.6.3.3 | NORMALVERTEILUNGSPRÜFUNG" AUF SEITE 278 F.).

Der Test ergibt, dass alle 9 Variablen NICHT normalverteilt vorliegen. Die Varianzanalyse mit Messwiederholung sollte deshalb im Normalfall NICHT angewendet werden. Das Testverfahren, das zum Einsatz gelangen muss, ist der parameterfreie Friedman-Test (VGL. KAPITEL „B 4.6.3.9 | FRIEDMAN-TEST" AB SEITE 294).

Da die Varianzanalyse mit Messwiederholung aber relativ robust auf nicht allzu große Verletzungen ihrer Voraussetzungen reagiert – also meist noch „richtig" rechnet –, gelangt sie oft dennoch zur Anwendung.[91] Auch an dieser Stelle wird deshalb zu Demonstrationszwecken die Varianzanalyse mit Messwiederholung ausgeführt und beschrieben.

- Der Aufruf der Varianzanalyse mit Messwiederholung erfolgt über **Analysieren** → **Allgemeines lineares Modell** → **Messwiederholung…**
- Im **1.** Schritt werden die zu testenden 9 Variablen im **Innersubjektfaktor** zusammengefasst. Im Beispiel besitzt der Faktor den Namen „Eigenschaften_Fachbuch", der Faktor umfasst 9 Stufen (❶ IN ABBILDUNG 124). Mit **Definieren** wird er erzeugt.
- Im **2.** Schritt erfolgt die „Befüllung" der 9 Stufen des Innersubjektfaktors mit den 9 Variablen f_06_1 bis f_06_9 (❶). Als eventuelle Einflussvariable auf die Mittelwertsunterschiede wird als **Zwischensubjektfaktor** f_04 eingetragen (❷).
- **2.1** fordert im **Optionen**-Submenü die Anzeige der Mittelwerte für den Innersubjektfaktor „Eigenschaften_Fachbuch" (also alle 9 Testvariablen) an. Um feststellen zu können, welcher Mittelwert sich von welchem signifikant unterscheidet, muss **Haupteffekte vergleichen** angewählt sein. Ein hier gebräuchliches Vergleichsverfahren ist das nach **Bonferroni** (❹).

---

[91] Forschende im wissenschaftlichen Bereich arbeiten – für Publikationen – oft nur ungern mit parameterfreien Verfahren. Sie lehnen deren niedrigeres Berechnungsniveau auf der Basis von Rangplätzen ab. Man wendet also das Parameterverfahren an und nimmt lieber dessen vergleichsweise geringere Teststärke in Kauf, die aus der Verletzung seiner Voraussetzungen resultiert. Das bedeutet, dass die Fähigkeit des Parameterverfahrens sinkt, einen Unterschied bzw. Zusammenhang als signifikant nachzuweisen. Der Test rechnet also zwar genauer als der parameterfreie, dafür „irrt" er sich leichter. Welchen Weg man hier beschreitet, hängt vor allem vom Verwendungszusammenhang der Testergebnisse ab. Studentische (und viele andere Arbeiten) orientieren sich im Regelfall strikt an den Ergebnissen der Voraussetzungsprüfung und wenden im Zweifelsfall das parameterfreie Verfahren an.

📠 Unter **2.2.** können zur besseren Veranschaulichung der Ergebnisse auch **Diagramme** angefordert werden. Dazu klickt man wie im Beispiel auf die Einflussvariable f_04 zur **Horizontalen Achse**. **Separate Linien** soll es für alle 9 Variablen, also für „Eigenschaften_Fachbuch", geben. Um f_04 mit den 9 Variablen diagrammmäßig zu verknüpfen, müssen die beiden Einträge noch über **Hinzufügen** in die Liste der zu zeichnenden Diagramme aufgenommen werden (❸).

📠 Ein Klick auf **OK** führt die Varianzanalyse aus.

Das in Abbildung 124 auf Seite 282 dargestellte Ergebnisdiagramm bietet einen sehr schönen ersten Überblick über die Datenlage.

Die Grafik (❸) zeigt über die Höhe der einzelnen 9 Linien die Mittelwertsunterschiede an. Der laut Frage 4 bevorzugte Kaufort für Bücher hat bei den Items 1, 2 und 8 großen Einfluss auf die Beurteilungsmittelwerte.

Ideale Fachbücher müssen – vor allem für Kaufende im Buchhandel – sympathisch, optisch ansprechend und übersichtlich sein (= Items 1, 2, 8). Leichte Lesbarkeit ist seltsamerweise – unabhängig vom Kaufort – am wenigsten gefragt (vgl. die Pfeilmarkierungen bei den Einzellinien, hier Item 5).

In der Ergebnis-Abbildung 125 auf Seite 285 zeigen ❺ und ❻ die eigentlichen Ergebnisse der Analyse. Standardmäßig „mitgeliefert" wird bei der Varianzanalyse der **Mauchly-Test auf Sphärizität** (❺). Dieser dient der Homogenitätsprüfung der Varianzen.

Varianzhomogenität stellt ja eine der Voraussetzungen für die Anwendung eines Parameterverfahrens wie der Varianzanalyse dar (vgl. Kapitel „B 4.6.3.1 | Parameter- und parameterfreie Verfahren" auf Seite 275 f.). Gleichheit der Varianzen kann verworfen werden, wenn der Mauchly-Test einen p-Wert kleiner als 0,05 ergibt. Wie bei der Normalverteilungsprüfung ist hier – entgegen den sonstigen Konventionen bei Signifikanzprüfungen – ein größerer p-Wert „besser": Liegt der p-Wert bei 5% oder darüber, sind die Varianzen homogen. Ansonsten müsste ein parameterfreies Verfahren (vgl. Kapitel „B 4.6.3.9 | Friedman-Test" ab Seite 294) zur Anwendung gelangen.

Im Beispiel sind die Varianzen homogen (❺).

Der Signifikanzwert (p-Wert) kann deshalb in der Tabelle **Tests der Innersubjekteffekte** der Zeile „Sphärizität angenommen" entnommen werden.

Der p-Wert bestätigt das Diagramm und zeigt, dass es hochsignifikante Unterschiede zwischen den 9 Variablen – auch in Zusammenhang mit dem Kaufort – gibt (❻).

Ist die Sphärizität durch inhomogene Varianzen der Mittelwertsdifferenzvariablen verletzt, müsste bei der Interpretation der Signifikanz der Mittelwertsunterschiede zumindest auf eine der darunterliegenden „korrigierenden" Zeilen zurückgegriffen werden.

Ob die Einflussvariable Kaufort eine Wirkung hat, ist in der Tabelle **Tests der Zwischensubjekteffekte** ersichtlich.

Der niedrige p-Wert weist auf einen hochsignifikanten Einfluss des Kauforts auf die Mittelwertsdifferenzen hin (❼).

Wo (zwischen welchen Items) die zentralen Unterschiede liegen, zeigt der im Menü unter ❹ angeforderte **paarweise Vergleich** (vgl. auch Abbildung 124 auf Seite 282).

[2] Varianzanalyse mit Messwiederholung: Ergebnisauszug

Mauchly-Test auf Sphärizität[a]
Maß: MEASURE_1

Innersubjekteffekt	Mauchly-W	Approx. Chi-Quadrat	df	Sig.
Eigenschaften_Fachbuch	,752	36,552	35	,397

❺ ▸ Wenn der Mauchly-Test signifikant ist, ist die „Sphärizität" durch inhomogene Varianzen der Mittelwertsdifferenzvariablen verletzt. Es muss auf eine der darunterliegenden korrigierenden Zeilen zurückgegriffen werden.

Andernfalls wird der Signifikanzwert in der Zeile „Sphärizität angenommen" abgelesen.

Tests der Innersubjekteffekte
Maß: MEASURE_1

Quelle		Quadratsumme vom Typ III	df	Mittel der Quadrate	F	Sig.
Eigenschaften_Fachbuch	Sphärizität angenommen	43,776	8	5,472	4,714	,000
	Greenhouse-Geisser	43,776	7,473	5,858	4,714	,000
	Huynh-Feldt	43,776	8,000	5,472	4,714	,000
	Untergrenze	43,776	1,000	43,776	4,714	,032
Eigenschaften_Fachbuch * f_04	Sphärizität angenommen	52,518	8	6,565	5,655	,000
	Greenhouse-Geisser	52,518	7,473	7,028	5,655	,000
	Huynh-Feldt	52,518	8,000	6,565	5,655	,000
	Untergrenze	52,518	1,000	52,518	5,655	,000
Fehler	Sphärizität angenommen	1216,6	1048	1,161		

❻ ▸ Es gibt signifikante Unterschiede zwischen den neun Variablen.

Tests der Zwischensubjekteffekte
Maß: MEASURE_1
Transformierte Variable: Mittel

Quelle	Quadratsumme vom Typ III	df	Mittel der Quadrate	F	Sig.
Konstanter Term	4708,11	1	4708,109	4226,74	,000
f_04	28,089	1	28,089	25,217	,000
Fehler	145,919	131	1,114		

❼ ▸ Der Kaufort hat einen signifikanten Einfluss.

Paarweise Vergleiche
Maß: MEASURE_1

(I) Eigenschaften_Fachbuch	(J) Eigenschaften_Fachbuch	Mittlere Differenz (I-J)	Standardfehler	Sig.[b]
1	2	-,102	,132	1,000
	3	-,410	,126	,050
	4	-,400	,128	,078
	5	-,644*	,124	,000
	6	-,173	,134	1,000
	7	-,385	,128	,113
	8	-,092	,118	1,000

❹ ▸ Wo (zwischen welchen Items) die Unterschiede liegen, zeigt der paarweise Vergleich:

z.B. unterscheidet sich Item 1 - „muss sympathisch sein" signifikant von Item 5 - „muss leicht lesbar sein"

▪ Die INHALTLICHE Dimension der Mittelwertsunterschiede (= Höhe der Werte) muss einer Deskriptivstatistik „außerhalb" der Analyse entnommen werden.

Abbildung 125: Varianzanalyse mit Messwiederholung: Ergebnisauszüge

Im Beispiel unterscheidet sich z.B. Item 1 „muss sympathisch sein" signifikant von Item 5 „muss leicht lesbar sein" usw.

Achtung: Vergleicht man bipolare Items (wie z.B. in Frage 9 der BUCHDATEN), ist es erforderlich, vor dem Test eine **Richtungsbereinigung** eventuell umgekehrt gepolter Statements durchzuführen (VGL. KAPITEL „B 4.4.1 | (UM-)CODIEREN", DIE ERLÄUTERUNGEN RUND UM ABBILDUNG 87 AUF SEITE 233). Ansonsten werden unter Umständen Mittelwertunterschiede als signifikant interpretiert, die lediglich in der umgekehrten Abfrage im Fragebogen begründet sind.

Eine wissenschaftliche Ergebnisformulierung könnte (zusätzlich) lauten: *Das Idealprofil von Fachbüchern wurde mittels 9 Rating-Items (1 = sehr wichtig; 5 = gar nicht wichtig) abgefragt. Eine Varianzanalyse mit Messwiederholung sollte die wichtigsten Fachbuch-Eigenschaften identifizieren. Als intervenierende Einflussgröße wurde der bevorzugte Kaufort (Buchhandlung versus Versandhandel) untersucht. Die Ergebnisse der Varianzanalyse – $F(8, 1048) = 4{,}714$, $p = 0{,}000$[92] – sowie eine Deskriptivstatistik zeigen signifikante Unterschiede: Ideale Fachbücher müssen – für Kaufende im Buchhandel – sympathisch, optisch ansprechend und übersichtlich sein. Leichte Lesbarkeit ist – unabhängig vom Kaufort – am wenigsten gefragt.*

B 4.6.3.6 | T-Test für UNabhängige Stichproben

Bei einem T-Test für unabhängige Stichproben werden die Mittelwerte einer Variable zwischen ZWEI unterschiedlichen Personen- (bzw. Datensatz-)Gruppen verglichen.

Auf jeden Fall wird beim T-Test für unabhängige Stichproben eine Gruppenvariable benötigt. Sie enthält für jeden Datensatz die Information über die Gruppenzugehörigkeit. Hat die Gruppenvariable mehr als zwei Ausprägungen, kann man zwei davon für den T-Test auswählen.

ABBILDUNG 126 AUF SEITE 287 veranschaulicht den T-Test für ZWEI unabhängige Stichproben anhand einer aus der Itembatterie zur Frage 6 der BUCHDATEN ausgewählten Variable. Deren Beurteilungsmittelwert wird zwischen den beiden Samplegruppen, die Frage 4 bildet, verglichen.

Die konkrete Frage 6 lautet: „Wie muss ein ideales Fachbuch für Sie beschaffen sein, damit Sie es gerne lesen?" Im Beispiel wird der Wichtigkeitsmittelwert von Item f_06_2 „muss optisch ansprechend sein" zwischen jenen Personen verglichen, die Bücher lieber in einer Buchhandlung kaufen, und jenen, die den Versandhandel bevorzugen (Frage 4).

---

[92] Die Angabe des **F-Wert**s (F kursiv gesetzt) dient zur Bezifferung der Größe der Mittelwertunterschiede: je größer der F-Wert, desto deutlicher ist der Unterschied. Die **Freiheitsgrade** (**df**, degrees of freedom) werden in runden Klammern nach dem F angeführt. Sie bezeichnen – vereinfacht formuliert – die Anzahl der Werte, die man ändern könnte, ohne das Gesamtergebnis zu verändern. Die erste Zahl (8) referenziert auf die Anzahl der 9 Vergleichsvariablen (df = Vergleichswerte - 1), die zweite Zahl (1048) auf die Anzahl der verglichenen Datenwerte (9 Variablen (df = 9 -1) mal jeweils 133 Personen (df = 133 - 1) mit Angaben). Im Beispiel reduziert sich die Zahl 132 um einen weiteren Freiheitsgrad, da in die Analyse auch der Zwischensubjektfaktor f_04 (mit zwei Ausprägungen) mitaufgenommen wurde. Der df-Wert 1048 (8 * 131) entstammt der Tabelle „Tests der Innersubjekteffekte" und wurde der Zeile „Fehler – Sphärizität angenommen" entnommen. Am Ende wird mit dem **p**-Wert (p ebenfalls kursiv gesetzt) die Wahrscheinlichkeit der Nullhypothese (H_0: „Es besteht kein realer Zusammenhang.") angeführt.

Da es sich beim T-Test um ein Parameterverfahren handelt, muss die Testvariable JE VERGLEICHSGRUPPE normalverteilt vorliegen. Diese Prüfung erfolgt mittels **Kolmogorov-Smirnov-Test** (VGL. KAPITEL „B 4.6.3.3 | NORMALVERTEILUNGSPRÜFUNG" AUF SEITE 278 F.), gesondert für jede der beiden Vergleichsgruppen.

Der Normalverteilungstest ergibt, dass die Variable in beiden Vergleichsgruppen NICHT normalverteilt vorliegt. Deshalb sollte der T-Test im Normalfall NICHT angewendet werden, sondern besser der parameterfreie U-Test (VGL. KAPITEL „B 4.6.3.10 | U-TEST" AB SEITE 296).

Da der T-Test für unabhängige Stichproben aber relativ robust auf die Verletzung seiner Voraussetzungen reagiert – also meist noch „richtig" rechnet –, gelangt er oft dennoch zur Anwendung.[93] Auch an dieser Stelle wird deshalb zu Demonstrationszwecken der T-Test ausgeführt und beschrieben.

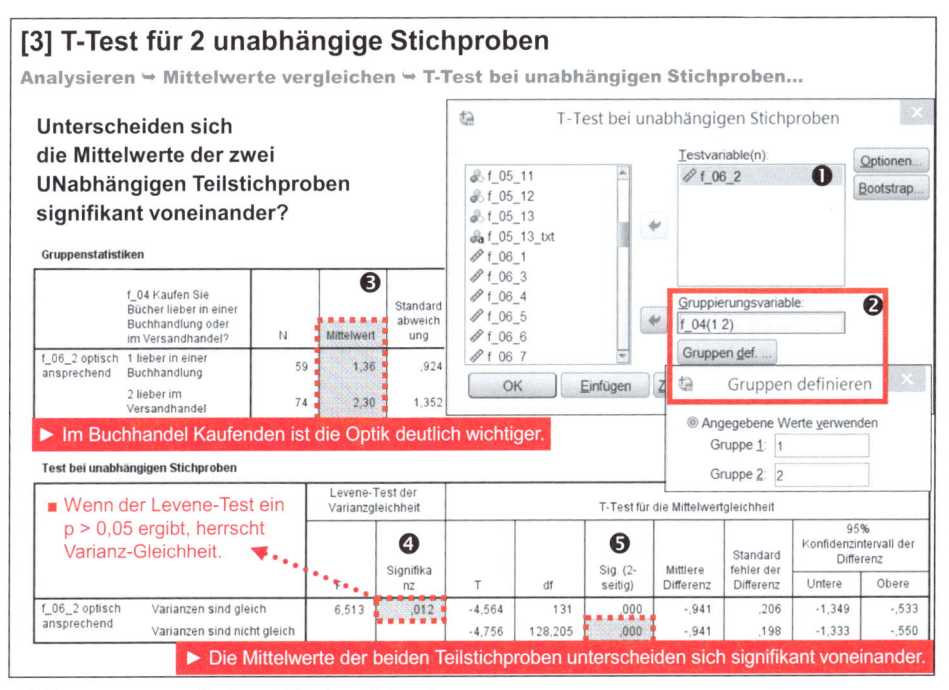

Abbildung 126: T-Test für 2 unabhängige Stichproben

---

[93] Forschende im wissenschaftlichen Bereich arbeiten – für Publikationen – oft nur ungern mit parameterfreien Verfahren. Sie lehnen deren niedrigeres Berechnungsniveau auf der Basis von Rangplätzen ab. Man wendet also das Parameterverfahren an und nimmt lieber dessen vergleichsweise geringere Teststärke in Kauf, die aus der Verletzung seiner Voraussetzungen resultiert. Das bedeutet, dass die Fähigkeit des Parameterverfahrens sinkt, einen Unterschied bzw. Zusammenhang als signifikant nachzuweisen. Der Test rechnet also zwar genauer als der parameterfreie, dafür „irrt" er sich leichter. Welchen Weg man hier beschreitet, hängt vor allem vom Verwendungszusammenhang der Testergebnisse ab. Studentische (und viele andere Arbeiten) orientieren sich im Regelfall strikt an den Ergebnissen der Voraussetzungsprüfung und wenden im Zweifelsfall das parameterfreie Verfahren an.

- **Achtung:** Hat unmittelbar vor der Analyse eine Prüfung auf Normalverteilung der Werte in den Vergleichsgruppen stattgefunden, müssen eingestellte Ergebnis-Splits wieder rückgängig gemacht werden.
- Der Aufruf des Tests erfolgt über **Analysieren** ↪ **Mittelwerte vergleichen** ↪ **T-Test bei unabhängigen Stichproben...**
- Die **Testvariable** ist die Skalenvariable f_06_2 (❶ in Abbildung 126 auf Seite 287). Ihre Mittelwerte werden nach zwei Ausprägungen der **Gruppierungsvariable** f_04 verglichen (❷). SPSS verlangt hier in jedem Fall die Eingabe der beiden Codes der zu vergleichenden Gruppen, auch wenn die Variable ohnehin nur zwei Ausprägungen enthält.
- Ein Klick auf **OK** liefert im Output eine Deskriptivstatistik (❸).

Die Deskriptivstatistik zeigt, dass der Mittelwert in einer der beiden Vergleichsgruppen deutlich niedriger ist.

- Die eigentlichen Teststatistiken zeigen ❹ und ❺.

Der **Levene-Test** (❹ in Abbildung 126 auf Seite 287) dient zur Überprüfung der Homogenität der Varianzen der beiden Vergleichsgruppen. Varianzhomogenität stellt ja eine der Voraussetzungen für die Anwendung eines Parameterverfahrens dar (vgl. Kapitel „B 4.6.3.1 | Parameter- und parameterfreie Verfahren" auf Seite 275 f.). Varianzgleichheit kann verworfen werden, wenn der Levene-Test ein $p < 0,05$ ergibt. Wie bei der Normalverteilungsprüfung ist hier – entgegen den Konventionen bei Signifikanzprüfungen – ein größerer p-Wert „besser": Denn die Nullhypothese beim Levene-Test lautet: „Es liegt Varianzgleichheit vor." Liegt der p-Wert unter 5%, sind also die Varianzen heterogen. Ein parameterfreies Verfahren (vgl. Kapitel „B 4.6.3.10 | U-Test" ab Seite 296) muss zur Anwendung gelangen.

Dies ist im Beispiel der Fall.

Möchte man die Testergebnisse trotzdem interpretieren, sind die Signifikanzwerte aus der zweiten Zeile der Teststatistik „Varianzen sind nicht gleich" zu entnehmen (vgl. die Markierung des p-Werts in Spalte ❺). Der T-Test führt nämlich auch dann noch zu sinnvollen Ergebnissen (er ist relativ „robust"), wenn seine Voraussetzungen verletzt sind (vgl. dazu auch Fussnote 93 auf der vorherigen Seite). Erst wenn die Stichprobenumfänge der zu vergleichenden Teilgruppen sehr unterschiedlich sind UND die Varianzen ungleich, sollte unbedingt auf ein parameterfreies Verfahren zurückgegriffen werden.

Im Fall homogener (gleicher) Varianzen müssten die T-Test-Ergebnisse aus der ersten Zeile der Teststatistik entnommen werden.

Im abgebildeten Beispiel unterscheiden sich die Mittelwerte der beiden Teilstichproben signifikant voneinander. Personen, die Bücher lieber im Buchhandel kaufen, ist bei Fachbüchern die Optik deutlich wichtiger als Versandhandelaffinen.

Eine wissenschaftliche Ergebnisformulierung könnte (zusätzlich) lauten: *Die Wichtigkeit „optischen Ansprechens" wurde auf einer 5-stufigen Skala (1 = sehr wichtig; 5 = gar nicht wichtig) abgefragt und mittels T-Test für unabhängige Stichproben zwischen Buchhan-*

dels- und Versandkaufenden auf ihre Unterschiedlichkeit hin überprüft. Die Mittelwertsdifferenz von Buchhandelaffinen (M = 1,36, SD = 0,924) zu Versandhandel-Befürwortenden (M = 2,30, SD = 1,352) erwies sich als höchst signifikant (t(131) = 4,564, p = 0,000)[94].

B 4.6.3.7 | Varianzanalyse für unabhängige Stichproben (ANOVA)

Bei einer Varianzanalyse für unabhängige Stichproben (ANOVA) werden die Mittelwerte einer Variable zwischen MEHR ALS ZWEI unterschiedlichen Personen- (bzw. Datensatz-) Gruppen miteinander verglichen.

Auf jeden Fall wird bei der Varianzanalyse für unabhängige Stichproben eine Gruppenvariable benötigt. Sie enthält für jeden Datensatz die Information über dessen Gruppenzugehörigkeit. Diese Gruppenvariable hat hier mehr als zwei Ausprägungen (sonst gelangt der T-Test (VGL. KAPITEL „B 4.6.3.6 | T-TEST FÜR UNABHÄNGIGE STICHPROBEN AB SEITE 286) zur Anwendung).

ABBILDUNG 127 AUF SEITE 290 veranschaulicht die Varianzanalyse für MEHR ALS ZWEI unabhängige Stichproben anhand einer aus den Items der Frage 9 der BUCHDATEN ausgewählten Variablen. Der Beurteilungsmittelwert dieser Variable wird zwischen den drei Samplegruppen, die Frage 15 bildet, verglichen.

Die konkrete Frage 9 lautet: „Wie sehr treffen die positiven oder negativen Ausprägungen der folgenden Eigenschaften Ihrer Ansicht nach auf Fachbücher zu?" Im Beispiel wird der Beurteilungsmittelwert von f_09_1 „sympathisch – unsympathisch" zwischen jenen Personen verglichen, die auf Frage 15 „Welche Art von Texten lesen Sie am liebsten?" mit „kurze Artikel in Zeitungen, Zeitschriften, online ..." oder „Romane, Belletristik" oder „Sach- und Fachbücher" geantwortet haben.

Da es sich bei der Varianzanalyse um ein Parameterverfahren handelt, muss die Testvariable JE VERGLEICHSGRUPPE normalverteilt vorliegen. Diese Prüfung erfolgt mittels **Kolmogorov-Smirnov-Test** (VGL. KAPITEL „B 4.6.3.3 | NORMALVERTEILUNGSPRÜFUNG" AUF SEITE 278 F.), gesondert für jede der beiden Vergleichsgruppen.

Der Normalverteilungstest ergibt, dass die Variable in allen drei Vergleichsgruppen NICHT normalverteilt vorliegt. Die Varianzanalyse sollte deshalb im Normalfall NICHT angewendet werden. Zum Einsatz gelangen muss also der parameterfreie Kruskal-Wallis-Test (VGL. KAPITEL „B 4.6.3.11 | KRUSKAL-WALLIS-TEST" AB SEITE 298).

---

[94] **M** (kursiv gesetzt) bezeichnet den Mittelwert, **SD** (ebenfalls kursiv) die Standardabweichung (standard deviation). Ist die Standardabweichung so groß oder größer wie eine ganze Skalenposition, kennzeichnet der Mittelwert die Verteilung nicht so gut: Jeder einzelne Messwert weicht dann im Schnitt eine ganze Skalenposition vom Mittelwert ab. Die Angabe des (kleingeschriebenen, kursiv gesetzten) *t*-Werts dient zur Bezifferung der Größe des Mittelwertsunterschieds: je größer der *t*-Wert, desto größer der Unterschied. Ein eventuelles negatives Vorzeichen vor dem *t*-Wert (wie im SPSS-Output) sollte nicht angeführt werden. Die **Freiheitsgrade** (**df**, degrees of freedom) werden in runden Klammern nach dem *t* angeführt. Sie bezeichnen – vereinfacht formuliert – die Anzahl der Werte, die man ändern könnte, ohne das Gesamtergebnis zu verändern. Freiheitsgrade nehmen in den Berechnungsformeln statistischer Tests eine wichtige Rolle ein und lassen sich am ehesten wie folgt interpretieren: Je mehr Freiheitsgrade einem Ergebnis zugrundeliegen, als desto hochwertiger bzw. fundierter ist es zu betrachten. Der ***p***-Wert (*p* ebenfalls kursiv gesetzt) vervollständigt die Ergebnisdarstellung und bezeichnet die Wahrscheinlichkeit der Nullhypothese (H₀: „Es besteht kein realer Zusammenhang.").

[4] Einfaktorielle Varianzanalyse für mehr als 2 unabh. Stichproben
Analysieren → Mittelwerte vergleichen → Einfaktorielle Varianzanalyse…

Unterscheiden sich die Mittelwerte der mehr als zwei UNabhängigen Teilstichproben signifikant voneinander?

- Wenn der Levene-Test ein p ≥ 0,05 ergibt, herrscht Varianz-Gleichheit.

Test der Homogenität der Varianzen
f_09_1 sympathisch - unsympathisch

Levene-Statistik	df1	df2	Signifikanz
26,813	2	457	,000

▶ Hier gibt es KEINE Varianzhomogenität.

Einfaktorielle ANOVA
f_09_1 sympathisch - unsympathisch

	Quadratsumme	df	Mittel der Quadrate	F	Signifikanz
Zwischen den Gruppen	120,380	2	60,190	23,034	,000
Innerhalb der Gruppen	1194,17	457	2,613		
Gesamt	1314,55	459			

▶ Es gibt signifikante Mittelwertsunterschiede zwischen 2 oder mehr Teilstichproben(gruppen).

▶ Die Varianzanalyse zeigt nur auf, ob es signifikante Mittelwertsunterschiede gibt.

▶ Zwischen welchen Gruppen wie starke Unterschiede bestehen, geben **Deskriptivstatistik** und **Post-hoc-Test** an.

▶ Bei Varianzgleichheit:
- **Bonferroni**

▶ Bei VarianzUNgleichheit:
- **Tamhane-T2**

ONEWAY deskriptive Statistiken
f_09_1 sympathisch - unsympathisch

Frage 15: „Welche Art von Texten lesen Sie am liebsten?"

	N	Mittelwert	Standardabweichung
1 kurze Artikel in Zeitungen, Zeitschriften, online …	262	4,46	1,660
2 Romane, Belletristik	110	4,46	1,831
3 Sach- und Fachbücher	88	3,16	1,123
Gesamt	460	4,21	1,692

Mehrfachvergleiche
Abhängige Variable: f_09_1 sympathisch - unsympathisch

	(I) f_15 Welche Art von Texten lesen Sie am liebsten?	(J) f_15 Welche Art von Texten lesen Sie am liebsten?	Mittlere Differenz (I-J)	Standardfehler	Signifikanz
Bonferroni	1 kurze Artikel in Zeitungen, Zeitschriften, online …	2 Romane, Belletristik	-,006	,184	1,000
		3 Sach- und Fachbücher	1,299*	,199	,000
	2 Romane, Belletristik	1 kurze Artikel in Zeitungen, Zeitschriften, online …	,006	,184	1,000
		3 Sach- und Fachbücher	1,305*	,231	,000
	3 Sach- und Fachbücher	1 kurze Artikel in Zeitungen, Zeitschriften, online …	-1,299*	,199	,000
		2 Romane, Belletristik	-1,305*	,231	,000
Tamhane	1 kurze Artikel in Zeitungen, Zeitschriften, online …	2 Romane, Belletristik	-,006	,202	1,000
		3 Sach- und Fachbücher	1,299*	,158	,000
	2 Romane, Belletristik	1 kurze Artikel in Zeitungen, Zeitschriften, online …	,006	,202	1,000
		3 Sach- und Fachbücher	1,305*	,212	,000
	3 Sach- und Fachbücher	1 kurze Artikel in Zeitungen, Zeitschriften, online …	-1,299*	,158	,000
		2 Romane, Belletristik	-1,305*	,212	,000

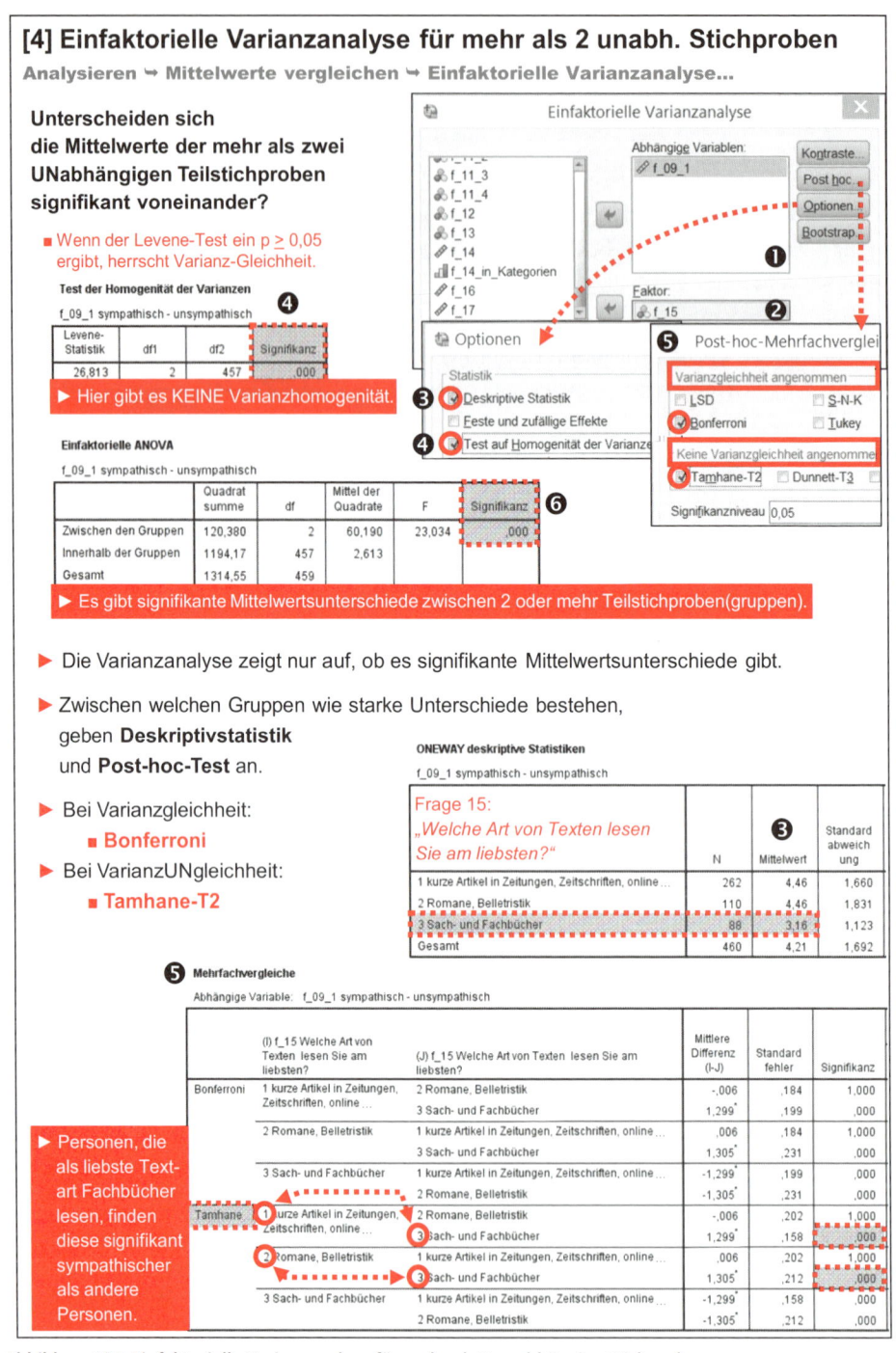

▶ Personen, die als liebste Textart Fachbücher lesen, finden diese signifikant sympathischer als andere Personen.

Abbildung 127: Einfaktorielle Varianzanalyse für mehr als 2 unabhängige Stichproben

Da die Varianzanalyse aber relativ robust auf nicht allzu große Verletzungen ihrer Voraussetzungen reagiert – also meist noch „richtig" rechnet –, gelangt sie oft dennoch zur Anwendung.[95] Auch an dieser Stelle wird deshalb zu Demonstrationszwecken die Varianzanalyse ausgeführt und beschrieben.

- **Achtung:** Hat unmittelbar vor der Analyse eine Prüfung auf Normalverteilung der Werte in den Vergleichsgruppen stattgefunden, müssen eingestellte Ergebnis-Splits wieder rückgängig gemacht werden.
- Der Aufruf der Varianzanalyse erfolgt über Analysieren ↪ Mittelwerte vergleichen ↪ Einfaktorielle Varianzanalyse…
- Die Abhängige Variable ist die Skalenvariable f_09_1 (❶ IN ABBILDUNG 127 AUF SEITE 290). Ihre Mittelwerte werden nach den Ausprägungen der Gruppierungsvariable Faktor f_15 verglichen (❷).

In die Analyse werden ALLE Ausprägungen der Faktor-Variable miteinbezogen. Liegt eine Untergruppe in geringer Menge vor oder interessieren nicht alle Teilstichproben, müssen die Daten vor der Varianzanalyse gefiltert werden (VGL. ABBILDUNG 78 AUF SEITE 221).

- Im Optionen-Submenü ist es sinnvoll, eine Deskriptivstatistik (❸) und den Test auf Homogenität der Varianzen (❹) anzufordern. Die Varianzhomogenität ist ja neben der Normalverteilung eine weitere Voraussetzung parametrischer Tests.

Die Varianzanalyse zeigt nur auf, ob es signifikante Mittelwertsunterschiede gibt. Zwischen welchen Gruppen wie starke Unterschiede bestehen, geben Deskriptivstatistik und Post-hoc-Test an.

- Der Post hoc…-Subdialog (❺) ermöglicht die Auswahl entsprechender Mehrfachvergleichstests für Datenlagen MIT und OHNE Varianzhomogenität. Gerne gewählt werden hier die Tests nach Bonferroni und Tamhane-T2.
- Ein Klick auf OK liefert den Output der Varianzanalyse.

Der **Levene-Test** (❹) dient zur Überprüfung der Homogenität der Varianzen der drei Vergleichsgruppen. Varianzhomogenität stellt ja eine der Voraussetzungen für die Anwendung eines Parameterverfahrens dar (VGL. KAPITEL „B 4.6.3.1 | PARAMETER- UND PARAMETERFREIE VERFAHREN" AUF SEITE 275 F.).

Gleichheit der Varianzen kann verworfen werden, wenn der Levene-Test ein $p < 0{,}05$ ergibt. Wie bei der Normalverteilungsprüfung ist hier – entgegen den sonstigen Konventionen bei Signifikanzprüfungen – ein größerer p-Wert „besser".

---

[95] Forschende im wissenschaftlichen Bereich arbeiten – für Publikationen – oft nur ungern mit parameterfreien Verfahren. Sie lehnen deren niedrigeres Berechnungsniveau auf der Basis von Rangplätzen ab. Man wendet also das Parameterverfahren an und nimmt lieber dessen vergleichsweise geringere Teststärke in Kauf, die aus der Verletzung seiner Voraussetzungen resultiert. Das bedeutet, dass die Fähigkeit des Parameterverfahrens sinkt, einen Unterschied bzw. Zusammenhang als signifikant nachzuweisen. Der Test rechnet also zwar genauer als der parameterfreie, dafür „irrt" er sich leichter. Welchen Weg man hier beschreitet, hängt vor allem vom Verwendungszusammenhang der Testergebnisse ab. Studentische (und viele andere Arbeiten) orientieren sich im Regelfall strikt an den Ergebnissen der Voraussetzungsprüfung und wenden im Zweifelsfall das parameterfreie Verfahren an.

Denn die Nullhypothese beim Levene-Test lautet: „Es liegt Varianzgleichheit vor." Liegt der p-Wert unter 5%, sind also die Varianzen heterogen und ein parameterfreies Verfahren (VGL. KAPITEL „B 4.6.3.11 | KRUSKAL-WALLIS-TEST" AB SEITE 298) muss zur Anwendung gelangen.

Dies ist im Beispiel der Fall.

Wenn die einzelnen Zellen größenmäßig ähnlich besetzt sind, ist die Varianzanalyse relativ robust gegenüber Verletzungen ihrer Prämissen und kann deshalb trotzdem zur Anwendung gelangen (VGL. DAZU AUCH FUßNOTE 95 AUF DER VORHERIGEN SEITE).

Dies ist im Beispiel nicht der Fall.

Interpretiert man die Testergebnisse der Varianzanalyse trotz fehlender Voraussetzungen zu Demonstrationszwecken, zeigt sich in der Ergebnistabelle der einfaktoriellen Varianzanalyse ein hoher Signifikanzwert (❻).

Dieser Wert sagt aus, DASS es signifikante Mittelwertsunterschiede gibt.

Der hohe Signifikanzwert verweist aber wie oben angeführt nicht darauf, wo bzw. zwischen welchen Teilstichproben(gruppen) die Unterschiede stark sind. Dazu sind Deskriptivstatistik und Post-hoc-Test notwendig.

Die Deskriptivstatistik zeigt, dass der Mittelwert bei jenen Personen am geringsten ist, die am liebsten Fach- und Sachbücher lesen (❸). Bei den beiden anderen Antwortgruppen der Frage 15 sind die Mittelwerte gleich groß.

Wegen fehlender Varianzgleichheit wird nicht der **Bonferroni-Post-hoc-Test**, sondern der **T2-Test nach Tamhane** interpretiert:

Auch der Tamhane-Test macht deutlich: Personen, die als liebste Textart Sach- und Fachbücher lesen, finden diese signifikant sympathischer als andere Personen (❺).

Eine **wissenschaftliche Ergebnisformulierung** könnte (zusätzlich) lauten: *Die Sympathie von Fachbüchern wurde auf einer 6-stufigen bipolaren Skala (1 = sehr sympathisch; 6 = sehr unsympathisch) abgefragt und mittels einfaktorieller Varianzanalyse zwischen jenen Personen verglichen, die am liebsten Kurzartikel, Belletristik oder Fachbücher lesen. Die Mittelwertsdifferenzen (Affinität für Kurzartikel M = 4,46, SD = 1,660; Belletristik M = 4,46, SD = 1,831; Fachbücher M = 3,16, SD = 1,123) konnten als höchst signifikant ($F(2,457) = 23,034, p = 0,000$)[96] zwischen Fachbuchaffinen und allen anderen nachgewiesen werden.*

---

[96] **M** (kursiv gesetzt) bezeichnet den Mittelwert, **SD** (ebenfalls kursiv) die Standardabweichung (standard deviation). Ist die Standardabweichung so groß oder größer wie eine ganze Skalenposition, kennzeichnet der Mittelwert die Verteilung nicht so gut: Jeder einzelne Messwert weicht dann im Schnitt eine ganze Skalenposition vom Mittelwert ab. Die Angabe des **F-Wert**s (F ebenfalls kursiv) dient zur Bezifferung der Größe des Mittelwertsunterschieds: je größer der F-Wert, desto deutlicher ist der Unterschied. Die **Freiheitsgrade** (**df**, degrees of freedom) werden in runden Klammern nach dem F angeführt. Sie bezeichnen – vereinfacht formuliert – die Anzahl der Werte, die man ändern könnte, ohne das Gesamtergebnis zu verändern. Die erste Zahl (2) referenziert auf die Anzahl der Vergleichsgruppen (df = Vergleichsgruppen - 1), die zweite Zahl (457) auf die Anzahl der verglichenen Datensätze, die die drei Vergleichsgruppen umfassen (df = Anzahl der Datensätze - Anzahl der Vergleichsgruppen). Der **p**-Wert (p ebenfalls kursiv gesetzt) vervollständigt die Ergebnisdarstellung und bezeichnet die Wahrscheinlichkeit der Nullhypothese (H$_0$: „Es besteht kein realer Zusammenhang.").

Die hier beschriebene Varianzanalyse war die EINfaktorielle. Eine MEHRfaktorielle Varianzanalyse würde herausarbeiten, welche FaktorEN Einfluss auf Mittelwerte haben – je für sich bzw. in Wechselwirkung zueinander. Die Frage dazu: Addiert sich der Einfluss der Faktoren oder bewirkt der EINE Faktor eine Abschwächung bzw. Verstärkung des ANDEREN?

B 4.6.3.8 | Wilcoxon-Test

Bei einem Wilcoxon-Test für abhängige Stichproben werden ZWEI Messwerte derselben Personen (bzw. Datensätze) miteinander verglichen.

Für jeden Datensatz liegen bei jeder der beiden Vergleichsvariablen Werte vor.

Diese sind „gepaart", da die Werte eines Datensatzes (in einer Zeile der Daten) jeweils an derselben Person (oder demselben Gegenstand) erhoben wurden.

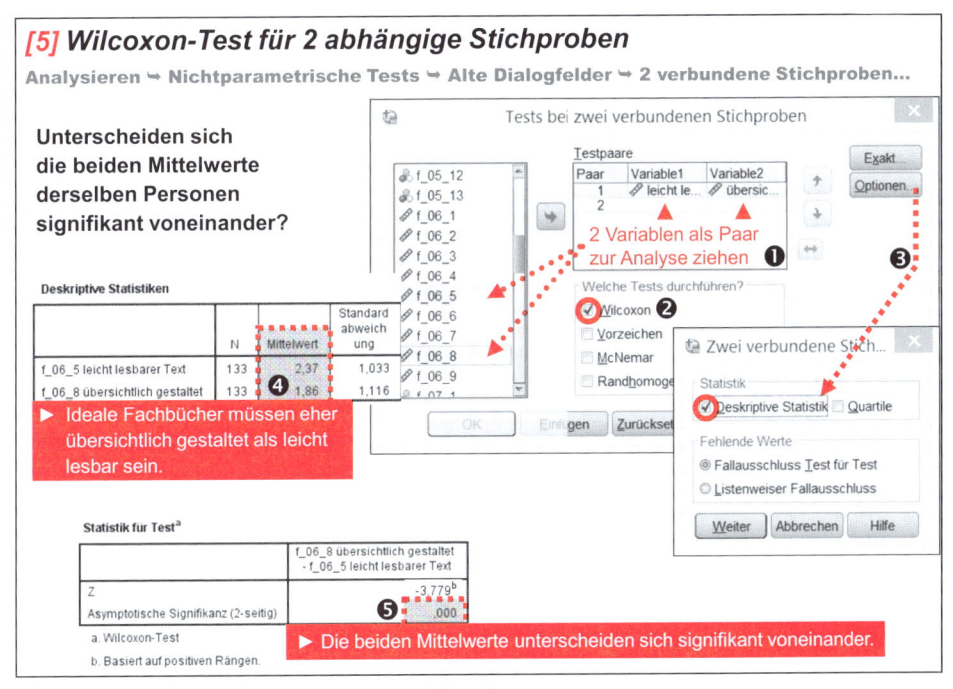

Abbildung 128: Wilcoxon-Test für 2 abhängige Stichproben

ABBILDUNG 128 veranschaulicht den Wilcoxon-Test für ZWEI abhängige Stichproben anhand zweier aus den Items zur Frage 6 der BUCHDATEN ausgewählten Variablen.

Die konkrete Frage 6 lautet: „Wie muss ein ideales Fachbuch für Sie beschaffen sein, damit Sie es gerne lesen?" Im Beispiel wird der Wichtigkeitsmittelwert von Item f_06_5 „muss einen leicht lesbaren Text haben" dem Mittelwert von f_06_8 „muss übersichtlich gestaltet sein" gegenübergestellt.

Da es sich beim Wilcoxon-Test um ein parameterfreies Verfahren handelt, müssen die Testvariablen NICHT auf Normalverteilung geprüft werden. Parameterfreie Tests sind verteilungsunabhängig und können immer angewendet werden.

- Der Aufruf des Tests erfolgt über **Analysieren** ↪ **Nichtparametrische Tests** ↪ **Alte Dialogfelder** ↪ **2 verbundene Stichproben...**
- In der Variablenauswahl müssen immer zwei zu vergleichende Variablen (**STRG** & **Mausklick**) markiert und in die Auswahl gezogen werden (❶).
- Der Wilcoxon-Test wird unter den zur Verfügung stehenden Tests ausgewählt (❷).
- Das Submenü **Optionen** ermöglicht die Anforderung einer Deskriptivstatistik (❸). Nur damit können die Mittelwertsunterschiede auch inhaltlich interpretiert werden.
- Ein Klick auf **OK** liefert im Output eine Deskriptivstatistik (❹).

Der Mittelwert von f_06_5 ist deutlich höher als der von f_06_8.

- Die eigentliche Teststatistik zeigt ❺.

Der Mittelwertsunterschied ist höchst signifikant. Ideale Fachbücher müssen eher übersichtlich gestaltet (niedrigerer der beiden Mittelwerte) als leicht lesbar sein.

Achtung: Vergleicht man bipolare Items (wie z.B. in Frage 9 der BUCHDATEN), ist es erforderlich, vor dem Test eine **Richtungsbereinigung** eventuell umgekehrt gepolter Statements durchzuführen (VGL. KAPITEL „B 4.4.1 | (UM-)CODIEREN", DIE ERLÄUTERUNGEN RUND UM ABBILDUNG 87 AUF SEITE 233). Ansonsten werden Mittelwertsunterschiede als signifikant interpretiert, die lediglich in der umgekehrten Abfrage im Fragebogen begründet sind.

Eine **wissenschaftliche Ergebnisformulierung** könnte (zusätzlich) lauten: *Die Fachbuchanforderungen „übersichtliche Gestaltung" und „leicht lesbarer Text" wurden auf einer 5-stufigen Skala (1 = sehr wichtig; 5 = gar nicht wichtig) abgefragt und mittels parameterfreiem Wilcoxon-Test auf ihre Unterschiedlichkeit hin überprüft. Die Mittelwertsdifferenz zwischen leichter Lesbarkeit (M = 2,37, SD = 1,033) und übersichtlicher Gestaltung (M = 1,86, SD = 1,116) erwies sich als höchst signifikant (Z(n = 133) = -3,779, p = 0,000)*[97].

B 4.6.3.9 | Friedman-Test

Bei einem Friedman-Test für abhängige Stichproben werden MEHR ALS ZWEI Messwerte derselben Personen bzw. Datensätze miteinander verglichen.

---

[97] *M* (kursiv gesetzt) bezeichnet den Mittelwert, *SD* (ebenfalls kursiv) die Standardabweichung (standard deviation). Ist die Standardabweichung so groß oder größer wie eine ganze Skalenposition, kennzeichnet der Mittelwert die Verteilung nicht so gut: Jeder einzelne Messwert weicht dann im Schnitt eine ganze Skalenposition vom Mittelwert ab. Die Angabe des (kursiv gesetzten) *Z*-Werts dient zur Bezifferung der Größe des Unterschieds: je größer der *Z*-Wert, desto größer der Unterschied. Innerhalb der runden Klammern nach dem *Z*-Wert wird der Stichprobenumfang (*n* kursiv gesetzt, Anzahl der Personen, deren beide Werte in den Vergleich einfließen) angegeben. (Um diesen „gemeinsamen" Stichprobenumfang angeben zu können, muss über **Analysieren** ↪ **Deskriptive Statistik** ↪ **Explorative Datenanalyse...** eine Deskriptivstatistik mit **Listenweisem Fallausschluss** berechnet werden.) Am Ende wird mit dem *p*-Wert (p ebenfalls kursiv gesetzt) die Wahrscheinlichkeit der Nullhypothese (H$_0$: „Es besteht kein realer Zusammenhang.") angeführt.

Für jeden Datensatz liegen bei jeder der Vergleichsvariablen Werte vor. Alle Vergleichswerte sind „gepaart", da sie jeweils an derselben Person (oder demselben Gegenstand) erhoben wurden. Die zu vergleichenden Daten befinden sich also jeweils innerhalb eines Datensatzes (in einer Zeile der Daten).

ABBILDUNG 129 veranschaulicht den Friedman-Test für MEHR ALS ZWEI abhängige Stichproben anhand aller 9 aus der Itembatterie zur Frage 6 der BUCHDATEN ausgewählten Variablen.

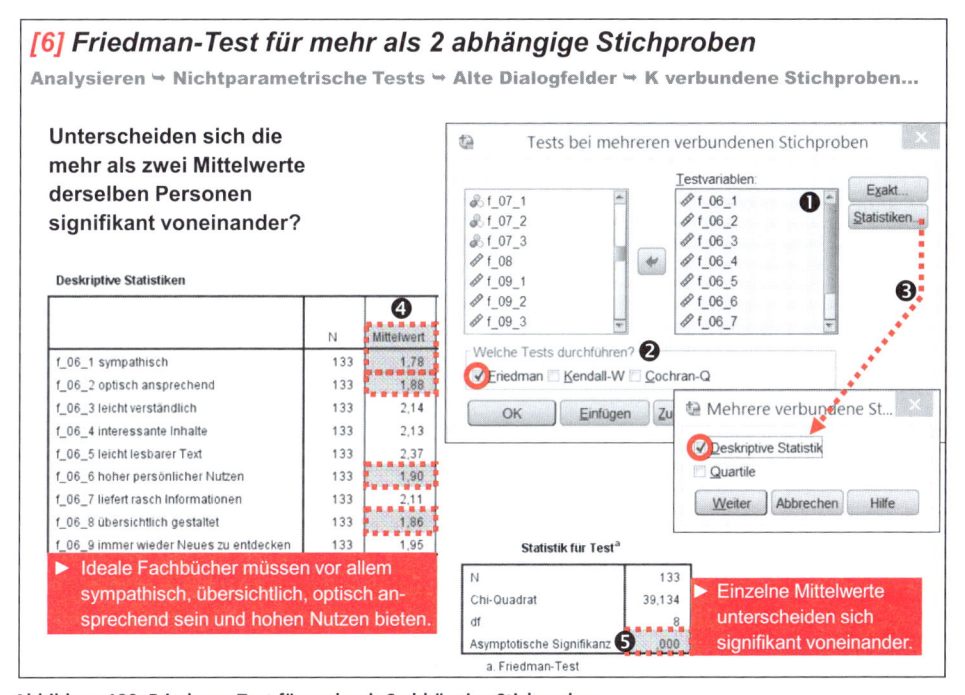

Abbildung 129: Friedman-Test für mehr als 2 abhängige Stichproben

Die konkrete Frage 6 lautet: „Wie muss ein ideales Fachbuch für Sie beschaffen sein, damit Sie es gerne lesen?" Im Beispiel werden die Wichtigkeitsmittelwerte von Item f_06_1 bis Item f_06_9 miteinander verglichen. Die 9 Items bezeichnen folgende Wichtigkeitsaspekte: Ein Fachbuch muss ... f_06_1: „mir sympathisch sein" | f_06_2: „optisch ansprechend sein" | f_06_3: „leicht verständlich sein" | f_06_4: „interessante Inhalte haben" | f_06_5: „einen leicht lesbaren Text haben" | f_06_6: „einen hohen persönlichen Nutzen haben" | f_06_7: „rasch Informationen liefern" | f_06_8: „übersichtlich gestaltet sein" | f_06_9: „immer wieder Neues zu entdecken haben".

Da es sich beim Friedman-Test um ein parameterfreies Verfahren handelt, müssen die Testvariablen NICHT auf Normalverteilung geprüft werden. Parameterfreie Tests sind verteilungsunabhängig und können immer angewendet werden.

- Der Aufruf des Tests erfolgt über **Analysieren ↪ Nichtparametrische Tests ↪ Alte Dialogfelder ↪ K verbundene Stichproben...**

- Die zu vergleichenden 9 Variablen werden in die Auswahl gezogen (❶).
- Unter den verfügbaren Tests wird der Friedman-Test ausgewählt (❷).
- Das Submenü **Statistiken** ermöglicht die Anforderung einer Deskriptivstatistik (❸). Nur damit kann man Mittelwertsunterschiede auch inhaltlich interpretieren.
- Ein Klick auf **OK** liefert im Output eine Deskriptivstatistik (❹).

Die Mittelwertsübersicht zeigt: Ideale Fachbücher müssen vor allem sympathisch, übersichtlich, optisch ansprechend sein und hohen Nutzen bieten. Leicht lesbarer Text ist interessanterweise am wenigsten wichtig.

- Die eigentliche Teststatistik zeigt ❺.

Einzelne Mittelwerte unterscheiden sich hochsignifikant voneinander (p-Wert von 0,0).

WELCHE Mittelwerte signifikante Unterschiede aufweisen, kann aus diesem Ergebnis NICHT abgelesen werden. Hierzu könnte man parameterfrei den paarweisen Wilcoxon-Test (VGL. KAPITEL „B 4.6.3.8 | WILCOXON-TEST" AUF SEITE 293 F.) anwenden (für Zweierkombinationen von Variablenvergleichen).

Achtung: Vergleicht man bipolare Items (wie z.B. in Frage 9 der BUCHDATEN), ist es erforderlich, vor dem Test eine **Richtungsbereinigung** eventuell umgekehrt gepolter Statements durchzuführen (VGL. KAPITEL „B 4.4.1 | (UM-)CODIEREN", DIE ERLÄUTERUNGEN RUND UM ABBILDUNG 87 AUF SEITE 233). Ansonsten werden Mittelwertsunterschiede als signifikant interpretiert, die lediglich in einer umgekehrten Abfrage im Fragebogen begründet sind.

Eine **wissenschaftliche Ergebnisformulierung** könnte (zusätzlich) lauten: *Das Idealprofil von Fachbüchern wurde mittels 9 Rating-Items (1 = sehr wichtig; 5 = gar nicht wichtig) abgefragt. Der parameterfreie Friedman-Test – $\chi^2(8, n = 133) = 39{,}134, p = 0{,}000)^{98}$ – sowie eine Deskriptivstatistik zeigen signifikante Ergebnisunterschiede: Ideale Fachbücher müssen vor allem sympathisch, übersichtlich, optisch ansprechend sein und hohen Nutzen bieten. Leichte Lesbarkeit ist am wenigsten gefragt.*

B 4.6.3.10 | U-Test

Bei einem U-Test für unabhängige Stichproben werden die Mittelwerte einer Variable zwischen ZWEI unterschiedlichen Personen- (bzw. Datensatz-)Gruppen verglichen.

Der U-Test für unabhängige Stichproben benötigt immer eine Gruppenvariable. Sie enthält für jeden Datensatz die Information über seine Gruppenzugehörigkeit. Hat die Gruppenvariable mehr als zwei Ausprägungen, kann man zwei davon für den U-Test auswählen.

---

[98] Die Angabe des χ^2-Werts dient zur Bezifferung der Größe des Mittelwertsunterschieds: Je größer der χ^2-Wert, desto stärker der Unterschied. Die erste Zahl in der Klammer bezeichnet die **Freiheitsgrade** (**df** = degrees of freedom). Diese kennzeichnen, wie viele Variablen (df = Variablenanzahl - 1) in den Friedman-Test einbezogen wurden. Je mehr Variablen im Test sind, desto schwieriger wird die Interpretation der Ergebnisse (WELCHE Werte weichen von welchen signifikant ab?). Danach wird noch innerhalb der Klammer die Stichprobengröße *n* (n kursiv gesetzt) angeführt. Der *p*-Wert (p kursiv gesetzt) vervollständigt die Ergebnisdarstellung und bezeichnet die Wahrscheinlichkeit der Nullhypothese (H₀: „Es besteht kein realer Zusammenhang.").

ABBILDUNG 130 veranschaulicht den U-Test für zwei unabhängige Stichproben anhand einer aus der Itembatterie zur Frage 6 der BUCHDATEN ausgewählten Variable. Deren Beurteilungsmittelwert wird zwischen den zwei Samplegruppen, die Frage 4 bildet, verglichen.

Die konkrete Frage 6 lautet: „Wie muss ein ideales Fachbuch für Sie beschaffen sein, damit Sie es gerne lesen?" Im Beispiel wird der Wichtigkeitsmittelwert von Item f_06_2 „muss optisch ansprechend sein" zwischen jenen Personen verglichen, die Bücher lieber in einer Buchhandlung kaufen, und jenen, die den Versandhandel bevorzugen (Frage 4).

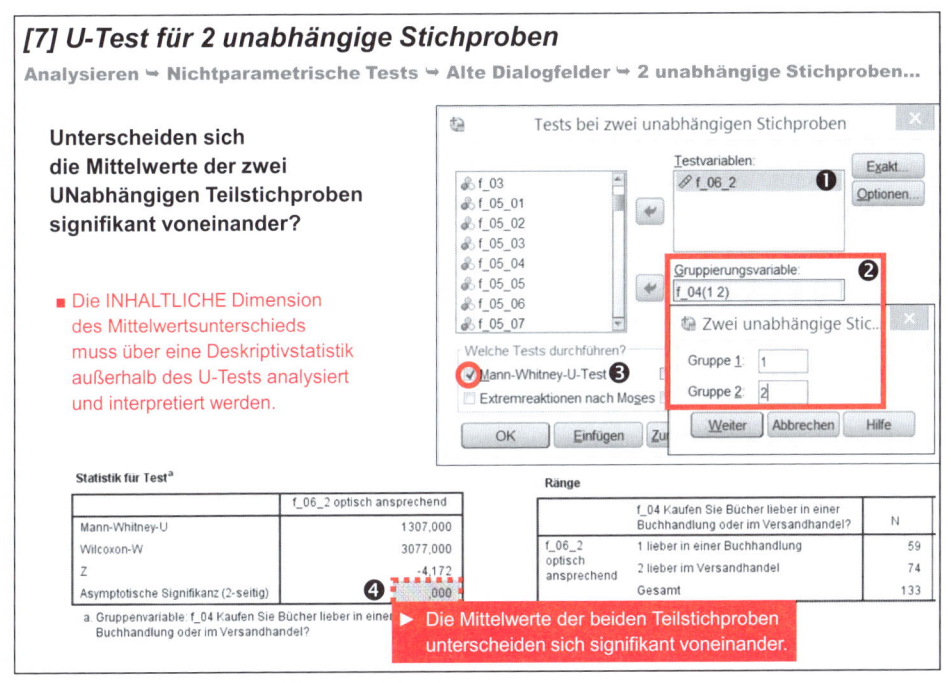

Abbildung 130: U-Test für 2 unabhängige Stichproben

Da es sich beim U-Test um ein parameterfreies Verfahren handelt, ist KEINE Prüfung auf Normalverteilung notwendig. Der U-Test kann immer zur Anwendung gelangen.

- Der Aufruf des Tests erfolgt über **Analysieren → Nichtparametrische Tests → Alte Dialogfelder → 2 unabhängige Stichproben...**
- Die Testvariable ist die Skalenvariable f_06_2 (❶). Ihre Mittelwerte werden nach zwei Ausprägungen der Gruppierungsvariable f_04 verglichen (❷). SPSS verlangt hier in jedem Fall die Eingabe der beiden Codes der zu vergleichenden Gruppen, auch wenn die Variable ohnehin nur zwei Ausprägungen enthält.
- Der entsprechende Test muss im Hauptdialogfeld ausgewählt werden (❸).
- Ein Klick auf **OK** liefert im Output lediglich die Teststatistik (❹).

Im abgebildeten Beispiel unterscheiden sich die Mittelwerte der beiden Teilstichproben hochsignifikant voneinander.

🔊 Die INHALTLICHE Dimension des Mittelwertsunterschieds muss bei diesem Test über eine Deskriptivstatistik „außerhalb" des U-Tests (z.B. **Analysieren** ➔ **Mittelwerte vergleichen** ➔ **Mittelwerte…**, VGL. DAZU DIE AUSFÜHRUNGEN RUND UM ABBILDUNG 110 AUF SEITE 261) analysiert und interpretiert werden.

Nach Aufruf einer Deskriptivstatistik wird ersichtlich, dass der Mittelwert in einer der beiden Vergleichsgruppen deutlich niedriger ist: Personen, die Bücher lieber im Buchhandel kaufen, ist bei Fachbüchern die Optik deutlich wichtiger als jenen, die bevorzugt über den Versandhandel bestellen.

Eine wissenschaftliche Ergebnisformulierung *könnte (zusätzlich) lauten: Die Wichtigkeit „optischen Ansprechens" wurde auf einer 5-stufigen Skala (1 = sehr wichtig; 5 = gar nicht wichtig) abgefragt und mittels parameterfreiem U-Test auf Unterschiedlichkeit zwischen Buch- und Versandhandelkaufenden überprüft. Die Mittelwertsdifferenz von Buchhandel-Affinen (M = 1,36, SD = 0,924) zu Versandhandel-Befürwortenden (M = 2,30, SD = 1,352) konnte als höchst signifikant* ($U(n_1 = 59, n_2=74) = 1307, p = 0,000$)[99] *nachgewiesen werden.*

B 4.6.3.11 | Kruskal-Wallis-Test

Beim Kruskal-Wallis-Test für unabhängige Stichproben werden die Mittelwerte einer Variable zwischen MEHR ALS ZWEI unterschiedlichen Personen- (bzw. Datensatz-)Gruppen miteinander verglichen.

Auf jeden Fall wird beim Kruskal-Wallis-Test eine Gruppierungsvariable benötigt. Sie enthält für jeden Datensatz die Information über seine Gruppenzugehörigkeit.

Diese Gruppenvariable hat hier mehr als zwei Ausprägungen. Ansonsten gelangt der U-Test (VGL. KAPITEL „B 4.6.3.10 | U-TEST" AB SEITE 296) zur Anwendung).

ABBILDUNG 131 AUF SEITE 299 veranschaulicht den Kruskal-Wallis-Test für mehr als zwei unabhängige Stichproben anhand einer aus der Itembatterie zur Frage 9 der BUCHDATEN ausgewählten Variable. Ihr Beurteilungsmittelwert wird zwischen den drei Samplegruppen, die Frage 15 bildet, verglichen.

Die konkrete Frage 9 lautet: „Wie sehr treffen die positiven oder negativen Ausprägungen der folgenden Eigenschaften Ihrer Ansicht nach auf Fachbücher zu?" Im Beispiel wird der Beurteilungsmittelwert von f_09_1 „sympathisch – unsympathisch" zwischen jenen Personen verglichen, die auf Frage 15 „Welche Art von Texten lesen Sie am liebsten?" mit „kurze Artikel in Zeitungen, Zeitschriften, online …" oder „Romane, Belletristik" oder „Sach- und Fachbücher" geantwortet haben.

Da es sich beim Kruskal-Wallis-Test um ein parameterfreies Verfahren handelt, muss keine Prüfung auf Normalverteilung der Testvariablen erfolgen.

---

[99] *M* (kursiv gesetzt) bezeichnet den Mittelwert, *SD* (ebenfalls kursiv) die Standardabweichung (standard deviation). Ist die Standardabweichung so groß oder größer wie eine ganze Skalenposition, kennzeichnet der Mittelwert die Verteilung nicht so gut: Jeder einzelne Messwert weicht dann im Schnitt eine ganze Skalenposition vom Mittelwert ab. Die Angabe des (kursiv gesetzten) *U*-Werts dient zur Bezifferung der Größe des Mittelwertsunterschieds: je kleiner der *U*-Wert, desto größer der Unterschied. Nach dem *U* werden in runden Klammern die Stichprobengrößen (*n* kursiv gesetzt) der beiden Vergleichsgruppen angegeben. Am Ende verweist der *p*-Wert (p ebenfalls kursiv gesetzt) auf die Wahrscheinlichkeit der Nullhypothese (H_0: „Es besteht kein realer Zusammenhang.").

[8] Kruskal-Wallis-Test für mehr als 2 unabhängige Stichproben

Analysieren → Nichtparametrische Tests → Alte Dialogfelder → K unabhängige Stichproben...

Unterscheiden sich die Mittelwerte der mehr als zwei UNabhängigen Teilstichproben signifikant voneinander?

- Die INHALTLICHE Dimension des Mittelwertsunterschieds muss über eine Deskriptivstatistik außerhalb des Kruskal-Wallis-Tests analysiert und interpretiert werden.

▶ Die Mittelwerte der mehr als 2 Teilstichproben unterscheiden sich signifikant voneinander.

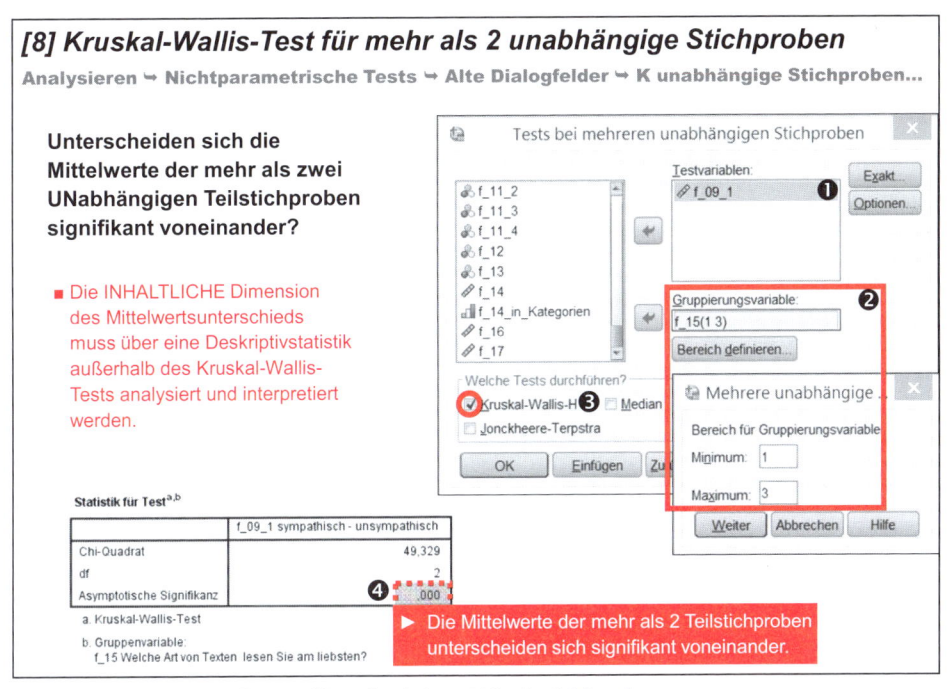

Abbildung 131: Kruskal-Wallis-Test für mehr als 2 unabhängige Stichproben

Da es sich beim Kruskal-Wallis-Test um ein parameterfreies Verfahren handelt, muss keine Prüfung auf Normalverteilung der Testvariablen erfolgen.

- Der Aufruf des Kruskal-Wallis-Tests erfolgt über **Analysieren → Nichtparametrische Tests → Alte Dialogfelder → K unabhängige Stichproben...**
- Die **Testvariable** ist die Skalenvariable f_09_1 (❶). Ihre Mittelwerte werden nach den Ausprägungen der **Gruppierungsvariable** f_15 verglichen (❷).

Der Bereich der Gruppenvariable muss nicht alle ihrer Ausprägungen umfassen, er muss aber kontinuierlich sein.

Das bedeutet z.B. beim Vorhandensein von 5 Ausprägungen einer Gruppenvariable: Die Mittelwerte nach Code 1, 2 und 5 zu vergleichen wäre NICHT möglich, nach Code 1, 2 und 3 hingegen schon.

- Der entsprechende Test muss im Hauptdialogfeld ausgewählt werden (❸).
- Ein Klick auf **OK** liefert im Output lediglich die Teststatistik (❹).

Im abgebildeten Beispiel unterscheiden sich die Mittelwerte der drei Teilstichproben hochsignifikant voneinander.

- Die INHALTLICHE Dimension des Mittelwertsunterschieds muss bei diesem Test über eine Deskriptivstatistik „außerhalb" des Kruskal-Wallis-Tests (z.B. **Analysieren →**

Mittelwerte vergleichen ↪ Mittelwerte..., vgl. dazu die Ausführungen rund um Abbildung 110 auf Seite 261) analysiert und interpretiert werden.

Nach Aufruf einer gruppenvergleichenden Deskriptivstatistik wird ersichtlich, dass der Mittelwert bei jenen Personen am geringsten ist, die am liebsten Fach- und Sachbücher lesen. Bei den beiden anderen Antwortgruppen der Frage 15 (bevorzugt „kurze Artikel in Zeitungen, Zeitschriften, online ..." oder „Romane und Belletristik" Lesende) sind die Mittelwerte gleich groß.

Eine wissenschaftliche Ergebnisformulierung könnte (zusätzlich) lauten: *Die Sympathie von Fachbüchern wurde auf einer 6-stufigen bipolaren Skala (1 = sehr sympathisch; 6 = sehr unsympathisch) abgefragt und zwischen jenen Personen verglichen, die am liebsten Kurzartikel, Belletristik oder Fachbücher lesen. Der parameterfreie Kruskal-Wallis-Test – $\chi^2(2, n_1 = 262, n_2 = 110, n_3 = 88) = 49{,}329, p = 0{,}000$*[100] *– sowie ein deskriptiver Mittelwertsvergleich zeigen signifikante Ergebnisunterschiede zwischen Fachbuchaffinen und allen anderen.*

B 4.6.3.12 | Einseitige und zweiseitige Testprobleme

SPSS gibt bei den meisten Signifikanztests einen zweiseitigen Signifikanzwert aus. Das bedeutet im Fall signifikanter Ergebnisse, dass sich die Stichprobenmittelwerte „irgendwie" überzufällig voneinander unterscheiden.

Hat die Person, die die Forschung durchführt, aber eine konkrete Vermutung über die Richtung des Unterschieds, kommt der **einseitige Signifikanzwert** zum Tragen. Er entspricht dem halben zweiseitigen Wert.

Für die Ergebnisinterpretation ist Einseitigkeit in der Regel vorteilhaft: Ein zweiseitiger p-Wert eines Signifikanztests von 0,8 würde beispielsweise bei einer Signifikanzgrenze von 5% als „nicht signifikant" interpretiert werden. Bei einseitiger Teststellung würde der zweiseitige p-Wert von 0,8 nur mehr der Hälfte, also 0,4, entsprechen. Bei derselben Signifikanzgrenze von 5% wäre DIESES Ergebnis signifikant.

Abbildung 132 auf Seite 301 demonstriert den Unterschied.

Ein Beispiel für eine ungerichtete, ZWEIseitige Hypothese kann lauten:

Wenn Personen Bücher lieber in einer Buchhandlung kaufen, dann unterscheiden sie sich in ihren Ansprüchen an eine ansprechende Optik von jenen Personen, die Bücher bevorzugt im Versandhandel beziehen.

---

[100] Die Angabe des χ^2-**Wert**s dient zur Bezifferung der Größe des Mittelwertsunterschieds: je größer der χ^2-Wert, desto stärker der Unterschied. Die erste Zahl in der Klammer nach dem χ^2 bezeichnet die **Freiheitsgrade** (**df** = degrees of freedom). Diese kennzeichnen, wie viele Variablen (df = Variablenanzahl - 1) in den Kruskal-Wallis-Test einbezogen wurden. Je mehr Variablen im Test sind, desto schwieriger wird die Interpretation der Ergebnisse (WELCHE Werte weichen von welchen signifikant ab?). Danach werden noch innerhalb der Klammer die Stichprobengrößen (*n* kursiv gesetzt) der drei Vergleichsgruppen angegeben. Diese erhält man z.B. über **Analysieren ↪ Mittelwerte vergleichen ↪ Mittelwerte...** Auch alle inhaltlichen Unterschiede zwischen den Vergleichsgruppen müssen einer derartigen Statistik außerhalb des Tests entnommen werden. Der *p*-Wert (p kursiv gesetzt) vervollständigt die Ergebnisdarstellung und bezeichnet die Wahrscheinlichkeit der Nullhypothese (H_0: „Es besteht kein realer Zusammenhang.").

Einseitige und zweiseitige Testprobleme

zweiseitig

Ablehnung — Annahme — Ablehnung

2,4 % | 13,4 % | 34,1 % | 34,1 % | 13,4 % | 2,4 %

einseitig

Annahme — Ablehnung

2,4 % | 13,4 % | 34,1 % | 34,1 % | 13,4 % | 2,4 %

Zweiseitige Signifikanz bedeutet, dass sich Stichprobenmittelwerte „irgendwie" überzufällig voneinander unterscheiden.

Bei einer konkreten Vermutung über die Richtung des Unterschieds ist der **ein**seitige Signifikanzwert der richtige. Er entspricht dem halben zweiseitigen Wert.

Das ist in der Regel vorteilhaft, weil ein zweiseitiger Signifikanzwert von z.B. 0,08 (= nicht signifikant) einem einseitigen Signifikanzwert von 0,04 entspricht (= signifikant).

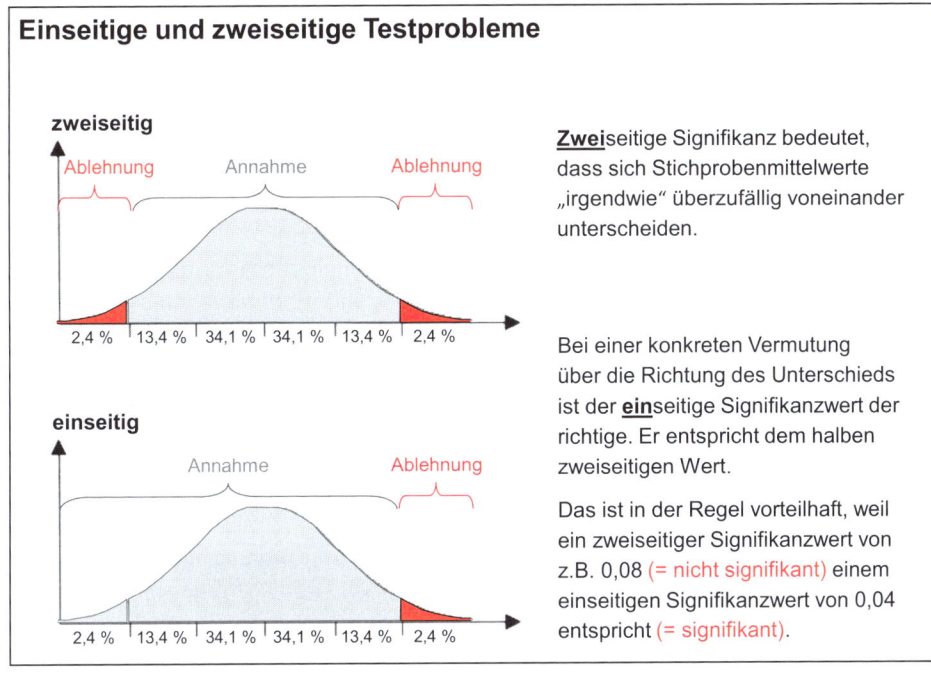

Abbildung 132: Einseitige und zweiseitige Testprobleme

Manchmal besitzt man aufgrund von Literaturrecherchen oder anderen theoretischen Basisannahmen oder Quellen bereits Vermutungen über Variablenzusammenhänge. In derartigen Fällen kann dies auch in einem Signifikanztest abgebildet werden.

In derartigen Fällen kommen einseitige Tests zum Einsatz. Ein Beispiel für eine gerichtete, EINseitige Hypothese könnte lauten:

Wenn Personen Bücher lieber in einer Buchhandlung kaufen, haben sie höhere Ansprüche an eine ansprechende Optik als jene Personen, die Bücher bevorzugt im Versandhandel beziehen.

Gerichtete Hypothesen sind genauer als zweiseitige.

B 4.6.4 | Welches Auswertungsverfahren ist das richtige?

Bei der Auswahl der richtigen Auswertungsroutine kann es sich – wie die bisherigen Ausführungen zeigen – in vielen Fällen um eine durchaus komplexere Angelegenheit handeln.

Aus diesem Grund gibt ABBILDUNG 133 AUF SEITE 303 mit einem **Entscheidungsbaum** Hilfestellung. In der Abbildung sind alle in den Kapiteln „B 4.5 | EINFACHE AUSWERTUNGEN (DESKRIPTIVE STATISTIK)" AB SEITE 240 und „B 4.6 | PRÜFUNG AUF SIGNIFIKANZ (SCHLIESSENDE STATISTIK)" AB SEITE 267 beschriebenen Auswertungsverfahren zusammengefasst. Weitere Unterstützung bei der Auswertung bieten ABBILDUNG 93 AUF SEITE 241 (welches Verfahren ist wann anzuwenden) und ABBILDUNG 120 AUF SEITE 276 (Überblick über statistische Mittelwertsvergleichsverfahren).

B 4.7 | Entscheidungsbaum für Auswertungen

... in diesem Kapitel geht's um:

• **Auswertung einzelner nominaler** oder **ordinaler Variablen:** Häufigkeitsauswertung • bei Mehrfachangaben Analyse von Mehrfachantworten • grafische Darstellung mit Kreis-, Linien-, Balken- oder Säulendiagrammen
• **Auswertung einzelner metrischer** oder **Ratingskalen-Variablen:** Deskriptivstatistik oder explorative Datenanalyse • grafische Darstellung mit Kreis-, Linien-, Balken-, Säulendiagrammen
• **Auswertung nominaler** oder **ordinaler Variablen mit nominalen** oder **ordinalen Variablen:** Kreuztabellen • grafische Darstellung mit Säulen- oder Balkendiagrammen • Signifikanzprüfungen mittels Chi²-Test
• **Auswertung metrischer** oder von **Ratingskalen-Variablen im Vergleich zueinander** bzw. **nach nominalen Untergruppen:** einfache deskriptive Mittelwertsvergleiche • grafische Darstellung mittels Fehlerbalkendiagrammen • Signifikanzprüfungen mittels Parameter- und parameterfreier Verfahren (abhängig von Normalverteilung und Varianzgleichheit)
• **Auswertung metrischer** (ordinaler) oder von **Ratingskalen-Variablen mit metrischen** (ordinalen) oder **Ratingskalen-Variablen:** bivariate Korrelationen • grafische Darstellung mittels Streudiagrammen • Pearson- oder Spearman-Koeffizient (abhängig von Skalenniveau und Normalverteilung)

Skalenniveau und Datenlage bestimmen die Wahl des Analyseverfahrens.

Für **einzelne metrische Variablen**[101] oder solche **aus Ratingskalen**[102] stehen die Routinen Deskriptive Statistiken und Explorative Datenanalyse (ABBILDUNG 104, S. 253 UND ABBILDUNG 105, S. 254) zur Verfügung. Die passenden SPSS-Menübefehle lauten Analysieren ↪ Deskriptive Statistiken ↪ Deskriptive Statistik... und Analysieren ↪ Deskriptive Statistiken ↪ Explorative Datenanalyse.... Grafische Darstellungen sind hier vor allem in Form von Säulen- und Balkendiagrammen (S. 129 F.) möglich. Entstammen die Daten einer Zufallsstichprobe, sind auch Fehlerbalkendiagramme (S. 308 F.) eine Option.

Zwei nominale oder **ordinale Variablen**[103] werden in Form von Kreuztabellen miteinander verknüpft (AB S. 254) und über Analysieren ↪ Deskriptive Statistiken ↪ Kreuztabellen... in SPSS abgerufen. Grafisch darstellbar sind Variablenbeziehungen dieser Art mittels Säulen- oder Balkendiagrammen (S. 129 F.). Bei Zufallsstichproben erfolgen Signifikanzprüfungen mittels Chi²-Test (AB S. 270).

Hat man bei der Auswertung mit **metrischen Variablen** oder solchen **aus Ratingskalen im Vergleich zueinander**[104] bzw. **nach nominalen Untergruppen**[105] zu tun, rechnet man zunächst Mittelwertsvergleiche (AB S. 257).

---

[101] Ein diesbezügliches Beispiel findet sich in den BUCHDATEN (FRAGEBOGEN S. 69 F.), Frage 14, 16, 17.
[102] Ebd.: Frage 6, 9.
[103] Ebd.: Frage 1 und 2, Frage 1 und 3.
[104] Ebd.: Frage 6 oder Frage 9, alle Items im Vergleich zueinander.
[105] Ebd.: Frage 6 nach Frage 4, oder Frage 9 nach Frage 1.

Entscheidungsbaum für Auswertungsroutinen

Datentyp	Routine	Ausgabe
nominal od. ordinal	Häufigkeiten	Kreis-/Linien-/Balken-/Säulendiagramm
nominal od. ordinal	Analyse von Mehrfachantworten	Balken-/Säulendiagramm
metrisch od. Skala	Deskriptive Statistik	Balken-/Säulendiagramm
metrisch od. Skala	Explorative Datenanalyse	Fehlerbalken-/Balken-/Säulendiagramm
nominal od. ordinal + nominal od. ordinal	Kreuztabelle	Balken-/Säulendiagramm; Signifikanzprüfung mittels Chi²-Test
nominal od. ordinal + metrisch od. Skala	Explorative Datenanalyse oder Mittelwertsvergleich	Fehlerbalkendiagramm; Signifikanzprüfung siehe ❶
metrisch od. Skala + metrisch od. Skala	Korrelation	Streudiagramm; Koeffizienten siehe ❷

❶ Signifikanzprüfungen bei Mittelwertsvergleichen

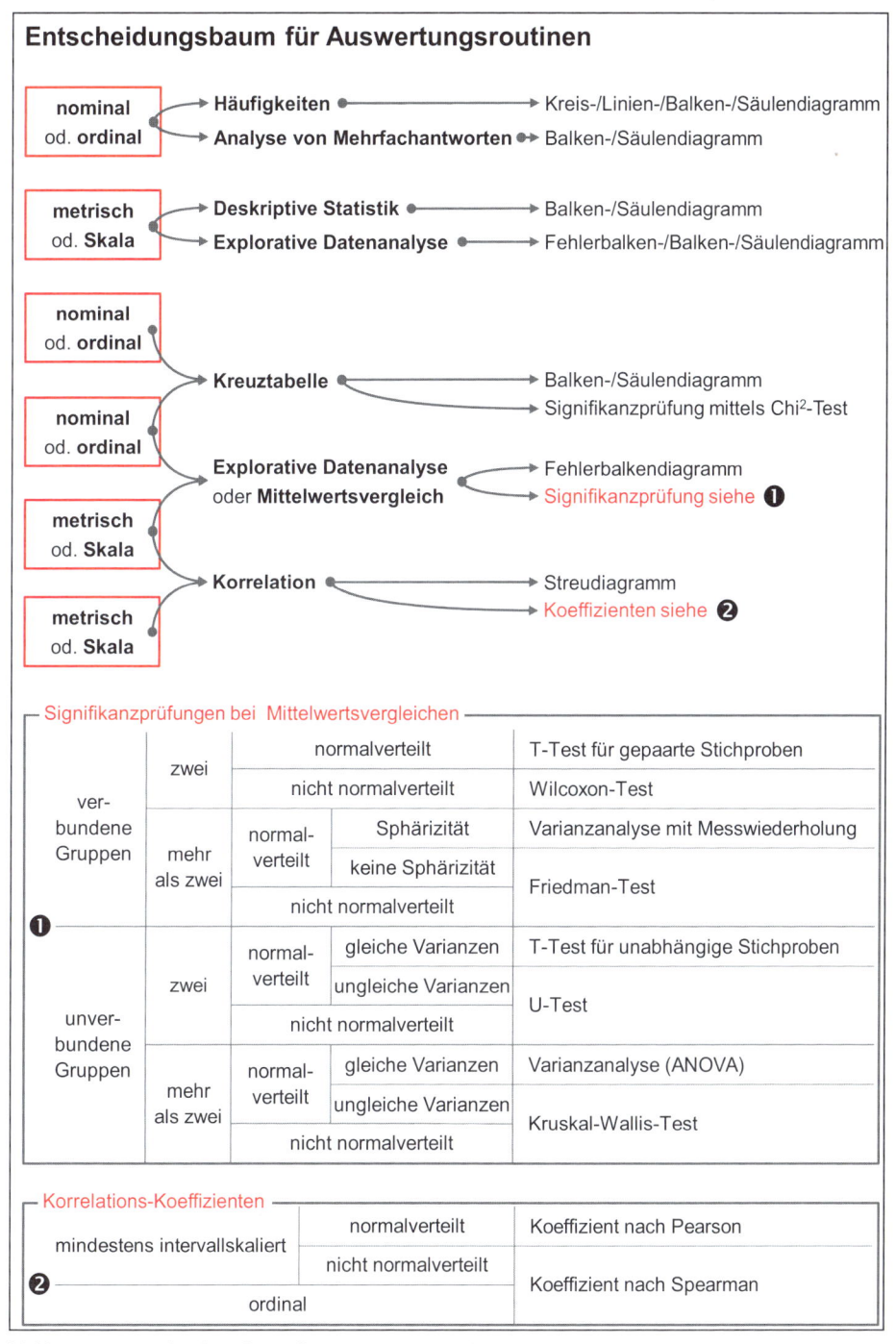

Gruppen	Anzahl	Verteilung	Bedingung	Test
verbundene Gruppen	zwei	normalverteilt		T-Test für gepaarte Stichproben
		nicht normalverteilt		Wilcoxon-Test
	mehr als zwei	normalverteilt	Sphärizität	Varianzanalyse mit Messwiederholung
		normalverteilt	keine Sphärizität	Friedman-Test
		nicht normalverteilt		Friedman-Test
unverbundene Gruppen	zwei	normalverteilt	gleiche Varianzen	T-Test für unabhängige Stichproben
		normalverteilt	ungleiche Varianzen	U-Test
		nicht normalverteilt		U-Test
	mehr als zwei	normalverteilt	gleiche Varianzen	Varianzanalyse (ANOVA)
		normalverteilt	ungleiche Varianzen	Kruskal-Wallis-Test
		nicht normalverteilt		Kruskal-Wallis-Test

❷ Korrelations-Koeffizienten

Skalenniveau	Verteilung	Koeffizient
mindestens intervallskaliert	normalverteilt	Koeffizient nach Pearson
mindestens intervallskaliert	nicht normalverteilt	Koeffizient nach Spearman
ordinal		Koeffizient nach Spearman

Abbildung 133: Entscheidungsbaum für Auswertungsroutinen

Erreichbar sind diese in SPSS über **Analysieren → Mittelwerte vergleichen → Mittelwerte...** oder **Analysieren → Deskriptive Statistiken → Explorative Datenanalyse...**. Diesbezügliche grafische Übersichten erzielt man am besten über Säulen- und Balkendiagramme (S. 129 F.). Entstammen die Daten einer Zufallsstichprobe, stellen auch Fehlerbalkendiagramme (S. 308 F.) eine sehr sinnvolle Alternative dar. Möchte man Signifikanzprüfungen durchführen, muss man je nach Datenlage zwischen Parameter- und parameterfreien Verfahren entscheiden (S. 275 F.). Das hängt davon ab, ob man zwei oder mehrere verbundene oder unabhängige Stichproben(teile) (S. 276) miteinander vergleichen möchte und ob die Daten normalverteilt (S. 278 F.) bzw. mit gleichen Varianzen vorliegen oder nicht.

❶ IN ABBILDUNG 133 AUF SEITE 303 zeigt den „Weg der Entscheidung" zu den einzelnen Verfahren: Der T-Test für zwei abhängige Stichproben (**Analysieren → Mittelwerte vergleichen → T-Test bei verbundenen Stichproben...**) wird AB S. 279 näher erläutert, die Varianzanalyse mit Messwiederholung für mehr als zwei abhängige Stichproben (**Analysieren → Allgemeines lineares Modell → Messwiederholung...**) AB S. 281. Ist parameterfreies Auswerten notwendig, wird für zwei verbundene Stichproben(teile) der Wilcoxon-Test (**Analysieren → Nichtparametrische Tests → Alte Dialogfelder → 2 verbundene Stichproben...**) AB S. 293 beschrieben, der Friedman-Test (**Analysieren → Nichtparametrische Tests → Alte Dialogfelder → K verbundene Stichproben...**) für mehr als zwei abhängige Gruppen AB S. 294.

Handelt es sich um zwei unabhängige Stichprobenteile, kommt der T-Test für unabhängige Stichproben (**Analysieren → Mittelwerte vergleichen → T-Test bei unabhängigen Stichproben...**) AB S. 286 zum Einsatz, für mehr als drei unabhängige Gruppen die einfaktorielle Varianzanalyse (**Analysieren → Mittelwerte vergleichen → Einfaktorielle Varianzanalyse...**) AB S. 289. Die zu diesen beiden Verfahren korrespondierenden parameterfreien Tests sind für zwei Gruppen der U-Test (**Analysieren → Nichtparametrische Tests → Alte Dialogfelder → 2 unabhängige Stichproben...**) AB S. 296 und für mehr als zwei Gruppen der Kruskal-Wallis-Test (**Analysieren → Nichtparametrische Tests → Alte Dialogfelder → K unabhängige Stichproben...**) AB S. 298.

Liegen letztendlich ordinale oder metrische Variablen oder solche aus Ratingskalen vor, die man mit ordinalen oder metrischen Variablen [106] oder solchen aus Ratingskalen[107] in Zusammenhang bringen möchte, dient dazu die Korrelation (AB S. 261). Sie ist in SPSS über **Analysieren → Korrelation → Bivariat...** aufrufbar und lässt sich am besten mittels Streudiagrammen (AB S. 306) grafisch darstellen. Abhängig von Skalenniveau und Normalverteilung gelangen Pearson- oder Spearman-Koeffizient zur Anwendung (VGL. ❷ IN ABBILDUNG 133 AUF SEITE 303).

---

[106] Ein diesbezügliches Beispiel findet sich in den BUCHDATEN (FRAGEBOGEN S. 69 F.), Frage 8 mit Frage 16 oder Frage 14 mit Frage 17.
[107] Ebd.: Frage 6, erstes Item mit Frage 14.

B 4.8 | Spezielle grafische Darstellungen

... in diesem Kapitel geht's um:

- **Generell** sind Grafiken in PowerPoint oder Excel komfortabler herzustellen als in SPSS • SPSS bietet aber ein paar spezifische Diagrammtypen an
- **Boxplots** dienen zur Visualisierung der Verteilung und Streuung von Werten • Extremwerte, Median, Quartile
- Mit **Streudiagrammen** lassen sich Zusammenhänge zwischen metrischen Variablen veranschaulichen
- **Fehlerbalkendiagramme** zeigen die Variabilität numerischer Variablen auf • ermöglichen Signifikanzprüfungen von Mittelwertsunterschieden • Konfidenzintervall des Mittelwerts ist die Basis

Allgemein gebräuchliche Diagrammtypen wie Balken-, Säulen-, Kreis-, Linien- oder Flächen-Diagramme sind in Office-Programmen wie PowerPoint und Excel meist komfortabler zu realisieren als in SPSS. Mit den Möglichkeiten der Ergebnisdarstellung beschäftigt sich sehr ausführlich Kapitel „A 7.1.4 | Ergebnisgrafiken erstellen" ab Seite 129 sowie „A 7.3.4 | Arten von quantitativen Ergebnissen und Darstellungen" ab Seite 141.

SPSS stellt aber ein paar Spezialgrafiken zur Verfügung, die einen sehr guten und raschen Überblick über Analyseergebnisse ermöglichen. Mit diesen Darstellungsvarianten beschäftigen sich die folgenden Unterkapitel.

B 4.8.1 | Boxplot

Boxplots visualisieren die Verteilung und Streuung von Werten und machen dabei Ausreißer und Extremwerte sichtbar.

Abbildung 134 auf Seite 306 zeigt einen Boxplot der Variable f_16 der Buchdaten *(„Wie viele Bücher lesen Sie im Schnitt pro Jahr?")*.

Die Box stellt den Bereich zwischen dem ersten und dritten Quartil (= Interquartilbereich) mit 50% der Werte dar (vgl. auch Abbildung 103 auf Seite 250). Die von der Box ausgehenden Linien führen jeweils bis zum höchsten und niedrigsten Wert, ohne Ausreißer und Extremwerte zu berücksichtigen. Die quer über die Box gelegte Linie weist auf den Median hin.

Ausreißer und Extremwerte werden gekennzeichnet und können durch ihre Fallbeschriftung (❾) identifiziert werden. Dadurch ist es möglich, sie bei Bedarf für weitere Analysen auszuschließen. Als **Ausreißer** sind jene Fälle definiert, deren Werte zwischen 1,5 und 3 Boxlängen von einem Ende der Box entfernt liegen. **Extremwerte** haben Ausprägungen, die mehr als 3 Boxlängen vom Ende der Box entfernt sind.

- Wie alle Diagramme findet sich der Boxplot im Menüpunkt Grafik ➙ Diagrammerstellung...
- Der Diagrammtyp wird ausgewählt und in den Vorschaubereich gezogen (❶).

- Nun erfolgt die Variablenauswahl (❷). Bei Bedarf lässt sich hier bei **X-Achse?** auch eine Gruppierungsvariable angeben, nach der die Ergebnisse aufgeteilt werden.
- Im **Optionen**-Dialogfeld ist es ratsam, die Behandlung fehlender Werte NICHT auf **Listenweisem Ausschluss** (❸) zu belassen. Ansonsten wird – falls mehrere Variablen in den Boxplot einbezogen werden – jeder Datensatz aus der Analyse genommen, der auch nur bei EINER der Variablen einen fehlenden Wert enthält.
- **OK** erzeugt das Diagramm.

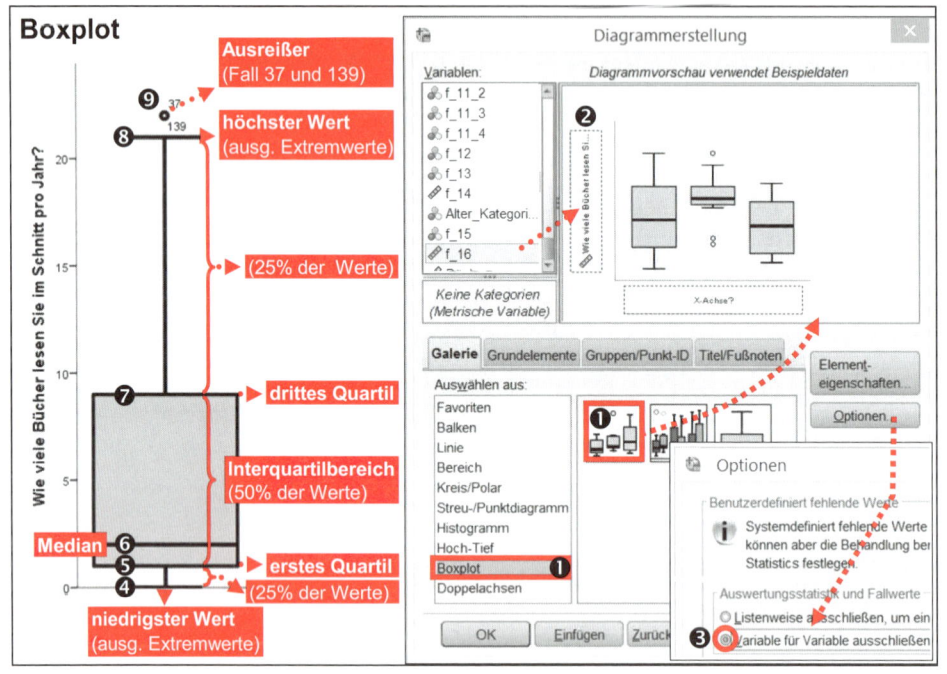

Abbildung 134: Boxplot

Im Beispiel ist ersichtlich, dass der Median bei 2 gelesenen Büchern pro Jahr liegt (❻). Der geringste Wert ist 0 (❹), der höchste 22 (❾). Ein Viertel der Befragten liest bis zu 1 Buch pro Jahr (❺), ein weiteres Viertel 2 (❻). Wieder ein Viertel konsumiert zwischen 3 und 9 Büchern (❼), das restliche Viertel bis zu 21 Bücher pro Jahr (❽). Damit lesen drei Viertel der im Diagramm ausgewiesenen Befragten mehr als 1 Buch im Jahr.

Die Personen mit Datensatznummer 37 und 139 geben an, 22 Bücher zu lesen, und stellen damit Ausreißer dar. Die Box ist „8 Bücher lang" (❼ minus ❺), damit sind 22 Bücher mehr als 1,5 Mal so viel vom oberen Rand der Box (9 Bücher) entfernt.

B 4.8.2 | Streudiagramm

Mit Streudiagrammen lassen sich Zusammenhänge zwischen metrischen Variablen visualisieren. Sie kommen bevorzugt bei der Analyse von Korrelationsbeziehungen zum Einsatz (vgl. Kapitel „B 4.5.6 | Zwei metrische (ordinale) Merkmale: Korrelation" ab Seite 261).

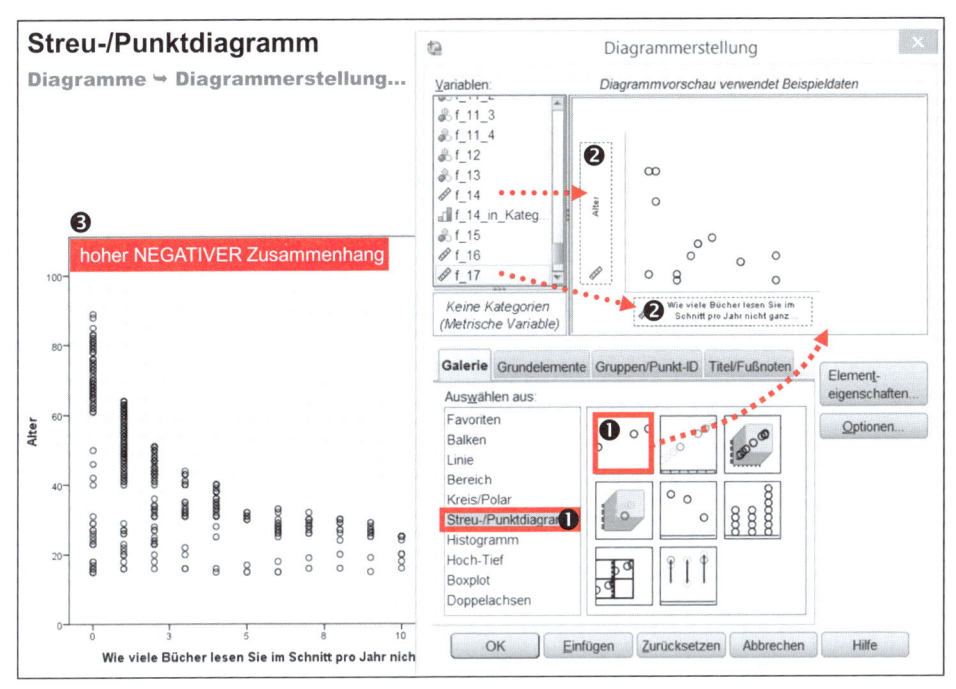

Abbildung 135: Streu-/Punktdiagramm

ABBILDUNG 135 zeigt den Weg zu einem Streudiagramm und dessen Ergebnis. Dabei werden zwei metrische Variablen der BUCHDATEN zueinander in Beziehung gesetzt.

Im Beispiel wird die Altersvariable (f_14) mit Frage 17 („Wie viele Bücher lesen Sie im Schnitt pro Jahr nicht ganz freiwillig?") kombiniert. Jeder Punkt im Diagramm steht für einen Datensatz, der in seiner gemeinsamen Ausprägung bei beiden Variablen dargestellt wird.

- Wie alle Diagramme findet sich das Streu-/Punktdiagramm im Menüpunkt **Grafik → Diagrammerstellung...**
- Der Diagrammtyp wird ausgewählt und in den Vorschaubereich gezogen (❶).
- Im nächsten Schritt erfolgt die Variablenauswahl. Je eine metrische Variable wird in den Bereich der X- und Y-Achse gezogen (❷).
- **OK** startet die grafische Darstellung.

Im Diagramm ist in der Anordnung der Punkte ein Muster zu erkennen: Sie nehmen nach rechts hin ab, die Punktestapel werden niedriger.

Wenn eine Punktwolke ein Muster wie im Beispiel erkennen lässt, spricht man von einem negativen Zusammenhang.

Je MEHR an Wert das eine Merkmal besitzt (Alter), desto WENIGER an Wert besitzt das andere Merkmal (unfreiwillige Bücher pro Jahr) (❸). Das bedeutet für das dargestellte Ergebnis: Je älter die befragten Personen sind, desto weniger Bücher lesen sie unfreiwillig.

Bei positiven Zusammenhängen ist es genau umgekehrt: Hier steigen die Punktestapel von links nach rechts an. Je MEHR an Wert das eine Merkmal ausmacht, desto MEHR an Wert umfasst auch das zweite Merkmal.

Ein Beispiel für einen positiven Zusammenhang könnten Alter und Arzneimittelausgaben sein: Je älter man wird, desto höhere Ausgaben fallen monatlich in der Apotheke an.

B 4.8.3 | Fehlerbalkendiagramm

Fehlerbalkendiagramme zeigen die Variabilität einer numerischen Variable oder einer Skalen-Variable (Konfidenzintervall des Mittelwerts) auf und ermöglichen Signifikanzprüfungen von Mittelwertsunterschieden.

Fehlerbalkendiagramme werden auch rund um ABBILDUNG 30 AUF SEITE 113 sowie ABBILDUNG 109 AUF SEITE 260 beschrieben.

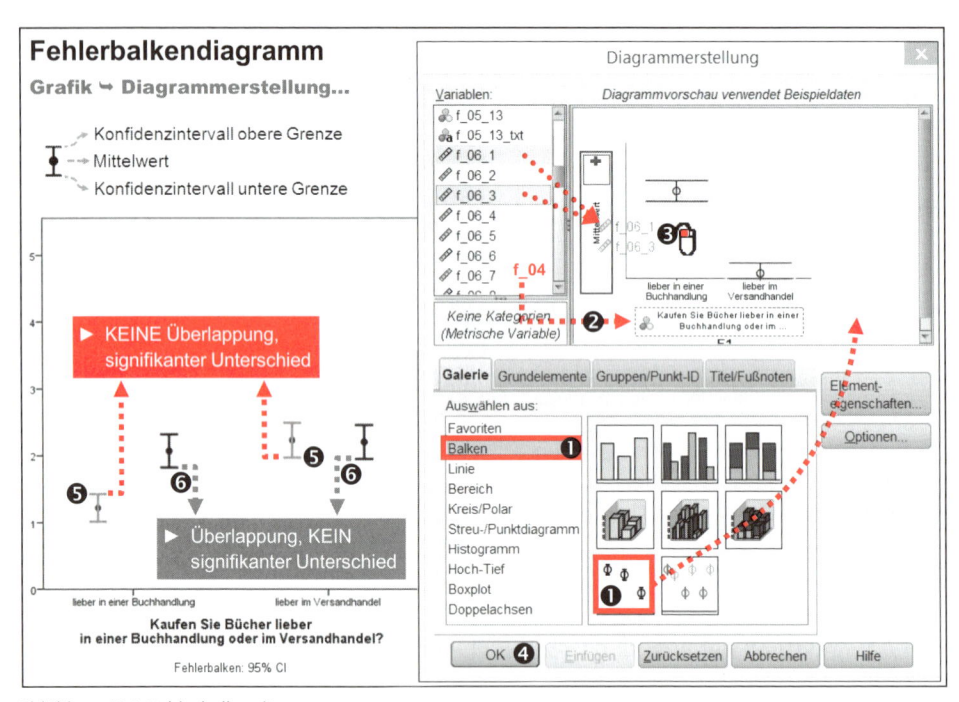

Abbildung 136: Fehlerbalkendiagramm

ABBILDUNG 136 zeigt ein Fehlerbalkendiagramm, bei dem die Mittelwerte zweier Skalen-Variablen der BUCHDATEN nach einer nominalen Gruppierungsvariable miteinander verglichen werden.

Die konkrete Frage 6 lautet: „Wie muss ein ideales Fachbuch für Sie beschaffen sein, damit Sie es gerne lesen?" Im Beispiel wird der Wichtigkeitsmittelwert von Item f_06_1 („muss mir sympathisch sein") und f_06_3 („muss leicht verständlich sein") zwischen jenen Personen verglichen, die Bücher lieber in einer Buchhandlung kaufen, und jenen, die den Versandhandel bevorzugen (Frage 4). Die Wichtigkeitsskala ist von 1 = „sehr wichtig" bis 5 = „gar nicht wichtig" definiert.

- Wie alle Diagramme findet sich das Fehlerbalkendiagramm im Menüpunkt **Grafik → Diagrammerstellung...**
- Der Diagrammtyp wird ausgewählt und in den Vorschaubereich gezogen (❶).
- Im nächsten Schritt erfolgt die Variablenauswahl. Zunächst ist die kategoriale Gruppierungsvariable f_04 auf den Bereich der X-Achse zu ziehen (❷).
- In einem weiteren Schritt werden die beiden Variablen der Frage 6 (f_06_1 und f_06_3) in der Variablenauswahl des Grafik-Dialogfelds markiert und kommen gleichzeitig in das Auswahlfeld der Y-Achse (❸). Die parallele Auswertung mehrerer Variablen ist aber nur dann möglich, wenn diese im metrischen Skalenniveau definiert sind. Darauf weist in der Variablenauswahl das kleine Lineal neben dem Variablennamen hin. Befinden sich neben den Variablennamen im Dialogfeld drei kleine Kugeln, bezeichnet das kategoriale Daten. Ein Klick mit der rechten Maustaste auf den oder die entsprechenden Variablennamen öffnet ein Dialogfeld zur Umstellung auf metrisches Niveau.
- **OK** (❹) startet die grafische Darstellung.

Der Ergebnisoutput zeigt: Dort, wo sich die Fehlerbalken überlappen, ist kein signifikanter Unterschied zwischen den beiden Vergleichsgruppenzu verzeichnen. Wo die Überlappung nicht auftritt, kann man von realen, überzufälligen Ergebnissen ausgehen (VGL. DAZU IM DETAIL KAPITEL „A 6.2 | „SCHWANKUNGSBREITEN" VON MITTELWERTEN" AUF SEITE 112 F.).

Personen, die Bücher lieber in einer Buchhandlung kaufen, müssen Fachbücher deutlich sympathischer sein als jenen, die im Versandhandel bestellen (❺). Auf den Wunsch nach Verständlichkeit hat der bevorzugte Kaufort hingegen keinen Einfluss, hier liegen die Wichtigkeitsmittelwerte vergleichbar und auf ähnlichem Niveau (❻).

B 4.9 | Übersicht über gebräuchliche multivariate Analyseverfahren

Bei multivariaten Verfahren handelt es sich um komplexe Rechenoperationen, in die man sich in der Regel schrittweise einarbeiten muss. Deren genaue Darstellung würde den Rahmen dieses Buchs sprengen. An dieser Stelle erfolgt deshalb lediglich in wenigen Sätzen eine Beschreibung der Einsatzgebiete der gebräuchlichsten Routinen.

In Itembatterien hängen bestimmte Items stärker zusammen als andere. Die Items korrelieren miteinander. Die **Faktorenanalyse** baut auf diesen Korrelationen auf. Sie versucht, die Daten durch verborgene, nicht beobachtbare, voneinander unabhängige, „hinter den Items stehende" Variablen – die Faktoren – zu erklären. Grundidee und Ziel ist eine Datenreduktion. Überprüfen kann man die Ergebnisse der Faktorenanalyse mit einer **Reliabilitätsanalyse** (Cronbachs Alpha, vgl. auch Kapitel „A 4.5.2 | Reliabilität" auf Seite 74 f.).

Ziel einer **Clusteranalyse** ist es, eine Menge von heterogenen Subjekten oder Objekten in Gruppen zu unterteilen. Dabei soll jede Gruppe in sich möglichst homogen und die Gruppen untereinander sollen möglichst heterogen sein. SPSS bietet hierarchische Clusteranalysen, Clusterzentrenanalysen und Two-Step-Clusteranalysen zur Auswahl.

Die **Regressionsanalyse** dient dazu, die Art des Zusammenhangs metrischer Variablen aufzudecken. Der Wert einer abhängigen Variable soll aus den Werten einer oder mehrerer unabhängiger Variablen vorhergesagt werden. Um wie viel verändert sich die abhängige Variable, wenn es Veränderungen bei der (den) unabhängigen Variable(n) gibt?

Eine **Diskriminanzanalyse** hat den Zweck, eine kategoriale Gruppenvariable auf Basis einer oder mehrerer intervallskalierter Voraussagevariablen vorherzusagen. Die Diskriminanzanalyse wird aber auch zur Analyse von Gruppenunterschieden bei mehr als einer abhängigen Variablen herangezogen: Unterscheiden sich Gruppen hinsichtlich eines bestimmten Merkmals signifikant (besser)? Trägt ein anderes (redundantes) Merkmal weniger zur Gruppentrennung bei?

> Interessierte Leserinnen und Leser finden im Netz unter howtodo.at im Abschnitt „Downloads - Multivariate Verfahren" schlagwortartige Anleitungen und Beispieldatenfiles für die skizzierten Verfahren.

Zusatzinformationen und weiterführende Literatur zu diesem Kapitel:

> Backhaus, Klaus/Erichson, Bernd/Plinke, Wulff/Weiber, Rolf (2016): Multivariate Analysemethoden. Eine anwendungsorientierte Einführung. 14., überarbeitete und aktualisierte Auflage. Berlin: Springer-Lehrbuch.

LITERATURVERZEICHNIS

American Psychological Association (2013): Publication Manual of the American Psychological Association. 6. Auflage. Kindle Edition.
Atteslander, Peter (2010): Methoden der empirischen Sozialforschung. 13., neu bearbeitete und erweiterte Auflage. Berlin: Erich Schmidt Verlag.
Backhaus, Klaus/**Erichson**, Bernd/**Plinke**, Wulff/**Weiber**, Rolf (2016): Multivariate Analysemethoden. Eine anwendungsorientierte Einführung. 14., überarbeitete und aktualisierte Auflage. Berlin: Springer-Lehrbuch.
Batinic, Bernad/**Appel**, Markus (Hrsg.) (2008): Medienpsychologie. Heidelberg: Springer-Lehrbuch.
Berekoven, Ludwig/**Eckert**, Werner/**Ellenrieder**, Peter (2009): Marktforschung. Methodische Grundlagen und praktische Anwendung. 12., überarbeitete und erweiterte Auflage. Wiesbaden: Gabler.
Borg, Ingwer (2003): Führungsinstrument Mitarbeiterbefragung. Theorien, Tools und Praxiserfahrungen. 3., überarbeitete und erweiterte Auflage. Göttingen: Hogrefe.
Boumans, Jelle W./**Trilling**, Damian (2016): Taking Stock of the Toolkit. An overview of relevant automated content analysis approaches and techniques for digital journalism scholars. In: Digital Journalism (Volume 4, Issue 1, 2016, online veröffentlicht am 3. November 2015): 8-23. doi: 10.1080/21670811.2015.1096598, abgerufen am 14.06.2016 um 21:23 Uhr.
Braunecker, Claus (1993): Persönlichkeitsstrukturen von Opinion-Leaders in Österreich. Wien: Dissertation, Universität Wien.
Brosius, Hans-Bernd/**Haas**, Alexander/**Koschel**, Friederike (2016): Methoden der empirischen Kommunikationsforschung: Eine Einführung. 7., überarbeitete und aktualisierte Auflage. Wiesbaden: Springer VS. Studienbücher zur Kommunikations- und Medienwissenschaft.
Bühl, Achim (2016): SPSS 23. Einführung in die moderne Datenanalyse. 15., aktualisierte Auflage. Hallbergmoos: Pearson.
Bundesministerium der Justiz und für Verbraucherschutz der Bundesrepublik Deutschland (2016): Bundesdatenschutzgesetz (BDSG) § 28 Datenerhebung und -speicherung für eigene Geschäftszwecke, Berlin: https://www.gesetze-im-internet.de/bdsg_1990/__28.html, abgerufen am 10.06.2016 um 22:49 Uhr.
Bundesministerium der Justiz und für Verbraucherschutz der Bundesrepublik Deutschland (2016): Gesetz gegen den unlauteren Wettbewerb (UWG) § 7 Unzumutbare Belästigungen, Berlin: http://www.gesetze-im-internet.de/uwg_2004/__7.html, abgerufen am 10.06.2016 um 23:38 Uhr.
Burkart, Roland/**Rußmann**, Uta (2010): Qualität des öffentlichen politischen Diskurses in der österreichischen Wahlkampfkommunikation. Codebuch: Codieranweisungen und Codierschema (FWF-Projekt 20147-G14). Wien: Universität Wien. http://publizistik.univie.ac.at/institut/ma/burkart/forschung/qpd/, abgerufen am 13.05.2016 um 21:12 Uhr.
Diekmann, Andreas (2009): Empirische Sozialforschung. Grundlagen, Methoden, Anwendungen. 20., vollständig überarbeitete und erweiterte Neuausgabe. Reinbek bei Hamburg: Rowohlt-Taschenbuch-Verlag. Rowohlts Enzyklopädie.
Ebster, Claus/**Stalzer**, Lieselotte (2013): Wissenschaftliches Arbeiten für Wirtschafts- und Sozialwissenschafter. 4., überarbeitete Auflage. Wien: facultas.wuv.
ESOMAR (2008): ICC/ESOMAR International Code on Market and Social Research. Amsterdam: https://www.esomar.org/uploads/public/knowledge-and-standards/codes-and-guidelines/ICCESOMAR_Code_English_.pdf, abgerufen am 29.12.2015 um 23:05 Uhr.
Friedrichs, Jürgen (1990): Methoden empirischer Sozialforschung. 14. Auflage. Opladen: Westdeutscher Verlag. WV Studium, Band 28.
Fröhlich, Romy/**Kerl**, Katharina (2007): Codebuch zur Magisterarbeit „Das Bild der Public Relations in der Berichterstattung ausgewählter deutscher Printmedien. Eine quantitative Inhaltsanalyse" am Institut für Kommunikationswissenschaft und Medienforschung der Sozialwissenschaftlichen Fakultät der Ludwig-Maximilians-Universität München. Vorgelegt von Katharina Kerl. München, Oktober 2007. http://epub.ub.uni-muenchen.de/12249/2/Codebuch_MA_Kerl_Katharina.pdf, abgerufen am 03.05.2016 um 20:18 Uhr.
Fröhlich, Romy/**Kerl**, Katharina (2012): Das Bild der Public Relations in der Qualitätspresse. Eine Langzeitstudie. In: Publizistik. Vierteljahreshefte für Kommunikationsforschung (2012), 57: 179–203.
Früh, Werner (2015): Inhaltsanalyse. 8., überarbeitete Auflage. Konstanz und München: UVK.

Gläser, Jochen/**Laudel**, Grit (2010): Experteninterviews und qualitative Inhaltsanalyse als Instrumente rekonstruierender Untersuchungen. 4. Auflage. Wiesbaden: VS Verlag für Sozialwissenschaften.

Grimmer, Justin/**Stewart**, Brandon M. (2013): Text as Data. The Promise and Pitfalls of Automatic Content Analysis Methods for Political Texts. In: Political Analysis (2013): Erstmals online veröffentlicht am 22. Jänner 2013. doi: 10.1093/pan/mps028, abgerufen am 14.06.2016 um 23:12.

Hug, Theo/**Poscheschnik**, Gerald (2015): Empirisch Forschen. Die Planung und Umsetzung von Projekten im Studium. 2., überarbeitete Auflage. Konstanz: UVK.

intersoft consulting services AG (2016): Datenschutz bei Meinungs- und Marktforschung. Hamburg: https://www.datenschutzbeauftragter-info.de/fachbeitraege/datenschutz-bei-meinungs-und-marktforschung, abgerufen am 10.06.2016 um 20:18 Uhr.

JUSLINE (2016): Die juristische Internet-Plattform Österreichs. ADVOKAT Unternehmensberatung Greiter & Greiter GmbH. Wien: http://www.jusline.at/107_Unerbetene_Nachrichten_TKG.html#, abgerufen am 10.06.2016 um 22:12 Uhr.

Karmasin, Fritz/**Karmasin**, Helene (1977): Einführung in Methoden und Probleme der Umfrageforschung. Wien, Köln, Graz: Böhlaus wissenschaftliche Bibliothek.

Karmasin, Matthias/**Ribing**, Rainer (2014): Die Gestaltung wissenschaftlicher Arbeiten. Ein Leitfaden für Seminararbeiten, Bachelor-, Master-, Magister- und Diplomarbeiten sowie Dissertationen. 8., aktualisierte Auflage. Wien: facultas.wuv.

Koch, Jörg (2012): Marktforschung. Grundlagen und praktische Anwendungen. 6., überarbeitete und aktualisierte Auflage. München: Oldenbourg Verlag.

Kummer, Claudia (2015): Eye Tracking Studie der Seefestspiele Mörbisch. Ein interner Bericht der Fachhochschule Burgenland GmbH. Eisenstadt.

Maderthaner, Rainer (2008): Psychologie. Wien: facultas.wuv.

Mayer, Horst Otto (2013): Interview und schriftliche Befragung. Grundlagen und Methoden empirischer Sozialforschung. 6., überarbeitete Auflage. München: Oldenbourg Verlag.

Mayring, Philipp (2010): Qualitative Inhaltsanalyse. Grundlagen und Techniken. 11., aktualisierte und überarbeitete Auflage. Weinheim und Basel: Beltz Verlag.

Mikos, Lothar/**Wegener**, Claudia (Hrsg.) (2015): Qualitative Medienforschung. Ein Handbuch. 2., überarbeitete Auflage. Konstanz: UVK.

Noelle-Neumann, Elisabeth/**Petersen**, Thomas (2005): Alle nicht jeder. Einführung in die Methoden der Demoskopie. 4., überarbeite Auflage. Berlin, Heidelberg, New York: Springer Verlag.

Persönlichkeitsstärke (1983): Ein neuer Maßstab zur Bestimmung von Zielgruppenpotentialen. Spiegel-Dokumentation. Konzeption: Institut für Demoskopie Allensbach. Hamburg: Spiegel-Verlag.

Quatember, Andreas (2014). Statistik ohne Angst vor Formeln. Das Studienbuch für Wirtschafts- und Sozialwissenschaftler. 4., aktualisierte Auflage. Hallbergmoos: Pearson.

Raab-Steiner, Elisabeth/**Benesch**, Michael (2015): Der Fragebogen. Von der Forschungsidee zur SPSS-Auswertung. 4., aktualisierte und überarbeitete Auflage. Wien: facultas.

Rat der Deutschen Markt- und Sozialforschung (1995 bis 2014): Richtlinien des Rats der Deutschen Markt- und Sozialforschung. Frankfurt: http://rat-marktforschung.de/index.php?id=richtlinien, abgerufen am 30.12.2015 um 00:12 Uhr.

Rohrmann, Bernd (1978): Empirische Studien zur Entwicklung von Antwortskalen für die sozialwissenschaftliche Forschung. Zeitschrift für Sozialpsychologie (1978), 9, 222–245.

Rössler, Patrick (2011): Skalenhandbuch Kommunikationswissenschaft. Wiesbaden: VS-Verlag.

Scharkow, Michael (2012): Automatische Inhaltsanalyse und maschinelles Lernen. Berlin: Dissertation, Universität der Künste Berlin.

Schnell, Rainer/**Hill**, Paul B./**Esser**, Elke (2013): Methoden der empirischen Sozialforschung. 10., überarbeitete Auflage. München: Oldenbourg Verlag.

Schröder, Georg F. (2012): Datenschutzrecht für die Praxis. Grundlagen, Datenschutzbeauftragte, Audit, Handbuch, Haftung etc.. München: Deutscher Taschenbuch Verlag, Beck Verlag.

Verband der Marktforscher Österreichs (VMÖ) (2016): Datenanalyse und Interpretation. Wien: http://www.vmoe.at/index.php?option=com_content&view=article&id=129:datenanalyse-und-interpretation&catid=13:wissen&Itemid=58, abgerufen am 15.06.2016 um 20:18 Uhr.

Verband der Marktforscher Österreichs (VMÖ) (Hrsg.) (2007): Handbuch der Marktforschung. 2. Auflage. Redaktion: Lieselotte Stalzer, Christian Führer, Nora Sells. Wien: facultas.wuv.

von Unger, Hella/**Narimani**, Petra/**M'Bayo**, Rosaline (Hrsg.) (2014): Forschungsethik in der qualitativen Forschung. Reflexivität, Perspektiven, Positionen. Wiesbaden: Springer VS.

Zöfel, Peter (2003): Statistik für Psychologen. München u.a.: Pearson Studium im Klartext.

ABBILDUNGSVERZEICHNIS

Abbildung 1: Beispielhaftes Codierschema für eine Inhaltsanalyse 20
Abbildung 2: Codebuch einer Inhaltsanalyse (Auszüge, adaptiert) 23
Abbildung 3: Beobachtungsbogen für ein Einkaufszentrum (Auszug) 25
Abbildung 4: Eyetracking-Ergebnis einer Website (anonymisierte Darstellung) 25
Abbildung 5: Mystery-Protokollbogen für Selbstbedienungs-Restaurants (Auszug) 27
Abbildung 6: Arten quantitativer Befragungen 30
Abbildung 7: Mögliche experimentelle Designs 33
Abbildung 8: Experimentelles Designbeispiel (VGL. KUMMER 2015, AUSZÜGE, ADAPTIERT) 35
Abbildung 9: Vollerhebung oder Stichprobe 39
Abbildung 10: Repräsentative Stichprobe 43
Abbildung 11: Nicht repräsentative Stichprobe 44
Abbildung 12: Repräsentativität in Zahlen 45
Abbildung 13: Zufallsstichprobe aus einer Datenbank 51
Abbildung 14: Vorgeschichtete Stichprobe 52
Abbildung 15: Faktoren zur Datengewichtung in einem Datenfile 54
Abbildung 16: Quotenplan einer Quotenstichprobe für fünf Erhebungspersonen 57
Abbildung 17: Stichproben-Kombinationsbeispiel (Vorschichtung, Sample-Points, Quoten) 59
Abbildung 18: Arten von Skalen und Messniveaus 66
Abbildung 19: Ein Fragebogen (Seite 1) und seine Messniveaus 69
Abbildung 20: Ein Fragebogen (Seite 2) und seine Messniveaus 70
Abbildung 21: Leitfaden und Fragebogen 80
Abbildung 22: Gesprächsleitfaden (Auszug) zum Thema Lesen 81
Abbildung 23: Diskussionsleitfaden (Auszug) zu Kommunikationskonzepten 82
Abbildung 24: Qualitativer Fragebogen (Auszug) zum Thema Lesen 84
Abbildung 25: Fragebogengestaltung mit Online-Software 99
Abbildung 26: Schwankungsbreiten-Übersicht (2σ-Wert, Wahrscheinlichkeit von 95,5%) 104
Abbildung 27: Schwankungsbreiten (Fehlerspannen) von Prozentergebnissen 104
Abbildung 28: Normalverteilung der Ergebnisse wiederholter Zufallsstichproben 110
Abbildung 29: Theoretischer Hintergrund der Schwankungsbreiten 111
Abbildung 30: Konfidenzintervall des Mittelwerts 113
Abbildung 31: Stichprobengrößen aus Schwankungsbreitentabelle ableiten 114
Abbildung 32: Grundgesamtheit und Stichprobengröße 116
Abbildung 33: Qualitatives Auswerten 122
Abbildung 34: Arten einfacher quantitativer Auswertungsverfahren 124
Abbildung 35: Kreuztabelle und Mittelwertsvergleich 126
Abbildung 36: Korrelation 127
Abbildung 37: Skalen-„Zoom" 131
Abbildung 38: Gesamtskala 131
Abbildung 39: Unterschiedliche Skalierung 132
Abbildung 40: Idente Skalierung 132
Abbildung 41: Semantisches Differential – unterschiedliche Item-Polung 133
Abbildung 42: Semantisches Differential – idente Polung ALLER Items 133
Abbildung 43: Grafische Darstellungsvarianten 134
Abbildung 44: Studienbeschreibung 139
Abbildung 45: Übersicht über die Struktur der erhobenen Elemente (hier: Befragte) 139
Abbildung 46: Darstellung eines qualitativen Ergebnisses 140
Abbildung 47: Tabellarische Darstellung von einfachen Häufigkeiten 143
Abbildung 48: Grafische Darstellung von einfachen Häufigkeiten 143
Abbildung 49: Tabellarische Darstellung von Mehrfachantworten 144
Abbildung 50: Tabellarische Darstellung von Skalenitems (Häufigkeiten und Mittelwert) 146

Abbildung 51: Grafische Darstellung von Skalenitems (Häufigkeiten und Mittelwert) 146
Abbildung 52: Tabellarische Darstellung von Skalenitems (Mittelwertsübersicht) 149
Abbildung 53: Grafische Darstellung von Skalenitems (Mittelwertsübersicht) 149
Abbildung 54: Grafische Darstellung von Skalenitems (Mittelwertsvergleich) 150
Abbildung 55: Jedes Forschungsvorhaben benötigt einen roten Faden 153
Abbildung 56: Arten quantitativer Datenanalysen 180
Abbildung 57: Aufbau eines Datenfiles 186
Abbildung 58: Drei erfasste Datensätze der BUCHDATEN 188
Abbildung 59: Datenüberprüfung während der Eingabe mit Excel 190
Abbildung 60: Daten mit Excel plausibilisieren 192
Abbildung 61: Induktive Kategorienbildung (VGL. MAYRING 2010, S. 84, ADAPTIERT) 195
Abbildung 62: Zusammenfassende Inhaltsanalyse (VGL. MAYRING 2010, S. 68, S. 70, ADAPTIERT) 199
Abbildung 63: Zuordnung der Einzelantworten zu den Dimensionen 200
Abbildung 64: Gesamtergebnis der Dimensionszuordnung 200
Abbildung 65: Programmeinstieg in SPSS 204
Abbildung 66: SPSS Dateneditor (Datenansicht) 204
Abbildung 67: SPSS Dateneditor (Variablenansicht) 205
Abbildung 68: SPSS Ausgabefenster 207
Abbildung 69: SPSS Syntaxeditor 209
Abbildung 70: SPSS Befehlssprache lernen 209
Abbildung 71: SPSS Statusleiste 211
Abbildung 72: SPSS Dialogfelder 211
Abbildung 73: Tabellenvorlagen anwenden 214
Abbildung 74: Tabellenvorlagen ändern 214
Abbildung 75: SPSS Menü-Übersicht 215
Abbildung 76: Daten zusammenfügen (Fälle hinzufügen) 218
Abbildung 77: Daten zusammenfügen (Fälle hinzufügen): Ergebnis 220
Abbildung 78: Fälle auswählen 221
Abbildung 79: Datei aufteilen 222
Abbildung 80: Daten gewichten 222
Abbildung 81: Variablen- und Wertebeschriftungen definieren 225
Abbildung 82: Variablen- und/oder Wertebeschriftungen anzeigen 226
Abbildung 83: Fehlende Werte in SPSS 227
Abbildung 84: Relevanz fehlender Werte 228
Abbildung 85: Gruppen bilden (umcodieren) 231
Abbildung 86: Gruppen bilden (umcodieren): Ergebnis 232
Abbildung 87: Itemrichtungen und Daten bereinigen (umcodieren) 233
Abbildung 88: Itemrichtungen und Daten bereinigen (umcodieren): Ergebnis 234
Abbildung 89: Berechnen (Erzeugen) neuer Variablen (auf Einzelfallebene) 236
Abbildung 90: Berechnen (Erzeugen) neuer Variablen (auf Einzelfallebene): Ergebnis 237
Abbildung 91: Erzeugen neuer Daten-Teilgruppen (auf Einzelfallebene) über Menübefehle 238
Abbildung 92: Erzeugen neuer Daten-Teilgruppen (auf Einzelfallebene) über Befehlssprache 239
Abbildung 93: Was wie auswerten? 241
Abbildung 94: Arten von Prozentwerten bei Häufigkeiten 241
Abbildung 95: Analysieren von Häufigkeiten 242
Abbildung 96: Häufigkeitsverteilung ALLER Variablen 243
Abbildung 97: Mehrfachantworten in SPSS (Daten) 244
Abbildung 98: Mehrfachantworten in SPSS (Auswertung) 245
Abbildung 99: Mehrfachantworten in SPSS (Ergebnis) 245
Abbildung 100: Codierung einer offenen Frage: Multiple Dichotomien 247
Abbildung 101: Codierung einer offenen Frage: Multiple Kategorien 248
Abbildung 102: Mittelwert, Median und Modalwert 249
Abbildung 103: Lagemaße: Quantile 250
Abbildung 104: Deskriptive Statistiken mit SPSS: Deskriptive Statistik 253
Abbildung 105: Deskriptive Statistiken mit SPSS: Explorative Datenanalyse 254
Abbildung 106: Kreuztabelle: Starker Variablenzusammenhang 255

Abbildungsverzeichnis

Abbildung 107: Kreuztabelle: Kein Variablenzusammenhang 257
Abbildung 108: Explorative Datenanalyse nach nominalen Untergruppen 258
Abbildung 109: Mittelwerte nach Untergruppen: Grafik 260
Abbildung 110: Mittelwerte nach Untergruppen 261
Abbildung 111: Zusammenhang zwischen metrischen Variablen: Streudiagramm 262
Abbildung 112: Stärke von Korrelationen 263
Abbildung 113: Prüfung auf Normalverteilung 264
Abbildung 114: Arten von Korrelationen 265
Abbildung 115: Signifikanzprüfung: Wie signifikant ist das Ergebnis? 269
Abbildung 116: Kreuztabellen: Ein starker Variablenzusammenhang 271
Abbildung 117: Kreuztabellen: Null- und Alternativhypothese 272
Abbildung 118: Kreuztabellen: Beobachtete und erwartete Häufigkeiten 272
Abbildung 119: Kreuztabellen: Chi2-Test 274
Abbildung 120: Verfahren für Mittelwertsvergleiche 276
Abbildung 121: Abhängige und UNabhängige Stichproben(teile) 277
Abbildung 122: Prüfung der Normalverteilung vor Mittelwertsvergleichen 278
Abbildung 123: T-Test für 2 abhängige Stichproben 280
Abbildung 124: Varianzanalyse mit Messwiederholung für mehr als 2 abhängige Stichproben 282
Abbildung 125: Varianzanalyse mit Messwiederholung: Ergebnisauszüge 285
Abbildung 126: T-Test für 2 unabhängige Stichproben 287
Abbildung 127: Einfaktorielle Varianzanalyse für mehr als 2 unabhängige Stichproben 290
Abbildung 128: Wilcoxon-Test für 2 abhängige Stichproben 293
Abbildung 129: Friedman-Test für mehr als 2 abhängige Stichproben 295
Abbildung 130: U-Test für 2 unabhängige Stichproben 297
Abbildung 131: Kruskal-Wallis-Test für mehr als 2 unabhängige Stichproben 299
Abbildung 132: Einseitige und zweiseitige Testprobleme 301
Abbildung 133: Entscheidungsbaum für Auswertungsroutinen 303
Abbildung 134: Boxplot 306
Abbildung 135: Streu-/Punktdiagramm 307
Abbildung 136: Fehlerbalkendiagramm 308

Bildnachweis: Alle Abbildungen sind – sofern nicht anders angegeben – eigene Darstellungen des Autors.

Stichwortverzeichnis

.csv, Dateiendung 187
.sav, Dateiendung (SPSS) 203, 216
.sps, Dateiendung (SPSS) 210
.spv, Dateiendung (SPSS) 208
.txt, Dateiendung 187
1 σ Schwankungsbreite 106, 111
1,96 σ Schwankungsbreite 108, 118, 119, 254, 258
2 σ Schwankungsbreite 101, 104, 106, 107, 108, 111, 114, 116, 118, 119
5% Irrtumswahrscheinlichkeit 107, 112
5% Signifikanzniveau (SPSS) 268
68,3% Ergebnissicherheit 111
95% Ergebnissicherheit 112, 254, 258
95,5% Ergebnissicherheit 101, 104, 106, 107, 108, 111, 112, 114, 116, 118, 119
α-Fehler (SPSS) 269
Alternativhypothese (SPSS) 268–274
Analysesoftware
  - qualitativ (SPSS) 179, 194, 201
  - quantitativ (SPSS) 179, 202
Anfallsstichprobe 55
Antwortdimensionen (erstellen) 121, 123, 141, 198, 199
APA-Normen 176
arithmetisches Mittel (SPSS) 249, 252
atlasti.com 194, 201
Ausgabefenster (SPSS) 203, 206–208, 212
  - Gliederung 207
Ausreißer (SPSS) 249, 253, 257, 305, 306
Auswahl auf's Geratewohl 55
Auswertung
  - qualitativ 120–123, 141, 177–185, 194, 198, 201, 220
  - quantitativ 120, 123, 125, 141–145, 148, 177–185, 202, 240–266
Auswertungsmöglichkeiten 64–66, 93
Auswertungsobjektivität 73
Auswertungssoftware 121, 177, 187, 202
Auswertungsverfahren 64, 67, 120, 123, 127, 129, 240, 266, 279, 301
Befehls-Log (SPSS) 210
Befragung 26, 29, 31, 32, 49, 85–89, 98, 100, 117, 130, 186, 194, 226
  - Dauer 86
  - online, personalisiert 47
  - persönlich 30
  - qualitativ 19, 28, 29, 83
  - quantitativ 19, 30, 49, 80, 83, 87, 137
  - telefonisch 30
Befragungssoftware 30, 88, 120, 187, 191
Beispielfragebogen 68, 69, 70
Beobachtung
  - Feld 26
  - Labor 26
  - teilnehmend 26, 183
  - verdeckt 183
  - wissenschaftlich 19, 24, 38, 43, 62, 136, 137, 176, 185, 187
Beobachtungsbogen 26, 73
Berechnungen auf Einzelfallebene (SPSS) 230, 235
Beschriftungen (SPSS) 185, 205, 206, 212, 213, 224, 225
β-Fehler (SPSS) 270

Bevölkerungsstichprobe, Kriterien der Repräsentativität 43, 59
bewusste Auswahlverfahren 56
Blickverlaufsregistrierung (s. Eyetracking)
Bonferroni-Post-Hoc-Test (SPSS) 283, 291, 292
Bottom-Box-Werte 147
Boxplot (SPSS) 305, 306
Breaks 138, 141, 142, 145, 147
Breakzeilen 138, 141, 142, 145, 148
Bruttostichprobe 117
CAPI 30
CATI 30
CAWI 30
Chi2-Test (SPSS) 267, 268, 270, 273–275, 302
Clusteranalyse
  - (Empirie) 180
  - (SPSS) 310
Codebuch 20, 158–161
Codierschema 19, 20, 99, 185
Convenience-Sample 55
Cronbachs Alpha 74, 310
Daten
  - analysieren (s. Datenanalyse)
  - aufbereiten (SPSS) 177, 179, 201
  - aufteilen (SPSS) 221
  - auswerten (s. Auswertung)
  - codieren (Empirie) 24, 75
  - codieren (SPSS) 177–179, 182–188, 190, 193, 194, 201, 205, 206, 224–227, 230–240, 244–248, 251, 277
  - erfassen (Empirie) 20, 99, 153, 177, 178, 182–195
  - erfassen (SPSS) 216, 217, 240, 247
  - geringe (qualitative) Fallzahl 122, 141, 201
  - gewichten (SPSS) 203, 210, 216, 217, 223, 229, 243,
  - importieren (SPSS) 189, 216, 217
  - Konsistenzprüfung (SPSS) 177, 178, 189, 190, 191, 240
  - neu erfassen (SPSS) 216, 217
  - öffnen (SPSS) 203, 216, 217
  - plausibilisieren (SPSS) 177, 178, 182, 190, 191, 193, 206
  - Rücklaufkontrolle (SPSS) 177, 240
  - screenen (s. Daten, plausibilisieren)
  - splitten (SPSS) 223
  - umcodieren, Gruppen bilden (SPSS) 230–233, 235, 237, 251
Datenanalyse
  - bivariat 180
  - explorativ (SPSS) 240, 248, 252–254, 257, 259, 294, 302, 304
  - multivariat (Empirie) 179, 180
  - multivariat (SPSS) 253, 310
  - qualitativ 120, 194, 202
  - quantitativ 120, 121, 123, 179, 180, 202
  - statistisch 17, 120, 201
  - univariat 180
Datenansicht (SPSS) 203, 216, 217, 221, 236
Dateneditor (SPSS) 203, 205, 206, 216,

217, 219, 223, 224, 227, 232, 234, 236, 238
Datenerfassungssoftware (SPSS) 189, 191
Datenfile, Aufbau (SPSS) 182, 185
Datensätze
  - auswählen (SPSS) 216, 217, 219, 220
  - gewichten (SPSS) 53, 54, 217, 223
  - hinzufügen (SPSS) 216
  - zusammenfügen (SPSS) 217, 219
Datenschutz 42, 60–62, 154, 171, 220
Daten-Teilgruppen bilden (SPSS) 237
deskriptive Statistik
  - (Empirie) 180
  - (SPSS) 207, 240–266, 270, 294, 302, 304
Dezil
  - (Empirie) 251
  - (SPSS) 232
Diagramm 120, 129, 130, 134, 141, 142, 148, 201, 207, 242, 284, 305
Dialogfeld (SPSS) 203, 207, 208, 210
  - einfügen (SPSS) 212
  - zurücksetzen (SPSS) 203, 212
Dimensionsbildung (SPSS) 194, 220
Diskriminanzanalyse
  - (Empirie) 180
  - (SPSS) 310
Diskussionsleitfaden 27, 78, 80, 82, 83, 137
Durchdringungsgrad 58
Durchführungsobjektivität 73
Einstellungsskala 72, 73
Einzelbefragung, qualitativ 28, 29, 83
Endlichkeitsfaktor 107, 108, 115–119
Entscheidungsbaum für Auswertungen (SPSS) 302, 303
Ergebnis
  - aufbereiten 28, 142, 147, 154, 177, 180
  - generalisieren 122, 177, 180, 201, 224
  - gewichten 53–55, 137
  - interpretieren 49, 73, 74, 102, 122, 120, 130, 134, 135, 138, 141, 142, 145, 147, 148, 154, 177, 178, 180, 183, 190, 224, 227, 230, 288, 300
  - manipulieren 150
Ergebnisdarstellung 138, 177, 180, 208, 258, 274, 281, 289, 292, 296, 300
  - qualitativ 140, 141, 201
  - quantitativ 141
  - Regeln 120, 130
Ergebnisgrafik
  - (Empirie) 129, 130
  - (SPSS) 212, 224, 259, 305, 308, 309
Ergebnissicherheit (von 68,3%, 95%, 95,5%) 101, 102, 107, 114, 115
Ergebnisunsicherheit 41
Erhebungssoftware 98, 178
Erkenntnisinteresse 23, 28, 29, 62, 78, 79, 94, 95, 120, 134, 135, 152–154
Esomar-Kodex 63
Experiment 19, 32–36, 44, 98, 136, 176, 223, 257
Experimentalgruppe 33, 34
experimentelles Design 33, 44, 73, 98, 152
Experteninterview 29, 152

Stichwortverzeichnis

Expertentum bei Panels 32
Extremwerte (SPSS) 191, 305
Eyetracking 19, 26, 36
f2f 30
Faktorenanalyse
  - (Empirie) 76, 180
  - (SPSS) 310
Faktorengewichtung 42, 54
fehlende Werte (s. Missings)
  - (Empirie) 124
  - (SPSS) 187, 188, 205, 206, 216, 219, 226, 227, 228, 229, 235, 242, 249, 252, 254–256, 259, 279, 306
Fehler erster Art (SPSS) 269
Fehler zweiter Art (SPSS) 270
Fehlerbalkendiagramm (SPSS) 112, 259, 302, 304, 305, 308, 309
Fehlerspanne, statistische 101–107, 109, 112, 114, 116, 118
Feldexperiment 34
Fokusgruppe 19, 27, 28, 80, 83
Forschungsethik 60, 62
Forschungsfrage 18, 68, 78, 79, 120, 121, 125, 126, 152–154
Forschungsprozess
  - empirischer 153
  - roter Faden 152, 153
Fragebogen 78–100
  - Abschluss-Statement 88
  - Abwechslung 86
  - Arten von Fragen 30, 31, 78, 89
  - Begrüßung 85
  - Beispiele 81, 82, 83, 84, 89, 92, 94, 96
  - Dialogfragen 95
  - direkte Fragen 78, 95
  - Einfachnennung 91
  - Einleitung 78, 85
  - Einleitungsfragen 89
  - Filterfragen 89, 90
  - Folgefragen 90
  - Fragetypen 87, 89, 98
  - geschlossene Fragen 78, 83, 87, 90–92, 94
  - Gesprächscharakter 86
  - gestützte Abfrage 96, 97
  - halboffene Fragen 91
  - Halo-Effekt 87
  - heikle Fragen/Themen 41, 87, 95
  - indirekte Fragen 95, 137
  - „Liftfrage" 96
  - manipulative Fragestellungen 78, 97
  - Mehrfachantworten (s. Mehrfachangaben/-nennungen)
  - offene Fragen 19, 29, 31, 73, 78, 83, 90, 121, 180, 183
  - offene Fragen codieren (SPSS) 247, 248
  - offene Fragen erfassen (SPSS) 187, 188
  - Online-Software 98
  - Orientierung 86
  - „Planetenfrage" 96
  - Platzierungseffekte 78, 87
  - projektive Fragen 95, 96
  - qualitativ 29, 78–80, 83, 137
  - quantitativ 69, 78, 79, 83, 137
  - Randomisierung 98
  - Recall (aided/unaided) 96
  - Recognition 96
  - Regeln 78, 79, 85, 88
  - Reihenfolge der Themen, Fragen und Fragetypen 78, 80, 83, 87, 88, 100
  - Rotieren 78, 87

  - Schieberegler 93
  - Skalenfragen 88, 92, 93
  - Sondierungsfragen 89
  - Sozialstatistik 78, 87
  - spontane Abfrage 78, 96, 97
  - sprachliche Regeln 88
  - standardisiert 78, 80, 85
  - Standardisierung 83
  - Strukturierung 78, 86
  - Übergangsfragen 89
  - Übersicht 86
  - ungestützte Abfrage 96
Friedman-Test (SPSS) 283, 294–296, 304
Gaußsche Normalverteilung 111
Gesprächsleitfaden 28, 80, 81, 137
Gewichtungsfaktoren 53–55, 137, 178, 223, 243
grafische Darstellungen (SPSS) 259, 261, 302, 307, 309
Grundgesamtheit 37–41
  - Kundenbefragung 39
  - Mitarbeiterbefragung 38
  - Struktur 40, 42, 45, 51, 56, 178
Gruppen bilden, umcodieren (SPSS) 231, 232
Gruppendiskussion 19, 27–29, 55, 80, 152
gültige Prozente (SPSS) 226, 242
Häufigkeiten
  - absolute (SPSS) 241
  - beobachtete (SPSS) 273
  - gültige Prozente (SPSS) 226, 241
  - kumulierte Prozente (SPSS) 125, 241
  - Prozente (SPSS) 142, 144, 241
  - relative (SPSS) 241
Häufigkeitsauswertung 64, 123, 125, 142, 145, 226, 246, 302
Häufigkeitszählung
  - (Empirie) 67, 120, 123, 178
  - (SPSS) 194, 201, 207, 223, 232, 234, 240, 242, 243, 246, 251
  - von allen Variablen (SPSS) 243
Hautwiderstandsmessung 26
Hilfe-System (SPSS) 203, 213
Holsti-Test 75
howtodo.at 74, 176, 180, 202, 310
hybride Erhebung 31
Hypothese 18, 68, 78, 79, 121, 135, 152–154, 271
  - einseitig, gerichtet (SPSS) 301
  - zweiseitig, ungerichtet (SPSS) 300
Import
  - Excel-Dateien (SPSS) 216
  - Text-Dateien (SPSS) 216
Indikator 64, 72, 73, 76, 181
Inhaltsanalyse 19, 20, 24, 26, 37, 40, 41, 43, 50, 62, 64, 74, 75, 99, 114, 120, 136, 137, 152, 176–178, 182–184, 187, 190, 194, 199, 247, 277,
Inter-Coder-Reliabilität 20, 74, 75
Interpretationsobjektivität 73, 74
Interquartilbereich (SPSS) 305
Intervallskala 64, 67, 68
Interview 29, 30, 50, 53–59, 80, 83, 85, 87, 89–91, 100, 117, 122, 123, 137, 150
  - narrativ 28, 29
  - offen 28, 29
  - semistrukturiert 31
  - voll standardisiert 19, 30
  - vollstrukturiert 31
Intra-Coder-Reliabilität 20, 74
Inzidenz 58
Irrtumswahrscheinlichkeit 112, 269, 270
Irrtumswahrscheinlichkeit von 5% 40, 41,

58, 101, 103, 105, 106, 115
Item
  - Polung 133
  - Richtungsbereinigung, Umcodieren (SPSS) 130, 230, 233, 234, 281, 286, 294, 296
Itembatterie 64, 92, 94
  - bipolar, unipolar 72, 130
Je-desto-Regel (bei Hypothesen) 79
Kategorienbildung
  - deduktiv 121, 194
  - induktiv 121, 194, 195
Kausalbeziehung beim Experiment 34
Klassenzusammenfassungen (SPSS) 230
Kollektiv 37
Kolmogorov-Smirnov-Test (SPSS) (s. Normalverteilungsprüfung) 264, 265, 276, 278, 279, 283, 287, 289
Konfidenzintervall des Mittelwerts
  - (Empirie) 112
  - (SPSS) 258, 259, 305, 308
Konfidenzniveau 112
Konsistenzanalyse 74
Kontrollgruppe beim Experiment 19, 33, 34, 223, 257, 277
Korrelation
  - (Empirie) 120, 123, 127, 128
  - (SPSS) 240, 261, 263, 302, 304, 310
  - negativ (SPSS) 263
  - positiv (SPSS) 263
Korrelationskoeffizient
  - (Empirie) 128
  - (SPSS) 240, 261, 262, 264, 266
  - nach Pearson (SPSS) 263, 264, 266, 302, 304
  - nach Spearman (SPSS) 263, 265, 266, 302, 304
Kreuztabelle
  - (Empirie) 123, 125, 126, 142, 145, 180
  - (SPSS) 240, 246, 255, 256, 267, 268, 270–275, 302
  - beobachtete Werte (SPSS) 273
  - erwartete Werte (SPSS) 273
  - Spaltenprozent (SPSS) 240, 255, 256
  - Zeilenprozent 142, 144, 145, 147, 256
Kruskal-Wallis-Test (SPSS) 289, 298–300, 304
Labels (SPSS) (s. Beschriftungen)
Laborexperiment 34
Lagemaße (SPSS) 240, 251
Leitfaden 16, 19, 29, 78–80, 83, 137, 153
Leitfadeninterview 28, 29, 80, 152
Levene-Test (SPSS) 288, 291, 292
Link, Online-Befragung
  - individuell 47
  - offen 46, 98
  - personalisiert 47
Listenweiser Fallausschluss (SPSS) 252, 259, 294
Mauchly-Test (SPSS) 284
maxqda.de 194, 201
Median 64, 251, 305, 306
Mehrfachangaben/-nennungen
  - (Empirie) 91, 123, 141, 144, 145, 185, 186, 187, 194, 201
  - (SPSS) 240, 244, 246, 248, 302
  - erfassen (SPSS) 187, 194
  - multiple Dichotomien (SPSS) 246
  - multiple Kategorien (SPSS) 247
Mehrthemenumfrage 19, 31, 87, 89
Menü-Übersicht (SPSS) 215
Merkmal 32, 37, 42, 43, 47, 48, 52, 57, 64, 65, 68, 73–76, 89, 111, 123–125, 127,

128, 138, 182–185, 205, 224, 226, 240, 248, 254, 261–264, 307, 308, 310
Merkmalsausprägung 64, 65, 67, 68, 102, 111, 123, 125, 128, 182–184, 230, 237, 251
Messen 34, 62, 64, 72–76, 235
Messniveau 65–68, 93, 203, 206, 240
Methoden
- qualitativ 16
- quantitativ 17
Mindeststichprobengröße 60, 101, 113, 117–119
Mindeststichprobengröße, Formel 117–119
Missings (SPSS) (s. fehlende Werte) 124, 125, 205, 226, 227, 235, 252
Mittelwert
- Berechnnung 124–126, 145, 148, 179, 183, 206, 216, 227–229
- Definition (SPSS) 249
- Konfidenzintervall 112, 258, 259, 305, 308
- Standardfehler 112, 113, 254, 258
Mittelwertsvergleich
- (Empirie) 123, 126, 145, 148, 180
- (SPSS) 240, 257, 260, 266–268, 277, 278, 300–302
- von mehr als zwei Mittelwerten derselben Personen (Datensätze) (SPSS) 281, 294
- von mehr als zwei Mittelwerten unterschiedlicher Personen (Datengruppen) (SPSS) 289, 298
- von zwei Mittelwerten derselben Personen (Datensätze) (SPSS) 293
- von zwei Mittelwerten unterschiedlicher Personen (Datengruppen) (SPSS) 286, 296
Modalwert (SPSS) 249
Modus (SPSS) 249, 251
Mortalität 32
MTU 19, 31
multivariate Analyseverfahren
. - (Empirie) 179
- (SPSS) 310
Mystery-
- Call 26
- Protokollbogen 26, 27
- Shopping 26, 152
- Test 19, 26, 43
Nettostichprobe 117
Neuro-Marktforschung 26
Nominalskala 64, 67, 68
Normalverteilung 108, 109, 111, 265, 266, 278, 279, 288, 291, 294, 295, 297–299, 302, 304
Normalverteilungsprüfung (SPSS) (s. Kolmogorov-Smirnov-Test) 223, 278, 284, 288, 291
Nullhypothese (SPSS) 265–274, 279, 281, 286, 288, 289, 292, 294, 296, 298, 300
Objektivität 50, 73, 74
Omnibusbefragung (s. MTU)
Online Access Panel 47
Online-Befragung 46–49, 61, 63, 98, 177, 187, 191, 227
- personalisiert 47
Online-Befragungssoftware 78, 88, 93, 98, 99
Online-Sample, repräsentativ 47, 48, 117
Ordinalskala 64, 67, 68, 263
Oversampling 117, 178
Paarweiser Fallausschluss (SPSS) 259

Panel 19, 31, 32, 49
Panelsterblichkeit 32
PAPI 30
Parallel-Test-Methode 74
parameterfreie Verfahren (SPSS) 267, 275, 276, 279, 280, 283, 284, 287, 288, 291, 292, 294–299, 302, 304
Parameterverfahren (SPSS) 267, 275–280, 283, 284, 287–291, 302, 304
Pearson-Koeffizient (s. Korrelationskoeffizient)
Penetration 58
Population 37, 38
Praxistipp
- experimentelles Befragungsdesign 173
- Expertenbefragung 169
- Inhaltsanalyse 157, 159, 160
- Laborexperiment 171
- Leitfaden- oder qualitative Interviews 154, 171
- Mitarbeiterbefragung 152, 165
- Mystery-Shopping 162
- Potenzialanalyse 167
- qualitative Gruppendiskussion 155
- Sekundäranalyse von Firmendaten 156
- Vor-Ort-Erhebung 163
Pretest 20, 78, 99, 100, 153
Programmeinstellungen (SPSS) 203, 212
Protokollbogen für Mystery-Test 26, 27
Prozent
- gültig (SPSS) 226, 241, 242
- kumuliert (Empirie) 125
- kumuliert (SPSS) 241
Prüfung auf Signifikanz (s. Signifikanzprüfung)
PSPP 120, 121, 202, 216
Punktdiagramm
- (Empirie) 127, 128
- (SPSS) 261, 262, 264, 265, 302, 304, 306, 307
p-Wert (SPSS) 268, 269
qsrinternational.com 194, 201
qualtrics.com 78, 98
Quartil
- (Empirie) 251
- (SPSS) 232, 305
Quintil
- (Empirie) 251
- (SPSS) 232
Quotenkriterien 56
Quotenplan 56, 57
Quotenstichprobe 42, 56–58, 102, 108, 153
Quotierungsmerkmal 56–58
Randomisierung
- Experiment 33
- Fragebogen 98
Rationalskala 64, 67, 68, 124
Regressionsanalyse
- (Empirie) 180
- (SPSS) 310
Reliabilität 20, 74, 75
Reliabilitätsanalyse
- (Empirie) 180
- (SPSS) 74, 310
Reminder-E-Mail 47, 48, 98
Repräsentativität 32, 40, 42–46, 50, 51, 54, 55, 57, 59, 62, 116, 117, 120, 137, 140, 150, 178, 216
- bei Online-Erhebungen 46, 48
- und Signifikanz (SPSS) 267, 270

Re-Test-Methode 74
Sample (s. Stichprobe)
Sample-Point 59, 60
schließende Statistik 180, 255, 267
Schwankungsbreiten (s. auch Standardabweichung)
- 1 σ/1,96 σ/2 σ 40–42, 58, 60, 101–108
- berechnen 42, 58, 101, 103, 106, 108, 115
- doppelt 101, 106–108, 110, 112, 115
- einfache 106, 108, 110, 112, 115
- Übersicht 104
- von Mittelwerten 112, 113, 254, 258
- von Prozentwerten 102, 106, 113
Semantisches Differential 77, 133
Sicherheitsniveau (s. Konfidenzniveau)
Signifikanzberechnung (s. Signifikanzprüfung)
Signifikanzniveau (SPSS) 268–270
Signifikanzprüfung
- (Empirie) 16, 17, 37, 40
- (SPSS) 265, 267–270, 284, 288, 291, 302, 304
- von Mittelwertsunterschieden (SPSS) 267, 275, 277, 278, 305, 308
- von Prozentunterschieden (SPSS) 267, 270
Signifikanzstärke (SPSS) 269
Signifikanzwert (SPSS) 284, 288, 292
- einseitig 300
- zweiseitig 300
Sitzungsjournal (SPSS) 210, 213
Skala/Skalierung 64, 65, 68, 72, 76, 77, 94, 129, 130, 147, 183, 230, 253
- Arten 65, 66
- gerade, ungerade 64, 71, 72, 93
- Messniveaus 65, 67, 68, 93, 203, 206, 240
- Mittelposition 71
- Niveau 64–66, 120, 123, 128, 206, 224, 259, 302, 304, 309
- Schulnoten 26, 67, 68, 71, 124–126, 129, 148, 179, 183, 227, 229, 230, 235, 252
- umgekehrt 148
Skalierungsverfahren 72, 77
soscisurvey.de 78, 98
Spaltenbreite (SPSS) 206
Spaltenprozent (SPSS) (s. Kreuztabelle)
Spearman-Koeffizient (s. Korrelationskoeffizient)
Split-Half-Technik 74
Standardabweichung 64, 67, 68, 106, 110–112, 179, 240, 251–253, 260, 281, 289, 292, 294, 298
Standardfehler des Mittelwerts
- (Empirie) 112, 113
- (SPSS) 254, 258
Start-Dialogfeld (SPSS) 203
Statusleiste (SPSS) 203, 210, 223
Stichprobe 39, 40, 41
- abhängig (SPSS) 276, 279–281, 293–295, 304
- Arten 42, 49
- Ausfälle 50, 53, 54, 101, 117
- Ausschöpfungsgrad (s. Stichprobe, Rücklaufquote)
- disproportional 42, 52, 54, 55, 115
- Grundgesamtheit 115, 116
- nicht repräsentativ 40, 42–44
- nicht zufällig 42, 49, 50, 55, 56, 58, 102, 117, 136, 153, 223

Stichwortverzeichnis

- proportional 42, 52, 53, 55, 59,
- repräsentativ 37, 41, 42–46
- Rücklaufquote 117, 137
- Struktur 42, 43, 47, 49, 54, 87, 101, 117, 120, 177, 223
- unabhängig (SPSS) 276, 278, 286–289, 296–299, 304
- vorgeschichtet 42, 52, 59
- willkürlich 42, 50, 55, 56, 136, 153
- zufällig 42, 47–53, 55, 58, 60, 61, 101–103, 108–112, 116, 117, 121, 136, 153, 220, 254, 258, 267, 268, 270, 273, 302, 304

Stichprobenfehler 40, 41
Stichprobengröße 44, 45, 52–55, 60, 101–108, 112–119, 137, 242, 274, 296, 298, 300
- Berechnung 101, 118, 119

Stichprobenverfahren 41, 51, 58, 117, 136, 153
Stimulus beim Experiment 33
Störvariable beim Experiment 32, 34
Streudiagramm (s. Punktdiagramm)
Streuungsmaße (SPSS) 251, 263
String-Variablen (s. Text-Variable)
Summary 120, 130, 134, 135, 150, 177, 180
surveymonkey.de 78, 98
Syntax (SPSS) 203, 208, 210, 212, 239, 243
Syntaxeditor (SPSS) 203, 208, 210, 212
sysmis (SPSS) (s. fehlende Werte u. Missings)
T2-Test nach Tamhane (SPSS) 291, 292
Tabelleneigenschaften (SPSS) 215
Tabellenvorlagen (SPSS) 203, 213, 215
Testmarkt 32
Testprobleme, einseitig und zweiseitig (SPSS) 300

Textanalyse, automatisiert 23, 24
Text-Variablen (SPSS) 185, 187
Top-Box-Werte 147
Totalerhebung 40, 41, 54, 119, 178
Tracking 19, 31, 32
Transkription 28, 29, 121, 201
Treatment beim Experiment 33
T-Test
- für abhängige Stichproben (SPSS) 279, 280
- für unabhängige Stichproben (SPSS) 286–288

Umfrage 16, 29–31, 58, 61, 144, 183, 194
unipark.de 47, 78, 98
„Universum" 37
Unschärfe, statistische 60, 107, 115
Unterschiedshypothesen (SPSS) 267, 268
Ursache und Wirkung beim Experiment 19, 32, 34, 36
U-Test (SPSS) 296–298, 304
Validität 64, 73, 75, 76, 124
Variable
- abhängig (Experiment) 32, 33
- alphanumerisch 186
- berechnen (SPSS) 235, 236, 238, 280
- beschreiben 179, 182
- numerisch 185
- unabhängig (Experiment) 32

Variablenansicht (SPSS) 203, 205, 216, 217, 224, 227, 232, 234, 238
Variablenbeschriftungen/-labels (SPSS) 206, 212, 213, 217, 224, 225, 231, 234, 239
Variablennamen (SPSS) 177, 182, 185–188, 191, 192, 203, 205, 206, 213, 216, 217, 219, 224, 225, 259, 309
Variablentyp (SPSS) 206

Varianz 251, 252, 263, 275
Varianzanalyse
- für unabhängige Stichproben (SPSS) 289, 291, 292
- mit Messwiederholung (SPSS) 281, 283, 284, 286, 304

Varianzhomogenität (SPSS) 284, 288, 291
Verbatims 121, 141
Verteilung
- linkssteil (SPSS) 251
- rechtssteil (SPSS) 249, 251
- symmetrisch (SPSS) 249, 251

Vertrauensbereich, statistischer 112
Viewer (SPSS) (s. Ausgabefenster)
Vollerhebung 37, 39–41, 47, 102, 153
Wahrscheinlichkeitswert (p) (SPSS) 268
WATI 30
Web-Crawler 23
Wenn-dann-Regel (bei Hypothesen) 79
Werte
- beschreiben (SPSS) 179
- diskret (kategorial) 68
- standardisieren (SPSS) 253
- stetig (metrisch) 68

Wertebeschriftungen/-labels (SPSS) 206, 217, 224, 225, 232, 234, 239
Wilcoxon-Test (SPSS) 280, 293, 294, 296, 304
Wortschatzanalyse 24
XML-Feeds 23
Zeilenprozent (SPSS) (s. Kreuztabelle)
Zufallssample (s. Stichprobe, zufällig)
Zufallszahlen 51
z-Wert-Transformation (SPSS) 253

Verzeichnis der SPSS (und Excel)-Menübefehle

Analysieren ➙ Allgemeines lineares Modell ➙ Messwiederholung 283, 304
Analysieren ➙ Tabellen ➙ Benutzerdefinierte Tabellen 248
Analysieren ➙ Tabellen ➙ Mehrfachantwortsets 248
Analysieren ➙ Deskriptive Statistiken ➙ Deskriptive Statistik 252, 302, 304
Analysieren ➙ Deskriptive Statistiken ➙ Explorative Datenanalyse 253, 257, 294, 302, 304
Analysieren ➙ Deskriptive Statistiken ➙ Häufigkeiten 207, 240, 242, 243
Analysieren ➙ Deskriptive Statistiken ➙ Kreuztabellen 255, 302
Analysieren ➙ Korrelation ➙ Bivariat 265, 304
Analysieren ➙ Mehrfachantworten ➙ Häufigkeiten 246
Analysieren ➙ Mehrfachantworten ➙ Kreuztabellen 246
Analysieren ➙ Mehrfachantworten ➙ Variablensets definieren 244
Analysieren ➙ Mittelwerte vergleichen ➙ Einfaktorielle Varianzanalyse 291, 304
Analysieren ➙ Mittelwerte vergleichen ➙ Mittelwerte 260, 298, 300, 304
Analysieren ➙ Mittelwerte vergleichen ➙ T-Test bei unabhängigen Stichproben 288, 304
Analysieren ➙ Mittelwerte vergleichen ➙ T-Test bei verbundenen Stichproben 280, 304
Analysieren ➙ Nichtparametrische Tests ➙ Alte Dialogfelder ➙ 2 unabhängige Stichproben 297, 304
Analysieren ➙ Nichtparametrische Tests ➙ Alte Dialogfelder ➙ 2 verbundene Stichproben 294, 304
Analysieren ➙ Nichtparametrische Tests ➙ Alte Dialogfelder ➙ K unabhängige Stichproben 299, 304
Analysieren ➙ Nichtparametrische Tests ➙ Alte Dialogfelder ➙ K verbundene Stichproben 295, 304
Analysieren ➙ Nichtparametrische Tests ➙ Alte Dialogfelder ➙ K-S bei einer Stichprobe 265, 278
Ansicht ➙ Symbolleisten 210
Bearbeiten ➙ Optionen 203, 210, 212, 213, 225
Datei ➙ Datendatei-Informationen anzeigen 206
Datei ➙ Neu ➙ Daten 217
Datei ➙ Neu ➙ Syntax 210, 239, 243
Datei ➙ Öffnen ➙ Daten 203, 216
Daten ➙ Aufgeteilte Datei 221, 278, 279
Daten ➙ Dateien zusammenfügen ➙ Fälle hinzufügen 217, 219
Daten ➙ Datenüberprüfung (Excel) 189
Daten ➙ Fälle auswählen 220
Daten ➙ Fälle gewichten 223
Daten ➙ Filter ➙ AutoFilter (Excel) 191
Daten ➙ Filtern (Excel) 191, 193
Format ➙ Tabelleneigenschaften 215
Grafik ➙ Diagrammerstellung 259, 261, 305, 307, 309
Hilfe ➙ Befehlssyntaxreferenz (Command Syntax Reference) 213
Hilfe ➙ Themen 213
Transformieren ➙ Automatisch Umcodieren 237
Transformieren ➙ Rangfolge bilden 237
Transformieren ➙ Umcodieren in andere Variablen 231
Transformieren ➙ Umcodieren in dieselben Variablen 233
Transformieren ➙ Variable berechnen 235, 236, 238, 280
Transformieren ➙ Visuelles Klassieren 237